BERND MANTZ

THE ASIAN FOOTBALL YEARBOOK

2021 – 2022

British Library Cataloguing in Publication Data
A catalogue record for this book is available from the British Library

ISBN: 978-1-86223-466-6

Copyright © 2021, SOCCER BOOKS LIMITED (01472 696226)
72 St. Peter's Avenue, Cleethorpes, N.E. Lincolnshire, DN35 8HU,
United Kingdom

Web site   www.soccer-books.co.uk
e-mail   info@soccer-books.co.uk

All rights are reserved. No part of this publication may be reproduced, stored in a retrieval system or transmitted, in any form or by any means, electronic, mechanical, photocopying, recording, or otherwise, without the prior written permission of Soccer Books Limited.

Printed in the UK by 4edge Ltd

SUMMARY

Editorial	*3*
Abbreviations, FIFA Country Codes	*4*
Summary	*7*

COMPETITIONS FOR NATIONAL TEAMS

2022 FIFA World Cup - Qualifiers	*8*

ASIAN CLUB COMPETITIONS

AFC Champions League 2020	*17*
AFC Cup 2020	*60*

NATIONAL ASSOCIATIONS — 65

Afghanistan	*66*
Australia	*73*
Bahrain	*91*
Bangladesh	*102*
Bhutan	*111*
Brunei	*116*
Cambodia	*120*
China P.R.	*127*
Chinese Taipei	*152*
Guam	*158*
Hong Kong	*163*
India	*178*
Indonesia	*201*
Iran	*207*
Iraq	*230*
Japan	*241*
Jordan	*268*
Korea D.P.R.	*279*
Korea Republic	*283*
Kuwait	*303*
Kyrgyzstan	*313*
Laos	*320*
Lebanon	*324*
Macau	*333*
Malaysia	*337*
Maldives	*345*
Mongolia	*351*
Myanmar	*358*
Nepal	*365*
Oman	*372*
Pakistan	*380*
Palestine	*385*
Philippines	*394*
Qatar	*400*
Saudi Arabia	*421*
Singapore	*446*
Sri Lanka	*462*
Syria	*467*
Tajikistan	*475*
Thailand	*483*
Timor-Leste	*506*
Turkmenistan	*509*
United Arab Emirates	*516*
Uzbekistan	*540*
Vietnam	*562*
Yemen	*583*

ASIAN FOOTBALLER OF THE YEAR – 2020 AWARDS — *589*

FIFA WORLD CUP 2022 QUALIFIERS

FIFA WORLD CUP
Qatar2022

The 22nd edition of the FIFA World Cup will be hosted by Qatar between 21 November and 18 December 2022. Apart from Qatar, automatically qualified as hosts, four teams from Asia were qualified directly for the Final Tournament, a fifth team can reach the finals after disputing Intercontinental Play-offs. The Asian section of the 2022 FIFA World Cup qualifiers started in June 2019. There are four qualifying rounds to be disputed, where the first two qualifying rounds double as qualifiers for the 2023 AFC Asian Cup (similar to 2018 FIFA World Cup / 2019 AFC Asian Cup).

The qualification structure for both competitions were as follows:

First round: A total of 12 teams (ranked 35–46) played home-and-away over two legs. The six winners advanced to the second round (this matches was played in June 2019).

Second round: A total of 40 teams (teams ranked 1–34 and six first round winners) will be divided into eight groups of five teams. The eight group winners and the four best group runners-up will advance to the third round of FIFA World Cup qualification as well as qualify for the 2023 AFC Asian Cup finals.
Please note: If Qatar will finish as group winner or one of the best four runners-up, the fifth best runner-up will take their place in the third round.
Twenty-four teams (sixteen which advance directly and eight which advance from an additional play-off round) will play in the third round of the AFC Asian Cup qualification to decide the remaining 12 teams.

Third round: The 12 teams which advance from the second round will be divided into two groups of six teams. The top two teams of each group will qualify for the 2022 FIFA World Cup, and the two third-placed teams will advance to the fourth round.

Fourth round: The two third-placed teams of each group from the third round will play a single match and the winner will advance to the Intercontinental Play-offs.

The qualification continued with matches played for the Second Round.

SECOND ROUND

Please note: matches originally scheduled on 8/13 October 2020 and 12/17 November 2020 and postponed to March/June 2021 due to COVID-19 pandemic.

GROUP A

Date	Venue	Match	Score
05.09.2019	Dededo	Guam - Maldives	0-1(0-1)
05.09.2019	Bacolod	Philippines - Syria	2-5(1-2)
10.09.2019	Dededo	Guam - Philippines	1-4(0-2)
10.09.2019	Malé	Maldives - China P.R.	0-5(0-2)
10.10.2019	Guangzhou	China P.R. - Guam	7-0(6-0)
10.10.2019	Dubai/UAE	Syria - Maldives	2-1(1-0)
15.10.2019	Bacolod	Philippines - China P.R.	0-0
15.10.2019	Dubai/UAE	Syria - Guam	4-0(2-0)
14.11.2019	Malé	Maldives - Philippines	1-2(0-0)
14.11.2019	Dubai/UAE	Syria - China P.R.	2-1(1-1)
19.11.2019	Malé	Maldives - Guam	3-1(2-0)
19.11.2019	Dubai/UAE	Syria - Philippines	1-0(1-0)
30.05.2021	Suzhou /CHN	Guam - China P.R.	0-7(0-2)
04.06.2021	Sharjah/UAE	Maldives - Syria	0-4(0-3)
07.06.2021	Sharjah/UAE	Guam - Syria	0-3(0-2)
07.06.2021	Sharjah/UAE	China P.R. - Philippines	2-0(0-0)
11.06.2021	Sharjah/UAE	Philippines - Guam	3-0(1-0)
11.06.2021	Sharjah/UAE	China P.R. - Maldives	5-0(2-0)
15.06.2021	Sharjah/UAE	Philippines - Maldives	1-1(1-1)
15.06.2021	Sharjah/UAE	China P.R. - Syria	3-1(1-0)

STANDINGS

1. Syria	8	7	0	1	22	-	7	21
2. China P.R.	8	6	1	1	30	-	3	19
3. Philippines	8	3	2	3	12	-	11	11
4. Maldives	8	2	1	5	7	-	20	7
5. Guam	8	0	0	8	2	-	32	0

Syria and China P.R. qualified for the FIFA World Cup qualifying Third Round.
Syria qualified for the 2023 Asian Cup Final Tournament.
Philippines and Maldives qualified for the 2023 Asian Cup qualifying Third Round.
Guam qualified for the 2023 Asian Cup qualifying Play-off Round.

GROUP B

Date	Venue	Match	Result
05.09.2019	Taipei	Chinese Taipei - Jordan	1-2(0-2)
05.09.2019	Kuwait City	Kuwait - Nepal	7-0(2-0)
10.09.2019	Taipei	Chinese Taipei - Nepal	0-2(0-1)
10.09.2019	Kuwait City	Kuwait - Australia	0-3(0-3)
10.10.2019	Canberra	Australia - Nepal	5-0(3-0)
10.10.2019	Amman	Jordan - Kuwait	0-0
15.10.2019	Kaohsiung	Chinese Taipei - Australia	1-7(1-4)
15.10.2019	Amman	Jordan - Nepal	3-0(0-0)
14.11.2019	Amman	Jordan - Australia	0-1(0-1)
14.11.2019	Kuwait City	Kuwait - Chinese Taipei	9-0(2-0)
19.11.2019	Thimphu/BHU	Nepal - Kuwait	0-1(0-1)
19.11.2019	Amman	Jordan - Chinese Taipei	5-0(3-0)
03.06.2021	Kuwait City/KUW	Nepal - Chinese Taipei	2-0(1-0)
03.06.2021	Kuwait City	Australia - Kuwait	3-0(2-0)
07.06.2021	Kuwait City/KUW	Nepal - Jordan	0-3(0-1)
07.06.2021	Kuwait City/KUW	Australia - Chinese Taipei	5-1(3-0)
11.06.2021	Kuwait City/KUW	Nepal - Australia	0-3(0-2)
11.06.2021	Kuwait City	Kuwait - Jordan	0-0
15.06.2021	Kuwait City/KUW	Australia - Jordan	1-0(0-0)
15.06.2021	Kuwait City/KUW	Chinese Taipei - Kuwait	1-2(0-1)

STANDINGS

1.	Australia	8	8	0	0	28	-	2	24
2.	Kuwait	8	4	2	2	19	-	7	14
3.	Jordan	8	4	2	2	13	-	3	14
4.	Nepal	8	2	0	6	4	-	22	6
5.	Chinese Taipei	8	0	0	8	4	-	34	0

Australia qualified for the FIFA World Cup qualifying Third Round and for the 2023 Asian Cup Final Tournament.
Kuwait, Jordan and Nepal qualified for the 2023 Asian Cup qualifying Third Round.
Chinese Taipei qualified for the 2023 Asian Cup qualifying Play-off Round.

GROUP C

Date	Venue	Match	Result
05.09.2019	Phnom Penh	Cambodia - Hong Kong	1-1(1-1)
05.09.2019	Riffa	Bahrain - Iraq	1-1(1-0)
10.09.2019	Phnom Penh	Cambodia - Bahrain	0-1(0-0)
10.09.2019	Hong Kong	Hong Kong - Iran	0-2(0-1)
10.10.2019	Tehran	Iran - Cambodia	14-0(7-0)
10.10.2019	Basra	Iraq - Hong Kong	2-0(1-0)
15.10.2019	Phnom Penh	Cambodia - Iraq	0-4(0-2)
15.10.2019	Riffa	Bahrain - Iran	1-0(0-0)
14.11.2019	Hong Kong	Hong Kong - Bahrain	0-0
14.11.2019	Amman/JOR	Iraq - Iran	2-1(1-1)
19.11.2019	Hong Kong	Hong Kong - Cambodia	2-0(1-0)
19.11.2019	Amman/JOR	Iraq - Bahrain	0-0
03.06.2021	Arad/BHR	Iran - Hong Kong	3-1(1-0)
03.06.2021	Riffa	Bahrain - Cambodia	8-0(2-0)
07.06.2021	Arad/BHR	Iraq - Cambodia	4-1(3-0)
07.06.2021	Riffa	Iran - Bahrain	3-0(0-0)
11.06.2021	Riffa/BHR	Cambodia - Iran	0-10(0-4)
11.06.2021	Arad/BHR	Hong Kong - Iraq	0-1(0-1)
15.06.2021	Arad/BHR	Iran - Iraq	1-0(1-0)
15.06.2021	Riffa	Bahrain - Hong Kong	4-0(0-0)

STANDINGS

1.	Iran	8	6	0	2	34	-	4	18
2.	Iraq	8	5	2	1	14	-	4	17
3.	Bahrain	8	4	3	1	15	-	4	15
4.	Hong Kong	8	1	2	5	4	-	13	5
5.	Cambodia	8	0	1	7	2	-	44	1

Iran and Iraq qualified for the FIFA World Cup qualifying Third Round and for the 2023 Asian Cup Final Tournament.
Bahrain and Hong Kong qualified for the 2023 Asian Cup qualifying Third Round.
Cambodia qualified for the 2023 Asian Cup qualifying Play-off Round.

GROUP D

Date	Venue	Match	Result
05.09.2019	Kallang	Singapore - Yemen	2-2(1-2)
05.09.2019	Al Ram	Palestine - Uzbekistan	2-0(0-0)
10.09.2019	Kallang	Singapore - Palestine	2-1(2-1)
10.09.2019	Riffa/BHR	Yemen - Saudi Arabia	2-2(2-1)
10.10.2019	Tashkent	Uzbekistan - Yemen	5-0(2-0)
10.10.2019	Buraidah	Saudi Arabia - Singapore	3-0(1-0)
15.10.2019	Kallang	Singapore - Uzbekistan	1-3(1-1)
15.10.2019	Al Ram	Palestine - Saudi Arabia	0-0
14.11.2019	Tashkent	Uzbekistan - Saudi Arabia	2-3(1-1)
14.11.2019	Muharraq/BHR	Yemen - Palestine	1-0(0-0)
19.11.2019	Tashkent	Uzbekistan - Palestine	2-0(1-0)
19.11.2019	Muharraq/BHR	Yemen - Singapore	1-2(0-1)
30.03.2021	Riyadh	Saudi Arabia - Palestine	5-0(2-0)
03.06.2021	Riyadh/KSA	Palestine - Singapore	4-0(3-0)
05.06.2021	Riyadh	Saudi Arabia - Yemen	3-0(3-0)
07.06.2021	Riyadh/KSA	Uzbekistan - Singapore	5-0(3-0)
11.06.2021	Riyadh/KSA	Yemen - Uzbekistan	0-1(0-1)
11.06.2021	Riyadh	Singapore - Saudi Arabia	0-3(0-0)
15.06.2021	Riyadh	Saudi Arabia - Uzbekistan	3-0(2-0)
15.06.2021	Riyadh/KSA	Palestine - Yemen	3-0(2-0)

STANDINGS

1.	Saudi Arabia	8	6	2	0	22 - 4	20
2.	Uzbekistan	8	5	0	3	18 - 9	15
3.	Palestine	8	3	1	4	10 - 10	10
4.	Singapore	8	2	1	5	7 - 22	7
5.	Yemen	8	1	2	5	6 - 18	5

Saudi Arabia qualified for the FIFA World Cup qualifying Third Round and for the 2023 Asian Cup Final Tournament.
Uzbekistan, Palestine, Singapore and Yemen qualified for the 2023 Asian Cup qualifying Third Round.

GROUP E

Date	Venue	Match	Score
05.09.2019	Guwahati	India - Oman	1-2(1-0)
05.09.2019	Doha	Qatar - Afghanistan	6-0(4-0)
10.09.2019	Dushanbe/TJK	Afghanistan - Bangladesh	1-0(1-0)
10.09.2019	Doha	Qatar - India	0-0
10.10.2019	Dhâkâ	Bangladesh - Qatar	0-2(0-1)
10.10.2019	Seeb	Oman - Afghanistan	3-0(2-0)
15.10.2019	Kolkata	India - Bangladesh	1-1(0-1)
15.10.2019	Al Wakrah	Qatar - Oman	2-1(1-0)
14.11.2019	Dushanbe/TJK	Afghanistan - India	1-1(1-0)
14.11.2019	Muscat	Oman - Bangladesh	4-1(0-0)
19.11.2019	Dushanbe/TJK	Afghanistan - Qatar	0-1(0-0)
19.11.2019	Muscat	Oman - India	1-0(1-0)
04.12.2020	Doha	Qatar - Bangladesh	5-0(2-0)
03.06.2021	Doha/QAT	Bangladesh - Afghanistan	1-1(0-0)
03.06.2021	Doha	India - Qatar	0-1(0-1)
07.06.2021	Doha/QAT	Bangladesh - India	0-2(0-0)
07.06.2021	Doha	Oman - Qatar	0-1(0-1)
11.06.2021	Doha/QAT	Afghanistan - Oman	1-2(1-1)
15.06.2021	Doha/QAT	India - Afghanistan	1-1(0-0)
15.06.2021	Doha/QAT	Bangladesh - Oman	0-3(0-1)

STANDINGS

	Team	P	W	D	L	GF	-	GA	Pts
1.	Qatar	8	7	1	0	18	-	1	22
2.	Oman	8	6	0	2	16	-	6	18
3.	India	8	1	4	3	6	-	7	7
4.	Afghanistan	8	1	3	4	5	-	15	6
5.	Bangladesh	8	0	2	6	3	-	19	2

Oman qualified for the FIFA World Cup qualifying Third Round.
Qatar and Oman qualified for the 2023 Asian Cup Final Tournament.
India, Afghanistan and Bangladesh qualified for the 2023 Asian Cup qualifying Third Round.

GROUP F

Date	Venue	Match	Score
05.09.2019	Ulanbaatar	Mongolia - Myanmar	1-0(1-0)
05.09.2019	Dushanbe	Tajikistan - Kyrgyzstan	1-0(1-0)
10.09.2019	Ulanbaatar	Mongolia - Tajikistan	0-1(0-0)
10.09.2019	Yangon	Myanmar - Japan	0-2(0-2)
10.10.2019	Saitama	Japan - Mongolia	6-0(4-0)
10.10.2019	Bishkek	Kyrgyzstan - Myanmar	7-0(5-0)
15.10.2019	Ulanbaatar	Mongolia - Kyrgyzstan	1-2(0-2)
15.10.2019	Dushanbe	Tajikistan - Japan	0-3(0-0)
14.11.2019	Mandalay	Myanmar - Tajikistan	4-3(2-1)
14.11.2019	Bishkek	Kyrgyzstan - Japan	0-2(0-1)
19.11.2019	Mandalay	Myanmar - Mongolia	1-0(1-0)
19.11.2019	Bishkek	Kyrgyzstan - Tajikistan	1-1(0-1)
25.03.2021	Dushanbe	Tajikistan - Mongolia	3-0(1-0)
30.03.2021	Chiba/JPN	Mongolia - Japan	0-14(0-5)
28.05.2021	Chiba	Japan - Myanmar	10-0(4-0)
07.06.2021	Osaka/JPN	Kyrgyzstan - Mongolia	0-1(0-1)
07.06.2021	Suita	Japan - Tajikistan	4-1(2-1)
11.06.2021	Osaka/JPN	Myanmar - Kyrgyzstan	1-8(0-5)
15.06.2021	Suita	Japan - Kyrgyzstan	5-1(3-1)
15.06.2021	Osaka/JPN	Tajikistan - Myanmar	4-0(1-0)

STANDINGS

1.	Japan	8	8	0	0	46	-	2	24
2.	Tajikistan	8	4	1	3	14	-	12	13
3.	Kyrgyzstan	8	3	1	4	19	-	12	10
4.	Mongolia	8	2	0	6	3	-	27	6
5.	Myanmar	8	2	0	6	6	-	35	6

Japan qualified for the FIFA World Cup qualifying Third Round and for the 2023 Asian Cup Final Tournament.
Tajikistan, Kyrgyzstan, Mongolia, and Myanmar qualified for the 2023 Asian Cup qualifying Third Round.

GROUP G

Date	Venue	Match	Result
05.09.2019	Pathum Thani	Thailand - Vietnam	0-0
05.09.2019	Jakarta	Indonesia - Malaysia	2-3(2-1)
10.09.2019	Jakarta	Indonesia - Thailand	0-3(0-0)
10.09.2019	Kuala Lumpur	Malaysia - United Arab Emirates	1-2(1-1)
10.10.2019	Hà Nội	Vietnam - Malaysia	1-0(1-0)
10.10.2019	Dubai	United Arab Emirates - Indonesia	5-0(1-0)
15.10.2019	Gianyar	Indonesia - Vietnam	1-3(0-1)
15.10.2019	Pathum Thani	Thailand - United Arab Emirates	2-1(1-1)
14.11.2019	Kuala Lumpur	Malaysia - Thailand	2-1(1-1)
14.11.2019	Hà Nội	Vietnam - United Arab Emirates	1-0(1-0)
19.11.2019	Kuala Lumpur	Malaysia - Indonesia	2-0(1-0)
19.11.2019	Hà Nội	Vietnam - Thailand	0-0
03.06.2021	Dubai/UAE	Thailand - Indonesia	2-2(1-1)
03.06.2021	Dubai	United Arab Emirates - Malaysia	4-0(1-0)
07.06.2021	Dubai	United Arab Emirates - Thailand	3-1(2-0)
07.06.2021	Dubai/UAE	Vietnam - Indonesia	4-0(0-0)
11.06.2021	Dubai	Indonesia - United Arab Emirates	0-5(0-2)
11.06.2021	Dubai/UAE	Malaysia - Vietnam	1-2(0-1)
15.06.2021	Dubai	United Arab Emirates - Vietnam	3-2(2-0)
15.06.2021	Dubai/UAE	Thailand - Malaysia	0-1(0-0)

STANDINGS

1.	United Arab Emirates	8	6	0	2	23 - 7	18
2.	Vietnam	8	5	2	1	13 - 5	17
3.	Malaysia	8	4	0	4	10 - 12	12
4.	Thailand	8	2	3	3	9 - 9	9
5.	Indonesia	8	0	1	7	5 - 27	1

United Arab Emirates and Vietnam qualified for the FIFA World Cup qualifying Third Round and for the 2023 Asian Cup Final Tournament.
Malaysia and Thailand qualified for the 2023 Asian Cup qualifying Third Round.
Indonesia qualified for the 2023 Asian Cup qualifying Play-off Round.

GROUP H

05.09.2019	P'yŏngyang	Korea D.P.R. - Lebanon	2-0(1-0) *Voided*
05.09.2019	Colombo	Sri Lanka - Turkmenistan	0-2(0-1)
10.09.2019	Colombo	Sri Lanka - Korea D.P.R.	0-1(0-0) *Voided*
10.09.2019	Aşgabat	Turkmenistan - Korea Republic	0-2(0-1)
10.10.2019	Hwaseong	Korea Republic - Sri Lanka	8-0(5-0)
10.10.2019	Beirut	Lebanon - Turkmenistan	2-1(1-0)
15.10.2019	P'yŏngyang	Korea D.P.R. - Korea Republic	0-0 *Voided*
15.10.2019	Colombo	Sri Lanka - Lebanon	0-3(0-2)
14.11.2019	Aşgabat	Turkmenistan - Korea D.P.R.	3-1(1-0) *Voided*
14.11.2019	Beirut	Lebanon - Korea Republic	0-0
19.11.2019	Aşgabat	Turkmenistan - Sri Lanka	2-0(1-0)
19.11.2019	Beirut	Lebanon - Korea D.P.R.	0-0 *Voided*

Korea D.P.R. withdrew from the qualifiers due to safety concerns related to the COVID-19 pandemic. All their previous results were annulled.

03.06.2021	Goyang/KOR	Korea D.P.R. - Sri Lanka	*Cancelled*
05.06.2021	Goyang/KOR	Lebanon - Sri Lanka	3-2(3-1)
05.06.2021	Goyang	Korea Republic - Turkmenistan	5-0(2-0)
07.06.2021	Goyang	Korea Republic - Korea D.P.R.	*Cancelled*
09.06.2021	Goyang/KOR	Turkmenistan - Lebanon	3-2(0-0)
09.06.2021	Goyang	Sri Lanka - Korea Republic	0-5(0-3)
13.06.2021	Goyang	Korea Republic - Lebanon	2-1(0-1)
15.06.2021	Goyang/KOR	Korea D.P.R. - Turkmenistan	*Cancelled*

STANDINGS

1.	Korea Republic	6	5	1	0	22 - 1	16
2.	Lebanon	6	3	1	2	11 - 8	10
3.	Turkmenistan	6	3	0	3	8 - 11	9
4.	Sri Lanka	6	0	0	6	2 - 23	0
5.	Korea D.P.R. (*withdrew*)						

Korea Republic and Lebanon qualified for the FIFA World Cup qualifying Third Round and for the 2023 Asian Cup Final Tournament.
Turkmenistan and Sri Lanka qualified for the 2023 Asian Cup qualifying Third Round.

Ranking of runner-up teams

	Group								
1.	A	China P.R.	6	4	1	1	16 - 3	13
2.	E	Oman	6	4	0	2	9 - 5	12
3.	C	Iraq	6	3	2	1	6 - 3	11
4.	G	Vietnam	6	3	2	1	6 - 4	11
5.	H	Lebanon	6	3	1	2	11 - 8	10
6.	F	Tajikistan	6	3	1	2	7 - 8	10
7.	D	Uzbekistan	6	3	0	3	12 - 9	9
8.	B	Kuwait	6	2	2	2	8 - 6	8

Position 1 -> qualified for the FIFA World Cup qualifying Third Round
Position 2-5 -> qualified for the FIFA World Cup qualifying Third Round and for the 2023 Asian Cup Final Tournament. Position 6-8-> qualified for the 2023 Asian Cup qualifying Third Round.

ASIAN CLUB COMPETITIONS 2020

AFC CHAMPIONS LEAGUE 2020

52 clubs from 23 countries entered the highest ranked Asian club football tournament in 2020:

List of participating clubs:

West Region (Groups A, B, C, D):

Bahrain (1 team)	Al Riffa Sports Club (1*)
India (1 team)	Chennai City FC (1*)
Iran (4 teams)	Persepolis Tehran FC Sepahan Esfahan FC Esteghlal Tehran FC (2*) Shahr Khodro FC Mashdad (2*)
Iraq (2 teams)	Al Shorta FC Baghdad Al-Zawra'a SC Baghdad (2*)
Jordan (1 team)	Al Faisaly Club Amman (1*)
Kuwait (1 team)	Al Kuwait SC Kaifan (1*)
Qatar (4 teams)	Al-Sadd Sports Club Al-Duhail Sports Club Doha Al-Sailiya Sport Club (3*) Al-Rayyan Sports Club (3*)
Saudi Arabia (4 teams)	Al-Nassr FC Riyadh Al-Taawon FC Buraidah Al-Hilal FC Riyadh Al-Ahli Saudi FC Jeddah (3*)
Tajikistan (1 team)	Istiqlol FK Dushanbe (2*)
United Arab Emirates (4 teams)	Sharjah FC Shabab Al Ahli Dubai FC Al Wahda FC Abu Dhabi Al-Ain Sports and Cultural Club (3*)
Uzbekistan (3 teams)	FC Pakhtakor Tashkent FK Lokomotiv Tashkent (2*) FC Bunyodkor Tashkent (2*)

East Region (Groups E, F, G, H):

Australia (3 teams)	Perth Glory FC Sydney FC Melbourne Victory FC (2*)
China P.R. (4 teams)	Guangzhou Evergrande FC Shanghai Greenland Shenhua FC Beijing Sinobo Guoan FC Shanghai SIPG FC (3*)
Hong Kong (1 team)	Tai Po FC (2*)
Indonesia (1 team)	Bali United FC Gianyar (1*)

Japan (4 teams)	Yokohama F. Marinos Vissel Kobe FC Tokyo (3*) Kashima Antlers FC (3*)
Korea Republic (4 teams)	Jeonbuk Hyundai Motors FC Jeonju Suwon Samsung Bluewings FC Ulsan Hyundai FC FC Seoul (3*)
Malaysia (2 teams)	Kelab Bola Sepak Johor Darul Ta'zim Persatuan Bola Sepak Kedah (2*)
Myanmar (1 team)	Shan United FC Taunggyi (1*)
Philippines (1 team)	Ceres-Negros FC Bacolod (1*)
Singapore (1 team)	Tampines Rovers FC (1*)
Thailand (3 teams)	Chiangrai United FC Port FC Bangkok (2*) Buriram United FC (2*)
Vietnam (1 team)	CLB TP Hồ Chí Minh (2*)

(1*) qualifying play-off participants, entering in Preliminary Round 1
(2*) qualifying play-off participants, entering in Preliminary Round 2
(3*) qualifying play-off participants, entering in Play-off Round

To determine the 32 best teams to enter the group stage, a qualifying preliminary (Round 1 & 2) and play-off round was played in both regions (West and East Asia).

PRELIMINARY ROUND 1

WEST ASIA

14.01.2020, The Arena, Ahmedabad; Attendance: 1,227
Referee: Sherzod Kasimov (Uzbekistan)
Chennai City FC - Al Riffa Sports Club   **0-1(0-1)**
Chennai City: Nauzet García Santana, Roberto Eslava Suárez, Mashoor Shereef Thangalakath (81.Jockson Dhas), Ajith Kumar, Pradison Mariyadasan, Yusa Katsumi, Adolfo Miranda Araujo „Fito Miranda", Charles Anandraj Lourdusamy, Sriram Boopathi, Jishnu Balakrishnan, Syed Suhail Pasha (90+2.Ranjeet Singh Pandre). Trainer: Akbar Nawas (Singapore).
Al Riffa: Abdulkarim Fardan, Gege Soriola, Salman Jameel, Ali Haram, Sayed Reda Issa, Mohammed Salih Ali Sola, Saleh Mohamed Al Ashban (85.Abdulla Al Thawadi), Habeeb Haroun (72.Aiman Abdulamir), Saoud Al Asam, Saleh Al Taher, Mahdi Abd Al Jabar. Trainer: Ali Ashour.
Goal: Mahdi Abd Al Jabar (41).

14.01.2020, Amman International Stadium, Amman; Attendance: 54
Referee: Yusuke Araki (Japan)
Al Faisaly Club Amman - Al Kuwait SC Kaifan   **1-2(1-1,1-1)**
Al Faisaly: Yazeed Moien Hasan Abu Laila, Ibrahim Mohammad Farhan Al Zawahreh, Salem Mahmoud Suleim Al Ajalin, Oday Samir Zahran, Bara' Sami Mousa Marei, Saeed Mohammad Saeed Hasan Al Murjan (72.Yannick Zakri), Anas Abdel-Salem Al Jbarat, Khalil Zaid Khalil Bani Ateyah (82.Ihsan Nabil Farhan Haddad), Ahmad Ersan Mohammad Hamdouni, Yousef Ahmad Mohammad Al Rawashdeh, Farhan Shukor Tawfeeq (95.Odai Khadr Salem Al Qarra). Trainer: Chiheb Ellili (Tunisia).
Al Kuwait SC: Hameed Youssef Al Qallaf, Hussain Ali Hakem Al Shammari, Fahad Hammoud Hadi Shelash Al Rashidi, Khaled Ali Nasser Al Qahtani, Abdulwahid Sissoko, Abdullah Salem Al Buraiki (75.Yousif Al Khebezi), Bismark de Araújo Ferreira (79.Alaa Abbas Abdulnabi Al Fartoosi), Faisal Zaid Al Harbi, Fahad Al Hajeri, Amjad Attwan Kadhim Al Magsoosi, Yousef Nasser Al Sulaiman (113.Ahmad Jaber Ali Zanki). Trainer: Waleed Abdelkarim Nassar Mobarak.
Goals: Anas Abdel-Salem Al Jbarat (10) / Yousef Nasser Al Sulaiman (34), Fahad Al Hajeri (119).

EAST ASIA

14.01.2020, Rizal Memorial Stadium, Manila; Attendance: 3,704
Referee: Ali Al Samahiji (Bahrain)
Ceres-Negros FC Bacolod - Shan United FC Taunggyi   **3-2(2-0)**
Ceres-Negros: Roland Richard Guaves Müller, Manuel Herrera López „Súper", Dennis Jaramel Villanueva, Sean Patrick Kane, Manuel Gelito Ott (80.Jeffrey Mallen Christiaens), Takashi Odawara, Stephan Markus Cabizares Schröck, José Elmer Poblete Porteria, Bienvenido Marañón Morejón "Bienve", Hikaru Minegishi, Robert Lopez Mendy (90+4.James Joseph Younghusband). Trainer: Risto Vidaković (Bosnia and Herzegovina).
Shan United: Thiha Sithu, Daniel Nii Armah Tagoe, Hein Thiha Zaw, David Htan (57.Hein Phyo Win), Nanda Kyaw, Ye Min Thu, Yan Naing Oo (80.Pyae Ko Sa Aung), Djedje Maximin Djawa, Yakubu Abudbakar, Zin Min Tun, Keith Nah. Trainer: U Aung Naing.
Goals: Robert Lopez Mendy (5), Bienvenido Marañón Morejón "Bienve" (40), José Elmer Poblete Porteria (79) / Zin Min Tun (73), Djedje Maximin Djawa (87).

14.01.2020, Jalan Besar Stadium, Singapore; Attendance: 1,400
Referee: Ahmad Yacoub Ibrahim (Jordan)
Tampines Rovers FC - Bali United FC Gianyar   3-5(1-2,3-3)
Tampines Rovers: Zulfairuuz Rudy, Daniel Mark Bennett (100.Shannon Stephen), Muhammad Irwan Shah Arismail (70.Joel Chew Joon Herng), Madhu Mohana, Amirul Adli Azmi, Jordan Westley Webb, Kyōga Nakamura, Zehrudin Mehmedović, Huzaifah Abdul Aziz (70.Syahrul Sazali), Nur Muhammad Shah Shahiran (88.Taufik Suparno), Boris Kopitović. Trainer: Kadir Yahaya.
Bali United: Wawan Hendrawan, Leonard Tupamahu, Willian Silva Costa Pacheco, Ricky Fajrin Saputra, I Made Andhika Pradana Wijaya (77.Gavin Kwan Adsit), Brwa Hekmat Nouri (105+1.Hariono), Paulo Sérgio Moreira Gonçalves, Fadil Sausu (100.Mohammad Sidik Saimima), Stefano Jantje Lilipaly, Antonius Johannes Melvin Platje, Yabes Roni Malaifani (64.Muhammad Rahmat Syamsuddin Leo). Trainer: Emral Abus.
Goals: Boris Kopitović (43), Jordan Westley Webb (53), Muhammad Rahmat Syamsuddin Leo (67 own goal) / Antonius Johannes Melvin Platje (8, 13), Muhammad Rahmat Syamsuddin Leo (82), Stefano Jantje Lilipaly (100), Mohammad Sidik Saimima (115).

PRELIMINARY ROUND 2

WEST ASIA

21.01.2020, Lokomotiv Stadium, Tashkent; Attendance: 4,256
Referee: Hussein Abo Yehia (Lebanon)
FK Lokomotiv Tashkent - Istiqlol FK Dushanbe   0-1(0-0)
Lokomotiv: Ignatiy Nesterov, Oleg Zoteev, Davron Khoshimov, Slavko Damjanović, Davronbek Umirov, Farrukhzhon Ibrokhimov, Sardor Mirzayev, Kakhaber Makharadze, Diyorzhon Turopov (80.Abdulaziz Yusupov), Marat Bikmaev, Kirill Pogrebnyak (61.Temurkhuzha Abdukholikov). Trainer: Andrey Fedorov.
Istiqlol: Rustam Yatimov, Marko Milić, Iskandar Dzhalilov, Tabrezi Davlatmir (79.Muhammadjon Rakhimov), Oleksiy Larin, Viktor Svezhov, Manuchekhr Dzhalilov, Alisher Dzhalilov, Zoir Juraboev, Ehson Panjshanbe, Sheriddin Boboev. Trainer: Mubin Ergashev.
Goal: Alisher Dzhalilov (60).

22.01.2020, JAR Stadium, Tashkent; Attendance: 594
Referee: Yudai Yamamoto (Japan)
FC Bunyodkor Tashkent - Al-Zawra'a SC Baghdad   4-1(1-0)
Bunyodkor: Abdumavlon Abduzhalilov, Anvar Gofurov, Murod Khalmukhamedov, Sukhrob Yarashev (75.Gulyamkhaydar Gulyamov), Lutfulla Turaev, Dilshod Akhmadaliev, Sardor Abduraimov, Sukhrob Izzatov (77.Boburbek Farkhadov), Jasurbek Jaloliddinov, Khumoyun Murtazoev, Selim Nurmyradow (35.Farrukh Ikromov). Trainer: Vadim Abramov.
Al-Zawra'a: Jalal Hassan Mohsen Hachim, Abbas Qasim Zghair Al Kaabi, Stévy Nzambé (66.Ahmed Jalal Hassan), Mustafa Mohammad Jaber Maslukhi, El Hassan Houbeib (83.Mustafa Mahmoud), Hussein Ali Jasim Al Saedi, Mohammed Ridha Jalil Mezher Al Elayawi (66.Najm Shwan Ali Al Quraishi), Mahdi Kamel Sheltagh, Ahmad Fadhel Mohammed Al Nuaimi, Mohannad Abdul-Raheem Karrar, Solomon Williams Okuruket. Trainer: Basim Qasim Hamdan Al Suwaid.
Goals: Murod Khalmukhamedov (8 penalty), Khumoyun Murtazoev (46), Boburbek Farkhadov (80), Khumoyun Murtazoev (85) / Abbas Qasim Zghair Al Kaabi (89).

25.01.2020, Sharjah Stadium, Sharjah (United Arab Emirates); Attendance: 50
Referee: Kim Dae-yong (Korea Republic)
Shahr Khodro FC Mashdad - Al Riffa Sports Club   **2-1(1-1)**
Shahr Khodro: Mehdi Rahmati, Hassan Jafari, Mohammad Hossein Moradmand, Mohammad Ali Faramarzi, Akbar Sadeghi, Saeid Sadeghi (90+4.Mohammad Mohammadzadeh), Amin Ghaseminejad, Milad Sarlak, Ali Nemati, Mohammad Reza Khalatbari (81.Rouhollah Seifollahi), Hossein Mehraban (73.Morteza Khorasani). Trainer: Mojtaba Sarasiaei.
Al Riffa: Abdulkarim Fardan, Gege Soriola, Hamad Al Shamsan, Faisal Ghazi Al Ghafri, Ali Haram [*sent off 86*], Aiman Abdulamir (70.Habeeb Haroun), Sayed Reda Issa, Mohammed Salih Ali Sola, Adnan Fawaz (61.Mohamed Jasim Marhoon), Saleh Mohamed Al Ashban (85.Kamil Al Aswad), Saleh Al Taher. Trainer: Ali Ashour.
Goals: Mohammad Reza Khalatbari (19), Amin Ghaseminejad (83) / Saleh Al Taher (35).

25.01.2020, „Maktoum bin Rashid Al Maktoum" Stadium, Dubai (United Arab Emirates); Attendance: 3,420; Referee: Muhammad Nazmi bin Nasaruddin (Malaysia)
Esteghlal Tehran FC - Al Kuwait SC Kaifan   **3-0(1-0)**
Esteghlal: Seyed Hossein Hosseini, Vouria Ghafouri, Roozbeh Cheshmi, Mohammad Daneshgar, Milad Zakipour (74.Hrvoje Milić), Masoud Rigi, Ali Karimi, Arash Rezavand (46.Farshid Bagheri), Cheick Tidiane Diabaté (69.Amir Arsalan Motahari), Shahin Taherkhani, Mehdi Ghaedi. Trainer: Farhad Majidi Ghadikolaei.
Al Kuwait SC: Hameed Youssef Al Qallaf, Hussain Ali Hakem Al Shammari, Fahad Hammoud Hadi Shelash Al Rashidi, Khaled Ali Nasser Al Qahtani (72.Yaqoub Husain Al Tararwa), Abdulwahid Sissoko, Abdullah Salem Al Buraiki (68.Ahmad Jaber Ali Zanki), Bismark de Araújo Ferreira (72.Faisal Zaid Al Harbi), Fahad Al Hajeri, Yousif Al Khebezi, Yousef Nasser Al Sulaiman, Alaa Abbas Abdulnabi Al Fartoosi. Trainer: Waleed Abdelkarim Nassar Mobarak.
Goals: Cheick Tidiane Diabaté (27, 54), Vouria Ghafouri (59).

EAST ASIA

21.01.2020, Darul Aman Stadium, Alor Setar; Attendance: 19,803
Referee: Saoud Ali Al Adba (Qatar)
Persatuan Bola Sepak Kedah - Tai Po FC   **5-1(2-0)**
Kedah: Mohd Ifwat Akmal Chek Kassim, Mohd Alif Mohd Yusof (82.Mohamed Zulkhairi Zulkeply), Mohd Rizal Mohd Ghazali, Muhammad Irfan Zakaria, Renan da Silva Alves, Baddrol Bakhtiar, Amin Adam Nazari, Muhammad Hadin Azman (86.Mohd Fadzrul Danel Mohd Nizam), Zaquan Adha Abdul Razak (73.Muhammad Farhan Roslan), Brice Hermann Tchétché Kipré, Kpah Sean Sherman. Trainer: Aidil Shahrin Sahak.
Tai Po: Ho Yui, Yeung Chi Lun, Che Runqiu (75.Fung Kwun Ming), Benjamin Van Meurs, Luk Michael Chi Ho, Luis Eduardo Chebel Klein Nunes „Dudú", Kim Min-ki (81.Ho Chun Ting), Hui Ka Lok (50.Michel Antunes Lugo), Chan Man Fai, Yūto Nakamura, Sun Ming Him [*sent off 34*]. Trainer: Fung Hoi Ming.
Goals: Brice Hermann Tchétché Kipré (3, 21), Hadin Azman (47, 66), Brice Hermann Tchétché Kipré (90+2) / Chan Man Fai (68).

21.01.2020, Chang Arena, Buriram; Attendance: 14,190
Referee: Nivon Robesh Gamini (Sri Lanka)
Buriram United FC - CLB TP Hồ Chí Minh   **2-1(0-0)**
Buriram United: Sivaruk Tedsungnoen, Andrés José Túñez Arceo, Narubadin Weerawatnodom, Pansa Hemviboon, Sasalak Haiprakhon (90+4.Jakkraphan Kaewprom), Jeong Jae-yong, Supachok Sarachat (90+6.Apiwat Ngualamhin), Ratthanakorn Maikami, Bernardo Nicolás Cuesta, Ricardo Bueno da Silva, Suphanat Mueanta (73.Korrakot Wiriyaudomsiri). Trainer: Božidar Bandović (Montenegro).
Hồ Chí Minh: Nguyễn Thanh Thắng, Vũ Ngọc Thịnh, Papé Abdoulaye Diakité, Sầm Ngọc Đức, Lê Đức Lương, Vũ Anh Tuấn (73.Amido Baldé), Ngô Hoàng Thịnh, Trần Phi Sơn (85.Ngô Tùng Quốc), Viktor Prodell, Matías Nicolás Jadue González, Nguyễn Công Phượng (86.Phạm Văn Thành). Trainer: Jung Hae-seong (Korea Republic).
Goals: Bernardo Nicolás Cuesta (53), Ricardo Bueno da Silva (74) / Papé Abdoulaye Diakité (77).

21.01.2020, PAT Stadium, Bangkok; Attendance: 6,234
Referee: Yu Ming-hsun (Chinese Taipei)
Port FC Bangkok - Ceres-Negros FC Bacolod   **0-1(0-0)**
Port FC: Worawut Srisupha, Elias Dolah, Nitipong Selanon, Kevin Deeromram, Ko Seul-ki, Sergio Gustavo Suárez Arteaga, Pakorn Prempak (57.Adisak Kraisorn), Siwakorn Jakkuprasat, Tanaboon Kesarat, Bordin Phala (69.Tanasith Siripala), Heberty Fernandes de Andrade. Trainer: Jadet Meelarp.
Ceres-Negros: Roland Richard Guaves Müller, Manuel Herrera López „Súper" (46.Joshua Jake Bulan Grommen), Dennis Jaramel Villanueva (85.Angélo Verheye Marasigan), Sean Patrick Kane, Manuel Gelito Ott, Takashi Odawara, Stephan Markus Cabizares Schröck, José Elmer Poblete Porteria, Bienvenido Marañón Morejón "Bienve", Hikaru Minegishi (76.Mark Andrew Calibjo Hartmann), Robert Lopez Mendy. Trainer: Risto Vidaković (Bosnia and Herzegovina).
Goal: Stephan Markus Cabizares Schröck (51).

21.01.2020, AAMI Park, Melbourne; Attendance: 5,387
Referee: Mohammed Khaled Al Hoish (Saudi Arabia)
Melbourne Victory FC - Bali United FC Gianyar   **5-0(2-0)**
Victory FC: Lawrence Andrew Kingsley Thomas, Adama Traoré, James Kevin Donachie, Storm James Roux, Leigh Michael Broxham (79.Benjamin James Carrigan), Migjen Xhevat Basha (63.Jay Barnett), Joshua Hope, Anthony Lesiotis, Elvis Kamsoba, Robbie Thomas Kruse (67.Nils Ola Toivonen), Andrew Nabbout. Trainer: Carlos Pérez Salvachúa (Spain).
Bali United: Wawan Hendrawan, Dias Angga Putra, Willian Silva Costa Pacheco, Ricky Fajrin Saputra, Haudi Abdillah, Brwa Hekmat Nouri, Paulo Sérgio Moreira Gonçalves, Fadil Sausu (63.Mohammad Sidik Saimima), Stefano Jantje Lilipaly (81.Gavin Kwan Adsit), Antonius Johannes Melvin Platje, Yabes Roni Malaifani (63.Muhammad Rahmat Syamsuddin Leo). Trainer: Emral Abus.
Goals: Migjen Xhevat Basha (14), Joshua Hope (37), Robbie Thomas Kruse (59), Nils Ola Toivonen (81), Elvis Kamsoba (90).

PLAY-OFF ROUND

WEST ASIA

28.01.2020, „Hazza bin Zayed" Stadium, Al Ain; Attendance: 4,424
Referee: Ko Hyung-jin (Korea Republic)
Al-Ain Sports and Cultural Club - FC Bunyodkor Tashkent   1-0(0-0)
Al-Ain: Khalid Eisa Mohammed Bilal Saeed, Mohamed Ismail Ahmed Ismail, Tsukasa Shiotani, Saeed Juma Hassan Al Saadi, Salem Abdullah Salmeen Al Jabri (90+2.Mohamed Ahmed Ali Gharib Juma), Mohammed Abdulrahman Ahmed Al Raqi Al Almoudi, Bandar Mohammed Mohammed Saeed Mahdi Al Ahbabi, Ahmed Barman Ali Shamroukh Hammoudi (90+4.Falah Waleed Jumaa Al Junaibi), Omar Yaisien (46.Jamal Ibrahim Hassain Maroof), Yahya Nader Mostafa Sherif, Kodjo Fo-Doh Laba. Trainer: Pedro Emanuel dos Santos Martins Silva (Portugal).
Bunyodkor: Abdumavlon Abduzhalilov, Anvar Gofurov, Murod Khalmukhamedov, Lutfulla Turaev, Gulyamkhaydar Gulyamov, Dilshod Akhmadaliev (87.Davronzhon Ergashev), Sardor Abduraimov, Sukhrob Izzatov (69.Boburbek Farkhadov), Jasurbek Jaloliddinov, Rasul Yuldoshev (35.Farrukh Ikromov), Khumoyun Murtazoev. Trainer: Vadim Abramov.
Goal: Saeed Juma Hassan Al Saadi (78).

28.01.2020, „King Abdullah" Sports City, Jeddah; Attendance: 10,942
Referee: Sivakorn Pu-udom (Thailand)
Al-Ahli Saudi FC Jeddah - Istiqlol FK Dushanbe   1-0(0-0)
Al-Ahli: Yasser Abdullah Al Mosailem, Hussein Omar Abdulghani Sulaimani, Mohammed Abdulhakim Mahdi Al Fatil, Saeed Fawaz Al Mowalad, Mohammed Abdoh Al Khabrani, Marko Marin, Josef de Souza Dias, Salman Mohammed Al Moasher, Hussain Ali Al Mogahwi, Ali Hassan Al Asmari (69.Nouh Al Mousa), Youcef Belaïli (90+5.Motaz Ali Hassan Hawsawi). Trainer: Christian Jürgen Gross (Switzerland).
Istiqlol: Rustam Yatimov, Marko Milić, Tabrezi Davlatmir, Oleksiy Larin, Viktor Svezvov [*sent off 89*], Manuchekhr Dzhalilov, Alisher Dzhalilov, Zoir Juraboev, Ehson Panjshanbe, Muhammadjon Rakhimov, Sheriddin Boboev. Trainer: Mubin Ergashev.
Goal: Youcef Belaïli (90+1 penalty).

28.01.2020, „Abdullah bin Khalifa" Stadium, Doha; Attendance: 465
Referee: Liu Kwok Man (Hong Kong)
Al-Sailiya Sport Club - Shahr Khodro FC Mashdad   0-0; 4-5 on penalties
Al-Sailiya: Khalifa Abubakr N'Diaye, Serigne Modou Kara Mbodji, Ahmed Bakheet Al Minhali, Nadir Belhadj, Majdi Abdullah Siddiq, Moubarak Boussoufa, Mustafa Mohammad Abdul Hafeth, Adel Bader Al Ahmad (98.Abdulrahman Mohammed Ali Hussain), Karim Ansarifard, Mohammed Muddather Rajab (80.Hamad Mohammed Saud Jaouad Al Obaidi), Mahir Yusuf Bakur. Trainer: Sami Trabelsi (Tunisia).
Shahr Khodro: Mehdi Rahmati, Hassan Jafari, Mohammad Hossein Moradmand, Mohammad Ali Faramarzi (101.Ali Nabizadeh), Akbar Sadeghi (76.Farshad Faraji), Saeid Sadeghi, Amin Ghaseminejad, Milad Sarlak, Ali Nemati, Mohammad Reza Khalatbari (101.Morteza Khorasani), Hossein Mehraban (76.Rouhollah Seifollahi). Trainer: Mojtaba Sarasiaei.
Penalties: Moubarak Boussoufa 1-0; Rouhollah Seifollahi 1-1; Karim Ansarifard (saved); Milad Sarlak 1-2; Serigne Modou Kara Mbodji 2-2; Amin Ghaseminejad 2-3; Majdi Abdullah Siddiq 3-3; Farshad Faraji 3-4; Nadir Belhadj 4-4; Saeid Sadeghi 4-5.

28.01.2020, „Jassim Bin Hamad" Stadium, Doha; Attendance: 1,811
Referee: Minoru Tōjō (Japan)
Al-Rayyan Sports Club - Esteghlal Tehran FC　　　　　　　　　　**0-5(0-2)**
Al-Rayyan: Fahad Younis Ahmed Baker, Dame Traoré, Gabriel Iván Mercado, Mohammad Jumaa Mubarak Al Alawi (55.Khaled Muftah Muftah), Lee Jae-ik, Rodrigo Barbosa Tabata, Ahmed Mohamed Abdul Maqsoud El Sayed (75.Sultan Bakhit Al Kuwari), Abdulaziz Hatem Mohammed Abdullah, Franck Kom, Mouafak Awad (46.Abdulrahman Al Harazi), Yacine Nasr Eddine Brahimi. Trainer: Diego Vicente Aguirre Camblor (Uruguay).
Esteghlal: Seyed Hossein Hosseini, Hrvoje Milić, Vouria Ghafouri, Roozbeh Cheshmi, Mohammad Daneshgar, Farshid Bagheri, Masoud Rigi (81.Arash Rezavand), Ali Karimi, Cheick Tidiane Diabaté (89.Morteza Tabrizi), Shahin Taherkhani, Mehdi Ghaedi (75.Amir Arsalan Motahari). Trainer: Farhad Majidi Ghadikolaei.
Goals: Cheick Tidiane Diabaté (8), Mehdi Ghaedi (40, 47), Amir Arsalan Motahari (84, 90+1).

EAST ASIA

28.01.2020, Seoul World Cup Stadium, Seoul; Attendance: 5,373
Referee: Omar Mubarak Mazaroua Al Yaqoubi (Oman)
FC Seoul - Persatuan Bola Sepak Kedah　　　　　　　　　　**4-1(1-0)**
FC Seoul: Yu Sang-hun, Kim Nam-chun, Hwang Hyun-soo, Kim Joo-sung (75.Han Chan-hee; 87.Kim Min-su), Osmar Barba Ibáñez, Ko Kwang-min, Ju Se-jong, Ikrom Alibaev, Park Chu-young, Park Dong-jin (75.Lee Seung-jae), Kim Han-gil. Trainer: Choi Yong-soo.
Kedah: Mohd Shahril Sa'ari, Mohd Alif Mohd Yusof, Mohd Rizal Mohd Ghazali, Muhammad Irfan Zakaria, Renan da Silva Alves [*sent off 36*], Baddrol Bakhtiar (90+3.Mohd Fadzrul Danel Mohd Nizam), Amin Adam Nazari, Muhammad Hadin Azman (80.Mohammad Fayadh Mohd Zulkifli Amin), David William Rowley (40.Mohamed Zulkhairi Zulkeply), Brice Hermann Tchétché Kipré, Kpah Sean Sherman. Trainer: Aidil Shahrin Sahak.
Goals: Park Chu-young (38 penalty), Park Dong-jin (49), Osmar Barba Ibáñez (63), Ikrom Alibaev (90+2) / Osmar Barba Ibáñez (52 own goal).

28.01.2020, Yuanshen Sports Centre Stadium, Shanghai; Attendance: 0
Referee: Aziz Asimov (Uzbekistan)
Shanghai SIPG FC - Buriram United FC　　　　　　　　　　**3-0(0-0)**
Shanghai SIPG: Yan Junling, Yu Hai, Shi Ke, Fu Huan (73.Li Shenglong), He Guan, Odil Akhmedov, Oscar dos Santos Emboaba Júnior, Muzepper Mirahmetjan, Marko Arnautović (90+3.Cai Huikang), Givanildo Vieira de Sousa „Hulk", Lü Wenjun (71.Chen Binbin). Trainer: Vítor Manuel de Oliveira Lopes Pereira (Portugal).
Buriram United: Sivaruk Tedsungnoen, Andrés José Túñez Arceo, Narubadin Weerawatnodom, Pansa Hemviboon, Sasalak Haiprakhon, Jeong Jae-yong, Supachok Sarachat, Ratthanakorn Maikami, Bernardo Nicolás Cuesta, Ricardo Bueno da Silva, Suphanat Mueanta (78.Jakkraphan Kaewprom). Trainer: Božidar Bandović (Montenegro).
Goals: Li Shenglong (75), Marko Arnautović (90+2), Givanildo Vieira de Sousa „Hulk" (90+5 penalty).

28.01.2020, Ajinomoto Stadium, Tokyo; Attendance: 6,630
Referee: Masoud Tufayelieh Jamil Naifa (Syria)
FC Tokyo - Ceres-Negros FC Bacolod   **2-0(0-0)**
FC Tokyo: Akihiro Hayashi, Masato Morishige, Joan Noureddine Oumari, Sei Muroya, Ryoya Ogawa, Yojiro Takahagi, Adaílton dos Santos da Silva (90+4.Kiichi Yajima), Keigo Higashi (77.Arthur Silva Feitoza), Weverson Leandro Oliveira Moura (90+2.Hotaka Nakamura), Shuto Abe, Taichi Hara [*sent off 79*]. Trainer: Kenta Hasegawa.
Ceres-Negros: Roland Richard Guaves Müller, Manuel Herrera López „Súper", Dennis Jaramel Villanueva, Joshua Jake Bulan Grommen, Angélo Verheye Marasigan (86.James Joseph Younghusband), Dylan Alain Lucienne Escalana De Bruycker (74.Mark Andrew Calibjo Hartmann), Takashi Odawara, José Elmer Poblete Porteria, Bienvenido Marañón Morejón "Bienve", Hikaru Minegishi, Robert Lopez Mendy. Trainer: Risto Vidaković (Bosnia and Herzegovina).
Goals: Sei Muroya (48), Adaílton dos Santos da Silva (89).

28.01.2020, Kashima Soccer Stadium, Kashima; Attendance: 4,275
Referee: Mooud Bonyadifard (Iran)
Kashima Antlers FC - Melbourne Victory FC   **0-1(0-0)**
Antlers: Kwoun Sun-tae, Tatsuki Nara, Tomoya Inukai, Rikuto Hirose, Katsuya Nagato, Hugo Leonardo Silva Serejo „Léo Silva" (77.Sho Ito), Shoma Doi, Kento Misao, Ryuji Izumi (72.Ryohei Shirasaki), Juan Matheus Alano Nascimento, Everaldo Stum. Trainer: Antônio Carlos Zago (Brazil).
Victory FC: Lawrence Andrew Kingsley Thomas, Adama Traoré, James Kevin Donachie, Storm James Roux, Benjamin James Carrigan, Jakob Bendix Uhd Poulsen (78.Anthony Lesiotis), Leigh Michael Broxham (73.Brendon Lauton), Migjen Xhevat Basha, Robbie Thomas Kruse, Andrew Nabbout, Kenjok Athiu (82.Nils Ola Toivonen). Trainer: Carlos Pérez Salvachúa (Spain).
Goal: Andrew Nabbout (54).

GROUP STAGE

Please note: The competition was suspended due to the COVID-19 pandemic in Asia after matchday 3 on 04.03.2020. On 09.07.2020, the AFC announced that the competition would restart on 14.09.2020 with all matches after restart being played in Qatar (Al Wakrah and Doha).

GROUP A

Please note: **Al Wahda FC Abu Dhabi** were unable to travel to Qatar for the final four matches of Group A, having several players and team members being tested positive for COVID-19. They were considered to have withdrawn from the competition, and all previous matches played by them shall be considered "null and void" and would not be considered in determining the final group rankings.

10.02.2020, „Franso Hariri" Stadium, Erbil; Attendance: 6,750
Referee: Ahmed Faisal Mohammad Al Ali (Jordan)
Al Shorta FC Baghdad - Esteghlal Tehran FC **1-1(0-1)**
Al Shorta: Ahmed Basil Fadhil, Hussam Kadhim Jabur Al Shuwaili, Ali Faez Atiyah, Waleed Salim Al Lami, Nabeel Sabah Zghaiyer Al Helechi (90+3.Saad Natiq Naji), Faisal Jasim Nafil Al Manaa, Saad Abdul-Amir Luaibi Al Zirjawi, Mohammed Mezher Herez Al Ayawi, Alaa Abdul-Zahra Khashen Al Azzawi, Mazin Fayyadh Ajeel (86.Diego Fernando Calderón Caicedo), Ali Yousif Hashim (89.Junior M'Pia Mapuku). Trainer: Aleksandar Ilić (Serbia).
Esteghlal: Seyed Hossein Hosseini, Vouria Ghafouri, Nikolay Bodurov, Mohammad Daneshgar, Milad Zakipour, Masoud Rigi, Ali Karimi, Arash Rezavand, Amir Arsalan Motahari, Shahin Taherkhani (83.Zakaria Moradi), Mehdi Ghaedi (34.Morteza Tabrizi). Trainer: Farhad Majidi Ghadikolaei.
Goals: Ali Faez Atiyah (48 penalty) / Hussam Kadhim Jabur Al Shuwaili (24 own goal).

10.02.2020, Al Nahyan Stadium, Abu Dhabi; Attendance: 7,124
Referee: Ahmed Abu Bakar Said Al Kaf (Oman)
Al Wahda FC Abu Dhabi - Al-Ahli Saudi FC Jeddah **1-1(0-0) / Voided**
Al Wahda: Mohamed Hasan Khalifa Mohamed Al Shamsi, Lucas Pimenta Peres Lopes, Abdullah Faisal Nasser Al Karbi (80.Khaled Ibrahim Helal Ebraheim Al Dhanhani), Rim Chang-woo, Fares Juma Hasan Juma Al Saadi, Khamis Esmaeel Zayed, Lee Myung-joo (88.Ismail Omar Sultan Al Zaabi), Khalil Ibrahim Al Hammadi (71.Yahya Ali Saeed Al Ghassani), Ismaeil Matar Ibrahim Khamis Al Mekhaini Al Junaibi, Sebastián Lucas Tagliabué, Paul-José M'Poku Ebunge. Trainer: Manuel „Manolo" Jiménez Jiménez (Spain).
Al-Ahli: Yasser Abdullah Al Mosailem, Mohammed Abdulhakim Mahdi Al Fatil, Abdullah Hassoun Tarmin, Motaz Ali Hassan Hawsawi, Lucas Pedro Alves de Lima, Hussain Ali Al Mogahwi, Abdulfattah Tawfiq Asiri, Ali Hassan Al Asmari, Salman Mohammed Al Moasher, Abdulrahman Abdullah Ghareeb (84.Hussein Omar Abdulghani Sulaimani), Mazen Abu Sharah (69.Saeed Fawaz Al Mowalad). Trainer: Christian Jürgen Gross (Switzerland).
Goals: Rim Chang-woo (90) / Abdulfattah Tawfiq Asiri (60).

17.02.2020, „Franso Hariri" Stadium, Erbil; Attendance: 4,327
Referee: Muhammad Nazmi bin Nasaruddin (Malaysia)
Al Shorta FC Baghdad - Al Wahda FC Abu Dhabi　　　　　　**0-1(0-0) / Voided**
Al Shorta: Ahmed Basil Fadhil, Ali Faez Atiyah, Nabeel Sabah Zghaiyer Al Helechi (58.Ala'a Ali Mhawi), Hussam Kadhim Jabur Al Shuwaili, Waleed Salim Al Lami, Faisal Jasim Nafil Al Manaa, Mazin Fayyadh Ajeel (71.Junior M'Pia Mapuku), Mohammed Mezher Herez Al Ayawi, Saad Abdul-Amir Luaibi Al Zirjawi, Alaa Abdul-Zahra Khashen Al Azzawi, Ali Yousif Hashim (71.Diego Fernando Calderón Caicedo). Trainer: Aleksandar Ilić (Serbia).
Al Wahda: Mohamed Hasan Khalifa Mohamed Al Shamsi, Lucas Pimenta Peres Lopes, Abdullah Faisal Nasser Al Karbi, Rim Chang-woo, Fares Juma Hasan Juma Al Saadi, Khamis Esmaeel Zayed, Lee Myung-joo, Khalil Ibrahim Al Hammadi (74.Yahya Ali Saeed Al Ghassani), Ismaeil Matar Ibrahim Khamis Al Mekhaini Al Junaibi (85.Khaled Ibrahim Helal Ebraheim Al Dhanhani), Sebastián Lucas Tagliabué (90.Hussain Abbas Juma), Paul-José M'Poku Ebunge. Trainer: Manuel „Manolo" Jiménez Jiménez (Spain).
Goal: Junior M'Pia Mapuku (88).

17.02.2020, „Jaber Al Ahmad" International Stadium, Kuwait City (Kuwait); Attendance: 6,740
Referee: Ko Hyung-jin (Korea Republic)
Al-Ahli Saudi FC Jeddah - Esteghlal Tehran FC　　　　　　**2-1(2-1)**
Al-Ahli: Yasser Abdullah Al Mosailem, Hussein Omar Abdulghani Sulaimani, Lucas Pedro Alves de Lima, Motaz Ali Hassan Hawsawi (37.Mohammed Abdulhakim Mahdi Al Fatil), Abdullah Hassoun Tarmin, Abdulbasit Ali Hindi (75.Yousef Saad Al Harbi), Salman Mohammed Al Moasher, Abdulrahman Abdullah Ghareeb, Ali Hassan Al Asmari, Mohammed Abdullah Al Majhad (54.Youcef Belaïli), Mazen Abu Shararah. Trainer: Christian Jürgen Gross (Switzerland).
Esteghlal: Seyed Hossein Hosseini, Vouria Ghafouri, Nikolay Bodurov, Roozbeh Cheshmi, Mohammad Daneshgar, Milad Zakipour, Masoud Rigi, Arash Rezavand, Ali Dashti (77.Morteza Tabrizi), Amir Arsalan Motahari, Shahin Taherkhani (61.Zakaria Moradi). Trainer: Farhad Majidi Ghadikolaei.
Goals: Salman Mohammed Al Moasher (17 penalty, 29) / Amir Arsalan Motahari (22).

14.09.2020, Khalifa International Stadium, Doha; Attendance: 0
Referee: Nawaf Abdullah Ghayyath Shukralla (Bahrain)
Al-Ahli Saudi FC Jeddah - Al Shorta FC Baghdad　　　　　　**1-0(0-0)**
Al-Ahli: Mohammed Khalil Al Owais, Lucas Pedro Alves de Lima, Talal Ali Al Absi, Abdullah Hassoun Tarmin, Abdulbasit Ali Hindi, Marko Marin, Salman Mohammed Al Moasher (77.Abdulrahman Abdullah Ghareeb), Ali Hassan Al Asmari, Hassan Moussa Al Qeed (21.Haitham Mohammed Asiri), Mohammed Abdullah Al Majhad (54.Yousef Saad Al Harbi), Omar Jehad Al Somah. Trainer: Vladan Milojević (Serbia).
Al Shorta: Ahmed Basil Fadhil, Hussam Kadhim Jabur Al Shuwaili, Ali Faez Atiyah, Saad Natiq Naji, Ala'a Ali Mhawi [*sent off 45+1*], Karrar Amer Abed Al Abba Si, Saad Abdul-Amir Luaibi Al Zirjawi, Ahmed Jalal Hassan (46.Khudhor Ali Hasan Al Tameemi), Mohammed Mezher Herez Al Ayawi (75.Hasan Ashour Kadhim Al Hraishawi), Marwan Hussein Hassan Al Ajeeli (75.Mohammed Jabbar Shwkan Al Mayyahi), Mazin Fayyadh Ajeel (86.Murad Mohammad). Trainer: Aleksandar Ilić (Serbia).
Goal: Marko Marin (87).

14.09.2020, Khalifa International Stadium, Doha
Al Wahda FC Abu Dhabi - Esteghlal Tehran FC　　　　　　**Cancelled**

17.09.2020, Khalifa International Stadium, Doha; Attendance: 0
Referee: Sherzod Kasimov (Uzbekistan)
Al Shorta FC Baghdad - Al-Ahli Saudi FC Jeddah   2-1(1-0)
Al Shorta: Ahmed Basil Fadhil, Hussam Kadhim Jabur Al Shuwaili, Ali Faez Atiyah, Saad Natiq Naji, Khudhor Ali Hasan Al Tameemi, Karrar Amer Abed Al Abba Si, Saad Abdul-Amir Luaibi Al Zirjawi, Mohammed Qasim Majid (63.Jasim Mohammed Oglah), Mohammed Mezher Herez Al Ayawi (74.Ahmed Jalal Hassan), Mohammed Jabbar Shwkan Al Mayyahi (80.Marwan Hussein Hassan Al Ajeeli), Mazin Fayyadh Ajeel (80.Sadeq Zamil Raheem Al Sewari). Trainer: Abdul Ghani Shahad.
Al-Ahli: Mohammed Khalil Al Owais, Hussein Omar Abdulghani Sulaimani (82.Hussain Ali Al Mogahwi), Lucas Pedro Alves de Lima, Motaz Ali Hassan Hawsawi, Abdullah Hassoun Tarmin (46.Saeed Fawaz Al Mowalad), Abdulbasit Ali Hindi, Marko Marin, Yousef Saad Al Harbi (46.Abdulrahman Abdullah Ghareeb), Mohammed Abdullah Al Majhad (75.Mohammed Abdulhakim Mahdi Al Fatil), Mazen Abu Shararah (60.Salman Mohammed Al Moasher), Haitham Mohammed Asiri. Trainer: Vladan Milojević (Serbia).
Goals: Saad Natiq Naji (14), Mazin Fayyadh Ajeel (65) / Mohammed Abdullah Al Majhad (56).

17.09.2020, Khalifa International Stadium, Doha
Esteghlal Tehran FC - Al Wahda FC Abu Dhabi   Cancelled

20.09.2020, Khalifa International Stadium, Doha
Al-Ahli Saudi FC Jeddah - Al Wahda FC Abu Dhabi   Cancelled

20.09.2020, Khalifa International Stadium, Doha; Attendance: 0
Referee: Ko Hyung-jin (Korea Republic)
Esteghlal Tehran FC - Al Shorta FC Baghdad   1-1(0-1)
Esteghlal: Seyed Hossein Hosseini, Hrvoje Milić, Vouria Ghafouri, Roozbeh Cheshmi, Aref Gholami, Farshid Bagheri (46.Ali Karimi), Masoud Rigi, Farshid Esmaeili, Arash Rezavand (57.Amir Arsalan Motahari), Cheick Tidiane Diabaté (87.Mohammad Daneshgar), Mehdi Ghaedi. Trainer: Majid Namjou Motlagh.
Al Shorta: Ahmed Basil Fadhil, Hussam Kadhim Jabur Al Shuwaili, Ali Faez Atiyah (72.Sadeq Zamil Raheem Al Sewari), Saad Natiq Naji, Ala'a Ali Mhawi, Karrar Amer Abed Al Abba Si, Saad Abdul-Amir Luaibi Al Zirjawi, Jasim Mohammed Oglah (55.Khudhor Ali Hasan Al Tameemi), Mohammed Mezher Herez Al Ayawi (62.Ahmed Jalal Hassan), Marwan Hussein Hassan Al Ajeeli (62.Mohammed Jabbar Shwkan Al Mayyahi), Mazin Fayyadh Ajeel (73.Husam Jadallah Khalaf). Trainer: Abdul Ghani Shahad.
Goals: Amir Arsalan Motahari (68) / Mazin Fayyadh Ajeel (26).

23.09.2020, Khalifa International Stadium, Doha
Al Wahda FC Abu Dhabi - Al Shorta FC Baghdad   Cancelled

23.09.2020, Al Janoub Stadium, Al Wakrah; Attendance: 0
Referee: Adham Mohammed Tumah Makhadmeh (Jordan)
Esteghlal Tehran FC - Al-Ahli Saudi FC Jeddah   3-0(2-0)
Esteghlal: Seyed Hossein Hosseini, Hrvoje Milić, Vouria Ghafouri (46.Mohammad Daneshgar), Roozbeh Cheshmi (66.Farshid Bagheri), Aref Gholami, Masoud Rigi, Farshid Esmaeili, Ali Karimi (72.Milad Zakipour), Cheick Tidiane Diabaté (84.Shahin Taherkhani), Amir Arsalan Motahari, Mehdi Ghaedi (84.Ali Dashti). Trainer: Majid Namjou Motlagh.
Al-Ahli: Mohammed Khalil Al Owais, Hussein Omar Abdulghani Sulaimani, Mohammed Abdulhakim Mahdi Al Fatil, Saeed Fawaz Al Mowalad, Talal Ali Al Absi, Hani Ismaeel Al Sebyani (65.Ahmed Hussain Al Nakhli), Marko Marin (65.Hussain Ali Al Mogahwi), Abdulrahman Abdullah Ghareeb (46.Ahmed Mazin Bassas), Yousef Saad Al Harbi, Omar Jehad Al Somah (75.Mazen Abu Shararah), Haitham Mohammed Asiri (65.Fahad Yahia Magrashi). Trainer: Vladan Milojević (Serbia).
Goals: Mehdi Ghaedi (29), Ali Karimi (38), Cheick Tidiane Diabaté (54).

	FINAL STANDINGS								
1.	**Al-Ahli Saudi FC Jeddah**	4	2	0	2	4	-	6	6
2.	**Esteghlal Tehran FC**	4	1	2	1	6	-	4	5
3.	Al Shorta FC Baghdad	4	1	2	1	4	-	4	5
4.	Al Wahda FC Abu Dhabi	*(withdrew)*							

GROUP B

Please note: **Al-Hilal Saudi FC Riyadh** were unable to name 13 players for their final match against Shabab Al Ahli Dubai FC, having only 11 players and the remaining players and team members being tested positive for COVID-19. They were considered to have withdrawn from the competition, and all previous matches played by them shall be considered "null and void" and would not be considered in determining the final group rankings.

10.02.2020, Pakhtakor Central Stadium, Tashkent; Attendance: 10,476
Referee: Adham Mohammed Tumah Makhadmeh (Jordan)
FC Pakhtakor Tashkent - Shabab Al Ahli Dubai FC   2-1(1-0)
Pakhtakor: Eldorbek Suyunov, Sherzod Azamov (81.Anzur Ismoilov), Egor Krimets, Farrukh Sayfiev (90+1.Vladimir Kozak), Khozhiakbar Alizhonov, Sardor Sobirkhuzhaev, Jaloliddin Masharipov, Odildzhon Khamrobekov, Dostonbek Khamdamov, Dragan Čeran, Igor Sergeev (73.Eren Derdiyok). Trainer: Shota Arveladze (Georgia).
Shabab Al Ahli: Majed Naser Humaid Bakheit Al Maqdemi, Yousif Jaber Naser Al Hammadi, Abdulaziz Hussain Haikal Mubarak Al Balooshi, Mohammed Marzooq Abdulla Mohd Al Matroushi, Mohammad Sebil Obaid Saeed Ibrahim, Ismael Salem Ismael Saeed Al Hammadi (73.Ahmed Khalil Sebait Mubarak Al Junaibi), Majed Hassan Ahmad Abdulla Al Ahmadi (84.Eid Khamis Eida Al Naemi), Federico Nicolás Cartabia, Abdullah Ali Hassan Mohamed Al Naqbi, Azizjon Ganiev (74.Harib Abdalla Suhail Al Musharrkh Al Maazmi), Pedro Pérez Conde. Trainer: Rodolfo Martín Arruabarrena (Argentina).
Goals: Jaloliddin Masharipov (18), Dragan Čeran (70) / Pedro Pérez Conde (67).

10.02.2020, Zabeel Stadium, Dubai (United Arab Emirates); Attendance: 3,801
Referee: Ko Hyung-jin (Korea Republic)
Al-Hilal Saudi FC Riyadh - Shahr Khodro FC Mashdad   2-0(1-0) / Voided
Al-Hilal: Abdullah Ibrahim Al Maiouf, Yasser Gharsan Al Shahrani (90.Ali Hadi Al Bulaihi), Abdullah Fareed Al Hafith, Jang Hyun-soo, Salman Mohammed Al Faraj, Abdullah Ibrahim Otayf (79.Mohamed Ibrahim Kanno), André Martín Carrillo Díaz (88.Nawaf Shaker Al Abed), Madallah Ali Al Olayan, Salem Mohammed Al Dawsari, Sebastian Giovinco, Bafétimbi Gomis. Trainer: Răzvan Lucescu (Romania).
Shahr Khodro: Mehdi Rahmati, Ali Nemati, Farshad Faraji, Hassan Jafari (79.Mohammad Aghajanpour), Mohammad Ali Faramarzi, Akbar Sadeghi, Amin Ghaseminejad, Milad Sarlak, Mohammad Ghazi (82.Myroslav Slavov), Hossein Mehraban (64.Mohammad Khalatbari), Saeid Sadeghi. Trainer: Mojtaba Sarasiaei.
Goals: André Martín Carrillo Díaz (45), Bafétimbi Gomis (69).

17.02.2020, Pakhtakor Central Stadium, Tashkent; Attendance: 19,420
Referee: Hettikamkanamge Chrishantha Dilan Perera (Sri Lanka)
FC Pakhtakor Tashkent - Shahr Khodro FC Mashdad   3-0(0-0)
Pakhtakor: Eldorbek Suyunov, Sherzod Azamov, Egor Krimets, Farrukh Sayfiev, Khozhiakbar Alizhonov, Sardor Sobirkhuzhaev (84.Khumoyunmirzo Iminov), Jaloliddin Masharipov, Odildzhon Khamrobekov, Dostonbek Khamdamov (90+1.Asad Sobirzhonov), Dragan Čeran (90.Eren Derdiyok), Igor Sergeev. Trainer: Shota Arveladze (Georgia).
Shahr Khodro: Mehdi Rahmati, Hassan Jafari (66.Mohammad Aghajanpour), Mohammad Hossein Moradmand, Akbar Sadeghi, Saeid Sadeghi (84.Hossein Mehraban), Milad Sarlak, Ali Nemati, Mohammad Reza Khalatbari, Mohammad Ghazi, Rouhollah Seifollahi (64.Amin Ghaseminejad), Farshad Faraji. Trainer: Mojtaba Sarasiaei.
Goals: Igor Sergeev (56, 59), Sherzod Azamov (87).

17.02.2020, Rashid Stadium, Dubai; Attendance: 6,240
Referee: Hiroyuki Kimura (Japan)
Shabab Al Ahli Dubai FC - Al-Hilal Saudi FC Riyadh   1-2(1-1) / Voided
Shabab Al Ahli: Majed Naser Humaid Bakheit Al Maqdemi, Mohammed Marzooq Abdulla Mohd Al Matroushi, Abdulaziz Hussain Haikal Mubarak Al Balooshi, Mohammed Sabeel Obaid, Yousif Jaber Naser Al Hammadi, Ismael Salem Ismael Saeed Al Hammadi (75.Harib Abdallah), Waleed Hussain Hassan Abdulla, Abdullah Ali Hassan Mohamed Al Naqbi (78.Azizjon Ganiev), Majed Hassan Ahmad Abdulla Al Ahmadi, Federico Nicolás Cartabia, Pedro Pérez Conde (64.Ahmed Khalil Sebait Mubarak Al Junaibi). Trainer: Rodolfo Martín Arruabarrena (Argentina).
Al-Hilal: Abdullah Ibrahim Al Maiouf, Mohammed Ibrahim Al Burayk (69.Madallah Ali Al Olayan), Yasser Gharsan Al Shahrani, Abdullah Fareed Al Hafith, Jang Hyun-soo, Salman Mohammed Al Faraj, Abdullah Ibrahim Otayf (16.Mohamed Ibrahim Kanno), André Martín Carrillo Díaz, Salem Mohammed Al Dawsari, Sebastian Giovinco, Bafétimbi Gomis (87.Saleh Khaled Al Shehri). Trainer: Răzvan Lucescu (Romania).
Goals: Yousif Jaber Naser Al Hammadi (24) / Bafétimbi Gomis (36, 72).

14.09.2020, Al Janoub Stadium, Al Wakrah; Attendance: 0
Referee: Ali Sabah Adday Al Qaysi (Iraq)
Shabab Al Ahli Dubai FC - Shahr Khodro FC Mashdad   1-0(0-0)
Shabab Al Ahli: Majed Naser Humaid Bakheit Al Maqdemi, Yousif Jaber Naser Al Hammadi, Walid Abbas Murad Yousuf Al Balooshi, Abdulaziz Hussain Haikal Mubarak Al Balooshi (81.Ahmed Abdulla Jamil Abdulla), Mohammed Marzooq Abdulla Mohd Al Matroushi, Ismael Salem Ismael Saeed Al Hammadi (55.Harib Abdalla Suhail Al Musharrkh Al Maazmi), Majed Hassan Ahmad Abdulla Al Ahmadi, Abdullah Ali Hassan Mohamed Al Naqbi (65.Carlos Eduardo Marques), Azizjon Ganiev, Ahmed Khalil Sebait Mubarak Al Junaibi (81.Pedro Pérez Conde), Ahmed Mohamed Ahmed Husain Al Hashmi Al Attas (64.Mohammed Jumaa Eid Al Bloushi). Trainer: Gerard Zaragoza.
Shahr Khodro: Matin Safaeian, Hassan Jafari, Mohammad Ali Faramarzi (88.Omid Mansouri), Akbar Sadeghi, Amin Ghaseminejad, Ali Taheran, Ali Nemati, Ali Nabizadeh (44.Rouhollah Seifollahi), Mohammad Reza Khalatbari, Hossein Mehraban (79.Mohammad Ghazi), Farshad Faraji. Trainer: Mehdi Rahmati.
Goal: Harib Abdalla Suhail Al Musharrkh Al Maazmi (75).

14.09.2020, Al Janoub Stadium, Al Wakrah; Attendance: 0
Referee: Ko Hyung-jin (Korea Republic)
Al-Hilal Saudi FC Riyadh - FC Pakhtakor Tashkent   2-1(1-0) / Voided
Al-Hilal: Abdullah Ibrahim Al Maiouf, Yasser Gharsan Al Shahrani, Abdullah Fareed Al Hafith, Jang Hyun-soo, Amiri Kurdi (88.Ali Hadi Al Bulaihi), Nasser Al Dawsari (82.Hattan Sultan Bahebri), André Martín Carrillo Díaz, Mohamed Ibrahim Kanno, Salem Mohammed Al Dawsari, Sebastian Giovinco, Bafétimbi Gomis. Trainer: Răzvan Lucescu (Romania).
Pakhtakor: Eldorbek Suyunov [*sent off 64*], Khozhiakbar Alizhonov, Anzur Ismoilov, Egor Krimets, Dostonbek Khamdamov (67.Sandzhar Kuvvatov), Odildzhon Khamrobekov, Sardor Sobirkhuzhaev (67.Abrorbek Ismoilov), Farrukh Sayfiyev (85.Akramzhon Komilov), Jaloliddin Masharipov, Dragan Ćeran, Igor Sergeev (62.Eren Derdiyok). Trainer: Shota Arveladze (Georgia).
Goals: Sebastian Giovinco (45+2), Hattan Sultan Bahebri (90+7) / Eren Derdiyok (70).

17.09.2020, Al Janoub Stadium, Al Wakrah; Attendance: 0
Referee: Hanna Hattab (Syria)
Shahr Khodro FC Mashdad - Shabab Al Ahli Dubai FC   0-1(0-0)
Shahr Khodro: Mohammad Javad Kia, Hassan Jafari, Mohammad Ali Faramarzi, Akbar Sadeghi (85.Omid Mansouri), Amin Ghaseminejad, Ali Taheran, Ali Nemati, Mohammad Reza Khalatbari (74.Amirhassan Jafari), Rouhollah Seifollahi (85.Alireza Asadabadi), Hossein Mehraban (61.Mohammad Ghazi), Farshad Faraji. Trainer: Mehdi Rahmati.
Shabab Al Ahli: Majed Naser Humaid Bakheit Al Maqdemi, Yousif Jaber Naser Al Hammadi, Walid Abbas Murad Yousuf Al Balooshi, Abdulaziz Hussain Haikal Mubarak Al Balooshi, Mohammed Marzooq Abdulla Mohd Al Matroushi, Ismael Salem Ismael Saeed Al Hammadi (46.Carlos Eduardo Marques), Majed Hassan Ahmad Abdulla Al Ahmadi, Azizjon Ganiev (61.Mohammed Jumaa Eid Al Bloushi), Eid Khamis Eida Al Naemi, Ahmed Khalil Sebait Mubarak Al Junaibi (79.Pedro Pérez Conde), Ahmed Mohamed Ahmed Husain Al Hashmi Al Attas (46.Hamdan Humaid Hassan Ahmed). Trainer: Gerard Zaragoza.
Goal: Pedro Pérez Conde (83).

17.09.2020, Al Janoub Stadium, Al Wakrah; Attendance: 0
Referce: Nawaf Abdullah Ghayyath Shukralla (Bahrain)
FC Pakhtakor Tashkent - Al-Hilal Saudi FC Riyadh   0-0 / Voided
Pakhtakor: Sandzhar Kuvvatov, Khozhiakbar Alizhonov, Anzur Ismoilov, Egor Krimets, Jaloliddin Masharipov, Dostonbek Khamdamov (67.Javokhir Sidikov), Odildzhon Khamrobekov, Abrorbek Ismoilov, Sardor Sobirkhuzhaev (90.Sadriddin Abdullaev), Farrukh Sayfiyev (77.Akramzhon Komilov), Eren Derdiyok (67.Igor Sergeev). Trainer: Shota Arveladze (Georgia).
Al-Hilal: Abdullah Ibrahim Al Maiouf, Ali Hadi Al Bulaihi, Jang Hyun-soo, Amiri Kurdi, Mohammed Yahya Jahfali, Nasser Al Dawsari, André Martín Carrillo Díaz, Mohamed Ibrahim Kanno, Salem Mohammed Al Dawsari (89.Hattan Sultan Bahebri), Sebastian Giovinco, Bafétimbi Gomis. Trainer: Răzvan Lucescu (Romania).

20.09.2020, Al Janoub Stadium, Al Wakrah; Attendance: 0
Referee: Ahmed Faisal Mohammad Al Ali (Jordan)
Shahr Khodro FC Mashdad - Al-Hilal Saudi FC Riyadh   0-0 / Voided
Shahr Khodro: Mohammad Javad Kia, Farshad Faraji, Hassan Jafari, Mohammad Ali Faramarzi, Akbar Sadeghi, Amin Ghaseminejad (89.Alireza Asadabadi), Ali Taheran (78.Ali Nabizadeh), Mohammad Ghazi (79.Morteza Khorasani), Hossein Mehraban (46.Mohammad Khalatbari), Omid Mansouri, Rouhollah Seifollahi (57.Saeid Sadeghi). Trainer: Mehdi Rahmati.
Al-Hilal: Abdullah Ibrahim Al Maiouf, Jang Hyun-soo, Amiri Kurdi, Madallah Ali Al Olayan, Mohammed Al Kunaydiri (77.Turki Fahad Marjan Al Mutairi), Mohammed Yahya Jahfali, Nasser Al Dawsari, André Martín Carrillo Díaz, Hattan Sultan Bahebri, Mohamed Ibrahim Kanno, Mansoor Faiez Al Bishi. Trainer: Răzvan Lucescu (Romania).

20.09.2020, Al Janoub Stadium, Al Wakrah; Attendance: 0
Referee: Muhammad Taqi Aljaafari Bin Jahari (Singapore)
Shabab Al Ahli Dubai FC - FC Pakhtakor Tashkent   0-0
Shabab Al Ahli: Majed Naser Humaid Bakheit Al Maqdemi, Walid Abbas Murad Yousuf Al Balooshi, Abdulaziz Hussain Haikal Mubarak Al Balooshi, Mohammed Jaber Naser Al Hammadi, Ahmed Abdulla Jamil Abdulla, Carlos Eduardo Marques, Majed Hassan Ahmad Abdulla Al Ahmadi, Abdullah Ali Hassan Mohamed Al Naqbi (62.Azizjon Ganiev), Eid Khamis Eida Al Naemi (53.Ahmed Mohamed Ahmed Husain Al Hashmi Al Attas; 76.Pedro Pérez Conde), Harib Abdalla Suhail Al Musharrkh Al Maazmi (62.Mohammed Jumaa Eid Al Bloushi), Ahmed Khalil Sebait Mubarak Al Junaibi. Trainer: Gerard Zaragoza.
Pakhtakor: Eldorbek Suyunov, Sherzod Azamov, Egor Krimets, Farrukh Sayfiev, Khozhiakbar Alizhonov, Sardor Sobirkhuzhaev (72.Abror Ismailov), Jaloliddin Masharipov, Odildzhon Khamrobekov, Dostonbek Khamdamov (65.Javokhir Sidikov), Dragan Čeran, Igor Sergeev (72.Eren Derdiyok). Trainer: Shota Arveladze (Georgia).

23.09.2020, Khalifa International Stadium, Doha; Referee: Ahmed Abu Bakar Said Al Kaf (Oman)
Al-Hilal Saudi FC Riyadh - Shabab Al Ahli Dubai FC   Cancelled

23.09.2020, Al Janoub Stadium, Al Wakrah; Attendance: 0
Referee: Hanna Hattab (Syria)
Shahr Khodro FC Mashdad - FC Pakhtakor Tashkent   0-1(0-0)
Shahr Khodro: Matin Safaeian, Hassan Jafari, Mohammad Ali Faramarzi (78.Alireza Asadabadi), Akbar Sadeghi, Ali Taheran, Ali Nemati, Mohammad Reza Khalatbari (69.Hossein Mehraban), Mohammad Ghazi, Rouhollah Seifollahi (78.Amirhassan Jafari), Farshad Faraji, Omid Mansouri. Trainer: Mehdi Rahmati.
Pakhtakor: Eldorbek Suyunov, Anzur Ismoilov, Egor Krimets (67.Sadriddin Abdullaev), Farrukh Sayfiev, Khozhiakbar Alizhonov (46.Akramzhon Komilov), Jaloliddin Masharipov, Odildzhon Khamrobekov (46.Vladimir Kozak), Dostonbek Khamdamov (46.Javokhir Sidikov), Abror Ismailov, Dragan Čeran (77.Asad Sobirzhonov), Igor Sergeev. Trainer: Shota Arveladze (Georgia).
Goal: Jaloliddin Masharipov (65).

FINAL STANDINGS

1.	**FC Pakhtakor Tashkent**	4	3	1	0	6 - 1	10
2.	**Shabab Al Ahli Dubai FC**	4	2	1	1	3 - 2	7
3.	Shahr Khodro FC Mashdad	4	0	0	4	0 - 6	0
4.	Al-Hilal Saudi FC Riyadh	*(withdrew)*					

GROUP C

11.02.2020, „Abdullah bin Khalifa" Stadium, Doha; Attendance: 3,780
Referee: Aziz Asimov (Uzbekistan)
Al-Duhail Sports Club Doha - Persepolis Tehran FC   2-0(2-0)
Al-Duhail: Amine Claude Lecomte-Addani, Medhi Benatia, Mohammed Musa Abbas Ali, Ahmed Yasser Elmohamady Abdel Rahman, Sultan Hussain Al Braik (90+3.Mohammed Emad Aiash), Karim Boudiaf, Edmilson Junior Paulo da Silva, Assim Omer Al Haj Madibo, Mario Mandžukić, Almoez Ali Zainalabiddin Abdulla (85.Ali Hassan Afif Yahya), Ilan Kwang-song (83.Khaled Mohammed Mohammed Saleh). Trainer: Walid Regragui (Morocco).
Persepolis: Alireza Beiranvand, Shoja Khalilzadeh, Mohsen Rabikhah (81.Omid Alishah), Hossein Kanaani, Mohammad Naderi, Bashar Resan Bonyan, Vahid Amiri, Ahmad Nourollahi, Mehdi Torabi (46.Ighodaro Christian Osaguona), Mehdi Shiri, Ali Alipour (64.Anthony Christopher Stokes). Trainer: Yahya Golmohammadi.
Goals: Mario Mandžukić (5), Edmilson Junior Paulo da Silva (13).

11.02.2020, Sharjah Stadium, Sharjah; Attendance: 8,523
Referee: Ryuji Sato (Japan)
Sharjah FC - Al-Taawon FC Buraidah   0-1(0-1)
Sharjah: Adel Mohamed Ali Mohamed Al Hosani, Shaheen Abdalla Abdelrahman Shaheen, Salem Sultan Al Sharji, Ali Mohammed Khamis Al Dhanhani (70.Omar Juma Rabiah), Alhusain Saleh Easa Qutaif Al Hennawi, Ryan Isaac Mendes da Graça, Otabek Shukurov, Mohammed Abdulbasit Al Abdullah (81.Mohammed Saeed Rashed Saiwed Al Shehhi), Caio Lucas Fernandes, Mohammed Khalfan Ali Mesmari, Majed Suroor Masouz Al Yassi. Trainer: Abdulaziz Mohamed Ahmed Bakr Al Yassi.
Al-Taawon: Cássio Albuquerque dos Anjos, Ahmed Hassan Assiri, Talal Ali Al Absi, Yaseen Omar Barnawi, Fahad Al Hamad, Mohammed Abu Sabaan, Cédric Amissi, Faisal Darwish Faraj, Abdulmajeed Abdullah Al Swat (88.Nasser Al Daajani), Fahad Ayidh Al Rashidi (84.Sultan Ahmed Mohammed Mendash), Mohammad Ibrahim Mohammed Al Sahlawi (90+1.Saleh Al Saeed). Trainer: Vítor Fernando de Carvalho Campelos (Portugal).
Goal: Faisal Darwish Faraj (34).

18.02.2020, Sharjah Stadium, Sharjah; Attendance: 5,200
Referee: Christopher James Beath (Australia)
Sharjah FC - Persepolis Tehran FC   2-2(2-2)
Sharjah: Adel Mohamed Ali Mohamed Al Hosani, Shaheen Abdalla Abdelrahman Shaheen, Salem Sultan Al Sharji, Abdullah Ghanem Jumaa, Ali Mohammed Khamis Al Dhanhani, Alhusain Saleh Easa Qutaif Al Hennawi, Ryan Isaac Mendes da Graça, Otabek Shukurov, Mohammed Abdulbasit Al Abdullah (73.Majed Suroor Masouz Al Yassi), Caio Lucas Fernandes, Mohammed Khalfan Ali Mesmari (88.Omar Juma Rabiah). Trainer: Abdulaziz Mohamed Ahmed Bakr Al Yassi.
Persepolis: Alireza Beiranvand, Seyed Jalal Hosseini (46.Hossein Kanaani), Shoja Khalilzadeh, Mohammad Ansari, Kamal Kamyabinia, Vahid Amiri (75.Bashar Resan Bonyan), Ahmad Nourollahi, Mehdi Torabi, Mehdi Shiri, Ali Alipour, Ighodaro Christian Osaguona (70.Anthony Christopher Stokes). Trainer: Yahya Golmohammadi.
Goals: Mohammed Khalfan Ali Mesmari (25), Ryan Isaac Mendes da Graça (45+1) / Ali Alipour (9, 27).

18.02.2020, „King Abdullah" Sport City Stadium, Buraidah; Attendance: 15,346
Referee: Adham Mohammed Tumah Makhadmeh (Jordan)
Al-Taawon FC Buraidah - Al-Duhail Sports Club Doha   2-0(1-0)
Al-Taawon: Cássio Albuquerque dos Anjos, Ahmed Hassan Assiri, Talal Ali Al Absi, Yaseen Omar Barnawi, Fahad Al Hamad, Mohammed Abu Sabaan, Cédric Amissi, Faisal Darwish Faraj, Abdulmajeed Abdullah Al Swat (81.Sultan Ahmed Mohammed Mendash), Fahad Ayidh Al Rashidi (76.Nasser Al Daajani), Mohammad Ibrahim Mohammed Al Sahlawi (86.Léandre Gaël Tawamba Kana). Trainer: Vítor Fernando de Carvalho Campelos (Portugal).
Al-Duhail: Amine Claude Lecomte-Addani, Medhi Benatia, Mohammed Musa Abbas Ali, Ahmed Yasser Elmohamady Abdel Rahman, Sultan Hussain Al Braik (57.Almoez Ali Zainalabiddin Abdulla), Karim Boudiaf, Edmilson Junior Paulo da Silva, Assim Omer Al Haj Madibo (67.Khaled Mohammed Mohammed Saleh), Ali Hassan Afif Yahya, Mario Mandžukić, Han Kwang-song (73.Hamad Mohammed Saud Jaouad Al Abidi). Trainer: Walid Regragui (Morocco).
Goals: Mohammad Ibrahim Mohammed Al Sahlawi (34), Abdulmajeed Abdullah Al Swat (55).

15.09.2020, Education City Stadium, Doha; Attendance: 0
Referee: Muhammad Taqi Aljaafari Bin Jahari (Singapore)
Al-Duhail Sports Club Doha - Sharjah FC   2-1(1-0)
Al-Duhail: Khalifa Ababacar Ndiaye, Medhi Benatia, Mohammed Musa Abbas Ali, Ramin Rezaeian, Ahmed Yasser Elmohamady Abdel Rahman, Sultan Hussain Al Braik, Luiz Martin Carlos Júnior, Abdullah Abdulsalam Al Ahrak (90+2.Mohammed Emad Aiash), Ali Hassan Afif Yahya (76.Ismaeel Mohammad Mohammad), Eduardo Pereira Rodrigues „Dudu" (84.Khaled Mohammed Mohammed Saleh), Almoez Ali Zainalabiddin Abdulla. Trainer: Walid Regragui (Morocco).
Sharjah: Adel Mohamed Ali Mohamed Al Hosani, Shaheen Abdalla Abdelrahman Shaheen, Salem Sultan Al Sharji, Ali Mohammed Khamis Al Dhanhani, Khaled Ibrahim Helal Al Dhanhani, Igor Caique Coronado (82.Saif Rashid Nasir Ahmed Al Shemili), Otabek Shukurov, Mohammed Abdulbasit Al Abdullah (63.Khaled Abdurahman Ba Wazir), Caio Lucas Fernandes, Majed Suroor Masouz Al Yassi (86.Salem Saleh Mussallam Salem Al Rejaibi), Welliton Soares Morais. Trainer: Abdulaziz Mohamed Ahmed Bakr Al Yassi.
Goals: Almoez Ali Zainalabiddin Abdulla (41), Ramin Rezaeian (51) / Igor Caique Coronado (58 penalty).

15.09.2020, Education City Stadium, Doha; Attendance: 10
Referee: Ahmed Abu Bakar Said Al Kaf (Oman)
Persepolis Tehran FC - Al-Taawon FC Buraidah   1-0(0-0)
Persepolis: Hamed Lak, Shoja Khalilzadeh, Hossein Kanaani, Bashar Resan Bonyan (82.Omid Alishah), Saeid Aghaei, Vahid Amiri, Siamak Nemati, Ahmad Nourollahi, Ehsan Pahlavan, Milad Sarlak, Issa Aleakasir Rajabi (78.Arman Ramezani). Trainer: Yahya Golmohammadi.
Al-Taawon: Cássio Albuquerque dos Anjos, Ahmed Hassan Assiri, Iago Azevedo dos Santos, Hassan Kadesh Mahboob, Yaseen Omar Barnawi, Cédric Amissi, Ryan Al Mousa (88.Mansour Saeed Al Muwallad), Sultan Ahmed Mohammed Mendash (90+2.Rabeaa Al Sofiani), Abdulmajeed Abdullah Al Swat, Fahad Ayidh Al Rashidi (77.Abdullah Al Joui), Mitchell Thomas Duke. Trainer: Abdullah Assiri.
Goal: Shoja Khalilzadeh (83).

18.09.2020, Education City Stadium, Doha; Attendance: 0
Referee: Omar Mubarak Mazaroua Al Yaqoubi (Oman)
Sharjah FC - Al-Duhail Sports Club Doha   4-2(1-1)
Sharjah: Adel Mohamed Ali Mohamed Al Hosani, Shaheen Abdalla Abdelrahman Shaheen, Salem Sultan Al Sharji, Ali Mohammed Khamis Al Dhanhani (87.Abdullah Ghanem Jumaa), Khaled Ibrahim Helal Al Dhanhani, Igor Caique Coronado, Saif Rashid Nasir Ahmed Al Shemili (88.Mohammed Khalfan Ali Mesmari), Caio Lucas Fernandes, Majed Suroor Masouz Al Yassi, Welliton Soares Morais (90+4.Salem Saleh Mussallam Salem Al Rejaibi), Khaled Abdurahman Ba Wazir (90+4.Abdelrahman Juma Rabeeh). Trainer: Abdulaziz Mohamed Ahmed Bakr Al Yassi.
Al-Duhail: Khalifa Ababacar Ndiaye, Medhi Benatia [*sent off 59*], Mohammed Musa Abbas Ali, Ramin Rezaeian, Ahmed Yasser Elmohamady Abdel Rahman, Sultan Hussain Al Braik, Luiz Martin Carlos Júnior (84.Ismaeel Mohammad Mohammad), Abdullah Abdulsalam Al Ahrak (90+1.Khaled Mohammed Mohammed Saleh), Ali Hassan Afif Yahya (51.Mohammed Muntari), Eduardo Pereira Rodrigues „Dudu", Almoez Ali Zainalabiddin Abdulla. Trainer: Walid Regragui (Morocco).
Goals: Khaled Abdurahman Ba Wazir (18), Majed Suroor Masouz Al Yassi (62), Igor Caique Coronado (75 penalty), Caio Lucas Fernandes (90+1) / Abdullah Abdulsalam Al Ahrak (12), Almoez Ali Zainalabiddin Abdulla (70).

18.09.2020, Education City Stadium, Doha; Attendance: 10
Referee: Mohanad Qasim Sarray (Iraq)
Al-Taawon FC Buraidah - Persepolis Tehran FC   0-1(0-0)
Al-Taawon: Cássio Albuquerque dos Anjos, Ahmed Hassan Assiri, Iago Azevedo dos Santos, Hassan Kadesh Mahboob, Yaseen Omar Barnawi, Cédric Amissi, Ryan Al Mousa (86.Sumayhan Dhaidan Al Nabit Al Baqaawi), Abdulmajeed Abdullah Al Swat (26.Rabeaa Al Sofiani), Abdullah Al Joui (62.Thaar Hussain Al Otaibi), Fahad Ayidh Al Rashidi (62.Sultan Ahmed Mohammed Mendash), Mitchell Thomas Duke (86.Mansour Saeed Al Muwallad). Trainer: Patrice Carteron (France).
Persepolis: Hamed Lak, Seyed Jalal Hosseini, Shoja Khalilzadeh, Kamal Kamyabinia, Bashar Resan Bonyan (88.Omid Alishah), Saeid Aghaei, Vahid Amiri, Siamak Nemati, Ehsan Pahlavan (90+1.Ahmad Nourollahi), Milad Sarlak, Issa Alekasir Rajabi (69.Arman Ramezani). Trainer: Yahya Golmohammadi.
Goal: Bashar Resan Bonyan (48 penalty).

21.09.2020, Education City Stadium, Doha; Attendance: 0
Referee: Hettikamkanamge Chrishantha Dilan Perera (Sri Lanka)
Persepolis Tehran FC - Al-Duhail Sports Club Doha   0-1(0-0)
Persepolis: Hamed Lak, Seyed Jalal Hosseini (72.Omid Alishah), Shoja Khalilzadeh, Hossein Kanaani, Kamal Kamyabinia (72.Ali Shojaei), Bashar Resan Bonyan, Vahid Amiri, Siamak Nemati, Ehsan Pahlavan, Milad Sarlak (65.Ahmad Nourollahi), Issa Alekasir Rajabi (65.Arman Ramezani). Trainer: Yahya Golmohammadi.
Al-Duhail: Mohammed Ahmed Al Bakri, Medhi Benatia, Ramin Rezaeian, Ahmed Yasser Elmohamady Abdel Rahman, Sultan Hussain Al Braik, Karim Boudiaf (75.Khaled Mohammed Mohammed Saleh), Luiz Martin Carlos Júnior, Edmilson Junior Paulo da Silva (75.Ismaeel Mohammad Mohammad), Abdullah Abdulsalam Al Ahrak (88.Ali Hassan Afif Yahya), Eduardo Pereira Rodrigues „Dudu" (68.Mohammed Muntari), Almoez Ali Zainalabiddin Abdulla. Trainer: Walid Regragui (Morocco).
Goal: Almoez Ali Zainalabiddin Abdulla (60 penalty).

21.09.2020, Education City Stadium, Doha; Attendance: 10
Referee: Kim Dae-yong (Korea Republic)
Al-Taawon FC Buraidah - Sharjah FC   **0-6(0-1)**
Al-Taawon: Cássio Albuquerque dos Anjos, Ahmed Hassan Assiri, Iago Azevedo dos Santos, Hassan Kadesh Mahboob, Yaseen Omar Barnawi (37.Faisal Darwish Faraj), Mohammed Abu Sabaan, Ryan Al Mousa (71.Fahad Al Hamad), Fahad Ayidh Al Rashidi (71.Mansour Saeed Al Muwallad), Rabeaa Al Sofiani (56.Abdulmajeed Abdullah Al Swat), Mohammad Ibrahim Mohammed Al Sahlawi (71.Sultan Ahmed Mohammed Mendash), Mitchell Thomas Duke. Trainer: Patrice Carteron (France).
Sharjah: Adel Mohamed Ali Mohamed Al Hosani, Shaheen Abdalla Abdelrahman Shaheen, Salem Sultan Al Sharji (77.Hamad Jassim Hassan Al , Jasmi), Ali Mohammed Khamis Al Dhanhani (77.Abdullah Ghanem Jumaa), Khaled Ibrahim Helal Al Dhanhani, Igor Caique Coronado (77.Mohammed Khalfan Ali Mesmari), Saif Rashid Nasir Ahmed Al Shemili (54.Mohammed Abdulbasit Al Abdullah), Otabek Shukurov, Caio Lucas Fernandes, Welliton Soares Morais (70.Salem Saleh Mussallam Salem Al Rejaibi), Khaled Abdurahman Ba Wazir. Trainer: Abdulaziz Mohamed Ahmed Bakr Al Yassi.
Goals: Saif Rashid Nasir Ahmed Al Shemili (45+1), Welliton Soares Morais (49), Mohammed Abdulbasit Al Abdullah (54), Welliton Soares Morais (57, 61), Caio Lucas Fernandes (68).

24.09.2020, Education City Stadium, Doha; Attendance: 10
Referee: Mohd Amirul Izwan Yaacob (Malaysia)
Al-Duhail Sports Club Doha - Al-Taawon FC Buraidah   **0-1(0-0)**
Al-Duhail: Mohammed Ahmed Al Bakri, Medhi Benatia, Mohammed Musa Abbas Ali, Ahmed Yasser Elmohamady Abdel Rahman, Sultan Hussain Al Braik, Karim Boudiaf (64.Khaled Mohammed Mohammed Saleh), Edmilson Junior Paulo da Silva, Abdullah Abdulsalam Al Ahrak, Eduardo Pereira Rodrigues „Dudu" (84.Ali Hassan Afif Yahya), Ismaeel Mohammad Mohammad, Almoez Ali Zainalabiddin Abdulla. Trainer: Walid Regragui (Morocco).
Al-Taawon: Cássio Albuquerque dos Anjos, Iago Azevedo dos Santos, Hassan Kadesh Mahboob (60.Ryan Al Mousa), Hamdan Ashwi Al Ruwaili (38.Saad Yaslam Balobaid), Fahad Al Hamad (83.Rabeaa Al Sofiani), Mohammed Abu Sabaan, Cédric Amissi, Faisal Darwish Faraj, Abdulmajeed Abdullah Al Swat (60.Sultan Ahmed Mohammed Mendash), Mohammad Ibrahim Mohammed Al Sahlawi, Mitchell Thomas Duke. Trainer: Patrice Carteron (France).
Goal: Mitchell Thomas Duke (86).

24.09.2020, „Jassim Bin Hamad" Stadium, Doha; Attendance: 0
Referee: Ilgiz Tantashev (Uzbekistan)
Persepolis Tehran FC - Sharjah FC   **4-0(3-0)**
Persepolis: Hamed Lak, Shoja Khalilzadeh, Hossein Kanaani, Bashar Resan Bonyan (80.Omid Alishah), Saeid Aghaei (80.Ali Shojaei), Vahid Amiri, Siamak Nemati (87.Seyed Jalal Hosseini), Ahmad Nourollahi, Ehsan Pahlavan (87.Arman Ramezani), Milad Sarlak, Issa Alekasir Rajabi (81.Mehdi Abdi Qara). Trainer: Yahya Golmohammadi.
Sharjah: Adel Mohamed Ali Mohamed Al Hosani, Shaheen Abdalla Abdelrahman Shaheen, Salem Sultan Al Sharji, Ali Mohammed Khamis Al Dhanhani (81.Salem Saleh Mussallam Salem Al Rejaibi), Khaled Ibrahim Helal Al Dhanhani, Igor Caique Coronado, Otabek Shukurov, Caio Lucas Fernandes, Majed Suroor Masouz Al Yassi (90+1.Mohammed Abdulbasit Al Abdullah), Welliton Soares Morais (90.Abdullah Ghanem Jumaa), Khaled Abdurahman Ba Wazir (63.Mohammed Khalfan Ali Mesmari). Trainer: Abdulaziz Mohamed Ahmed Bakr Al Yassi.
Goals: Shoja Khalilzadeh (2), Issa Alekasir Rajabi (41), Vahid Amiri (44), Mehdi Abdi Qara (90+1).

FINAL STANDINGS

1.	**Persepolis Tehran FC**	6	3	1	2	8	-	5	10
2.	**Al-Taawon FC Buraidah**	6	3	0	3	4	-	8	9
3.	Al-Duhail Sports Club Doha	6	3	0	3	7	-	8	9
4.	Sharjah FC	6	2	1	3	13	-	11	7

GROUP D

11.02.2020, „Hazza bin Zayed" Stadium, Al Ain; Attendance: 7,028
Referee: Hiroyuki Kimura (Japan)
Al-Ain Sports and Cultural Club - Sepahan Esfahan FC   **0-4(0-1)**
Al-Ain: Khalid Eisa Mohammed Bilal Saeed, Mohamed Ismail Ahmed Ismail, Tsukasa Shiotani, Saeed Juma Hassan Al Saadi, Salem Abdullah Salmeen Al Jabri, Bandar Mohammed Mohammed Saeed Mahdi Al Ahbabi (56.Jamal Ibrahim Hassain Maroof), Bauyrzhan Islamkhan, Ahmed Barman Ali Shamroukh Hammoudi (65.Omar Yaisien), Falah Waleed Jumaa Al Junaibi, Caio Lucas Fernandes (80.Mohsen Abdullah Omar Salem), Kodjo Fo-Doh Laba. Trainer: Pedro Emanuel dos Santos Martins Silva (Portugal).
Sepahan: Payam Niazmand, Mohammad Tayebi, Morteza Mansouri, Ali Mosleh Taklimi, Mehdi Kiani, Soroosh Rafiei (83.Vladimir Koman), Saeid Aghaei, Omid Noorafkan, Mohammad Mohebi, Kiros Stânlley Soares Ferraz (77.Ali Ghorbani), Mohammad Reza Hosseini (71.Sajjad Shahbazzadeh). Trainer: Amir Ghalenoei.
Goals: Mohammad Mohebi (38), Kiros Stânlley Soares Ferraz (46), Soroosh Rafiei (52), Mohammad Tayebi (78).

11.02.2020, „Prince Faisal bin Fahd" Stadium, Riyadh; Attendance: 11,828
Referee: Christopher James Beath (Australia)
Al-Nassr FC Riyadh - Al-Sadd Sports Club   **2-2(1-1)**
Al-Nassr: Bradley Scott Jones, Abdulrahman Ahmed Abdullah Al Obaid, Sultan Abdullah Al Ghanam, Abdulelah Ali Al Amri, Naif Saeed Almas, Giuliano Victor de Paula, Yahya Sulaiman Ali Al Shehri (80.Khalid Eisa Mohammed Bilal Saeed Al Ghannam), Mukhtar Abdullahi Ali, Abdulrahman Mutlaq Al Dawsari, Nordin Amrabat, Abderazak Hamdallah. Trainer: Rui Carlos Pinho da Vitória (Portugal).
Al-Sadd: Saad Abdullah Al Sheeb Al Dossary, Boualem Khoukhi, Pedro Miguel Carvalho Deus Correia "Ró-Ró", Yasser Aboubaker Isa (82.Hamid Ismaeil Khaleefa Hamid), Gabriel Fernández Arenas „Gabi", Nam Tae-hee (78.Hashim Ali Abdullatif Ali), Jung Woo-young, Tarek Salman Suleiman Odeh, Hasan Khalid Al Haydous, Baghdad Bounedjah, Akram Hassan Afif Yahya. Trainer: Xavier Hernández Creus „Xavi" (Spain).
Goals: Abderazak Hamdallah (7), Abdulrahman Ahmed Abdullah Al Obaid (53) / Abdulelah Ali Al Amri (9 own goal), Hasan Khalid Al Haydous (48).

18.02.2020, „Hazza bin Zayed" Stadium, Al Ain; Attendance: 7,326
Referee: Nawaf Abdullah Ghayyath Shukralla (Bahrain)
Al-Ain Sports and Cultural Club - Al-Nassr FC Riyadh   **1-2(1-0)**
Al-Ain: Khalid Eisa Mohammed Bilal Saeed, Mohamed Ahmed Ali Gharib Juma, Mohamed Ismail Ahmed Ismail, Tsukasa Shiotani, Saeed Juma Hassan Al Saadi (75.Bandar Mohammed Mohammed Saeed Mahdi Al Ahbabi), Salem Abdullah Salmeen Al Jabri, Bauyrzhan Islamkhan (68.Mohsen Abdullah Omar Salem), Ahmed Barman Ali Shamroukh Hammoudi, Omar Yaisien, Caio Lucas Fernandes (68.Jamal Ibrahim Hassain Maroof), Kodjo Fo-Doh Laba. Trainer: Pedro Emanuel dos Santos Martins Silva (Portugal).
Al-Nassr: Bradley Scott Jones, Abdulrahman Ahmed Abdullah Al Obaid, Sultan Abdullah Al Ghanam, Abdulelah Ali Al Amri, Naif Saeed Almas, Giuliano Victor de Paula (87.Abdulaziz Jebreen Al Jebreen), Yahya Sulaiman Ali Al Shehri (72.Khalid Eisa Mohammed Bilal Saeed Al Ghannam), Mukhtar Abdullahi Ali (90+4.Omar Ibrahim Omar Othman Hawsawi), Abdulrahman Mutlaq Al Dawsari, Nordin Amrabat, Abderazak Hamdallah. Trainer: Rui Carlos Pinho da Vitória (Portugal).
Goals: Omar Yaisien (18) / Mukhtar Abdullahi Ali (57), Abderazak Hamdallah (80).

18.02.2020, „Jassim Bin Hamad" Stadium, Doha; Attendance: 5,843
Referee: Aziz Asimov (Uzbekistan)
Al-Sadd Sports Club - Sepahan Esfahan FC   **3-0(0-0)**
Al-Sadd: Saad Abdullah Al Sheeb Al Dossary, Boualem Khoukhi (76.Mohammed Waad Abdulwahab Jadoua Al Bayati), Pedro Miguel Carvalho Deus Correia "Ró-Ró" (83.Hamid Ismaeil Khaleefa Hamid), Yasser Aboubaker Isa, Gabriel Fernández Arenas „Gabi", Nam Tae-hee, Jung Woo-young, Tarek Salman Suleiman Odeh, Hasan Khalid Al Haydous, Baghdad Bounedjah, Akram Hassan Afif Yahya (86.Hashim Ali Abdullatif Ali). Trainer: Xavier Hernández Creus „Xavi" (Spain).
Sepahan: Payam Niazmand, Mohammad Tayebi, Morteza Mansouri (70.Reza Mirzaei), Ali Mosleh Taklimi, Mehdi Kiani, Soroosh Rafiei (59.Sajjad Shahbazzadeh), Saeid Aghaei, Omid Noorafkan, Mohammad Mohebi, Mohammad Reza Hosseini, Ali Ghorbani (83.Muhsen Saleh Abdullah Ali Al Ghassani). Trainer: Amir Ghalenoei.
Goals: Akram Hassan Afif Yahya (51), Hasan Khalid Al Haydous (72, 78).

15.09.2020, „Jassim Bin Hamad" Stadium, Doha; Attendance: 0
Referee: Hettikamkanamge Chrishantha Dilan Perera (Sri Lanka)
Al-Ain Sports and Cultural Club - Al-Sadd Sports Club   **3-3(2-1)**
Al-Ain: Khalid Eisa Mohammed Bilal Saeed, Tsukasa Shiotani, Salem Abdullah Salmeen Al Jabri, Mohammed Ali Shaker Ali Al Mahri, Mohammed Abdulrahman Ahmed Al Raqi Al Almoudi (90.Jamal Ibrahim Hassain Maroof), Wilson Bruno Naval da Costa Eduardo (80.Mohamed Ismail Ahmed Ismail), Bandar Mohammed Mohammed Saeed Mahdi Al Ahbabi, Bauyrzhan Islamkhan (62.Yahya Nader Mostafa Sherif), Ahmed Barman Ali Shamroukh Hammoudi, Caio Lucas Fernandes (90.Rayan Yaslam Mohamad Aboudan Al Jaberi), Kodjo Fo-Doh Laba. Trainer: Pedro Emanuel dos Santos Martins Silva (Portugal).
Al-Sadd: Saad Abdullah Al Sheeb Al Dossary, Boualem Khoukhi, Abdelkarim Hasan Fadlalla, Pedro Miguel Carvalho Deus Correia "Ró-Ró", Santiago Cazorla González „Santi Cazorla", Nam Tae-hee (80.Mohammed Waad Abdulwahab Jadoua Al Bayati), Guilherme dos Santos Torres, Tarek Salman Suleiman Odeh, Hasan Khalid Al Haydous (74.Youssef Abdel Razaq Youssef), Baghdad Bounedjah, Akram Hassan Afif Yahya (90+3.Rodrigo Barbosa Tabata). Trainer: Xavier Hernández Creus „Xavi" (Spain).
Goals: Kodjo Fo-Doh Laba (5), Bauyrzhan Islamkhan (38), Boualem Khoukhi (67 own goal) / Akram Hassan Afif Yahya (35), Santiago Cazorla González „Santi Cazorla" (55), Baghdad Bounedjah (60).

15.09.2020, „Jassim Bin Hamad" Stadium, Doha; Attendance: 0
Referee: Adham Mohammed Tumah Makhadmeh (Jordan)
Sepahan Esfahan FC - Al-Nassr FC Riyadh   **0-2(0-1)**
Sepahan: Payam Niazmand, Giorgi Gvelesiani, Ezzatollah Pourghaz, Mehdi Kiani, Mohsen Mosalman (65.Seyed Mohammad Karimi), Soroosh Rafiei (74.Rasoul Navidkia), Omid Noorafkan, Mohammad Mohebi (85.Mehdi Torkaman), Kiros Stânlley Soares Ferraz (65.Reza Mirzaei), Danial Esmaeilifar, Muhsen Saleh Abdullah Ali Al Ghassani (85.Sajjad Shahbazzadeh). Trainer: Moharram Navidkia.
Al-Nassr: Bradley Scott Jones, Maicon Pereira Roque, Abdulrahman Ahmed Abdullah Al Obaid, Abdullah Mohammed Madu, Sultan Abdullah Al Ghanam, Abdulmajeed Al Sulaiheem (89.Abdulrahman Mutlaq Al Dawsari), Abdullah Mohammed Al Khaibari, Gonzalo Nicolás Martínez (82.Abdulaziz Saeed Al Dawsari), Abderazak Hamdallah (89.Abdulfattah Mohamed Adam), Abdulfattah Tawfiq Asiri (70.Mukhtar Abdullahi Ali), Khalid Eisa Mohammed Bilal Saeed Al Ghannam (82.Firas Tariq Nasser Al Albirakan). Trainer: Rui Carlos Pinho da Vitória (Portugal).
Goals: Abderazak Hamdallah (29, 48).

18.09.2020, „Jassim Bin Hamad" Stadium, Doha; Attendance: 0
Referee: Mohd Amirul Izwan Yaacob (Malaysia)
Al-Sadd Sports Club - Al-Ain Sports and Cultural Club   4-0(1-0)
Al-Sadd: Saad Abdullah Al Sheeb Al Dossary, Boualem Khoukhi, Abdelkarim Hasan Fadlalla, Pedro Miguel Carvalho Deus Correia "Ró-Ró" (73.Tarek Salman Suleiman Odeh), Mosab Khader Mohamed, Santiago Cazorla González „Santi Cazorla", Nam Tae-hee (73.Rodrigo Barbosa Tabata), Guilherme dos Santos Torres, Mohammed Waad Abdulwahab Jadoua Al Bayati (59.Hasan Khalid Al Haydous), Baghdad Bounedjah (82.Hashim Ali Abdullatif Ali), Akram Hassan Afif Yahya (82.Ahmed Bader Sayyar). Trainer: Xavier Hernández Creus „Xavi" (Spain).
Al-Ain: Khalid Eisa Mohammed Bilal Saeed, Tsukasa Shiotani, Salem Abdullah Salmeen Al Jabri, Mohammed Ali Shaker Ali Al Mahri, Mohammed Abdulrahman Ahmed Al Raqi Al Almoudi, Wilson Bruno Naval da Costa Eduardo (68.Jamal Ibrahim Hassain Maroof), Bandar Mohammed Mohammed Saeed Mahdi Al Ahbabi, Bauyrzhan Islamkhan (68.Fahad Salim Hadid Obaid Ghraib), Ahmed Barman Ali Shamroukh Hammoudi (75.Yahya Nader Mostafa Sherif), Caio Lucas Fernandes (80.Rayan Yaslam Mohamad Aboudan Al Jaberi), Kodjo Fo-Doh Laba (80.Mohammed Khalfan Zayed Al Harasi). Trainer: Pedro Emanuel dos Santos Martins Silva (Portugal).
Goals: Baghdad Bounedjah (26), Akram Hassan Afif Yahya (56), Baghdad Bounedjah (70), Rodrigo Barbosa Tabata (86).

18.09.2020, „Jassim Bin Hamad" Stadium, Doha; Attendance: 0
Referee: Ilgiz Tantashev (Uzbekistan)
Al-Nassr FC Riyadh - Sepahan Esfahan FC   2-0(2-0)
Al-Nassr: Bradley Scott Jones, Maicon Pereira Roque, Abdulrahman Ahmed Abdullah Al Obaid (84.Awadh Khamis Faraj), Abdullah Mohammed Madu, Sultan Abdullah Al Ghanam, Abdulmajeed Al Sulaiheem (73.Abdulaziz Saeed Al Dawsari), Abdullah Mohammed Al Khaibari, Gonzalo Nicolás Martínez (73.Ayman Yahya Salem), Abderazak Hamdallah (84.Abdulfattah Mohamed Adam), Abdulfattah Tawfiq Asiri (60.Abdulrahman Mutlaq Al Dawsari), Khalid Eisa Mohammed Bilal Saeed Al Ghannam. Trainer: Rui Carlos Pinho da Vitória (Portugal).
Sepahan: Payam Niazmand, Giorgi Gvelesiani, Mohammad Nejadmehdi, Rasoul Navidkia (67.Seyed Mohammad Karimi), Mehdi Kiani (82.Mohsen Mosalman), Soroosh Rafiei, Omid Noorafkan, Mohammad Mohebi (79.Reza Dehghani), Sajjad Shahbazzadeh (67.Kiros Stânlley Soares Ferraz), Danial Esmaeilifar, Muhsen Saleh Abdullah Ali Al Ghassani (46.Reza Mirzaei). Trainer: Moharram Navidkia.
Goals: Abdullah Mohammed Madu (32), Abderazak Hamdallah (41).

21.09.2020, „Jassim Bin Hamad" Stadium, Doha; Attendance: 0
Referee: Masoud Tufayelieh Jamil Naifa (Syria)
Al-Sadd Sports Club - Al-Nassr FC Riyadh   1-1(0-1)
Al-Sadd: Saad Abdullah Al Sheeb Al Dossary, Boualem Khoukhi (46.Mosab Khader Mohamed), Abdelkarim Hasan Fadlalla (46.Ahmed Suhail Al Hamawende), Pedro Miguel Carvalho Deus Correia "Ró-Ró", Santiago Cazorla González „Santi Cazorla", Nam Tae-hee, Guilherme dos Santos Torres, Tarek Salman Suleiman Odeh (79.Youssef Abdel Razaq Youssef), Hasan Khalid Al Haydous (71.Rodrigo Barbosa Tabata), Baghdad Bounedjah, Akram Hassan Afif Yahya. Trainer: Xavier Hernández Creus „Xavi" (Spain).
Al-Nassr: Bradley Scott Jones, Maicon Pereira Roque, Sultan Abdullah Al Ghanam, Abdulelah Ali Al Amri, Awadh Khamis Faraj, Abdulmajeed Al Sulaiheem (68.Gonzalo Nicolás Martínez), Mukhtar Abdullahi Ali, Abdulrahman Mutlaq Al Dawsari, Ayman Yahya Salem (79.Firas Tariq Nasser Al Albirakan), Abdulfattah Mohamed Adam (90+2.Abdulaziz Saeed Al Dawsari), Khalid Eisa Mohammed Bilal Saeed Al Ghannam (68.Sami Khalil Al Naji). Trainer: Rui Carlos Pinho da Vitória (Portugal).
Goals: Baghdad Bounedjah (87) / Khalid Eisa Mohammed Bilal Saeed Al Ghannam (22).

21.09.2020, „Jassim Bin Hamad" Stadium, Doha; Attendance: 0
Referee: Ali Shaban (Kuwait)
Sepahan Esfahan FC - Al-Ain Sports and Cultural Club   0-0
Sepahan: Payam Niazmand, Ezzatollah Pourghaz, Mohammad Nejadmehdi, Rasoul Navidkia (72.Mehdi Kiani), Seyed Mohammad Karimi, Mohammad Mohebi, Yasin Salmani (46.Soroosh Rafiei), Kiros Stânlley Soares Ferraz, Mehdi Torkaman (57.Omid Noorafkan), Reza Mirzaei (46.Danial Esmaeilifar), Muhsen Saleh Abdullah Ali Al Ghassani (81.Abolfazl Akashe). Trainer: Moharram Navidkia.
Al-Ain: Khalid Eisa Mohammed Bilal Saeed, Mohamed Ismail Ahmed Ismail, Tsukasa Shiotani, Salem Abdullah Salmeen Al Jabri (60.Fahad Salim Hadid Obaid Ghraib), Bandar Mohammed Mohammed Saeed Mahdi Al Ahbabi (85.Mohammed Khalfan Zayed Al Harasi), Bauyrzhan Islamkhan, Rayan Yaslam Mohamad Aboudan Al Jaberi (61.Mohsen Abdullah Omar Salem), Ahmed Barman Ali Shamroukh Hammoudi, Ali Saeed Al Blooshi, Caio Lucas Fernandes (85.Jamal Ibrahim Hassain Maroof), Kodjo Fo-Doh Laba. Trainer: Pedro Emanuel dos Santos Martins Silva (Portugal).

24.09.2020, „Jassim Bin Hamad" Stadium, Doha; Attendance: 0
Referee: Sivakorn Pu-udom (Thailand)
Sepahan Esfahan FC - Al-Sadd Sports Club   2-1(1-0)
Sepahan: Payam Niazmand, Giorgi Gvelesiani, Mohammad Nejadmehdi, Mehdi Kiani, Mohsen Mosalman (64.Seyed Mohammad Karimi), Soroosh Rafiei (88.Hamed Bahiraei), Omid Noorafkan, Sajjad Shahbazzadeh (90+2.Kiros Stânlley Soares Ferraz), Danial Esmaeilifar, Reza Mirzaei (64.Reza Dehghani), Muhsen Saleh Abdullah Ali Al Ghassani (46.Mohammad Mohebi). Trainer: Moharram Navidkia.
Al-Sadd: Meshaal Issa Barsham, Mosab Khader Mohamed, Rodrigo Barbosa Tabata, Ahmed Bader Sayyar, Tarek Salman Suleiman Odeh (46.Abdelkarim Hasan Fadlalla), Ahmed Suhail Al Hamawende, Mohammed Waad Abdulwahab Jadoua Al Bayati (61.Boualem Khoukhi), Bahaa Mamdouh Ellithi, Hashim Ali Abdullatif Ali, Youssef Abdel Razaq Youssef, Husam Hassunin El Said. Trainer: Xavier Hernández Creus „Xavi" (Spain).
Goals: Reza Mirzaei (14), Sajjad Shahbazzadeh (53) / Hashim Ali Abdullatif Ali (82).

24.09.2020, Education City Stadium, Doha; Attendance: 0
Referee: Hussein Abo Yehia (Lebanon)
Al-Nassr FC Riyadh - Al-Ain Sports and Cultural Club   0-1(0-1)
Al-Nassr: Waleed Abdullah Ali, Abdullah Mohammed Madu (60.Abdulelah Ali Al Amri), Ali Mohammed Lajami, Osama Yousef Al Khalaf, Abdulaziz Saeed Al Dawsari, Awadh Khamis Faraj (60.Abdulaziz Abdullah Al Alawi), Mukhtar Abdullahi Ali (46.Ayman Yahya Salem), Abdulrahman Mutlaq Al Dawsari, Gonzalo Nicolás Martínez (46.Abdullah Mohammed Al Khaibari), Firas Tariq Nasser Al Albirakan (76.Sami Khalil Al Naji), Abdulfattah Mohamed Adam. Trainer: Rui Carlos Pinho da Vitória (Portugal).
Al-Ain: Khalid Eisa Mohammed Bilal Saeed, Mohamed Ismail Ahmed Ismail, Tsukasa Shiotani, Salem Abdullah Salmeen Al Jabri (35.Fahad Salim Hadid Obaid Ghraib), Mohammed Ali Shaker Ali Al Mahri, Mohammed Abdulrahman Ahmed Al Raqi Al Almoudi (62.Mohsen Abdullah Omar Salem), Bandar Mohammed Mohammed Saeed Mahdi Al Ahbabi, Bauyrzhan Islamkhan (62.Rayan Yaslam Mohamad Aboudan Al Jaberi), Ahmed Barman Ali Shamroukh Hammoudi, Caio Lucas Fernandes, Kodjo Fo-Doh Laba (46.Jamal Ibrahim Hassain Maroof; 90.Ali Saeed Al Blooshi). Trainer: Pedro Emanuel dos Santos Martins Silva (Portugal).
Goal: Kodjo Fo-Doh Laba (19).

FINAL STANDINGS

1.	**Al-Nassr FC Riyadh**	6	3	2	1	9 - 5	11
2.	**Al-Sadd Sports Club**	6	2	3	1	14 - 8	9
3.	Sepahan Esfahan FC	6	2	1	3	6 - 8	7
4.	Al-Ain Sports and Cultural Club	6	1	2	3	5 - 13	5

GROUP E

11.02.2020, AAMI Park, Melbourne; Attendance: 4,156
Referee: Turki Mohammed Al Khudhayr (Saudi Arabia)
Melbourne Victory FC - Chiangrai United FC   **1-0(1-0)**
Victory FC: Lawrence Andrew Kingsley Thomas, Adama Traoré, James Kevin Donachie, Giancarlo Gallifuoco, Storm James Roux (61.Benjamin James Carrigan), Migjen Xhevat Basha, Anthony Lesiotis (59.Jay Barnett), Brendon Lauton, Elvis Kamsoba, Nils Ola Toivonen, Andrew Nabbout (72.Marco Rodrigo Rojas). Trainer: Carlos Pérez Salvachúa (Spain).
Chiangrai United: Apirak Worawong, Brinner Henrique Santos Souza, Tanasak Srisai, Suriya Singmui, Sarawut Inpan, Chotipat Poomkeaw (75.Thirayu Banhan), Lee Yong-rae (67.Piyaphon Phanichakul), Phitiwat Sukjitthammakul, Rosimar Amancio „Bill", Siwakorn Tiatrakul, Chaiyawat Buran (53.Mailson Francisco de Farías). Trainer: Masami Taki (Japan).
Goal: Nils Ola Toivonen (25 penalty).

18.02.2020, Seoul World Cup Stadium, Seoul; Attendance: 5,229
Referee: Abdulrahman Ibrahim Al Jassim (Qatar)
FC Seoul - Melbourne Victory FC   **1-0(1-0)**
FC Seoul: Yu Sang-hun, Kim Nam-chun, Hwang Hyun-soo, Kim Joo-sung, Osmar Barba Ibáñez, Ko Kwang-min, Ju Se-jong (63.Han Chan-hee), Ikrom Alibaev (90.Han Seung-gyu), Park Chu-young, Park Dong-jin (71.Carlos Adriano de Sousa Cruz), Kim Han-gil. Trainer: Choi Yong-soo.
Victory FC: Lawrence Andrew Kingsley Thomas, Adama Traoré, James Kevin Donachie (83.Kenjok Athiu), Giancarlo Gallifuoco, Benjamin James Carrigan, Migjen Xhevat Basha, Jay Barnett (30.Anthony Lesiotis), Brendon Lauton, Elvis Kamsoba (61.Marco Rodrigo Rojas), Nils Ola Toivonen, Andrew Nabbout. Trainer: Carlos Pérez Salvachúa (Spain).
Goal: Park Chu-young (8).

18.02.2020, Singha Stadium, Chiang Rai; Attendance: 6,035
Referee: Hanna Hattab (Syria)
Chiangrai United FC - Beijing Sinobo Guoan FC   **0-1(0-1)**
Chiangrai United: Apirak Worawong, Brinner Henrique Santos Souza, Suriya Singmui, Sarawut Inpan, Shinnaphat Lee-Oh, Chotipat Poomkeaw (51.Piyaphon Phanichakul), Lee Yong-rae (73.Sanukran Thinjom), Phitiwat Sukjitthammakul, Rosimar Amancio „Bill", Siwakorn Tiatrakul, Chaiyawat Buran (58.Mailson Francisco de Farías). Trainer: Masami Taki (Japan).
Beijing FC: Hou Sen, Jiang Tao, Li Lei, Yang Fan, Renato Soares de Oliveira Augusto, Jonathan Viera Ramos, Piao Cheng (35.Chi Zhongguo), Li Ke (77.Zhang Xizhe), Yu Dabao, Cédric Bakambu, Wang Ziming (87.Ba Dun). Trainer: Bruno Génésio (France).
Goal: Wang Ziming (23).

21.11.2020, Education City Stadium, Doha; Attendance: 0
Referee: Turki Mohammed Al Khudhayr (Saudi Arabia)
FC Seoul - Beijing Sinobo Guoan FC   **1-2(0-1)**
FC Seoul: Yang Han-been, Kim Won-sik, Yun Young-sun, Hwang Hyun-soo, Kim Jin-ya, Osmar Barba Ibáñez, Ko Kwang-min, Han Chan-hee (63.Kim Jin-sung), Park Chu-young (85.Yun Ju-tae), Cho Young-wook (85.Lee In-gyu), Jung Han-min (53.Han Seung-gyu). Trainer: Lee Won-jun.
Beijing FC: Hou Sen, Yu Yang, Wang Gang (90+3.Jin Taiyan), Li Lei, Kim Min-jae, Renato Soares de Oliveira Augusto, Fernando Lucas Martins (82.Jonathan Viera Ramos), Zhang Xizhe, Chi Zhongguo, Alan Douglas Borges de Carvalho (68.Li Ke), Zhang Yuning (68.Wang Ziming). Trainer: Bruno Génésio (France).
Goals: Park Chu-young (66 penalty) / Fernando Lucas Martins (8), Alan Douglas Borges de Carvalho (60).

24.11.2020, „Jassim Bin Hamad" Stadium, Doha; Attendance: 0
Referee: Saoud Al Athbah (Qatar)
Beijing Sinobo Guoan FC - Melbourne Victory FC   3-1(2-0)
Beijing FC: Hou Sen, Yu Yang, Wang Gang, Kim Min-jae, Renato Soares de Oliveira Augusto, Fernando Lucas Martins (79.Lü Peng), Zhang Xizhe (70.Chi Zhongguo), Jin Taiyan (79.Li Lei), Jonathan Viera Ramos (69.Ba Dun), Li Ke, Alan Douglas Borges de Carvalho (70.Wang Ziming). Trainer: Bruno Génésio (France).
Victory FC: Matthew Acton, Adama Traoré, Nicolas Clive Ansell, Storm James Roux, Dylan Ryan (46.Aaron Anderson), Leigh Michael Broxham, Callum Henry McManaman (53.Gianluca Iannucci), Jake William Brimmer, Birkan Kirdar (62.Jay Barnett), Marco Rodrigo Rojas (77.Elvis Kamsoba), Gbenga Tai Folami (46.Luis Lawrie-Lattanzio). Trainer: Grant Ian Brebner (Scotland).
Goals: Renato Soares de Oliveira Augusto (22), Alan Douglas Borges de Carvalho (34), Wang Ziming (74) / Gianluca Iannucci (78).

24.11.2020, „Jassim Bin Hamad" Stadium, Doha; Attendance: 0
Referee: Mooud Bonyadifard (Iran)
FC Seoul - Chiangrai United FC   5-0(1-0)
FC Seoul: Yu Sang-hun, Yun Young-sun, Hwang Hyun-soo (72.Kim Won-gun), Osmar Barba Ibáñez, Ko Kwang-min, Kim Jin-sung (62.Han Chan-hee), Han Seung-gyu (73.Cha Oh-yeon), Yang Yu-min, Park Chu-young (62.Lee In-gyu), Cho Young-wook (46.Yun Ju-tae), Jung Han-min. Trainer: Lee Won-jun.
Chiangrai United: Saranon Anuin, Brinner Henrique Santos Souza, Sarawut Inpan, Shinnaphat Lee-Oh, Lee Yong-rae, Gionata Verzura (59.Siwakorn Tiatrakul), Phitiwat Sukjitthammakul (77.Akarawin Sawasdee), Ekanit Panya (59.Chotipat Poomkeaw), Sanukran Thinjom (76.Suriya Singmui), Somkid Chamnarnsilp (68.Suchanon Malisorn), Jackson Avelino Coelho „Jajá". Trainer: Alongkorn Thongaum.
Goals: Han Seung-gyu (20), Jung Han-min (54), Yun Ju-tae (67, 71), Lee In-gyu (90+2).

27.11.2020, „Jassim Bin Hamad" Stadium, Doha; Attendance: 0
Referee: Mohd Amirul Izwan Yaacob (Malaysia)
Melbourne Victory FC - Beijing Sinobo Guoan FC   0-2(0-2)
Victory FC: Maxime Teremoana Crocombe, Adama Traoré, Nicolas Clive Ansell (46.Aaron Anderson), Storm James Roux (71.Brendon Lauton), Dylan Ryan, Leigh Michael Broxham, Jacob Luke Butterfield (59.Jay Barnett), Marco Rodrigo Rojas, Callum Henry McManaman (71.Elvis Kamsoba), Jake William Brimmer, Gbenga Tai Folami (59.Luis Lawrie-Lattanzio). Trainer: Grant Ian Brebner (Scotland).
Beijing FC: Hou Sen, Wang Gang (67.Jiang Tao), Li Lei, Kim Min-jae, Renato Soares de Oliveira Augusto, Fernando Lucas Martins (79.Lü Peng), Zhang Xizhe (89.Ba Dun), Jonathan Viera Ramos (79.Wang Ziming), Chi Zhongguo, Yu Dabao, Zhang Yuning (69.Alan Douglas Borges de Carvalho). Trainer: Bruno Génésio (France).
Goals: Jonathan Viera Ramos (9), Zhang Yuning (35).

27.11.2020, „Jassim Bin Hamad" Stadium, Doha; Attendance: 0
Referee: Ali Shaban (Kuwait)
Chiangrai United FC - FC Seoul   2-1(1-0)
Chiangrai United: Apirak Worawong, Brinner Henrique Santos Souza, Sarawut Inpan, Shinnaphat Lee-Oh, Lee Yong-rae (84.Gionata Verzura), Phitiwat Sukjitthammakul, Ekanit Panya (71.Suriya Singmui), Sanukran Thinjom (84.Suchanon Malisorn), Somkid Chamnarnsilp (61.Chotipat Poomkeaw), Rosimar Amancio „Bill", Akarawin Sawasdee (61.Siwakorn Tiatrakul). Trainer: Alongkorn Thongaum.
FC Seoul: Yu Sang-hun, Yun Young-sun, Hwang Hyun-soo, Osmar Barba Ibáñez, Ko Kwang-min, Kim Jin-sung (46.Kim Won-sik), Han Seung-gyu, Yang Yu-min (69.Cha Oh-yeon), Park Chu-young (83.Han Chan-hee), Cho Young-wook (59.Yun Ju-tae), Lee In-gyu (46.Jung Han-min). Trainer: Lee Won-jun.
Goals: Rosimar Amancio „Bill" (40, 89) / Park Chu-young (59).

30.11.2020, „Jassim Bin Hamad" Stadium, Doha; Attendance: 0
Referee: Muhammad Taqi Aljaafari Bin Jahari (Singapore)
Beijing Sinobo Guoan FC - FC Seoul   **3-1(2-0)**
Beijing FC: Hou Sen, Yu Yang, Wang Gang (67.Jin Taiyan), Li Lei, Yang Fan, Renato Soares de Oliveira Augusto (66.Ba Dun), Zhang Xizhe (46.Fernando Lucas Martins), Jonathan Viera Ramos, Li Ke (38.Lü Peng), Chi Zhongguo, Wang Ziming (77.Zhang Yuning). Trainer: Bruno Génésio (France).
FC Seoul: Yang Han-been, Kim Won-sik, Yun Young-sun (68.Kim Jin-sung), Kim Won-gun, Hwang Hyun-soo (46.Yang Yu-min), Ko Kwang-min, Cha Oh-yeon, Han Chan-hee (46.Han Seung-gyu), Yun Ju-tae, Cho Young-wook (46.Gwon Seong-yoon), Jung Han-min (62.Lee In-gyu). Trainer: Lee Won-jun.
Goals: Jonathan Viera Ramos (23), Renato Soares de Oliveira Augusto (43), Zhang Yuning (90+3) / Yun Ju-tae (89).

30.11.2020, „Jassim Bin Hamad" Stadium, Doha; Attendance: 0
Referee: Ilgiz Tantashev (Uzbekistan)
Chiangrai United FC - Melbourne Victory FC   **2-2(0-2)**
Chiangrai United: Apirak Worawong, Tanasak Srisai, Suriya Singmui, Shinnaphat Lee-Oh, Phitiwat Sukjitthammakul, Ekanit Panya (66.Jackson Avelino Coelho „Jajá"), Sanukran Thinjom (46.Thirayu Banhan), Somkid Chamnarnsilp (55.Chotipat Poomkeaw), Rosimar Amancio „Bill", Akarawin Sawasdee (46.Gionata Verzura), Siwakorn Tiatrakul. Trainer: Alongkorn Thongaum.
Victory FC: Matthew Acton, Nicolas Clive Ansell, Storm James Roux, Dylan Ryan, So Nishikawa (46.Birkan Kirdar), Leigh Michael Broxham, Jacob Luke Butterfield (58.Jay Barnett), Marco Rodrigo Rojas, Callum Henry McManaman (71.Gianluca Iannucci), Jake William Brimmer, Gbenga Tai Folami (58.Luis Lawrie-Lattanzio). Trainer: Grant Ian Brebner (Scotland).
Goals: Siwakorn Tiatrakul (47), Gionata Verzura (82) / Jake William Brimmer (8 penalty), Gbenga Tai Folami (27).

03.12.2020, Education City Stadium, Doha; Attendance: 0
Referee: Abdulrahman Ibrahim Al Jassim (Qatar)
Melbourne Victory FC - FC Seoul   **2-1(2-0)**
Victory FC: Maxime Teremoana Crocombe, Adama Traoré, Nicolas Clive Ansell, Storm James Roux, Aaron Anderson, Leigh Michael Broxham (45.Jay Barnett), Jacob Luke Butterfield, Marco Rodrigo Rojas, Callum Henry McManaman, Jake William Brimmer, Gbenga Tai Folami (72.Luis Lawrie-Lattanzio). Trainer: Grant Ian Brebner (Scotland).
FC Seoul: Yang Han-been, Kim Won-sik (83.Kim Jin-sung), Yun Young-sun, Hwang Hyun-soo, Osmar Barba Ibáñez, Ko Kwang-min (82.Kim Jin-ya), Han Seung-gyu, Yang Yu-min, Park Chu-young (60.Lee Seung-jae), Jung Han-min (46.Cho Young-wook), Gwon Seong-yoon (46.Yun Ju-tae). Trainer: Lee Won-jun.
Goals: Marco Rodrigo Rojas (5), Jake William Brimmer (23 penalty) / Hwang Hyun-soo (64).

03.12.2020, „Jassim Bin Hamad" Stadium, Doha; Attendance: 0
Referee: Hussein Abo Yehia (Lebanon)
Beijing Sinobo Guoan FC - Chiangrai United FC   **1-1(0-0)**
Beijing FC: Guo Quanbo, Jiang Tao, Kim Min-jae (76.Wang Ziming), Yang Fan, Renato Soares de Oliveira Augusto (46.Zhang Xizhe), Lü Peng, Fernando Lucas Martins (46.Jonathan Viera Ramos), Jin Taiyan, Ba Dun, Yu Dabao (64.Yu Yang), Zhang Yuning (64.Alan Douglas Borges de Carvalho). Trainer: Bruno Génésio (France).
Chiangrai United: Apirak Worawong, Brinner Henrique Santos Souza, Tanasak Srisai, Suriya Singmui, Sarawut Inpan, Shinnaphat Lee-Oh, Lee Yong-rae (48.Ekanit Panya), Sanukran Thinjom (84.Akarawin Sawasdee), Somkid Chamnarnsilp (61.Chotipat Poomkeaw), Rosimar Amancio „Bill", Siwakorn Tiatrakul. Trainer: Alongkorn Thongaum.
Goals: Alan Douglas Borges de Carvalho (76) / Ekanit Panya (55).

	FINAL STANDINGS						
1.	**Beijing Sinobo Guoan FC**	6	5	1	0	12 - 4	16
2.	**Melbourne Victory FC**	6	2	1	3	6 - 9	7
3.	FC Seoul	6	2	0	4	10 - 9	6
4.	Chiangrai United FC	6	1	2	3	5 - 11	5

GROUP F

11.02.2020, Ulsan Munsu Football Stadium, Ulsan; Attendance: 3,350
Referee: Hettikamkanamge Chrishantha Dilan Perera (Sri Lanka)
Ulsan Hyundai FC - FC Tokyo   **1-1(0-0)**
Ulsan Hyundai: Jo Su-huk, Jeong Dong-ho (67.Koh Myong-jin), Jason Alan Davidson, Jung Seung-hyun, Kim Min-duk, Kim In-sung, Sin Jin-ho, Won Du-jae, Lee Dong-gyeong (90+4.Lee Sang-heon), Gleidionor Figueiredo Pinto Júnior „Júnior Negão", Bjørn Johnsen. Trainer: Kim Do-hoon.
FC Tokyo: Akihiro Hayashi, Masato Morishige, Sei Muroya, Ryoya Ogawa, Tsuyoshi Watanabe, Yojiro Takahagi, Adaílton dos Santos da Silva (87.Hirotaka Mita), Kento Hashimoto, Weverson Leandro Oliveira Moura, Shuto Abe, Diego Queiróz de Oliveira. Trainer: Kenta Hasegawa.
Goals: Adaílton dos Santos da Silva (82 own goal) / Diego Queiróz de Oliveira (64).

18.02.2020, Ajinomoto Stadium, Tokyo; Attendance: 7,755
Referee: Yaqoob Abdul Baki (Oman)
FC Tokyo - Perth Glory FC   **1-0(0-0)**
FC Tokyo: Akihiro Hayashi, Masato Morishige, Sei Muroya, Ryoya Ogawa, Tsuyoshi Watanabe, Yojiro Takahagi, Adaílton dos Santos da Silva (59.Kazuya Konno), Kento Hashimoto, Weverson Leandro Oliveira Moura, Shuto Abe (90+2.Kyosuke Tagawa), Diego Queiróz de Oliveira (89.Joan Noureddine Oumari). Trainer: Kenta Hasegawa.
Glory FC: Liam Rhys Reddy, Ivan Frankie Franjić (89.Gabriel Popović), Kim Soo-beom, Alexander Grant, Tomislav Mrčela, Gregory Kwesi Wüthrich, Neil Martin Kilkenny, Diego Castro Giménez, Kristian Popović (75.Jake William Brimmer), Bruno Fornaroli Mezza, Joel Joseph Chianese (73.Nicholas D'Agostino). Trainer: Antony Popović.
Goal: Weverson Leandro Oliveira Moura (82).

18.02.2020, Education City Stadium, Doha; Attendance: 0
Referee: Mohammed Abdulla Hassan Mohamed (United Arab Emirates)
Perth Glory FC - Shanghai Greenland Shenhua FC   **1-2(0-2)**
Glory FC: Tando Yuji Velaphi, Jonathan Aspropotamitis, Dane Ingham, Luke Bodnar, Joshua Rawlins, Diego Castro Giménez, Brandon James Wilson, Declan Hughes (63.Nicholas Michael Sullivan), Bruno Fornaroli Mezza, Nicholas D'Agostino (77.Giordano Colli), Bryce Bafford (63.Carlo Armiento). Trainer: Richard Garcia.
Shanghai Shenhua: Li Shuai, Fulangxisi Aidi, Peng Xinli (64.Zhu Baojie), Yu Hanchao, Zhang Lu, Stéphane Mbia Etoundi (73.Feng Xiaoting), Alexander N'Doumbou (88.Qin Sheng), Sun Shilin, Wang Wei (46.Wen Jiabao), Gao Di, Zhu Jianrong (65.Bi Jinhao). Trainer: Choi Kang-hee (Korea Republic).
Goals: Jonathan Aspropotamitis (81) / Peng Xinli (7), Yu Hanchao (38).

21.11.2020, Education City Stadium, Doha; Attendance: 0
Referee: Khamis Mohammed Al Marri (Qatar)
Ulsan Hyundai FC - Shanghai Greenland Shenhua FC   3-1(2-0)
Ulsan Hyundai: Jo Su-huk, Jeong Dong-ho (79.Seol Young-woo), Jason Alan Davidson (86.Park Joo-ho), Dave Bulthuis, Kim Ki-hee, Yoon Bit-garam (79.Koh Myong-jin), Kim In-sung, Sin Jin-ho, Lee Chung-yong (61.Lee Keun-ho), Gleidionor Figueiredo Pinto Júnior „Júnior Negão", Lee Sang-heon (61.Kim Seong-jun). Trainer: Kim Do-hoon.
Shanghai Shenhua: Li Shuai, Zhu Baojie (66.Wang Wei), Bi Jinhao (66.Zhu Jianrong), Fulangxisi Aidi (77.Feng Xiaoting), Wen Jiabao, Jiang Shenglong, Zhu Yue, Stéphane Mbia Etoundi, Peng Xinli, Liu Ruofan (46.Sun Shilin), Zhou Junchen (46.Yu Hanchao). Trainer: Choi Kang-hee (Korea Republic).
Goals: Yoon Bit-garam (19, 41), Kim Kee-hee (63) / Zhu Jianrong (89).

24.11.2020, Education City Stadium, Doha; Attendance: 0
Referee: Adham Mohammed Tumah Makhadmeh (Jordan)
FC Tokyo - Shanghai Greenland Shenhua FC   0-1(0-0)
FC Tokyo: Go Hatano, Masato Morishige, Joan Noureddine Oumari, Ryoya Ogawa, Hotaka Nakamura (74.Takumi Nakamura), Yojiro Takahagi (74.Tsuyoshi Watanabe), Keigo Higashi (90+1.Hirotaka Mita), Weverson Leandro Oliveira Moura, Shuto Abe, Kensuke Nagai (63.Adaílton dos Santos da Silva), Diego Queiróz de Oliveira (90+1.Kyosuke Tagawa). Trainer: Kenta Hasegawa.
Shanghai Shenhua: Li Shuai, Feng Xiaoting, Zhu Yue, Stéphane Mbia Etoundi, Yu Hanchao, Zhang Lu, Qin Sheng (65.Bi Jinhao), Alexander N'Doumbou (90+2.Jiang Shenglong), Sun Shilin (65.Peng Xinli), Wang Wei (65.Zhu Baojie), Gao Di (49.Zhu Jianrong). Trainer: Choi Kang-hee (Korea Republic).
Goal: Yu Hanchao (72 penalty).

24.11.2020, Education City Stadium, Doha; Attendance: 0
Referee: Muhammad Nazmi bin Nasaruddin (Malaysia)
Perth Glory FC - Ulsan Hyundai FC   1-2(0-0)
Glory FC: Tando Yuji Velaphi, Jonathan Aspropotamitis, Dane Ingham, Luke Bodnar, Joshua Rawlins (67.Nicholas Walsh), Diego Castro Giménez, Brandon James Wilson (79.Neil Martin Kilkenny), Daniel Stynes (90+1.Declan Hughes), Nicholas Michael Sullivan (46.Osama Malik), Bruno Fornaroli Mezza, Bryce Bafford (46.Carlo Armiento). Trainer: Richard Garcia.
Ulsan Hyundai: Jo Su-huk, Jeong Dong-ho, Jason Alan Davidson (76.Park Joo-ho), Dave Bulthuis, Kim Ki-hee, Yoon Bit-garam, Sin Jin-ho (76.Jung Hoon-sung), Lee Keun-ho (61.Gleidionor Figueiredo Pinto Júnior „Júnior Negão"), Lee Chung-yong (61.Koh Myong-jin), Bjørn Johnsen, Lee Sang-heon (46.Kim In-sung). Trainer: Kim Do-hoon.
Goals: Daniel Stynes (71) / Kim In-sung (89), Gleidionor Figueiredo Pinto Júnior „Júnior Negão" (90+3).

27.11.2020, Education City Stadium, Doha; Attendance: 0
Referee: Sivakorn Pu-udom (Thailand)
Ulsan Hyundai FC - Perth Glory FC   2-0(0-0)
Ulsan Hyundai: Jo Su-huk, Kim Ki-hee, Kim Min-duk, Seol Young-woo, Koh Myong-jin, Park Joo-ho (64.Jeong Dong-ho), Kim Seong-jun (61.Lee Chung-yong), Yoon Bit-garam (82.Lee Sang-heon), Bjørn Johnsen, Jung Hoon-sung (46.Kim In-sung), Park Jeong-in (46.Gleidionor Figueiredo Pinto Júnior „Júnior Negão"). Trainer: Kim Do-hoon.
Glory FC: Tando Yuji Velaphi, Darryl Brian Ricky Lachman (63.Brandon James Wilson), Dane Ingham (46.Daniel Stynes), Nicholas Walsh, Mason Tatafu, Neil Martin Kilkenny (46.Nicholas Michael Sullivan), Osama Malik (66.Luke Bodnar), Carlo Armiento, Giordano Colli (46.Bruno Fornaroli Mezza), Declan Hughes, Bryce Bafford. Trainer: Richard Garcia.
Goals: Kim In-sung (87), Gleidionor Figueiredo Pinto Júnior „Júnior Negão" (89).

27.11.2020, Education City Stadium, Doha; Attendance: 0
Referee: Mohanad Qasim Sarray (Iraq)
Shanghai Greenland Shenhua FC - FC Tokyo **1-2(0-0)**
Shanghai Shenhua: Li Shuai, Feng Xiaoting, Bi Jinhao (62.Kim Shin-wook), Fulangxisi Aidi, Wen Jiabao, Peng Xinli, Yu Hanchao, Zhang Lu (46.Zhu Yue), Qin Sheng (62.Giovanni Andrés Moreno Cardona), Sun Shilin (71.Jiang Shenglong), Wang Wei (70.Liu Ruofan). Trainer: Choi Kang-hee (Korea Republic).
FC Tokyo: Go Hatano, Masato Morishige, Joan Noureddine Oumari, Ryoya Ogawa, Tsuyoshi Watanabe, Takumi Nakamura (78.Hotaka Nakamura), Keigo Higashi (77.Yojiro Takahagi), Weverson Leandro Oliveira Moura, Shuto Abe, Kensuke Nagai (46.Adaílton dos Santos da Silva; 89.Kyosuke Tagawa), Diego Queiróz de Oliveira (50.Taichi Hara). Trainer: Kenta Hasegawa.
Goals: Giovanni Andrés Moreno Cardona (86) / Weverson Leandro Oliveira Moura (61), Shuto Abe (82).

30.11.2020, Education City Stadium, Doha; Attendance: 0
Referee: Khamis Mohammed Al Marri (Qatar)
FC Tokyo - Ulsan Hyundai FC **1-2(1-1)**
FC Tokyo: Go Hatano, Masato Morishige, Joan Noureddine Oumari, Ryoya Ogawa (89.Taichi Hara), Tsuyoshi Watanabe, Hotaka Nakamura (84.Takumi Nakamura), Weverson Leandro Oliveira Moura, Hirotaka Mita (46.Keigo Higashi), Takuya Uchida (63.Yojiro Takahagi), Shuto Abe, Kensuke Nagai (63.Adaílton dos Santos da Silva). Trainer: Kenta Hasegawa.
Ulsan Hyundai: Jo Su-huk, Dave Bulthuis, Kim Ki-hee, Seol Young-woo, Park Joo-ho (70.Kim Tae-hwan), Yoon Bit-garam, Kim In-sung (83.Lee Keun-ho), Sin Jin-ho (83.Won Du-jae), Lee Chung-yong (70.Bjørn Johnsen), Gleidionor Figueiredo Pinto Júnior „Júnior Negão", Lee Sang-heon (37.Koh Myong-jin). Trainer: Kim Do-hoon.
Goals: Kensuke Nagai (1) / Yoon Bit-garam (44, 85).

30.11.2020, Education City Stadium, Doha; Attendance: 0
Referee: Hettikamkanamge Chrishantha Dilan Perera (Sri Lanka)
Shanghai Greenland Shenhua FC - Perth Glory FC **3-3(0-1)**
Shanghai Shenhua: Li Shuai, Bi Jinhao (59.Kim Shin-wook), Bai Jiajun, Fulangxisi Aidi, Zhu Yue (46.Yu Hanchao), Stéphane Mbia Etoundi, Giovanni Andrés Moreno Cardona (75.Sun Shilin), Peng Xinli, Alexander N'Doumbou, Wang Wei (76.Feng Xiaoting), Liu Ruofan (59.Cao Yunding [*sent off 90+6*]). Trainer: Choi Kang-hee (Korea Republic).
Glory FC: Liam Rhys Reddy, Jonathan Aspropotamitis (66.Darryl Brian Ricky Lachman), Dane Ingham, Luke Bodnar, Nicholas Walsh (66.Nicholas Michael Sullivan), Joshua Rawlins, Neil Martin Kilkenny, Diego Castro Giménez, Osama Malik (57.Brandon James Wilson), Daniel Stynes (57.Carlo Armiento), Bruno Fornaroli Mezza. Trainer: Richard Garcia.
Goals: Giovanni Andrés Moreno Cardona (62, 72), Yu Hanchao (73) / Bruno Fornaroli Mezza (45+2), Carlo Armiento (58), Neil Martin Kilkenny (86 penalty).

03.12.2020, Education City Stadium, Doha; Attendance: 0
Referee: Hanna Hattab (Syria)
Perth Glory FC - FC Tokyo **0-1(0-1)**
Glory FC: Liam Rhys Reddy, Darryl Brian Ricky Lachman (65.Luke Bodnar), Jonathan Aspropotamitis, Nicholas Walsh (46.Dane Ingham), Mason Tatafu, Neil Martin Kilkenny, Daniel Stynes (46.Diego Castro Giménez), Carlo Armiento, Giordano Colli (65.Joshua Rawlins), Declan Hughes, Bryce Bafford (46.Bruno Fornaroli Mezza). Trainer: Richard Garcia.
FC Tokyo: Go Hatano, Daiki Niwa, Tsuyoshi Watanabe, Takumi Nakamura, Hotaka Nakamura, Adaílton dos Santos da Silva (84.Kazuya Konno), Keigo Higashi (69.Yojiro Takahagi), Hirotaka Mita (57.Shuto Abe), Takuya Uchida (69.Weverson Leandro Oliveira Moura), Manato Shinada, Kyosuke Tagawa (57.Taichi Hara). Trainer: Kenta Hasegawa.
Goal: Adaílton dos Santos da Silva (8).

03.12.2020, „Jassim Bin Hamad" Stadium, Doha; Attendance: 0
Referee: Muhammad Taqi Aljaafari Bin Jahari (Singapore)
Shanghai Greenland Shenhua FC - Ulsan Hyundai FC   1-4(0-2)
Shanghai Shenhua: Li Shuai, Feng Xiaoting (46.Wang Wei), Bi Jinhao (64.Kim Shin-wook), Fulangxisi Aidi, Wen Jiabao, Stéphane Mbia Etoundi, Peng Xinli (81.Zhu Jianrong), Yu Hanchao (67.Liu Ruofan), Zhang Lu, Qin Sheng (46.Giovanni Andrés Moreno Cardona), Alexander N'Doumbou. Trainer: Choi Kang-hee (Korea Republic).
Ulsan Hyundai: Seo Ju-hwan, Jeong Dong-ho, Jung Seung-hyun, Kim Min-duk, Kim Seong-jun (74.Sin Jin-ho), Kim Tae-hwan, Won Du-jae, Lee Keun-ho (46.Koh Myong-jin), Jung Hoon-sung (46.Kim In-sung), Lee Sang-heon (61.Hong Chul), Park Jeong-in (61.Bjørn Johnsen). Trainer: Kim Do-hoon.
Goals: Bi Jinhao (60) / Park Jeong-in (3), Lee Sang-heon (24), Bjørn Johnsen (75 penalty, 90).

FINAL STANDINGS

1.	**Ulsan Hyundai FC**	6	5	1	0	14	-	5	16
2.	**FC Tokyo**	6	3	1	2	6	-	5	10
3.	Shanghai Greenland Shenhua FC	6	2	1	3	9	-	13	7
4.	Perth Glory FC	6	0	1	5	5	-	11	1

GROUP G

Please note: **Kelab Bola Sepak Johor Darul Ta'zim** were unable to travel to Qatar to play the final four matches of the group stage due to the COVID-19 pandemic travel restrictions after they were denied permission to travel by the Malaysian government. They were considered to have withdrawn from the competition, and all previous matches played by them shall be considered "null and void" and would not be considered in determining the final group rankings.

12.02.2020, Noevir Stadium, Kobe; Attendance: 7,256
Referee: Alireza Faghani (Iran)
Vissel Kobe - Kelab Bola Sepak Johor Darul Ta'zim   5-1(2-1) / Voided
Vissel: Hiroki Iikura, Thomas Vermaelen, Daigo Nishi, Gōtoku Sakai, Leo Osaki, Andrés Iniesta Luján (88.Ryo Hatsuse), Takuya Yasui, Yuta Goke, Kyogo Furuhashi (76.Junya Tanaka), Keijiro Ogawa, Dyanfres Douglas Chagas Matos (73.Noriaki Fujimoto). Trainer: Thorsten Fink (Germany).
Johor Darul Ta'zim: Mohd Farizal Marlias, Mohd Aidil Zafuan Abdul Razak, Kunanlan Subramaniam (61.Adam Nor Azlin), La'Vere Lawrence Corbin-Ong, Maurício dos Santos Nascimento, Muhammad Afiq Fazail, Hariss Harun, Muhamad Nazmi Faiz Mansor (66.Ignacio Insa Bohigues „Natxo Insa"), Diogo Luis Santo, Gonzalo Gabriel Cabrera Giordano (82.Muhammad Syafiq Ahmad), Muhammad Safawi Rasid. Trainer: Haji Adib Azhari Daud.
Goals: Keijiro Ogawa (13), Kyogo Furuhashi (28), Keijiro Ogawa (58), Dyanfres Douglas Chagas Matos (65), Keijiro Ogawa (72) / Muhammad Safawi Rasid (27 penalty).

19.02.2020, Suwon World Cup Stadium, Suwon; Attendance: 17,372
Referee: Mohanad Qasim Sarray (Iraq)
Suwon Samsung Bluewings FC - Vissel Kobe　　　　　　　　**0-1(0-0)**
Samsung Bluewings: No Dong-geon, Yang Sang-min, Hong Chul, Min Sang-gi, Doneil Jor-Dee Ashley Henry, Myung Jun-jae, Yeom Ki-hun, Kim Min-woo (83.Han Eui-gwon), Choi Sung-geun (75.Terry Antonis), Ko Seung-beom, Adam Jake Taggart (65.Sulejman Krpić). Trainer: Lee Im-saeng.
Vissel: Hiroki Iikura, Thomas Vermaelen (46.Hirofumi Watanabe), Daigo Nishi, Gōtoku Sakai, Leo Osaki, Andrés Iniesta Luján, Hotaru Yamaguchi, Takuya Yasui (90+2.Yuta Goke), Dyanfres Douglas Chagas Matos, Keijiro Ogawa (72.Junya Tanaka), Kyogo Furuhashi. Trainer: Thorsten Fink (Germany).
Goal: Kyogo Furuhashi (90).

03.03.2020, „Sultan Ibrahim Larkin" Stadium, Johor; Attendance: 25,524
Referee: Alireza Faghani (Iran)
Kelab Bola Sepak Johor Darul Ta'zim - Suwon Samsung Bluewings FC　2-1(1-0) / Voided
Johor Darul Ta'zim: Mohd Farizal Marlias, Kunanlan Subramaniam, La'Vere Lawrence Corbin-Ong, Mohamed Fadhli Mohd Shas, Maurício dos Santos Nascimento, Muhammad Afiq Fazail (64.Mohamed Syamer Kutty Abba), Muhamad Nazmi Faiz Mansor (85.Muhammad Syafiq Ahmad), Ignacio Insa Bohigues „Natxo Insa", Diogo Luis Santo, Gonzalo Gabriel Cabrera Giordano (89.Muhammad Akhyar Abdul Rashid), Muhammad Safawi Rasid. Trainer: Haji Adib Azhari Daud.
Samsung Bluewings: No Dong-geon, Doneil Jor-Dee Ashley Henry, Hong Chul, Min Sang-gi, Kim Min-woo (74. Han Seok-hee), Lee Jong-sung, Myeong Joon-jae (46.Terry Antonis), Choi Sung-geun, Yeom Ki-hun, Kim Gun-hee (46.Han Eui-kwon), Adam Jake Taggart. Trainer: Lee Im-saeng.
Goals: Gonzalo Gabriel Cabrera Giordano (13 penalty), Maurício dos Santos Nascimento (73) / Terry Antonis (51).

19.11.2020, Khalifa International Stadium, Doha
Kelab Bola Sepak Johor Darul Ta'zim - Guangzhou Evergrande FC　　　Cancelled

22.11.2020, Khalifa International Stadium, Doha; Attendance: 0
Referee: Christopher James Beath (Australia)
Suwon Samsung Bluewings FC - Guangzhou Evergrande FC　　　　0-0
Samsung Bluewings: Yang Hyung-mo, Yang Sang-min, Min Sang-gi, Lee Ki-je, Jang Ho-ik, Kim Tae-hwan, Kim Min-woo, Han Suk-jong, Ko Seung-beom, Lim Sang-hyub (84.Kang Hyun-muk), Park Sang-hyeok (68.Jeong Sang-bin). Trainer: Park Kun-ha.
Evergrande: Liu Dianzuo, Zhang Linpeng (78.Wu Shaocong), Jiang Guangtai, Mei Fang (73.Zhong Yihao), Park Ji-soo, Liao Lisheng, Xu Xin (58.Huang Bowen), Zhang Xiuwei (58.Luo Guofu), Ricardo Goulart Pereira (73.Elkeson de Oliveira Cardoso), Wei Shihao, Yang Liyu. Trainer: Fabio Cannavaro (Italy).

25.11.2020, Khalifa International Stadium, Doha; Attendance: 0
Referee: Nawaf Abdullah Ghayyath Shukralla (Bahrain)
Guangzhou Evergrande FC - Vissel Kobe　　　　　　　　**1-3(0-1)**
Evergrande: Liu Dianzuo, Zhang Linpeng (10.Zhong Yihao), Jiang Guangtai (80.Yang Liyu), Mei Fang, Park Ji-soo, Liao Lisheng (46.He Chao), Yan Dinghao (46.Xu Xin), Luo Guofu (46.Ricardo Goulart Pereira), Elkeson de Oliveira Cardoso, Anderson Souza Conceição "Anderson Talisca", Wei Shihao. Trainer: Fabio Cannavaro (Italy).
Vissel: Daiya Maekawa, Thomas Vermaelen, Daigo Nishi (90+2.Daiju Sasaki), Gōtoku Sakai, Tetsushi Yamakawa, Ryuho Kikuchi, Andrés Iniesta Luján (90.Takuya Yasui), Hotaru Yamaguchi, Yuta Goke, Kyogo Furuhashi, Noriaki Fujimoto (69.Dyanfres Douglas Chagas Matos). Trainer: Atsuhiro Miura.
Goals: Kyogo Furuhashi (55 own goal) / Kyogo Furuhashi (44), Dyanfres Douglas Chagas Matos (74), Andrés Iniesta Luján (84).

25.11.2020, Khalifa International Stadium, Doha
Suwon Samsung Bluewings FC - Kelab Bola Sepak Johor Darul Ta'zim   Cancelled

28.11.2020, Al Janoub Stadium, Al Wakrah; Attendance: 0
Referee: Alireza Faghani (Iran)
Vissel Kobe - Guangzhou Evergrande FC   0-2(0-2)
Vissel: Hiroki Iikura, Hirofumi Watanabe, Leo Osaki, Ryo Hatsuse, So Fujitani, Yuya Nakasaka (46.Hotaru Yamaguchi), Takuya Yasui (85.Noriaki Fujimoto), Junya Tanaka (61.Dyanfres Douglas Chagas Matos), Keijiro Ogawa (60.Kyogo Furuhashi), Daiju Sasaki (60.Andrés Iniesta Luján), Yutaro Oda. Trainer: Atsuhiro Miura.
Evergrande: Liu Dianzuo, Mei Fang, Liu Yiming (75.Jiang Guangtai), Park Ji-soo, He Chao (75.Huang Bowen), Zhang Xiuwei, Zhong Yihao, Elkeson de Oliveira Cardoso, Ricardo Goulart Pereira (76.Wei Shihao), Anderson Souza Conceição "Anderson Talisca" (62.Luo Guofu), Yang Liyu (61.Wang Shilong). Trainer: Fabio Cannavaro (Italy).
Goals: Anderson Souza Conceição "Anderson Talisca" (17 penalty), Elkeson de Oliveira Cardoso (36).

01.12.2020, Khalifa International Stadium, Doha; Attendance: 0
Referee: Adham Mohammed Tumah Makhadmeh (Jordan)
Guangzhou Evergrande FC - Suwon Samsung Bluewings FC   1-1(0-0)
Evergrande: Liu Dianzuo, Jiang Guangtai, Mei Fang, Liu Yiming (56.Deng Hanwen), Liao Lisheng, Zhang Xiuwei (66.Ricardo Goulart Pereira), Zhong Yihao [*sent off 74*], Elkeson de Oliveira Cardoso, Anderson Souza Conceição "Anderson Talisca", Wei Shihao (76.Wu Shaocong), Yang Liyu (56.Fei Nanduo). Trainer: Fabio Cannavaro (Italy).
Samsung Bluewings: Yang Hyung-mo, Yang Sang-min, Min Sang-gi, Lee Ki-je, Jang Ho-ik, Kim Tae-hwan, Kim Min-woo, Han Suk-jong, Ko Seung-beom, Lim Sang-hyub (71.Jeong Sang-bin), Park Sang-hyeok (80.Kim Gun-hee). Trainer: Park Kun-ha.
Goals: Wei Shihao (72) / Lim Sang-hyub (53).

01.12.2020, Khalifa International Stadium, Doha
Kelab Bola Sepak Johor Darul Ta'zim - Vissel Kobe   Cancelled

04.12.2020, Al Janoub Stadium, Al Wakrah
Guangzhou Evergrande FC - Kelab Bola Sepak Johor Darul Ta'zim   Cancelled

04.12.2020, Khalifa International Stadium, Doha; Attendance: 0
Referee: Ali Sabah Adday Al Qaysi (Iraq)
Vissel Kobe - Suwon Samsung Bluewings FC   0-2(0-0)
Vissel: Daiya Maekawa, Thomas Vermaelen (46.Dyanfres Douglas Chagas Matos), Daigo Nishi (63.Gōtoku Sakai), Hirofumi Watanabe (46.Ryuho Kikuchi), Ryo Hatsuse, Tetsushi Yamakawa, Andrés Iniesta Luján (46.Kyogo Furuhashi), Hotaru Yamaguchi, Takuya Yasui (69.Yuta Goke), Noriaki Fujimoto, Yutaro Oda. Trainer: Atsuhiro Miura.
Samsung Bluewings: Yang Hyung-mo, Yang Sang-min, Min Sang-gi, Lee Ki-je, Jang Ho-ik, Kim Tae-hwan, Kim Min-woo (90+1.Kang Hyun-muk), Han Suk-jong, Ko Seung-beom, Lim Sang-hyub (83.Choi Sung-geun), Park Sang-hyeok (46.Kim Gun-hee). Trainer: Park Kun-ha.
Goals: Kim Gun-hee (49), Lim Sang-hyub (68 penalty).

FINAL STANDINGS

1.	**Vissel Kobe**	4	2	0	2	4	- 5	6
2.	**Suwon Samsung Bluewings FC**	4	1	2	1	3	- 2	5
3.	Guangzhou Evergrande FC	4	1	2	1	4	- 4	5
4.	Kelab B. Sepak Johor Darul Ta'zim	*(withdrew)*						

GROUP H

12.02.2020, Jeonju World Cup Stadium, Jeonju; Attendance: 6,546
Referee: Mohammed Abdulla Hassan Mohamed (United Arab Emirates)
Jeonbuk Hyundai Motors FC Jeonju - Yokohama F. Marinos   1-2(0-2)
Hyundai Motors: Song Beom-keun, Hong Jeong-ho, Kim Min-hyeok, Kim Jin-su, Lee Yong [*sent off 82*], Jung Hyuk (53.Murilo Henrique Pereira Rocha), Kim Bo-kyung, Lee Seung-gi (88.Lee Soo-bin), Son Jun-ho [*sent off 69*], Takahiro Kunimoto, Lee Dong-gook (54.Cho Kyu-seong). Trainer: José Manuel Ferreira de Morais (Portugal).
Marinos: Yuji Kajikawa, Theeraton Bunmathan, Ken Matsubara, Thiago Martins Bueno, Shinnosuke Hatanaka, Takahiro Ogihara, Takuya Kida, Keita Endo (89.Kota Mizunuma), Marcos Júnior Lima dos Santos (85.Yūki Ōtsu), Ado Onaiwu, Teruhito Nakagawa. Trainer: Angelos Postecoglou (Australia).
Goals: Cho Kyu-seong (80) / Keita Endo (32), Kim Jin-su (37 own goal).

19.02.2020, Nissan Stadium, Yokohama; Attendance: 11,863
Referee: Mooud Bonyadifard (Iran)
Yokohama F. Marinos - Sydney FC   4-0(3-0)
Marinos: Yuji Kajikawa, Theeraton Bunmathan, Ken Matsubara, Thiago Martins Bueno, Makito Ito, Takahiro Ogihara, Takuya Kida (66.Takuya Wada), Keita Endo, Marcos Júnior Lima dos Santos (66.Yūki Ōtsu), Ado Onaiwu, Teruhito Nakagawa (75.Kota Mizunuma). Trainer: Angelos Postecoglou (Australia).
Sydney FC: Andrew James Redmayne, Ryan James McGowan, Alexander William Wilkinson, Rhyan Bert Grant (79.Harry Van der Saag), Joel King, Alexander Baumjohann, Nathan Luke Brattan, Anthony Cáceres, Paulo Retre (73.Marco Tilio), Konstantinos Barbarouses (68.Trent Buhagiar), Glenville Adam James le Fondre. Trainer: Stephen Christopher Corica.
Goals: Ado Onaiwu (12), Teruhito Nakagawa (31, 33), Ado Onaiwu (51).

04.03.2020, Jubilee Oval, Sydney; Attendance: 3,255
Referee: Ahmed Abu Bakar Said Al Kaf (Oman)
Sydney FC - Jeonbuk Hyundai Motors FC Jeonju   2-2(0-0)
Sydney FC: Andrew James Redmayne, Ryan James McGowan, Alexander William Wilkinson, Rhyan Bert Grant, Joel King, Harry Van der Saag (65.Anthony Cáceres), Alexander Baumjohann (86.Marco Tilio), Nathan Luke Brattan, Paulo Retre, Glenville Adam James le Fondre, Trent Buhagiar (77.Konstantinos Barbarouses). Trainer: Stephen Christopher Corica.
Hyundai Motors: Song Beom-keun, Choi Chul-soon, Hong Jeong-ho, Kim Jin-su, Choi Bo-kyung [*sent off 75*], Kim Bo-kyung, Han Kyo-won, Lee Seung-gi (61.Cho Kyu-seong), Takahiro Kunimoto (83.Murilo Henrique Pereira Rocha), Lee Soo-bin, Lars Veldwijk (79.Lee Sung-yoon). Trainer: José Manuel Ferreira de Morais (Portugal).
Goals: Trent Buhagiar (56), Glenville Adam James le Fondre (77 penalty) / Nathan Luke Brattan (50 own goal), Han Kyo-won (89).

19.11.2020, Khalifa International Stadium, Doha; Attendance: 0
Referee: Abdulrahman Ibrahim Al Jassim (Qatar)
Sydney FC - Shanghai SIPG FC   1-2(1-0)
Sydney FC: Thomas Heward-Belle [*sent off 90+1*], Alexander William Wilkinson, Michael Anthony Zullo, Rhyan Bert Grant, Benjamin Andrew Warland (83.Patrick Flottmann), Alexander Baumjohann (67.Luke Ivanović), Miloš Ninković, Paulo Retre, Calem Nieuwenhof, Konstantinos Barbarouses (83.Patrick Wood), Trent Buhagiar (77.Christopher Zuvela). Trainer: Stephen Christopher Corica.
Shanghai SIPG: Chen Wie, Wang Shenchao, Fu Huan (46.Yu Hai), He Guan, Wei Zhen, Aaron Frank Mooy (85.Lin Chuangyi), Yang Shiyuan, Givanildo Vieira de Sousa „Hulk" (75.Lei Wenjie), Lü Wenjun (46.Muzepper Mirahmetjan), Ricardo Lopes Pereira (75.Chen Binbin), Li Shenglong. Trainer: Vítor Manuel de Oliveira Lopes Pereira (Portugal).
Goals: Trent Buhagiar (8) / Li Shenglong (63, 79).

22.11.2020, Khalifa International Stadium, Doha; Attendance: 0
Referee: Ammar Ali Abdulla Al Jeneibi (United Arab Emirates)
Jeonbuk Hyundai Motors FC Jeonju - Shanghai SIPG FC **1-2(1-1)**
Hyundai Motors: Song Beom-keun, Choi Chul-soon, Hong Jeong-ho, Kim Min-hyeok, Ku Ja-ryong (83.Lee Sung-yoon), Shin Hyung-min, Kim Bo-kyung, Modou Barrow, Murilo Henrique Pereira Rocha (90.Lee Si-heon), Gustavo Henrique da Silva Sousa, Cho Kyu-seong (78.Han Kyo-won). Trainer: José Manuel Ferreira de Morais (Portugal).
Shanghai SIPG: Chen Wie, Yu Hai (71.He Guan), Yu Rui, Fu Huan, Wei Zhen, Muzepper Mirahmetjan (46.Aaron Frank Mooy), Cai Huikang (46.Oscar dos Santos Emboaba Júnior), Yang Shiyuan, Lü Wenjun (64.Li Shenglong), Ricardo Lopes Pereira (64.Givanildo Vieira de Sousa „Hulk"), Chen Binbin. Trainer: Vítor Manuel de Oliveira Lopes Pereira (Portugal).
Goals: Gustavo Henrique da Silva Sousa (24) / Lü Wenjun (11), Givanildo Vieira de Sousa „Hulk" (82 penalty).

25.11.2020, Al Janoub Stadium, Al Wakrah; Attendance: 0
Referee: Hettikamkanamge Chrishantha Dilan Perera (Sri Lanka)
Jeonbuk Hyundai Motors FC Jeonju - Sydney FC **1-0(1-0)**
Hyundai Motors: Song Beom-keun, Choi Chul-soon, Hong Jeong-ho, Kim Min-hyeok, Ku Ja-ryong, Shin Hyung-min, Kim Bo-kyung (75.Lee Si-heon), Modou Barrow (90+2.Lee Sung-yoon), Na Sung-eun (64.Cho Kyu-seong), Lee Soo-bin (75.Murilo Henrique Pereira Rocha), Gustavo Henrique da Silva Sousa (75.Han Kyo-won). Trainer: José Manuel Ferreira de Morais (Portugal).
Sydney FC: Adam Pavlesić, Alexander William Wilkinson, Michael Anthony Zullo (88.Joel King), Rhyan Bert Grant, Benjamin Andrew Warland, Alexander Baumjohann (75.Anthony Cáceres), Miloš Ninković (88.Christopher Zuvela), Paulo Retre (84.Jordan Swibel), Calem Nieuwenhof, Konstantinos Barbarouses (74.Luke Ivanović), Trent Buhagiar. Trainer: Stephen Christopher Corica.
Goal: Na Sung-eun (44).

25.11.2020, Al Janoub Stadium, Al Wakrah; Attendance: 0
Referee: Ali Sabah Adday Al Qaysi (Iraq)
Shanghai SIPG FC - Yokohama F. Marinos **0-1(0-0)**
Shanghai SIPG: Chen Wie, Yu Rui, Wang Shenchao, Fu Huan, He Guan (74.Wei Zhen), Oscar dos Santos Emboaba Júnior, Aaron Frank Mooy (58.Yang Shiyuan), Muzepper Mirahmetjan, Lei Wenjie (58.Lü Wenjun), Givanildo Vieira de Sousa „Hulk" (68.Ricardo Lopes Pereira), Li Shenglong (68.Chen Binbin). Trainer: Vítor Manuel de Oliveira Lopes Pereira (Portugal).
Marinos: Powell Obinna Obi, Theeraton Bunmathan, Takuya Wada (46.Takuya Kida), Thiago Martins Bueno, Shinnosuke Hatanaka, Ryuta Koike (53.Ken Matsubara), Kota Mizunuma (63.Teruhito Nakagawa), Takahiro Ogihara, Marcos Júnior Lima dos Santos (73.Jun Amano), Erik Nascimento de Lima, Daizen Maeda (63.Ryo Takano). Trainer: Angelos Postecoglou (Australia).
Goal: Jun Amano (90).

28.11.2020, Al Janoub Stadium, Al Wakrah; Attendance: 0
Referee: Mohammed Abdulla Hassan Mohamed (United Arab Emirates)
Yokohama F. Marinos - Shanghai SIPG FC **1-2(1-1)**
Marinos: Powell Obinna Obi, Ken Matsubara, Takuya Wada (79.Kota Watanabe), Yuki Saneto, Makito Ito, Ryo Takano, Takuya Kida, Jun Amano (64.Marcos Júnior Lima dos Santos), Ado Onaiwu, Teruhito Nakagawa (65.Kota Mizunuma), Daizen Maeda (79.Theeraton Bunmathan). Trainer: Angelos Postecoglou (Australia).
Shanghai SIPG: Chen Wie, Yu Hai, He Guan, Wei Zhen, Cai Huikang (67.Muzepper Mirahmetjan), Lin Chuangyi (46.Aaron Frank Mooy), Yang Shiyuan, Lei Wenjie (46.Wang Shenchao), Lü Wenjun (46.Oscar dos Santos Emboaba Júnior), Ricardo Lopes Pereira (82.Li Shenglong), Chen Binbin. Trainer: Vítor Manuel de Oliveira Lopes Pereira (Portugal).
Goals: Ado Onaiwu (21) / Cai Huikang (14), Ricardo Lopes Pereira (55).

01.12.2020, Al Janoub Stadium, Al Wakrah; Attendance: 0
Referee: Nawaf Abdullah Ghayyath Shukralla (Bahrain)
Yokohama F. Marinos - Jeonbuk Hyundai Motors FC Jeonju   4-1(1-0)
Marinos: Powell Obinna Obi, Theeraton Bunmathan, Ken Matsubara, Thiago Martins Bueno, Shinnosuke Hatanaka, Ryo Takano (72.Daizen Maeda), Takahiro Ogihara (88.Takuya Wada), Takuya Kida, Marcos Júnior Lima dos Santos (75.Jun Amano), Erik Nascimento de Lima (75.Ado Onaiwu), Teruhito Nakagawa (75.Kota Mizunuma). Trainer: Angelos Postecoglou (Australia).
Hyundai Motors: Song Beom-keun, Choi Chul-soon, Hong Jeong-ho, Kim Min-hyeok, Ku Ja-ryong, Shin Hyung-min, Kim Bo-kyung (62.Han Kyo-won), Modou Barrow (81.Lee Sung-yoon), Na Sung-eun (46.Cho Kyu-seong), Lee Soo-bin (71.Lee Si-heon), Gustavo Henrique da Silva Sousa (62.Murilo Henrique Pereira Rocha). Trainer: José Manuel Ferreira de Morais (Portugal).
Goals: Theeraton Bunmathan (17), Marcos Júnior Lima dos Santos (51), Teruhito Nakagawa (71), Song Beom-keun (83 own goal) / Gustavo Henrique da Silva Sousa (54 penalty).

01.12.2020, Al Janoub Stadium, Al Wakrah; Attendance: 0
Referee: Turki Mohammed Al Khudhayr (Saudi Arabia)
Shanghai SIPG FC - Sydney FC   0-4(0-2)
Shanghai SIPG: Chen Wie, Yu Rui (46.Ricardo Lopes Pereira), Wang Shenchao, Fu Huan, He Guan (46.Yu Hai), Oscar dos Santos Emboaba Júnior, Aaron Frank Mooy (65.Lin Chuangyi), Muzepper Mirahmetjan (46.Yang Shiyuan), Lei Wenjie, Lü Wenjun (65.Chen Binbin), Li Shenglong. Trainer: Vítor Manuel de Oliveira Lopes Pereira (Portugal).
Sydney FC: Adam Pavlesić (9.Thomas Heward-Belle), Alexander William Wilkinson (78.Patrick Flottmann), Rhyan Bert Grant (64.Harry Van der Saag), Benjamin Andrew Warland, Joel King, Miloš Ninković (64.Luke Ivanović), Nathan Luke Brattan (46.Alexander Baumjohann), Anthony Cáceres, Calem Nieuwenhof, Konstantinos Barbarouses, Trent Buhagiar. Trainer: Stephen Christopher Corica.
Goals: Alexander William Wilkinson (28), Nathan Luke Brattan (33), Trent Buhagiar (57, 60).

04.12.2020, Khalifa International Stadium, Doha; Attendance: 0
Referee: Mooud Bonyadifard (Iran)
Shanghai SIPG FC - Jeonbuk Hyundai Motors FC Jeonju   0-2(0-2)
Shanghai SIPG: Sun Le, Yu Hai, Wang Shenchao (46.Wei Zhen), Cai Huikang, Lin Chuangyi (46.Muzepper Mirahmetjan), Zhang Yi (88.Yu Rui), Lei Wenjie, Chen Chunxin, Peng Hao (77.Yang Shiyuan), Chen Binbin (71.Li Shenglong), Liu Zhurun. Trainer: Vítor Manuel de Oliveira Lopes Pereira (Portugal).
Hyundai Motors: Lee Bum-young (46.Hong Jung-nam), Choi Chul-soon, Kim Min-hyeok, Ku Ja-ryong, Shin Hyung-min, Han Kyo-won (76.Na Sung-eun), Lee Si-heon (82.Modou Barrow), Lee Soo-bin, Myung Se-jin (66.Kim Bo-kyung), Lee Sung-yoon (66.Yun Ji-hyuk), Cho Kyu-seong. Trainer: José Manuel Ferreira de Morais (Portugal).
Goals: Cho Kyu-seong (16, 32 penalty).

04.12.2020, Al Janoub Stadium, Al Wakrah; Attendance: 0
Referee: Saoud Al Athbah (Qatar)
Sydney FC - Yokohama F. Marinos   1-1(1-1)
Sydney FC: Thomas Heward-Belle, Alexander William Wilkinson, Rhyan Bert Grant, Patrick Flottmann, Joel King, Alexander Baumjohann (73.Harry Van der Saag), Nathan Luke Brattan (46.Christopher Zuvela), Anthony Cáceres, Calem Nieuwenhof, Trent Buhagiar (73.Jordan Swibel), Luke Ivanović (62.Konstantinos Barbarouses). Trainer: Stephen Christopher Corica.
Marinos: Yohei Takaoka, Takuya Wada, Yuki Saneto, Makito Ito, Ryuta Koike, Kota Mizunuma (66.Eitaro Matsuda), Jun Amano, Kota Watanabe, Yūki Ōtsu (75.Takuya Kida), Ado Onaiwu, Daizen Maeda. Trainer: Angelos Postecoglou (Australia).
Goals: Trent Buhagiar (29) / Yuki Saneto (18).

FINAL STANDINGS

1.	**Yokohama F. Marinos**	6	4	1	1	13 - 5	13
2.	**Shanghai SIPG FC**	6	3	0	3	6 - 10	9
3.	Jeonbuk Hyundai Motors FC Jeonju	6	2	1	3	8 - 10	7
4.	Sydney FC	6	1	2	3	8 - 10	5

SECOND ROUND OF 16

WEST ASIA

26.09.2020, Al Janoub Stadium, Al Wakrah; Attendance: 0
Referee: Nawaf Abdullah Ghayyath Shukralla (Bahrain)
Al-Ahli Saudi FC Jeddah - Shabab Al Ahli Dubai FC   1-1(0-1,1-1,1-1); 4-3 on penalties
Al-Ahli: Mohammed Khalil Al Owais, Lucas Pedro Alves de Lima, Mohammed Abdulhakim Mahdi Al Fatil (90.Yousef Saad Al Harbi), Motaz Ali Hassan Hawsawi, Abdullah Hassoun Tarmin (105.Saeed Fawaz Al Mowalad), Abdulbasit Ali Hindi, Marko Marin (90+2.Haitham Mohammed Asiri), Salman Mohammed Al Moasher (105.Abdulrahman Abdullah Ghareeb), Ali Hassan Al Asmari (105.Hussain Ali Al Mogahwi), Mohammed Abdullah Al Majhad (68.Hussein Omar Abdulghani Sulaimani), Omar Jehad Al Somah. Trainer: Vladan Milojević (Serbia).
Shabab Al Ahli: Majed Naser Humaid Bakheit Al Maqdemi, Yousif Jaber Naser Al Hammadi, Walid Abbas Murad Yousuf Al Balooshi, Abdulaziz Hussain Haikal Mubarak Al Balooshi, Mohammed Marzooq Abdulla Mohd Al Matroushi, Waleed Hussain Hassan Abdulla (59.Abdullah Ali Hassan Mohamed Al Naqbi), Ismael Salem Ismael Saeed Al Hammadi (59.Harib Abdalla Suhail Al Musharrkh Al Maazmi), Carlos Eduardo Marques (110.Eid Khamis Eida Al Naemi), Majed Hassan Ahmad Abdulla Al Ahmadi (14.Mohammed Jumaa Eid Al Bloushi; 76.Saeed Ahmed Abdulla Mohammad Al Bloushi), Azizjon Ganiev, Pedro Pérez Conde (76.Ahmed Khalil Sebait Mubarak Al Junaibi). Trainer: Gerard Zaragoza.
Goals: Omar Jehad Al Somah (54 penalty) / Azizjon Ganiev (28).
Penalties: Hussein Omar Abdulghani Sulaimani 1-0; Ahmed Khalil Sebait Mubarak Al Junaibi (missed); Lucas Pedro Alves de Lima 2-0; Yousif Jaber Naser Al Hammadi 2-1; Abdulrahman Abdullah Ghareeb 3-1; Azizjon Ganiev 3-2; Motaz Ali Hassan Hawsawi 4-2; Saeed Ahmed Abdulla Mohammad Al Bloushi 4-3; Omar Jehad Al Somah (missed); Abdullah Ali Hassan Mohamed Al Naqbi (missed).

26.09.2020, Al Janoub Stadium, Al Wakrah; Attendance: 0
Referee: Ahmed Abu Bakar Said Al Kaf (Oman)
FC Pakhtakor Tashkent - Esteghlal Tehran FC   2-1(1-1)
Pakhtakor: Eldorbek Suyunov, Anzur Ismoilov, Egor Krimets, Farrukh Sayfiev (90+1.Sherzod Azamov), Khozhiakbar Alizhonov (90+2.Abror Ismailov), Sardor Sobirkhuzhaev (84.Vladimir Kozak), Jaloliddin Masharipov, Odildzhon Khamrobekov, Dostonbek Khamdamov (73.Javokhir Sidikov), Eren Derdiyok (73.Igor Sergeev), Dragan Čeran. Trainer: Shota Arveladze (Georgia).
Esteghlal: Seyed Hossein Hosseini, Roozbeh Cheshmi, Mohammad Daneshgar, Aref Gholami, Milad Zakipour, Masoud Rigi (79.Farshid Bagheri), Farshid Esmaeili (68.Zakaria Moradi), Ali Karimi, Cheick Tidiane Diabaté, Amir Arsalan Motahari (53.Arash Rezavand), Mehdi Ghaedi. Trainer: Majid Namjou Motlagh.
Goals: Dragan Čeran (43), Eren Derdiyok (47) / Ali Karimi (32).

27.09.2020, Education City Stadium, Doha; Attendance: 0
Referee: Ko Hyung-jin (Korea Republic)
Persepolis Tehran FC - Al-Sadd Sports Club **1-0(0-0)**
Persepolis: Hamed Lak, Shoja Khalilzadeh, Hossein Kanaani, Bashar Resan Bonyan (84.Omid Alishah), Saeid Aghaei, Vahid Amiri, Siamak Nemati [*sent off 90+1*], Ahmad Nourollahi, Ehsan Pahlavan (84.Mehdi Abdi Qara), Milad Sarlak (84.Kamal Kamyabinia), Issa Alekasir Rajabi (90+3.Seyed Jalal Hosseini). Trainer: Yahya Golmohammadi.
Al-Sadd: Saad Abdullah Al Sheeb Al Dossary, Boualem Khoukhi, Abdelkarim Hasan Fadlalla, Pedro Miguel Carvalho Deus Correia "Ró-Ró", Santiago Cazorla González „Santi Cazorla", Nam Tae-hee (90+2.Rodrigo Barbósa Tabata), Guilherme dos Santos Torres, Tarek Salman Suleiman Odeh (90+2.Mosab Khader Mohamed), Mohammed Waad Abdulwahab Jadoua Al Bayati (65.Hasan Khalid Al Haydous), Baghdad Bounedjah, Akram Hassan Afif Yahya. Trainer: Xavier Hernández Creus „Xavi" (Spain).
Goal: Issa Alekasir Rajabi (88).

27.09.2020, Education City Stadium, Doha; Attendance: 0
Referee: Ali Sabah Adday Al Qaysi (Iraq)
Al-Nassr FC Riyadh - Al-Taawon FC Buraidah **1-0(0-0)**
Al-Nassr: Bradley Scott Jones, Maicon Pereira Roque, Abdullah Mohammed Madu, Sultan Abdullah Al Ghanam, Awadh Khamis Faraj, Abdulmajeed Al Sulaiheem, Abdullah Mohammed Al Khaibari (68.Ayman Yahya Salem), Gonzalo Nicolás Martínez (86.Abdulrahman Mutlaq Al Dawsari), Abderazak Hamdallah, Abdulfattah Tawfiq Asiri (68.Mukhtar Abdullahi Ali), Khalid Eisa Mohammed Bilal Saeed Al Ghannam (90+2.Firas Tariq Nasser Al Albirakan). Trainer: Rui Carlos Pinho da Vitória (Portugal).
Al-Taawon: Cássio Albuquerque dos Anjos, Ahmed Hassan Assiri, Iago Azevedo dos Santos, Hassan Kadesh Mahboob, Yaseen Omar Barnawi, Fahad Al Hamad (83.Abdullah Al Joui), Mohammed Abu Sabaan (88.Nasser Al Daajani), Cédric Amissi, Sultan Ahmed Mohammed Mendash (83.Fahad Ayidh Al Rashidi), Mohammad Ibrahim Mohammed Al Sahlawi (83.Rabeaa Al Sofiani), Mitchell Thomas Duke (83.Ryan Al Mousa). Trainer: Patrice Carteron (France).
Goal: Abderazak Hamdallah (75).

EAST ASIA

06.12.2020, Education City Stadium, Doha; Attendance: 0
Referee: Alireza Faghani (Iran)
Beijing Sinobo Guoan FC - FC Tokyo **1-0(0-0)**
Beijing FC: Hou Sen, Yu Yang, Wang Gang, Li Lei, Kim Min-jae, Renato Soares de Oliveira Augusto, Fernando Lucas Martins, Zhang Xizhe, Jonathan Viera Ramos (90+1.Lü Peng), Chi Zhongguo, Alan Douglas Borges de Carvalho (67.Zhang Yuning). Trainer: Bruno Génésio (France).
FC Tokyo: Go Hatano, Masato Morishige, Joan Noureddine Oumari, Ryoya Ogawa (86.Takuya Uchida), Tsuyoshi Watanabe, Takumi Nakamura (80.Hotaka Nakamura), Keigo Higashi (69.Yojiro Takahagi), Weverson Leandro Oliveira Moura (80.Kazuya Konno), Shuto Abe, Kensuke Nagai (68.Adaílton dos Santos da Silva), Taichi Hara. Trainer: Kenta Hasegawa.
Goal: Alan Douglas Borges de Carvalho (59).

06.12.2020, Education City Stadium, Doha; Attendance: 0
Referee: Turki Mohammed Al Khudhayr (Saudi Arabia)
Ulsan Hyundai FC - Melbourne Victory FC 3-0(0-0)
Ulsan Hyundai: Jo Su-huk, Dave Bulthuis, Kim Ki-hee, Seol Young-woo (46.Kim Tae-hwan), Koh Myong-jin (46.Bjørn Johnsen), Park Joo-ho, Yoon Bit-garam, Kim In-sung (83.Jeong Dong-ho), Sin Jin-ho, Lee Chung-yong (72.Won Du-jae), Gleidionor Figueiredo Pinto Júnior „Júnior Negão" (79.Lee Keun-ho). Trainer: Kim Do-hoon.
Victory FC: Maxime Teremoana Crocombe, Adama Traoré (15.So Nishikawa), Nicolas Clive Ansell (66.Dylan Ryan), Storm James Roux, Aaron Anderson, Jacob Luke Butterfield (72.Birkan Kirdar), Marco Rodrigo Rojas, Jake William Brimmer, Jay Barnett, Elvis Kamsoba (46.Brendon Lauton), Gbenga Tai Folami (66.Luis Lawrie-Lattanzio). Trainer: Grant Ian Brebner (Scotland).
Goals: Bjørn Johnsen (65), Won Du-jae (77), Bjørn Johnsen (86).

07.12.2020, Khalifa International Stadium, Doha; Attendance: 0
Referee: Christopher James Beath (Australia)
Vissel Kobe - Shanghai SIPG FC 2-0(1-0)
Vissel: Daiya Maekawa, Thomas Vermaelen, Daigo Nishi (88.Keijiro Ogawa), Gōtoku Sakai, Tetsushi Yamakawa, Ryuho Kikuchi, Andrés Iniesta Luján (68.Takuya Yasui), Hotaru Yamaguchi, Yuta Goke, Dyanfres Douglas Chagas Matos (90+2.Noriaki Fujimoto), Kyogo Furuhashi. Trainer: Atsuhiro Miura.
Shanghai SIPG: Chen Wei, Yu Rui (46.Aaron Frank Mooy), Wang Shenchao, He Guan, Wei Zhen, Oscar dos Santos Emboaba Júnior, Muzepper Mirahmetjan (46.Chen Binbin), Yang Shiyuan, Lü Wenjun, Ricardo Lopes Pereira (58.Fu Huan), Li Shenglong. Trainer: Vítor Manuel de Oliveira Lopes Pereira (Portugal).
Goals: Andrés Iniesta Luján (31), Daigo Nishi (50).

07.12.2020, Khalifa International Stadium, Doha; Attendance: 0
Referee: Hettikamkanamge Chrishantha Dilan Perera (Sri Lanka)
Yokohama F. Marinos - Suwon Samsung Bluewings FC 2-3(1-0)
Marinos: Powell Obinna Obi, Theeraton Bunmathan, Ken Matsubara, Thiago Martins Bueno, Shinnosuke Hatanaka, Ryo Takano (78.Daizen Maeda), Takahiro Ogihara (84.Ado Onaiwu), Takuya Kida (78.Takuya Wada), Marcos Júnior Lima dos Santos (78.Jun Amano), Erik Nascimento de Lima, Teruhito Nakagawa. Trainer: Angelos Postecoglou (Australia).
Samsung Bluewings: Yang Hyung-mo, Yang Sang-min, Lee Ki-je, Park Dae-won, Jang Ho-ik (90+2.Koo Dae-young), Kim Tae-hwan, Kim Min-woo, Han Suk-jong, Ko Seung-beom, Lim Sang-hyub (87.Choi Sung-geun), Park Sang-hyeok (39.Kim Gun-hee). Trainer: Park Kun-ha.
Goals: Erik Nascimento de Lima (20), Ado Onaiwu (90+1) / Kim Tae-hwan (57), Kim Min-woo (82), Han Suk-jong (87).

QUARTER-FINALS

WEST ASIA

30.09.2020, „Jassim Bin Hamad" Stadium, Doha; Attendance: 0
Referee: Sivakorn Pu-udom (Thailand)
Al-Nassr FC Riyadh - Al-Ahli Saudi FC Jeddah   **2-0(1-0)**
Al-Nassr: Bradley Scott Jones, Maicon Pereira Roque, Abdullah Mohammed Madu, Sultan Abdullah Al Ghanam, Awadh Khamis Faraj, Abdulmajeed Al Sulaiheem (84.Abdulrahman Mutlaq Al Dawsari), Abdullah Mohammed Al Khaibari, Gonzalo Nicolás Martínez (71.Firas Tariq Nasser Al Albirakan), Abderazak Hamdallah, Abdulfattah Tawfiq Asiri (71.Mukhtar Abdullahi Ali), Khalid Eisa Mohammed Bilal Saeed Al Ghannam (61.Ayman Yahya Salem). Trainer: Rui Carlos Pinho da Vitória (Portugal).
Al-Ahli: Mohammed Khalil Al Owais, Lucas Pedro Alves de Lima, Mohammed Abdulhakim Mahdi Al Fatil (46.Hussein Omar Abdulghani Sulaimani), Motaz Ali Hassan Hawsawi, Abdullah Hassoun Tarmin, Abdulbasit Ali Hindi, Marko Marin (65.Hussain Ali Al Mogahwi), Salman Mohammed Al Moasher (65.Haitham Mohammed Asiri), Ali Hassan Al Asmari, Mohammed Abdullah Al Majhad (46.Abdulrahman Abdullah Ghareeb), Omar Jehad Al Somah. Trainer: Vladan Milojević (Serbia).
Goals: Gonzalo Nicolás Martínez (13), Abdulfattah Tawfiq Asiri (55).

30.09.2020, „Jassim Bin Hamad" Stadium, Doha; Attendance: 0
Referee: Adham Mohammed Tumah Makhadmeh (Jordan)
Persepolis Tehran FC - FC Pakhtakor Tashkent   **2-0(0-0)**
Persepolis: Hamed Lak, Shoja Khalilzadeh, Hossein Kanaani, Kamal Kamyabinia, Bashar Resan Bonyan (68.Omid Alishah), Saeid Aghaei, Vahid Amiri, Siamak Nemati, Ahmad Nourollahi (76.Milad Sarlak), Ehsan Pahlavan (76.Mehdi Shiri), Issa Alekasir Rajabi (87.Mehdi Abdi Qara). Trainer: Yahya Golmohammadi.
Pakhtakor: Eldorbek Suyunov, Anzur Ismoilov, Egor Krimets (90+2.Abror Ismailov), Farrukh Sayfiev (72.Akramzhon Komilov), Khozhiakbar Alizhonov (90+1.Sherzod Azamov), Sardor Sobirkhuzhaev, Jaloliddin Masharipov [*sent off 15*], Odildzhon Khamrobekov, Dostonbek Khamdamov (73.Khojimat Erkinov), Eren Derdiyok (72.Igor Sergeev), Dragan Čeran. Trainer: Shota Arveladze (Georgia).
Goals: Issa Alekasir Rajabi (49, 66).

EAST ASIA

10.12.2020, Al Janoub Stadium, Al Wakrah; Attendance: 0
Referee: Mohammed Abdulla Hassan Mohamed (United Arab Emirates)
Ulsan Hyundai FC - Beijing Sinobo Guoan FC   **2-0(2-0)**
Ulsan Hyundai: Jo Su-huk, Dave Bulthuis, Kim Ki-hee, Park Joo-ho, Kim Tae-hwan, Yoon Bit-garam (81.Jung Seung-hyun), Won Du-jae, Lee Keun-ho (70.Seol Young-woo), Lee Chung-yong (70.Sin Jin-ho), Gleidionor Figueiredo Pinto Júnior „Júnior Negão" (82.Bjørn Johnsen), Lee Sang-heon (40.Kim In-sung). Trainer: Kim Do-hoon.
Beijing FC: Hou Sen, Yu Yang, Wang Gang (88.Yang Fan), Li Lei, Kim Min-jae, Renato Soares de Oliveira Augusto, Fernando Lucas Martins (63.Li Ke), Zhang Xizhe, Jonathan Viera Ramos, Chi Zhongguo (63.Zhang Yuning), Alan Douglas Borges de Carvalho (79.Yu Dabao). Trainer: Bruno Génésio (France).
Goals: Gleidionor Figueiredo Pinto Júnior „Júnior Negão" (21 penalty, 42).

10.12.2020, Al Janoub Stadium, Al Wakrah; Attendance: 0
Referee: Adham Mohammed Tumah Makhadmeh (Jordan)
Vissel Kobe - Suwon Samsung Bluewings FC **1-1(1-1,1-1,1-1); 7-6 on penalties**
Vissel: Daiya Maekawa, Thomas Vermaelen, Daigo Nishi (46.Yutaro Oda; 78.Ryo Hatsuse), Gōtoku Sakai, Tetsushi Yamakawa, Ryuho Kikuchi, Hotaru Yamaguchi, Takuya Yasui (90.Noriaki Fujimoto), Yuta Goke (113.Andrés Iniesta Luján), Dyanfres Douglas Chagas Matos, Kyogo Furuhashi. Trainer: Atsuhiro Miura.
Samsung Bluewings: Yang Hyung-mo, Yang Sang-min, Min Sang-gi, Lee Ki-je, Jang Ho-ik, Kim Tae-hwan [*sent off 38*], Kim Min-woo, Han Suk-jong, Ko Seung-beom, Lim Sang-hyub (46.Kim Gun-hee), Park Sang-hyeok (46.Koo Dae-young; 110.Park Dae-won). Trainer: Park Kun-ha.
Goals: Kyogo Furuhashi (40) / Park Sang-hyeok (7).
Penalties: Kim Gun-hee 0-1; Andrés Iniesta Luján 1-1; Lee Ki-je 1-2; Dyanfres Douglas Chagas Matos 2-2; Kim Min-woo 2-3; Ryo Hatsuse 3-3; Ko Seung-beom 3-4; Kyogo Furuhashi 4-4; Han Suk-jong 4-5; Hotaru Yamaguchi 5-5; Min Sang-gi 5-6; Tetsushi Yamakawa 6-6; Jang Ho-ik (missed); Noriaki Fujimoto 7-6.

SEMI-FINALS

03.10.2020, „Jassim Bin Hamad" Stadium, Doha; Attendance: 0
Referee: Muhammad Taqi Aljaafari Bin Jahari (Singapore)
Al-Nassr FC Riyadh - Persepolis Tehran FC **1-1(1-1,1-1,1-1); 3-5 on penalties**
Al-Nassr: Bradley Scott Jones, Maicon Pereira Roque, Abdullah Mohammed Madu, Sultan Abdullah Al Ghanam (70.Osama Yousef Al Khalaf), Awadh Khamis Faraj (110.Firas Tariq Nasser Al Albirakan), Abdulmajeed Al Sulaiheem (110.Abdulrahman Ahmed Abdullah Al Obaid), Abdullah Mohammed Al Khaibari (89.Mukhtar Abdullahi Ali), Gonzalo Nicolás Martínez, Abderazak Hamdallah, Abdulfattah Tawfiq Asiri (97.Abdulrahman Mutlaq Al Dawsari), Khalid Eisa Mohammed Bilal Saeed Al Ghannam (46.Ayman Yahya Salem). Trainer: Rui Carlos Pinho da Vitória (Portugal).
Persepolis: Hamed Lak, Shoja Khalilzadeh, Hossein Kanaani, Kamal Kamyabinia, Bashar Resan Bonyan (99.Mehdi Shiri), Saeid Aghaei (114.Ali Shojaei), Vahid Amiri, Siamak Nemati, Ahmad Nourollahi (96.Milad Sarlak), Ehsan Pahlavan [*sent off 104*], Mehdi Abdi Qara (96.Arman Ramezani). Trainer: Yahya Golmohammadi.
Goals: Abderazak Hamdallah (36 penalty) / Mehdi Abdi Qara (42).
Penalties: 0-1 Hossein Kanaani; Abdullah Mohammed Madu 1-1; Siamak Nemati 1-2; Gonzalo Nicolás Martínez 2-2; Milad Sarlak 2-3; Abdulrahman Ahmed Abdullah Al Obaid 3-3; Shoja Khalilzadeh 3-4; Maicon Pereira Roque (saved); Ali Shojaei 3-5.

13.12.2020, „Jassim Bin Hamad" Stadium, Doha; Attendance: 0
Referee: Nawaf Abdullah Ghayyath Shukralla (Bahrain)
Ulsan Hyundai FC - Vissel Kobe **2-1(0-0,1-1)**
Ulsan Hyundai: Jo Su-huk, Jeong Dong-ho (55.Kim Tae-hwan), Dave Bulthuis, Kim Ki-hee (68.Jung Seung-hyun), Koh Myong-jin (46.Lee Keun-ho), Park Joo-ho (63.Hong Chul), Yoon Bit-garam, Kim In-sung, Sin Jin-ho (96.Won Du-jae), Lee Chung-yong (55.Bjørn Johnsen), Gleidionor Figueiredo Pinto Júnior „Júnior Negão". Trainer: Kim Do-hoon.
Vissel: Daiya Maekawa, Thomas Vermaelen, Daigo Nishi (65.Daiju Sasaki), Gōtoku Sakai, Tetsushi Yamakawa (120.Noriaki Fujimoto), Ryuho Kikuchi, Hotaru Yamaguchi, Takuya Yasui (82.So Fujitani), Yuta Goke (110.Junya Tanaka), Dyanfres Douglas Chagas Matos, Kyogo Furuhashi. Trainer: Atsuhiro Miura.
Goals: Bjørn Johnsen (81), Gleidionor Figueiredo Pinto Júnior „Júnior Negão" (119 penalty) / Hotaru Yamaguchi (52).

FINAL

19.12.2020, Al Janoub Stadium, Al Wakrah; Attendance: 8,517
Referee: Abdulrahman Ibrahim Al Jassim (Qatar)
Persepolis Tehran FC - Ulsan Hyundai FC   **1-2(1-1)**
Persepolis: Hamed Lak, Seyed Jalal Hosseini, Hossein Kanaani, Omid Alishah (90.Ali Shojaei), Bashar Resan Bonyan, Saeid Aghaei, Siamak Nemati, Ahmad Nourollahi, Mehdi Shiri (74.Arman Ramezani), Milad Sarlak, Mehdi Abdi Qara. Trainer: Yahya Golmohammadi.
Ulsan Hyundai: Jo Su-huk, Dave Bulthuis, Kim Ki-hee, Park Joo-ho (72.Hong Chul), Kim Tae-hwan, Yoon Bit-garam, Kim In-sung (90+1.Seol Young-woo), Sin Jin-ho (83.Jung Seung-hyun), Won Du-jae, Lee Chung-yong (72.Lee Keun-ho), Gleidionor Figueiredo Pinto Júnior „Júnior Negão" (83.Bjørn Johnsen). Trainer: Kim Do-hoon.
Goals: 1-0 Mehdi Abdi Qara (45), 1-1 Gleidionor Figueiredo Pinto Júnior „Júnior Negão" (45+4), 1-2 Gleidionor Figueiredo Pinto Júnior „Júnior Negão" (55 penalty).

2020 Asian Champions League Winner: **Ulsan Hyundai FC** (Korea Republic)

Best Goalscorer:
Abderrazak Hamdallah (MAR, Al-Nassr FC Riyadh) &
Gleidionor Figueiredo Pinto Júnior "Júnior Negão" (BRA, Ulsan Hyundai FC) – each 7 goals

ASIAN CHAMPIONS CUP / AFC CHAMPIONS LEAGUE
TABLE OF HONOURS

1967	Hapoel Tel Aviv FC	(ISR)
1969	Maccabi Tel Aviv FC	(ISR)
1970	Esteghlal Tehran FC	(IRN)
1971	Maccabi Tel Aviv FC	(ISR)
1985/1986	Daewoo Royals	(KOR)
1986/1987	Furukawa Electric Yokohama	(JPN)
1987/1988	Yomiuri FC	(JPN)
1988/1989	Al-Sadd Sports Club Doha	(QAT)
1989/1990	Liaoning FC	(CHN)
1990/1991	Esteghlal Tehran FC	(IRN)
1991/1992	Al-Hilal Riyadh	(KSA)
1992/1993	PAS Tehran FC	(IRN)
1993/1994	Thai Farmers Bank FC Bangkok	(THA)
1994/1995	Thai Farmers Bank FC Bangkok	(THA)
1995/1996	Ilhwa Chunma	(KOR)
1996/1997	Pohang Steelers FC	(KOR)
1997/1998	Pohang Steelers FC	(KOR)
1998/1999	Júbilo Iwata	(JPN)
1999/2000	Al-Hilal Riyadh	(KSA)
2000/2001	Suwon Samsung Bluewings FC	(KOR)
2001/2002	Suwon Samsung Bluewings FC	(KOR)
2002/2003	Al-Ain Sports and Cultural Club	(UAE)
2004	Al-Ittihad Jeddah	(KSA)
2005	Al-Ittihad Jeddah	(KSA)
2006	Jeonbuk Hyundai Motors FC	(KOR)
2007	Urawa Red Diamonds	(JPN)
2008	Gamba Osaka	(JPN)
2009	Pohang Steelers FC	(KOR)
2010	Seongnam Ilhwa Chunma	(KOR)
2011	Al-Sadd Sports Club Doha	(QAT)
2012	Ulsan Hyundai FC	(KOR)
2013	Guangzhou Evergrande FC	(CHN)
2014	Western Sydney Wanderers FC	(AUS)
2015	Guangzhou Evergrande FC	(CHN)
2016	Jeonbuk Hyundai Motors FC	(KOR)
2017	Urawa Red Diamonds	(JPN)
2018	Kashima Antlers FC	(JPN)
2019	Al-Hilal FC Riyadh	(KSA)
2020	Ulsan Hyundai FC	(KOR)

AFC CUP 2020

The AFC Cup is the second major club competition of the Asian Football Confederation. 48 clubs from 28 countries entered the 17th edition of this club tournament in 2020, as follows:

List of participating clubs:

West Asian Zone:

Bahrain (2 teams)	Al Riffa Sports Club
	Manama Club
Jordan (2 teams)	Al Faisaly Club Amman
	Al Jazira Amman
Kuwait (2 teams)	Al Kuwait SC Kaifan
	Al Qadisia SC Kuwait City
Lebanon (2 teams)	Al Ahed FC Beirut
	Al Ansar Beirut
Oman (2 teams)	Dhofar Club Salalah
	Sur Sports Club (3*)
Palestine (1 team)	Hilal Al-Quds Jerusalem (3*)
Syria (2 teams)	Al Jaish Damascus
	Al Wathba SC Homs

Central Asian Zone:

Kyrgyzstan (2 teams)	FC Dordoi Bishkek
	FC Neftchi Kochkor-Ata (2*)
Tajikistan (2 teams)	Istiqlol FK Dushanbe
	FK Khujand (3*)
Turkmenistan (2 teams)	FK Altyn Asyr Aşgabat
	FK Ahal Abadan (2*)

South Asian Zone:

Bangladesh (2 teams)	Bashundhara Kings Nilphamari
	Abahani Limited Dhâkâ (2*)
Bhutan (1 team)	Paro FC (1*)
India (2 teams)	Chennai City FC
	Bengaluru FC (2*)
Maldives (2 teams)	TC Sports Club Malé
	Maaziya S&RC Malé (2*)
Sri Lanka (1 team)	Defenders FC Homagama (1*)

ASEAN (Southeast Asia) Zone:

Brunei (1 team)	Indera SC (3*)
Cambodia (1 team)	Preah Khan Reach FC FC Svay Rieng (3*)
Indonesia (2 teams)	Bali United FC Gianyar Persatuan Sepakbola Makassar
Laos (2 teams)	Lao Toyota FC Master 7 FC (3*)
Myanmar (2 teams)	Shan United FC Taunggyi Yangon United FC (3*)
Philippines (2 teams)	Ceres - Negros FC Bacolod Kaya FC Makati City
Singapore (2 teams)	Tampines Rovers FC Hougang United FC
Timor-Leste (1 team)	Lalenok United FC Dili (3*)
Vietnam (2 teams)	CLB TP Hồ Chí Minh CLB Than Quảng Ninh

East Asian Zone:

Chinese Taipei (2 teams)	Tatung FC Taipei Taiwan Power Company FC (3*)
Hong Kong (2 teams)	Kitchee SC Tai Po FC (3*)
Macau (1 team)	Chao Pak Kei
Mongolia (1 team)	Ulaanbaatar City FC (2*)

(1*) qualifying play-off participants, entering in Preliminary Round 1
(2*) qualifying play-off participants, entering in Preliminary Round 2
(3*) qualifying play-off participants, entering in Play-off Round

Following associations did not submit any entry for the 2020 AFC Cup: Afghanistan, Guam, Korea D.P.R., Nepal, Pakistan and Yemen.

QUALIFYING ROUND

PRELIMINARY ROUND 1 [22-29.01.2020]

SOUTH ASIA ZONE
Defenders FC Homagama - **Paro FC**   3-3(2-3)   2-2(1-1)

PRELIMINARY ROUND 2 [05-12-02.2020]

CENTRAL ASIA ZONE
FC Neftchi Kochkor-Ata - FK Ahal Abadan   w/o
Please note: FK Ahal Abadan were disqualified after failing to appear for the first leg.

SOUTH ASIA ZONE
Paro FC - **Bengaluru FC**   0-1(0-0)   1-9(1-4)
Abahani Limited Dhâkâ - **Maaziya S&RC Malé**   2-2(1-1)   0-0

PLAY-OFF ROUND ROUND

WEST ASIA ZONE [21-28.01.2020]
Hilal Al-Quds Jerusalem - Sur Sports Club   2-0(1-0)   0-0

CENTRAL ASIA ZONE [19-26.02.2020]
FC Neftchi Kochkor-Ata - **FK Khujand**   1-0(0-0)   0-3 aet

SOUTH ASIA ZONE [19-26.02.2020]
Maaziya S&RC Malé - Bengaluru FC   2-1(0-0)   2-3 aet
                                                                       4-3 pen

ASEAN ZONE [22-29.01.2020]
Lalenok United FC Dili - **Persatuan Sepakbola Makassar**   1-4(1-2)   1-3(0-2)
Indera SC - **Yangon United FC**   1-6(0-3)   1-3(1-1)
Preah Khan Reach FC FC Svay Rieng - Master 7 FC   4-1(2-1)   3-0(2-0)

EAST ASIA ZONE [16.10.2020]
Taiwan Power Company FC - Ulaanbaatar City FC   *cancelled*

GROUP STAGE

The 36 teams were drawn into nine groups of four:

West Asia Zone: Group A, B, C.
Central Asia Zone: Group D.
South Asia Zone: Group E.
ASEAN Zone: Group F, G, H.
East Asia Zone: Group I.

The following teams will advance to the knockout stage:
1 - The winners of each group and the best runners-up in the West Asia Zone and the ASEAN Zone advanced to the Zonal semi-finals.
2 - The winners of each group in the Central Asia Zone, the South Asia Zone and the East Asia Zone advanced to the Inter-zone play-off semi-finals.

Please note: the 2020 AFC Cup group stage was played from 10.02.2020 to 11.03.2020. The remaining matches were initially suspended, and eventually cancelled by the AFC on 10.09.2020 due to the COVID-19 pandemic.

Results of matches played:

GROUP A	
Al Jaish Damascus - Manama Club	0-0
Al Ahed FC Beirut - Hilal Al-Quds Jerusalem	2-1(0-1)
Manama Club - Al Ahed FC Beirut	1-0(0-0)
Hilal Al-Quds Jerusalem - Al Jaish Damascus	0-1(0-1)

GROUP B	
Al Kuwait SC Kaifan - Al Ansar Beirut	1-0(1-0)
Al Faisaly Club Amman - Al Wathba SC Homs	0-0
Al Wathba SC Homs - Al Kuwait SC Kaifan	0-0
Al Ansar Beirut - Al Faisaly Club Amman	4-3(2-1)

GROUP C	
Al Riffa Sports Club - Al Qadisia SC Kuwait City	1-2(0-1)
Dhofar Club Salalah - Al Jazira Amman	1-0(0-0)
Al Jazira Amman - Al Riffa Sports Club	0-2(0-1)

GROUP D	
Istiqlol FK Dushanbe - FK Khujand	2-0(2-0)

GROUP E	
Bashundhara Kings Nilphamari - TC Sports Club Malé	5-1(2-1)
Chennai City FC - Maaziya S&RC Malé	2-2(1-0)

GROUP F	
Yangon United FC -. CLB TP Hồ Chí Minh	2-2(2-2)
Lao Toyota FC - Hougang United FC	1-3(1-1)
Yangon United FC - Lao Toyota FC	3-2(2-0)
Hougang United FC - CLB TP Hồ Chí Minh	2-3(0-2)
Yangon United FC - Hougang United FC	1-0(0-0)
Lao Toyota FC - CLB TP Hồ Chí Minh	0-2(0-0)

GROUP G	
Ceres-Negros FC Bacolod - Preah Khan Reach FC FC Svay Riêng	4-0(2-0)
Bali United FC Gianyar - CLB Than Quảng Ninh	4-1(0-1)
Preah Khan Reach FC FC Svay Rieng - Bali United FC Gianyar	2-1(2-0)
Ceres-Negros FC Bacolod - CLB Than Quảng Ninh	2-2(1-1)
Preah Khan Reach FC FC Svay Rieng - CLB Than Quảng Ninh	1-4(1-1)
Ceres-Negros FC Bacolod - Bali United FC Gianyar	4-0(1-0)

GROUP H	
Shan United FC Taunggyi - Kaya FC Makati City	0-2(0-0)
Tampines Rovers FC - Persatuan Sepakbola Makassar	2-1(1-0)
Persatuan Sepakbola Makassar - Shan United FC Taunggyi	3-1(1-0)
Kaya FC Makati City - Tampines Rovers FC	0-0
Persatuan Sepakbola Makassar - Kaya FC Makati City	1-1(1-0)
Tampines Rovers FC - Shan United FC Taunggyi	2-1(0-0)

GROUP I	
Kitchee SC, Winners of East Asia Play-off, Chao Pak Kei, Tatung FC Taipei	
- *No matches were played*	

AFC CUP TABLE OF HONOURS		
2004	Al-Jaish Damascus	(SYR)
2005	Al Faisaly Club Amman	(JOR)
2006	Al Faisaly Club Amman	(JOR)
2007	Shabab Al-Ordon Al-Qadisiya Amman	(JOR)
2008	Al-Muharraq Sports Club	(BHR)
2009	Al Kuwait SC Kaifan	(KUW)
2010	Al Ittihad Aleppo	(SYR)
2011	Nasaf Qarshi FC	(UZB)
2012	Al Kuwait SC Kaifan	(KUW)
2013	Al Kuwait SC Kaifan	(KUW)
2014	Al Qadsia Sporting Club Kuwait City	(KUW)
2015	Kelab Bola Sepak Johor Darul Ta'zim	(MAS)
2016	Al Quwa Al Jawiya FC Baghdad	(IRQ)
2017	Al Quwa Al Jawiya FC Baghdad	(IRQ)
2018	Al Quwa Al Jawiya FC Baghdad	(IRQ)
2019	Al Ahed FC Beirut	(LIB)
2020	*Competition cancelled*	

NATIONAL ASSOCIATIONS

The governing body of the national football associations in Asia is the Asian Football Confederation (ACC). The AFC, one of the FIFA's six continental federations, was founded on 8 May 1954 in Manila (Philippines) and has 46 member associations split into four regions.

1. ASEAN (Asian Football Confederation from Southeast Asia) Football Federation	2. East Asian Football Federation (EAFF)
Australia	China P.R.
Brunei	Chinese Taipei
Cambodia	Hong Kong
Indonesia	Guam
Laos	Japan
Malaysia	Korea DPR
Myanmar	Korea Republic
Philippines	Macau
Singapore	Mongolia
Thailand	Northern Mariana Islands
Timor-Leste	(EAFF member but non-AFC member)
Vietnam	

3. Central and South Asian Football Federation (CAFF and SAFF)		4. West Asian Football Federation (WAFF)
CAFF Members	SAFF Members	Iran
		Iraq
Kyrgyzstan	Afghanistan	Bahrain
Tajikistan	Bangladesh	Jordan
Turkmenistan	Bhutan	Kuwait
Uzbekistan	India	Lebanon
	Maldives	Oman
	Nepal	Palestine
	Pakistan	Qatar
	Sri Lanka	Arabia
		Syria
		United Arab Emirates
		Yemen

AFGHANISTAN

The Country:
De Afyānistān Islāmi Jámhuriyat (Islamic Republic of Afghanistan) Capital: Kabul Surface: 647,500 km^2 Population: 32,225,560 [2019] Time: UTC+4.30 Independent since: 1919
The FA:
Afghanistan Football Federation P.O.Box 128, Kabul Year of Formation: 1933 Member of FIFA since: 1948 Member of AFC since: 1954

NATIONAL TEAM RECORDS

First international match: 25.08.1941, Kabul: Afghanistan – Iran 0-0
Most international caps: Zohib Islam Amiri – 52 caps (since 2005)
Most international goals: Mohammad Bilal Arzou – 9 goals / 22 caps (since 2011)

NATIONAL TEAM COMPETITIONS:

ASIAN NATIONS CUP	
1956	Withdrew
1960	Did not enter
1964	Did not enter
1968	Did not enter
1972	Did not enter
1976	Qualifiers
1980	Qualifiers
1984	Qualifiers
1988	Did not enter
1992	Did not enter
1996	Did not enter
2000	Did not enter
2004	Qualifiers
2007	Did not enter
2011	Did not enter
2015	Did not enter
2019	Qualifiers

FIFA WORLD CUP	
1930	Did not enter
1934	Did not enter
1938	Did not enter
1950	Did not enter
1954	Did not enter
1958	Did not enter
1962	Did not enter
1966	Did not enter
1970	Did not enter
1974	Did not enter
1978	Did not enter
1982	Did not enter
1986	Did not enter
1990	Did not enter
1994	Did not enter
1998	Did not enter
2002	Did not enter
2006	Qualifiers
2010	Qualifiers
2014	Qualifiers
2018	Qualifiers

F.I.F.A. CONFEDERATIONS CUP 1992-2017

None

OLYMPIC FOOTBALL TOURNAMENTS 1908-2016

1908	-	1948	FT/Preliminary	1972	-	1996	-
1912	-	1952	-	1976	-	2000	-
1920	-	1956	*Withdrew*	1980	-	2004	-
1924	-	1960	Qualifiers	1984	-	2008	Qualifiers
1928	-	1964	-	1988	-	2012	-
1936	-	1968	-	1992	-	2016	Qualifiers

ASIAN GAMES 1951-2014		AFC CHALLENGE CUP 2006-2014		SOUTH ASIAN FOOTBALL FEDERATION CHAMPIONSHIP 1993-2018	
1951	4th Place	2006	Group Stage	1993	-
1954	Group Stage	2008	Group Stage	1995	-
1958	-	2010	*Withdrew*	1997	-
1962	-	2012	Qualifiers	1999	-
1966	-	2014	4th Place	2003	Group Stage
1970	-			2005	Group Stage
1974	-			2008	Group Stage
1978	-			2009	Group Stage
1982	-			2011	Runners-Up
1986	-			2013	**Winners**
1990	-			2015	Runners-up
1994	-			2018	-
1998	-				
2002	Group Stage				
2006	-				
2010	-				
2014	Group Stage				

AFGHAN CLUB HONOURS IN ASIAN CLUB COMPETITIONS:

AFC Champions League 1967-1971 & 1985/1986-2020
None

Asian Football Confederation Cup 2004-2020
None

AFC President's Cup 2005-2014*
None

Asian Cup Winners Cup 1975-2003*
None

Asian Super Cup 1995-2002*
None

*defunct competition

NATIONAL COMPETITIONS
TABLE OF HONOURS

	KABUL LEAGUE CHAMPIONS
1946	Arianda Kabul FC
1947	Arianda Kabul FC
1948	Arianda Kabul FC
1949	Arianda Kabul FC
1950	Arianda Kabul FC
1951	Arianda Kabul FC
1952	Arianda Kabul FC
1953	Arianda Kabul FC
1954	Arianda Kabul FC
1955	Arianda Kabul FC
1956-1994	*Not Known*
1995	Karlappan
1996	*Not Known*
1997/1998	Maiwand Cultural SC
1999-2002	*Not Known*
2003	Red Crescent Society
2004	Ordu Kabul FC
2005	Ordu Kabul FC
2006	Ordu Kabul FC
2007	Ordu Kabul FC
2008	Hakim Sanayi Kabul FC
2009	Kabul Bank FC
2010	Feruzi FC Kabul*
2011	Big Bear FC Kabul
2012	Feruzi FC Kabul
2013	Big Bear FC Kabul
	AFGHAN NATIONAL LEAGUE CHAMPIONS
2012	Toofan Harirod FC
2013	Shaheen Asmayee FC Kabul
2014	Shaheen Asmayee FC Kabul
2015	De Spin Ghar Bazan FC
2016	Shaheen Asmayee FC Kabul
2017	Shaheen Asmayee FC Kabul
2018	Toofan Harirod FC
2019	Toofan Harirod FC
2020	Shaheen Asmayee FC Kabul

Please note: Kabul Bank FC changed its name to Feruzi FC Kabul

NATIONAL CHAMPIONSHIP
Roshan Afghan Premier League 2020

Group Stage [24.09.-08.10.2020]

Group A

1.	Toofan Harirod FC	3	3	0	0	7	-	1	9
2.	De Spin Ghar Bazan FC	3	2	0	1	5	-	3	6
3.	De Abasin Sape FC	3	1	0	2	4	-	6	3
4.	Mawjai Amu FC	3	0	0	3	2	-	8	0

Group B

1.	Shaheen Asmayee FC Kabul	3	2	1	0	7	-	2	7
2.	Simorgh Alborz FC	3	1	1	1	7	-	4	4
3.	De Maiwand Atalan FC	3	0	2	1	3	-	6	2
4.	Oqaban Hindukush FC	3	0	2	1	3	-	8	2

Top-2 of each group qualified for the Play-offs.

Play-offs

Semi-Finals [12-13.10.2020]

Shaheen Asmayee FC Kabul - De Spin Ghar Bazan FC   2-0(1-0)
Toofan Harirod FC - Simorgh Alborz FC   0-2(0-0)

Final

16.10.2020, Afghanistan Football Federation Stadium, Kabul
Shaheen Asmayee FC Kabul - Simorgh Alborz FC   **1-0(1-0)**
Goal: Fardin Hakimi (20).

2020 Afghan Premier League Champions: **Shaheen Asmayee FC Kabul**

Best goalscorer 2020/2021:

Javad Mirzad (Oqaban Hindukush FC) & Mostafa Rezaei (Simorgh Alborz FC) – both 3 goals

THE CLUBS

DE ABASIN SAPE FOOTBALL CLUB
Year of Formation: 2012
Stadium: Ghazi Stadium, Kabul (25,000)

DE MAIWAND ATALAN FOOTBALL CLUB
Year of Formation: 2012
Stadium: Ghazi Stadium, Kabul (25,000)

DE SPIN GHAR BAZAN FOOTBALL CLUB
Year of Formation: 2012
Stadium: Ghazi Stadium, Kabul (25,000)

MAWJAI AMU FOOTBALL CLUB
Year of Formation: 2012
Stadium: Ghazi Stadium, Kabul (25,000)

OQABAN HINDUKUSH FOOTBALL CLUB
Year of Formation: 2012
Stadium: Ghazi Stadium, Kabul (25,000)

SHAHEEN ASMAYEE FOOTBALL CLUB KABUL
Year of Formation: 2012
Stadium: Ghazi Stadium, Kabul (25,000)

SIMORGH ALBORZ FOOTBALL CLUB
Year of Formation: 2012
Stadium: Ghazi Stadium, Kabul (25,000)

TOOFAN HARIROD FOOTBALL CLUB
Year of Formation: 2012
Stadium: Ghazi Stadium, Kabul (25,000)

NATIONAL TEAM
INTERNATIONAL MATCHES 2020/2021

25.05.2021	Dubai	Afghanistan - Indonesia	3-2(2-0)	(F)
29.05.2021	Dubai	Afghanistan - Singapore	1-1(0-1)	(F)
03.06.2021	Doha	Bangladesh - Afghanistan	1-1(0-0)	(WCQ)
11.06.2021	Doha	Afghanistan - Oman	1-2(1-1)	(WCQ)
15.06.2021	Doha	India - Afghanistan	1-1(0-0)	(WCQ)

25.05.2021, Friendly International
Jebel Ali Centre of Excellence, Dubai (United Arab Emirates); Attendance: 0
Referee: n/a
AFGHANISTAN - INDONESIA   **3-2(2-0)**
AFG: Ovays Azizi, Zohib Islam Haroon Fakhruddin Amiri, David Najem, Noraollah Amiri, Noor Husin, Milad Intezar, Sharif Khamayuni Mukhammad, Farshad Noor, Faysal Shayesteh, Amiruddin Mohammad Anwar Sharifi (46.Hossein Zamani), Omran Haydary. Trainer: Anoush Dastgir.
Goals: Noraollah Amiri (7), Amiruddin Sharifi (44), Hossein Zamani (52).

29.05.2021, Friendly International
Jebel Ali Centre of Excellence, Dubai (United Arab Emirates); Attendance: 0
Referee: n/a
AFGHANISTAN - SINGAPORE   **1-1(0-1)**
AFG: Ovays Azizi, Zohib Islam Haroon Fakhruddin Amiri, David Najem, Noor Husin, Milad Intezar, Sharif Khamayuni Mukhammad, Farshad Noor, Omid Popalzay (Zubayr Amiri), Faysal Shayesteh, Amiruddin Mohammad Anwar Sharifi, Omran Haydary. Trainer: Anoush Dastgir.
Goal: Zubayr Amiri (90+2).

03.06.2021, 22nd FIFA World Cup Qualifiers / AFC Qualifiers, Second Round
"Jassim bin Hamad" Stadium, Doha (Qatar); Attendance: 300
Referee: Mooud Bonyadifard (Iran)
BANGLADESH - AFGHANISTAN   **1-1(0-0)**
AFG: Ovays Azizi, Zohib Islam Haroon Fakhruddin Amiri, Sharif Khamayuni Mukhammad (64.Masih Saighani), Farshad Noor (64.Adam Najem), David Najem, Milad Intezar (85.Abdul Najim Haidary), Omid Popalzay, Noor Husin, Omran Haydary (64.Noraollah Amiri), Faysal Shayesteh (75.Zubayr Amiri), Amiruddin Mohammad Anwar Sharifi. Trainer: Anoush Dastgir.
Goal: Amiruddin Sharifi (48).

11.06.2021, 22nd FIFA World Cup Qualifiers / AFC Qualifiers, Second Round
„Jassim bin Hamad" Stadium, Doha (Qatar); Attendance: 183
Referee: Ma Ning (China P.R.)
AFGHANISTAN - OMAN   **1-2(1-1)**
AFG: Ovays Azizi, Zohib Islam Haroon Fakhruddin Amiri, Masih Saighani, Farshad Noor (78.Noraollah Amiri), David Najem, Milad Intezar, Omid Popalzay (89.Zubayr Amiri), Noor Husin, Omran Haydary (76.Adam Najem), Faysal Shayesteh, Amiruddin Mohammad Anwar Sharifi. Trainer: Anoush Dastgir.
Goal: Omid Popalzay (23).

15.06.2021, 22nd FIFA World Cup Qualifiers / AFC Qualifiers, Second Round
„Jassim bin Hamad" Stadium, Doha (Qatar); Attendance: 603
Referee: Ali Reda (Lebanon)
INDIA - AFGHANISTAN **1-1(0-0)**
AFG: Ovays Azizi, Zohib Islam Haroon Fakhruddin Amiri, Masih Saighani, Sharif Khamayuni Mukhammad, Farshad Noor (30.Adam Najem; 73.Hossein Zamani), David Najem, Milad Intezar, Omid Popalzay (86.Noraollah Amiri), Noor Husin, Faysal Shayesteh, Amiruddin Mohammad Anwar Sharifi (86.Zubayr Amiri). Trainer: Anoush Dastgir.
Goal: Hossein Zamani (81).

	NATIONAL TEAM PLAYERS 2020/2021	
Name	**DOB**	**Club**
Goalkeepers		
Ovays AZIZI	29.01.1992	*Ariana FC Malmö (SWE)*
Defenders		
Zohib Islam Haroon Fakhruddin AMIRI	02.05.1987	*Real Kashmir FC Srinagar (IND)*
Sharif Khamayuni MUKHAMMAD	21.03.1990	*Gorulam Kerala FC Kozhikode (IND)*
David NAJEM	26.05.1992	*Unattached*
Masih SAIGHANI	22.09.1986	*Abahani Limited Ḍhākā (BAN)*
Midfielders		
Noraollah AMIRI	23.08.1991	*Ariana FC Malmö (SWE)*
Zubayr AMIRI	02.05.1990	*SC Hessen Dreieich (GER)*
Abdul Najim HAIDARY	26.12.1999	*FC Den Bosch (NED)*
Noor HUSIN	03.03.1997	*Dartford FC (ENG)*
Milad INTEZAR	04.11.1992	*VV Sterk Door Combinati Hoornaar (NED)*
Adam NAJEM	19.01.1995	*Unattached*
Farshad NOOR	02.10.1994	*Persatuan Sepakbola Indonesia Bandung (IDN)*
Omid POPALZAY	25.01.1996	*GKS Olimpia Grudziądz (POL)*
Faysal SHAYESTEH	10.06.1991	*VV DUNO Doorwerth (NED)*
Forwards		
Omran HAYDARY	13.01.1998	*KS Lechia Gdańsk (POL)*
Amiruddin Mohammad Anwar SHARIFI	02.07.1992	*FC Neftchi Kochkor-Ata (KGZ)*
Hossein ZAMANI	23.11.2002	*SC Telstar Velsen (NED)*
National coaches		
Anoush DASTGIR [from 02.04.2018]		27.11.1989

AUSTRALIA

	The Country:
	Commonwealth of Australia
	Capital: Canberra
	Surface: 7,686,850 km²
	Population: 25,786,900 [2021]
	Time: UTC+8.5 to 11.5
	The FA:
	Football Federation Australia
	Locked Bag A4071 Sydney, South NSW 1235
	Year of Formation: 1961
	Member of FIFA since: 1963
	Member of AFC since: 2006
	Member of OFC: 1966-2006

NATIONAL TEAM RECORDS

First international match: 17.06.1922, Dunedin: New Zealand – Australia 3-1
Most international caps: Mark Schwarzer – 109 caps (1993-2013)
Most international goals: Timothy Filiga „Tim" Cahill – 50 goals / 108 caps (2004-2019)

NATIONAL TEAM COMPETITIONS:

ASIAN NATIONS CUP	
1956	-
1960	-
1964	-
1968	-
1972	-
1976	-
1980	-
1984	-
1988	-
1992	-
1996	-
2000	-
2004	-
2007	Final Tournament (Quarter-Finals)
2011	Final Tournament (Runners-up)
2015	**Final Tournament (Winners)**
2019	Final Tournament (Quarter-Finals)

FIFA WORLD CUP	
1930	Did not enter
1934	Did not enter
1938	Did not enter
1950	Did not enter
1954	Did not enter
1958	Did not enter
1962	Did not enter
1966	Qualifiers
1970	Qualifiers
1974	Final Tournament (Group Stage)
1978	Qualifiers
1982	Qualifiers
1986	Qualifiers
1990	Qualifiers
1994	Qualifiers
1998	Qualifiers
2002	Qualifiers
2006	Final Tournament (2nd Round of 16)
2010	Final Tournament (Group Stage)
2014	Final Tournament (Group Stage)
2018	Final Tournament (Group Stage)

F.I.F.A. CONFEDERATIONS CUP 1992-2017

1997 (Runners-up), 2001 (3rd Place), 2005, 2017

OLYMPIC FOOTBALL TOURNAMENTS 1908-2016

1908	-	1948	-	1972	-	1996	Group Stage
1912	-	1952	-	1976	*Withdrew*	2000	Group Stage
1920	-	1956	Quarter-Finals	1980	-	2004	Quarter-Finals
1924	-	1960	-	1984	-	2008	Group Stage
1928	-	1964	-	1988	Quarter-Finals	2012	Qualifiers
1936	-	1968	-	1992	4th Place	2016	Qualifiers

OFC NATIONS CUP 1973-2004		EAST ASIAN CHAMPIONSHIP 2003-2015	
1973	-	2003	-
1980	Winners	2005	-
1996	Winners	2008	-
1998	Runners-up	2010	-
2000	Winners	2013	4th Place
2002	Runners-up	2015	-
2004	Winners		

AUSTRALIAN CLUB HONOURS IN ASIAN CLUB COMPETITIONS:

AFC Champions League 1967-1971 & 1985/1986-2020		
Western Sydney Wanderers FC	1	2014
Asian Football Confederation Cup 2004-2020		
None		
AFC President's Cup 2005-2014		
None		
Asian Cup Winners Cup 1975-2003		
None		
Asian Super Cup 1995-2002		
None		

defunct competition

NATIONAL COMPETITIONS
TABLE OF HONOURS

	CHAMPIONS	CUP WINNERS*
1977	Sydney City Hakoah	Brisbane City FC
1978	West Adelaide Hellas	Brisbane City FC
1979	Marconi Fairfield Sydney	Adelaide City FC
1980	Sydney City Hakoah	Marconi Fairfield Sydney
1981	Sydney City Hakoah	Brisbane Lions AFC
1982	Sydney City Hakoah	Apia Leichhardt Sydney FC
1983	Budapest St. George FC Sydney	Sydney Olympic FC
1984	South Melbourne Hellas	Newcastle FC
1985	Brunswick Juventus Melbourne	Sydney Olympic FC
1986	Adelaide City FC	Sydney City Hakoah
1987	Apia Leichhardt Sydney FC	Sydney Croatia SC
1988	Marconi Fairfield Sydney	Apia Leichhardt Sydney FC
1989	Marconi Fairfield Sydney	Adelaide City FC
1989/1990	Olympic UTS Sydney	South Melbourne Hellas
1990/1991	South Melbourne Hellas	Parramatta Eagles FC
1991/1992	Adelaide City FC	Adelaide City FC
1992/1993	Marconi Fairfield Sydney	Heidelberg United FC
1993/1994	Adelaide City FC	Parramatta Eagles FC
1994/1995	Melbourne Knights FC	Melbourne Knights FC
1995/1996	Melbourne Knights FC	South Melbourne FC
1996/1997	Brisbane Strikers	Collingwood Warriors SC
1997/1998	South Melbourne FC	-
1998/1999	South Melbourne FC	-
1999/2000	Wollongong City Wolves	-
2000/2001	Wollongong City Wolves	-
2001/2002	Olympic Sharks Sydney	-
2002/2003	Perth Glory FC	-
2003/2004	Perth Glory FC	-
2004/2005	*No league competition*	-
	A-League	
2005/2006	Sydney FC	-
2006/2007	Melbourne Victory FC	-
2007/2008	Newcastle United Jets FC	-
2008/2009	Melbourne Victory FC	-
2009/2010	Sydney FC	-
2010/2011	Brisbane Roar FC	-
2011/2012	Brisbane Roar FC	-
2012/2013	Central Coast Mariners FC Gosford	-
2013/2014	Brisbane Roar FC	Adelaide United FC
2014/2015	Melbourne Victory FC	Melbourne Victory FC
2015/2016	Adelaide United FC	Melbourne City FC
2016/2017	Sydney FC	Sydney FC
2017/2018	Melbourne Victory FC	Adelaide United FC
2018/2019	Sydney FC	Adelaide United FC
2019/2020	Sydney FC	*Competition cancelled*
2020/2021	Melbourne City FC	

*called FFA Cup since 2014.

NATIONAL CHAMPIONSHIP
A-League 2020/2021

1.	Melbourne City FC	26	15	4	7	57	-	32	49
2.	Sydney FC	26	13	8	5	39	-	23	47
3.	Central Coast Mariners FC Gosford	26	12	6	8	35	-	31	42
4.	Brisbane Roar FC	26	11	7	8	36	-	28	40
5.	Adelaide United FC	26	11	6	9	39	-	41	39
6.	Macarthur FC Sydney	26	11	6	9	33	-	36	39
7.	Wellington Phoenix FC[1]	26	10	8	8	44	-	34	38
8.	Western Sydney Wanderers FC	26	9	8	9	45	-	43	35
9.	Perth Glory FC	26	9	7	10	44	-	44	34
10.	Western United FC Melbourne	26	8	4	14	30	-	47	28
11.	Newcastle United Jets FC	26	5	6	15	24	-	38	21
12.	Melbourne Victory FC	26	5	4	17	31	-	60	19

[1] This club is from Wellington, New Zealand.

Top-2 teams were qualified for Finals series (Semi-Finals), while teams ranked 3-6 were qualified for the Elimination Round.

Play-offs

Elimination Round [12-13.06.2021]
Central Coast Mariners FC Gosford - Macarthur FC Sydney   0-2(0-0,0-0)
Brisbane Roar FC - Adelaide United FC   1-2(0-2)

Semi-Finals [19-20.06.2021]
Sydney FC - Adelaide United FC   2-1(2-0)
Melbourne City FC - Macarthur FC Sydney   2-0(0-0)

A-League Grand Final

27.06.2021, AAMI Park, Melbourne; Attendance: 14,017
Referee: Christopher James Beath
Melbourne City FC - Sydney FC   **3-1(2-1)**
Melbourne City: Thomas William Glover, Scott Robert Galloway, Nuno Miguel Pereira Reis, Rostyn Griffiths, Scott Alexander Jamieson (Cap), Florin Bérenguer-Bohrer, Aiden Connor O'Neill, Adrián Nicolás Luna Retamar, Nathaniel Caleb Atkinson, Stefan Colakovski (74.Andrew Nabbout), Marco Tilio. Trainer: Patrick Fabio Maxime Kisnorbo.
Sydney FC: Thomas Heward-Belle, Paulo Retre, Alexander William Wilkinson (Cap), Benjamin Warland, Joel Bruce King, Anthony Cáceres (86.Patrick Wood), Nathan Luke Brattan [*sent off 35*], Alexander Baumjohann (72.Miloš Ninković), Konstantinos Barbarouses, Deyvison Rogério da Silva „Bobô" (38.Harry Van Der Saag), Glenville Adam James le Fondre. Trainer: Stephen Christopher Corica.
Goals: 0-1 Konstantinos Barbarouses (21), 1-1 Nathaniel Caleb Atkinson (23), 2-1 Scott Alexander Jamieson (45+1 penalty), 3-1 Scott Robert Galloway (90+3).

2020/2021 A-League Champions: **Melbourne City FC**

Best goalscorer 2020/2021:
Jamie Maclaren (Melbourne City FC) – 25 goals

NATIONAL CUP
FFA Cup Final 2020

The competition was cancelled due to COVID-19 pandemic.

THE CLUBS 2020/2021
Please note: appearances and goals includes regular season and play-offs.

ADELAIDE UNITED FOOTBALL CLUB
Year of Formation: 2003
Stadium: Coopers Stadium, Adelaide (16,500)

	THE SQUAD	DOB	M	(s)	G
Goalkeepers:	James Nicholas Delianov	20.10.1999	18		
	Joe Gauci	04.07.2000	10		
Defenders:	Yared Abetew	15.06.1999	3	(5)	
	Jordan Elsey	02.03.1994	27		1
	Michael Jakobsen (DEN)	02.01.1986	17		
	Javier 'Javi' López Rodríguez (ESP)	21.01.1986	10	(4)	
	Michael Marrone	27.01.1987	3	(4)	
	Noah Smith	15.12.2000	9		
	Ryan Strain	02.04.1997	21		
	George Christos Timotheou	29.07.1997	11	(3)	
Midfielders:	Joe Kato Caletti	14.09.1998	12	(9)	
	Joshua Cavallo	13.11.1999	15	(4)	
	Louis D'Arrigo	23.09.2001	24	(3)	1
	Craig Alexander Goodwin	16.12.1991	18		8
	Benjamin Halloran	14.06.1992	28		4
	Juan de Dios Prados López „Juande" (ESP)	12.06.1986	11	(2)	1
	Ryan Kitto	09.08.1994	9	(6)	
	Nathan Konstandopoulos	26.06.1996	2	(5)	2
	Stefan Ingo Mauk	12.10.1995	24	(1)	7
	Jonny Yull	05.03.2005		(2)	
Forwards:	Yaya Dukuly	17.01.2003	6	(4)	1
	Tomi Jurić	22.07.1991	16	(2)	9
	Pacifique Niyongabire	15.03.2000	1	(17)	
	Al Hassan Touré	30.05.2000	4	(14)	
	Mohamed Touré	26.03.2004	2	(13)	3
	Kusini Yengi	15.01.1999	7	(9)	4
Trainer:	Carl Veart	21.05.1970	28		

BRISBANE ROAR FOOTBALL CLUB

Year of Formation: 1957 (*as Hollandia Inala Soccer Club*)
Stadium: Suncorp Stadium / Dolphin Stadium, Brisbane (52,500 / 10,000)

THE SQUAD		DOB	M	(s)	G
Goalkeepers:	Macklin Freke	06.01.1999	2		
	Jamie Iain Young (ENG)	25.08.1985	25		
Defenders:	Thomas Michael Aldred (SCO)	11.09.1990	17		
	Josh Brindell-South	28.10.1992	14	(3)	2
	Corey Edward Brown	07.01.1994	26		
	Antonee Burke-Gilroy	03.10.1997		(2)	
	Jordan Courtney-Perkins	06.11.2002	4	(4)	
	Patrick Flottmann	19.04.1997		(4)	
	Macaulay Gillesphey (ENG)	24.11.1995	23		3
	Jack David Hingert	26.09.1990	13	(4)	1
	Scott Neville	11.01.1989	14	(1)	
	Hassan Ramazani	08.08.2001		(1)	
	Kai Trewin	18.05.2001	20	(5)	
Midfielders:	Eli Adams	12.03.2002		(1)	
	Rahmat Akbari	20.06.2000	22	(4)	
	Riku Danzaki (JPN)	31.05.2000	24	(2)	9
	Danny Kim	20.05.1998		(3)	
	James O'Shea (IRL)	10.08.1988	26	(1)	4
	Alexander Parsons	06.01.2000	5	(11)	3
Forwards:	Joseph William Champness	27.04.1997	16	(8)	2
	Jesse Daley	16.10.1997	9	(15)	
	Cyrus Dehmie		1	(5)	
	Jai Emile Mau'u Ingham (NZL)	14.08.1993	1	(2)	
	Keegan Daniel Jelacic (NZL)	31.07.2002		(2)	
	Masato Kudo (JPN)	06.05.1990	3	(11)	1
	Scott Douglas McDonald	21.08.1983	7	(2)	3
	Golgol Mebrahtu	28.08.1990	3	(9)	1
	Dylan Wenzel-Halls	15.04.1992	22	(4)	7
Trainer:	Warren Moon	27.05.1982	27		

CENTRAL COAST MARINERS FOOTBALL CLUB GOSFORD

Year of Formation: 2004
Stadium: Central Coast Stadium, Gosford (20,059)

THE SQUAD		DOB	M	(s)	G
Goalkeepers:	Mark Birighitti	17.04.1991	27		
Defenders:	Jack Clisby	16.02.1992	27		2
	Daniel Hall	14.06.1999	4	(2)	
	Lewis Miller	24.08.2000	1	(12)	
	Stefan Nigro	10.08.1996	26	(1)	
	Kye Rowles	19.05.1998	27		
	Ruon Kuk Tongyik	28.12.1996	23		
Midfielders:	Maximilien Balard	20.11.2000	1	(4)	
	Daniel Bouman	07.02.1998	14	(12)	
	Oliver John Bozanić	08.01.1989	24		3
	Jaden Casella	10.03.2000	4	(16)	1
	Daniel Peter De Silva	06.03.1997	21	(1)	4
	Matthew Hatch	24.09.2000		(5)	1
	Stefan Janković (SRB)	25.06.1997		(1)	
	Michał Janota (POL)	29.07.1990	5	(11)	
	Joshua Nisbet	15.06.1999	18	(7)	
	Gianni Ryan Stensness (NZL)	07.02.1999	22	(1)	
Forwards:	Alou Kuol	05.07.2001	7	(19)	7
	Jing Reec	12.06.2003		(1)	
	Matthew Blake Simon	22.01.1986	27		10
	Jordan Smylie	28.02.2000		(12)	1
	Marcos Danilo Ureña Porras (CRC)	05.03.1990	19	(3)	5
Trainer:	Alen Stajčić	02.11.1973	27		

MACARTHUR FOOTBALL CLUB SYDNEY

Year of Formation: 2017 (*as Macarthur South West United*)
Stadium: Campbelltown Stadium, Leumeah (20,000)

THE SQUAD		DOB	M	(s)	G
Goalkeepers:	Adam Jay Federici	31.01.1985	28		
Defenders:	Ivan Frankie Franjić	10.09.1987	15	(4)	
	Antony Paul Golec	29.05.1990	5	(13)	
	Aleksandar Jovanović	04.08.1989	13		1
	Jake McGing	22.05.1994	12		
	James Gregory Meredith	04.04.1988	17	(2)	2
	Walter Edward Fitzgerald Scott	02.10.1999		(1)	
	Aleksandar Šušnjar	19.08.1995	24	(2)	1
Midfielders:	Beñat Etxebarria Urkiaga (ESP)	19.02.1987	21	(3)	1
	Denis Genreau	21.05.1999	22	(1)	2
	Jake Hollman	26.08.2001	3	(14)	
	Charles M'Mombwa	14.03.1998	10	(4)	1
	Antonis Martis (CYP)	08.09.2000	8	(14)	
	Mark Daniel Milligan	04.08.1985	27		2
	Loïc Puyo (FRA)	19.12.1988	16	(5)	2
	Liam Joseph Rose	07.04.1997	6	(9)	
Forwards:	Kyle Cimenti	05.11.1998		(1)	
	Matt Derbyshire (ENG)	14.04.1986	26	(1)	14
	Markel Susaeta Laskurain (ESP)	14.12.1987	19	(4)	5
	Moudi Najjar	26.06.2000	8	(5)	
	Thomas Michael Oar	10.12.1991	15	(6)	
	Milislav Popović	06.03.1997		(5)	
	Lachlan Rose	10.05.1999	10	(15)	1
	Michael Klaude Ruhs	27.08.2002	3	(12)	2
Trainer:	Ante Josip Miličić	04.04.1974	28		

MELBOURNE CITY FOOTBALL CLUB

Year of Formation: 2009
Stadium: Melbourne Rectangular Stadium (AAMI Park), Melbourne (30,050)

THE SQUAD	DOB	M	(s)	G
Goalkeepers: Thomas William Glover	24.12.1997	27		
Matthew Sutton	07.03.2000	1		
Defenders: Nathaniel Caleb Atkinson	13.06.1999	11	(3)	2
Scott Robert Galloway	10.04.1995	17	(4)	3
Benjamin Garuccio	15.06.1995	9	(11)	
Daniel Georgievski (MKD)	17.02.1988	1	(2)	
Curtis Edward Good	23.03.1993	24		1
Scott Alexander Jamieson	13.10.1988	21		3
Alec Mills	20.04.2000		(3)	
Nuno Miguel Pereira Reis (POR)	31.01.1991	15	(5)	
Kerrin Stokes	11.12.2002	3	(1)	
Midfielders: Florin Bérenguer-Bohrer (FRA)	01.04.1989	19	(7)	1
Taras Gomulka	16.09.2001	3	(5)	
Rostyn Griffiths	10.03.1988	20	(1)	1
Anthony Lesiotis	24.04.2000		(2)	
Adrián Nicolás Luna Retamar (URU)	12.04.1992	18	(6)	3
Connor Isaac Metcalfe	05.11.1999	24		5
Aiden Connor O'Neill	04.07.1998	12	(2)	
Marco Tilio	23.08.2001	10	(11)	2
Naoki Tsubaki (JPN)	23.06.2000	8	(7)	1
Forwards: Raphael Borges Rodrigues	11.09.2003	1	(3)	
Max Caputo	17.08.2005		(1)	
Stefan Colakovski	20.04.2000	4	(17)	3
Jamie Maclaren	29.07.1993	23	(1)	25
Andrew Nabbout	17.12.1992	15	(2)	2
Craig Stephen Noone (ENG)	17.11.1987	22	(1)	6
Trainer: Patrick Fabio Maxime Kisnorbo	24.03.1981	28		

MELBOURNE VICTORY FOOTBALL CLUB

Year of Formation: 2004
Stadium: Docklands (Marvel) Stadium, Melbourne (56,347)

THE SQUAD		DOB	M	(s)	G
Goalkeepers:	Matthew Michael Acton	03.06.1992	16		
	Maxime Teremoana (NZL)	12.08.1993	10		
Defenders:	Aaron Anderson	25.09.2000	5	(4)	
	Nicolas Clive Ansell	02.02.1994	15		
	Zaydan Bello			(4)	
	Dalibor Marković	17.01.2002	3	(1)	
	Storm James Roux (NZL)	13.01.1993	24		1
	Dylan Ryan	10.06.2000	17	(2)	2
	Ryan Colin Shotton (ENG)	30.10.1988	7	(1)	
	Adama Traoré (CIV)	03.02.1990	17		
Midfielders:	Jay Barnett	14.02.2001	7	(12)	
	Jake William Brimmer	03.04.1998	25		5
	Leigh Michael Broxham	13.01.1988	19	(2)	
	Jacob Luke Butterfield (ENG)	10.06.1990	25	(1)	3
	Elvis Kamsoba (BDI)	27.06.1996	10	(10)	5
	Birkan Kirdar	07.02.2002	5	(8)	
	Brendon Lauton	03.03.2000	4	(8)	
	Callum Henry McManaman (ENG)	25.04.1991	18		4
Forwards:	Lleyton Brooks	20.03.2001	3	(6)	
	Gbenga Tai "Ben" Folami	08.06.1999	13	(4)	2
	Rudy Philippe Michel Camille Gestede (BEN)	10.10.1988	15	(3)	3
	Gianluca Iannucci	18.06.2001		(1)	5
	Robbie Kruse	05.10.1988	16	(3)	
	Luis Marcus Nicola Lawrie-Lattanzio	20.02.2002	5	(7)	
	Marco Rodrigo Rojas (NZL)	05.11.1991	7		1
	Nishan Velupillay	07.05.2001		(4)	
Trainer:	Grant Brebner (SCO)	06.12.1977	16		
[19.04.2021]	Stephen Kean (SCO)	30.09.1967	10		

NEWCASTLE UNITED JETS FOOTBALL CLUB

Year of Formation: 2000
Stadium: McDonald Jones Stadium, Newcastle (33,000)

THE SQUAD		DOB	M	(s)	G
Goalkeepers:	Jack Carleton Duncan	19.04.1993	16		
	Lewis Italiano	10.12.1990	10		
Defenders:	Nigel Boogaard	14.08.1986	18		1
	Jason Michael Hoffman	28.01.1989	14	(4)	
	Lachlan Robert Tua Jackson	12.03.1995	11	(2)	
	John Koutroumbis	06.03.1998	14	(2)	
	Connor Neil Kazuki O'Toole	04.07.1997	22		1
	Nikolai David Topor-Stanley	11.03.1985	26		
Midfielders:	Ali Abbas (IRQ)	30.08.1986	5	(13)	
	Syahrian Abimanyu (IDN)	25.04.1999		(3)	
	Liridon Krasniqi (MAS)	01.01.1992		(9)	
	Matthew Millar	23.08.1996	17	(1)	
	Ramy Najjarine	23.04.2000	12	(3)	
	Jordan O'Doherty	14.10.1997	5		
	Kosta Petratos	01.03.1998	3	(8)	
	Luka Pršo	22.01.2001	14	(3)	1
	Angus Charles Thurgate	08.02.2000	25	(1)	1
	Steven Peter Ugarković (CRO)	19.08.1994	16	(1)	2
Forwards:	Blake Archibold	11.07.2001		(6)	
	Archie Goodwin	07.11.2004	3	(5)	1
	Lucas Mauragis	04.09.2001	4	(9)	1
	Roy Simon O'Donovan (IRL)	10.08.1985	25		7
	Yerasimakis Petratos	11.09.2000		(4)	
	Apostolos Stamatelopoulos	09.04.1999	9	(3)	3
	Tete Yengi	08.03.2003		(9)	
	Valentino Yuel	12.10.1994	17	(7)	4
Trainer:	Craig Deans	07.05.1974	26		

PERTH GLORY FOOTBALL CLUB

Year of Formation: 1996
Stadium: HBK Park Stadium (Perth Oval) Perth (20,500)

THE SQUAD		DOB	M	(s)	G
Goalkeepers:	Liam Rhys Reddy	08.08.1981	19		
	Tando Yuji Velaphi	17.04.1987	7		
Defenders:	Jonathan Aspropotamitis	07.06.1996	17	(1)	
	Luke Bodnar	19.05.2000	11	(3)	
	Jason Kato Geria	10.05.1993	13		
	Dane James Ingham (NZL)	06.08.1999	14	(7)	1
	Darryl Brian Ricky Lachman (CUW)	11.11.1989	23	(2)	1
	Sebastian Langkamp (GER)	15.01.1988	2		
	Kosuke Ota (JPN)	23.07.1987	17	(2)	
	Mason Tatafu	17.04.2002	1	(2)	
	Riley Warland	04.07.2002	2	(3)	
Midfielders:	Carlo Armiento	04.06.1999	9	(13)	3
	Diego Castro Giménez (ESP)	02.07.1982	16	(5)	3
	Christopher James Ikonomidis	04.05.1995	8	(1)	4
	Neil Martin Kilkenny	19.12.1985	17	(1)	1
	Osama Malik	30.09.1990	8	(6)	
	Joshua James Rawlins	23.04.2004	8	(4)	
	Daniel Stynes	29.08.1998	9	(7)	2
	Nick Sullivan	25.02.1998	4	(6)	
	Callum Timmins	23.12.1999	14	(5)	1
	Brandon James Wilson	28.01.1997	8	(9)	1
Forwards:	Bryce Bafford	05.06.2001		(3)	
	Ciaran Bramwell	12.02.2002	7	(5)	1
	Joel Joseph Chianese	15.02.1990	4	(8)	4
	Nicholas D'Agostino	25.02.1998	7	(9)	5
	Bruno Fornaroli Mezza (URU)	07.09.1987	25	(1)	13
	Andrew Declan Keogh (IRL)	16.05.1986	16	(7)	4
Trainer:	Richard Garcia	04.09.1981	26		

SYDNEY FOOTBALL CLUB

Year of Formation: 2004
Stadium: Netstrata Jubilee Oval / Leichhardt Oval, Sydney (20,500 / 20,000)

THE SQUAD		DOB	M	(s)	G
Goalkeepers:	Thomas Heward-Belle	11.03.1997	3		
	Andrew James Redmayne	13.01.1989	25		
Defenders:	Patrick Flottmann	19.04.1997		(1)	
	Rhyan Bert Grant	26.02.1991	23		1
	Joel Bruce King	30.10.2000	28		
	Ryan James McGowan	15.08.1989	21	(1)	
	Callum Talbot	26.02.2001		(1)	
	Harry Van Der Saag	29.10.1999	2	(10)	1
	Benjamin Warland	04.09.1996	7	(5)	
	Alexander William Wilkinson	13.08.1984	28		2
	Michael Anthony Zullo	11.09.1988		(1)	
Midfielders:	Alexander Baumjohann (GER)	23.01.1987	12	(15)	1
	Nathan Luke Brattan	08.03.1990	25	(1)	1
	Anthony Cáceres	29.09.1992	24	(4)	
	Calem Nieuwenhof	17.02.2001	5	(4)	1
	Miloš Ninković (SRB)	25.12.1984	22	(5)	4
	Paulo Retre	04.03.1993	20	(5)	
	Christopher Zuvela	21.01.1997		(3)	
Forwards:	Konstantinos Barbarouses (NZL)	19.02.1990	27		9
	Deyvison Rogério da Silva „Bobô" (BRA)	09.01.1985	19	(4)	12
	Trent Buhagiar	27.02.1998	5	(6)	1
	Luke Ivanovic	06.06.2000	2	(11)	
	Glenville Adam James le Fondre (ENG)	02.12.1986	6	(1)	4
	Jordan Swibel	13.04.1999		(8)	
	Patrick Wood	16.09.2002	4	(17)	4
Trainer:	Stephen Christopher Corica	24.03.1973	28		

WELLINGTON PHOENIX FOOTBALL CLUB

Year of Formation: 2007
Stadium: Sky Stadium / Eden Park, Wellington / Auckland (34,500 / 50,000)

THE SQUAD		DOB	M	(s)	G
Goalkeepers:	Stefan Tone Marinović (NZL)	07.10.1991	6		
	Oliver Sail (NZL)	13.01.1996	20		
Defenders:	Luke Ramon DeVere	05.11.1989	6		
	Louis Ferenc Puskas Fenton (NZL)	03.04.1993	18	(4)	2
	Te Atawhai Hudson-Wihongi (NZL)	27.03.1995		(4)	
	James Robert McGarry (NZL)	09.04.1998	15	(7)	
	Liam McGing	11.12.1998	6	(1)	
	Steven Vincent Taylor (ENG)	23.01.1986	10	(2)	
Midfielders:	Ulises Alejandro Dávila Plascencia (MEX)	13.04.1991	21	(2)	7
	Cameron Peter Devlin	06.06.1998	17	(6)	1
	Joshua Laws	26.02.1998	12	(2)	
	Clayton Rhys Lewis (NZL)	12.02.1997	24	(2)	2
	Ben Old (NZL)	13.08.2002		(1)	
	Timothy John Payne (NZL)	10.01.1994	26		
	Reno Mauro Piscopo	27.05.1998	13	(3)	2
	Matthew George Robert Ridenton (NZL)	11.03.1996	2	(6)	
	Alex Arthur Rufer (NZL)	12.06.1996	16	(5)	
	Sam Sutton (NZL)	10.12.2001	10	(2)	
Forwards:	David Michael Ball (ENG)	14.12.1989	24		6
	Tomer Hemed (ISR)	02.05.1987	16	(5)	11
	Charles Lokolingoy	02.03.1997		(9)	
	Mirza Muratović	14.01.2000	3	(5)	2
	Jaushua Sotirio	11.10.1995	7	(13)	4
	Benjamin Peter Waine (NZL)	11.06.2001	14	(8)	7
Trainer:	Ufuk Talay (AUS)	26.03.1976	26		

WESTERN SYDNEY WANDERERS FOOTBALL CLUB

Year of Formation: 2012
Stadium: Bankwest Stadium, Sydney (30,000)

	THE SQUAD	DOB	M	(s)	G
Goalkeepers:	Daniel Margush	28.11.1997	26		
Defenders:	Thomas Aquilina	02.02.2001	18	(5)	
	Daniel Georgievski (MKD)	17.02.1988	2	(1)	
	Zygmunt Ian Gordon (SCO)	23.04.1993	26		2
	Dylan John McGowan	06.08.1991	18		
	Tass Mourdoukoutas	03.03.1999	9	(4)	
	Mark Natta	28.11.2002	18	(1)	
	Tate Jackson Russell	24.08.1999	18	(4)	1
	Daniel Wilmering	19.12.2000	12	(2)	1
	Patrick Ziegler (GER)	09.02.1990	7	(1)	
Midfielders:	Keanu Kole Baccus	07.06.1998	20	(5)	1
	Graham Dorrans (SCO)	05.05.1987	23		4
	Kosta Grozos	10.08.2000		(1)	
	Nicolai Müller (GER)	25.09.1987	6	(12)	2
	Jordon James Edward Sydney Mutch (ENG)	02.12.1991	4	(9)	2
	Jordan Louis O'Doherty	14.10.1997	2	(6)	
	Steven Ugarković (CRO)	19.08.1994	5	(1)	
Forwards:	Simon Richard Cox (IRL)	28.04.1987	9	(6)	2
	Mitchell Thomas Duke	18.01.1991	15	(2)	6
	Bernie Alpha Ibini-Isei	12.09.1992	14	(12)	4
	Bruce Kamau	28.03.1995	12	(11)	9
	Scott Douglas McDonald	21.08.1983		(7)	1
	James Troisi	03.07.1988	19	(5)	4
	Kwame Adzenyina Yeboah	02.06.1994	3	(15)	4
Trainer:	Carl Robinson (WAL)	13.10.1976	26		

WESTERN UNITED FOOTBALL CLUB MELBOURNE
Year of Formation: 2017
Stadium: GMHBA Stadium / Mars Stadium, Sydney (36,000 / 11,000)

THE SQUAD		DOB	M	(s)	G
Goalkeepers:	Filip Kurto (POL)	14.06.1991	8		
	Ryan Scott	18.12.1995	18	(1)	
Defenders:	Aaron Robert Calver	12.01.1996	15	(3)	
	Andrew James Durante (NZL)	03.05.1982	17	(2)	
	Brendan Michael Hamill	18.09.1992	9	(6)	
	Tomoki Imai (JPN)	29.11.1990	26		1
	Dalibor Marković	17.01.2002	1	(2)	
	Dylan Pierias	20.02.2000	20	(6)	6
	Joshua Robert Risdon	27.07.1992	2	(1)	
	Tomislav Uskok	22.06.1991	23		1
	Ivan Vujica	20.04.1997	5	(7)	1
Midfielders:	Adisu Bayew	27.12.2001	1	(3)	
	Max Burgess	16.01.1995		(1)	
	Alessandro Diamanti (ITA)	02.05.1983	20	(4)	1
	Luke Duzel	05.02.2002	9	(5)	
	Bradden Inman	10.12.1991		(5)	
	Steven Peter Luštica	12.04.1991	13	(6)	1
	Ayom Majok	01.01.2001		(1)	
	Sebastian Pasquali	07.11.1999	2	(4)	
	Jerry Skotadis	07.03.2000	3	(6)	
	Víctor Sánchez Mata (ESP)	08.09.1987	18		3
Forwards:	Manyluak Aguek			(2)	
	Besart Berisha (KVX)	29.07.1985	20	(3)	7
	Iker Guarrotxena Vallejo (ESP)	06.12.1992	17	(5)	3
	Nicolas Milanovic	14.11.2001		(10)	
	Connor Thomas Pain	11.11.1993	25	(1)	1
	Kaine Sheppard (ENG)	26.11.1993		(7)	
	Lachlan Wales	19.10.1997	14	(10)	4
Trainer:	Marko Ante Rudan	27.08.1975	26		

NATIONAL TEAM
INTERNATIONAL MATCHES 2020/2021

03.06.2021	Kuwait City	*Australia - Kuwait*	*3-0(2-0)*	*(WCQ)*
07.06.2021	Kuwait City	*Australia - Chinese Taipei*	*5-1(3-0)*	*(WCQ)*
11.06.2021	Kuwait City	*Nepal - Australia*	*0-3(0-2)*	*(WCQ)*
15.06.2021	Kuwait City	*Australia - Jordan*	*1-0(0-0)*	*(WCQ)*

03.06.2021, 22nd FIFA World Cup Qualifiers / AFC Qualifiers, Second Round
„Jaber Al Ahmad" Stadium, Kuwait City; Attendance: 0
Referee: Jumpei Iida (Japan)
AUSTRALIA - KUWAIT   **3-0(2-0)**
AUS: Mathew David Ryan, Ryan James McGowan, Aziz Eraltay Behich, Miloš Degenek, Fran Karačić, James Robert Holland (64.Kenneth William Dougall), Jackson Alexander Irvine, Ajdin Hrustić (83.Riley Patrick McGree), Mathew Allan Leckie (75.Mitchell Thomas Duke), Martin Callie Boyle, Awer Bul Mabil (65.Christopher James Ikonomidis). Trainer: Graham James Arnold.
Goals: Mathew Allan Leckie (1), Jackson Alexander Irvine (24), Ajdin Hrustić (66).

07.06.2021, 22nd FIFA World Cup Qualifiers / AFC Qualifiers, Second Round
„Jaber Al Ahmad" Stadium, Kuwait City (Kuwait); Attendance: 0
Referee: Saoud Ali Al Adba (Qatar)
AUSTRALIA - CHINESE TAIPEI   **5-1(3-0)**
AUS: Daniel Vuković, Rhyan Bert Grant, Trent Lucas Sainsbury, Curtis Edward Good, Harry James Souttar, Kenneth William Dougall (64.Connor Isaac Metcalfe), Riley Patrick McGree (74.Ajdin Hrustić), Denis Genreau (86.Ruon Tongyik), Mitchell Thomas Duke, Jamie Maclaren (74.Nikita Rukavytsya), Brandon Joel Gaetano Borrello (63.Christopher James Ikonomidis). Trainer: Graham James Arnold.
Goals: Harry James Souttar (12), Jamie Maclaren (27 penalty), Trent Lucas Sainsbury (41), Mitchell Thomas Duke (46, 84).

11.06.2021, 22nd FIFA World Cup Qualifiers / AFC Qualifiers, Second Round
„Jaber Al Ahmad" Stadium, Kuwait City (Kuwait); Attendance: 0
Referee: Ahmed Abu Bakar Said Al Kaf (Oman)
NEPAL - AUSTRALIA   **0-3(0-2)**
AUS: Andrew James Redmayne (83.Lawrence Andrew Kingsley Thomas), Aziz Eraltay Behich, Miloš Degenek, Harry James Souttar, Fran Karačić, Mathew Allan Leckie (62.Jamie Maclaren), Martin Callie Boyle (72.Awer Bul Mabil), Jackson Alexander Irvine, Ajdin Hrustić (83.Ruon Tongyik), Connor Isaac Metcalfe, Mitchell Thomas Duke (62.Nikita Rukavytsya). Trainer: Graham James Arnold.
Goals: Mathew Allan Leckie (6), Fran Karačić (38), Martin Callie Boyle (57).

15.06.2021, 22nd FIFA World Cup Qualifiers / AFC Qualifiers, Second Round
„Jaber Al Ahmad" Stadium, Kuwait City (Kuwait); Attendance: 0
Referee: Kim Woo-sung (Korea Republic)
AUSTRALIA - JORDAN   **1-0(0-0)**
AUS: Mathew David Ryan, Rhyan Bert Grant (90+3.Fran Karačić), Aziz Eraltay Behich, Trent Lucas Sainsbury, Miloš Degenek, Harry James Souttar, Martin Callie Boyle (83.Awer Bul Mabil), Jackson Alexander Irvine, Kenneth William Dougall (72.James Robert Holland), Ajdin Hrustić (83.Riley Patrick McGree), Jamie Maclaren (72.Adam Jake Taggart). Trainer: Graham James Arnold.
Goal: Harry James Souttar (77).

NATIONAL TEAM PLAYERS 2020/2021

Name	DOB	Club
Goalkeepers		
Andrew James REDMAYNE	13.01.1989	*Sydney FC*
Mathew David RYAN	08.04.1992	*Arsenal FC London (ENG)*
Lawrence Andrew Kingsley THOMAS	09.05.1992	*Sønderjysk Elitesport (DEN)*
Daniel VUKOVIĆ	27.03.1985	*KRC Genk (BEL)*
Defenders		
Aziz Eraltay BEHICH	16.12.1990	*Kayserispor Kulübü (TUR)*
Miloš DEGENEK	28.04.1994	*FK Crvena zvezda Beograd (SRB)*
Rhyan Bert GRANT	26.02.1991	*Sydney FC*
Curtis Edward GOOD	23.03.1993	*Melbourne City FC*
Fran KARAČIĆ	12.05.1996	*Brescia Calcio (ITA)*
Ryan James McGOWAN	15.08.1989	*Sydney FC*
Trent Lucas SAINSBURY	05.01.1992	*KV Kortrijk (BEL)*
Harry James SOUTTAR	22.10.1998	*Stoke City FC (ENG)*
Ruon TONGYIK	28.12.1996	*Central Coast Mariners FC Gosford*
Midfielders		
Kenneth William DOUGALL	07.05.1993	*Blackpool FC (ENG)*
Denis GENREAU	21.05.1999	*Macarthur FC Sydney*
James Robert HOLLAND	15.05.1989	*Linzer ASK (AUT)*
Ajdin HRUSTIĆ	05.07.1996	*Eintracht Frankfurt (GER)*
Christopher James IKONOMIDIS	04.05.1995	*Perth Glory FC*
Jackson Alexander IRVINE	07.03.1993	*Hibernian FC Edinburgh (SCO)*
Riley Patrick McGREE	02.11.1998	*Birmingham City FC (ENG)*
Connor Isaac METCALFE	05.11.1999	*Melbourne City FC*
Forwards		
Brandon Joel Gaetano BORRELLO	25.07.1995	*TSV Fortuna Düsseldorf (GER)*
Martin Callie BOYLE	25.04.1993	*Hibernian FC Edinburgh (SCO)*
Mitchell Thomas DUKE	18.01.1991	*Western Sydney Wanderers FC*
Mathew Allan LECKIE	04.02.1991	*Hertha BSC Berlin (GER)*
Awer Bul MABIL	15.09.1995	*FC Midtjylland Herning (DEN)*
Jamie MACLAREN	29.07.1993	*Melbourne City FC*
Nikita RUKAVYTSYA	22.06.1987	*Maccabi Haifa FC (ISR)*
Adam Jake TAGGART	02.06.1993	*Cerezo Osaka (JPN)*
National coaches		
Graham James ARNOLD [from 16.07.2018]		03.08.1963

BAHRAIN

The Country:
Mamlakat al-Bahrayn (Kingdom of Bahrain)
Capital: Manama
Surface: 750 km²
Population: 1,569,446 [2018]
Time: UTC+3
Independent since: 1971
The FA:
Bahrain Football Association
Bahrain National Stadium, PO Box 5464,
Bldg 315, Road 3407, Riffa-Area 934, Manama
Year of Formation: 1957
Member of FIFA since: 1968
Member of AFC since: 1969

NATIONAL TEAM RECORDS

First international match: 02.04.1966, Baghdad: Iraq – Bahrain 4-4
Most international caps: Salman Isa Ali Ghuloom – 156 caps (2001-2012)
Most international goals: Ismaeel Abdullatif Hasan – 42 goals / 120 caps (since 2005)

NATIONAL TEAM COMPETITIONS:

ASIAN NATIONS CUP	
1956	Did not enter
1960	Did not enter
1964	Did not enter
1968	Did not enter
1972	Qualifiers
1976	*Withdrew*
1980	*Withdrew after qualifying*
1984	Did not enter
1988	Final Tournament (Group Stage)
1992	Qualifiers
1996	*Withdrew*
2000	Qualifiers
2004	Final Tournament (4th Place)
2007	Final Tournament (Group Stage)
2011	Final Tournament (Group Stage)
2015	Final Tournament (Group Stage)
2019	Final Tournament (2nd Round of 16)

FIFA WORLD CUP	
1930	Did not enter
1934	Did not enter
1938	Did not enter
1950	Did not enter
1954	Did not enter
1958	Did not enter
1962	Did not enter
1966	Did not enter
1970	Did not enter
1974	Did not enter
1978	Qualifiers
1982	Qualifiers
1986	Qualifiers
1990	*Withdrew*
1994	Qualifiers
1998	Qualifiers
2002	Qualifiers
2006	Qualifiers
2010	Qualifiers
2014	Qualifiers
2018	Qualifiers

F.I.F.A. CONFEDERATIONS CUP 1992-2017

None

OLYMPIC FOOTBALL TOURNAMENTS 1908-2016

1908	-	1948	-	1972	-	1996	-
1912	-	1952	-	1976	Qualifiers	2000	Qualifiers
1920	-	1956	-	1980	-	2004	Qualifiers
1924	-	1960	-	1984	Qualifiers	2008	Qualifiers
1928	-	1964	-	1988	Qualifiers	2012	Qualifiers
1936	-	1968	-	1992	Qualifiers	2016	Qualifiers

ASIAN GAMES 1951-2014		WEST ASIAN CHAMPIONSHIP 2000-2019		GULF CUP OF NATIONS 1970-2019		ARAB NATIONS CUP 1963-2012	
1951	-	2000	-	1970	Runners-up	1963	-
1954	-	2002	-	1972	*Withdrew*	1964	-
1958	-	2004	-	1974	5th Place	1966	5th Place
1962	-	2007	-	1976	4th Place	1985	Runners-up
1966	-	2008	-	1979	4th Place	1988	Group Stage
1970	-	2010	Group Stage	1982	Runners-up	1992	-
1974	Group Stage	2012	4th Place	1984	5th Place	1998	*Withdrew*
1978	Group Stage	2014	3rd Place	1986	5th Place	2002	Runners-up
1982	-	2019	Winners	1988	4th Place	2012	Group Stage
1986	Group Stage			1990	3rd Place		
1990	-			1992	Runners-up		
1994	Group Stage			1994	3rd Place		
1998	-			1996	5th Place		
2002	Quarter-Finals			1998	5th Place		
2006	Group Stage			2002	4th Place		
2010	Group Stage			2003	Runners-up		
2014	-			2004	3rd Place		
				2007	4th Place		
				2009	Group Stage		
				2010	Group Stage		
				2013	4th Place		
				2014	Group Stage		
				2017	Semi-Finals		
				2019	Winners		

BAHRAINI CLUB HONOURS IN ASIAN CLUB COMPETITIONS:

AFC Champions League 1967-1971 & 1985/1986-2020
None

Asian Football Confederation Cup 2004-2020
| Al Muharraq Sports Club | 1 | 2008 |

AFC President's Cup 2005-2014*
None

Asian Cup Winners Cup 1975-2003*
None

Asian Super Cup 1995-2002*
None

OTHER CLUB COMPETITIONS:

Arab Champions Cup / Arab Champions League 1982-2019
None

Gulf Club Champions Cup 1982-2017
Al Muharraq Sports Club	1	2012

Arab Cup Winners Cup 1989-2002*
None

Arab Super Cup 1992-2002*
None

*defunct competition

NATIONAL COMPETITIONS
TABLE OF HONOURS

	CHAMPIONS	CUP* WINNERS
1951/1952	-	Al Muharraq Sports Club
1952/1953	-	Al Muharraq Sports Club
1953/1954	-	Al Muharraq Sports Club
1954/1955	-	*Not known*
1955/1956	-	*Not known*
1956/1957	Al Muharraq Sports Club	*Not known*
1957/1958	Al Muharraq Sports Club	Al Muharraq Sports Club
1958/1959	Al Nasr	Al Muharraq Sports Club
1959/1960	Al Muharraq Sports Club	Al Nusoor Manama**
1960/1961	Al Muharraq Sports Club	Al Muharraq Sports Club
1961/1962	Al Muharraq Sports Club	Al Muharraq Sports Club
1962/1963	Al Muharraq Sports Club	Al Muharraq Sports Club
1963/1964	Al Muharraq Sports Club	Al Muharraq Sports Club
1964/1965	Al Muharraq Sports Club	*Not held*
1965/1966	Al Muharraq Sports Club	Al Muharraq Sports Club
1966/1967	Al Muharraq Sports Club	Al Muharraq Sports Club
1967/1968	Bahrain Club Manama	Al Nusoor Manama
1968/1969	Al Ahli Club Manama	Al Arabi
1969/1970	Al Muharraq Sports Club	Bahrain Club Manama
1970/1971	Al Muharraq Sports Club	Bahrain Club Manama
1971/1972	Al Ahli Club Manama	Al Muharraq Sports Club
1972/1973	Al Muharraq Sports Club	Bahrain Riffa Club
1973/1974	Al Muharraq Sports Club	Al Muharraq Sports Club
1974/1975	Arabi Club	Al Muharraq Sports Club
1975/1976	Al Muharraq Sports Club	Al Hala Muharraq
1976/1977	Al Ahli Club Manama	Al Nusoor Manama
1977/1978	Bahrain Club Manama	Al Muharraq Sports Club
1978/1979	Al Hala Muharraq	Al Muharraq Sports Club
1979/1980	Al Muharraq Sports Club	Al Hala Muharraq
1980/1981	Bahrain Club Manama	Al Hala Muharraq
1981/1982	Bahrain Riffa Club	Al Ahli Club Manama
1982/1983	Al Muharraq Sports Club	Al Muharraq Sports Club

Season	League	Cup*
1983/1984	Al Muharraq Sports Club	Al Muharraq Sports Club
1984/1985	Bahrain Club Manama	Bahrain Riffa Club
1985/1986	Al Muharraq Sports Club	Bahrain Riffa Club
1986/1987	Bahrain Riffa Club	Al Ahli Club Manama
1987/1988	Al Muharraq Sports Club	Al Wahda
1988/1989	Bahrain Club Manama	Al Muharraq Sports Club
1989/1990	Bahrain Riffa Club	Al Muharraq Sports Club
1990/1991	Al Muharraq Sports Club	Al Ahli Club Manama
1991/1992	Al Muharraq Sports Club	Al Wahda
1992/1993	Bahrain Riffa Club	Al Muharraq Sports Club
1993/1994	East Riffa Club	Al Wahda
1994/1995	Al Muharraq Sports Club	Al Muharraq Sports Club
1995/1996	Al Ahli Club Manama	Al Muharraq Sports Club
1996/1997	Bahrain Riffa Club	Al Muharraq Sports Club
1997/1998	Bahrain Riffa Club	Bahrain Riffa Club
1998/1999	Al Muharraq Sports Club	East Riffa Club
1999/2000	Bahrain Riffa Club	East Riffa Club
2000/2001	Al Muharraq Sports Club	Al Ahli Club Manama
2001/2002	Al Muharraq Sports Club	Al Muharraq Sports Club
2002/2003	Bahrain Riffa Club	Al Ahli Club Manama
2003/2004	Al Muharraq Sports Club	Al Shabab Club Manama
2004/2005	Bahrain Riffa Club***	Al Muharraq Sports Club
2005/2006	Al Muharraq Sports Club	Al Najma Club Manama
2006/2007	Al Muharraq Sports Club	Al Najma Club Manama
2007/2008	Al Muharraq Sports Club	Al Muharraq Sports Club
2008/2009	Al Muharraq Sports Club	Al Muharraq Sports Club
2009/2010	Al Ahli Club Manama	Bahrain Riffa Club
2010/2011	Al Muharraq Sports Club	Al Muharraq Sports Club
2011/2012	Al Riffa Sports Club	Al Muharraq Sports Club
2012/2013	Busaiteen Club	Al Muharraq Sports Club
2013/2014	Al Riffa Sports Club	East Riffa Club
2014/2015	Al Muharraq Sports Club	Al Hidd Sports and Cultural Club
2015/2016	Al Hidd Sports and Cultural Club	Al Muharraq Sports Club
2016/2017	Malikiya Club	Manama Club
2017/2018	Al Muharraq Sports Club	Al Najma Club Manama
2018/2019	Al Riffa Sports Club	Al Riffa Sports Club
2019/2020	Al Hidd Sports and Cultural Club	Al Muharraq Sports Club
2020/2021	Al Riffa Sports Club	Al Riffa Sports Club

*The National Cup has different names over the years: Amir Cup (1952-1959), Federation Cup (1960-1977), Amir Cup (1978-2002), King's Cup (2003-today).
**Former name of Al Ahli Club Manama
***became later Al Riffa Sports Club

OTHER BAHRAINI CUP COMPETITIONS WINNERS:

Bahraini FA Cup
2000: Bahrain Riffa Club; 2001: Bahrain Riffa Club; 2002: *Not held*; 2003: Busaiteen Club; 2004: Bahrain Riffa Club; 2005: Al Muharraq Sports Club; 2006: *Not held*; 2007: Al Ahli Club Manama; 2008: *Not held*; 2009: Al Muharraq Sports Club; 2010-2013: *Not held*; 2013/2014: Al Riffa Sports Club; 2014/2015: Al Hidd Sports and Cultural Club; 2015/2016: Al Ahli Club Manama.

Bahraini Crown Prince Cup
2001: Al Muharraq Sports Club; 2002: Bahrain Riffa Club; 2003: Bahrain Riffa Club; 2004: Bahrain Riffa Club; 2005: Bahrain Riffa Club; 2006: Al Muharraq Sports Club; 2007: Al Muharraq Sports Club; 2008: Al Muharraq Sports Club; 2009: Al Muharraq Sports Club.

NATIONAL CHAMPIONSHIP
Bahraini Premier League 2020/2021

#	Club	P	W	D	L	GF	GA	Pts
1.	**Al Riffa Sports Club**	18	14	3	1	31 - 13		45
2.	East Riffa Sports and Cultural Club	18	11	2	5	32 - 20		35
3.	Manama Club	18	9	4	5	26 - 18		31
4.	Al Muharraq Sports Club	18	7	6	5	24 - 15		27
5.	Al Hidd Sports and Cultural Club	18	8	3	7	26 - 23		27
6.	Al Ahli Club Manama	18	5	6	7	17 - 25		21
7.	Budaiya Club	18	3	8	7	11 - 19		17
8.	Al Najma Club Manama (*Relegation Play-offs*)	18	3	6	9	17 - 31		15
9.	Malikiya Club (*Relegated*)	18	2	7	9	11 - 26		13
10.	Busaiteen Club (*Relegated*)	18	1	9	8	17 - 22		12

Relegation Play-offs: Al Najma Club Manama – Al Ittihad Bilad Al Qadeem 1-0; 2-0.

Best goalscorer 2020/2021:
Mahdi Abduljabbar Mahdi Darwish Hasan (Manama Club) – 12 goals

Promoted for the 2021/2022 season:
Al Hala SC Muharraq, Al Khalidiya SC

NATIONAL CUP
King's Cup Final 2020/2021

04.03.2021, Bahrain National Stadium, Riffa
Al Riffa Sports Club - Al Ahli Club Manama   **2-0**

THE CLUBS

AL AHLI CLUB OF MANAMA
Year of Formation: 1936
Stadium: Al Ahli Stadium, Manama (10,000)

AL HALA SPORTS CLUB MUHARRAQ
Year of Formation: 1955
Stadium: Al Muharraq Stadium, Muharraq (20,000)

AL HIDD SPORTS AND CULTURAL CLUB
Year of Formation: 1945
Stadium: Al Muharraq Stadium, Muharraq (20,000)

AL MUHARRAQ SPORTS CLUB
Year of Formation: 1928
Stadium: Al Muharraq Stadium, Muharraq (20,000)

AL NAJMA CLUB MANAMA
Year of Formation: 1943
Stadium: Bahrain National Stadium, Riffa (35,000)

AL RIFFA SPORTS CLUB
Year of Formation: 1953
Stadium: Bahrain National Stadium, Riffa (35,000)

AL SHABAB CLUB JIDHAFS
Year of Formation: 2001
Stadium: Bahrain National Stadium, Riffa (35,000)

BUSAITEEN CLUB
Year of Formation: 1945
Stadium: n/a

EAST RIFFA SPORTS AND CULTURAL CLUB
Year of Formation: 1958
Stadium: Al Ahli Stadium, Riffa (5,000)

MANAMA CLUB
Year of Formation: 1946
Stadium: Bahrain National Stadium, Riffa (35,000)

NATIONAL TEAM
INTERNATIONAL MATCHES 2020/2021

07.11.2020	Dubai	Bahrain - Tajikistan	1-0(1-0)	(F)
12.11.2020	Dubai	Lebanon - Bahrain	1-3(1-0)	(F)
16.11.2020	Dubai	United Arab Emirates - Bahrain	1-3(1-0)	(F)
25.03.2021	Riffa	Bahrain - Syria	3-1(2-1)	(F)
30.03.2021	Riffa	Bahrain - Jordan	1-2(0-1)	(F)
23.05.2021	Kharkiv	Ukraine - Bahrain	1-1(0-0)	(F)
28.05.2021	Riffa	Bahrain - Malaysia	2-0(1-0)	(F)
03.06.2021	Riffa	Bahrain - Cambodia	8-0(2-0)	(WCQ)
07.06.2021	Riffa	Iran - Bahrain	3-0(0-0)	(WCQ)
15.06.2021	Riffa	Bahrain - Hong Kong	4-0(0-0)	(WCQ)
25.06.2021	Doha	Bahrain - Kuwait	2-0(0-0)	(ARCQ)

07.11.2020, Friendly International
Police Officers Club Stadium, Dubai (United Ararb Emirates); Attendance: 0
Referee: Ahmed Eisa Mohamed (United Arab Emirates)
BAHRAIN - TAJIKISTAN   **1-0(1-0)**
BHR: Ebrahim Khalil Ebrahim Abdulla Lutfalla, Sayed Mahdi Baqer Jaafar Naser, Mohammed Abdul Qayoom Dur Mohammad Abubakar Mohammed (71.Mohamed Jasim Mohamed Ali Abdulla Marhoon), Ahmed Abdulla Ali Abdulla, Waleed Mohammed Abdulla Ali Al Hayam, Sayed Redha Isa Hasan Radhi Hashim, Mahdi Faisal Ebrahim Al Humaidan (71.Mohamed Abdulwahab Ahmed Shaban), Mohammed Yusuf Abdulla Ahmed Hasan Al Hardan (87.Ali Abdulla Hassan Haram), Mohamed Jameel Mohamed Ebrahim Al Qassab (76.Ali Jaafar Mohamed Ahmed Madan), Mohamed Saad Marzooq Al Romaihi (86.Hashim Sayed Isa Hasan Radhi Hashim), Jassim Ahmed Abdulla Al Shaikh (76.Abdulwahab Rahman Hedaib Isa Ali Al Malood). Trainer: Hélio Filipe Dias de Sousa (Portugal).
Goal: Mohamed Saad Marzooq Al Romaihi (44).

12.11.2020, Friendly International
Police Officers' Club Stadium, Dubai (United Arab Emirates); Attendance: 0
Referee: Ahmed Faisal Al Ali (Kuwait)
LEBANON - BAHRAIN   **1-3(1-0)**
BHR: Sayed Shubbar Ebrahim Alawi Al Mosawi, Rashid Khalil Al Hooti, Hamad Mahmood Ismaeel Ali Mohamed Al Shamsan, Ali Jaafar Mohamed Ahmed Madan (75.Mohamed Saad Marzooq Al Romaihi), Ahmed Nabeel Ahmed Ali Naser Ghailan, Ahmed Merza Musa Ahmed (75.Mahdi Faisal Ebrahim Al Humaidan), Mohamed Abdulwahab Ahmed Shaban (86.Abdulwahab Rahman Hedaib Isa Ali Al Malood), Mohamed Jasim Mohamed Ali Abdulla Marhoon (86.Mohammed Abdul Qayoom Dur Mohammad Abubakar Mohammed), Kamil Hassan Abdulla Ahmed Al Aswad (68.Jassim Ahmed Abdulla Al Shaikh), Ali Abdulla Hassan Haram, Hashim Sayed Isa Hasan Radhi Hashim (75.Sayed Redha Isa Hasan Radhi Hashim). Trainer: Hélio Filipe Dias de Sousa (Portugal).
Goals: Sayed Redha Isa Hasan Radhi Hashim (53), Kamil Hassan Abdulla Ahmed Al Aswad (58), Mohamed Jasim Mohamed Ali Abdulla Marhoon (62).

16.11.2020, Friendly International
Zabeel Stadium, Dubai; Attendance: 0
Referee: Ahmed Faisal Al Ali (Kuwait)
UNITED ARAB EMIRATES - BAHRAIN 1-3(1-0)
BHR: Sayed Mohammed Jaffer Sabet Abbas, Waleed Mohammed Abdulla Ali Al Hayam, Ahmed Mubarak Ahmed Mubarak Bughammar, Mohamed Jameel Mohamed Ebrahim Al Qassab (60.Rashid Khalil Al Hooti), Ahmed Abdulla Ali Abdulla (60.Mohamed Jasim Mohamed Ali Abdulla Marhoon), Mohammed Yusuf Abdulla Ahmed Hasan Al Hardan (60.Ali Abdulla Hassan Haram), Mahdi Faisal Ebrahim Al Humaidan (70.Kamil Hassan Abdulla Ahmed Al Aswad), Sayed Redha Isa Hasan Radhi Hashim, Abdulwahab Rahman Hedaib Isa Ali Al Malood, Mohamed Saad Marzooq Al Romaihi (89.Hashim Sayed Isa Hasan Radhi Hashim), Jassim Ahmed Abdulla Al Shaikh (70.Ali Jaafar Mohamed Ahmed Madan). Trainer: Hélio Filipe Dias de Sousa (Portugal).
Goals: Mohamed Jasim Mohamed Ali Abdulla Marhoon (75 penalty), Mohamed Saad Marzooq Al Romaihi (82, 86).

25.03.2021, Friendly International
Bahrain National Stadium, Riffa; Attendance: 0
Referee: Khalid Marhoun Al Shaqsi (Oman)
BAHRAIN - SYRIA 3-1(2-1)
BHR: Sayed Mohammed Jaffer Sabet Abbas, Hamad Mahmood Ismaeel Ali Mohamed Al Shamsan, Ahmed Mubarak Ahmed Mubarak Bughammar (25.Waleed Mohammed Abdulla Ali Al Hayam), Ahmed Abdulla Ali Abdulla, Ahmed Merza Musa Ahmed, Mohamed Abdulwahab Ahmed Shaban (74.Abdulrahman Mohamed Ahmed Abdu Ahmedi), Mohammed Yusuf Abdulla Ahmed Hasan Al Hardan, Mohamed Jasim Mohamed Ali Abdulla Marhoon (74.Mahdi Faisal Ebrahim Al Humaidan), Kamil Hassan Abdulla Ahmed Al Aswad (80.Jassim Ahmed Abdulla Al Shaikh), Ismaeel Abdullatif Hassan (46.Hashim Sayed Isa Hasan Radhi Hashim), Issa Moosa Naji (74.Ali Jaafar Mohamed Ahmed Madan). Trainer: Hélio Filipe Dias de Sousa (Portugal).
Goals: Ismaeel Abdullatif Hassan (21 penalty, 36), Mohamed Jasim Mohamed Ali Abdulla Marhoon (68).

30.03.2021, Friendly International
Bahrain National Stadium, Riffa; Attendance: 0
Referee: Sultan Mohamed Al Hammadi (United Arab Emirates)
BAHRAIN - JORDAN 1-2(0-1)
BHR: Sayed Shubbar Ebrahim Alawi Al Mosawi, Rashid Khalil Al Hooti, Sayed Mahdi Baqer Jaafar Naser (61.Ahmed Mubarak Ahmed Mubarak Bughammar), Ali Jaafar Mohamed Ahmed Madan (61.Mohamed Jasim Mohamed Ali Abdulla Marhoon), Waleed Mohammed Abdulla Ali Al Hayam, Sayed Redha Isa Hasan Radhi Hashim, Mahdi Faisal Ebrahim Al Humaidan (79.Issa Moosa Naji), Abdulwahab Rahman Hedaib Isa Ali Al Malood (79.Kamil Hassan Abdulla Ahmed Al Aswad), Jassim Ahmed Abdulla Al Shaikh, Ali Abdulla Hassan Haram, Abdullah Yousef Abdulrahim Mohammed Helal (46.Mohamed Saad Marzooq Al Romaihi). Trainer: Hélio Filipe Dias de Sousa (Portugal).
Goal: Mohamed Saad Marzooq Al Romaihi (77 penalty).

23.05.2021, Friendly International
Metalist Oblast Sports Complex, Kharkiv; Attendance: 20,000
Referee: Pavel Orel (Czech Republic)
UKRAINE - BAHRAIN **1-1(0-0)**
BHR: Ebrahim Khalil Ebrahim Abdulla Lutfalla, Hamad Mahmood Ismaeel Ali Mohamed Al Shamsan, Ahmed Abdulla Ali Abdulla, Ahmed Nabeel Ahmed Ali Naser Ghailan (76.Abdulla Khaled Mohammed Ahmed Abdulla Al Haza'a), Ali Abdulla Hassan Haram, Mohamed Jasim Mohamed Ali Abdulla Marhoon (76.Ali Jaafar Mohamed Ahmed Madan), Sayed Redha Isa Hasan Radhi Hashim, Mahdi Faisal Ebrahim Al Humaidan (75.Jasim Khelaif Wahab Al Salama), Mohamed Saad Marzooq Al Romaihi (85.Mahdi Abduljabbar Mahdi Darwish Hasan), Kamil Hassan Abdulla Ahmed Al Aswad (65.Sayed Dhiya Saeed Ebrahim Alawi Shubbar), Jassim Ahmed Abdulla Al Shaikh (85.Abbas Fadhel Abdulla Ahmed Maki Al Asfoor).Trainer: Hélio Filipe Dias de Sousa (Portugal).
Goal: Sayed Dhiya Saeed Ebrahim Alawi Shubbar (75 penalty).

28.05.2021, Friendly International
Bahrain National Stadium, Riffa; Attendance: n/a
Referee: Turki Mohammed Al Khudhayr (Saudi Arabia)
BAHRAIN - MALAYSIA **2-0(1-0)**
BHR: Ebrahim Khalil Ebrahim Abdulla Lutfalla, Abdulla Khaled Mohammed Ahmed Abdulla Al Haza'a, Sayed Mahdi Baqer Jaafar Naser, Ali Jaafar Mohamed Ahmed Madan (72.Hashim Sayed Isa Hasan Radhi Hashim), Sayed Redha Isa Hasan Radhi Hashim (82.Hamad Mahmood Ismaeel Ali Mohamed Al Shamsan), Hazza Ali Hazza Ateeq Mubarak, Jasim Khelaif Wahab Al Salama, Sayed Dhiya Saeed Ebrahim Alawi Shubbar (56.Abbas Fadhel Abdulla Ahmed Maki Al Asfoor), Kamil Hassan Abdulla Ahmed Al Aswad (56.Mohamed Jasim Mohamed Ali Abdulla Marhoon), Mahdi Abduljabbar Mahdi Darwish Hasan (72.Mahdi Faisal Ebrahim Al Humaidan), Ali Abdulla Hassan Haram (56.Jassim Ahmed Abdulla Al Shaikh). Trainer: Hélio Filipe Dias de Sousa (Portugal).
Goals: Mahdi Abduljabbar Mahdi Darwish Hasan (41 penalty), Mohamed Jasim Mohamed Ali Abdulla Marhoon (61).

03.06.2021, 22nd FIFA World Cup Qualifiers / AFC Qualifiers, Second Round
Bahrain National Stadium, Riffa; Attendance: 0
Referee: Hiroyuki Kimura (Japan)
BAHRAIN - CAMBODIA **8-0(2-0)**
BHR: Sayed Mohammed Jaffer Sabet Abbas, Rashid Khalil Al Hooti (67.Waleed Mohammed Abdulla Ali Al Hayam), Hamad Mahmood Ismaeel, Ali Mohamed Al Shamsan, Ahmed Abdulla Ali Abdulla, Ali Abdulla Hassan Haram (55.Mohamed Jasim Mohamed Ali Abdulla Marhoon), Ali Jaafar Mohamed Ahmed Madan, Mahdi Faisal Ebrahim Al Humaidan (55.Abbas Fadhel Abdulla Ahmed Maki Al Asfoor), Ahmed Moosa Ali, Mohamed Saad Marzooq Al Romaihi (72.Ismaeel Abdullatif Hassan), Kamil Hassan Abdulla Ahmed Al Aswad, Jassim Ahmed Abdulla Al Shaikh (55.Abdulwahab Rahman Hedaib Isa Ali Al Malood). Trainer: Hélio Filipe Dias de Sousa (Portugal).
Goals: Kamil Hassan Abdulla Ahmed Al Aswad (8), Mohamed Saad Marzooq Al Romaihi (45+3), Ali Jaafar Mohamed Ahmed Madan (46), Jassim Ahmed Abdulla Al Shaikh (52), Ali Jaafar Mohamed Ahmed Madan (65), Kamil Hassan Abdulla Ahmed Al Aswad (71), Ismaeel Abdullatif Hassan (75, 90+3).

07.06.2021, 22nd FIFA World Cup Qualifiers / AFC Qualifiers, Second Round
Bahrain National Stadium, Riffa; Attendance: 0
Referee: Fu Ming (China P.R.)
IRAN - BAHRAIN   **3-0(0-0)**
BHR: Sayed Mohammed Jaffer Sabet Abbas, Waleed Mohammed Abdulla Ali Al Hayam, Hamad Mahmood Ismaeel Ali Mohamed Al Shamsan, Ahmed Nabeel Ahmed Ali Naser Ghailan, Ali Abdulla Hassan Haram, Mohamed Jasim Mohamed Ali Abdulla Marhoon, Sayed Redha Isa Hasan Radhi Hashim (80.Ahmed Moosa Ali), Mahdi Faisal Ebrahim Al Humaidan (62.Ali Jaafar Mohamed Ahmed Madan), Abdulwahab Rahman Hedaib Isa Ali Al Malood (62.Kamil Hassan Abdulla Ahmed Al Aswad), Mohamed Saad Marzooq Al Romaihi (69.Ismaeel Abdullatif Hassan), Jassim Ahmed Abdulla Al Shaikh (69.Sayed Dhiya Saeed Ebrahim Alawi Shubbar). Trainer: Hélio Filipe Dias de Sousa (Portugal).

15.06.2021, 22nd FIFA World Cup Qualifiers / AFC Qualifiers, Second Round
Bahrain National Stadium, Riffa; Attendance: 0
Referee: Yaqoob Said Abdullah Abdul Baki (Oman)
BAHRAIN - HONG KONG   **4-0(0-0)**
BHR: Sayed Mohammed Jaffer Sabet Abbas, Abdulla Khaled Mohammed Ahmed Abdulla Al Haza'a, Rashid Khalil Al Hooti, Ahmed Mubarak Ahmed Mubarak Bughammar, Sayed Dhiya Saeed Ebrahim Alawi Shubbar (74.Abdulwahab Rahman Hedaib Isa Ali Al Malood), Mohamed Abdulwahab Ahmed Shaban (65.Ali Jaafar Mohamed Ahmed Madan), Ahmed Merza Musa Ahmed, Mahdi Faisal Ebrahim Al Humaidan (65.Mohamed Jasim Mohamed Ali Abdulla Marhoon), Abbas Fadhel Abdulla Ahmed Maki Al Asfoor, Kamil Hassan Abdulla Ahmed Al Aswad (74.Ismaeel Abdullatif Hassan), Hashim Sayed Isa Hasan Radhi Hashim (74.Jasim Khelaif Wahab Al Salama). Trainer: Hélio Filipe Dias de Sousa (Portugal).
Goals: Sayed Dhiya Saeed Ebrahim Alawi Shubbar (49), Hashim Sayed Isa Hasan Radhi Hashim (54 penalty), Yapp Hung Fai (70 own goal), Ismaeel Abdullatif Hassan (90 penalty).

25.06.2021, 10th FIFA Arab Cup, Qualifiers
Khalifa International Stadium, Doha (Qatar); Attendance: n/a
Referee: Mustapha Ghorbal (Algeria)
BAHRAIN - KUWAIT   **2-0(0-0)**
BHR: Sayed Mohammed Jaffer Sabet Abbas, Ahmed Mubarak Ahmed Mubarak Bughammar, Rashid Khalil Al Hooti, Abdulla Khaled Mohammed Ahmed Abdulla Al Haza'a, Jassim Ahmed Abdulla Al Shaikh, Ali Jaafar Mohamed Ahmed Madan (81.Mohamed Jasim Mohamed Ali Abdulla Marhoon), Sayed Redha Isa Hasan Radhi Hashim (67.Ahmed Merza Musa Ahmed), Ali Abdulla Hassan Haram, Mohamed Saad Marzooq Al Romaihi (81.Hashim Sayed Isa Hasan Radhi Hashim), Mahdi Faisal Ebrahim Al Humaidan (90.Sayed Dhiya Saeed Ebrahim Alawi Shubbar), Kamil Hassan Abdulla Ahmed Al Aswad (90.Abbas Fadhel Abdulla Ahmed Maki Al Asfoor). Trainer: Hélio Filipe Dias de Sousa (Portugal).
Goals: Ali Abdulla Hassan Haram (74), Hashim Sayed Isa Hasan Radhi Hashim (90+4).

NATIONAL TEAM PLAYERS 2020/2021		
Name	DOB	Club
Goalkeepers		
Sayed Shubbar Ebrahim Alawi AL MOSAWI	11.08.1985	*Al Riffa Sports Club*
Sayed Mohammed JAFFER Sabet Abbas	25.08.1985	*Al Muharraq Sports Club*
Ebrahim Khalil Ebrahim Abdulla LUTFALLA	24.09.1992	*East Riffa SCC*

Defenders

Name	Date	Club
Ahmed Abdulla Ali ABDULLA	01.04.1987	*East Riffa SCC*
Waleed Mohammed Abdulla Ali AL HAYAM	04.11.1988	*Al Muharraq Sports Club*
Abdulla Khaled Mohammed Ahmed Abdulla AL HAZA'A	19.07.1990	*East Riffa SCC*
Rashid Khalil AL HOOTI	24.12.1989	*Al Najma Club Manama*
Hamad Mahmood Ismaeel Ali Mohamed AL SHAMSAN	29.09.1997	*Al Shabab Club Jidhafs*
Sayed Mahdi BAQER Jaafar Naser	14.04.1994	*Al Riffa Sports Club*
Ahmed Mubarak Ahmed Mubarak BUGHAMMAR	30.12.1997	*Al Hidd SCC*
Mohammed Abdul QAYOOM Dur Mohammad Abubakar Mohammed	04.06.2001	*Al Riffa Sports Club*
Sayed REDHA Isa Hasan Radhi Hashim	07.08.1994	*Al Riffa Sports Club*

Midfielders

Name	Date	Club
Abdulrahman Mohamed Ahmed Abdu AHMEDI	16.04.1998	*Al Muharraq Sports Club*
Abbas Fadhel Abdulla Ahmed Maki AL ASFOOR	02.03.1999	*Shabab Club Jidhafs*
Kamil Hassan Abdulla Ahmed AL ASWAD	08.04.1994	*Al Riffa Sports Club*
Mohammed Yusuf Abdulla Ahmed Hasan AL HARDAN	06.10.1997	*Al Muharraq Sports Club*
Mohamed Jameel Mohamed Ebrahim AL QASSAB	27.03.1995	*Malikiya Club*
Jasim Khelaif Wahab AL SALAMA	22.02.1998	*Budaiya Club*
Ali Abdulla Hassan HARAM	11.12.1988	*Al Riffa Sports Club*
Hazza Ali HAZZA Ateeq Mubarak	09.06.1995	*Al Riffa Sports Club*
Mohamed Jasim Mohamed Ali Abdulla MARHOON	12.02.1998	*Al Riffa Sports Club*
Ahmed MERZA Musa Ahmed	24.02.1991	*Al Hidd SCC*
Ahmed MOOSA Ali	17.09.1993	*Manama Club*
Ahmed NABEEL Ahmed Ali Naser Ghailan	25.08.1995	*Manama Club*
Mohamed Abdulwahab Ahmed SHABAN	13.11.1989	*Al Hidd SCC*
Sayed Dhiya Saeed Ebrahim Alawi SHUBBAR	17.07.1992	*Al Nasr SC Ardiyah(KUW)*

Forwards

Name	Date	Club
Ismaeel ABDULLATIF Hassan	11.09.1986	*Al Muharraq Sports Club*
Mahdi Faisal Ebrahim AL HUMAIDAN	19.05.1993	*Al Riffa Sports Club*
Abdulwahab Rahman Hedaib Isa Ali AL MALOOD	07.06.1990	*Al Muharraq Sports Club*
Mohamed Saad Marzooq AL ROMAIHI	09.09.1990	*East Riffa SCC*
Jassim Ahmed Abdulla AL SHAIKH	01.02.1996	*Al Riffa Sports Club*
Mahdi Abduljabbar Mahdi DARWISH Hasan	25.06.1991	*Manama Club*
Abdullah Yousef Abdulrahim Mohammed HELAL	12.06.1993	*SK Slavia Praha (CZE)*
Ali Jaafar Mohamed Ahmed MADAN	30.11.1995	*Al Riffa Sports Club*
Issa MOOSA Naji	19.12.1987	*Al Muharraq Sports Club*
Hashim SAYED Isa Hasan Radhi Hashim	03.04.1998	*Al Riffa Sports Club*

National coaches

Name	Date
HÉLIO Filipe Dias de SOUSA (Portugal) [from 14.03.2019]	12.08.1969

BANGLADESH

The Country:
Gônoprojatontri Bangladesh (People's Republic of Bangladesh) Capital: Ḍhākā Surface: 147,570 km² Population: 161,376,708 [2018] Time: UTC+6 Independent since: 1971

The FA:
Bangladesh Football Federation BFF House, Motijheel Commercial Centre, Ḍhākā 1000 Year of Formation: 1972 Member of FIFA since: 1976 Member of AFC since: 1974

NATIONAL TEAM RECORDS

First international match: 26.07.1973, Kuala Lumpur (MAS): Bangladesh – Thailand 2-2
Most international caps: Zahid Hasan Ameli – 64 caps (since 2005)
Most international goals: Ashraf Uddin Ahmed Chunnu – 17 goals / 50 caps (1975-1985)

NATIONAL TEAM COMPETITIONS:

ASIAN NATIONS CUP	
1956	Did not enter
1960	Did not enter
1964	Did not enter
1968	Did not enter
1972	Did not enter
1976	Did not enter
1980	Final Tournament (Group Stage)
1984	Qualifiers
1988	Qualifiers
1992	Qualifiers
1996	Qualifiers
2000	Qualifiers
2004	Qualifiers
2007	Qualifiers
2011	Qualifiers
2015	Qualifiers
2019	Qualifiers

FIFA WORLD CUP	
1930	Did not enter
1934	Did not enter
1938	Did not enter
1950	Did not enter
1954	Did not enter
1958	Did not enter
1962	Did not enter
1966	Did not enter
1970	Did not enter
1974	Did not enter
1978	Did not enter
1982	Did not enter
1986	Qualifiers
1990	Qualifiers
1994	Qualifiers
1998	Qualifiers
2002	Qualifiers
2006	Qualifiers
2010	Qualifiers
2014	Qualifiers
2018	Qualifiers

F.I.F.A. CONFEDERATIONS CUP 1992-2017

None

OLYMPIC FOOTBALL TOURNAMENTS 1908-2016

1908	-	1948	-	1972	-	1996	-
1912	-	1952	-	1976	-	2000	-
1920	-	1956	-	1980	-	2004	Qualifiers
1924	-	1960	-	1984	-	2008	Qualifiers
1928	-	1964	-	1988	-	2012	Qualifiers
1936	-	1968	-	1992	Qualifiers	2016	Qualifiers

ASIAN GAMES 1951-2014		AFC CHALLENGE CUP 2006-2014		SOUTH ASIAN FEDERATION GAMES 1984-2016		SOUTH ASIAN FOOTBALL FEDERATION CHAMPIONSHIP 1993-2018	
1951	-	2006	FT/ 1/4 Finals	1984	Runners-up	1993	-
1954	-	2008	FT/Group Stage	1985	Runners-up	1995	3rd Place
1958	-	2010	FT/Group Stage	1987	4th Place	1997	Group Stage
1962	-	2012	Qualifiers	1989	Runners-up	1999	Runners-up
1966	-	2014	Qualifiers	1991	3rd Place	2003	Winners
1970	-			1993	Group Stage	2005	Runners-up
1974	-			1995	Runners-up	2008	Group Stage
1978	Group Stage			1999	Winners	2009	3rd Place
1982	Group Stage			2004	Group Stage	2011	Group Stage
1986	Group Stage			2006	Group Stage	2013	Group Stage
1990	Group Stage			2010	Winners	2015	Group Stage
1994	-			2016	4th Place	2018	Group Stage
1998	-						
2002	Group Stage						
2006	Group Stage						
2010	Group Stage						
2014	Group Stage						

AFC SOLIDARITY CUP 2016

2016	Withdrew

BANGLADESHI CLUB HONOURS IN ASIAN CLUB COMPETITIONS:

AFC Champions League 1967-1971 & 1985/1986-2020
None

Asian Football Confederation Cup 2004-2020
None

AFC President's Cup 2005-2014*
None

Asian Cup Winners Cup 1975-2003*
None

Asian Super Cup 1995-2002*
None

*defunct competition

NATIONAL COMPETITIONS
TABLE OF HONOURS

	CHAMPIONS Ḍhākā League	CUP WINNERS
1948	Victoria SC Ḍhākā	-
1949	East Pakistan Gymkhana	-
1950	Ḍhākā Wanderers	-
1951	Ḍhākā Wanderers	-
1952	Bengal Government Press Ḍhākā	-
1953	Ḍhākā Wanderers	-
1954	Ḍhākā Wanderers	-
1955	Ḍhākā Wanderers	-
1956	Ḍhākā Wanderers	-
1957	Mohammedan Sporting Club Ḍhākā	-
1958	Azad Sporting Ḍhākā	-
1959	Mohammedan Sporting Club Ḍhākā	-
1960	Ḍhākā Wanderers	-
1961	Mohammedan Sporting Club Ḍhākā	-
1962	Victoria SC Ḍhākā	-
1963	Mohammedan Sporting Club Ḍhākā	-
1964	Victoria SC Ḍhākā	-
1965	Mohammedan Sporting Club Ḍhākā	-
1966	Mohammedan Sporting Club Ḍhākā	-
1967	East Pakistan IDC Ḍhākā	-
1968	East Pakistan IDC Ḍhākā	-
1969	Mohammedan Sporting Club Ḍhākā	-
1970	East Pakistan IDC Ḍhākā	-
1971	*Not finished*	-
1972	*Not finished*	-
1973	Bangladesh Jute Mill Corp.	-
1974	Abahani Krira Chakra Ḍhākā	-
1975	Mohammedan Sporting Club Ḍhākā	-
1976	Mohammedan Sporting Club Ḍhākā	-
1977	Abahani Krira Chakra Ḍhākā	-
1978	Mohammedan Sporting Club Ḍhākā	-
1979	Bangladesh Jute Mill Corp.	-
1980	Mohammedan Sporting Club Ḍhākā	Mohammedan Sporting Club Ḍhākā & Abahani Krira Chakra (joint winners)
1981	Abahani Krira Chakra Ḍhākā	Mohammedan Sporting Club Ḍhākā
1982	Mohammedan Sporting Club Ḍhākā	Mohammedan Sporting Club Ḍhākā & Abahani Krira Chakra (joint winners)
1983	Abahani Krira Chakra Ḍhākā	Mohammedan Sporting Club Ḍhākā
1984	Abahani Krira Chakra Ḍhākā	*Final match abandoned!*
1985	Abahani Krira Chakra Ḍhākā	Abahani Krira Chakra Ḍhākā
1986	Mohammedan Sporting Club Ḍhākā	Abahani Krira Chakra Ḍhākā
1987	Mohammedan Sporting Club Ḍhākā	Mohammedan Sporting Club Ḍhākā
1988	-	Abahani Krira Chakra Ḍhākā
1988/1989	Mohammedan Sporting Club Ḍhākā	Mohammedan Sporting Club Ḍhākā
1989/1990	Abahani Krira Chakra Ḍhākā	*No competition*
1991	*Not played*	Brothers Union Ḍhākā

1991/1992	Abahani Krira Chakra Ḍhākā	*No competition*
	Premier Division League	
1993	Mohammedan Sporting Club Ḍhākā	*No competition*
1994	Abahani Ltd. Ḍhākā	Muktijoddha Sangsad KC Ḍhākā
1995	Abahani Ltd. Ḍhākā	Mohammedan Sporting Club Ḍhākā
1996	Mohammedan Sporting Club Ḍhākā	*No competition*
1997	-	Abahani Ltd. Ḍhākā
1997/1998	Muktijoddha Sangsad KC Ḍhākā	*No competition*
1999	Mohammedan Sporting Club Ḍhākā	Abahani Ltd. Ḍhākā
	National Championship	
2000	Abahani Ltd. Ḍhākā	Abahani Ltd. Ḍhākā
2001	-	Muktijoddha Sangsad KC Ḍhākā
2001/2002	Mohammedan Sporting Club Ḍhākā	Mohammedan Sporting Club Ḍhākā
2003	Muktijoddha Sangsad KC Ḍhākā	Muktijoddha Sangsad KC Ḍhākā
2004	Brothers Union Ḍhākā	*No competition*
2005/2006	Mohammedan Sporting Club Ḍhākā	Brothers Union Ḍhākā
	B. League	
2006/2007	Abahani Ltd. Ḍhākā	*No competition*
2007/2008	Abahani Ltd. Ḍhākā	Mohammedan Sporting Club Ḍhākā
2008/2009	Abahani Ltd. Ḍhākā	Mohammedan Sporting Club Ḍhākā
	Bangladesh League	
2009/2010	Abahani Ltd. Ḍhākā	Mohammedan Sporting Club Ḍhākā
2010/2011	Sheikh Jamal Dhanmondi Club	Abahani Ltd. Ḍhākā
2011/2012	Abahani Ltd. Ḍhākā	Sheikh Jamal Dhanmondi Club
2012/2013	Sheikh Russell KC Ḍhākā	Sheikh Russell KC Ḍhākā (2012)
2013/2014	Sheikh Jamal Dhanmondi Club	Sheikh Jamal Dhanmondi Club (2013)
2015	Sheikh Jamal Dhanmondi Club	Sheikh Jamal Dhanmondi Club
2016	Abahani Limited Ḍhākā	Abahani Limited Ḍhākā
2017/2018	Abahani Limited Ḍhākā	Abahani Limited Ḍhākā (2017)
2018/2019	Bashundhara Kings Nilphamari	Abahani Limited Ḍhākā (2018)
2020	*Championship abandoned*	Bashundhara Kings Nilphamari (2019/20)

Note: From 1948 to 1992, the winner of Ḍhākā League were considered champions of Bangladesh. From 1992 to 2000, the Premier Division League became the top League of Bangladeshi clubs.

NATIONAL CHAMPIONSHIP
Manyavar Bangladesh Premier League 2020

The championship was suspended on 15.03.2020 after 6 Rounds, due to COVID-19 pandemic and later, on 17.05.2020 abandoned.

Table at abandonment:

1.	Bashundhara Kings Nilphamari	6	4	1	1	12	-	4	13
2.	Abahani Limited Ḍhākā	6	4	1	1	13	-	7	13
3.	Mohammedan Sporting Club Ḍhākā	5	4	0	1	10	-	5	12
4.	Sheikh Jamal Dhanmondi Club	6	4	0	2	8	-	7	12
5.	Sheikh Russell KC Ḍhākā	6	3	2	1	8	-	5	11
6.	Rahmatganj Muslim Friends Society Ḍhākā	6	3	1	2	10	-	9	10
7.	Saif Sporting Club Ḍhākā	6	2	1	3	6	-	5	7
8.	Muktijoddha Sangsad KC Ḍhākā	6	1	2	3	4	-	7	5
9.	Abahani Limited Chittagong	5	1	2	2	4	-	7	5
10.	Bangladesh Police FC Ḍhākā	5	1	2	2	6	-	9	5
11.	Uttar Baridhara Club Ḍhākā	5	0	4	1	6	-	7	4
12.	Brothers Union Ḍhākā	5	0	1	4	4	-	11	1
13.	Arambagh Krira Sangha Ḍhākā	5	0	1	4	4	-	12	1

NATIONAL CUP
Federation Cup Final 2020/2021

10.01.2021, Bangabandhu National Stadium, Ḍhākā
Bashundhara Kings Nilphamari – Saif Sporting Club Ḍhākā　　　　　　　　1-0(0-0)
Goal: 1-0 Raul Becerra (52).

THE CLUBS

ABAHANI LIMITED CHITTAGONG
Year of Formation: 1972
Stadium: MA Aziz Stadium, Chittagong (20,000)

ABAHANI LIMITED ḌHĀKĀ
Year of Formation: 1972
Stadium: Bangabandhu National Stadium, Ḍhākā (36,000)

ARAMBAGH KRIRA SANGHA ḌHĀKĀ
Year of Formation: 1958
Stadium: Bir Sherestha Shaheed Shipahi "Mostafa Kamal" Stadium, Ḍhākā (8,000)

BANGLADESH POLICE FOOTBALL CLUB ḌHĀKĀ
Year of Formation: 1972
Stadium: Bangabandhu National Stadium, Ḍhākā (36,000)

BASHUNDHARA KINGS NILPHAMARI
Year of Formation: 2013
Stadium: "Sheikh Kamal" Stadium, Nilphamari (21,359)

BROTHERS UNION ḌHĀKĀ
Year of Formation: 1949
Stadium: Bangabandhu National Stadium, Ḍhākā (36,000)

MOHAMEDAN SPORTING CLUB ḌHĀKĀ
Year of Formation: 1936
Stadium: Bangabandhu National Stadium, Ḍhākā (36,000)

MUKTIJODDHA SANGSAD KC ḌHĀKĀ
Year of Formation: 1981
Stadium: "Sheikh Fazul Haque" Stadium, Ḍhākā (10,000)

RAHMATGANJ MUSLIM FRIENDS SOCIETY ḌHĀKĀ
Year of Formation: 1933
Stadium: Bir Sherestha Shaheed Shipahi "Mostafa Kamal" Stadium, Ḍhākā (8,000)

SAIF SPORTING CLUB ḌHĀKĀ
Year of Formation: 2016
Stadium: „Rafiq Uddin Bhuiyan " Stadium, Mymensingh (12,000)

SHEIKH JAMAL DHANMONDI CLUB
Year of Formation: 1954
Stadium: Bangabandhu National Stadium, Ḍhākā (36,000)

UTTAR BARIDHARA CLUB ḌHĀKĀ
Year of Formation: 2017
Stadium: Bangabandhu National Stadium, Ḍhākā (36,000)

SHEIKH RUSSELL KC ḌHĀKĀ
Year of Formation: 1993
Stadium: Bangabandhu National Stadium, Ḍhākā (36,000)

NATIONAL TEAM
INTERNATIONAL MATCHES 2020/2021

13.11.2020	Ḍhākā	Bangladesh - Nepal	2-0(1-0)		(F)
17.11.2020	Ḍhākā	Bangladesh - Nepal	0-0		(F)
04.12.2020	Doha	Qatar - Bangladesh	5-0(2-0)		(WCQ)
27.03.2021	Kathmandu	Bangladesh - Nepal	0-0		(F)
29.03.2021	Kathmandu	Bangladesh - Nepal	1-2(0-2)		(F)
03.06.2021	Doha	Bangladesh - Afghanistan	1-1(0-0)		(WCQ)
07.06.2021	Doha	Bangladesh - India	0-2(0-0)		(WCQ)
15.06.2021	Doha	Bangladesh - Oman	0-3(0-1)		(WCQ)

13.11.2020, Friendly International
Bangabandhu National Stadium, Ḍhākā; Attendance: 8,000
Referee: Bituraj Barua (Bangladesh)
BANGLADESH - NEPAL **2-0(1-0)**
BAN: Anisur Rahman, Topu Barman (83.Yeasin Khan), Mohammad Rahmat Mia, Mohamed Riyadul Hasan Rafi, Bishwnath Ghosh, Manik Hossain Molla (59.Mohammad Sohel Rana), Mohammad Ibrahim, Saad Uddin, Jamal Harris Bhuyan (59.Mohammad Atiqur Rahman Fahad), Suman Reza (46.Mahbubur Rahman Sufil), Mohammad Nabib Newaj Jibon (63.Biplu Ahmed). Trainer: James Day (England).
Goals: Mohammad Nabib Newaj Jibon (9), Mahbubur Rahman Sufil (78).

17.11.2020, Friendly International
Bangabandhu National Stadium, Ḍhākā; Attendance: 8,000
Referee: Mizanur Rahman (Bangladesh)
BANGLADESH - NEPAL **0-0**
BAN: Ashraful Islam Rana, Mohammad Rahmat Mia, Yeasin Khan, Bishwnath Ghosh, Topu Barman, Manik Hossain Molla (62.Mohammad Sohel Rana), Mohammad Ibrahim (62.Biplu Ahmed), Jamal Harris Bhuyan, Saad Uddin, Suman Reza (46.Mahbubur Rahman Sufil), Mohammad Nabib Newaj Jibon. Trainer: James Day (England).

04.12.2020, 22nd FIFA World Cup Qualifiers / AFC Qualifiers, Second Round
"Jassim bin Hamad" Stadium, Doha; Attendance: 1,044
Referee: Mohd Amirul Izwan Yaacob (Malaysia)
QATAR - BANGLADESH **5-0(2-0)**
BAN: Anisur Rahman, Topu Barman (79.Yeasin Khan), Mohammad Rahmat Mia, Mohamed Riyadul Hasan Rafi, Bishwnath Ghosh, Biplu Ahmed (90.Suman Reza), Mohammad Ibrahim (79.Rakib Hossain), Jamal Harris Bhuyan, Saad Uddin, Mohammad Sohel Rana, Mahbubur Rahman Sufil (66.Mohammad Nabib Newaj Jibon). Trainer: James Day (England).

27.03.2021, Friendly International [Three Nations Cup, Group Stage]
Dasarath Rangasala Stadium, Kathmandu; Attendance: n/a
Referee: Tejas Nagvenkar (India)
BANGLADESH - NEPAL **0-0**
BAN: Shahidul Yousuf Alam Sohel, Mohamed Riyadul Hasan Rafi (57.Tutul Hosain Badsha), Mohammad Emon Mahmud, Yeasin Arafat, Mehedi Hasan Mithu, Mohammad Abdullah, Manik Hossain Molla (79.Mohammad Sohel Rana), Jamal Harris Bhuyan (57.Habibur Rahman Sohag), Suman Reza (69.Biplu Ahmed), Mahbubur Rahman Sufil, Rakib Hossain (69.Mohammed Mehadi Hasan Royal). Trainer: James Day (England).

29.03.2021, Friendly International [Three Nations Cup, Final]
Dasarath Rangasala Stadium, Kathmandu; Attendance: n/a
Referee: Tejas Nagvenkar (India)
BANGLADESH - NEPAL 1-2(0-2)
BAN: Anisur Rahman, Mohammad Rimon Hossain (50.Yeasin Arafat), Mohamed Riyadul Hasan Rafi, Mehedi Hasan Mithu, Manik Hossain Molla (82.Masuk Miah Jony), Jamal Harris Bhuyan, Saad Uddin, Mohammed Mehadi Hasan Royal (58.Mahbubur Rahman Sufil), Suman Reza (46.Tutul Hosain Badsha), Mohammad Matin Miah (82.Mohammad Abdullah), Rakib Hossain. Trainer: James Day (England).
Goal: Mahbubur Rahman Sufil (83).

03.06.2021, 22nd FIFA World Cup Qualifiers / AFC Qualifiers, Second Round
"Jassim bin Hamad" Stadium, Doha (Qatar); Attendance: 300
Referee: Mooud Bonyadifard (Iran)
BANGLADESH - AFGHANISTAN 1-1(0-0)
BAN: Anisur Rahman, Topu Barman, Tariq Raihan Kazi, Mohamed Riyadul Hasan Rafi, Mohammad Rahmat Mia (79.Mohammad Rimon Hossain), Masuk Miah Jony (73.Mohammed Mehadi Hasan Royal), Jamal Harris Bhuyan, Biplu Ahmed (73.Mohammad Jewel Rana), Mohammad Sohel Rana (56.Manik Hossain Molla), Mohammad Matin Miah, Rakib Hossain (79.Mohammad Abdullah). Trainer: James Day (England).
Goal: Topu Barman (84).

07.06.2021, 22nd FIFA World Cup Qualifiers / AFC Qualifiers, Second Round
"Jassim bin Hamad" Stadium, Doha (Qatar); Attendance: 495
Referee: Zaid Thamer (Iraq)
BANGLADESH - INDIA 0-2(0-0)
BAN: Anisur Rahman, Mohammad Rahmat Mia, Tariq Raihan Kazi, Mohamed Riyadul Hasan Rafi, Topu Barman, Manik Hossain Molla, Masuk Miah Jony (34.Mohammad Ibrahim), Jamal Harris Bhuyan, Biplu Ahmed (66.Mohammad Abdullah), Mohammad Matin Miah (73.Mohammed Mehadi Hasan Royal), Rakib Hossain (73.Suman Reza). Trainer: James Day (England).

15.06.2021, 22nd FIFA World Cup Qualifiers / AFC Qualifiers, Second Round
"Jassim bin Hamad" Stadium, Doha (Qatar); Attendance: 885
Referee: Ali Shaban (Kuwait)
BANGLADESH - OMAN 0-3(0-1)
BAN: Anisur Rahman, Tariq Raihan Kazi, Mohammad Rimon Hossain (86.Mohammad Emon Mahmud), Mohamed Riyadul Hasan Rafi, Topu Barman, Yeasin Arafat, Mohammad Abdullah (77.Mohammed Mehadi Hasan Royal), Manik Hossain Molla (81.Mohammad Jewel Rana), Mohammad Ibrahim, Mohammad Matin Miah, Rakib Hossain (86.Suman Reza). Trainer: James Day (England).

NATIONAL TEAM PLAYERS 2020/2021

Name	DOB	Club
Goalkeepers		
Shahidul Yousuf ALAM Sohel	12.02.1991	Abahani Limited Ḍhākā
Anisur RAHMAN	10.08.1997	Bashundhara Kings Nilphamari
Ashraful Islam RANA	01.05.1988	Sheikh Russell KC Ḍhākā
Defenders		
Yeasin ARAFAT	05.01.2003	Saif Sporting Club Ḍhākā
Tutul Hosain BADSHA	12.08.1999	Abahani Limited Ḍhākā
Topu BARMAN	20.12.1994	Bashundhara Kings Nilphamari
Mohammad EMON Mahmud	10.07.1997	Muktijoddha Sangsad KC Ḍhākā
Bishwnath GHOSH	30.05.1999	Bashundhara Kings Nilphamari
Mohamed Riyadul HASAN Rafi	01.10.1999	Saif Sporting Club Ḍhākā
Mohammad Rimon HOSSAIN	01.07.2003	Bashundhara Kings Nilphamari
Tariq Raihan KAZI	06.10.2000	Bashundhara Kings Nilphamari
Yeasin KHAN	16.09.1994	Bashundhara Kings Nilphamari
Mohammad Rahmat MIA	08.12.1999	Saif Sporting Club Ḍhākā
Mehedi Hasan MITHU	24.10.1994	Muktijoddha Sangsad KC Ḍhākā
Habibur Rahman SOHAG	01.01.1993	Mohammedan Sporting Club Ḍhākā
Midfielders		
Biplu AHMED	05.05.1999	Bashundhara Kings Nilphamari
Jamal Harris BHUYAN	10.04.1990	Mohammedan SC Kolkata (IND)
Mohammad Atiqur Rahman FAHAD	15.09.1995	Bashundhara Kings Nilphamari
Rakib HOSSAIN	20.11.1998	Abahani Limited Chittagong
Mohammad IBRAHIM	07.08.1997	Bashundhara Kings Nilphamari
Masuk Miah JONY	16.01.1998	Bashundhara Kings Nilphamari
Manik Hossain MOLLA	11.03.1999	Abahani Limited Chittagong
Mohammad Sohel RANA	27.03.1995	Abahani Limited Ḍhākā
Saad UDDIN	01.09.1998	Abahani Limited Ḍhākā
Forwards		
Mohammad ABDULLAH	16.10.1997	Sheikh Russell KC Ḍhākā
Rakib HOSSAIN	20.11.1998	Abahani Limited Chittagong
Mohammad Nabib Newaj JIBON	17.08.1990	Abahani Limited Ḍhākā
Mohammad Matin MIAH	20.12.1998	Bashundhara Kings Nilphamari
Mahbubur RAHMAN Sufil	10.09.1999	Bashundhara Kings Nilphamari
Mohammad Jewel RANA	25.12.1995	Bangladesh Police FC Ḍhākā
Suman REZA	15.06.1995	Uttar Baridhara Club Ḍhākā
Mohammed Mehadi Hasan ROYAL	01.01.1998	Muktijoddha Sangsad KC Ḍhākā
National coaches		
James DAY (England) [from 17.05.2018]		13.09.1979

BHUTAN

The Country:
Brug rGyal-Khab (Kingdom of Bhutan) Capital: Thimphu Surface: 38,394 km² Population: 741,700 [2019] Time: UTC+6

The FA:
Bhutan Football Federation P.O.Box. 365, Thimphu Year of Formation: 1983 Member of FIFA since: 2000 Member of AFC since: 1993

NATIONAL TEAM RECORDS

First international match: 01.04.1982, Kathmandu: Nepal - Bhutan 3-1
Most international caps: Chencho Parop Gyeltshen – 37 caps (since 2011)
Most international goals: Chencho Parop Gyeltshen – 10 goals / 37 caps (since 2011)

NATIONAL TEAM COMPETITIONS:

ASIAN NATIONS CUP	
1956	Did not enter
1960	Did not enter
1964	Did not enter
1968	Did not enter
1972	Did not enter
1976	Did not enter
1980	Did not enter
1984	Did not enter
1988	Did not enter
1992	Did not enter
1996	Did not enter
2000	Qualifiers
2004	Qualifiers
2007	Did not enter
2011	Qualifiers
2015	Qualifiers
2019	Qualifiers

FIFA WORLD CUP	
1930	Did not enter
1934	Did not enter
1938	Did not enter
1950	Did not enter
1954	Did not enter
1958	Did not enter
1962	Did not enter
1966	Did not enter
1970	Did not enter
1974	Did not enter
1978	Did not enter
1982	Did not enter
1986	Did not enter
1990	Did not enter
1994	Did not enter
1998	Did not enter
2002	Did not enter
2006	Did not enter
2010	*Withdrew*
2014	Did not enter
2018	Did not enter

F.I.F.A. CONFEDERATIONS CUP 1992-2017

None

OLYMPIC FOOTBALL TOURNAMENTS 1900-2016

None

AFC CHALLENGE CUP 2006-2014		SOUTH ASIAN FEDERATION GAMES 1984-2016		SOUTH ASIAN FOOTBALL FEDERATION CHAMPIONSHIP 1993-2018	
2006	Group Stage	1984	4th Place	1993	-
2008	Qualifiers	1985	Group Stage	1995	-
2010	Qualifiers	1987	Group Stage	1997	-
2012	Qualifiers	1989	-	1999	-
2014	Did not enter	1991	-	2003	Group Stage
		1993	-	2005	Group Stage
		1995	-	2008	Semi-Finals
		1999	Group Stage	2009	Group Stage
		2004	4th Place	2011	Group Stage
		2006	Group Stage	2013	Group Stage
		2010	Group Stage	2015	Group Stage
		2016	Group Stage	2018	Group Stage

BHUTANESE CLUB HONOURS IN ASIAN CLUB COMPETITIONS:

AFC Champions League 1967-1971 & 1985/1986-2020
None

Asian Football Confederation Cup 2004-2020
None

AFC President's Cup 2005-2014*
None

Asian Cup Winners Cup 1975-2003*
None

Asian Super Cup 1995-2002*
None

*defunct competition

NATIONAL COMPETITIONS
TABLE OF HONOURS

	CHAMPIONS
1986	Royal Bhutan Army
1987	*Not known*
1988	*Not known*
1989	*Not known*
1990	*Not known*
1991	*Not known*
1992	*Not known*
1993	*Not known*
1994	*Not known*
1995	*Not known*
1996	Druk Pol FC
1997	Druk Pol FC
1998	Druk Pol FC
1999	Druk Pol FC
2000	Druk Pol FC
	A-Division (Thimphu)
2001	Druk Star FC
2002	Druk Pol FC
2003	Druk Pol FC
2004	Transport United FC Thimphu
2005	Transport United FC Thimphu
2006	Transport United FC Thimphu
2007	Transport United FC Thimphu
2008	Yeedzin FC Thimphu
2009	Druk Star FC
2010	Yeedzin FC Thimphu
2011	*Championship not held*
2012	Druk Pol FC
	Bhutan National League
2012/2013	Yeedzin FC Thimphu
2013/2014	Ugyen Academy FC Punakha
2015	Tertons FC Thimphu
2016	Thimphu City FC
2017	Transport United FC Thimphu
2018	Transport United FC Thimphu
2019	Paro FC
2020	Thimphu City FC

Regular Season

Bhutan Super League 2020

1. High Quality United FC Thimphu	7	6	0	1	34	-	10	18
2. Tensung FC	7	4	1	2	15	-	9	13
3. Paro United FC	7	4	1	2	18	-	14	13
4. Druk Stars FC Thimphu	7	3	3	1	17	-	12	12
5. BFF Academy U-17*	7	3	1	3	15	-	14	10
6. Paro Rinpung FC (*Relegated*)	7	3	0	4	10	-	13	9
7. Punakha Gomo FC (*Relegated*)	7	2	0	5	15	-	21	6
8. College of Science and Technology FC (*Relegated*)	7	0	0	7	4	-	35	0

Top-4 teams qualified for the 2020 Bhutan National League and Play-offs.
*Bhutan National team Under 17 – qualified for the Play-offs but withdrew.

Play-offs

Semi-Finals [14-17.03.2020]

High Quality United FC Thimphu - Tensung FC	3-1
Paro United FC - Druk Stars FC Thimphu	1-0
Tensung FC - Paro United FC	1-1; 2-4 pen

Final [21.03.2020]

High Quality United FC Thimphu - Paro United FC	2-1

NATIONAL CHAMPIONSHIP
Bhutan National League 2020

1. **Thimphu City FC**	14	12	1	1	44	-	17	37
2. Ugyen Academy FC Lekeythang	14	11	1	2	28	-	15	34
3. Paro FC	14	9	0	5	47	-	20	27
4. Transport United FC Thimphu	14	6	3	5	23	-	19	21
5. Paro United FC	14	4	2	8	23	-	29	14
6. High Quality United FC Thimphu	14	4	1	9	28	-	32	13
7. Tensung FC	14	3	4	7	18	-	32	13
8. Druk Stars FC Thimphu	14	1	0	13	5	-	52	3

THE CLUBS

DRUK STARS FOOTBALL CLUB THIMPHU
Year of Formation: 1998
Stadium: Changlimithang Stadium, Thimphu (15,000)

HIGH QUALITY UNITED FOOTBALL CLUB THIMPHU
Year of Formation: 2015
Stadium: Changlimithang Stadium, Thimphu (15,000)

PARO FOOTBALL CLUB
Year of Formation: 2018
Stadium: Woochu Sports Arena, Paro (10,000)

PARO UNITED FOOTBALL CLUB
Year of Formation: 2015
Stadium: Woochu Sports Arena, Paro (10,000)

TENSUNG FOOTBALL CLUB
Year of Formation: 2016
Stadium: Changlimithang Stadium, Thimphu (15,000)

THIMPHU CITY FOOTBALL CLUB
Year of Formation: 2011 (*as Zimdra FC Thimphu*)
Stadium: Changlimithang Stadium, Thimphu (15,000)

TRANSPORT UNITED FOOTBALL CLUB THIMPHU
Year of Formation: 2000
Stadium: Changlimithang Stadium, Thimphu (15,000)

UGYEN ACADEMY FOOTBALL CLUB PUNAKHA
Year of Formation: 2002
Stadium: Lekeythang Stadium, Punakha (1,000)

NATIONAL TEAM
INTERNATIONAL MATCHES 2020/2021

No international activities for the Bhutani national team during the 2020/2021 season.

BRUNEI

	The Country:
	Negara Brunei Darussalam (State of Brunei, Abode of Peace) Capital: Bandar Seri Begawan Surface: 5,765 km² Population: 460,345 [2020] Time: UTC+8
	The FA:
	Football Federation of Brunei Darussalam NFABD House, Jalan Pusat Persidangan, Bandar Seri Begawan, BB4313 Brunei Darussalam Year of Formation: 1952 Member of FIFA since: 1972 Member of AFC since: 1969

NATIONAL TEAM RECORDS

First international match: 22.05.1971, Bangkok (THA): Brunei - Malaysia 4-0
Most international caps: Muhamad Azwan bin Muhamad Saleh – 26 caps (since 2006)
Most international goals: Mohammad Shah Razen bin Haji Mohammad Said – 8 goals / 24 caps (since 2008)

NATIONAL TEAM COMPETITIONS:

ASIAN NATIONS CUP		FIFA WORLD CUP	
1956	Did not enter	1930	Did not enter
1960	Did not enter	1934	Did not enter
1964	Did not enter	1938	Did not enter
1968	Did not enter	1950	Did not enter
1972	Qualifiers	1954	Did not enter
1976	Qualifiers	1958	Did not enter
1980	Did not enter	1962	Did not enter
1984	Did not enter	1966	Did not enter
1988	Did not enter	1970	Did not enter
1992	Did not enter	1974	Did not enter
1996	Did not enter	1978	Did not enter
2000	Qualifiers	1982	Did not enter
2004	Qualifiers	1986	Qualifiers
2007	Did not enter	1990	Did not enter
2011	Qualifiers	1994	Did not enter
2015	*Withdrew*	1998	Did not enter
2019	Qualifiers	2002	Qualifiers
		2006	Did not enter
		2010	Did not enter
		2014	Did not enter
		2018	Qualifiers

F.I.F.A. CONFEDERATIONS CUP 1992-2017

None

OLYMPIC FOOTBALL TOURNAMENTS 1908-2016

1908	-	1948	-	1972	-	1996	-
1912	-	1952	-	1976	-	2000	-
1920	-	1956	-	1980	Qualifiers	2004	-
1924	-	1960	-	1984	-	2008	-
1928	-	1964	-	1988	-	2012	-
1936	-	1968	-	1992	-	2016	Qualifiers

AFC CHALLENGE CUP 2006-2014

2006	Group Stage
2008	Qualifiers
2010	Qualifiers
2012	*Suspended*
2014	*Withdrew*

AFC SOLIDARITY CUP 2016

2016	4th Place

ASEAN („TIGER") CUP / AFF CUP 1996-2018

1996	Group Stage
1998	Qualifiers
2000	*Withdrew*
2002	-
2004	-
2007	Qualifiers
2008	Qualifiers
2010	*Suspended*
2012	Qualifiers
2014	Qualifiers
2016	Qualifiers
2018	Qualifiers

SOUTH EAST ASIAN GAMES 1959-2019

1959	-
1961	-
1965	-
1967	-
1969	-
1971	-
1973	-
1975	-
1977	Group Stage
1979	-
1981	-
1983	4th Place
1985	Group Stage
1987	Group Stage
1989	Group Stage
1991	-
1993	Group Stage
1995	Group Stage
1997	Group Stage
1999	Group Stage
2001	Group Stage
2003	-
2005	-
2007	-
2009	-
2011	Group Stage
2013	Group Stage
2015	Group Stage
2017	Group Stage
2019	Group Stage

BRUNEIAN CLUB HONOURS IN ASIAN CLUB COMPETITIONS:

AFC Champions League 1967-1971 & 1985/1986-2020
None

Asian Football Confederation Cup 2004-2020
None

AFC President's Cup 2005-2014*
None

Asian Cup Winners Cup 1975-2003*
None

Asian Super Cup 1995-2002*
None

*defunct competitions

NATIONAL COMPETITIONS
TABLE OF HONOURS

	CHAMPIONS	CUP WINNERS
1985	Angkata Sersenjata	-
1986	Daerah Brunei	-
1987	Kota Ranger FC	-
1988	Kuala Belait	-
1989	Muara Stars FC	-
1990	No competition	-
1991	No competition	-
1992	No competition	-
1993	Kota Ranger FC	-
1994-2001	No competition	-
2002	DPMM FC Bandar Seri Begawan	Wijaya FC Bandar Seri Begawan
2003	Wijaya FC Bandar Seri Begawan	MS ABDB Tutong
2004	DPMM FC Bandar Seri Begawan	DPMM FC Bandar Seri Begawan
2005/2006	QAF FC Bandar Seri Begawan	AH United Brunei-Muara
2006/2007	No competition	No competition
2007/2008	QAF FC Bandar Seri Begawan	MS ABDB Tutong
2008/2009	No competition	No competition
2009/2010	QAF FC Bandar Seri Begawan	MS ABDB Tutong
2010/2011	Championship suspended	No competition
2011/2012	No competition	MS ABDB Tutong
2012/2013	Indera SC	No competition
2014	Indera SC	No competition
2015	MS ABDB Tutong	MS ABDB Tutong
2016	MS ABDB Tutong	MS ABDB Tutong
2017/2018	MS ABDB Tutong	Indera SC
2018/2019	MS ABDB Tutong	Kota Ranger FC
2020	Championship cancelled	Competition cancelled

OTHER BRUNEIAN CUP COMPETITIONS WINNERS:

Super Cup:
2002: DPMM FC Bandar Seri Begawan; 2003: Wijaya FC Bandar Seri Begawan; 2004: DPMM FC Bandar Seri Begawan; 2005 & 2006: *Not held*; 2007: QAF FC Bandar Seri Begawan; 2008: QAF FC Bandar Seri Begawan; **Sumbangsih Cup**: 2014: MS ABDB Tutong; 2015: Indera SC; 2016: MS ABDB Tutong; 2017: MS ABDB Tutong.

League Cup: 2006: MS ABDB Tutong; 2007/2008: QAF FC Bandar Seri Begawan; 2009: QAF FC Bandar Seri Begawan.

NATIONAL CHAMPIONSHIP
Brunei Super League 2020

The championship was suspended on 13.03.2020 due to COVID-19 pandemic and cancelled on 19.09.2020.

NATIONAL CUP
Brunei FA Cup Final 2020

The competition was cancelled due to COVID-19 pandemic.

NATIONAL TEAM
INTERNATIONAL MATCHES 2020/2021

No international activities for the Brunei national team during the 2020/2021 season.

CAMBODIA

The Country:
Preăh Réachéa Anachâk Kâmpŭchea (Kingdom of Cambodia)
Capital: Phnom Penh
Surface: 181,035 km²
Population: 15,552,211 [2019]
Time: UTC+7
Independent since: 1953

The FA:
Cambodian Football Federation
National Football Centre, Road Kabsrov
Phnom Penh 2327 PPT3
Year of Formation: 1933
Member of FIFA since: 1954
Member of AFC since: 1954

NATIONAL TEAM RECORDS

- **First international match:** 17.03.1956, Kuala Lumpur: Malaysia - Cambodia 9-2
- **Most international caps:** Kouch Sokumpheak – 59 caps (since 2006)
- **Most international goals:** Chan Vathanaka – 16 goals / 45 caps (since 2013)

NATIONAL TEAM COMPETITIONS:

ASIAN NATIONS CUP	
1956	Qualifiers
1960	Did not enter
1964	Did not enter
1968	Qualifiers
1972	Final Round (4th Place)
1976	Did not enter
1980	Did not enter
1984	Did not enter
1988	Did not enter
1992	Did not enter
1996	Did not enter
2000	Qualifiers
2004	Did not enter
2007	Did not enter
2011	Qualifiers
2015	Qualifiers
2019	Qualifiers

FIFA WORLD CUP	
1930	Did not enter
1934	Did not enter
1938	Did not enter
1950	Did not enter
1954	Did not enter
1958	Did not enter
1962	Did not enter
1966	Did not enter
1970	Did not enter
1974	Did not enter
1978	Did not enter
1982	Did not enter
1986	Did not enter
1990	Did not enter
1994	Did not enter
1998	Qualifiers
2002	Qualifiers
2006	Did not enter
2010	Qualifiers
2014	Qualifiers
2018	Qualifiers

F.I.F.A. CONFEDERATIONS CUP 1992-2017

None

OLYMPIC FOOTBALL TOURNAMENTS 1908-2016							
1908	-	1948	-	1972	-	1996	-
1912	-	1952	-	1976	-	2000	-
1920	-	1956	Qualifiers	1980	-	2004	Qualifiers
1924	-	1960	-	1984	-	2008	-
1928	-	1964	-	1988	-	2012	-
1936	-	1968	-	1992	-	2016	Qualifiers

ASIAN GAMES 1951-2014		AFC CHALLENGE CUP 2006-2014		ASEAN („TIGER") CUP / AFF CUP 1996-2018		SOUTH EAST ASIAN GAMES 1959-2019	
1951	-	2006	Group Stage	1996	Group Stage	1959	-
1954	-	2008	Qualifiers	1998	Qualifiers	1961	Group Stage
1958	-	2010	Qualifiers	2000	Group Stage	1965	-
1962	-	2012	Qualifiers	2002	Group Stage	1967	-
1966	-	2014	Qualifiers	2004	Group Stage	1969	-
1970	Group Stage*			2007	Qualifiers	1971	Group Stage
1974	-			2008	Group Stage	1973	-
1978	-			2010	Qualifiers	1975	-
1982	-			2012	Qualifiers	1977	-
1986	-			2014	Qualifiers	1979	-
1990	-			2016	Group Stage	1981	-
1994	-			2018	Group Stage	1983	-
1998	Group Stage					1985	-
2002	-					1987	-
2006	-					1989	-
2010	-					1991	-
2014	-					1993	-
						1995	Group Stage
						1997	Group Stage
						1999	Group Stage
						2001	Group Stage
						2003	Group Stage
						2005	Group Stage
						2007	Group Stage
						2009	Group Stage
						2011	Group Stage
						2013	Group Stage
						2015	Group Stage
						2017	Group Stage
						2019	4th Place

*as Khmer Republic

CAMBODIAN CLUB HONOURS IN ASIAN CLUB COMPETITIONS:

AFC Champions League 1967-1971 & 1985/1986-2020
None

Asian Football Confederation Cup 2004-2020
None

AFC President's Cup 2005-2014*
None

Asian Cup Winners Cup 1975-2003*
None

Asian Super Cup 1995-2002*
None

*defunct competitions

NATIONAL COMPETITIONS
TABLE OF HONOURS

	CHAMPIONS	CUP WINNERS
1982	Ministry of Commerce FC	-
1983	Ministry of Commerce FC	-
1984	Ministry of Commerce FC	-
1985	Ministry of Defense	-
1986	Ministry of Defense	-
1987	Ministry of Health	-
1988	Kampong Cham Province	-
1989	Ministry of Transports	-
1990	Ministry of Transports	-
1991	Municipal Constructions	-
1992	Municipal Constructions	-
1993	Ministry of Defense	-
1994	Civil Aviation	-
1995	Civil Aviation	-
1996	Body Guards Club	-
1997	Body Guards Club	-
1998	Royal Dolphins	-
1999	Royal Dolphins	-
2000	National Police FC Nokorbal Cheat	-
2001	*No competition*	-
2002	Samart United	-
2003	*No competition*	-
2004	*No competition*	-
2005	Khemara Keila	-
2006	Khemara Keila	-
2007	Naga Corp FC Phnom Penh	Khemara Keila
2008	Phnom Penh Empire	Phnom Penh Empire
2009	Naga Corp FC Phnom Penh	Phnom Penh Crown FC
2010	Phnom Penh Crown FC	National Defense Ministry FC Phnom Penh
2011	Phnom Penh Crown FC	Preah Khan Reach FC
2012	Boeung Ket Rubber Field FC	Preah Khan Reach FC
2013	Svay Rieng FC	Naga Corp FC Phnom Penh

2014	Phnom Penh Crown FC	National Police Commissary FC Phnom Penh
2015	Phnom Penh Crown FC	Svay Rieng FC
2016	Boeung Ket Angkor FC	National Defense Ministry FC Phnom Penh
2017	Boeung Ket Angkor FC	Preah Khan Reach FC FC Svay Rieng
2018	Nagaworld FC Phnom Penh	National Defense Ministry FC Phnom Penh
2019	Preah Khan Reach FC FC Svay Rieng	Boeung Ket Angkor FC
2020	Boeung Ket Angkor FC	Visakha FC Phnom Penh

NATIONAL CHAMPIONSHIP
Metfone C-League 2020

1.	Boeung Ket Angkor FC	12	10	2	0	39 - 11	32
2.	Preah Khan Reach FC FC Svay Rieng	12	10	1	1	45 - 13	31
3.	Visakha FC Phnom Penh	12	7	2	3	39 - 12	23
4.	Royal Cambodian Armed Forces FC Phnom Penh*	12	7	2	3	20 - 18	23
5.	Phnom Penh Crown FC	12	6	4	2	35 - 11	22
6.	Nagaworld FC Phnom Penh	12	6	4	2	26 - 15	22
7.	Angkor Tiger FC Siem Reap	12	6	3	3	22 - 12	21
8.	Kirivong Sok Sen Chey Takéo FC	12	3	2	7	16 - 27	11
9.	Asia Europe United Phnom Penh	12	3	1	8	16 - 40	10
10.	Electricité de Cambodge FC	12	2	3	7	15 - 33	9
11.	National Police Commissary FC Phnom Penh	12	2	1	9	17 - 34	7
12.	Soltilo Angkor FC Siem Reap	12	2	1	9	17 - 39	7
13.	Bati Youth Football Academy	12	0	2	10	4 - 46	2

Please note: the championship was interrupted due to COVID-19 pandemic.
After the interruption top-6 teams played in the Championship Play-offs, while teams ranked 7-12 played in the Relegation Play-offs.
*National Defense Ministry FC Phnom Penh returned to their former name: Royal Cambodian Armed Forces FC Phnom Penh.

Championship Play-offs

1.	**Boeung Ket Angkor FC**	17	12	5	0	47 - 16	41
2.	Preah Khan Reach FC FC Svay Rieng	17	13	2	2	58 - 18	41
3.	Phnom Penh Crown FC	17	9	6	2	42 - 14	33
4.	Royal Cambodian Armed Forces FC Phnom Penh	17	8	3	6	26 - 29	27
5.	Visakha FC Phnom Penh	17	7	4	6	43 - 21	25
6.	Nagaworld FC Phnom Penh	17	6	7	4	30 - 24	25

Relegation Play-offs

7.	Angkor Tiger FC Siem Reap	18	11	3	4	35 - 22	36
8.	Kirivong Sok Sen Chey Takéo FC	18	7	2	9	32 - 34	23
9.	National Police Commissary FC Phnom Penh	18	6	2	10	30 - 39	20
10.	Asia Europe United Phnom Penh	18	6	1	11	31 - 52	19
11.	Electricité de Cambodge FC	18	3	2	13	26 - 57	11
12.	Soltilo Angkor FC Siem Reap	18	2	5	11	25 - 52	11
13.	Bati Youth Football Academy (*Relegated*)	18	1	4	13	11 - 58	7

Best goalscorer 2020:

Jean Befolo Mbarga (CMR, Preah Khan Reach FC FC Svay Rieng) – 16 goals

| **Promoted for the 2021 season:** |
Prey Veng FC

| **NATIONAL CUP** |
| **Hun Sen Cup Final 2020** |

07.11.2020, National Olympic Stadium, Phnom Penh
Visakha FC Phnom Penh – Nagaworld FC Phnom Penh　　　　　　　　　2-0(1-0)

| **THE CLUBS** |

ANGKOR TIGER FOOTBALL CLUB SIEM REAP
Year of Formation: 2015
Stadium: Svay Thom Stadium, Siem Reap (5,000)

ASIA EUROPE UNITED FOOTBALL CLUB PHNOM PENH
Year of Formation: 2013
Stadium: National Olympic Stadium, Phnom Penh (50,000)

BOEUNG KET ANGKOR FOOTBALL CLUB
Stadium: Lambert Stadium, Phnom Penh (7,000)

ELECTRICITÉ DE CAMBODGE FOOTBALL CLUB PHNOM PENH
Year of Formation: 2015
Stadium: EDC Stadium, Phnom Penh (1,000)

KIRIVONG SOK SEN CHEY FOOTBALL CLUB
Year of Formation: 2007
Stadium: Kirivong Stadium, Kirivong (500)

NAGAWORLD FOOTBALL CLUB PHNOM PENH
Year of Formation: 2001
Stadium: National Olympic Stadium, Phnom Penh (50,000)

ROYAL CAMBODIAN ARMED FORCES FOOTBALL CLUB PHNOM PENH
Stadium: Lambert Stadium, Phnom Penh (7,000)

NATIONAL POLICE COMMISSARY FOOTBALL CLUB PHNOM PENH
Stadium: National Olympic Stadium, Phnom Penh (50,000)

PHNOM PENH CROWN FOOTBALL CLUB
Year of Formation: 2001
Stadium: National Olympic Stadium, Phnom Penh (50,000)

PREAH KHAN REACH FOOTBALL CLUB SVAY RIENG
Year of Formation: 1997 (*as Preah Khan Reach FC*)
Stadium: Svay Rieng Stadium, Svay Rieng (1,000)

SOLTILO ANGKOR FOOTBALL CLUB SIEM REAP
Stadium: Svay Thom Stadium, Siem Reap (5,000)

VISAKHA FOOTBALL CLUB PHNOM PENH
Year of Formation: 2017
Stadium: Visakha Stadium, Phnom Penh (7,000)

NATIONAL TEAM
INTERNATIONAL MATCHES 2020/2021

03.06.2021	Riffa	Bahrain - Cambodia	8-0(2-0)	(WCQ)
07.06.2021	Arad	Iraq - Cambodia	4-1(3-0)	(WCQ)
11.06.2021	Riffa	Cambodia - Iran	0-10(0-4)	(WCQ)

03.06.2021, 22nd FIFA World Cup Qualifiers / AFC Qualifiers, Second Round
Bahrain National Stadium, Riffa; Attendance: 0
Referee: Hiroyuki Kimura (Japan)
BAHRAIN - CAMBODIA   **8-0(2-0)**
CAM: Keo Soksela, Sareth Kriya, Ouk Sovann (53.Sor Rotana), Sos Suhana (63.Lim Pisoth), Sath Rosib (63.Mat Noron), Tes Sambath (68.Thierry Cheary Chantha Bin), Keo Sokpheng (46.Wut Tola), Cheng Meng, Orn Chanpolin, Kouch Sokumpheak, Sieng Chanthea. Trainer: Ryu Hirose (Japan).

07.06.2021, 22nd FIFA World Cup Qualifiers / AFC Qualifiers, Second Round
Al Muharraq Stadium, Arad (Bahrain); Attendance: 0
Referee: Yaqoob Said Abdullah Abdul Baki (Oman)
IRAQ - CAMBODIA   **4-1(3-0)**
CAM: Keo Soksela, Soeuy Visal, Sareth Kriya (46.Ken Chansopheak), Ouk Sovann, Sos Suhana, Keo Sokpheng (63.Wut Tola), Cheng Meng, Orn Chanpolin (70.Tes Sambath), Lim Pisoth, Prak Mony Udom (46.Sath Rosib), Sieng Chanthea (76.Leng Nora). Trainer: Ryu Hirose (Japan).
Goal: Soeuy Visal (55).

11.06.2021, 22nd FIFA World Cup Qualifiers / AFC Qualifiers, Second Round
Bahrain National Stadium, Riffa (Bahrain); Attendance: 0
Referee: Kim Jong-hyeok (Korea Republic)
CAMBODIA - IRAN   **0-10(0-4)**
CAM: Keo Soksela, Soeuy Visal, Ken Chansopheak, Sor Rotana (62.Ouk Sovann), Sos Suhana, Tes Sambath (52.Thierry Cheary Chantha Bin), Keo Sokpheng (46.Mat Noron), Cheng Meng, Lim Pisoth, Kouch Sokumpheak (46.Kouch Dani), Sieng Chanthea (78.Sath Rosib). Trainer: Ryu Hirose (Japan).

NATIONAL TEAM PLAYERS 2020/2021

Name	DOB	Club
Goalkeepers		
KEO Soksela	01.08.1997	*Visakha FC Phnom Penh*
Defenders		
CHENG Meng	27.02.1998	*Visakha FC Phnom Penh*
KEN Chansopheak	15.06.1998	*Visakha FC Phnom Penh*
OUK Sovann	15.05.1998	*Visakha FC Phnom Penh*
SARETH Krya	03.03.1996	*Svay Rieng FC*
SATH Rosib	07.07.1997	*Boeung Ket Angkor FC*
SOEUY Visal	19.08.1995	*Svay Rieng FC*
SOR Rotana	09.10.2002	*Prey Veng FC*
TES Sambath	20.10.2000	*Boeung Ket Angkor FC*
Midfielders		
Thierry Cheary Chantha BIN	01.06.1991	*Visakha FC Phnom Penh*
KOUCH Dani	11.10.1990	*Nagaworld FC Phnom Penh*
KOUCH Sokumpheak	15.02.1987	*Nagaworld FC Phnom Penh*
LENG Nora	19.09.2004	*Prey Veng FC*
LIM Pisoth	29.08.2001	*Phnom Penh Crown FC*
ORN Chanpolin	15.03.1998	*Phnom Penh Crown FC*
SOS Suhana	04.04.1992	*Nagaworld FC Phnom Penh*
Forwards		
KEO Sokpheng	03.03.1992	*Visakha FC Phnom Penh*
MAT Noron	17.06.1997	*Boeung Ket Angkor FC*
PRAK Mony Udom	24.03.1994	*Svay Rieng FC*
SIENG Chanthea	09.09.2002	*Boeung Ket Angkor FC*
WUT Tola	06.10.2002	*Prey Veng FC*
National coaches		
Félix Agustín GONZÁLEZ Dalmás (Argentina) [16.08.2018-24.03.2021]		02.02.1988
Ryu HIROSE (Japan) [from 26.03.2021]		19.04.1956

CHINA P.R.

The Country:
Zhōnghuá Rénmín Gònghéguó (People's Republic of China) Capital: Beijing Surface: 9,640,821 km² Population: 1,400,050,000 [2020] Time: UTC+8
The FA:
Chinese Football Association Easton Centre Tower A(15F), 18 Guangqu Road Chaoyang District, Beijing Year of Formation: 1924 Member of FIFA since: 1931 Member of AFC since: 1974

NATIONAL TEAM RECORDS

First international match: 04.08.1952, Helsinki: Finland – China P.R. 4-0
Most international caps: Li Weifeng – 112 caps (1998-2011)
Most international goals: Hao Haidong – 41 goals / 107 caps (1992-2004)

NATIONAL TEAM COMPETITIONS:

ASIAN NATIONS CUP	
1956	Did not enter
1960	Did not enter
1964	Did not enter
1968	Did not enter
1972	Did not enter
1976	Final Tournament (3rd Place)
1980	Final Tournament (Group Stage)
1984	Final Tournament (Runners-up)
1988	Final Tournament (4th Place)
1992	Final Tournament (3rd Place)
1996	Final Tournament (Quarter-Finals)
2000	Final Tournament (4th Place)
2004	Final Tournament (Runners-up)
2007	Final Tournament (Group Stage)
2011	Final Tournament (Group Stage)
2015	Final Tournament (Quarter-Finals)
2019	Final Tournament (Quarter-Finals)

FIFA WORLD CUP	
1930	Did not enter
1934	Did not enter
1938	Did not enter
1950	Did not enter
1954	Did not enter
1958	Qualifiers
1962	Did not enter
1966	Did not enter
1970	Did not enter
1974	Did not enter
1978	Did not enter
1982	Qualifiers
1986	Qualifiers
1990	Qualifiers
1994	Qualifiers
1998	Qualifiers
2002	Final Tournament (Group Stage)
2006	Qualifiers
2010	Qualifiers
2014	Qualifiers
2018	Qualifiers

F.I.F.A. CONFEDERATIONS CUP 1992-2017
None

OLYMPIC FOOTBALL TOURNAMENTS 1908-2016

1908	-	1948	Group Stage	1972	-	1996	Qualifiers
1912	-	1952	*Withdrew*	1976	-	2000	Qualifiers
1920	-	1956	*Withdrew*	1980	Qualifiers	2004	Qualifiers
1924	-	1960	-	1984	Qualifiers	2008	Group Stage
1928	-	1964	-	1988	Group Stage	2012	Qualifiers
1936	Group Stage	1968	-	1992	Qualifiers	2016	Qualifiers

ASIAN GAMES 1951-2014		EAST ASIAN CHAMPIONSHIP 2003-2019	
1951	-	2003	3rd Place
1954	-	2005	**Winners**
1958	-	2008	3rd Place
1962	-	2010	**Winners**
1966	-	2013	Runners-up
1970	-	2015	Runners-up
1974	Group Stage	2017	3rd Place
1978	3rd Place	2019	3rd Place
1982	Quarter-Finals		
1986	Quarter-Finals		
1990	Quarter-Finals		
1994	Runners-up		
1998	3rd Place		
2002	-		
2006	-		
2010	-		
2014	2nd Round of 16		

CHINESE CLUB HONOURS IN ASIAN CLUB COMPETITIONS:

AFC Champions League 1967-1971 & 1985/1986-2020

Liaoning FC	1	1989/1990
Guangzhou Evergrande FC	2	2013, 2015

Asian Football Confederation Cup 2004-2020

None

AFC President's Cup 2005-2014*

None

Asian Cup Winners Cup 1975-2003*

None

Asian Super Cup 1995-2002*

None

defunct competitions

OTHER CLUB COMPETITIONS:

East Asian Champions Cup / A3 Champions Cup 2003-2007*

Shanghai Shenhua FC	1	2007

defunct competition

NATIONAL COMPETITIONS
TABLE OF HONOURS

	CHAMPIONS	CUP WINNERS
1951	North East China	-
1952	*No competition*	-
1953	August 1st Army Club	-
1954	North East China	-
1955	Central Sports Institute	-
1956	Beijing Youth B	Shanghai
1957	Beijing	*No competition*
1958	Beijing	*No competition*
1959	*No competition*	*No competition*
1960	Tianjin	Tianjin
1961	Shanghai	*No competition*
1962	Shanghai	*No competition*
1963	Beijing Youth	*No competition*
1964	Beijing Sports Institute	*No competition*
1965	Jilin	*No competition*
1966	*Competition not finished*	*No competition*
1967	*No competition*	*No competition*
1968	*No competition*	*No competition*
1969	*No competition*	*No competition*
1970	*No competition*	*No competition*
1971	*No competition*	*No competition*
1972	*No competition*	*No competition*
1973	Beijing	*No competition*
1974	August 1st Army Club	*No competition*
1975	*No competition*	*No competition*
1976	*Competition not finished*	*No competition*
1977	August 1st Army Club	*No competition*
1978	Liaoning	*No competition*
1979	Guangdong	*No competition*
1980	Tianjin	*No competition*
1981	August 1st Army Club	*No competition*
1982	Beijing	*No competition*
1983	Tianjin (Northern Group), Guangdong (Southern Group)	*No competition*
1984	Beijing	Liaoning
1985	Liaoning	Beijing Xuehua
1986	August 1st Army Club	Liaoning
1987	Liaoning	*No competition*
1988	Liaoning	*No competition*
1989	China P.R.-„B" Team	*No competition*
1990	Liaoning	August 1st Army Club
1991	Liaoning	Shanghai
1992	Liaoning	Dalian
1993	Liaoning Dongyao	*No competition*
	Professional Championship	
1994	Dalian Wanda FC	*No competition*
1995	Shanghai Shenhua FC	Jinan Taishan

1996	Dalian Wanda FC	Beijing Guoan FC
1997	Dalian Wanda FC	Beijing Guoan FC
1998	Dalian Wanda FC	Shanghai Shenhua FC
1999	Shandong Luneng Taishan FC	Dalian Wanda FC
2000	Dalian Shide FC	Beijing Guoan FC
2001	Dalian Shide FC	Beijing Guoan FC
2002	Dalian Shide FC	Liaoning Bird
2003	Shanghai Shenhua FC	Beijing Hyundai Cars
2004	Shenzhen Jianlibao	Shandong Luneng Taishan FC
2005	Dalian Shide FC	Dalian Shide FC
2006	Shandong Luneng Taishan FC	Shandong Luneng Taishan FC
2007	Changchun Yatai FC	No competition
2008	Shandong Luneng Taishan FC	No competition
2009	Beijing Guoan FC	No competition
2010	Shandong Luneng Taishan FC	No competition
2011	Guangzhou Evergrande FC	Tianjin Teda FC
2012	Guangzhou Evergrande FC	Guangzhou Evergrande FC
2013	Guangzhou Evergrande FC	Guizhou Renhe FC Guiyang
2014	Guangzhou Evergrande FC	Shandong Luneng Taishan FC
2015	Guangzhou Evergrande FC	Jiangsu Guoxin-Sainty FC
2016	Guangzhou Evergrande FC	Guangzhou Evergrande FC
2017	Guangzhou Evergrande FC	Shanghai Greenland Shenhua FC
2018	Shanghai SIPG FC	Beijing Sinobo Guoan FC
2019	Guangzhou Evergrande Taobao FC	Shanghai Greenland Shenhua FC
2020	Jiangsu Suning FC	Shandong Luneng Taishan FC

NATIONAL CHAMPIONSHIP
Chinese Super League 2020

Regular Season

Please note: Dalian Yifang FC changed its name to Dalian Professional FC (21.01.2020).

Group A

1. Guangzhou Evergrande Taobao FC	14	11	1	2	31	-	12	34
2. Jiangsu Suning FC	14	7	5	2	23	-	15	26
3. Shandong Luneng Taishan FC	14	7	3	4	19	-	11	24
4. Shanghai Greenland Shenhua FC	14	5	6	3	16	-	15	21
5. Shenzhen FC	14	5	2	7	20	-	20	17
6. Guangzhou R&F FC	14	4	3	7	14	-	28	15
7. Dalian Professional FC	14	2	5	7	18	-	21	11
8. Henan Jianye FC	14	1	3	10	14	-	33	6

Group B

1. Shanghai SIPG FC	14	10	2	2	26	-	11	32
2. Beijing Sinobo Guoan FC	14	8	4	2	36	-	19	28
3. Chongqing Dangdai Lifan FC	14	7	3	4	22	-	19	24
4. Hebei China Fortune FC Qinhuangdao	14	7	3	4	25	-	23	24
5. Wuhan Zall FC	14	5	2	7	16	-	16	17
6. Shijiazhuang Ever Bright FC	14	4	5	5	18	-	21	17
7. Qingdao Huanghai FC	14	2	4	8	15	-	27	10
8. Tianjin TEDA FC	14	0	3	11	8	-	30	3

Teams ranked 1-4 in each group were qualified for the Championship Stage, while teams ranked 5-8 in each group were qualified for the Relegation Stage.

Championship Stage (all matches played in Suzhou)

Quarter-Finals [16-24.10.2020]

Hebei China Fortune FC Qinhuangdao – Guangzhou Evergrande Taobao FC	1-3(1-0)	0-5(0-2)
Shandong Luneng Taishan FC – Beijing Sinobo Guoan FC	2-2(2-0)	1-2(1-1)
Shanghai Greenland Shenhua FC – Shanghai SIPG FC	0-0	1-1 aet; 4-5 pen
Chongqing Dangdai Lifan FC – Jiangsu Suning FC	1-1(0-1)	0-1(0-1)

5th -8th Place Play-Offs Semi-Finals [26.10.-01.11.2020]

Hebei China Fortune FC Qinhuangdao – Shandong Luneng Taishan FC	2-2(2-1)	3-6 aet
Shanghai Greenland Shenhua FC – Chongqing Dangdai Lifan FC	3-1(1-0)	0-2 aet; 9-10pen

7th -8th Place Play-Offs [06-10.11.2020]

Shanghai Greenland Shenhua FC – Hebei China Fortune FC Qinhuangdao	4-1(2-1)	1-0(0-0)

5th -6th Place Play-Offs [06-10.11.2020]

Chongqing Dangdai Lifan FC – Shandong Luneng Taishan FC	4-3(0-3)	1-2 aet; 3-4 pen

Semi-Finals [28.10.-02.11.2020]

Beijing Sinobo Guoan FC – Guangzhou Evergrande Taobao FC	0-0	1-3(0-1)
Jiangsu Suning FC – Shanghai SIPG FC	1-1(0-0)	2-1 aet

3rd -4th Place Play-Offs [07-11.11.2020]

Shanghai SIPG FC – Beijing Sinobo Guoan FC	1-2(0-1)	1-1(0-1)

Championship Finals

08.11.2020, Suzhou Olympic Sports Centre, Suzhou; Attendance: 6,673
Referee: Shi Zhenlu
Jiangsu Suning FC – Guangzhou Evergrande Taobao FC   0-0
Jiangsu Suning: Gu Chao, Li Ang, Zhou Yun, João Miranda de Souza Filho, Ji Xiang (80.Zhang Cheng), Gao Tianyi, Wu Xi, Mubarak Wakaso (90.Tian Yinong), Luo Jing (46.Yang Boyu), Alex Teixeira Santos (90.Xie Pengfei), Éder Citadin Martins (79.Ivan Santini). Trainer: Cosmin Aurelian Olăroiu (Romania).
Guangzhou Evergrande: Liu Dianzuo, Tyias Charles Browning, Zhang Linpeng, Park Ji-su, Wu Shaocong, José Paulo Bezerra Maciel Júnior "Paulinho", Elkeson de Oliveira Cardoso (85.Yang Liyu), Zheng Zhi (32.Huang Bowen), Xu Xin (64.Liao Lisheng), Fernando Henrique da Conceiçao (88.Aloísio dos Santos Gonçalves), Wie Shihao (86.Anderson Souza Conceição "Anderson Talisca"). Trainer: Fabio Cannavaro (Italy).

12.11.2020, Suzhou Olympic Sports Centre, Suzhou; Attendance: 9,386
Referee: Ko Hyung-jin (Korea Republic)
Guangzhou Evergrande Taobao FC – Jiangsu Suning FC   1-2(0-1)
Guangzhou Evergrande: Liu Dianzuo, Tyias Charles Browning, Zhang Linpeng, Park Ji-su (78.Aloísio dos Santos Gonçalves), Wu Shaocong (52.Huang Bowen), José Paulo Bezerra Maciel Júnior "Paulinho", Elkeson de Oliveira Cardoso (52.Yang Liyu), Xu Xin (52.Zhong Yihao), Fernando Henrique da Conceiçao (46.Wei Shihao), He Chao, Anderson Souza Conceição "Anderson Talisca". Trainer: Fabio Cannavaro (Italy).
Jiangsu Suning: Gu Chao, Zhou Yun, João Miranda de Souza Filho, Abuduhaimiti Abudugeni, Ji Xiang (79.Tian Yinong), Yang Boyu, Wu Xi, Mubarak Wakaso, Alex Teixeira Santos, Xie Pengfei (58.Luo Jing), Éder Citadin Martins (81.Ivan Santini). Trainer: Cosmin Aurelian Olăroiu (Romania).
Goals: 0-1 Éder Citadin Martins (45), 0-2 Alex Teixeira Santos (47), 1-2 Wei Shihao (60).

2020 Champions:	**Jiangsu Suning FC**
2.	Guangzhou Evergrande Taobao FC
3.	Beijing Sinobo Guoan FC
4.	Shanghai SIPG FC

5.	Chongqing Dangdai Lifan FC	11.	Guangzhou R&F FC
6.	Shandong Luneng Taishan FC	12.	Dalian Professional FC
7.	Shanghai Greenland Shenhua FC	13.	Shenzhen FC
8.	Hebei China Fortune FC Qinhuangdao	14.	Qingdao Huanghai FC
9.	Henan Jianye FC	15.	Wuhan Zall FC
10.	Tianjin TEDA FC	16.	Shijiazhuang Ever Bright FC

Best goalscorer 2020:
Cédric Bakambu (COD, Beijing Sinobo Guoan FC) – 14 goals

Promoted for the 2021 season:
Changchun Yatai FC

Relegation Stage (all matches played in Dalian)

9th-16th Place Play-offs [16-24.10.2020]

Tianjin TEDA FC – Shenzhen FC	2-0(1-0)	1-1(0-1)
Dalian Professional FC – Shijiazhuang Ever Bright FC	1-2(1-1)	2-0(2-0)
Henan Jianye FC – Wuhan Zall FC	1-0(1-0)	1-1(1-0)
Qingdao Huanghai FC – Guangzhou R&F FC	0-0	1-2(0-0)

13th-16th Place Play-offs [28.10.-02.11.2020]

Shenzhen FC – Shijiazhuang Ever Bright FC	1-0(0-0)	2-2(1-1)
Wuhan Zall FC – Qingdao Huanghai FC	2-1(1-0)	1-2 aet; 4-5 pen

15th-16th Place Play-Offs [07-11.2020]

Wuhan Zall FC – Shijiazhuang Ever Bright FC	0-0	2-1(1-0)

Wuhan Zall FC qualified for the Relegation Play-offs.
Shijiazhuang Ever Bright FC relegated to the 2021 China League One (Second Level).

13th-14th Place Play-Offs [06-10.11.2020]

Qingdao Huanghai FC – Shenzhen FC   0-2(0-1)   1-2(0-1)

9th-12th Place Play-offs [26.10.-01.11.2020]

Dalian Professional FC – Tianjin TEDA FC   0-2(0-2)   2-1(2-0)
Guangzhou R&F FC – Henan Jianye FC   1-2(1-1)   2-3(1-1)

11th-12th Place Play-Offs [06-10.11.2020]

Guangzhou R&F FC – Dalian Professional FC   0-3(0-0)   4-0 aet

9th-10th Place Play-Offs [06-10.11.2020]

Henan Jianye FC – Tianjin TEDA FC   0-0   2-1 aet

Relegation Play-offs [18-22.11.2020, Suzhou]

Zhejiang Energy Greentown – Wuhan Zall FC   2-2(0-2)   0-1(0-1)

Wuhan Zall FC remains at first level.

NATIONAL CUP
Yanjing Beer Chinese FA Cup Final 2020

19.12.2020, Suzhou Olympic Sports Centre, Suzhou; Attendance: n/a
Referee: Shi Zhenlu
Shandong Luneng Taishan FC - Jiangsu Suning FC   2-0(0-0)
Shandong Luneng Taishan: Han Rongze, Wang Tong (79.Liu Yang), Dai Lin (79.Chen Kerui), Zheng Zheng, Song Long, Hao Junmin (Cap) (46.Wu Xinghan), Marouane Fellaini-Bakkioui, Duan Liuyu, Moises Lima Magalhães "Moisés Mineiro", Róger Krug Guedes, Graziano Pellè. Trainer: Hao Wie.
Jiangsu Suning: Gu Chao, Abuduhaimiti Abudugeni, Ye Chongqiu (60.Zhang Lingfeng), Yang Boyu, Li Ang, Ji Xiang (Cap), Tian Yinong, Zhang Xiaobin (90+2.Xie Zhiwei), Xie Pengfei (60.Feng Boyuan), Huang Zichang, Luo Jing. Trainer: Cosmin Aurelian Olăroiu (Romania).
Goals: 1-0 Wang Tong (49), 2-0 Graziano Pellè (77).

THE CLUBS 2020

BEIJING SINOBO GUOAN FOOTBALL CLUB

Year of Formation: 1992
Stadium: Workers' Stadium, Beijing (66,161)

THE SQUAD	DOB	M	(s)	G
Goalkeepers:				
Guo Quanbo	31.08.1997	10	(2)	
Hou Sen	30.06.1989	10	(1)	
Defenders:				
Jiang Tao	29.06.1989		(3)	
Kim Min-jae (KOR)	15.11.1996	17		
Li Lei	30.05.1992	16		1
Wang Gang	17.02.1989	18		
Yang Fan	28.03.1996	4	(2)	
Yu Yang	06.08.1989	14	(3)	1
Midfielders:				
Chi Zhongguo	26.10.1989	15	(2)	1
Fernando Lucas Martins (BRA)	03.03.1992	5	(6)	3
Jin Taiyan	21.08.1989	6	(3)	
Jonathan Viera Ramos (ESP)	21.10.1989	16	(2)	3
Li Ke	24.05.1993	15	(1)	
Liu Guobo	27.12.1999		(2)	
Lü Peng	28.10.1989	2	(5)	
Piao Cheng	21.08.1989	2		1
Renato Soares de Oliveira Augusto (BRA)	08.02.1988	11	(4)	2
John Hou Sæter (Hou Yongyong)	13.01.1998	3	(5)	2
Zhang Xizhe	23.01.1991	12	(7)	1
Forwards:				
Alan Douglas Borges de Carvalho (BRA)	10.07.1989	7	(8)	5
Ba Dun	16.09.1995		(2)	1
Cédric Bakambu (COD)	11.04.1991	17	(2)	14
Wang Ziming	05.08.1996	2	(13)	1
Wen Da	25.10.1999		(1)	
Yu Dabao	18.04.1988	7	(5)	
Zhang Yuning	05.01.1997	11	(7)	6
Trainer:				
Bruno Génésio (FRA)	01.09.1966	20		

CHONGQING DANGDAI LIFAN FOOTBALL CLUB

Year of Formation: 1995
Stadium: Chongqing Olympic Sports Center (58,680)

THE SQUAD	DOB	M	(s)	G
Goalkeepers: Deng Xiaofei	31.05.1983	11		
Sui Weijie	06.04.1983	7	(1)	
Yerjet Yerzat	04.01.1993	2		
Defenders: Chen Kejiang	18.01.1997		(1)	
Chen Lei	16.10.1985	6	(2)	
Jiang Zhe	26.02.1989	15	(2)	
Liu Huan	14.02.1989	10	(4)	
Liu Le	14.02.1989	8	(6)	
Luo Hao	17.01.1995	5	(4)	
Dilmurat Mawlanyaz	08.04.1998	8	(5)	
Xu Wu	09.03.1993	1	(2)	
Yang Shuai	28.01.1997	18		
Yuan Mincheng	08.08.1995	19		2
Midfielders: Cao Dong	10.11.1997		(2)	
Chen Jie	15.10.1989	15	(1)	
Dong Honglin	15.01.1996	1	(8)	2
Feng Jin	14.08.1993	11	(4)	
Luiz Fernando Pereira da Silva „Fernandinho"(BRA)	25.11.1985	17	(1)	5
Huang Xiyang	14.06.1985	12	(4)	
Adrian Mierzejewski (POL)	06.11.1986	10	(1)	6
Wu Qing	04.07.1981	6	(3)	
Yin Congyao	04.03.1997	5	(10)	
Forwards: Alan Kardec de Souza Pereira Júnior (BRA)	12.01.1989	13	(2)	8
Marcelo Cirino (BRA)	22.01.1992	12	(4)	5
Marcio Augusto da Silva Barbosa "Marcinho"(BRA)	16.05.1995	7	(9)	1
Wen Tianpeng	09.06.1997	1	(3)	
Trainer: Chang Woe-ryong (KOR)	05.04.1959	20		

DALIAN PROFESSIONAL FOOTBALL CLUB

Year of Formation: 2009
Stadium: Dalian Sports Center Stadium, Dalian (61,000)

THE SQUAD		DOB	M	(s)	G
Goalkeepers:	Li Xuebo	15.11.1999	1	(1)	
	Xu Jiamin	11.04.1994	3		
	Zhang Chong	25.11.1987	16	(1)	
Defenders:	Marcus Danielson (SWE)	08.04.1989	16		1
	Dong Yanfeng	11.02.1996	9	(1)	
	He Yupeng	05.12.1999	3	(8)	
	Huang Jiahui	07.10.2000	1	(3)	
	Li Shuai	18.06.1995	11		
	Shan Pengfei	07.05.1993	4	(1)	
	Tong Lei	16.12.1997	16	(3)	
	Wang Xianjun	01.06.2000		(1)	
	Wang Yaopeng	18.01.1995	14	(4)	2
Midfielders:	Cui Ming'an	15.11.1994	6	(9)	
	Jailson Marques Siqueira (BRA)	07.09.1995	6		
	Marek Hamšík (SVK)	27.07.1987	14		2
	Wang Jinxian	12.01.1996	5	(4)	1
	Wu Wei	05.02.1997	9	(2)	
	Zhao Xuri	03.12.1985	6	(4)	
	Zheng Long	15.04.1988	5	(4)	
	Zhu Jiaxuan	13.04.1999		(1)	
Forwards:	Emmanuel Okyere Boateng (GHA)	23.05.1996	4	(3)	2
	Sam Larsson (SWE)	10.04.1993	18		4
	Lin Liangming	04.06.1997	12	(2)	3
	José Salomón Rondón Giménez (VEN)	16.09.1989	16		9
	Sun Bo	22.01.1991	8	(8)	
	Sun Guowen	30.09.1993	17	(2)	1
	Wang Zhen'ao	10.08.1999		(1)	
	Zhao Jianbo	17.05.2001		(2)	
Trainer:	Rafael „Rafa" Benítez Maudes (ESP)	16.04.1960	20		

GUANGZHOU EVERGRANDE TAOBAO FOOTBALL CLUB

Year of Formation: 1954
Stadium: Tianhe Stadium, Guangzhou (58,500)

THE SQUAD		DOB	M	(s)	G
Goalkeepers:	Liu Dianzuo	26.06.1990	19		
	Liu Weiguo	03.05.1992	1		
Defenders:	Tyias Charles Browning (ENG)	27.05.1994	16	(1)	
	Deng Hanwen	08.01.1995	1	(3)	
	Gao Zhunyi	21.08.1995	11		1
	Li Xuepeng	18.09.1988		(3)	
	Mei Fang	14.11.1989	9	(1)	
	Park Ji-su (KOR)	13.06.1994	18		
	Wang Shilong	07.03.2001		(2)	
	Wu Shaocong	20.03.2000	7	(2)	1
	Zhang Linpeng	09.05.1989	17		1
Midfielders:	Fernando Henrique da Conceiçao (BRA)	16.03.1993	10	(6)	5
	He Chao	19.04.1995	9	(6)	1
	Huang Bowen	13.07.1987	3	(4)	
	Liao Lisheng	29.04.1993	4	(4)	
	José Paulo Bezerra Maciel Júnior "Paulinho" (BRA)	25.07.1988	20		12
	Tan Kaiyuan	19.08.2001		(2)	
	Xu Xin	19.04.1994	5	(9)	
	Yan Dinghao	06.04.1998	4	(7)	
	Zhang Xiuwei	13.03.1996	6	(5)	
	Zheng Zhi	20.08.1980	9	(4)	
Forwards:	Aloísio dos Santos Gonçalves (BRA)	19.06.1988	1	(4)	
	Anderson Souza Conceição "Anderson Talisca" (BRA)	01.02.1994	15	(2)	6
	Elkeson de Oliveira Cardoso / Ai Kesen	13.07.1989	15	(3)	6
	Kyum Parmanjan	01.02.2001		(4)	
	Bughrahan Skandar	11.08.2000		(1)	
	Wei Shihao	08.04.1995	6	(4)	8
	Yang Liyu	13.02.1997	13	(5)	
	Zhong Yihao	23.03.1996	1	(10)	
Trainer:	Fabio Cannavaro (ITA)	13.09.1973	20		

GUANGZHOU R&F FOOTBALL CLUB

Year of Formation: 2011
Stadium: Yuexiushan Stadium, Guangzhou (18,000)

THE SQUAD		DOB	M	(s)	G
Goalkeepers:	Han Jiaqi	03.07.1999	20		
Defenders:	Fu Yuncheng	22.12.1998		(1)	
	Huang Zhengyu	24.01.1997	13	(5)	1
	Jiang Jihong	08.02.1990	9	(4)	
	Li Songyi	27.01.1993	7	(2)	
	Li Tixiang	01.09.1989	6	(8)	
	Duško Tošić (SRB)	19.01.1985	12		2
	Wang Huapeng	05.08.1999	2	(5)	
	Yi Teng	22.02.1990	18		
	Zhang Jinliang	23.01.1999	2	(1)	
Midfielders:	Chang Feiya	03.02.1993	11	(7)	1
	Chen Zhechao	19.04.1995	9	(6)	
	Chen Zhizhao	14.03.1988	4	(10)	2
	Mousa Sidi Yaya Dembélé (BEL)	16.07.1987	12	(1)	
	Dia Saba (ISR)	18.11.1992	8	(2)	5
	Adrian Mierzejewski (POL)	06.11.1986	6		2
	Tan Chun Lok (HKG)	05.01.1996	5		
	Tang Miao	16.10.1990	18	(1)	
	Wang Peng	16.11.1997		(1)	
	Wen Yongjun	23.05.2003	1	(1)	
	Wu Chengru	15.09.2000	1	(5)	
	Ye Chugui	08.09.1994	13	(5)	3
	Zeng Chao	23.01.1993	7	(2)	
	Zhang Gong	10.04.1992	8	(5)	
	Richairo Juliano Živković (NED)	05.09.1996	5	(1)	1
Forwards:	Jin Bo	20.01.1993	1	(1)	
	Lu Lin	03.02.1985	2	(3)	
	Renato Ribeiro Calixto „Renatinho" (BRA)	04.10.1988	11	(2)	
	Song Wenjie	15.12.1990	2	(6)	
	Eran Zahavi (ISR)	25.07.1987	7		4
Trainer:	Giovanni Christiaan van Bronckhorst (NED)	05.02.1975	20		

HEBEI CHINA FORTUNE FOOTBALL CLUB QINHUANGDAO

Year of Formation: 2010
Stadium: Langfang Stadium, Langfang (30,040)

THE SQUAD		DOB	M	(s)	G
Goalkeepers:	Bao Yaxiong	23.05.1997	15		
	Chi Wenyi	18.02.1988	5		
Defenders:	Chen Xiao	10.08.1987		(2)	
	Cui Lin	26.10.1997	1	(1)	
	Jiang Wenjun	30.01.1990	2	(6)	
	Liu Jing	17.01.1997	7	(4)	
	Samir Memišević (BIH)	13.08.1993	16	(1)	1
	Pan Ximing	11.01.1993	18		
	Ren Hang	23.02.1989	17		1
	Zhang Junzhe	20.02.1991	5		
	Zhang Yu	14.07.2002		(1)	
Midfielders:	Ding Haifeng	17.07.1991	14	(1)	1
	Feng Gang	06.03.1993	1	(4)	
	Li Hao	29.01.1992		(1)	
	Liao Wei	12.01.1999		(3)	1
	Luo Senwen	16.01.1993	4	(9)	
	Paulo Henrique Soares dos Santos „Paulinho" (BRA)	10.07.1994	8	(4)	
	Ren Wei	09.04.1997	1		
	Ricardo Goulart Pereira (BRA)	05.06.1991	18		4
	Wang Qiuming	09.01.1993	14	(1)	1
	Yin Hongbo	30.10.1989	14		2
	Zhang Wei	16.05.2000	1	(2)	
	Zhao Yuhao	07.04.1993	8	(5)	
Forwards:	Dong Xuesheng	22.05.1989	4	(3)	2
	Gao Huaze	20.10.1997	2	(8)	1
	Luo Shipeng	09.06.2000		(1)	
	Marcos Vinicius Amaral Alves "Marcão" (BRA)	16.06.1994	16	(1)	11
	Mohamed Buya Turay (SLE)	10.01.1995	13	(3)	5
	Xu Tianyuan	08.05.1997	4	(2)	
	Zhang Chengdong	09.02.1989	12	(1)	1
Trainer:	Xie Feng	09.04.1966	20		

HENAN JIANYE FOOTBALL CLUB

Year of Formation: 1994
Stadium: Zhengzhou Hanghai Stadium, Zhengzhou (29,860)

THE SQUAD		DOB	M	(s)	G
Goalkeepers:	Shi Chenglong	28.05.1999		(1)	
	Wang Guoming	02.02.1990	3		
	Wu Yan	07.01.1989	17		
Defenders:	Abduwali Ablet	14.04.1987	10	(5)	
	Gu Cao	31.05.1988	7	(5)	
	Guo Jing	24.02.1997	1	(2)	
	Han Xuan	02.02.1991	5	(1)	
	Huang Chuang	02.01.1997	3		
	Ke Zhao	25.03.1989	10		1
	Luo Xin	07.02.1990	5		1
	Niu Ziyi	21.09.1999	8	(1)	
	Toni Šunjić (BIH)	15.12.1988	6		
	Yang Kuo	08.01.1993	5	(6)	
	Zhang Wentao	14.04.1993	2	(4)	
Midfielders:	Tim Chow (TPE)	18.01.1994	17		
	Olívio da Rosa "Ivo" (BRA)	02.10.1986	8	(3)	2
	Kim Sung-hwan (KOR)	15.12.1986	2	(1)	
	Lu Yao	26.06.1993	1		
	Ma Xingyu	04.11.1989	14	(1)	
	Ni Yusong	01.01.1991	1	(1)	1
	Song Boxuan	16.09.1989	5	(4)	
	Song Haiwang	20.02.1995	2	(3)	
	Wang Shangyuan	02.06.1993	13		2
	Yuan Ye	22.09.1993	1	(2)	
	Zhong Jinbao	25.11.1994	9	(7)	
Forwards:	Christian Mougang Bassogog (CMR)	18.10.1995	7	(1)	2
	Chen Hao	28.01.1993	13	(4)	
	Chen Keqiang	18.09.1999		(5)	
	Du Changjie	20.12.1997	5	(6)	
	Feng Boxuan	18.03.1997	14	(4)	2
	Luiz Fernando da Silva Monte „Fernando Karanga" (BRA)	14.04.1991	11	(4)	3
	José Henrique da Silva Dourado (BRA)	15.09.1989	15	(1)	8
Trainer:	Yang Ji	20.01.1973	14		
[11.09.2020]	Francisco Javier Pereira Megía (ESP)	13.05.1966	6		

JIANGSU SUNING FOOTBALL CLUB

Year of Formation: 1994
Stadium: Nanjing Olympic Sports Center, Nanjing (61,443)

THE SQUAD		DOB	M	(s)	G
Goalkeepers:	Gu Chao	20.08.1989	18		
	Zhang Yan	30.03.1997	2		
Defenders:	Abuduhaimiti Abudugeni	10.03.1998	13	(2)	
	Ji Xiang	01.03.1990	14	(4)	
	Li Ang	15.09.1993	16	(2)	
	João Miranda de Souza Filho (BRA)	07.09.1984	19		1
	Tian Yinong	18.02.1991	6	(12)	
	Yang Boyu	24.06.1989	11	(5)	
	Zhang Cheng	28.06.1989	4	(3)	
	Zhou Yun	31.12.1990	13	(5)	
Midfielders:	Gao Tianyi	01.07.1998	3	(3)	
	Mubarak Wakaso (GHA)	25.07.1990	16	(2)	
	Wu Xi	19.02.1989	19	(1)	2
	Xie Zhiwei	07.01.1998		(1)	
	Zhang Lingfeng	28.02.1997		(2)	
	Zhang Xiaobin	23.10.1993	1	(6)	
Forwards:	Alex Teixeira Santos (BRA)	06.01.1990	16	(3)	10
	Éder Citadin Martins (ITA)	15.11.1986	15	(5)	9
	Feng Boyuan	18.01.1995		(1)	
	Huang Zichang	04.04.1997	3	(5)	
	Luo Jing	04.11.1993	9	(8)	1
	Ivan Santini (CRO)	21.05.1989	10	(10)	6
	Xie Pengfei	29.06.1993	12	(4)	1
Trainer:	Cosmin Aurelian Olăroiu (ROU)	10.06.1969	20		

QINGDAO HUANGHAI FOOTBALL CLUB

Year of Formation: 2013
Stadium: Conson Stadium, Qingdao (45,000)

THE SQUAD		DOB	M	(s)	G
Goalkeepers:	Liu Zhenli	26.06.1985	14		
	Zhao Shi	16.03.1993	6	(2)	
Defenders:	Fang Xinfeng	21.07.1999	2	(2)	
	Jiang Weipeng	03.01.1993	4	(2)	
	Liu Jiashen	23.11.1991	16	(1)	
	Jagoš Vuković (SRB)	10.06.1988	17		1
	Yaki Aithany Yan Tavio (TPE)	21.04.1989	12	(2)	
	Zhang Haochen	03.02.2000	3		
	Zou Zheng	07.02.1988	11		
Midfielders:	Romain Alessandrini (FRA)	03.04.1989	14	(2)	9
	Joseph-Marie Minala (CMR)	24.08.1996	13	(2)	
	Ruan Zhexiang	21.01.1997	3		
	Wang Dong	10.09.1981	6	(4)	1
	Wang Jianwen	06.01.1988	4	(6)	
	Yang Yu	18.04.1985	6	(4)	
	Yao Jiangshan	30.07.1987		(4)	
Forwards:	Muhammateli Bari	27.10.1989	7	(7)	1
	Cléverson Gabriel Córdova „Cléo" (BRA)	09.08.1985		(5)	
	Memet-Abdulla Ezimet	21.11.1997	9	(8)	1
	Gao Xiang	14.02.1989	15	(3)	1
	Denis Popovič (SVN)	15.10.1989	5	(4)	1
	Dejan Radonjić (CRO)	23.07.1990	3	(4)	
	Shi Zhe	29.06.1993	5	(11)	
	Wang Fei	06.06.1989	5	(1)	
	Wang Hao	30.01.1993	3	(2)	
	Wang Wei	22.06.1989	10	(3)	
	Yan Zihao	18.01.1995	5	(5)	
	Zhou Junchen	23.03.2000	11	(6)	1
	Zhu Jianrong	12.07.1991	11	(5)	4
Trainer:	Óscar Céspedes Cabeza (ESP)	06.02.1978	1		
[04.08.2020]	Wu Jingui	10.01.1961	19		

SHANDONG LUNENG TAISHAN FOOTBALL CLUB

Year of Formation: 1988
Stadium: Jinan Olympic Sports Center, Jinan (56,808)

THE SQUAD		DOB	M	(s)	G
Goalkeepers:	Han Rongze	15.01.1993	15		
	Li Guanxi	25.09.1998		(1)	
	Wang Dalei	10.01.1989	5		
Defenders:	Dai Lin	28.11.1987	2	(1)	
	Tamás Kádár (HUN)	14.03.1990	13	(2)	
	Li Hailong	02.08.1996		(1)	
	Liu Junshuai	10.01.1995	11	(1)	
	Liu Yang	17.06.1995	9	(5)	
	Song Long	20.08.1989	10		
	Tian Xin	29.03.1998		(1)	
	Wang Tong	12.02.1993	11	(3)	1
	Zhao Jianfei	21.01.1999		(2)	
	Zheng Zheng	11.07.1989	16	(1)	
Midfielders:	Chen Kerui	09.03.1996	1	(2)	
	Duan Liuyu	24.07.1998	18	(2)	3
	Marouane Fellaini-Bakkioui (BEL)	22.11.1987	15	(3)	5
	Hao Junmin	24.03.1987	10	(4)	
	Huang Cong	06.01.1997		(1)	
	Jin Jingdao	18.01.1992	13	(2)	2
	Leonardo Rodrigues Pereira (BRA)	22.09.1986	2	(4)	
	Liu Binbin	16.06.1993	4	(9)	1
	Liu Chaoyang	09.06.1999		(5)	
	Moises Lima Magalhães "Moisés Mineiro" (BRA)	17.03.1988	17	(3)	4
	Qi Tianyu	22.01.1993		(3)	
	Yao Junsheng	29.10.1995	1		
	Zhang Chi	08.07.1987	9	(7)	
Forwards:	Guo Tianyu	05.03.1999	2	(14)	4
	Graziano Pellè (ITA)	15.07.1985	14	(4)	8
	Róger Krug Guedes (BRA)	02.10.1996	9	(2)	6
	Song Wenjie	15.12.1990	2	(1)	
	Wu Xinghan	24.02.1993	11	(6)	1
Trainer:	Li Xiaopeng	20.06.1975	14		
[05.10.2020]	Hao Wei	27.12.1976	6		

SHANGHAI GREENLAND SHENHUA FOOTBALL CLUB

Year of Formation: 1993
Stadium: Hongkou Stadium, Shanghai (33,060)

THE SQUAD		DOB	M	(s)	G
Goalkeepers:	Li Shuai	18.08.1982	2		
	Ma Zhen	01.06.1998	4		
	Zeng Cheng	08.01.1987	14		
Defenders:	Bai Jiajun	20.03.1991	5	(2)	
	Bi Jinhao	05.01.1991	9	(3)	4
	Feng Xiaoting	22.10.1985	11	(2)	
	Fulangxisi Aidi	17.12.1990	8	(2)	
	Jiang Shenglong	24.12.2000	1		
	Li Yunqiu	03.10.1990		(1)	
	Sun Kai	26.03.1991	2		
	Wen Jiabao	02.01.1999	14	(6)	
	Zhang Lu	23.08.1987	15	(2)	
	Zhao Mingjian	22.11.1987	10	(1)	1
	Zhu Chenjie	23.08.2000	10	(4)	
	Zhu Yue	04.05.2001	1		
Midfielders:	Miller Alejandro Bolaños Reasco (ECU)	01.06.1990	2	(2)	3
	Cao Yunding	22.11.1989	15	(2)	1
	Lü Pin	03.05.1995	1		
	Stéphane Mbia Etoundi (CMR)	20.05.1986	10	(2)	
	Giovanni Andrés Moreno Cardona (COL)	01.07.1986	10	(4)	3
	Alexander N'Doumbou (GAB)	04.01.1992	16	(3)	1
	Peng Xinli	22.07.1991	15	(3)	4
	Qin Sheng	02.11.1986	7	(5)	
	Sun Shilin	24.10.1988	8	(6)	1
	Wang Haijian	02.08.2000		(1)	
	Zhu Baojie	11.08.1989	8	(8)	1
Forwards:	Stephan Kareem El Shaarawy (ITA)	27.10.1992	5	(1)	
	Kim Shin-wook (KOR)	14.04.1988	3	(1)	3
	Fidel Francisco Martínez Tenorio (ECU)	15.02.1990		(4)	1
	Obafemi Akinwunmi Martins (NGA)	28.10.1984	2	(2)	
	Yang Xu	12.02.1988	6	(10)	
	Yu Hanchao	25.02.1987	6	(10)	1
Trainer:	Choi Kang-hee (KOR)	12.04.1959	20		

SHANGHAI S.I.P.G. FOOTBALL CLUB

Year of Formation: 2005 (*as Shanghai Dongya FC*)
Stadium: Yuanshen Sports Centre, Shanghai (16,000)

	THE SQUAD	DOB	M	(s)	G
Goalkeepers:	Chen Wei	14.02.1998	6	(1)	
	Yan Junling	28.01.1991	14		
Defenders:	Fu Huan	12.07.1993	16	(1)	
	He Guan	25.01.1993	14	(3)	
	Shi Ke	08.01.1993	13	(1)	
	Wang Shenchao	08.02.1989	17	(2)	3
	Wei Zhen	12.02.1997	10	(6)	
	Yang Shiyuan	11.03.1994	9	(3)	1
	Yu Hai	04.06.1987	3	(7)	
	Yu Rui	11.08.1992	3	(2)	
	Zhang Wei	28.03.1993	4	(2)	
Midfielders:	Odil Akhmedov (UZB)	25.11.1987	7	(1)	1
	Cai Huikang	10.10.1989	4	(4)	
	Jia Boyan	30.11.2003		(1)	
	Lei Wenjie	10.01.1997	2		
	Lin Chuangyi	28.01.1993	3	(8)	
	Muzepper Mirahmetjan	14.01.1991	13	(3)	
	Aaron Frank Mooy (AUS)	15.09.1990	8	(2)	1
	Oscar dos Santos Emboaba Júnior (BRA)	09.09.1991	16		5
Forwards:	Marko Arnautović (AUT)	19.04.1989	14	(4)	7
	Chen Binbin	10.06.1998	5	(8)	
	Givanildo Vieira de Sousa „Hulk" (BRA)	25.07.1986	13	(3)	6
	Li Shenglong	30.07.1992	4	(13)	1
	Lü Wenjun	11.03.1989	12	(8)	
	Ricardo Lopes Pereira (BRA)	28.10.1990	10	(7)	5
Trainer:	Vítor Manuel de Oliveira Lopes Pereira (POR)	26.07.1968	20		

SHENZHEN FOOTBALL CLUB

Year of Formation: 1994
Stadium: Shenzhen Universiade Sports Centre, Shenzhen (60,334)

THE SQUAD		DOB	M	(s)	G
Goalkeepers:	Guo Wei	08.07.1989	16		
	Zhang Lu	06.09.1987	4		
Defenders:	Ge Zhen	23.06.1987	10	(2)	
	Jiang Zhipeng	06.03.1989	13	(5)	
	Mi Haolun	10.01.1993	9	(4)	
	Morteza Pouraliganji (IRN)	19.04.1992	6		1
	Qiao Wei	20.07.1987	4	(3)	
	Song Ju-hun (KOR)	13.01.1994	13		
	Xu Haofeng	27.01.1999	9	(3)	
Midfielders:	Dai Tsun	24.07.1999	13	(4)	1
	Jin Qiang	15.01.1993	1	(3)	
	Li Yuanyi	28.08.1993	9	(7)	
	Pei Shuai	14.01.1993	10	(6)	
	Ole Kristian Selnæs (NOR)	07.07.1994	18		
	Wang Yongpo	19.01.1987	2	(4)	1
	Xu Yang	18.06.1987	2	(4)	1
	Zhang Yuan	28.01.1997	23	(7)	
	Zhou Xin	11.04.1998		(3)	
Forwards:	Thievy Guivane Bifouma Koulossa (CGO)	13.05.1992	4	(5)	
	Gao Lin	14.02.1986	17		7
	Liu Yue	14.09.1997	2	(4)	
	Harold Fabián Preciado Villarreal (COL)	01.06.1994	19	(1)	5
	Sun Ke	26.08.1989	2	(4)	
	John Mary Honi Uzuegbunam (CMR)	09.03.1993	12	(5)	11
	Zheng Dalun	11.02.1994	2	(11)	
Trainer:	Roberto Donadoni (ITA)	09.09.1963	4		
[14.08.2020]	Johan Jordi Cruijff (NED)	09.02.1974	16		

SHIJIAZHUANG EVER BRIGHT FOOTBALL CLUB

Year of Formation: 2011
Stadium: Yutong International Sports Center, Shijiazhuang (29,000)

THE SQUAD		DOB	M	(s)	G
Goalkeepers:	Han Feng	05.12.1983	1		
	Shao Puliang	06.07.1989	17		
	Zhang Zhenqiang	28.01.1993	2	(1)	
Defenders:	Cao Xuan	02.07.1985	14		
	Ma Chongchong	17.01.1991	1		
	Stoppila Sunzu (ZAM)	22.06.1989	19		4
	Yang Yun	06.10.1988	5	(7)	
	Zhao Jianfei	21.01.1999	4		
	Zheng Zhiyun	17.02.1995	16	(1)	
Midfielders:	Chen Pu	15.01.1997	5	(8)	2
	Chen Zeng	06.04.1994	1	(1)	
	Chen Zitong	20.02.1997	3	(9)	
	Deng Yubiao	08.06.1997	2	(1)	
	Guo Yunqi	26.06.1997		(1)	
	Liao Chengjian	04.11.1993	17		
	Liu Chaoyang	09.06.1999	1		
	Piao Shihao	09.07.1991	11	(4)	
	Rômulo Borges Monteiro (BRA)	19.09.1990	16	(1)	
	Sun Xuelong	01.07.1999		(1)	
	Wang Peng	24.01.1993	16		1
	Wang Zihao	17.08.1994	3	(8)	
	Zhong Jiyu	05.01.1997	14	(1)	1
Forwards:	Liu Xinyu	17.11.1991	1	(13)	
	Liu Ziming	26.06.1996	1	(2)	
	Matheus Leite Nascimento (BRA)	15.01.1983	14	(4)	6
	Luiz Guilherme da Conceição Silva „Muriqui" (BRA)	16.06.1986	15	(1)	5
	Oscar Taty Maritu (COD)	17.08.1999	10	(7)	2
	Yang Yiming	25.05.1995	3	(2)	
	Zang Yifeng	15.10.1993	8		2
Trainer:	Afshin Ghotbi (IRN)	08.02.1964	20		

TIANJIN TEDA FOOTBALL CLUB

Year of Formation: 1951
Stadium: Tianjin Olympic Center Stadium, Tianjin (54,696)

THE SQUAD		DOB	M	(s)	G
Goalkeepers:	Du Jia	01.05.1993	6		
	Teng Shangkun	10.01.1991	14		
Defenders:	Bai Yuefeng	28.03.1987	6	(3)	
	Felix Bastians (GER)	09.05.1988	12	(2)	1
	Gao Jiarun	24.04.1995	3	(1)	
	Jiang Shenglong	24.12.2000	6		
	Lan Jingxuan	16.09.1999		(1)	
	Lei Tenglong	17.01.1991		(1)	
	Liu Yang	09.02.1991	14	(2)	
	Qiu Tianyi	31.01.1989	4	(2)	
	Rong Hao	07.04.1987	10	(1)	3
	Tan Wangsong	19.12.1985	2	(4)	
	Wang Zhenghao	28.06.2000		(1)	
	Zheng Kaimu	28.01.1992	13	(2)	
Midfielders:	Odil Akhmedov (UZB)	25.11.1987	5		
	Che Shiwei	30.10.1996	5	(3)	
	Guo Hao	14.01.1993	15	(1)	
	Hui Jiakang	15.01.1989	7	(8)	1
	Qian Yumiao	07.02.1998	4	(7)	
	Song Yue	20.11.1991	13	(2)	2
	Zhao Honglüe	04.12.1989	13		2
	Zhao Yingjie	02.08.1992	3	(3)	
Forwards:	Frank Opoku Acheampong (GHA)	16.10.1993	18		4
	Johnathan Aparecido da Silva (BRA)	29.03.1990	3	(1)	1
	Liu Ruofan	28.01.1999	14	(3)	
	Piao Taoyu	18.05.1993	5	(5)	
	Sandro César Cordovil de Lima (BRA)	28.10.1990	8	(2)	1
	Su Yuanjie	14.04.1995	7	(3)	
	Francisco das Chagas Soares dos Santos „Tiquinho" (BRA)	17.01.1991	4		
	Xiao Zhi	28.05.1985	3	(8)	
	Xie Weijun	14.11.1997	3	(8)	
Trainer:	Ulrich Stielike (GER)	15.11.1954	5		
[19.08.2020]	Wang Baoshan	13.04.1963	15		

WUHAN ZALL FOOTBALL CLUB

Year of Formation: 2009
Stadium: Dongxihu Sports Centre, Wuhan (30,000)

	THE SQUAD	DOB	M	(s)	G
Goalkeepers:	Dong Chunyu	25.03.1991	18	(1)	
	Wang Zhifeng	01.02.1997	2	(4)	
Defenders:	Ai Zhibo	29.10.1982	1	(1)	
	Daniel Filipe Martins Carriço (POR)	04.08.1988	9	(2)	1
	Han Pengfei	28.04.1993	13	(4)	
	Jiang Minwen	16.06.1997		(1)	
	Li Chao	15.08.1987	1	(1)	
	Liao Junjian	27.01.1994	17	(1)	1
	Liu Shangkun	29.01.1992	1	(1)	
	Liu Yi	26.08.1988	11	(7)	
	Ming Tian	08.04.1995	19		
	Zhang Chenglin	20.01.1987	11	(6)	1
Midfielders:	Cong Zhen	09.02.1997	4	(3)	
	Vhakka Eddy Stelh Gnahoré (FRA)	14.11.1993	11	(3)	1
	Jiang Zilei	10.09.1997	4	(6)	
	Li Hang	19.09.1989	8	(3)	1
	Liu Yun	07.01.1995	18	(2)	2
	Song Zhiwei	19.03.1989	14	(3)	
	Wang Kai	18.01.1989	9	(9)	
	Yao Hanlin	16.04.1985		(3)	
	Zhou Tong	12.01.1990	3	(11)	
Forwards:	Dong Xuesheng	22.05.1989	5	(4)	
	Hu Jinghang	23.03.1997	11	(3)	3
	Jean Evrard Kouassi (CIV)	25.09.1994	16	(2)	8
	Leonardo Carrilho Baptistão "Leo Baptistão" (BRA)	26.08.1992	13	(2)	2
	Obafemi Akinwunmi Martins (NGA)	28.10.1984	1	(5)	1
Trainer:	José Manuel González López (ESP)	14.10.1966	12		
[24.09.2020]	Pang Li	06.01.1975	8		

NATIONAL TEAM
INTERNATIONAL MATCHES 2020/2021

30.05.2021	*Suzhou*	*Guam - China P.R.*	*0-7(0-2)*	*(WCQ)*
07.06.2021	*Sharjah*	*China P.R. - Philippines*	*2-0(0-0)*	*(WCQ)*
11.06.2021	*Sharjah*	*China P.R. - Maldives*	*5-0(2-0)*	*(WCQ)*
15.06.2021	*Sharjah*	*China P.R. - Syria*	*3-1(1-0)*	*(WCQ)*

30.05.2021, 22nd FIFA World Cup Qualifiers / AFC Qualifiers, Second Round
Suzhou Olympic Sports Centre, Suzhou; Attendance: 29,222
Referee: Sivakorn Pu-udom (Thailand)
GUAM - CHINA P.R.   **0-7(0-2)**
CHN: Yan Junling, Zhang Linpeng, Tang Miao (74.Ming Tian), Tyas Charles Browning, Wang Shenchao, Zhang Xizhe, Wu Xi, Jin Jingdao (46.Alan Douglas Borges de Carvalho), Wu Xinghan (58.Wei Shihao), Elkeson de Oliveira Cardoso (74.Zhang Yuning), Wu Lei (63.Yin Hongbo). Trainer: Li Tie.
Goals: Wu Lei (20 penalty), Jin Jingdao (39), Wu Lei (55), Wu Xi (61), Elkeson de Oliveira Cardoso (65), Alan Douglas Borges de Carvalho (83, 87).

07.06.2021, 22nd FIFA World Cup Qualifiers / AFC Qualifiers, Second Round
Sharjah Stadium, Sharjah (United Arab Emirates); Attendance: 0
Referee: Kim Hee-gon (Korea Republic)
CHINA P.R. - PHILIPPINES   **2-0(0-0)**
CHN: Yan Junling, Zhang Linpeng, Tang Miao (84.Ming Tian), Tyas Charles Browning, Wang Shenchao, Zhang Xizhe (84.Yin Hongbo), Wu Xi, Jin Jingdao (78.Hao Junmin), Wu Xinghan (78.Liu Binbin), Elkeson de Oliveira Cardoso, Wu Lei (87.Alan Douglas Borges de Carvalho). Trainer: Li Tie.
Goals: Wu Lei (55 penalty), Wu Xinghan (65).

11.06.2021, 22nd FIFA World Cup Qualifiers / AFC Qualifiers, Second Round
Sharjah Stadium, Sharjah (United Arab Emirates); Attendance: 0
Referee: Ahmed Faisal Mohammad Al Ali (Jordan)
CHINA P.R. - MALDIVES   **5-0(2-0)**
CHN: Yan Junling, Yu Dabao (78.Zheng Zheng), Li Lei (72.Wang Shenchao), Li Ang, Ming Tian (13.Ji Xiang), Hao Junmin (70.Nicholas Harry Yennaris), Liu Binbin, Chi Zhongguo, Alan Douglas Borges de Carvalho (70.Tan Long), Wu Lei (46.Yin Hongbo), Zhang Yuning. Trainer: Li Tie.
Goals: Liu Binbin (6), Wu Lei (30), Alan Douglas Borges de Carvalho (67), Zhang Yuning (69), Tan Long (80).

15.06.2021, 22nd FIFA World Cup Qualifiers / AFC Qualifiers, Second Round
Sharjah Stadium, Sharjah (United Arab Emirates); Attendance: 0
Referee: Muhammad Taqi Aljaafari Bin Jahari (Singapore)
CHINA P.R. - SYRIA   **3-1(1-0)**
CHN: Yan Junling, Zhang Linpeng, Tang Miao, Tyas Charles Browning, Wang Shenchao, Zhang Xizhe, Wu Xi, Jin Jingdao (63.Yin Hongbo), Wu Xinghan (63.Liu Binbin), Elkeson de Oliveira Cardoso (78.Zhang Yuning), Wu Lei (82.Hao Junmin). Trainer: Li Tie.
Goals: Zhang Xizhe (42), Wu Lei (69 penalty), Zhang Yuning (90+3).

NATIONAL TEAM PLAYERS 2020/2021

Name	DOB	Club
Goalkeepers		
YAN Junling	28.01.1991	*Shanghai Port FC*
Defenders		
Tyas Charles BROWNING / Jiang Guangtai	27.05.1994	*Guangzhou FC*
LI Ang	15.09.1993	*Shanghai Port FC*
LI Lei	30.05.1992	*Beijing Guoan FC*
MING Tian	08.04.1995	*Wuhan FC*
TANG Miao	16.10.1990	*Guanghzou City FC*
WANG Shenchao	08.02.1989	*Shanghai Port FC*
YU Dabao	18.04.1988	*Beijing Guoan FC*
ZHANG Linpeng	09.05.1989	*Guangzhou FC*
ZHENG Zheng	11.07.1989	*Shandong Luneng Taishan FC*
Midfielders		
CHI Zhongguo	26.10.1989	*Beijing Guoan FC*
HAO Junmin	24.03.1987	*Shandong Luneng Taishan FC*
JI Xiang	01.03.1990	*Shandong Luneng Taishan FC*
JIN Jingdao	18.01.1992	*Shandong Luneng Taishan FC*
LIU Binbin	16.06.1993	*Shandong Luneng Taishan FC*
WU Xi	19.02.1989	*Shanghai Greenland Shenhua FC*
WU Xinghan	24.02.1993	*Shandong Luneng Taishan FC*
Nicholas Harry YENNARIS / Li Ke	24.05.1993	*Beijing Guoan FC*
YIN Hongbo	30.10.1989	*Hebei China Fortune FC Qinhuangdao*
ZHANG Xizhe	23.01.1991	*Beijing Guoan FC*
Forwards		
ALAN Douglas Borges de Carvalho	10.07.1989	*Guangzhou FC*
ELKESON de Oliveira Cardoso / Ai Kesen	13.07.1989	*Guangzhou FC*
TAN Long	01.04.1988	*Changchun Yatai FC*
WEI Shihao	08.04.1995	*Guangzhou FC*
WU Lei	19.11.1991	*RCD Espanyol Barcelona (ESP)*
ZHANG Yuning	05.01.1997	*Beijing Guoan FC*
National coaches		
LI Tie [from 14.11.2019]		18.05.1977

Recent club name changes:
Shanghai SIPG FC -> Shanghai Port FC
Guangzhou Evergrande Taobao FC -> Guangzhou FC
Guangzhou R&F -> Guanghzou City FC
Wuhan Zall FC -> Wuhan FC

CHINESE TAIPEI

The Country:
Zhōnghuá Mínguó [Republic of China (Taiwan)] Capital: Taipei Surface: 36,191 km² Population: 23,568,378 [2020] Time: UTC+8

The FA:
Chinese Taipei Football Association Room 210, 2F, 55 Chang Chi Street, Tatung District, Taipei Year of Formation: 1924 Member of FIFA since: 1954 Member of AFC since: 1954

NATIONAL TEAM RECORDS

First international match: 01.05.1954, Manila (PHI): Republic of China – South Vietnam 3-2
Most international caps: Chen Po-liang – 80 caps (since 2006)
Most international goals: Chen Po-liang – 26 goals / 80 caps (since 2006)

NATIONAL TEAM COMPETITIONS:

ASIAN NATIONS CUP	
1956	Qualifiers
1960	Final Tournament (3rd Place)
1964	Did not enter
1968	Final Tournament (4th Place)
1972	Did not enter
1976	Did not enter
1980	Did not enter
1984	Did not enter
1988	Did not enter
1992	Qualifiers
1996	Qualifiers
2000	Qualifiers
2004	Qualifiers
2007	Qualifiers
2011	Qualifiers
2015	Qualifiers
2019	Qualifiers

FIFA WORLD CUP	
1930	Did not enter
1934	Did not enter
1938	Did not enter
1950	Did not enter
1954	*Withdrew*
1958	*Withdrew*
1962	Did not enter
1966	Did not enter
1970	Did not enter
1974	Did not enter
1978	Qualifiers
1982	Qualifiers
1986	Qualifiers
1990	Qualifiers
1994	Qualifiers
1998	Qualifiers
2002	Qualifiers
2006	Qualifiers
2010	Qualifiers
2014	Qualifiers
2018	Qualifiers

F.I.F.A. CONFEDERATIONS CUP 1992-2017

None

OLYMPIC FOOTBALL TOURNAMENTS 1908-2016

1908	-	1948	-	1972	Qualifiers	1996	Qualifiers
1912	-	1952	-	1976	Qualifiers	2000	Qualifiers
1920	-	1956	-	1980	-	2004	Qualifiers
1924	-	1960	Group Stage	1984	Qualifiers	2008	Qualifiers
1928	-	1964	Qualifiers	1988	Qualifiers	2012	Qualifiers
1936	-	1968	Qualifiers	1992	Qualifiers	2016	Qualifiers

ASIAN GAMES 1951-2014		AFC CHALLENGE CUP 2006-2014		EAST ASIAN CHAMPIONSHIP 2003-2019	
1951	-	2006	Quarter-Finals	2003	Qualifiers
1954	Winners	2008	Qualifiers	2005	Qualifiers
1958	Winners	2010	Qualifiers	2008	Qualifiers
1962	-	2012	Qualifiers	2010	Qualifiers
1966	Preliminary	2014	Qualifiers	2013	Qualifiers
1970	-			2015	Qualifiers
1974	-			2017	Qualifiers
1978	-			2019	Qualifiers
1982	-				
1986	-				
1990	-				
1994	-				
1998	-				
2002	-				
2006	-				
2010	-				
2014	-				

TAIWANESE CLUB HONOURS IN ASIAN CLUB COMPETITIONS:

AFC Champions League 1967-1971 & 1985/1986-2020
None

Asian Football Confederation Cup 2004-2020
None

AFC President's Cup 2005-2014*
Taiwan Power Company FC	1	2011

Asian Cup Winners Cup 1975-2003*
None

Asian Super Cup 1995-2002*
None

*defunct competitions

OTHER CLUB COMPETITIONS:

East Asian Champions Cup / A3 Champions Cup 2003-2007*
None

*defunct competition

NATIONAL COMPETITIONS
TABLE OF HONOURS

	CHAMPIONS
1983	Flying Camel
1984	Flying Camel
1985	Flying Camel
1986	Taipei City Bank
1987	Taiwan Power Company FC
1988	Flying Camel
1989	Taipei City Bank
1990	Taiwan Power Company FC
1991	Taipei City Bank
1992	Taiwan Power Company FC
1993	Flying Camel
1994	Taiwan Power Company FC
1995	Taiwan Power Company FC
1996	Taiwan Power Company FC
1997	Taiwan Power Company FC
1998	Taiwan Power Company FC
1999	Taiwan Power Company FC
2000/2001	Taiwan Power Company FC
2001/2002	Taiwan Power Company FC
2002/2003	Taiwan Power Company FC
2004	Taiwan Power Company FC
2005	Tatung FC Taipei
Fubon Enterprise Football League	
2006	Tatung FC Taipei
2007	Taiwan Power Company FC
2008	Taiwan Power Company FC
Intercity Football League	
2009	Kaohsiung Yaoti
2010	Kaohsiung County Taipower
2011	Taiwan Power Company FC
2012	Taiwan Power Company FC
2013	Tatung FC Taipei
2014	Taiwan Power Company FC
2015/2016	Taiwan Power Company FC
Taiwan Football Premier League	
2017	Tatung FC Taipei
2018	Tatung FC Taipei
2019	Tatung FC Taipei
2020	Taiwan Steel FC

Note: after 2008, the Fubon Enterprise Football League was discontinued. The new top level is the Intercity Football League, which was organized since 2007. Former winners of Intercity Football League: 2007: Tatung FC Taipei; 2008: Taiwan Power Company FC.

NATIONAL CHAMPIONSHIP
Taiwan Football Premier League 2020

Please note: Tainan City FC were renamed Taiwan Steel FC

1.	**Taiwan Steel FC**	21	16	0	5	58	-	26	48
2.	Taiwan Power Company FC	21	14	4	3	41	-	27	46
3.	Taichung Futuro FC	21	12	3	6	33	-	17	39
4.	Tatung FC Taipei	21	12	2	7	47	-	24	38
5.	Hang Yuen FC Taipei	21	9	6	6	24	-	20	33
6.	Hasus TSU FC	21	6	2	13	27	-	50	20
7.	Taipei Red Lions FC (*Relegation Play-offs*)	21	2	3	16	19	-	58	9
8.	Ming Chuan University FC (*withdrew*)	21	2	2	17	21	-	48	8

Best goalscorer 2020:
Benchy Estama (HAI, Hang Yuen FC Taipei) – 25 goals

Relegation Play-offs [13.12.2020]
Taipei Red Lions FC – Inter Taoyuan FC   0-0; 4-2 pen

THE CLUBS

HANG YUEN FOOTBALL CLUB TAIPEI
Year of Formation: 2012
Stadium: Fu Jen University Ground, Taipei (1,000)

HASUS T.S.U. [TAIWAN SPORTS UNIVERSITY] FOOTBALL CLUB
Year of Formation: 2011
Stadium: Taichung Football Field, Taichung City (5,000)

TAIWAN POWER COMPANY FOOTBALL CLUB
Year of Formation: 1979
Stadium: Kaohsiung National Stadium, Kaohsiung City (55,000)

TATUNG FOOTBALL CLUB TAIPEI
Year of Formation: 1969
Stadium: Taipei Municipal Stadium, Taipei (16,000)

TAICHUNG FUTURO FOOTBALL CLUB
Year of Formation: 2016
Stadium: Taichung Taiyuan Football Pitch, Taichung (500)

TAIPEI RED LIONS FOOTBALL CLUB
Year of Formation: 1983
Stadium: Taipei Municipal Stadium, Taipei (16,000)

TAIWAN STEEL FOOTBALL CLUB
Year of Formation: 2016
Stadium: Tainan Football Field, Tainan (2,000)

NATIONAL TEAM
INTERNATIONAL MATCHES 2020/2021

03.06.2021	Kuwait City	Nepal - Chinese Taipei	2-0(1-0)	(WCQ)
07.06.2021	Kuwait City	Australia- Chinese Taipei	5-1(3-0)	(WCQ)
15.06.2021	Kuwait City	Chinese Taipei - Kuwait	1-2(0-1)	(WCQ)

03.06.2021, 22nd FIFA World Cup Qualifiers / AFC Qualifiers, Second Round
„Jaber Al Ahmad" Stadium, Kuwait City (Kuwait); Attendance: 0
Referee: Kim Woo-sung (Korea Republic)
NEPAL - CHINESE TAIPEI   **2-0(1-0)**
TPE: Shin Shin-an, Chen Wei-chuan, Pai Shao-yu, Chen Ting-yang, Cheng Hao, Yoshitaka Komori, Lin Chang-lun (74.Hsu Yi), Chen Jui-chieh (61.Gao Wei-jie), Wu Chun-ching (83.Tu Shao-chieh), Li Mao (83.Lin Ming-wei), Chen Chao-an (74.Emilio Lin Ching Estevez Tsai). Trainer: Vom Ca-nhum.

07.06.2021, 22nd FIFA World Cup Qualifiers / AFC Qualifiers, Second Round
„Jaber Al Ahmad" Stadium, Kuwait City (Kuwait); Attendance: 0
Referee: Saoud Ali Al Adba (Qatar)
AUSTRALIA- CHINESE TAIPEI   **5-1(3-0)**
TPE: Shin Shin-an, Chen Wei-chuan, Chen Ting-yang, Pai Shao-yu, Cheng Hao, Yoshitaka Komori (47.Tu Shao-chieh), Emilio Lin Ching Estevez Tsai (67.Lin Ming-wei), Gao Wei-jie (67.Li Mao), Chen Jui-chieh (80.Liang Meng-hsin), Wu Chun-ching (80.Hsu Heng-pin), Chen Chao-an. Trainer: Vom Ca-nhum.
Goal: Gao Wei-jie (62).

15.06.2021, 22nd FIFA World Cup Qualifiers / AFC Qualifiers, Second Round
"Jaber Al Ahmad" Stadium, Kuwait City; Attendance: 0
Referee: Ahmed Abu Bakar Said Al Kaf (Oman)
CHINESE TAIPEI - KUWAIT   **1-2(0-1)**
TPE: Shin Shin-an, Chen Ting-yang, Pai Shao-yu, Cheng Hao, Tu Shao-chieh (89.Hsu Yi), Hsieh Peng-lung, Emilio Lin Ching Estevez Tsai (82.Liang Meng-hsin), Wu Chun-ching (89.Yoshitaka Komori), Chen Jui-chieh (61.Li Mao), Chen Chao-an, Lin Ming-wei (81.Gao Wei-jie). Trainer: Vom Ca-nhum.
Goal: Wu Chun-ching (51).

NATIONAL TEAM PLAYERS
2020/2021

Name	DOB	Club
Goalkeepers		
SHIN Shin-an	10.10.1992	*Tatung FC Taipei*
Defenders		
CHEN Ting-yang	28.09.1992	*Taichung Futuro FC*
CHEN Wei-chuan	29.08.1992	*Tatung FC Taipei*
CHENG Hao	13.01.1997	*Tainan City FC*
HSIEH Peng-lung	13.11.1998	*Ming Chuan University FC*
LIANG Meng-hsin	03.04.2003	*Hualien Highschool FC*
LIN Chang-lun	28.06.1991	*Taiwan Power Company FC*
PAI Shao-yu	20.01.1998	*Tatung FC Taipei*
Midfielders		
GAO Wei-jie	24.06.1997	*Taiwan Power Company FC*
HSU Heng-pin	17.04.1993	*Taichung FA Futuro*
HSU Yi	21.10.1989	*Hang Yuen FC Taipei*
Yoshitaka KOMORI	27.03.1987	*Taichung FA Futuro*
Emilio Lin Ching Estevez TSAI	08.10.1998	*Ourense CF (ESP)*
TU Shao-chieh	02.01.1999	*Ming Chuan University FC*
WU Chun-ching	18.12.1988	*Tatung FC Taipei*
Forwards		
CHEN Chao-an	12.06.1995	*Taiwan Power Company FC*
CHEN Jui-chieh	15.07.1995	*Taiwan Steel FC*
LI Mao	02.11.1992	*Taichung FA Futuro*
LIN Ming-wei	20.05.2001	*Hang Yuen FC Taipei*
National coaches		
VOM Ca-nhum		14.06.1965

GUAM

The Country:
Guåhån (Guam)
Capital: Hagåtña
Surface: 541.3 km²
Population: 168,801 [2021]
Time: UTC+10
Guam is an overseas territory of the United States

The FA:
Guam Football Association
P.O.Box 20008
Barrigada 96921
Year of Formation: 1975
Member of FIFA since: 1996
Member of AFC since: 1996

NATIONAL TEAM RECORDS

First international match: 24.08.1975: Fiji - Guam 11-0
Most international caps: Jason Ryan Quitugua Cunliffe – 61 caps (since 2006)
Most international goals: Jason Ryan Quitugua Cunliffe – 22 goals / 61 caps (since 2006)

NATIONAL TEAM COMPETITIONS:

ASIAN NATIONS CUP	
1956	Did not enter
1960	Did not enter
1964	Did not enter
1968	Did not enter
1972	Did not enter
1976	Did not enter
1980	Did not enter
1984	Did not enter
1988	Did not enter
1992	Did not enter
1996	Qualifiers
2000	Qualifiers
2004	Qualifiers
2007	Did not enter
2011	Qualifiers
2015	Did not enter
2019	*Withdrew during qualifiers*

FIFA WORLD CUP	
1930	Did not enter
1934	Did not enter
1938	Did not enter
1950	Did not enter
1954	Did not enter
1958	Did not enter
1962	Did not enter
1966	Did not enter
1970	Did not enter
1974	Did not enter
1978	Did not enter
1982	Did not enter
1986	Did not enter
1990	Did not enter
1994	Did not enter
1998	Did not enter
2002	Qualifiers
2006	*Withdrew*
2010	*Withdrew*
2014	Did not enter
2018	Qualifiers

F.I.F.A. CONFEDERATIONS CUP 1992-2017

None

OLYMPIC FOOTBALL TOURNAMENTS 1900-2016

None

AFC CHALLENGE CUP 2006-2014		EAST ASIAN CHAMPIONSHIP 2003-2019		SOUTH PACIFIC GAMES 1963-2017	
2006	Group Stage	2003	Qualifiers	1963	-
2008	Qualifiers	2005	Qualifiers	1966	-
2010	-	2008	Qualifiers	1969	-
2012	-	2010	Qualifiers	1971	-
2014	Qualifiers	2013	Qualifiers	1975	Group Stage
		2015	Qualifiers	1979	Group Stage
		2017	Qualifiers	1983	-
		2019	Qualifiers	1987	-
				1991	Group Stage
				1995	Group Stage
				2003	-
				2007	-
				2011	-
				2015	-
				2017	-

GUAMANIAN CLUB HONOURS IN ASIAN CLUB COMPETITIONS:

AFC Champions League 1967-1971 & 1985/1986-2020
None

Asian Football Confederation Cup 2004-2020
None

AFC President's Cup 2005-2014*
None

Asian Cup Winners Cup 1975-2003*
None

Asian Super Cup 1995-2002*
None

*defunct competition

NATIONAL COMPETITIONS
TABLE OF HONOURS

	CHAMPIONS	CUP WINNERS
1990	University of Guam	-
1991	University of Guam	-
1992	University of Guam	-
1993	University of Guam	-
1994	Tumon Taivon Tamuning	-
1995	Continental Micronesia G-Force	-
1996	Continental Micronesia G-Force	-
1997	Tumon Soccer Club	-
1998	Spring: Anderson Soccer Club Fall: Island Cargo Overall: Anderson Soccer Club	-
1999	Spring: Carpet One Fall: Coors Light Silver Bullets Overall: Coors Light Silver Bullets	-
2000	Spring: Coors Light Silver Bullets Fall: Navy Overall: Coors Light Silver Bullets	-
2001	Spring: Coors Light Silver Bullets Fall: Staywell Zoom	-
2002	Spring: Guam Shipyard FC Fall: Guam Shipyard FC	-
2003	Spring: Guam Shipyard FC Fall: Guam Shipyard FC	-
2004	Spring: Guam U-18 Fall: Guam U-18	-
2005	Spring: Guam Shipyard FC Fall: Guam Shipyard FC	-
2006	Spring: Guam Shipyard FC Fall: Guam Shipyard FC	-
2007	Spring: Quality Distributors	-
2007/2008	Quality Distributors FC	Quality Distributors FC
2008/2009	Quality Distributors FC	Quality Distributors FC
2009/2010	Quality Distributors FC	Guam Shipyard FC
2010/2011	Car Plus FC	Quality Distributors FC
2011/2012	Quality Distributors FC	Guam Shipyard FC
2012/2013	Quality Distributors FC	Quality Distributors FC
2013/2014	Rovers DI FC Guam	Rovers DI FC Guam
2014/2015	Rovers DI FC Guam	Guam Shipyard FC
2015/2016	Rovers DI FC Guam	Rovers DI FC Guam
2016/2017	Rovers DI FC Guam	Guam Shipyard FC
2017/2018	Rovers DI FC Guam	Bank of Guam Strykers FC
2018/2019	Rovers FC Guam	Bank of Guam Strykers FC
2019/2020	*Championship suspended*	*Competition suspended*
2020/2021	*Championship cancelled*	*Competition cancelled*

NATIONAL CHAMPIONSHIP
Budweiser Guam Men's Soccer League Division One 2020/2021

The championship was cancelled on 16.03.2020 due to Covid-19 pandemic.

NATIONAL CUP
Guam FA Cup Final 2020/2021

The competition was cancelled due to Covid-19 pandemic.

NATIONAL TEAM
INTERNATIONAL MATCHES 2020/2021

30.05.2021	*Suzhou*	*Guam - China P.R.*	*0-7(0-2)*	*(WCQ)*
07.06.2021	*Sharjah*	*Guam - Syria*	*0-3(0-2)*	*(WCQ)*
11.06.2021	*Sharjah*	*Philippines - Guam*	*3-0(1-0)*	*(WCQ)*

30.05.2021, 22nd FIFA World Cup Qualifiers / AFC Qualifiers, Second Round
Suzhou Olympic Sports Centre, Suzhou; Attendance: 29,222
Referee: Sivakorn Pu-udom (Thailand)
GUAM - CHINA P.R.   **0-7(0-2)**
GUM: Dallas Jeffrey Jaye, Isiah Kazunori Kimura Lagutang, Leon Marcus Morimoto, Mark Anthony Torres Chargualaf, Marlon Uchiyama Evans, Shane Tenorio Healy, Ryan Christopher Quitugua (46.Nathaniel Prescott Wei Wah Lee), Anthony Moon (32.Eduardo Jesus Pedemonte Jr.), Marcus Phillip Joseph López, Devan Jakob Camacho Mendiola, Clayton Akira Sato. Trainer: Suh Dong-won (Korea Republic).

07.06.2021, 22nd FIFA World Cup Qualifiers / AFC Qualifiers, Second Round
Sharjah Stadium, Sharjah (United Arab Emirates); Attendance: 0
Referee: Khalid Al Turais (Saudi Arabia)
GUAM - SYRIA   **0-3(0-2)**
GUM: Dallas Jeffrey Jaye, Alexander Francis Vei Chen Lee, Justin David Weihung Lee (76.Kyle Ko Halehale), Marlon Uchiyama Evans, Isiah Kazunori Kimura Lagutang, Mark Anthony Torres Chargualaf, Jason Ryan Quitugua Cunliffe, Travis James Nicklaw, John Landa Matkin (85.Devan Jakob Camacho Mendiola), Shawn Keoni Aguigui (46.Leon Marcus Morimoto), Clayton Akira Sato. Trainer: Suh Dong-won (Korea Republic).

11.06.2021, 22nd FIFA World Cup Qualifiers / AFC Qualifiers, Second Round
Sharjah Stadium, Sharjah (United Arab Emirates); Attendance: 0
Referee: Ammar Ali Abdulla Al Jeneibi (United Arab Emirates)
PHILIPPINES - GUAM   **3-0(1-0)**
GUM: Dallas Jeffrey Jaye, Alexander Francis Vei Chen Lee (78.Leon Marcus Morimoto), Isiah Kazunori Kimura Lagutang, Nathaniel Prescott Wei Wah Lee, Jason Ryan Quitugua Cunliffe, Travis James Nicklaw, John Landa Matkin (62.Mark Anthony Torres Chargualaf), Marlon Uchiyama Evans (78.Shane Tenorio Healy), Kyle Ko Halehale, Marcus Phillip Joseph López (73.Devan Jakob Camacho Mendiola), Clayton Akira Sato. Trainer: Suh Dong-won (Korea Republic).

NATIONAL TEAM PLAYERS 2020/2021

Name	DOB	Club

Goalkeepers

Dallas Jeffrey JAYE	19.06.1993	*Greenville Triumph (USA)*

Defenders

Mark Anthony Torres CHARGUALAF	03.01.1991	*Table 35 Espada FC*
Marlon Uchiyama EVANS	03.08.1997	*Bank of Guam Strykers FC*
Shane Tenorio HEALY	03.07.1998	*Bank of Guam Strykers FC*
Isiah Kazunori Kimura LAGUTANG	03.08.1997	*Bank of Guam Strykers FC*
Alexander Francis Vei Chen LEE	05.01.1990	*FC Frederick (USA)*
Justin David Weihung LEE	05.01.1990	*FC Frederick (USA)*
Nathaniel Prescott Wei Wah LEE	06.05.1994	*FC Frederick (USA)*
Leon Marcus MORIMOTO	18.12.2001	*CA Temperley (ARG)*

Midfielders

Devan Jakob Camacho MENDIOLA	16.01.1999	*Rovers DI FC Guam*
Jason Ryan Quitugua CUNLIFFE	23.10.1983	*Bank of Guam Strykers FC*
Kyle Ko HALEHALE	03.06.1992	*Manhoben Lalåhi*
John Landa MATKIN	20.04.1986	*Unattached*
Anthony MOON	14.10.2001	*Manhoben Lalåhi*
Travis James NICKLAW	21.12.1993	*Unattached*
Eduardo Jesus PEDEMONTE Jr.	22.07.2003	*South San Francisco Warriors (USA)*
Ryan Christopher QUITUGUA	01.01.1997	*Rovers DI FC Guam*
Clayton Akira SATO	20.07.1999	*Unattached*

Forwards

Shawn Keoni AGUIGUI	13.08.1996	*Vallejo Omega (USA)*
Marcus Phillip Joseph LÓPEZ	09.02.1992	*Bank of Guam Strykers FC*

National coaches

SUH Dong-won (Korea Republic) [from 25.04.2021]	12.12.1973

HONG KONG

The Country:
Hong Kong Special Administrative Region Capital: Hong Kong Surface: 1,108 km² Population: 7,500,700 [2019] Time: UTC+8
The FA:
The Hong Kong Football Association 55 Fat Kwong Street Homantin, Kowloon, Hong Kong Year of Formation: 1914 Member of FIFA since: 1954 Member of AFC since: 1954

NATIONAL TEAM RECORDS

First international match: 02.05.1954, Manila (PHI): Korea Republic – Hong Kong 3-3
Most international caps: Yapp Hung Fai – 79 caps (since 2010)
Most international goals: Chan Siu Ki – 40 goals / 70 caps (2004-2017)

NATIONAL TEAM COMPETITIONS:

ASIAN NATIONS CUP	
1956	Final Tournament (3rd Place)
1960	Qualifiers
1964	Final Tournament (4th Place)
1968	Final Tournament (5th Place)
1972	Qualifiers
1976	Qualifiers
1980	Qualifiers
1984	Qualifiers
1988	Qualifiers
1992	Qualifiers
1996	Qualifiers
2000	Qualifiers
2004	Qualifiers
2007	Qualifiers
2011	Qualifiers
2015	Qualifiers
2019	Qualifiers

FIFA WORLD CUP	
1930	Did not enter
1934	Did not enter
1938	Did not enter
1950	Did not enter
1954	Did not enter
1958	Did not enter
1962	Did not enter
1966	Did not enter
1970	Did not enter
1974	Qualifiers
1978	Qualifiers
1982	Qualifiers
1986	Qualifiers
1990	Qualifiers
1994	Qualifiers
1998	Qualifiers
2002	Qualifiers
2006	Qualifiers
2010	Qualifiers
2014	Qualifiers
2018	Qualifiers

F.I.F.A. CONFEDERATIONS CUP 1992-2017
None

OLYMPIC FOOTBALL TOURNAMENTS 1908-2016

1908	-	1948	-	1972	-	1996	Qualifiers
1912	-	1952	-	1976	-	2000	Qualifiers
1920	-	1956	-	1980	-	2004	Qualifiers
1924	-	1960	-	1984	Qualifiers	2008	Qualifiers
1928	-	1964	-	1988	Qualifiers	2012	Qualifiers
1936	-	1968	-	1992	Qualifiers	2016	Qualifiers

ASIAN GAMES 1951-2014		EAST ASIAN CHAMPIONSHIP 2003-2019	
1951	-	2003	4th Place
1954	Group Stage	2005	Qualifiers
1958	Quarter-Finals	2008	Qualifiers
1962	-	2010	4th Place
1966	-	2013	Qualifiers
1970	-	2015	Qualifiers
1974	-	2017	Qualifiers
1978	-	2019	4th Place
1982	-		
1986	-		
1990	Group Stage		
1994	Group Stage		
1998	Group Stage		
2002	Group Stage		
2006	Group Stage		
2010	1/8 Finals		
2014	2nd Round of 16		

HONG KONG CLUB HONOURS IN ASIAN CLUB COMPETITIONS:

AFC Champions League 1967-1971 & 1985/1986-2020
None

Asian Football Confederation Cup 2004-2020
None

AFC President's Cup 2005-2014*
None

Asian Cup Winners Cup 1975-2003*
None

Asian Super Cup 1995-2002*
None

*defunct competitions

NATIONAL COMPETITIONS
TABLE OF HONOURS

Champions before 1945:
1908-09 Royal East Kent Regiment; 1909-10 Royal Garrison Artillery; 1910-11 Royal East Kent Regiment; 1911-12 King's Own Rifles; 1912-13 Royal Garrison Artillery; 1913-14 Duke of Cornwall's Light Infantry; 1914-15 Royal Garrison Artillery; 1915-16 Royal Garrison Artillery; 1916-17 Royal Engineers; 1917-18 Royal Garrison Artillery; 1918-19 Royal Navy; 1919-20 Hong Kong FC; 1920-21 Wiltshire Regiment; 1921-22 HMS „Curlew"; 1922-23 King's Own Rifles; 1923-24 South China AA; 1924-25 East Surrey Regiment; 1925-26 Kowloon FC; 1926-27 South China AA; 1927-28 Chinese Athletic; 1928-29 Chinese Athletic; 1929-30 Chinese Athletic; 1930-31 South China AA; 1931-32 South Welsh Borderers; 1932-33 South China AA; 1933-34 South Welsh Borderers; 1934-35 South China AA; 1935-36 South China AA; 1936-37 Ulster Guards; 1937-38 South China AA „B" ; 1938-39 South China AA; 1939-40 South ChinaAA; 1940-41 South China AA; 1941-42 *Not finished*; 1942-45 *No competition.*

	CHAMPIONS	CUP WINNERS
1945/1946	Royal Air Force	-
1946/1947	Sing Tao Sports Club	-
1947/1948	Kitchee SC	-
1948/1949	South China AA	-
1949/1950	Kitchee SC	-
1950/1951	South China AA	-
1951/1952	South China AA	-
1952/1953	South China AA	-
1953/1954	Kowloon Motor Bus Co.	-
1954/1955	South China AA	-
1955/1956	Eastern AA	-
1956/1957	South China AA	-
1957/1958	South China AA	-
1958/1959	South China AA	-
1959/1960	South China AA	-
1960/1961	South China AA	-
1961/1962	South China AA	-
1962/1963	Yuen Long District SA	-
1963/1964	Kitchee SC	-
1964/1965	Happy Valley AA	-
1965/1966	South China AA	-
1966/1967	Kowloon Motor Bus Co.	-
1967/1968	South China AA	-
1968/1969	South China AA	-
1969/1970	Jardines	-
1970/1971	Hong Kong Rangers FC	-
1971/1972	South China AA	-
1972/1973	Seiko SA	-
1973/1974	South China AA	-
1974/1975	Seiko SA	Seiko SA
1975/1976	South China AA	Seiko SA
1976/1977	South China AA	Hong Kong Rangers FC
1977/1978	South China AA	Seiko SA
1978/1979	Seiko SA	Yuen Long District SA

1979/1980	Seiko SA	Seiko SA
1980/1981	Seiko SA	Seiko SA
1981/1982	Seiko SA	Bulova
1982/1983	Seiko SA	Bulova
1983/1984	Seiko SA	Eastern AA
1984/1985	Seiko SA	South China AA
1985/1986	South China AA	Seiko SA
1986/1987	South China AA	South China AA
1987/1988	South China AA	South China AA
1988/1989	Happy Valley AA	Lai Sun
1989/1990	South China AA	South China AA
1990/1991	South China AA	South China AA
1991/1992	South China AA	Ernest Borel
1992/1993	Eastern AA	Eastern AA
1993/1994	Eastern AA	Eastern AA
1994/1995	Eastern AA	Hong Kong Rangers FC
1995/1996	Instant-Dict FA	South China AA
1996/1997	South China AA	Instant-Dict FA
1997/1998	Instant-Dict FA	Instant-Dict FA
1998/1999	Happy Valley AA	South China AA
1999/2000	South China AA	Happy Valley AA
2000/2001	Happy Valley AA	Instant-Dict FA
2001/2002	Convoy Sun Hei SC	South China AA
2002/2003	Happy Valley AA	Convoy Sun Hei SC
2003/2004	Convoy Sun Hei SC	Happy Valley AA
2004/2005	Convoy Sun Hei SC	Convoy Sun Hei SC
2005/2006	Happy Valley AA	Xiangxue Sun Hei SC
2006/2007	South China AA	South China AA
2007/2008	South China AA	Citizen AA
2008/2009	South China AA	NT Realty Wofoo Tai Po
2009/2010	South China AA	TSW Pegasus FC
2010/2011	Kitchee SC	South China AA
2011/2012	Kitchee SC	Kitchee SC
2012/2013	South China AA	Kitchee SC
2013/2014	Kitchee SC	Eastern Salon Football Team
2014/2015	Kitchee SC	Kitchee SC
2015/2016	Eastern Sports Club	Hong Kong Pegasus FC
2016/2017	Kitchee SC	Kitchee SC
2017/2018	Kitchee SC	Kitchee SC
2018/2019	Tai Po FC	Kitchee SC
2019/2020	Kitchee SC	Eastern Sports Club
2020/2021	Kitchee SC	*Competition cancelled*

OTHER HONG KONG CUP COMPETITION WINNERS:

Viceroy Cup:
1969-70 Jardines; 1970-71 Eastern AA; 1971-72 South China AA; 1972-73 Seiko SA; 1973-74 Hong Kong Rangers FC; 1974-75 Hong Kong Rangers FC; 1975-76 Happy Valley AA; 1976-77 Caroline Hill; 1977-78 Seiko SA; 1978-79 Seiko SA; 1979.1980 South China AA; 1980.1981 Eastern AA; 1981.1982 Bulova; 1982.1983 Bulova; 1983.1984 Seiko SA; 1984.1985 Seiko SA; 1985.1986 Seiko SA; 1986.1987 South China AA; 1987.1988 South China AA; 1988.1989 Lai Sun; 1989-90 Lai Sun; 1990-91 South China AA; 1991-92 Ernest Borel; 1992-93 South China AA; 1993-94 South China AA; 1994-95 Sing Tao; 1995-96 Instant-Dict FA; 1996-97 Sing Tao; 1997-98 South China AA.

NATIONAL CHAMPIONSHIP
BOC Life Hong Kong Premier League 2020/2021

1. Kitchee SC	14	10	4	0	29	-	9	34
2. Eastern Sports Club	14	9	4	1	33	-	12	31
3. TSW Pegasus FC Yuen Long	14	8	1	5	20	-	17	25
4. Lee Man FC	14	6	3	5	26	-	19	21
5. Southern District Recreations & Sports Association Ltd	14	3	3	8	24	-	30	12
6. Resources Capital FC	14	4	0	10	11	-	35	12
7. Hong Kong Rangers FC	14	2	5	7	14	-	23	11
8. Happy Valley AA	14	1	6	7	14	-	26	9

<u>Please note</u>: top-4 teams were qualified for the Championship Group, while teams ranked 5-8 were qualified for the Relegation Group.

Relegation Group

5. Southern District Recreations & Sports Association Ltd	17	4	4	9	29	-	35	16
6. Hong Kong Rangers FC	17	3	7	7	25	-	28	16
7. Resources Capital FC	17	5	0	12	15	-	49	15
8. Happy Valley AA	17	2	7	8	25	-	33	13

Championship Group

1. **Kitchee SC**	17	11	4	2	32	-	12	37
2. Eastern Sports Club	17	10	4	3	38	-	16	34
3. Lee Man FC	17	9	3	5	34	-	21	30
4. TSW Pegasus FC Yuen Long	17	9	1	7	23	-	27	28

Best goalscorer 2020/2021:
Dejan Damjanović (MNE, Kitchee SC) – 17 goals

NATIONAL CUP
FA Cup Final 2020/2021

The competition was cancelled due to COVID-19 pandemic.

THE CLUBS 2020/2021

EASTERN SPORTS CLUB

Year of Formation: 1932
Stadium: Mong Kok Stadium, Hong Kong (6,664)

THE SQUAD	DOB	M	(s)	G
Goalkeepers: Tsang Man Fai	02.08.1991	1		
Yapp Hung Fai	21.03.1990	16		
Defenders: Chak Ting Fung	27.11.1989	9	(2)	
Clayton Michel Afonso (BRA)	18.07.1988	13	(1)	2
Luis Eduardo Chebel Klein Nunes „Dudu" (BRA)	17.04.1990	9	(1)	1
Eduardo Praes (BRA)	03.11.1988	8	(3)	2
Fung Hing Wa	12.12.1992	8	(4)	
Alexander Christian Jojo (ENG)	11.02.1999	1	(2)	
Lee Ka Yiu	26.04.1992	11	(3)	
Wong Tsz Ho	07.03.1994	12	(2)	
Midfielders: Cheng Tsz Sum	20.03.1999		(2)	
Diego Eli Moreira	04.09.1988	10	(4)	1
João Emir Porto Pereira (BRA)	17.03.1989	8		1
Oliver Benjamin Laxton	29.06.1999		(5)	
Leung Chun Pong	01.10.1986	11	(3)	
Leung Kwun Chung	01.04.1992	7	(6)	
Jared Lum (AUS)	19.07.1992	10	(5)	4
Wong Wai	27.08.1992	6	(7)	
Forwards: Chen Hao-wei (TPE)	30.04.1992	1		
Chung Wai Keung	21.10.1995	1	(8)	2
Everton Camargo (BRA)	25.05.1991	5	(2)	3
Fernando Augusto Azevedo Pedreira	14.11.1986	12	(3)	5
Naveed Khan (PAK)	07.01.2000		(3)	1
Lucas Espindola da Silva (BRA)	06.05.1990	12	(2)	5
Alessandro Ferreira Leonardo „Sandro"	10.03.1987	16	(1)	11
Trainer: Lee Chi-Kin	03.01.1967	17		

HAPPY VALLEY ATHLETIC ASSOCIATION

Year of Formation: 1950
Stadium: Sham Shui Po Sports Ground, Hong Kong (2,194)

THE SQUAD	DOB	M	(s)	G
Goalkeepers: Chung Wai Ho	17.11.1990	1		
To Chun Kiu	17.07.1994	13		
Tse Ka Wing	04.09.1999	3		
Defenders: Chan Yun Tung	07.07.2002		(2)	
Cheung Chun Hin Marco	07.01.1999	11	(3)	
Lam Hin Ting	09.12.1999	11		1
Luciano Silva da Silva (BRA)	13.06.1987	16		4
Poon Pui Hin	03.10.2000	12	(4)	
Siu Chi Ho	13.04.1996	4	(2)	
Tsang Chi Hau	12.01.1990	2	(3)	
Wong Ho Yin	12.06.1998	10		1
Yip Cheuk Man	12.10.2001	8	(1)	1
Midfielders: Lai Pui Kei	29.12.2001	2	(4)	
Jerry Lam Lok Yin	19.11.2001	8	(2)	
Lam Ngai Tong (MAC)	13.01.1990	6	(5)	
Mikael Severo Burkatt (BRA)	26.04.1993	14		4
Henry Moore	04.10.2002		(1)	
Charlie Scott (ENG)	02.09.1997	16		3
Jesse Yu Joy Yin	08.10.2001	1		
Forwards: Razaq Akanni Adegbite (NGA)	20.12.1992	6	(9)	1
Chu Wai Kwan	09.02.1999	8	(7)	2
Jahangir Khan	03.10.2000	9	(2)	
Ng Ka Yeung	02.05.2001	7	(3)	
Robert Odu (NGA)	30.04.1999	11	(1)	5
Wong Chi Hong	25.01.1999	2	(3)	
Yuen Sai Kit	19.12.1999	6	(8)	2
Trainer: Pau Ka Yiu	06.05.1971	17		

KITCHEE SPORTS CLUB

Year of Formation: 1931
Stadium: Mong Kok Stadium, Hong Kong (6,664)

THE SQUAD		DOB	M	(s)	G
Goalkeepers:	Guo Jianqiao (CHN)	20.07.1983	1	(1)	
	Paulo César da Silva Argolo (BRA)	27.03.1986	3		
	Wang Zhenpeng	05.05.1984	13		
Defenders:	Clément Sami Nicolas Benhaddouche (FRA)	11.05.1996	4	(3)	1
	Roberto Orlando Affonso Junior „Beto"	28.05.1983	9	(1)	1
	Daniel "Dani" Cancela Rodríguez (ESP)	23.09.1981	13	(3)	
	Hélio José de Souza Gonçalves (BRA)	31.01.1986	15	(1)	
	Law Tsz Chun	02.03.1997	8	(2)	
	Li Ngai Hoi	15.10.1994	2		2
	Park Jun-hyung (KOR)	25.01.1993	13		
	Tomas Maronesi (BRA)	07.04.1985	6	(2)	1
	Tong Kin Man	10.01.1985	3	(3)	
	Tse Sean Ka Keung	03.05.1992	3	(4)	
Midfielders:	Barak Braunshtain (ISR)	10.06.1999		(2)	
	Cheng Chin Lung	01.07.1998	7	(3)	
	Cleiton de Oliveira Velasques (BRA)	09.12.1986	12	(1)	1
	Ho Chun Ting	18.12.1998	8	(4)	1
	Huang Yang	19.10.1983	4	(5)	
	Sohgo Ichikawa	30.07.2004		(1)	
	Ju Yingzhi (CHN)	24.07.1987	2	(3)	
	Ngan Cheuk Pan	22.01.1998	1	(4)	
	José Raúl Baena Urdiales (ESP)	02.03.1989	13		1
	Mark Francis Mercenes Swainston (PHI)	13.11.1999	2	(2)	
Forwards:	Alexander Oluwatayo Akande	09.02.1989	1	(6)	
	Sebastian Buddle (ENG)	27.07.1999	2	(2)	
	Shinichi Chan Chun Yat	05.09.2002	4	(6)	
	Dejan Damjanović (MNE)	27.07.1981	11	(3)	17
	Manuel "Manu" Gavilán Morales (ESP)	12.07.1991	10	(4)	4
	Matthew Elliot Wing Kai Orr	01.01.1997	15	(2)	3
	Peng Lin Lin	18.08.1998		(1)	
	Wellingsson de Souza (BRA)	07.09.1989	2	(2)	
Trainer:	Alex Chu Chi Kwong	29.03.1966	17		

LEE MAN FOOTBALL CLUB

Year of Formation: 2017
Stadium: Tseung Kwan O Sports Ground, Hong Kong (3,500)

THE SQUAD		DOB	M	(s)	G
Goalkeepers:	Chan Ka Ho	27.01.1996	4		
	Chun Yuen Ho	19.07.1995	13		
Defenders:	Fernando Recio Comí	17.12.1982	15		1
	José Ángel Alonso Martín (ESP)	02.03.1989	5	(3)	
	Tsang Kam To	21.06.1989	9	(6)	
	Tsui Wang Kit	05.01.1997	11	(3)	1
	Wong Yim Kwan	01.08.1992		(4)	
	Yu Pui Hong	07.02.1995	10	(5)	
	Yu Wai Lim	21.09.1998	13	(2)	
Midfielders:	Jonathan Leonel Acosta (ARG)	11.10.1988	14	(2)	1
	Ngan Lok Fung	26.01.1993	10	(3)	
	Serhiy Shapoval (UKR)	07.02.1990	11	(2)	2
	Tam Lok Hin	12.01.1991	4	(2)	
	Wong Chun Ho	03.05.1990	15	(2)	2
Forwards:	Chang Hei Yin	06.04.2000	1	(4)	
	Cheng Siu Kwang	13.01.1997	9	(8)	
	Givanilton Martins Ferreira "Gil" (BRA)	13.04.1991	13	(4)	12
	Kim Seung-yong (KOR)	14.03.1985	10	(4)	4
	Lee Hong Lim	29.09.1983	7	(7)	3
	Leong Ka Hang	22.11.1992	1		
	Manuel Bleda Rodríguez (ESP)	31.07.1990	8	(1)	3
	Yuto Nakamura	23.01.1987	2	(5)	
	Michaël N'dri (FRA)	01.11.1984	2	(1)	3
	Wong Ho Chun	02.04.2002		(4)	
Trainer:	Chan Hiu Ming	02.01.1975	17		

TSW PEGASUS FOOTBALL CLUB YUEN LONG

Year of Formation: 2008
Stadium: Yuen Long Stadium, Yuen Long, Hong Kong (4,932)

THE SQUAD		DOB	M	(s)	G
Goalkeepers:	Leung Hing Kit	22.10.1989	16		
	Luk Felix	07.05.1994	1		
Defenders:	Chan Matthew Ching Him	18.04.1998		(4)	
	Chan Pak Hang	21.11.1992	4	(5)	
	Fábio Lopes Alcantara (BRA)	24.03.1977	8	(7)	1
	Fong Pak Lun	14.04.1993	16	(1)	
	José Carlos Borges de Araújo Junior „Júnior Goiano" (BRA)	07.11.1991	16		1
	Lau Hok Ming	16.10.1995	3	(7)	1
	Law Chun Ting	11.01.1996	13	(2)	
	Tse Long Hin	06.02.1995	14	(2)	
Midfielders:	Bernardo Vieira de Souza (BRA)	20.05.1990	2		
	Chris Chung	20.06.1998		(4)	
	Chan Hiu Fung	08.12.1994		(6)	
	Chiu Wan Chun	14.05.2001		(1)	
	Kessi Isac dos Santos (BRA)	26.10.1994	16		1
	Kwok Tsz Kaai	26.12.1996	1	(4)	
	Lai Kak Yi	10.05.1996	13	(3)	1
	Law Hiu Chung	10.06.1995	9	(5)	1
	Wu Chun Ming	21.11.1997	11	(1)	
Forwards:	Lee Oi Hin	16.07.1999		(1)	
	Marcos Antônio da Silva Gonçalves „Marquinhos" (BRA)	17.10.1989	13	(3)	7
	Ng Man Hei	13.11.2000		(2)	
	José Nilson dos Santos Silva (BRA)	06.04.1991	16	(1)	6
	Bobby Kiranbir Singh	27.09.1998		(8)	
	Sun Ming Him	19.06.2000	15	(2)	4
Trainer:	Kwok Kar-Lok Kenneth	14.03.1980	17		

HONG KONG RANGERS FOOTBALL CLUB

Year of Formation: 1958 (*as Rangers Football Team*)
Stadium: Hammer Hill Road Sports Ground, Hong Kong (2,200)

THE SQUAD		DOB	M	(s)	G
Goalkeepers:	Li Yat Chun	08.12.1995	5		
	Lo Siu Kei	15.09.2001	2		
	Oleksiy Shliakotin (UKR)	02.09.1989	10		
Defenders:	Chan Lik Hang	28.03.2000		(1)	
	Chung Sing Lam	14.08.1998	13	(2)	
	Douglas Almeida Marques „Douglão" (BRA)	03.04.1987	9	(5)	
	Fernando Lopes Alcântara (BRA)	28.03.1987	9	(3)	1
	Jean-Jacques Kilama	13.10.1985	13		1
	Lo Kwan Yee	09.10.1984	16		4
	Tse Wai Chun	30.01.1997	6	(4)	
	Wong Chun Hin Hinson	21.03.1999	3	(4)	
	Yiu Ho Ming	01.05.1995	16		1
Midfielders:	Chan Philip Siu Kwan	01.08.1992	12	(2)	2
	Cheung Ka Chun	08.05.2000		(2)	
	Chow Ka Lok Leo	17.04.1999	4	(4)	
	Lam Ka Wai	05.06.1985	17		1
	Wong Chun Hin	09.07.1995	4	(8)	1
	Wong Pun Wai	23.03.2000		(1)	
Forwards:	Augusto Carvalho da Silva Neto (BRA)	02.08.1996	14		4
	Hirokane Harima	31.01.1998	4	(9)	1
	Lam Hok Hei	18.09.1991	12	(5)	4
	Lau Chi Lok	15.10.1993	5	(10)	
	Lee Si Wang	17.07.1999		(2)	
	Tang Lok Man	15.09.1997	1	(3)	
	Tang Tsz Kwan	22.11.1998		(4)	
	Walter Soares Belitardo Júnior „Juninho" (BRA)	11.12.1990	12	(1)	5
Trainer:	Chiu Chung Man	07.10.1969	17		

RESOURCES CAPITAL FOOTBALL CLUB

Year of Formation: 1982 (*as Tai Chung Publisher*)
Stadium: Tsing Yi Sports Ground, Tsing Yi, Hong Kong (1,500)

THE SQUAD		DOB	M	(s)	G
Goalkeepers:	Lam Chun Kit	06.01.1998	17		
Defenders:					
	Jordon Graham John Brown (ENG)	10.02.1994	8	(1)	
	Albert Canal Bartrina (ESP)	10.06.1991	16		1
	Cheng King Ho	07.11.1989	15		1
	Chung Chun Ho	03.06.1995	2	(2)	
	Ho Chun Ho	07.07.1996	3	(5)	
	Tsang Chung Nam	14.11.1995	10	(2)	
	Wong Lok	23.10.1996	6	(4)	
Midfielders:	Lam Fu Kwai	16.01.1997	4	(7)	
	Lau Kwan Ching	15.05.2002	12	(3)	
	Law Ho Yin	13.09.1998	11	(5)	
	Liu Yik Shing	17.07.1995	10	(6)	1
	Ma Man Ching	29.05.2002		(7)	
	Carles Tena Parra (ESP)	15.10.1992	9		2
	Yue Tze Nam	12.05.1998	15		1
Forwards:	Felipe Alexandre Gonçalves de Sá (BRA)	29.05.1995	11	(2)	6
	Ho Sze Chit	16.07.1994	5	(9)	
	Ki Sze Ho	22.01.2000	2	(7)	
	Law Chun Yan	21.06.1994	15	(1)	2
	Pansotra Gauravdeep Singh	09.11.1997	8	(5)	
	Wong Ching Tak	04.03.2002		(1)	
	Wong Wai Kwok	20.05.1999	8	(8)	1
Trainer:	Joan Esteva Pomares (ESP)	24.09.1973	17		

SOUTHERN DISTRICT RECREATIONS & SPORTS ASSOCIATION LTD.
Year of Formation: 2002
Stadium: Aberdeen Sports Ground Stadium, Aberdeen, Hong Kong (4,000)

THE SQUAD		DOB	M	(s)	G
Goalkeepers:	Choy Tsz To	04.09.1999	4	(1)	
	Tse Tak Him	10.02.1985	13		
Defenders:	Stefan Antonic (IDN)	06.02.2001		(1)	
	Chan Hoi Pak Paco	29.01.1999	4	(8)	
	Chan Kong Pan	13.04.1996	16		
	Roberto Fronza (BRA)	10.07.1984	14	(2)	
	Hui Wang Fung	04.02.1994	16	(1)	
	Kota Kawase (JPN)	08.11.1992	15		3
	Zeshan Rehman (PAK)	14.10.1983	11	(3)	1
	Jonathan Jack Sealy	04.05.1987	11	(3)	
Midfielders:	Cheng Chun Wang Ryan	11.02.2001	3	(4)	
	Toby Down	03.06.1994	12	(2)	
	Matthew Thomas Lam (CAN)	10.09.1989	4		
	Lau Ho Lam	22.01.1993	1	(4)	
	Pedro Rafael Amado Mendes (POR)	06.12.1993	7	(1)	
Forwards:	Matthew John Cahill (AUS)	06.08.2000	2	(7)	2
	Chan Kwong Ho	31.12.1996	2	(11)	
	James Stephen Gee Ha	26.12.1992	14	(1)	12
	Lam Lok Kan Jordan	02.02.1999	5	(7)	
	Shu Sasaki (JPN)	12.02.1991	17		2
	Stefan Figueiredo Pereira (BRA)	04.07.1988	16	(1)	9
Trainer:	Zeshan Rehman (PAK)	14.10.1983	17		

NATIONAL TEAM
INTERNATIONAL MATCHES 2020/2021

03.06.2021	Arad	Iran - Hong Kong	3-1(1-0)	(WCQ)
11.06.2021	Arad	Hong Kong - Iraq	0-1(0-1)	(WCQ)
15.06.2021	Riffa	Bahrain - Hong Kong	4-0(0-0)	(WCQ)

03.06.2021, 22nd FIFA World Cup Qualifiers / AFC Qualifiers, Second Round
Al Muharraq Stadium, Arad (Bahrain); Attendance: 0
Referee: Adham Mohammad Tumah Makhadmeh (Jordan)
IRAN - HONG KONG   **3-1(1-0)**
HKG: Yapp Hung Fai, Tong Kin Man, Hélio José de Souza Gonçalves, Fung Hing Wa, Tsui Wang Kit (46.Chung Wai Keung), Diego Eli Moreira (80.Ngan Lok Fung), Huang Yang, Leung Kwun Chung (70.Wong Wai), Matthew Elliot Orr Wing Kai, Sun Ming Him (80.Kenny Cheng Siu Kwang), Shinichi Chan Chun Yat. Trainer: Mika-Matti Petteri Paatelainen (Finland).
Goal: Kenny Cheng Siu Kwang (85).

11.06.2021, 22nd FIFA World Cup Qualifiers / AFC Qualifiers, Second Round
Al Muharraq Stadium, Arad (Bahrain); Attendance: 0
Referee: Hiroyuki Kimura (Japan)
HONG KONG - IRAQ   **0-1(0-1)**
HKG: Yapp Hung Fai, Roberto Orlando Affonso Júnior, Hélio José de Souza Gonçalves, Fung Hing Wa (46.Yu Wai Lim), Tsui Wang Kit, Diego Eli Moreira (86.Ngan Lok Fung), James Stephen Gee Ha (57.Sun Ming Him), Huang Yang, Wong Wai (74.Kenny Cheng Siu Kwang), Matthew Elliot Orr Wing Kai, Shinichi Chan Chun Yat. Trainer: Mika-Matti Petteri Paatelainen (Finland).

15.06.2021, 22nd FIFA World Cup Qualifiers / AFC Qualifiers, Second Round
Bahrain National Stadium, Riffa; Attendance: 0
Referee: Yaqoob Said Abdullah Abdul Baki (Oman)
BAHRAIN - HONG KONG   **4-0(0-0)**
HKG: Yapp Hung Fai, Roberto Orlando Affonso Júnior, Hélio José de Souza Gonçalves, Clayton Michel Afonso (83.Fung Hing Wa), Law Tsz Chun (61.Chung Wai Keung), Yu Wai Lim (61.Tsang Kam To), Diego Eli Moreira (61.James Stephen Gee Ha), Huang Yang, Kenny Cheng Siu Kwang (76.Tong Kin Man), Matthew Elliot Orr Wing Kai, Shinichi Chan Chun Yat. Trainer: Mika-Matti Petteri Paatelainen (Finland).

NATIONAL TEAM PLAYERS 2020/2021

Name	DOB	Club
Goalkeepers		
YAPP Hung Fai	21.03.1990	*Eastern Sports Club*
Defenders		
CLAYTON Michel Afonso	18.07.1988	*Eastern Sports Club*
FUNG Hing Wa	12.12.1992	*Eastern Sports Club*
HÉLIO José de Souza GONÇALVES	31.01.1986	*Kitchee SC*
LAW Tsz Chun	02.03.1997	*Kitchee SC*
ROBERTO Orlando Affonso Júnior	28.05.1983	*Kitchee SC*
TONG Kin Man	10.01.1985	*Kitchee SC*
TSANG Kam To	21.06.1989	*Lee Man FC*
TSUI Wang Kit	05.01.1997	*Lee Man FC*
YU Wai Lim	20.09.1998	*Lee Man FC*
Midfielders		
Shinichi CHAN Chun Yat	05.09.2002	*Kitchee SC*
Kenny CHENG Siu Kwang	03.11.1997	*Lee Man FC*
CHUNG Wai Keung	21.10.1995	*Eastern Sports Club*
DIEGO ELI Moreira	04.09.1988	*Eastern Sports Club*
HUANG Yang	19.10.1983	*Kitchee SC*
LEUNG Kwun Chung	01.04.1992	*Eastern Sports Club*
NGAN Lok Fung	26.01.1993	*Lee Man FC*
Matthew Elliot ORR Wing Kai	01.01.1997	*Kitchee SC*
WONG Wai	17.09.1992	*Eastern Sports Club*
Forwards		
James Stephen GEE Ha	26.12.1992	*Southern District Recreations & SA*
SUN Ming Him	19.06.2000	*TSW Pegasus FC Yuen Long*
National coaches		
Mika-Matti Petteri „Mixu" PAATELAINEN (Finland) [from 09.04.2019]		03.02.1967

INDIA

The Country:
Bhārat Gaṇarājya (Republic of India)
Capital: New Delhi
Surface: 3,287,240 km²
Population: 1,352,642,280 [2018]
Time: UTC+5.30
Independent since: 1947

The FA:
All India Football Federation
Football House Sector 19, Phase 1 Dwarka, New Delhi - 110075
Year of Formation: 1937
Member of FIFA since: 1948
Member of AFC since: 1954

NATIONAL TEAM RECORDS

First international match:	31.07.1948, London (ENG): France - India 2-1
Most international caps:	Sunil Chhetri – 118 caps (since 2005)
Most international goals:	Sunil Chhetri – 74 goals / 118 caps (since 2005)

NATIONAL TEAM COMPETITIONS:

ASIAN NATIONS CUP	
1956	Did not enter
1960	Qualifiers
1964	Final Tournament (Runners-up)
1968	Qualifiers
1972	Did not enter
1976	Did not enter
1980	Did not enter
1984	Final Tournament (Group Stage)
1988	Qualifiers
1992	Qualifiers
1996	Qualifiers
2000	Qualifiers
2004	Qualifiers
2007	Qualifiers
2011	Final Tournament (Group Stage)
2015	Qualifiers
2019	Final Tournament (Group Stage)

FIFA WORLD CUP	
1930	Did not enter
1934	Did not enter
1938	Did not enter
1950	Entry not accepted by FIFA
1954	Did not enter
1958	Did not enter
1962	Did not enter
1966	Did not enter
1970	Did not enter
1974	Qualifiers
1978	Qualifiers
1982	Qualifiers
1986	Qualifiers
1990	Qualifiers
1994	Qualifiers
1998	Qualifiers
2002	Qualifiers
2006	Qualifiers
2010	Qualifiers
2014	Qualifiers
2018	Qualifiers

F.I.F.A. CONFEDERATIONS CUP 1992-2017

None

OLYMPIC FOOTBALL TOURNAMENTS 1908-2016

Year	Result	Year	Result	Year	Result	Year	Result
1908	-	1948	Group Stage	1972	Qualifiers	1996	Qualifiers
1912	-	1952	Preliminary	1976	-	2000	-
1920	-	1956	4th Place	1980	Qualifiers	2004	Qualifiers
1924	-	1960	Group Stage	1984	Qualifiers	2008	Qualifiers
1928	-	1964	Qualifiers	1988	-	2012	Qualifiers
1936	-	1968	-	1992	Qualifiers	2016	Qualifiers

ASIAN GAMES 1951-2014		AFC CHALLENGE CUP 2006-2014		SOUTH ASIAN FEDERATION GAMES 1984-2016		SOUTH ASIAN FOOTBALL FEDERATION CHAMPIONSHIP 1993-2018	
1951	Winners	2006	Quarter-Finals	1984	-	1993	Winners
1954	Group Stage	2008	Winners	1985	Winners	1995	Runners-up
1958	4th Place	2010	Group Stage	1987	Winners	1997	Winners
1962	Winners	2012	Group Stage	1989	3rd Place	1999	Winners
1966	Group Stage	2014	Qualifiers	1991	Group Stage	2003	3rd Place
1970	3rd Place			1993	Runners-up	2005	Winners
1974	Group Stage			1995	Winners	2008	Runners-up
1978	2nd Round			1999	3rd Place	2009	Winners
1982	Quarter-Finals			2004	Runners-up	2011	Winners
1986	Group Stage			2006	4th Place	2013	Runners-up
1990	-			2010	4th Place	2015	Winners
1994	-			2016	Runners-up	2018	Runners-up
1998	2nd Round						
2002	Group Stage						
2006	Group Stage						
2010	1/8-Finals						
2014	Group Stage						

INDIAN CLUB HONOURS IN ASIAN CLUB COMPETITIONS:

AFC Champions League 1967-1971 & 1985/1986-2020
None

Asian Football Confederation Cup 2004-2020
None

AFC President's Cup 2005-2014*
None

Asian Cup Winners Cup 1975-2003*
None

Asian Super Cup 1995-2002*
None

*defunct competitions

NATIONAL COMPETITIONS
TABLE OF HONOURS

	CHAMPIONS	CUP WINNERS*
1976/1977	-	Indian Telephone Industries
1977/1978	-	East Bengal Club Kolkata
1978/1979	-	Border Security Force
1979/1980	-	Mohun Bagan AC Kolkata
1980/1981	-	Mohun Bagan AC Kolkata
1981/1982	-	Mohun Bagan AC Kolkata
1982/1983	-	Mohammedan SC Kolkata
1983/1984	-	Mohammedan SC Kolkata
1984/1985	-	East Bengal Club Kolkata
1985/1986	-	Mohun Bagan AC Kolkata
1986/1987	-	Mohun Bagan AC Kolkata
1987/1988	-	Salgaocar SC Vasco da Gama
1988/1989	-	Salgaocar SC Vasco da Gama
1989/1990	-	Kerala Police
1990/1991	-	Kerala Police
1991/1992	-	Mohun Bagan AC Kolkata
1992/1993	-	Mohun Bagan AC Kolkata
1993/1994	-	Mohun Bagan AC Kolkata
1994/1995	-	Jagatjit Cotton & Textile Mills FC Phagwara
1995/1996	-	Jagatjit Cotton & Textile Mills FC Phagwara East Bengal Club Kolkata (two editions in the same year)
1996/1997	Jagatjit Cotton & Textile Mills FC Phagwara	Salgaocar SC Vasco da Gama
1997/1998	Mohun Bagan AC Kolkata	Mohun Bagan AC Kolkata
1998/1999	Salgaocar SC Vasco da Gama	*No competition*
1999/2000	Mohun Bagan AC Kolkata	*No competition*
2000/2001	East Bengal Club Kolkata	Mohun Bagan AC Kolkata
2001/2002	Mohun Bagan AC Kolkata	*No competition*
2002/2003	East Bengal Club Kolkata	Mahindra United Mumbai
2003/2004	East Bengal Club Kolkata	Dempo SC Panjim
2004/2005	Dempo SC Panjim	Mahindra United Mumbai
2005/2006	Mahindra United Mumbai	Mohun Bagan AC Kolkata
2006/2007	Dempo SC Panjim	East Bengal Club Kolkata
2007/2008	Dempo SC Panjim	Mohun Bagan AC Kolkata
2008/2009	Churchill Brothers SC Salcette	East Bengal FC Kolkata
2009/2010	Dempo SC Panjim	East Bengal FC Kolkata [2010]
2010/2011	Salgaocar SC Vasco da Gama	Salgaocar SC Vasco da Gama [2011]
2011/2012	Dempo SC Panjim	East Bengal FC Kolkata [2012]
2012/2013	Churchill Brothers SC Salcette	-
2013/2014	Bengaluru FC	Churchill Brothers SC Salcette
2014/2015	Mohun Bagan AC Kolkata	Bengaluru FC
2015/2016	Bengaluru FC	Mohun Bagan AC Kolkata
2016/2017	Aizawl FC	Bengaluru FC
2017/2018	Minerva Punjab FC Chandigarh	Bengaluru FC

2018/2019	Chennai City FC	FC Goa
2019/2020	Mohun Bagan AC Kolkata	No competition
2020/2021	Gokulam Kerala FC Kozhikode	No competition

*FA Cup called Indian Super Cup since 2018.

	INDIAN SUPER LEAGUE CHAMPIONS
2014	Atlético de Kolkata
2015	Chennaiyin FC
2016	Atlético de Kolkata
2017/2018	Chennaiyin FC
2018/2019	Bengaluru FC
2019/2020	ATK Kolkata
2020/2021	Mumbai City FC

Regional League winners

Kolkata League Champions:
1898: Gloucestershire Regiment; 1899: Kolkata FC; 1900: Royal Irish Rifles; 1901: Royal Irish Rifles; 1902: King's Own Scottish Borderers; 1903: 93rd Highlanders; 1904: King's Own Regiment; 1905: King's Own Regiment; 1906: Highlander Light Infantry; 1907 Kolkata FC; 1908: Gordon Light Infantry; 1909: Gordon Light Infantry; 1910: Dalhousie; 1911: 70th Company RGA; 1912: Black Watch; 1913: Black Watch; 1914: 91st Highlanders; 1915: 10th Middlesex Regiment; 1916: Kolkata FC; 1917: Lincolnshire Regiment; 1918: Kolkata FC; 1919: 12th Special Service Battalion; 1920: Kolkata FC; 1921: Dalhousie; 1922: Kolkata FC; 1923: Kolkata FC; 1924: Cameron Highlanders; 1925: Kolkata FC; 1926: North Staffordshire Regiment; 1927: North Staffordshire Regiment; 1928: Dalhousie; 1929: Dalhousie; 1930: No competition; 1931: Durhan Light Rifles; 1932: Durhan Light Rifles; 1933: Durhan Light Rifles; 1934: Mohammedan SC Kolkata; 1935: Mohammedan SC Kolkata; 1936: Mohammedan SC Kolkata; 1937: Mohammedan SC Kolkata; 1938: Mohammedan SC Kolkata; 1939: Mohun Bagan AC Kolkata; 1940: Mohammedan SC Kolkata; 1941: Mohammedan SC Kolkata; 1942: East Bengal Club; 1943: Mohun Bagan AC Kolkata; 1944: Mohun Bagan AC Kolkata; 1945: East Bengal Club; 1946: East Bengal Club; 1947: No competition; 1948: Mohammedan SC Kolkata; 1949: East Bengal Club; 1950: East Bengal Club; 1951: Mohun Bagan AC Kolkata; 1952: East Bengal Club; 1953: No competition; 1954: Mohun Bagan AC Kolkata; 1955: Mohun Bagan AC Kolkata; 1956: Mohun Bagan AC Kolkata; 1957: Mohammedan SC Kolkata; 1958: Eastern Railway; 1959: Mohun Bagan AC Kolkata; 1960: Mohun Bagan AC Kolkata; 1961: East Bengal Club; 1962: Mohun Bagan AC Kolkata; 1963: Mohun Bagan AC Kolkata; 1964: Mohun Bagan AC Kolkata; 1965: Mohun Bagan AC Kolkata; 1966: East Bengal Club; 1967: Mohammedan SC Kolkata; 1968: No competition; 1969: Mohun Bagan AC Kolkata; 1970: East Bengal Club; 1971: East Bengal Club; 1972: East Bengal Club; 1973: East Bengal Club; 1974: East Bengal Club; 1975: East Bengal Club; 1976: Mohun Bagan AC Kolkata; 1977: East Bengal Club; 1978: Mohun Bagan AC Kolkata; 1979: Mohun Bagan AC Kolkata; 1980: No competition; 1981: Mohammedan SC Kolkata; 1982: East Bengal Club; 1983: Mohun Bagan AC Kolkata; 1984: Mohun Bagan AC Kolkata; 1985: East Bengal Club; 1986: Mohun Bagan AC Kolkata; 1987: East Bengal Club; 1988: East Bengal Club; 1989: East Bengal Club; 1990: Mohun Bagan AC Kolkata; 1991: East Bengal Club; 1992: Mohun Bagan AC Kolkata; 1993: East Bengal Club; 1994: Mohun Bagan AC Kolkata; 1995: East Bengal Club; 1996: East Bengal Club; 1997: Mohun Bagan AC Kolkata; 1998: East Bengal Club; 1999: East Bengal Club; 2000: East Bengal Club; 2001: Mohun Bagan AC Kolkata; 2002: East Bengal Club; 2003: East Bengal Club; 2004: East Bengal Club; 2005: Mohun Bagan AC Kolkata; 2006: East Bengal Club; 2007: Mohun Bagan AC Kolkata; 2008: Mohun Bagan AC Kolkata; 2009: Mohun Bagan AC Kolkata; 2010: East Bengal Club; 2011: East Bengal Club; 2011/2012: East Bengal Club; 2012/2013: East Bengal Club; 2013/2014: East Bengal Club; 2014/2015: East Bengal Club; 2015/2016: East Bengal Club; 2017: East Bengal Club; 2018: Mohun Bagan AC Kolkata.

Delhi League Champions:
1948: Young Men; 1949: Raisina Sporting; 1950: Simla Youngs; 1951: Young Men; 1952: Simla Youngs; 1953: New Delhi Heroes FC; 1954: New Delhi Heroes FC; 1955: New Delhi Heroes FC; 1956: New Delhi Heroes FC; 1957: Young Men; 1958: New Delhi Heroes FC; 1959: New Delhi Heroes; 1960: City Club; 1961: Raisina Sporting; 1962: Raisina Sporting; 1963: City Club; 1964: City Club; 1965: Young Men; 1966: President's Estate; 1967: President's Estate; 1968: *Not finished*; 1969: Young Men; 1970: *Not finished*; 1971: Indian Air Force Delhi; 1972: Simla Youngs; 1973: Simla Youngs; 1974: *Not finished*; 1975: Indian Air Force Delhi; 1976: Simla Youngs; 1977: *Not finished*; 1978: *Not finished*; 1979: *Not finished*; 1980: *Not finished*; 1981: *Not finished*; 1982: *No competition*; 1983: *Not finished*; 1984: *Not finished*; 1985: Moonlight; 1986: Garhwal Heroes; 1987: *Not finished*; 1988: Shastri FC & Moonlight (both winners); 1989: Shastri FC & Moonlight (both winners); 1990: Moonlight; 1991: Students Club; 1992: Shastri FC; 1993: South India; 1994: Shastri FC; 1995: Mughals SC; 1996: Shastri FC; 1997: City Club; 1998: Indian Air Force Delhi; 1999: Indian Nationals FC; 2000: Indian Nationals FC; 2001-02: Hindustan Club; 2002: Indian Air Force Delhi; 2003: Indian Air Force Delhi; 2004: Indian Air Force Palam; 2005: Simla Youngs; 2006/07: Indian Air Force; 2007/08: New Delhi Heroes FC; 2008/09: G4S Hindustan FC; 2009: *Not known*; 2010: *Not known*; 2011: Delhi United; 2012: *Not known*; 2013: Garhwal Heroes.

Goa League Champions:
1951/52: Clube Desportivo Chinchinim; 1952/53: Sporting Clube de Goa Panjim; 1953/54: Clube de Desportos de Vasco da Gama; 1954/55: Associacao Desportiva de Velha Goa; 1955/56: Clube de Desportos de Vasco da Gama; 1956/57: Associacao Desportiva de Velha Goa; 1957/58: Grupo Desportivo da Policia; 1958/59: Clube de Desportos de Vasco da Gama; 1959/60: Clube Independente de Margao; 1960/61: Clube Desportivo Salgaocar; 1962/63: Salgaocar SC Vasco da Gama; 1963/64: Salgaocar SC Vasco da Gama; 1964/65: Vasco SC Goa; 1965/66: Salgaocar SC Vasco da Gama; 1966/67: Vasco SC Goa; 1967/68: Sesa Goa Sports Club; 1968/69: Vasco SC Goa; 1969/70: *Not finished*; 1970/71: *Not finished*; 1971/72: Dempo Sports Club; 1972/73: Sesa Goa Sports Club; 1973/74: Dempo Sports Club; 1974/75: Salgaocar SC Vasco da Gama; 1975/76: *No competition*; 1976/77: *No competition*; 1977/78: Salgaocar SC Vasco da Gama; 1978/79: Dempo Sports Club; 1979/80: Dempo Sports Club; 1980/81: Dempo Sports Club; 1981/82: Salgaocar SC Vasco da Gama; 1982/83: Salgaocar SC Vasco da Gama; 1983/84: Dempo Sports Club; 1984/85: Salgaocar SC Vasco da Gama; 1985/86: Salgaocar SC Vasco da Gama; 1986/87: Dempo Sports Club; 1987/88: Dempo Sports Club; 1988/89: Salgaocar SC Vasco da Gama; 1989/90: MRF Sports Foundation; 1990/91: Salgaocar SC Vasco da Gama; 1991/92: MRF Sports Foundation; 1992/93: Salgaocar SC Vasco da Gama; 1993/94: Dempo Sports Club; 1994/95: Salgaocar SC Vasco da Gama; 1995/96: Churchill Brothers SC Salcette; 1996/97: Churchill Brothers SC Salcette; 1997/98: Churchill Brothers SC Salcette; **Goa Professional League:** 1998: Salgaocar SC Vasco da Gama; 1999: Churchill Brothers SC Salcette; 2000: Churchill Brothers SC Salcette; 2001: Churchill Brothers SC Salcette; 2002: Salgaocar SC Vasco da Gama; 2003: Salgaocar SC Vasco da Gama; 2004: Salgaocar SC Vasco da Gama; 2005: Dempo Sports Club; 2006: Sporting Clube de Goa Panjim; 2007: Dempo Sports Club; 2008: Churchill Brothers SC Salcette; 2009: Churchill Brothers SC Salcette; 2010: Dempo Sports Club; 2011: Salgaocar SC Vasco da Gama; 2011/2012: Dempo Sports Club; 2012/2013: Salgaocar SC Vasco da Gama; 2013: Sporting Clube de Goa Panjim; 2013/2014: Sporting Clube de Goa Panjim; 2014/2015: Salgaocar SC Vasco da Gama; 2015/2016: Sporting Clube de Goa Panjim; 2016/2017: Salgaocar SC Vasco da Gama; 2017/2018: Sporting Clube de Goa Panjim; 2018/2019: FC Goa 2019/2020: Sporting Clube de Goa Panjim & Churchill Brothers SC Margao (shared); 2020/2021: Dempo Sports Club.

OTHER INDIAN CUP COMPETITIONS WINNERS:

Durand Cup:
1888: Royal Scots Fusiliers; 1889: Highland LI; 1890: Highland LI; 1891: Scottish Borders; 1892: Scottish Borders; 1893: Highland LI; 1894: Highland LI; 1895: Highland LI; 1896: Somerset LI; 1897: Black Watch; 1898: Black Watch; 1899: Black Watch; 1900: SW Borders; 1901: SW Borders; 1902: Hampshire Regiment; 1903: Royal Irish Rifles; 1904: North Staffordshire; 1905: Royal Dragons; 1906: Cameronians; 1907: Cameronians; 1908: Lancashire Fusiliers; 1909: Lancashire Fusiliers; 1910: Royal Scots; 1911: Black Watch; 1912: Royal Scots; 1913: Lancashire Fusiliers; 1914-1919: *No competition*; 1920: Black Watch; 1921: Worchestershire; 1922: Lancashire Fusiliers; 1923: Cheshire Regiment; 1924: Worchestershire Regiment; 1925: Sherwood Foresters; 1926: Durham LI; 1927: York & Lancaster Regiment; 1928: Sherwood Foresters; 1929: York & Lancaster Regiment; 1930: York & Lancaster Regiment; 1931: Devonshire Regiment; 1932: King's Shropshire LI; 1933: King's Shropshire LI; 1934: B Corps Signals; 1935: Border Regiment; 1936: A & S Highlanders; 1937: Border Regiment; 1938: South Wales Borders; 1939: *No competition*; 1940: Mohammedan SC Kolkata; 1941-1949: *No competition*; 1950: Hyderabad City Police; 1951: East Bengal Club Kolkata; 1952: East Bengal Club Kolkata; 1953: Mohun Bagan AC Kolkata; 1954: Hyderabad City Police; 1955: Madras Regimental Centre; 1956: East Bengal Club Kolkata; 1957: Hyderabad City Police; 1958: Madras Regimental Centre; 1959: Mohun Bagan AC Kolkata; 1960: Mohun Bagan AC Kolkata & East Bengal Club Kolkata; 1961: Andhra Pradesh Police; 1962: *No competition*; 1963: Mohun Bagan AC; 1964: Mohun Bagan AC Kolkata; 1965: Mohun Bagan AC Kolkata; 1966: Gorkha Brigade; 1967: East Bengal Club Kolkata; 1968: Border Security Force; 1969: Gorkha Brigade; 1970: East Bengal Club Kolkata; 1971: Border Security Force; 1972: East Bengal Club Kolkata; 1973: Border Security Force; 1974: Mohun Bagan AC Kolkata; 1975: Border Security Force; 1976: Border Security Force & Jagatjit Cotton & Textile Mills FC Phagwara; 1977: Mohun Bagan AC Kolkata; 1978: East Bengal Club Kolkata; 1979: Mohun Bagan AC Kolkata; 1980: Mohun Bagan AC Kolkata; 1981: Border Security Force; 1982: Mohun Bagan & East Bengal; 1983: Jagatjit Cotton & Textile Mills FC Phagwara; 1984: Mohun Bagan AC Kolkata; 1985: Mohun Bagan AC Kolkata; 1986: Mohun Bagan AC Kolkata; 1987: Jagatjit Cotton & Textile Mills FC Phagwara; 1988: Border Security Force; 1989: East Bengal Club Kolkata; 1990: East Bengal Club Kolkata; 1991: East Bengal Club Kolkata; 1992: Jagatjit Cotton & Textile Mills FC Phagwara; 1993: East Bengal Club Kolkata; 1994: Mohun Bagan AC Kolkata; 1995: East Bengal Club Kolkata; 1996: Jagatjit Cotton & Textile Mills FC Phagwara; 1997: FC Kochin; 1998: Mahindra United Mumbai; 1999: Salgaocar SC Vasco da Gama; 2000: Mohun Bagan AC Kolkata; 2001-02: Mahindra United Mumbai; 2002-03: East Bengal Club Kolkata; 2003-04: Salgaocar SC Vasco da Gama; 2005: Army XI; 2006: Dempo Sports Club; 2007: Churchill Brothers SC Salcette; 2008: Mahindra United Mumbai; 2009: Churchill Brothers SC Salcette; 2010: Chirag United SC; 2011: Churchill Brothers SC Salcette; 2012: FC Air India Mumbai; 2013: Mohammedan SC Kolkata; 2014: Salgaocar SC Vasco da Gama; 2015: *Not held*; 2016: Army Green.

IFA Shield Cup:
1893: Royal Irish Rifles; 1894: Royal Irish Rifles; 1895: Royal Welsh Fusilers; 1896: Kolkata FC; 1897: Dalhousie; 1898: Glouchester; 1899: South Lancashire; 1900: Kolkata FC; 1901: Royal Irish Rifles; 1902: 93rd Highlanders; 1903: Kolkata FC; 1904: Kolkata FC; 1905: Dalhousie; 1906: Kolkata FC; 1907: Highland Light Infantry; 1908: Gordon Highlanders; 1909: Gordon Highlanders; 1910: Gordon Highlanders; 1911: Mohun Bagan AC Kolkata; 1912: Royal Irish Rifles; 1913: Royal Irish Rifles; 1914: King's Own Regiment; 1915: Kolkata FC; 1916: North Stafford; 1917: 10th Middlesex; 1918: Training Reserve Bn.; 1919: 1st Bn. Brecknockshire; 1920: Black Watch; 1921: 3rd Bn. Brecknockshire; 1922: Kolkata FC; 1923: Kolkata FC; 1924: Kolkata FC; 1925: 2nd Bn. RS Fusiliers; 1926: Sherwood Foresters; 1927: Sherwood Foresters; 1928: Sherwood Foresters; 1929: 2nd Bn. Royal Ulster Rifles; 1930: D. Seaforth Highlanders; 1931: Highland Light Infantry; 1932: 2nd Bn. Esser Regiment; 1933: DCLI; 1934: KRR; 1935: East Yorkshire Regiment; 1936: Mohammedan SC Kolkata; 1937: 6th Fire Brigade; 1938: East York; 1939: Police AC; 1940: Aryans Club; 1941: Mohammedan SC Kolkata; 1942: Mohammedan SC Kolkata; 1943: East Bengal Club Kolkata; 1944: EB Railways; 1945: East Bengal Club Kolkata; 1946: *No competition*; 1947: Mohun Bagan AC Kolkata; 1948: Mohun

Bagan AC Kolkata; 1949: East Bengal Club Kolkata; 1950: East Bengal Club Kolkata; 1951: East Bengal Club Kolkata; 1952: Mohun Bagan AC Kolkata; 1953: Indian Culture League; 1954: Mohun Bagan AC Kolkata; 1955: Rajasthan Club; 1956: Mohun Bagan AC Kolkata; 1957: Mohammedan SC Kolkata; 1958: East Bengal Club Kolkata; 1959: *Competition abandoned*; 1960: Mohun Bagan AC Kolkata; 1961: Mohun Bagan AC Kolkata & East Bengal Club Kolkata (both winners); 1962: Mohun Bagan AC Kolkata; 1963: B.N. Railways; 1964: *Competition abandoned*; 1965: East Bengal Club Kolkata; 1966: East Bengal Club Kolkata; 1967: Mohun Bagan AC Kolkata & East Bengal Club Kolkata (both winners); 1968: *Competition abandoned*; 1969: Mohun Bagan AC Kolkata; 1970: East Bengal Club Kolkata; 1971: Mohammedan SC Kolkata; 1972: East Bengal Club Kolkata; 1973: East Bengal Club Kolkata; 1974: East Bengal Club Kolkata; 1975: East Bengal Club Kolkata; 1976: Mohun Bagan AC Kolkata & East Bengal Club Kolkata (both winners); 1977: Mohun Bagan AC Kolkata; 1978: Ararat Erevan (Soviet Union); 1979: Mohun Bagan AC Kolkata; 1980 *Competition abandoned*; 1981: Mohun Bagan AC Kolkata & East Bengal Club Kolkata (both winners); 1982: Mohun Bagan AC Kolkata; 1983: Aryans Club & East Bengal Club Kolkata (both winners); 1984: East Bengal Club Kolkata; 1985: Club Atlético Peñarol Montevideo (Uruguay); 1986: East Bengal Club Kolkata; 1987: Mohun Bagan AC Kolkata; 1988: *No competition*; 1989: Mohun Bagan AC Kolkata; 1990: East Bengal Club Kolkata; 1991: East Bengal Club Kolkata; 1992: *No competition*; 1993: FK Pakhtakor Tashkent (Uzbekistan); 1994: East Bengal Club Kolkata; 1995: East Bengal Club Kolkata; 1996: Jagatjit Cotton & Textile Mills FC Phagwara; 1997: East Bengal Club Kolkata; 1998: Mohun Bagan AC Kolkata; 1999: Mohun Bagan AC Kolkata; 2000: East Bengal Club Kolkata; 2001: East Bengal Club Kolkata; 2002: East Bengal Club Kolkata; 2003: Mohun Bagan AC Kolkata; 2004: Finance and Revenue Myanmar; 2005: FC Bayern München II (Germany); 2006: Mahindra United Mumbai; 2007: *No competition*; 2008: Mahindra United Mumbai; 2009: Churchill Brothers SC Salcette; 2010: *No competition*; 2011: Churchill Brothers SC Salcette; 2012: East Bengal Club Kolkata; 2013: Prayag United SC Kolkata; 2014: Mohammedan SC Kolkata; 2015: United Sports Club Kolkata U-19; 2016: Tata Football Academy Jamshedpur; 2017: FC Pune City U-19; 2018: East Bengal Club Kolkata U-19; 2019: *No competition*; 2020: Real Kashmir FC Srinagar.

Rovers Cup:
1891: 1st Worcester Regiment; 1892: 1st Worcester Regiment; 1893: 2nd Lancashire Fusiliers; 1894: 2nd Royal Scots; 1895: 2nd Royal Scots; 1896: 2nd Durham Light Infantry; 1897: 2nd Middlesex Regiment; 1898: Highland LI; 1899: 2nd Royal Irish Regiment; 1900: 33rd Royal Highlanders; 1901: Royal Irish Regiment; 1902: 1st Cheshire Regiment; 1903: 1st Cheshire Regiment; 1904: 1st Cheshire Regiment; 1905: 1st Seaforth Highlanders; 1906: 2nd Royal Scots; 1907: 2nd East Lancashire Regiment; 1908: 2nd Worchestershire Regiment; 1909: 2nd Leicestershire Regiment; 1910: 2nd Leicestershire Regiment; 1911: 1st Royal Warwickshire Regiment; 1912: Dorset Regiment; 1913: 1st Bn. Royal Scots Fusiliers; 1914-1920: *No competiton*; 1921: 2nd K.S.LI; 1922: Durham Light Infantry; 1923: Durham Light Infantry; 1924: Middlesex Regiment; 1925: Middlesex Regiment; 1926: Middlesex Regiment; 1927: Cheshire Regiment; 1928: Royal Warwickshire Regiment; 1929: Warwickshire Regiment; 1930: K.O.S.B.; 1931: Royal West Kent Regiment; 1932: Royal Irish Fusiliers; 1933: King's Own Regiment; 1934: Sherwood Foresters; 1935: King's Own Regiment; 1936: King's Own Regiment; 1937: Bangalore Muslims; 1938: Bangalore Muslims; 1939: Field Regiment RA; 1940: Mohammedan SC Kolkata; 1941: Welsh Regiment; 1942: Bata Sports Club; 1943: Royal Air Force; 1944: British Base R. Camp; 1945: Combined Military Police; 1946: British Base R. Camp; 1947: *Competition abandoned*;
1948: Bangalore Muslims; 1949: East Bengal Club Kolkata; 1950: Hyderabad Police; 1951: Hyderabad Police; 1952: Hyderabad Police; 1953: Hyderabad Police; 1954: Hyderabad Police; 1955: Mohun Bagan AC Kolkata; 1956: Mohammedan SC Kolkata; 1957: Hyderabad Police; 1958: Caltex; 1959: Mohammedan SC Kolkata; 1960: Andhra Police; 1961: E.M.E. Centre; 1962: Andhra Police & East Bengal Club Kolkata; 1963: Andhra Police; 1964: B.N. Railway; 1965: Mafatlal Group SC; 1966: Mohun Bagan AC Kolkata; 1967: East Bengal Club Kolkata; 1968: Mohun Bagan AC Kolkata; 1969: East Bengal Club Kolkata; 1970: Mohun Bagan AC Kolkata; 1971: Mohun Bagan AC Kolkata; 1972: Mohun Bagan AC Kolkata & East Bengal Club Kolkata (both winners); 1973: East Bengal Club Kolkata; 1974: Dempo SC Panjim; 1975: East Bengal Club Kolkata; 1976: Mohun Bagan AC Kolkata; 1977: Mohun Bagan AC Kolkata; 1978: Dempo SC Panjim; 1979: Dempo SC Panjim; 1980: East Bengal & Mohammedan SC Kolkata (both winners); 1981: Mohun Bagan AC Kolkata; 1982:

Salahuddin (Iraq); 1983: Army Club (Iraq); 1984: Mohammedan SC Kolkata; 1985: Mohun Bagan AC Kolkata; 1986: Dempo SC Panjim; 1987: Mohammedan SC Kolkata; 1988: Mohun Bagan AC Kolkata; 1989: Salgaocar SC Vasco da Gama; 1990: East Bengal Club Kolkata; 1991: Mohun Bagan AC Kolkata; 1992: Mohun Bagan AC Kolkata; 1993: Mahindra Unioted Mumbai; 1994: East Bengal Club Kolkata; 1995: Oman Club (Oman); 1996: Salgaocar SC Vasco da Gama; 1997: Jagatjit Cotton & Textile Mills FC Phagwara; 1998: Bengal Mumbai FC; 1999: Salgaocar SC Vasco da Gama; 2000/2001: Mohun Bagan AC Kolkata.

NATIONAL CHAMPIONSHIP
I League 2020/2021

Please note: due to COVID-19 pandemic, all matches were played in a single venue in following locations:
- Vivekananda Yuba Bharati Krirangan Stadium, Kolkata (85,000)
- Kishore Bharati Krirangan Stadium, Kolkata (12,000)
- Mohun Bagan Ground, Kolkata (20,000)
- Kalyani Municipal Stadium, Nadia (20,000)

Regular Stage

1.	Churchill Brothers SC Margao	10	6	4	0	15 - 6		22
2.	Punjab FC Mohali	10	5	3	2	12 - 7		18
3.	Real Kashmir FC Srinagar	10	4	5	1	18 - 9		17
4.	Gokulam Kerala FC Kozhikode	10	5	1	4	20 - 14		16
5.	Tiddim Road Athletic Union FC Imphal	10	4	4	2	17 - 13		16
6.	Mohammedan SC Kolkata	10	4	4	2	9 - 8		16
7.	Aizawl FC	10	4	3	3	13 - 8		15
8.	Sudeva Delhi FC New Delhi	10	2	3	5	11 - 11		9
9.	Chennai City FC	10	3	0	7	7 - 19		9
10.	NEROCA FC Imphal	10	2	2	6	13 - 15		8
11.	Indian Arrows Vasco da Gama	10	1	1	8	6 - 31		4

Top-6 teams were qualified for the Championship Stage, while teams ranked 7-11 were qualified for the Relegation Stage.

Championship Stage

1.	**Gokulam Kerala FC Kozhikode**	15	9	2	4	31 - 17		29
2.	Churchill Brothers SC Margao	15	8	5	2	22 - 17		29
3.	Tiddim Road Athletic Union FC Imphal	15	7	5	3	27 - 19		26
4.	Punjab FC Mohali	15	6	4	5	18 - 15		22
5.	Real Kashmir FC Srinagar	15	5	6	4	23 - 18		21
6.	Mohammedan SC Kolkata	15	5	5	5	18 - 20		20

Relegation Stage

1.	Aizawl FC	14	7	3	4	21 - 12		24
2.	Sudeva Delhi FC New Delhi	14	5	3	6	16 - 14		18
3.	Chennai City FC	14	5	0	9	16 - 25		15
4.	Indian Arrows Vasco da Gama	14	3	1	10	11 - 38		10
5.	NEROCA FC Imphal (*Relegated*)	14	2	2	10	14 - 22		8

Best goalscorer 2020/2021:
Bidyashagar Singh Khangembam (Tiddim Road Athletic Union FC Imphal) – 12 goals

Promoted for the 2021/2022 season:
Sreenidi Deccan FC Vizag

Indian Super League 2020/2021

1.	Mumbai City FC	20	12	4	4	35 - 18	40
2.	ATK Mohun Bagan Kolkata	20	12	4	4	28 - 15	40
3.	NorthEast United FC Guwahati	20	8	9	3	31 - 25	33
4.	FC Goa	20	7	10	3	31 - 23	31
5.	Hyderabad FC	20	6	11	3	27 - 19	29
6.	Jamshedpur FC	20	7	6	7	21 - 22	27
7.	Bengaluru FC	20	5	7	8	26 - 28	22
8.	Chennaiyin FC	20	3	11	6	17 - 23	20
9.	East Bengal FC Kolkata	20	3	8	9	22 - 33	17
10.	Kerala Blasters FC Kochi	20	3	8	9	23 - 36	17
11.	Odisha FC Bhubaneswar	20	2	6	12	25 - 44	12

Top-4 teams were qualified for the Play-off Semi-finals.

Please note: ATK Kolkata merged with Mohun Bagan AC Kolkata to ATK Mohun Bagan Kolkata
Due to COVID-19 pandemic, all matches were played in a single venue in following locations:
- „Jawaharlal Nehru" Stadium [Fatorda], Margao (18,600)
- GMC Athletic Stadium, Bambolim (3,000)
- Tilak Maidan Stadium, Vasco da Gama (5,000)

Semi-Finals [05-08.03.2021]

FC Goa - Mumbai City FC	2-2(1-1)	0-0 aet; 5-6 pen
NorthEast United FC Guwahati - ATK Mohun Bagan Kolkata	1-1(0-1)	1-2(0-1)

Final

13.03.2021, „Jawaharlal Nehru" Stadium [Fatorda], Margao; Attendance: 0
Referee: Tejas Nagvenkar
Mumbai City FC - ATK Mohun Bagan Kolkata   2-1(1-1)
Mumbai City: Amrinder Singh, Amey Ganesh Ranawade (46.Mohamad Rakip), Mourtada Serigne Fall, Ahmed Jahouh, Hernán Daniel Santana Trujillo, Hugo Boumous (84.Cy Goddard), Raynier Raymond Fernandes, Rowllin Borges, Vignesh Dakshinamurthy, Bipin Singh Thounajam, Glenville Adam James Le Fondre (71.Bartholomew Ogbeche). Trainer: Sergio Lobera Rodríguez (Spain).
ATK Mohun Bagan: Arindam Bhattacharya, Sandesh Jhingan, Subhasish Bose, Pritam Kotal, José Luis Espinosa Arroyo "Tiri", Carl Gerard McHugh, Francisco Javier Hernández González "Javi Hernández" (90.Marcelo Leite Pereira "Marcelinho"), Lenny Rodrigues (85.Jayesh Rane), Manvir Singh, David Joel Williams, Roy Krishna. Trainer: Antonio López Habas (Spain).
Goals: 0-1 (18), 1-1 (29 own goal), 2-1 (90).

2020/2021 Indian Super League Champions: **ATK Mohun Bagan Kolkata**

Best goalscorer 2020/2021:

Igor Angulo Alboniga (ESP, FC Goa) &
Roy Krishna (FJI, ATK Mohun Bagan Kolkata) – both 14 goals

THE CLUBS 2020/2021
I League

AIZAWL FOOTBALL CLUB

Year of Formation: 1984
Stadium: "Rajiv Gandhi" Stadium, Aizawl (20,000)

	THE SQUAD	DOB	M	(s)	G
Goalkeepers:	Lalmuansanga	23.08.1997	7	(1)	
	H. Lalremruata	29.06.1994	1	(1)	
	Zothanmawia	09.06.1994	6		
Defenders:	Richard Kassaga Juuko (UGA)	04.07.1993	3		1
	Lalchungnunga	25.12.2000	4		
	Pc Laldinpuia	29.11.1996	14		1
	Lalfelkima Lalfekima	27.07.2001	10		
	Lalmalsawma	26.10.1999	10		
	Lalmawizuala	15.01.1998	2	(2)	
	Lalthakima Lalthakima	09.04.1997	1	(3)	
	Vanlalzuidika	17.03.1998	11		
Midfielders:	Alfred Kemah Jaryan (LBR)	24.09.1988	14		1
	Peter Lalduhawma	21.04.2001	1		
	Lalengmawia	30.10.1998	3	(1)	
	David Lalhlansanga	27.11.2001	1	(2)	1
	K. Lalhmangaihkima	14.09.1999	1	(1)	
	Lalmuanzova	17.08.1998	3	(2)	1
	David Laltlansanga	15.11.1999	1	(1)	
	Ralte Malsawmtluanga	12.09.1990	10	(1)	3
	Ramhlunchhunga	24.04.2001	8	(2)	
	Joseph Vanlalalhruaia	02.01.2000	1	(3)	
Forwards:	Princewell Emeka Olariche (NGA)	24.05.1992	2	(1)	
	Lalremsanga Fanai	30.09.2001	9	(3)	3
	Lalmuankima Haunhar	05.07.1995	1	(2)	
	Lalliansanga	17.11.1997	5	(8)	2
	Mc Malsawmzuala	23.12.1993	6	(1)	2
	Lalrammaura Rammawia	09.01.1991	4	(3)	1
	Abhishek Rijal (NEP)	29.01.2000	1	(4)	
	Bawlte Rohmingthanga	02.01.1999	2	(7)	1
	Brandon Vanlalremdika	28.01.1994	12		3
Trainer:	Stanley Rozario	22.04.1960	1		
[19.01.2021]	Yan Cheng Law	24.12.1992	13		

CHENNAI CITY FOOTBALL CLUB

Year of Formation: 1946 (*as Nethaji Sports Club*)
Stadium: „Jawaharlal Nehru" Stadium, Chennai (40,000)

THE SQUAD		DOB	M	(s)	G
Goalkeepers:	Aryan Niraj Lamba	28.10.2002	2		
	Prateek Kumar Singh	27.01.2000	3	(1)	
	Kabir Thaufiq	10.05.1997	9		
Defenders:	Tarif Akhand	11.06.1998	9		
	Shaji Antony	19.04.1991	2		
	Jishnu Balakrishnan	09.10.1998	5	(5)	
	Pradison Mariyadasan	28.01.1998	5		
	Elvedin Škrijelj (SRB)	19.02.1990	7	(4)	3
Midfielders:	Sriram Boopathi	17.01.1994	14		
	Swapnil Raj Dhaka	16.04.1996	1		
	Jockson Dhas	09.04.1995	8	(4)	2
	Lijo Francis	15.08.1999	4		
	Av Harikrishna	19.08.1996	5	(1)	
	Charles Anandraj Lourdusamy	26.09.1991	8	(2)	
	Varun Mathur	22.01.1998	2		
	Vladimir Molerović (SRB)	14.04.1992	11	(2)	
	Vijay Nagappan	13.07.1995	3	(4)	1
	Syed Suhail Pasha	26.09.1999	3	(3)	
	Pravitto Raju	25.04.1997	3	(3)	
	Ahmed Sahib	24.01.1998		(1)	
	Shankar Sampingiraj	14.12.1994	11	(1)	
	Uma Sankar	31.07.2000	1	(3)	
	Vijay Thomas	08.03.1995		(2)	
Forwards:	Demir Avdić (SRB)	10.10.1990	8	(3)	2
	Mohamed Iqbal 0,Hamid Hussain (SIN)	06.06.1993	9	(1)	3
	Ameerideen Mohaideen	13.10.1988		(1)	
	Ranjeet Singh Pandre	04.01.1995	4	(3)	1
	S Rajesh	30.05.1992	9	(3)	1
	Vineeth Kumar Velmurugan	31.12.2000	8	(2)	3
Trainer:	Satyasagara (SIN)	02.07.1964	14		

CHURCHILL BROTHERS SPORTS CLUB MARGAO

Year of Formation: 1988
Stadium: „Jawaharlal Nehru" Stadium [Fatorda], Margao (20,000)

THE SQUAD		DOB	M	(s)	G
Goalkeepers:	Shibin Raj Kunniyil	20.03.1993	8		
	Shilton Paul	10.06.1988	7	(2)	
Defenders:	Keenan Almeida	10.10.1991	5	(3)	
	Joseph Clemente	08.11.1987	2	(2)	
	Kamran Farooque	02.12.1995	2		
	Hamza Kheir (LIB)	28.06.1993	12		
	Fredsan Marshall	26.12.1994	1	(11)	1
	Jovel Martins	15.08.1990	1		
	Suresh Meitei	30.03.1994	15		
	Vikas Saini	02.07.1996	6	(3)	
	Samuel Shadap	26.11.1992		(1)	
	Vanlalduatsanga	15.12.1996	14	(1)	
Midfielders:	Armand Bazié (CIV)	20.03.1992	15		
	Wendell Savio Coelho	06.06.2000	2	(1)	
	Richard Costa	05.01.1992	4	(2)	
	Kingslee Fernandes	26.01.1998	13	(2)	
	Quan Gomes	05.01.1996	1	(9)	
	Israil Gurung	02.04.1989		(12)	
	Lamgoulen Gou Hangshing	05.10.1997	1	(1)	
	Bryce Miranda	23.09.1999	15		1
	Shubert Joanus Pereira	07.11.1998	2	(2)	
	Vinil Poojary	27.08.1997	5	(5)	
Forwards:	Ginminthang Hangsing	15.07.1998		(1)	
	Luka Majcen (SVN)	25.07.1989	15		11
	Hafis Alakkaparamba Mohammedali	28.06.1994	1	(3)	
	Clencio Pinto	01.01.1995	5	(3)	
	Clayvin Julian Zúniga Bernárdez (HON)	29.03.1991	13	(1)	8
Trainer:	Fernando Andrés Santiago Varela (ESP)	06.06.1973	15		

GOKULAM KERALA FOOTBALL CLUB KOZHIKODE

Year of Formation: 2017
Stadium: EMS Corporation Stadium, Kozhikode (85,000)

	THE SQUAD	DOB	M	(s)	G
Goalkeepers:	Vigneshwaran Baskaran	11.04.1990		(1)	
	Ubaid Chono Kadavath	05.02.1990	14		
	Ajmal Pa	12.11.1995	1		
Defenders:	Mohamed Awal (GHA)	01.05.1988	14		
	Deepak Devrani	10.12.1992	14		
	Jestin George	07.02.1998	3		1
	Mohammed Jassim	26.11.1996		(2)	
	Zodingliana Adinga Ralte Tochhawng	05.05.1995	1	(6)	1
	Alex Saji	09.05.2000	3	(3)	
	Huidrom Naocha Singh	24.08.1999	15		
	Sebastian Thangmuansang	25.07.1998	10	(1)	
Midfielders:	Salman Kalliyath	15.11.1995		(1)	
	Lalromawia	15.06.1998	4	(5)	1
	Muthu Irulandi Mayakkannan	04.01.1997	14		
	Shibil Muhammed	23.01.1998	1	(1)	
	Sharif Khamayuni Mukhammad (AFG)	21.03.1990	14		4
	Mohammad Rashid	01.11.1993	3	(5)	1
Forwards:	Tettey Narh Philip Adjah (GHA)	25.06.1998	15		4
	Dennis Agyare Antwi (GHA)	12.01.1993	15		11
	Vincy Barretto	08.12.1999	7	(6)	
	Emil Benny	19.09.2000	12	(2)	3
	Jithin MS	16.01.1998		(6)	1
	Ngangom Ronald Singh	04.02.1997	4	(8)	1
	Thahir Zaman	10.05.1995	1	(7)	
Trainer:	Vincenzo Alberto Annese (ITA)	22.09.1984	15		

INDIAN ARROWS VASCO DA GAMA

Year of Formation: 2010 (*as AIFF XI*)
Stadium: Tilak Maidan Stadium / Cooperadge Ground, Vasco da Gama / Mumbai (5,000 / 5,000)

THE SQUAD		DOB	M	(s)	G
Goalkeepers:	Ahan Prakash	20.08.2004	8		
	Santosh Singh Irengbam	30.09.2003	1		
	Syed Zahid Hussain Bukhari	16.04.2003	5		
Defenders:	Tankadhar Bag	07.12.2003	8	(2)	
	Leewan Castanha	15.04.2003	10		
	Brijesh Giri	07.01.2003	3	(3)	
	Dipu Halder	09.05.2003	2	(1)	
	Abdul Hannan	04.09.2004	5	(4)	
	Pragyan Mehdi	08.01.2004		(1)	
	Sajad Hussain Parray	25.04.2003	10		1
	Gurpanthjeet Singh	07.12.2000	4	(4)	1
	Evan Thapa	30.12.2003	4	(2)	
Midfielders:	Amandeep Amandeep	03.08.2004	5	(1)	
	Vellington Marcos Fernandes	02.03.2003	6	(7)	1
	Godwin Johnson	16.02.2003		(5)	
	Shreyas Ketkar	01.11.2003	8	(6)	
	Vibin Mohanan	06.02.2003	7	(5)	
	Halen Nongtdu	02.02.2004	6	(1)	
	Harsh Shailesh Patre	25.01.2003	10	(2)	3
	Lalchhanhima Sailo	03.03.2003	9	(4)	1
	Ricky John Shabong	29.12.2002	11	(1)	
	Loitangbam Taison Singh	11.08.2004	5	(2)	
	Chris Anthoy White	04.06.2003		(2)	
Forwards:	Parthib Sunder Gogoi	30.01.2003	5	(6)	1
	Tapan Haldar	10.01.2004		(1)	
	Lalrampana Pauta	08.09.2003		(2)	
	Vishva Shinde	11.07.2003		(3)	
	Gurkirat Singh	16.07.2003	11		1
	Vanlalruatfela Thlacheu	01.11.2003	11	(2)	2
Trainer:	Shanmugham Venkatesh	23.11.1977	14		

MOHAMMEDAN SPORTING CLUB KOLKATA

Year of Formation: 1891
Stadium: Mohammedan Sporting Ground, Kolkata (22,000)

THE SQUAD		DOB	M	(s)	G
Goalkeepers:	Mohammad Rafique Ali Sardar	16.04.1998	2		
	Mohammad Jafar Mondal	25.12.1999	1	(2)	
	Subham Roy	25.12.1996	8		
	Kunal Sawant	23.08.1986		(1)	
	Priyant Kumar Singh	16.01.1992	4	(1)	
Defenders:	Asheer Akhtar	14.12.1994	11		1
	Avinabo Bag	08.09.1989	2	(2)	
	Arijit Bagui	29.08.1993	4		
	Manoj Mohammad	08.01.1999	5	(3)	
	Hira Mondal	31.08.1996	12	(2)	2
	Safiul Rahaman	24.04.1993	7	(2)	
	Sujit Sadhu	30.11.1992	6	(1)	2
	Arijeet Singh	23.08.1993	1		
	Gurtej Singh	02.05.1990	1	(5)	
Midfielders:	Firoj Ali	01.01.1995	6		
	Jamal Harris Bhuyan (BAN)	10.04.1990	12		
	Vanlalbiaa Chhangte	15.03.1992	6	(4)	1
	Shilton Sydney D'Silva	15.09.1992	5	(2)	
	Sheikh Faiaz	03.03.1995	7	(1)	
	Mohammed Fatau (GHA)	24.12.1992	1	(1)	
	Sanjib Ghosh	31.07.2000	3	(2)	
	Nikhil Kadam	23.06.1994	4	(4)	1
	Gani Ahmed Nigam	01.05.1998	4	(4)	
	Eze Kingsley Obumneme (NGA)	22.11.1991	11		
	Sattyam Sharma	18.08.1994	1	(4)	
Forwards:	Faisal Ali	20.10.1999	11	(1)	2
	John Chidi Uzodinma (NGA)	11.04.1994	7		1
	Azharuddin Mallick	11.07.1997	3	(4)	1
	Pedro Javier Manzi Cruz (ESP)	13.10.1988	8		6
	Gourav Mukhi	04.05.2002	2	(4)	
	Raphael Odovin Onwrebe (NGA)	20.05.1993	2		
	Suraj Rawat	15.03.1999	5	(6)	1
	Pritam Sarkar	09.07.1993		(2)	
	Tirthankar Sarkar	01.07.1993	3	(5)	
	Singam Subash Singh	02.02.1990		(4)	
Trainer:	José Carlos Rodríguez Hevia (ESP)	01.04.1972	8		
[19.02.2021]	Sankarlal Chakraborty	12.12.1975	7		

NEROCA [NORTH EASTERN RE-ORGANISING CULTURAL ASSOCIATION] FOOTBALL CLUB IMPHAL

Year of Formation: 1965
Stadium: "Khuman Lampak Main" Stadium, Imphal (32,285)

THE SQUAD		DOB	M	(s)	G
Goalkeepers:	Golmei Dihempu Rongmei	02.02.1997		(2)	
	Bishorjit Singh	01.03.1992	13		
	Rahul Yadav	14.07.1996	1		
Defenders:	Rishan Ahanthem	03.03.2000	1		
	Shoib Akhtar	25.02.2000	8	(2)	
	Varney Kallon Kiatamba (LBR)	21.08.1975	12		2
	Lamjingba Mutum	05.01.1997	1	(1)	
	Kongbrailatpam Manjit Sharma	03.03.1996	7	(2)	
	Longjam Gobin Singh	04.03.1993	6	(1)	
	Naorem James Singh	01.02.1993	2	(1)	
	Ongnam Romtan Singh	21.08.1996	3	(2)	1
	Takhellambam Deepak Singh	13.03.1997	10	(1)	
	Wangkhei Mayum Olen Singh	01.12.1999	6	(3)	
Midfielders:	Nayan Aggarwal	29.05.1999	1	(1)	
	Prakash Budhathoki (NEP)	21.05.1993	2	(4)	
	Judah Emmanuel García (TRI)	24.10.2000	12		4
	Nathaniel Jude García (TRI)	24.04.1993	9		
	Aryan Gupta	16.06.1999		(2)	
	Khanngam Horam	01.01.1998	6	(3)	
	Akbar Khan	01.01.1999	7	(4)	
	Khaiminthang Lhungdim	07.05.2000	8	(5)	2
	Benjamin Lupheng	11.03.2000	1	(5)	
	Wexlin Shobhuraj	21.07.1992	1	(1)	
	Yumkhaibam Jiteshwor Singh	10.12.2001	12		
	Lungunhao Sitlhou	04.01.2000	1	(2)	
	Varun Thockchom	09.01.1998	5	(5)	1
Forwards:	Wakambam Michael	31.12.2000	1	(1)	
	Ajay Singh Rawat	28.03.1989	2	(3)	
	Khundom Lucky Singh	28.02.1998	1	(1)	
	Singam Subash Singh	02.02.1990	8	(1)	1
	Songpu Singsit	02.06.1999	7	(7)	3
Trainer:	Gift Raikhan	25.05.1981	14		

PUNJAB FOOTBALL CLUB MOHALI

Year of Formation: 2005 (*as Minerva Academy*)
Stadium: Guru Nanak Stadium, Ludhiana (10,000)

THE SQUAD		DOB	M	(s)	G
Goalkeepers:	Kiran Chemjong Limbu (NEP)	20.03.1990	14		
	Jaspreet Singh	27.02.1999	1		
Defenders:	Anwar Ali	24.08.1984	1	(1)	
	Ashray Bardwaj	12.01.2001	2	(1)	
	Saurabh Bhanwala	18.12.1999	8		
	Mohammed Irshad	26.12.1994	5	(2)	
	Lironthung Lotha	05.11.1998	1	(1)	
	Samad Ali Mallick	30.09.1994	6	(2)	
	Hormipam Ruivah	25.01.2001	11	(2)	
	Aakash Sangwan	28.10.1995	15		
	Abhishek Verma	15.02.2002	1	(1)	
	Bikash Yumnam	06.09.2003	6	(3)	
Midfielders:	Joseba Beitia Agirregomezkorta (ESP)	29.09.1990	15		2
	Souvik Das	23.08.1995	13	(1)	
	Denzil Kharshandi	08.08.2000		(1)	
	Rupert Lamlang Nongrum	21.08.1996	4	(4)	2
	Sanju Pradhan	15.08.1989	2	(7)	
	Ashangbam Aphaoba Singh	06.01.2004	7	(6)	
	Bikramjit Singh	15.10.1992	7	(4)	
	Maheson Tongbram Singh	26.11.2004		(1)	
	Ningthoujam Pritam Singh	01.04.1993	7	(7)	1
	Telem Suranjit Singh	01.05.1999	11	(1)	
Forwards:	Papá Babacar Diawara (SEN)	05.01.1988	9		5
	Chencho Gyeltshen (BHU)	10.05.1996	13	(1)	7
	Ashish Jha	15.07.1999	3	(7)	1
	Jiten Murmu	16.06.1905	2	(1)	
	Sumeet Passi	18.04.1995	1	(4)	
Trainer:	Curtis Fleming (IRL)	08.10.1968	15		

REAL KASHMIR FOOTBALL CLUB SRINAGAR

Year of Formation: 2016
Stadium: TRC Turf Ground, Srinagar (15,000)

	THE SQUAD	DOB	M	(s)	G
Goalkeepers:	Ujawar Nabi Bhat (*used as field player*)	03.03.1990	1	(1)	1
	Anuj Kumar	24.07.1998	2		
	Mithun Samanta	04.06.1992	13		
Defenders:	Zohib Islam Haroon Fakhruddin Amiri (AFG)	15.02.1990	13		1
	Basit Ahmed Bhat	17.02.1998	4	(1)	1
	Bijay Chhetri	07.07.2001	5		
	Pawan Kumar	12.05.1995	7		
	Arun Nagial	26.01.1994	4		
	Lalhmangaihsanga Sena Ralte	06.07.1988	14	(1)	
	Dharmaraj Ravanan	27.07.1987	11		
	Mason Lee Robertson (SCO)	23.07.1994	12	(1)	6
	Abhash Thapa	19.12.1998	8	(3)	
	Paolenmang Tuboi	02.05.2001	1		
Midfielders:	Adnan Ayoub	15.10.1994	1	(1)	
	Farhan Ganie	01.03.1995	9	(2)	
	Samuel Kynshi	11.03.2000	3	(8)	
	Chesterpoul Lyngdoh	23.09.1997	4	(5)	1
	Lalrindika Ralte	07.09.1992	7	(3)	1
	Shakir Ahmad Sheikh	07.03.2000		(4)	
	Pratesh Chanderkant Shirodkar	19.02.1989	13	(2)	
Forwards:	Asier Pierrick Dipanda (CMR)	18.02.1986	9	(1)	4
	Danish Farooq Bhat	09.05.1996	11		2
	Abegunrin Lukman Adefemi (NGA)	13.03.1994	13	(1)	6
Trainer:	David Robertson (SCO)	17.10.1968	15		

SUDEVA DELHI FOOTBALL CLUB NEW DELHI

Year of Formation: 2014 (*as Sudeva Moonlight FC*)
Stadium: "Dr. Ambedkar" Stadium, New Delhi (20,000)

THE SQUAD		DOB	M	(s)	G
Goalkeepers:	Rakshit Dagar	16.10.1992	10		
	Sachin Jha	16.03.2000	3		
	Lovepreet Singh	10.09.1998	1		
Defenders:	Abhishek Ambekar	11.08.1991	4	(3)	
	Prashant Choudhary	05.10.1994		(1)	
	Augustin Fernandes	13.10.1987	1	(3)	
	Gursimrat Gill	11.02.1997	13		1
	Pawan Joshi	02.04.1995	3	(1)	
	Sairuat Kima	07.11.1997	14		1
	Akashdeep Singh	26.07.1993	9	(2)	
	Mohit Singh	05.08.2000	3	(1)	
Midfielders:	Kamal Choudhary	01.11.1998		(1)	
	Ansh Gupta	02.07.1996	2	(4)	
	Lunkim Khongsai	25.10.2000	7	(1)	
	Pintu Mahata	03.06.1997	3	(3)	
	Sinam Maichael Singh	03.03.2002	1	(5)	
	Mohit Mittal	16.10.1998		(2)	
	William Pauliankhum	26.09.1998	12		2
	Lalliansanga Renthlei	05.06.1999	10	(4)	
	Ishan Rozario	12.09.1999		(3)	
	Naorem Tondonba Singh	01.02.1999	4	(2)	
	Vanlalzahawma	29.12.2000	1	(2)	
Forwards:	Shaiborlang Kharpan	19.08.1995	9	(2)	2
	Kean Lewis	19.09.1992	12	(2)	3
	Shubho Paul	04.03.2004	7	(1)	2
	Ajay Singh Rawat	28.03.1989	2		
	Manvir Singh	15.06.2001	3	(8)	1
	Naorem Mahesh Singh	01.03.1999	13	(1)	2
	Ngangbam Naocha Singh	11.08.2000	5	(4)	2
	Phairembam Rostam Singh	25.08.2003	2	(4)	
Trainer:	Chencho Dorji (BHU)	1980	14		

TIDDIM ROAD ATHLETIC UNION FOOTBALL CLUB IMPHAL
Year of Formation: 1954
Stadium: Khuman Lampak Main Stadium, Imphal (35,000)

THE SQUAD		DOB	M	(s)	G
Goalkeepers:	Soram Poirei Anganba Meitei	24.12.1992	8		
	Amrit Gope	12.09.1999	7		
Defenders:	Abhishek Das	15.11.1993	1	(1)	
	Hélder Lobato Ribeiro (BRA)	18.07.1988	14		1
	Shahabaaz Khan	01.05.1998	14		
	Bruno Rodrigues do Espirito Santo (BRA)	03.04.1995	4		
	Ninghthoujam Herojit Singh	30.03.1989	2		
	Soraisham Singh	05.12.1997	12		
	Thokchom James Singh	22.12.1999	8		
	Yemdremban Naresh Singh	01.04.1998	9	(1)	
Midfielders:	Cleaven Hmarramnghak	13.09.1996		(1)	
	Chanso Horam	29.10.2001	4	(4)	2
	Khaidem Vicky Meitei	20.02.1997	1	(7)	
	Joseph Mayoma Olaleye (NGA)	22.11.1996	15		2
	Fayazuddin Shah	22.01.1999	1	(1)	
	Bedeshwor Singh	31.12.1998		(3)	
	Chongtham Singh	10.06.1998	10	(2)	
	Khungdongbam Singh	01.02.1996	3	(5)	
	Konsam Phalguni Singh	01.03.1995	15		2
	Laishram Milan Singh	02.08.1995	2	(9)	
	Shougrakpam Netrajit Singh	03.04.1999		(7)	
	Sorokhaibam Priyanka Singh	01.06.1998	1	(4)	
Forwards:	Mayosing Khongreiwoshi	20.12.1992	2	(8)	1
	Robinson Khongsai	12.06.2000		(1)	
	Seiminmang Manchong	10.01.2000	4		
	Bidyashagar Singh Khangembam	11.03.1998	15		12
	Komron Tursunov (TJK)	24.04.1996	13		6
Trainer:	Leimapokpam Nandakumar Singh	01.03.1960	15		

THE CLUBS
Indian Super League

ATK MOHUN BAGAN FOOTBALL CLUB KOLKATA
Year of Formation: 2014 (*as Atlético de Kolkata*) / 1889 (*as Mohun Bagan*) / merged 01.06.2020
Stadium: Vivekananda Yuba Bharati Krirangan Stadium, Kolkata (85,000)

BENGALURU FOOTBALL CLUB
Year of Formation: 2013
Stadium: Fatorda Stadium, Goa (19,800)

CHENNAIYIN FOOTBALL CLUB
Year of Formation: 2014
Stadium: GMC Athletic Stadium, Bambolim (30,000)

SPORTING CLUB EAST BENGAL KOLKATA
Year of Formation: 1920
Stadium: Vivekananda Yuba Bharati Krirangan Stadium, Kolkata (85,000)

FOOTBALL CLUB GOA
Year of Formation: 2014
Stadium: Fatorda Stadium, Goa (19,800)

HYDERABAD FOOTBALL CLUB
Year of Formation: 2019
Stadium: Tilak Maidan Stadium, Vasco da Gama (5,000)

JAMSHEDPHUR FOOTBALL CLUB
Year of Formation: 2017
Stadium: Tilak Maidan Stadium, Vasco da Gama (5,000)

KERALA BLASTERS FOOTBALL CLUB KOCHI
Year of Formation: 2014
Stadium: GMC Athletic Stadium, Bambolim (30,000)

MUMBAI CITY FOOTBALL CLUB
Year of Formation: 2014
Stadium: GMC Athletic Stadium, Bambolim (30,000)

NORTHEAST UNITED FOOTBALL CLUB GUWAHATI
Year of Formation: 2014
Stadium: Tilak Maidan Stadium, Vasco da Gama (5,000)

ODISHA FOOTBALL CLUB BHUBANESWAR
Year of Formation: 2014 (*as Delhi Dynamos FC*)
Stadium: GMC Athletic Stadium, Bambolim (30,000)

NATIONAL TEAM
INTERNATIONAL MATCHES 2020/2021

25.03.2021	*Dubai*	*Oman - India*	*1-1(1-0)*	*(F)*
29.03.2021	*Dubai*	*United Arab Emirates - India*	*6-0(2-0)*	*(F)*
03.06.2021	*Doha*	*India - Qatar*	*0-1(0-1)*	*(WCQ)*
07.06.2021	*Doha*	*Bangladesh - India*	*0-2(0-0)*	*(WCQ)*
15.06.2021	*Doha*	*India - Afghanistan*	*1-1(0-0)*	*(WCQ)*

25.03.2021, Friendly International
"Maktoum Bin Rashid al Maktoum" Stadium, Dubai (United Arab Emirates); Attendance: n/a
Referee: Omar Mohamed Al Ali (United Arab Emirates)
OMAN - INDIA **1-1(1-0)**
IND: Amrinder Ranjit Singh, Sandesh Jhingan, Ashutosh Mehta, Konsham Chinglensana Singh, Muhammad Ashique Kuruniyan, Akash Mishra (59.Mohammad Yasir), Bipin Singh Thounajam (72.Ishan Pandita), Rowllin Borges (46.Lalengmawia Ralte), Suresh Singh Wangjam (79.Lallianzuala Chhangte), Jeakson Singh Thounaojam (46.Raynier Fernandes), Manvir Singh (90+2.Mashoor Shereef Thangalakath). Trainer: Igor Štimac (Croatia).
Goal: Manvir Singh (55).

29.03.2021, Friendly International
Zabeel Stadium, Dubai; Attendance: n/a
Referee: Ilgiz Tantashev (Uzbekistan)
UNITED ARAB EMIRATES - INDIA   **6-0(2-0)**
IND: Gurpreet Singh Sandhu, Pritam Kotal, Mashoor Shereef Thangalakath, Akash Mishra (80.Muhammad Ashique Kuruniyan), Adil Ahmed Khan, Lallianzuala Chhangte (46.Halicharan Narzary), Anirudh Thapa (46.Mohammad Yasir), Suresh Singh Wangjam (72.Hitesh Sharma), Lalengmawia Ralte (59.Ishan Pandita), Manvir Singh, Liston Colaco (58.Raynier Fernandes). Trainer: Igor Štimac (Croatia).

03.06.2021, 22nd FIFA World Cup Qualifiers / AFC Qualifiers, Second Round
"Jassim bin Hamad" Stadium, Doha; Attendance: 2,022
Referee: Ma Ning (China P.R.)
INDIA - QATAR   **0-1(0-1)**
IND: Gurpreet Singh Sandhu, Pritam Kotal, Sandesh Jhingan, Rahul Shankar Bheke [*sent off 17*], Subhasish Bose, Muhammad Ashique Kuruniyan (84.Sahal Abdul Samad), Bipin Singh Thounajam (74.Akash Mishra), Glan Martins (68.Lalengmawia Ralte), Suresh Singh Wangjam (84.Liston Colaco), Sunil Chhetri (46.Kumam Udanta Singh), Manvir Singh. Trainer: Igor Štimac (Croatia).

07.06.2021, 22nd FIFA World Cup Qualifiers / AFC Qualifiers, Second Round
"Jassim bin Hamad" Stadium, Doha (Qatar); Attendance: 495
Referee: Zaid Thamer (Iraq)
BANGLADESH - INDIA   **0-2(0-0)**
IND: Gurpreet Singh Sandhu, Sandesh Jhingan, Subhasish Bose, Konsham Chinglensana Singh (90+1.Pronay Halder), Bipin Singh Thounajam (46.Muhammad Ashique Kuruniyan), Brandon Fernandes (90+1.Adil Ahmed Khan), Glan Martins, Suresh Singh Wangjam, Sunil Chhetri, Kumam Udanta Singh (46.Mohammad Yasir), Manvir Singh (59.Liston Colaco). Trainer: Igor Štimac (Croatia).
Goals: Sunil Chhetri (79, 90+2).

15.06.2021, 22nd FIFA World Cup Qualifiers / AFC Qualifiers, Second Round
„Jassim bin Hamad" Stadium, Doha (Qatar); Attendance: 603
Referee: Ali Reda (Lebanon)
INDIA - AFGHANISTAN   **1-1(0-0)**
IND: Gurpreet Singh Sandhu, Sandesh Jhingan, Rahul Shankar Bheke, Subhasish Bose, Konsham Chinglensana Singh, Muhammad Ashique Kuruniyan (81.Bipin Singh Thounajam), Brandon Fernandes (63.Lalengmawia Ralte), Glan Martins, Suresh Singh Wangjam, Sunil Chhetri (69.Liston Colaco), Manvir Singh. Trainer: Igor Štimac (Croatia).
Goal: Ovays Azizi (75 own goal).

NATIONAL TEAM PLAYERS 2020/2021

Name	DOB	Club
Goalkeepers		
Amrinder Ranjit SINGH	27.05.1993	*Mumbai City FC*
Gurpreet SINGH Sandhu	03.02.1992	*Bengaluru FC*
Defenders		
Rahul Shankar BHEKE	06.12.1990	*Bengaluru FC*
Subhasish BOSE	18.08.1995	*ATK Mohun Bagan Kolkata*
Sandesh JHINGAN	21.07.1993	*ATK Mohun Bagan Kolkata*
Adil Ahmed KHAN	07.07.1988	*Hyderabad FC*
Pritam KOTAL	09.08.1993	*ATK Mohun Bagan Kolkata*
Ashutosh MEHTA	21.02.1993	*NorthEast United FC Guwahati*
Akash MISHRA	27.11.2001	*Hyderabad FC*
Mashoor SHEREEF Thangalakath	05.01.1993	*NorthEast United FC Guwahati*
Konsham Chinglensana SINGH	27.11.1996	*Hyderabad FC*
Midfielders		
Rowllin BORGES	05.06.1992	*Mumbai City FC*
Lallianzuala CHHANGTE	08.06.1997	*Chennaiyin FC*
Brandon FERNANDES	20.09.1994	*FC Goa*
Raynier FERNANDES	22.02.1996	*Mumbai City FC*
Pronay HALDER	25.02.1993	*ATK Mohun Bagan Kolkata*
Muhammad Ashique KURUNIYAN	14.06.1997	*Bengaluru FC*
Glan MARTINS	01.07.1996	*FC Goa*
Halicharan NARZARY	10.05.1994	*Hyderabad FC*
Lalengmawia RALTE	17.10.2000	*NorthEast United FC Guwahati*
Sahal Abdul SAMAD	01.04.1997	*Kerala Blasters FC*
Hitesh SHARMA	25.12.1997	*Hyderabad FC*
Bipin SINGH Thounajam	10.03.1995	*Mumbai City FC*
Anirudh THAPA	15.01.1998	*Chennaiyin FC*
Jeakson Singh THOUNAOJAM	21.06.2001	*Kerala Blasters FC*
Suresh Singh WANGJAM	07.08.2000	*Bengaluru FC*
Mohammad YASIR	14.04.1998	*Hyderabad FC*
Forwards		
Sunil CHHETRI	03.08.1984	*Bengaluru FC*
Liston COLACO	12.11.1998	*ATK Mohun Bagan Kolkata*
Ishan PANDITA	26.05.1998	*FC Goa*
Manvir SINGH	06.11.1995	*ATK Mohun Bagan Kolkata*
Kumam Udanta SINGH	14.06.1996	*Bengaluru FC*
National coaches		
Igor ŠTIMAC (CRO) [from 15.05.2019]		06.09.1967

INDONESIA

The Country:
Republik Indonesia (Republic of Indonesia)*
Capital: Jakarta
Surface: 1,919,440 km²
Population: 270,203,917 [2020]
Time: UTC+7 - +9
Independent since: 1945

The FA:
Persatuan Sepakbola Seluruh Indonesia (Football Association of Indonesia)
Menara Olahraga Senayan (MOS) Building, FX Sudirman Office Tower 14th Floor, Jakarta
Year of Formation: 1930
Member of FIFA since: 1952
Member of AFC since: 1954

*called Dutch East Indies between 1800-1942 and 1945-1949.

NATIONAL TEAM RECORDS

First international match: 13.05.1934, Manila (PHI): Dutch East Indies – Japan 7-1
Most international caps: Bambang Pamungkas – 89 caps (1999-2012)
Most international goals: Soetjipto Soentoro – 43 goals / 64caps (1965-1970)

NATIONAL TEAM COMPETITIONS:

ASIAN NATIONS CUP	
1956	Did not enter
1960	Did not enter
1964	Did not enter
1968	Qualifiers
1972	Qualifiers
1976	Qualifiers
1980	Qualifiers
1984	Qualifiers
1988	Qualifiers
1992	Qualifiers
1996	Final Tournament (Group Stage)
2000	Final Tournament (Group Stage)
2004	Final Tournament (Group Stage)
2007	Final Tournament (Group Stage)
2011	Qualifiers
2015	Qualifiers
2019	*Disqualified due to FIFA suspension*

FIFA WORLD CUP	
1930	Did not enter
1934	Did not enter
1938	Final Tournament (Group Stage)*
1950	*Withdrew*
1954	Did not enter
1958	*Withdrew during the qualifiers*
1962	*Withdrew*
1966	Did not enter
1970	Did not enter
1974	Qualifiers
1978	Qualifiers
1982	Qualifiers
1986	Qualifiers
1990	Qualifiers
1994	Qualifiers
1998	Qualifiers
2002	Qualifiers
2006	Qualifiers
2010	Qualifiers
2014	Qualifiers
2018	*Disqualified due to FIFA suspension*

*as Dutch East Indies

F.I.F.A. CONFEDERATIONS CUP 1992-2017

None

OLYMPIC FOOTBALL TOURNAMENTS 1908-2016

1908	-	1948	-	1972	Qualifiers	1996	Qualifiers
1912	-	1952	-	1976	Qualifiers	2000	Qualifiers
1920	-	1956	Quarter-Finals	1980	Qualifiers	2004	Qualifiers
1924	-	1960	Qualifiers	1984	Qualifiers	2008	Qualifiers
1928	-	1964	-	1988	Qualifiers	2012	Qualifiers
1936	-	1968	Qualifiers	1992	Qualifiers	2016	Qualifiers

ASIAN GAMES 1951-2014		ASEAN („TIGER") CUP / AFF CUP 1996-2018		SOUTH EAST ASIAN GAMES 1959-2019	
1951	Quarter-Finals	1996	4th Place	1959	-
1954	Semi-Finals	1998	3rd Place	1961	-
1958	3rd Place	2000	Runners-up	1965	-
1962	Group Stage	2002	Runners-up	1967	-
1966	Quarter-Finals	2004	Runners-up	1969	-
1970	Quarter-Finals	2007	Group Stage	1971	-
1974	-	2008	Semi-Finals	1973	-
1978	-	2010	Runners-up	1975	-
1982	-	2012	Group Stage	1977	Semi-Finals
1986	4th Place	2014	Group Stage	1979	Runners-up
1990	-	2016	Runners-up	1981	3rd Place
1994	-	2018	Group Stage	1983	Group Stage
1998	-			1985	Semi-Finals
2002	-			1987	**Winners**
2006	Group Stage			1989	3rd Place
2010	-			1991	**Winners**
2014	2nd Round of 16			1993	Semi-Finals
				1995	Group Stage
				1997	Runners-up
				1999	3rd Place
				2001	4th Place
				2003	Group Stage
				2005	4th Place
				2007	Group Stage
				2009	Group Stage
				2011	Runners-up
				2013	Runners-up
				2015	4th Place
				2017	3rd Place
				2019	Runners-up

INDONESIAN CLUB HONOURS IN ASIAN CLUB COMPETITIONS:

AFC Champions League 1967-1971 & 1985/1986-2020
None
Asian Football Confederation Cup 2004-2020
None
AFC President's Cup 2005-2014*
None
Asian Cup Winners Cup 1975-2003*
None
Asian Super Cup 1995-2002*
None

*defunct competition

NATIONAL COMPETITIONS TABLE OF HONOURS

	CHAMPIONS	CUP WINNERS
	Liga Sepakbola Utama	
1979/1980	Warna Agung Jakarta	-
1981/1982	NIAC Mitra Surabaya	-
1982/1983	NIAC Mitra Surabaya	-
1983/1984	Yanita Utama Bogor	-
1984	Yanita Utama Bogor	-
1985	Krama Yudha Tiga Berlian Palembang	Arseto Solo
1986	-	Makassar Utama
1986/1987	Krama Yudha Tiga Berlian Palembang	Krama Yudha Tiga Berlian Palembang
1987/1988	NIAC Mitra Surabaya	Krama Yudha Tiga Berlian Palembang
1988/1989	Pelita Jaya Jakarta	Krama Yudha Tiga Berlian Palembang
1990	Pelita Jaya Jakarta	*No competition*
1991/1992	Arseto Solo	Semen Padang
1992/1993	Arema Malang FC	*No competition*
1993/1994	Pelita Jaya Jakarta	Gelora Dewata Denpasar
	Liga Indonesia	
1994/1995	Persib Bandung	*No competition*
1995/1996	Mastrans Bandung Raya	*No competition*
1996/1997	Persebaya Surabaya	*No competition*
1997/1998	*Not finished*	*No competition*
1998/1999	PSIS Semarang	*No competition*
1999/2000	PSM Makassar	*No competition*
2001	Persija Jakarta	*No competition*
2002	Petrokimia Putra Gresik	*No competition*
2003	Persik Kediri	*No competition*
2004	Persebaya Surabaya	*No competition*
2005	Persipura Jayapura	Arema Malang FC
2006	Persik Kediri	Arema Malang FC
2007	Sriwijaya FC Palembang	Sriwijaya FC Palembang
	Liga Super Indonesia	
2008/2009	Persatuan Sepakbola Jayapura	Sriwijaya FC Palembang
2009/2010	Arema Malang FC	Sriwijaya FC Palembang

2010/2011	Persatuan Sepakbola Jayapura	*No competition*
2011/2012	Sriwijaya FC Palembang	Persatuan Sepakbola Indonesia Bojonegoro
2013	Persatuan Sepakbola Jayapura	*No competition*
2014	Persatuan Sepakbola Bandung	*No competition*
2015	*Championship abandoned*	*No competition*
2016	*Championship suspended*	*No competition*
2017	Bhayangkara FC Jakarta	*No competition*
2018	Persatuan Sepakbola Jakarta	*No competition*
2019	Bali United FC Gianyar	Persatuan Sepakbola Makassar
2020	*Championship abandoned*	*Competition abandoned*

	Liga Prima Indonesia*	
2011/2012	Semen Padang FC	-
2013	*Annulled and stopped*	-

NATIONAL CHAMPIONSHIP
Liga 1 2020

The season was suspended after 3 Rounds on 16.03.2020 due to COVID-19 pandemic and abandoned on 20.01.2021. No title was awarded.

NATIONAL CUP
Piala Indonesia Finals 2020

The competition was suspended due to COVID-19 pandemic and postponed undefinitely.

NATIONAL TEAM
INTERNATIONAL MATCHES 2020/2021

25.05.2021	Dubai	Afghanistan - Indonesia	2-3(0-2)	(F)
29.05.2021	Dubai	Indonesia - Oman	1-3(0-1)	(F)
03.06.2021	Dubai	Thailand - Indonesia	2-2(1-1)	(WCQ)
07.06.2021	Dubai	Vietnam - Indonesia	4-0(0-0)	(WCQ)
11.06.2021	Dubai	Indonesia - United Arab Emirates	0-5(0-2)	(WCQ)

25.05.2021, Friendly International
Jebel Ali Centre of Excellence, Dubai (United Arab Emirates); Attendance: 0
Referee: n/a
AFGHANISTAN - INDONESIA   **2-3(0-2)**
IDN: Muhammad Adi Satryo, Firza Andika, Muhammad Rifad Marasabessy, Rachmat Irianto, Witan Sulaeman, Andresi Setyo Prabowo, Ady Setiawan, Yakob Sayuri, Muhammad Rafli, Osvaldo Ardiles Haay, Saddam Emiruddin Gaffar. *Substitutes*: Nurhidayat Haji Haris, Pratama Arhan Alif Rifai, Egy Maulana Vikri, Braif Fatari, Genta Alparedo, Adam Alis Setyano, Syahrian Abimanyu. Trainer: Shin Tae-yong (Korea Republic).
Goals: Egy Maulana Vikri (59), Adam Alis Setyano (64).

29.05.2021, Friendly International
The Sevens Stadium, Dubai (United Arab Emirates); Attendance: n/a
Referee: Yahya Mohammed Ali Hassan Al Mulla (United Arab Emirates)
INDONESIA - OMAN   **1-3(0-1)**
IDN: Nadeo Argawinata (46.Muhammad Adi Satryo), Rizky Ridho Ramadhani, Pratama Arhan Alif Rifai, Nurhidayat Haji Haris, Muhammad Rifad Marasabessy (46.Asnawi Mangkualam Bahar; 68.Witan Sulaeman), Syahrian Abimanyu, I Kadek Agung Widnyana Putra, Egy Maulana Vikri, Evan Dimas Darmono (68.Firza Andika), Adam Alis Setyano, Kushedya Hari Yudo (68.Braif Fatari). Trainer: Shin Tae-yong (Korea Republic).
Goal: Evan Dimas Darmono (51).

03.06.2021, 22nd FIFA World Cup Qualifiers / AFC Qualifiers, Second Round
"Maktoum Bin Rashid al Maktoum" Stadium, Dubai (United Arab Emirates); Attendance: 0
Referee: Ammar Ebrahim Hasan Mahfoodh (Bahrain)
THAILAND - INDONESIA   **2-2(1-1)**
IDN: Nadeo Argawinata, Pratama Arhan Alif Rifai, Arif Satria, Rizky Ridho Ramadhani, Asnawi Mangkualam Bahar, Egy Maulana Vikri (63.Osvaldo Ardiles Haay), Witan Sulaeman (70.Adam Alis Setyano), I Kadek Agung Widnyana Putra (84.Rachmat Irianto), Syahrian Abimanyu (84.Genta Alparedo), Evan Dimas Darmono, Kushedya Hari Yudo (84.Muhammad Rafli). Trainer: Shin Tae-yong (Korea Republic).
Goals: Narubadin Weerawatnodom (5), Adisak Kraisorn (50).

07.06.2021, 22nd FIFA World Cup Qualifiers / AFC Qualifiers, Second Round
"Maktoum Bin Rashid al Maktoum" Stadium, Dubai (United Arab Emirates); Attendance: 225
Referee: Ahmed Faisal Mohammad Al Ali (Jordan)
VIETNAM - INDONESIA   **4-0(0-0)**
IDN: Nadeo Argawinata, Arif Satria, Rizky Ridho Ramadhani, Rachmat Irianto (69.Muhammad Rafli), Asnawi Mangkualam Bahar, Pratama Arhan Alif Rifai, Syahrian Abimanyu (69.Saddam Emiruddin Gaffar), Yakob Sayuri (46.Witan Sulaeman), Evan Dimas Darmono, Kushedya Hari Yudo (81.I Kadek Agung Widnyana Putra), Osvaldo Ardiles Haay (46.Septian David Maulana). Trainer: Shin Tae-yong (Korea Republic).

11.06.2021, 22nd FIFA World Cup Qualifiers / AFC Qualifiers, Second Round
"Maktoum Bin Rashid al Maktoum" Stadium, Dubai; Attendance: 963
Referee: Mohammed Al Hoish (Saudi Arabia)
INDONESIA - UNITED ARAB EMIRATES   **0-5(0-2)**
IDN: Muhammad Riyandi, Arif Satria (62.Syahrian Abimanyu), Rizky Ridho Ramadhani (84.Didik Wahyu Wijayance), Rachmat Irianto, Asnawi Mangkualam Bahar, Pratama Arhan Alif Rifai, Adam Alis Setyano, Evan Dimas Darmono (75.Muhammad Rafli), I Kadek Agung Widnyana Putra, Kushedya Hari Yudo (46.Egy Maulana Vikri), Osvaldo Ardiles Haay (46.Witan Sulaeman). Trainer: Shin Tae-yong (Korea Republic).

NATIONAL TEAM PLAYERS 2020/2021

Name	DOB	Club
Goalkeepers		
Nadeo ARGAWINATA	09.03.1997	*Bali United FC Gianyar*
Muhammad RIYANDI	03.01.2000	*Persatuan Sepakbola Barito Putera Banjarmasin*
Muhammad Adi SATRYO	07.07.2001	*Persatuan Sepakbola Sleman*
Defenders		
Firza ANDIKA	11.05.1999	*Persatuan Sepakbola Indonesia Kabupaten Bogor 1973*
Pratama ARHAN Alif Rifai	21.12.2001	*Persatuan Sepakbola Indonesia Semarang*
Asnawi Mangkualam BAHAR	04.10.1999	*Ansan Greeners FC (KOR)*
Rachmat IRIANTO	03.09.1999	*Persatuan Sepakbola Surabaya*
Muhammad Rifad MARASABESSY	07.07.1999	*Borneo FC Samarinda*
NURHIDAYAT Haji Haris	05.04.1999	*Persatuan Sepakbola Makassar*
Rizky RIDHO Ramadhani	21.11.2001	*Persatuan Sepakbola Surabaya*
Arif SATRIA	17.09.1995	*Persatuan Sepakbola Surabaya*
Andresi SETYO Prabowo	16.09.1997	*Persatuan Sepakbola Indonesia Kabupaten Bogor 1973*
Didik WAHYU Wijayance	13.02.1994	*Persatuan Sepakbola Indonesia Kabupaten Bogor 1973*
Midfielders		
Syahrian ABIMANYU	25.04.1999	*Kelab Bola Sepak Johor Darul Ta'zim(MAS)*
I Kadek AGUNG Widnyana Putra	25.06.1998	*Bali United FC Gianyar*
Adam ALIS Setyano	19.12.1993	*Bhayangkara FC Jakarta*
Genta ALPAREDO	07.10.2001	*Semen Padang FC*
Evan DIMAS Darmono	13.03.1995	*Bhayangkara FC Jakarta*
Braif FATARI	09.04.2002	*Persatuan Sepakbola Jakarta*
Rachmat IRIANTO	03.09.1999	*Persatuan Sepakbola Surabaya*
Septian David MAULANA	02.09.1996	*Persatuan Sepakbola Indonesia Semarang*
Yakob SAYURI	09.09.1997	*Persatuan Sepakbola Makassar*
Ady SETIAWAN	10.09.1994	*Persatuan Sepakbola Surabaya*
Witan SULAEMAN	08.10.2001	*FK Radnik Surdulica (SRB)*
Forwards		
Saddam Emiruddin GAFFAR	24.09.2001	*Persatuan Sepakbola Sleman*
Osvaldo Ardiles HAAY	17.05.1998	*Persatuan Sepakbola Jakarta*
Egy MAULANA Vikri	07.07.2000	*KS Lechia Gdańsk (POL)*
Muhammad RAFLI	24.11.1998	*Arema FC Malang*
Kushedya Hari YUDO	16.07.1993	*Arema FC Malang*
National coaches		
SHIN Tae-yong (Korea Republic) [from 01.01.2020]		11.10.1970

IRAN

The Country:
Jomhuri-ye Islāmi-ye Irān (Islamic Republic of Iran)
Capital: Tehran
Surface: 1,648,195 km²
Population: 83,183,741 [2019]
Time: UTC+3.30

The FA:
Football Federation Islamic Republic of Iran
No. 4, Third St., Seoul Ave.
19958-73591 Tehran
Year of Formation: 1920
Member of FIFA since: 1945
Member of AFC since: 1958

NATIONAL TEAM RECORDS

First international match:	28.05.1950, Istanbul: Turkey – Iran 6-1
Most international caps:	Javad Nekounam – 151 caps (2000-2015)
Most international goals:	Ali Daei – 109 goals / 149 caps (1993-2006)

NATIONAL TEAM COMPETITIONS:

ASIAN NATIONS CUP	
1956	Did not enter
1960	Qualifiers
1964	Did not enter
1968	**Final Tournament (Winners)**
1972	**Final Tournament (Winners)**
1976	**Final Tournament (Winners)**
1980	Final Tournament (3rd Place)
1984	Final Tournament (4th Place)
1988	Final Tournament (3rd Place)
1992	Final Tournament (Group Stage)
1996	Final Tournament (3rd Place)
2000	Final Tournament (Quarter-Finals)
2004	Final Tournament (3rd Place)
2007	Final Tournament (Quarter-Finals)
2011	Final Tournament (Quarter-Finals)
2015	Final Tournament (Quarter-Finals)
2019	Final Tournament (Semi-Finals)

FIFA WORLD CUP	
1930	Did not enter
1934	Did not enter
1938	Did not enter
1950	Did not enter
1954	Did not enter
1958	Did not enter
1962	Did not enter
1966	Did not enter
1970	Did not enter
1974	Qualifiers
1978	Final Tournament (Group Stage)
1982	*Withdrew*
1986	Disqualified
1990	Qualifiers
1994	Qualifiers
1998	Final Tournament (Group Stage)
2002	Qualifiers
2006	Final Tournament (Group Stage)
2010	Qualifiers
2014	Final Tournament (Group Stage)
2018	Final Tournament (Group Stage)

F.I.F.A. CONFEDERATIONS CUP 1992-2017
None

OLYMPIC FOOTBALL TOURNAMENTS 1908-2016

1908	-	1948	-	1972	Group Stage	1996	Qualifiers
1912	-	1952	-	1976	Quarter-Finals	2000	Qualifiers
1920	-	1956	-	1980	Qualifiers	2004	Qualifiers
1924	-	1960	-	1984	-	2008	Qualifiers
1928	-	1964	Group Stage	1988	Qualifiers	2012	Qualifiers
1936	-	1968	-	1992	Qualifiers	2016	Qualifiers

ASIAN GAMES 1951-2014		WEST ASIAN CHAMPIONSHIP 2000-2019		WEST ASIAN GAMES 1997-2005	
1951	Runners-up	2000	Winners	1997	Winners
1954	-	2002	3rd Place	2002	Runners-up
1958	Group Stage	2004	Winners	2005	3rd Place
1962	-	2007	Winners		
1966	Runners-up	2008	Winners		
1970	Group Stage	2010	Runners-up		
1974	**Winners**	2012	Group Stage		
1978	*Withdrew*	2014	Did not enter		
1982	Quarter-Finals	2019	-		
1986	Quarter-Finals				
1990	**Winners**				
1994	Group Stage				
1998	**Winners**				
2002	**Winners**				
2006	3rd Place				
2010	4th Place				
2014	Group Stage				

IRANIAN CLUB HONOURS IN ASIAN CLUB COMPETITIONS:

AFC Champions League 1967-1971 & 1985/1986-2020		
Esteghlal Tehran FC	2	1970, 1990/1991
PAS Tehran FC	1	1992/1993
Asian Football Confederation Cup 2004-2020		
None		
AFC President's Cup 2005-2014*		
None		
Asian Cup Winners Cup 1975-2003*		
Persepolis Tehran FC	1	1991
Asian Super Cup 1995-2002*		
None		

*defunct competitions

OTHER CLUB COMPETITIONS:

Afro-Asian Club Championship 1986–1998*
None

*defunct competition

NATIONAL COMPETITIONS
TABLE OF HONOURS

	CHAMPIONS	CUP WINNERS
	Regional League	
1960	Shahin Tehran FC	-
1961	*No competition*	-
1962	*No competition*	-
1963	Daraei Tehran FC	-
1964	*No competition*	-
1965	*No competition*	-
1966	*No competition*	-
1967	PAS Tehran FC	-
1968	PAS Tehran FC	-
1969	*No competition*	-
1970	Taj Tehran FC*	-
1971	Persepolis Tehran FC	-
1972	*No competition*	-
	Takht Jamshid League	
1973	Persepolis Tehran FC	-
1974	Taj Tehran FC	-
1975	Persepolis Tehran FC	-
1976	PAS Tehran FC	Malavan Anzali FC
1977	PAS Tehran FC	Esteghlal Tehran FC
1978	*Not finished*	*1978-1985*
1979-1989	*No competition*	*No competition*
		1986: Malavan Anzali FC
		1987: Persepolis Tehran FC
		1988: Shahin Tehran FC
	Qods League	
1989/1990	Esteghlal Tehran FC	Malavan Anzali FC
	Azadegan League	
1991	PAS Tehran FC	Persepolis Tehran FC
1992	PAS Tehran FC	*No competition*
1993	Saipa Karaj FC	*No competition*
1994	Saipa Karaj FC	Saipa Karaj FC
1995	-	Bahman Karaj FC
1995/1996	Persepolis Tehran FC	Esteghlal Tehran FC
1996/1997	Persepolis Tehran FC	Bargh Shiraz FC
1997/1998	Esteghlal Tehran FC	*No competition*
1998/1999	Persepolis Tehran FC	Persepolis Tehran FC
1999/2000	Persepolis Tehran FC	Esteghlal Tehran FC
2000/2001	Esteghlal Tehran FC	Basij Moghavemat Shahid Sepasi Fars FC
	Iran Premier League	
2001/2002	Persepolis Tehran FC	Esteghlal Tehran FC
2002/2003	Sepahan Esfahan FC	Zob Ahan FC Eshafan
2003/2004	PAS Tehran FC	Sepahan Esfahan FC
2004/2005	Foolad Khuzestan Ahvaz FC	Saba Battery Tehran FC
2005/2006	Esteghlal Tehran FC	Sepahan Esfahan FC
2006/2007	Saipa Karaj FC	Sepahan Esfahan FC
2007/2008	Persepolis Tehran FC	Esteghlal Tehran FC

2008/2009	Esteghlal Tehran FC	Zob Ahan FC Eshafan
2009/2010	Sepahan Esfahan FC	Persepolis Tehran FC
2010/2011	Sepahan Esfahan FC	Persepolis Tehran FC
2011/2012	Sepahan Esfahan FC	Esteghlal Tehran FC
2012/2013	Esteghlal Tehran FC	Sepahan Esfahan FC
2013/2014	Foolad Khuzestan FC Ahvaz	Tractor Sazi FC Tabriz
2014/2015	Sepahan Esfahan FC	Zob Ahan FC Eshafan
2015/2016	Esteghlal Meli-Sanati Khuzestan FC Ahvaz	Zob Ahan FC Eshafan
2016/2017	Persepolis Tehran FC	Naft Tehran FC
2017/2018	Persepolis Tehran FC	Esteghlal Tehran FC
2018/2019	Persepolis Tehran FC	Persepolis Tehran FC
2019/2020	Persepolis Tehran FC	Tractor Sazi FC Tabriz
2020/2021	Persepolis Tehran FC	Foolad Khuzestan FC Ahvaz

*became later Esteghlal Tehran FC;
Note: Persepolis Tehran FC is called also Piroozi FC Tehran.

NATIONAL CHAMPIONSHIP
Persian Gulf Pro League 2020/2021

1.	**Persepolis Tehran FC**	30	19	10	1	47 - 14	67
2.	Sepahan Esfahan FC	30	19	8	3	53 - 24	65
3.	Esteghlal Tehran FC	30	16	8	6	36 - 19	56
4.	Tractor Sazi FC Tabriz	30	12	9	9	35 - 29	45
5.	Gol Gohar Sirjan FC	30	13	6	11	33 - 32	45
6.	Foolad Khuzestan FC Ahvaz	30	10	14	6	27 - 18	44
7.	Paykan FC Qods	30	9	13	8	32 - 30	40
8.	Mes Rafsanjan FC	30	10	9	11	23 - 29	39
9.	Shahr Khodro FC Mashdad	30	10	8	12	27 - 31	38
10.	Sanat Naft FC Abadan	30	9	10	11	24 - 29	37
11.	Aluminium Arak FC	30	8	13	9	25 - 33	37
12.	FC Nassaji Mazandaran Qa'em Shahr	30	9	6	15	27 - 34	33
13.	Naft Masjed Soleyman FC	30	7	10	13	21 - 29	31
14.	Zob Ahan FC Eshafan	30	5	11	14	28 - 39	26
15.	Saipa Tehran FC (*Relegated*)	30	5	11	14	19 - 34	26
16.	Machine Sazi Tabriz FC (*Relegated*)	30	2	8	20	19 - 52	14

Please note: Padideh Khorasan FC Mashhad chenged its name to Shahr Khodro FC Mashdad.

Best goalscorer 2020/2021:
Sajjad Shahbazzadeh (Sepahan Esfahan FC) – 20 goals

Promoted for the 2021/2022 season:
Fajr Shahid Sepahi Shiraz FC, Havadar SC

NATIONAL CUP
Hazfi Cup Final 2020/2021

08.08.2021, Naghsh-e Jahan Stadium, Ishafan; Attendance: None
Referee: Bijan Heydari
Foolad Khuzestan FC Ahvaz - Esteghlal Tehran FC   0-0; 4-2 on penalties
Foolad Khuzestan: Ehsan Moradian (120.Mohsen Forouzan), Saleh Hardani, Mohammad Abshak (117.Ahmad Abdollahzadeh), Moussa Coulibaly (120.Mehran Mousavi), Zobeir Niknafs, Sina Shahabassi, Vahid Heydarieh, Ayanda Patosi (115.Mohammad Miri), Luciano Pereira Mendes "Luciano Chimba", Farshad Ahmadzadeh, Sasan Ansari. Trainer: Javad Nekounam
Esteghlal Tehran: Mohammad Rashid Mazaheri, Vouria Ghafouri, Siavash Yazdani Moghadam, Mohammad Hossein Moradmand, Mohammad Naderi, Matin Karimzadeh (67.Babak Moradi), Arash Rezavand (91.Mehdi Mehdipour), Sobhan Khaghani (46.Amir Arsalan Motahari), Masoud Rigi (120+2.Dariush Shojaeian), Farshid Esmaeili, Mehdi Ghayedi. Trainer: Farhad Majidi.
Penalties: Voria Ghafouri 0-1; Mehran Mousavi 1-1; Farshid Esmaeili (missed); Zobeir Niknafs 2-1; Mehdi Mehdipour 2-2; Sasan Ansari 3-2; Dariush Shojaeian (saved); Ahmad Abdollahzadeh 4-2.

THE CLUBS 2020/2021

ALUMINIUM ARAK FOOTBALL CLUB

Year of Formation: 2001
Stadium: "Imam Khomeini" Stadium, Arak (15,000)

THE SQUAD	DOB	M	(s)	G
Goalkeepers: Amir Reza Hassanpour	21.03.1998	2		
Mohammad Nasseri	26.04.1993	1		
Hossein Pour Hamidi	26.03.1998	27		
Defenders: Mehdi Ghoreishi	18.05.1990	1	(3)	
Amirmohammad Houshmand	08.05.2000	26	(2)	1
Mohammad Iranpourian	21.09.1985	14	(3)	
Aziz Maboodi	20.02.1987	1	(3)	
Amirhossein Mahmoudi	11.07.1998	1		
Meysam Majidi	25.10.1986	6	(8)	1
Ramtin Soleimanzadeh	08.11.1988	26		
Jahanbakhsh Zabihi Taher	31.01.1990		(1)	
Shahin Tavakoli	30.08.1993	25	(1)	1
Midfielders: Mohammad Javad Abbasi	23.10.1991	1	(3)	
Meysam Aghaei	22.06.1990	13	(9)	
Mostafa Ahmadi	14.03.1988	22	(3)	
Alireza Cheraghali	24.03.1998	2	(3)	
Seyed Mehdi Hosseini	16.09.1993	26	(2)	6
Amir Nouri	19.06.1996	4	(10)	
Mohsen Rabikhah	24.12.1987	5		
Forwards: Moein Abbasian	18.08.1989	7	(3)	
Morteza Aghakhan	05.04.1993	6	(5)	2
Mohammad Alinejad	03.07.1993	6	(4)	
Jaber Ansari	10.01.1987	3	(14)	
Pouria Aria Kia	03.05.1990	29	(1)	
Nima Doroudi	09.01.1997	4	(7)	
Alireza Monazami	14.12.2002	2	(5)	

		DOB	M	(s)	G
	Hamed Pakdel	31.10.1991	23	(3)	10
	Said Rza	26.03.1991	11	(10)	3
	Mehdi Sajjadi	17.10.1999	1	(4)	
	Esmaeil Sharifat	07.09.1988	21	(4)	
	Omid Singh	09.01.1993	14	(8)	1
Trainer:	Rasoul Khatibi	22.09.1978	15		
[24.02.2021]	Mahmoud Khoramzi		2		
[09.03.2021]	Alireza Mansourian	12.12.1971	13		

ESTEGHLAL TEHRAN FOOTBALL CLUB

Year of Formation: 1945
Stadium: Azadi Stadium, Tehran (78,116)

	THE SQUAD	DOB	M	(s)	G
Goalkeepers:	Seyed Hossein Hosseini	30.06.1992	11		
	Mohammad Rashid Mazaheri	18.05.1989	19		
Defenders:	Arash Dajliri	19.01.1999		(1)	
	Mohammad Daneshgar	20.01.1994	16	(9)	1
	Vouria Ghafouri	20.09.1987	22		6
	Aref Gholami	19.04.1997	19	(1)	
	Matin Karimzadeh	01.07.1998	3	12)	1
	Hrvoje Milić (CRO)	10.05.1989	8	(4)	1
	Siavash Yazdani Moghadam	02.03.1992	17	(1)	
	Mohammad Hossein Moradmand	22.06.1993	22	(2)	2
	Seyed Ahmad Mousavi	04.02.1992	11	(8)	1
	Mohammad Naderi	05.10.1996	20	(3)	1
Midfielders:	Farshid Bagheri	06.01.1992	4	6	
	Farshid Esmaeili	23.02.1994	14	8	1
	Sina Khadempour	09.01.1997	1	1	
	Mehdi Mehdipour	25.10.1994	17	5	1
	Saeid Mehri	16.09.1995	1	5	
	Arash Rezavand	05.10.1993	22	5	
	Masoud Rigi	22.02.1991	23	3	
	Dariush Shojaeian	07.04.1992	8	9	
Forwards:	Sajjad Aghaei	19.03.1999		1	
	Cheick Tidiane Diabaté (MLI)	25.04.1988	6	6	2
	Mohammad Hossein Fallah	07.03.2000		3	
	Mehdi Ghayedi	05.12.1998	26	3	6
	Sobhan Khaghani	27.01.2000	5	5	2
	Babak Moradi	29.07.1993	7	4	
	Amir Arsalan Motahari	10.03.1993	23	6	7
	Fardin Rabet	29.10.2001		3	
	Arman Ramezani	22.06.1992	5	7	2
Trainer:	Mahmoud Fekri	26.07.1969	16		
[03.03.2021]	Farhad Majidi	03.06.1976	14		

FOOLAD KHUZESTAN FOOTBALL CLUB AHVAZ

Year of Formation: 1986
Stadium: Foolad Arena, Ahvaz (30,655)

	THE SQUAD	DOB	M	(s)	G
Goalkeepers:	Mohsen Forouzan	03.05.1988	20		
	Ehsan Moradian	20.09.1994	10		
Defenders:	Aref Aghasi	02.01.1997	17	(2)	
	Milad Badragheh	17.08.1996		(3)	
	Moussa Coulibaly (MLI)	10.03.1993	26		4
	Mehran Derakhshan Mehr	10.08.1998	11	(5)	
	Saleh Hardani	14.09.1998	21	(5)	1
	Vahid Heydarieh	03.01.1993	17	(2)	
	Farzad Jafari	25.03.1993	1	(1)	
	Mehran Mousavi	20.04.1991	12	(4)	
	Mojtaba Najarian	25.01.1998	9	(7)	
	Ebrahim Saljouqi	13.11.1992		(1)	
	Sina Shahabassi	12.08.1999	6	(1)	
	Ayoub Vali	09.08.1987		(1)	
Midfielders:	Ahmad Abdollahzadeh	06.05.1993	7	(6)	
	Mohammad Abshak	27.01.1987	26	(2)	1
	Abbas Bouazar	08.07.1992		(1)	
	Aref Gholampour	22.05.1999		(2)	
	Mohammad Miri	04.03.1990	15	(12)	
	Vahid Namdari	28.07.2000	1	(3)	
	Zobeir Niknafs	12.04.1993	12	(10)	2
	Ayanda Patosi	31.10.1992	23	(4)	5
Forwards:	Mohammadreza Abbasi	27.07.1996	10	(11)	
	Farshad Ahmadzadeh	23.09.1992	25	(2)	4
	Sasan Ansari	04.05.1991	19	(9)	3
	Shervin Bozorg	14.04.1992	1	(13)	
	Hossein Ebrahimi	03.08.1990		(4)	
	Mohammad Ghaseminejad	05.03.1989	13	(10)	1
	Saber Hardani	27.10.1996		(10)	
	Luciano Pereira Mendes "Luciano Chimba" (BRA)	15.10.1983	28		5
Trainer:	Javad Nekounam	07.09.1980	30		

GOL GOHAR SIRJAN FOOTBALL CLUB

Year of Formation: 1997
Stadium: "Imam Ali" Stadium, Sirjan (8,000)

THE SQUAD		DOB	M	(s)	G
Goalkeepers:	Mehrdad Bashagerdi	03.09.1984	12		
	Alireza Haghighi	02.05.1988	18		
Defenders:	Mohammad Aghajanpour	20.04.1997	6	(4)	
	Alireza Arta	04.02.1997	10	(2)	
	Behnam Barzay	11.02.1993	22	(5)	
	Seyed Alireza Ebrahimi	09.12.1989	21	(3)	
	Mehran Golzari	10.07.1990	2	(3)	
	Reza Sharbati	16.02.1995		(1)	
	Armin Sohrabian	26.07.1995	27		
	Yousef Vakia *	30.10.1993	1	(2)	
	Milad Zakipour	23.11.1995	29		
Midfielders:	Alireza Alizadeh	11.02.1993	27		1
	Ali Asghar Ashouri	04.10.1988	22	(7)	1
	Farshid Bagheri	05.06.1992	5	(3)	
	Amin Pourali	12.04.1988	5	(12)	
	Reza Shekari	31.05.1998	3	(4)	
	Ahmad Zendeh Rouh	09.07.1992	29		2
Forwards:	Amir Reza Mahmoud Abadi	10.05.1995	2	(2)	
	Erfan Afraz	30.04.1999		(3)	
	Ali Dashti	18.01.1994	1	(3)	
	Ali Ghorbankhani	14.03.1996	1	(7)	
	Seyed Mohsen Karimi	20.09.1994		(6)	
	Godwin Mensha (NGA)	02.09.1989	17	(12)	14
	Peyman Ranjbari	21.08.1992	5	(3)	
	Saeid Sadeghi	25.04.1994	28	(1)	5
	Younes Shakeri	01.01.1990	25	(1)	8
	Morteza Tabrizi	06.01.1991	12	(2)	1
Trainer:	Majid Jalali	01.01.1956	30		

MACHINE SAZI TABRIZ FOOTBALL CLUB

Year of Formation: 1969
Stadium: „Shahid Qasem Soleimani" Stadium, Tabriz (12,000)

	THE SQUAD	DOB	M	(s)	G
Goalkeepers:	Seyed Mehdi Eslami	05.05.1985	4		
	Mohammad Amin Rezaei	21.08.1996	23		
	Mohammad Bagher Sadeghi	01.04.1989	3		
Defenders:	Fardin Abedini	18.11.1991	1	(2)	
	Sina Abdollahi	15.04.2001	3	(4)	1
	Habib Gordani	09.06.1983	8		
	Seyed Mohammad Hosseini	07.01.1995	25	(1)	
	Milad Khodaei Asl	16.10.1990	4	(3)	
	Asghar Nasiri	11.04.1991	2	(2)	
	Vahid Nemati	03.02.1990	15	(6)	
	Mehdi Rahimi	02.05.1999		(3)	
	Abolfazl Razzaghpour	17.09.1997	16	(1)	
	Mehdi Rostami	04.03.1991	24	(2)	1
	Sirous Sadeghian	04.04.1992	20		1
Midfielders:	Farshad Asadi	30.04.1993	11	(2)	
	Reza Azari	10.02.1998		(2)	
	Mansour Bagheri	16.10.1998	22	(5)	1
	Iman Basafa	03.01.1992	20		
	Rahman Ebadzadeh	10.04.1987	1	(1)	
	Saeid Hosseinpour	12.10.1998	6	(4)	1
	Ali Najafi	07.02.2000	5	(8)	
	Matin Parsa			(1)	
	Davood Shahvarooghi	27.04.1990		(8)	
	Atabak Zarei	05.03.1997	21	(6)	1
Forwards:	Borhan Abed	12.08.1998	1		
	Mohammad Abotorabi	26.08.1994	4	(12)	
	Akbar Afaghi	07.02.1992	13	(1)	
	Mohammad Amin Asadi	24.12.1998	13	(3)	3
	Peyman Babaei	14.02.1994	10	(3)	6
	Farshad Biabani	28.03.1999	1	(4)	
	Mohammad Ebrahimi	01.11.1984	4	(1)	1
	Aydin Ghahremani	23.07.1998		(4)	
	Hassan Ghasemi			(5)	1
	Reza Karimi	23.08.1998	1	(6)	
	Farzad Mohammadi	20.09.1987	2	(7)	1
	Mehdi Momeni	21.09.1985	13	(4)	
	Hatef Naderi	28.03.2000	9	(1)	
	Bahman Salari	30.01.1993	25	(3)	1
Trainer:	Vahid Bayatlou	27.03.1987	5		
[10.12.2020]	Saeid Akhbari		10		
[24.02.2021]	Mehdi Pashazadeh	29.12.1973	2		
[15.03.2021]	Saeid Akhbari		1		
[04.04.2021]	Kazem Mahmoudi	23.08.1973	1		
[06.04.2021]	Alireza Akbarpour	10.05.1973	11		

MES RAFSANJAN FOOTBALL CLUB

Year of Formation: 1997
Stadium: Shohadaye Mes Stadium, Rafsanjan (10,000)

THE SQUAD		DOB	M	(s)	G
Goalkeepers:	Davoud Noushi Soufiani	15.07.1990	22		
	Nasser Salari	23.02.1987	8		
Defenders:	Mohammad Aghajanpour	20.04.1997	9	(3)	
	Mohammad Amini	29.09.1995		(3)	
	Mohammad Ansari	23.09.1991	4	(3)	
	Abolhassan Jafari	21.07.1990	10		
	Aghil Kaabi	29.07.1990	27		1
	Omid Khaledi	30.11.1987	2	(1)	
	Seyed Majid Nasiri	14.05.2000	3		1
	Hamed Noormohammadi	22.05.1986	19		
	Hooman Rabizadeh	21.01.1999	12	(3)	
	Mohsen Tarhani	20.01.1990	10	(5)	
	Masih Zahedi	12.01.1993	23	(2)	1
Midfielders:	Ghaem Eslamikhah	17.01.1995	13	(7)	2
	Mehdi Kiani	10.01.1987	10	(1)	
	Alireza Naghizadeh	04.03.1993	6	(15)	1
	Meysam Naghizadeh	20.05.1986	20	(6)	
	Peyman Namvar	02.07.1986		(5)	
	Mehrdad Rezaei	25.08.1990	25	(3)	
	Ali Asghar Sadeghi			(1)	
Forwards:	Alireza Arjmandian	25.04.1996	1	(9)	
	Mehrdad Avakh	09.12.1989	9	(17)	3
	Mohsen Azarbad	12.11.1989	23	(6)	
	Sajjad Ashouri	16.07.1992	18	(7)	1
	Faraz Emamali	21.01.1995	28	(2)	6
	Mohammad Ghazi	30.12.1984	17	(6)	3
	Hossein Karimzadeh	03.03.1996	2	(11)	1
	Omid Latifi	21.09.1999		(1)	
	Mohammad Reza Soleimani	03.08.1995	8	(6)	3
	Rahim Zahivi	19.08.1989	1	(1)	
Trainer:	Mohammad Rabiei	1981	30		

NAFT MASJED SOLEYMAN FOOTBALL CLUB

Year of Formation: 1965
Stadium: "Behnam Mohammadi" Stadium, Masjed Soleyman (8,000)

THE SQUAD		DOB	M	(s)	G
Goalkeepers:	Ahmad Gohari	12.01.1996	11		
	Farhad Majd Kermanshahi	29.09.1996	19		
Defenders:	Mohammadmehdi Ahmadi	10.01.2001	24	(3)	
	Sirvan Ghorbani	26.09.1993	12	(2)	1
	Saeed Karimi	22.03.1997	3	(3)	
	Mojtaba Moghtadaei	20.03.1996	20	(1)	
	Mostafa Naeij Pour	20.03.1996	19	(3)	1
	Behrouz Norouzifard	22.05.1994	28		1
	Meysam Tohidast	12.03.1993	25	(1)	1
Midfielders:	Mehran Amiri	23.08.1991	16	(5)	
	Abbas Bouazar	08.07.1992	9	(16)	
	Nima Entezari	18.07.1996	26		1
	Sajjad Jafari	16.01.1997	23	(3)	2
	Farzin Kahsafar	09.02.1998		(1)	
	Mohammad Mashayekh	24.02.1998	1	(3)	
	Moslem Mojadami	06.07.1996	8	(3)	
Forwards:	Abbas Asgari	11.09.1990	1	(5)	
	Amirhossein Bagherpour	11.11.1997		(2)	
	Mohammad Bolboli	11.01.1998	16	(6)	
	Sasan Hosseini	01.01.1999	29		8
	Mehdi Izadi	28.11.1998	1	(16)	
	Farid Karimi	14.05.1989	13	(8)	1
	Vahid Kheshtan	11.06.1992		(3)	
	Emad Mirjavan	06.07.1988	4	(4)	1
	Mohammadmehdi Mohebi	10.02.2000	21	(8)	2
	Mehdi Niyayeshpour	25.01.1992		(6)	
	Fardin Rabet	29.10.2001	1	(9)	1
Trainer:	Mehdi Tartar	24.09.1972	30		

FOOTBALL CLUB NASSAJI MAZANDARAN QA'EM SHAHR

Year of Formation: 1959
Stadium: Vatani Stadium, Qa'em Shahr (15,000)

THE SQUAD		DOB	M	(s)	G
Goalkeepers:	Saeid Jalali Rad	30.05.1994	5		
	Hossein Khatir		4		
	Nima Mirzazad	27.02.1997	18		
	Mehrdad Tahmasebi	09.09.1985	3		
Defenders:	Mojtaba Bijan	05.11.1987	18	(3)	1
	Behzad Davoudi	08.02.1990	5	(11)	
	Ehsan Ghahari	17.06.1998		(7)	
	Arman Ghasemi	12.08.1989	10		
	Saeid Gholamalibeigi	04.09.1993	29		1
	Amir Mehdi Janmaleki	01.02.1999	9		2
	Mostafa Javadian	18.06.2000	4	(1)	
	Mojtaba Mamashli	14.05.1988	2		
	Hassan Najafi	21.03.1988	21	(4)	
	Hamed Shiri	16.04.1986	27		5
	Shahin Taherkhani	07.01.1997	2	(4)	
Midfielders:	Ali Davaran	04.09.2000	7	(7)	
	Mohammad Ghorbani	21.05.2001		(1)	
	Ayoub Kalantari	22.11.1990	23	(5)	3
	Milad Kamandani	07.07.1994	7	(7)	2
	Amirhossein Mousazadeh	24.08.1992	1	(4)	
	Mostafa Norouzi	06.05.1990		(1)	
	Mahmoud Ghaed Rahmati	06.12.1991	21	(3)	2
	Akbar Sadeghi	11.03.1985	13		
	Shahin Saghebi	25.08.1993	4	(4)	1
	Roozbeh Shahalidoost	21.05.1986	9	(2)	
Forwards:	Mohammadreza Abbasi			(1)	
	Sajjad Aghaei	19.03.1999		(5)	
	Ali Alkasir	26.05.1992	7	(6)	
	Mohammad Hossein Babagoli	07.05.1997	1	(4)	
	Mehrdad Bayrami	21.09.1990	13	(1)	
	Reza Dehghani	07.01.1998	10	(3)	1
	Abdol Karim Eslami	08.04.1986	24	(4)	3
	Erfan Golmohammadi	18.07.1997	1	(4)	
	Amirhossein Mahjori			(1)	
	Shahin Majidi	22.05.1988		(5)	
	Mohammadjavad Molaei	08.10.2000		(2)	
	Mehdi Nazari	01.03.1989	7	(2)	1
	Amirhossein Yahyazadeh	17.02.1998	1	(2)	
	Hossein Zamehran	21.03.1992	24	(5)	5
	Ali Zare	14.05.2001		(5)	
Trainer:	Vahid Fazeli	29.01.1982	11		
[16.01.2021]	Majid Jalali	1956	6		
[08.03.2021]	Saket Elhami	24.05.1971	13		

PAYKAN FOOTBALL CLUB QODS

Year of Formation: 1967
Stadium: Shahr-e Qods Stadium, Shahr-e Qods (25,000)

THE SQUAD		DOB	M	(s)	G
Goalkeepers:	Mohammad Deris	31.05.1995	14		
	Alireza Rezaei	11.12.1999	16		
Defenders:	Ali Abdollahzadeh	04.01.1993	2	(1)	
	Majid Eydi	19.09.1996	20	(3)	
	Saman Fallah	12.05.2001	16	(1)	2
	Arash Ghaderi	01.10.1998	10	(16)	3
	Arman Ghasemi	12.08.1989	15		4
	Hojjat Haghverdi	03.02.1993	6	(1)	1
	Amirhossein Jeddi	18.10.1998	21	(4)	1
	Ehsan Joudaki	16.03.1992		(1)	
	Aziz Maboodi	20.02.1987	1	(1)	
	Danial Mahini	25.09.1993		(2)	
	Nader Mohammadi	15.07.1997	26	(3)	
	Mohammad Sattari	30.10.1993	20	(2)	1
	Milad Sheikh Soleimani	09.02.1992	8	(1)	
	Shahin Taherkhani	07.01.1997	1		
Midfielders:	Esmaeil Babaei	14.04.1997	22	(6)	
	Amirhossein Jolani	27.03.2002		(2)	
	Mohammad Khodabandelou	07.09.1999	18	(4)	2
	Mohammad Nouri	09.01.1983	3	(2)	
	Hossein Pouramini	27.11.1990	28		1
	Erfan Shahriari Khalaji	19.05.2002		(1)	
Forwards:	Moein Abbasian	18.08.1989		(6)	
	Mohammad Amin Darvishi	20.05.1993	10	(11)	5
	Mohammad Ebrahimi	16.01.1998	1	(3)	
	Ali Ghorbankhani	14.03.1996	4	(1)	
	Reza Habibzadeh	13.04.1996		(5)	
	Farzad Hatami	03.01.1986	3	(9)	3
	Hossein Heydari	06.08.1998		(1)	
	Reza Jabireh	07.07.1997	14	(10)	2
	Alireza Koushki	15.02.2000	9	(6)	1
	Amir Roustaei	05.08.1997	18	(10)	1
	Ebrahim Salehi	12.10.1991	24	(2)	4
Trainer:	Mehdi Tartar	24.09.1972	30		

PERSEPOLIS TEHRAN FOOTBALL CLUB

Year of Formation: 1963
Stadium: Azadi Stadium, Tehran (78,116)

THE SQUAD		DOB	M	(s)	G
Goalkeepers:	Hamed Lak	24.11.1990	29		
	Božidar Radošević (CRO)	04.04.1989	1		
Defenders:	Saeid Aghaei	09.02.1995	21	(5)	
	Mohammad Ansari	23.09.1991		(1)	
	Farshad Faraji	07.04.1994	4	(4)	
	Ehsan Hosseini	03.10.1998	1	(2)	
	Seyed Jalal Hosseini	03.02.1982	24	(1)	4
	Hossein Kanaani	23.03.1994	24		1
	Siamak Nemati	17.04.1994	20	(4)	2
	Mehdi Shiri	31.01.1991	21	(2)	1
Midfielders:	Saeid Hosseinpour	12.10.1998		(1)	
	Kamal Kamyabinia	18.01.1989	16	(1)	1
	Ahmad Nourollahi	01.02.1993	28	(3)	10
	Bashar Resan	22.12.1996	3		
	Milad Sarlak	26.03.1995	25	(4)	2
	Mohammad Sharifi	21.03.2000		(3)	
Forwards:	Mehdi Abdi Qara	30.11.1998	12	(15)	9
	Issa Alkasir	07.02.1990	5	(6)	3
	Omid Alishah	10.01.1992	19	(7)	2
	Vahid Amiri	02.04.1988	24	(4)	3
	Mehdi Mehdikhani	28.07.1997		(11)	
	Shahriar Moghanlou	21.12.1994	12	(1)	4
	Ehsan Pahlevan	25.07.1993	25	(5)	
	Arman Ramezani	22.06.1992	1	(8)	
	Ali Shojaei	08.01.1997	2	(9)	
	Mehdi Torabi	10.09.1994	13		4
Trainer:	Yahya Golmohammadi	19.03.1971	30		

SAIPA TEHRAN FOOTBALL CLUB

Year of Formation: 1989
Stadium: Shahid Dastgerdi Stadium, Tehran (8,250)

	THE SQUAD	DOB	M	(s)	G
Goalkeepers:	Hossein Akbar Monadi	31.01.1996	25		
	Kourosh Maleki	09.05.1991	3		
	Masoud Pourmohammad	12.03.1989	2		
Defenders:	Reza Aliari	15.03.1994	23	(1)	
	Omid Dorreh	08.08.1999		(1)	
	Fariborz Gerami	02.05.1993	15		1
	Farzad Jafari	25.03.1993	8		
	Abolfazl Jalali	26.06.1998	22	(1)	1
	Mojtaba Lotfi	18.03.1989	8		
	Hossein Mahini	16.09.1986	28		1
	Saeid Mohammadfar	02.01.1995	6	(7)	
	Kamaledin Nikkhou	12.06.1989	8	(3)	
	Taha Shariati	03.03.2000	3		
Midfielders:	Mehrdad Abdi	13.08.1992	23	(2)	
	Mohammad Sadegh Barani	09.09.1991	28	(2)	1
	Hamid Golzari	30.01.1992		(2)	
	Aref Haji Eydi	06.04.1999	1	(9)	
	Farshad Hashemi	20.01.1997		(1)	
	Amirhossein Hosseinzadeh	30.10.2000	10	(1)	
	Mahyar Jabbari	12.12.1998	4	(7)	
	Sina Moridi	05.05.1996	7	(4)	
	Mohsen Mosalman	27.01.1991	10	(4)	1
Forwards:	Majid Aliyari	02.03.1996	25	(1)	4
	Mehrdad Heydari	05.12.1994	6	(15)	3
	Reza Jafari	11.01.1997	19	(5)	2
	Hossein Kamyab	04.01.1995	9	(11)	
	Hossein Maleki	06.04.1990	26	(3)	2
	Amirali Sadeghi	09.02.2001	2	(13)	2
	Rouhollah Seifollahi	13.10.1990	5	(7)	
	Mohammad Reza Soleimani	03.08.1995	4	(11)	
Trainer:	Ebrahim Sadeghi	04.02.1979	20		
[16.04.2021]	Mohsen Bayatinia	09.04.1980	/		
[02.05.2021]	Faraz Kamalvand	26.12.1976	7		
[19.07.2021]	Saeid Akhbari		3		

SANAT NAFT ABADAN FOOTBALL CLUB

Year of Formation: 1972
Stadium: Takhti Stadium, Abadan (8,000)

THE SQUAD		DOB	M	(s)	G
Goalkeepers:	Hamed Fallahzadeh	06.11.1986	19		
	Farzin Garoosian	19.07.1992	10		
	Payam Parsa	22.07.2002	1		
Defenders:	Ali Abdollahzadeh	04.01.1993	3	(1)	
	Hossein Baghlani	04.08.1990	1	(2)	
	Omid Khaledi	30.11.1987	13	(1)	
	Mohammad Khalili	01.10.1993	2		
	Mohammad Lameinejad	29.03.1989	1		
	Abdollah Nasseri	20.05.1992	24	(3)	1
	Hossein Saki	10.05.1997	22		
	Mohammad Ahle Shakhe	14.06.1993	23		1
	Mohammad Tayebi	11.09.1986	28		2
Midfielders:	Mohammad Reza Ghobishavi	24.01.2000	12	(11)	
	Omid Hamedifar		9	(5)	
	Mehdi Hanafi	20.02.1993	17	(3)	
	Ali Khorramabadi	17.01.2000		(1)	
	Mahmoud Motlaghzadeh	11.05.1994	23	(2)	2
	Hakim Nasari	22.12.1986	12	(8)	
	Taleb Reykani	23.06.1990	24	(4)	9
	Sina Zamehran	10.03.1997		(3)	
	Mohammad Hossein Zavari	11.01.2001	12	(11)	
Forwards:	Ali Alkasir	26.05.1992	2	(9)	
	Reza Amaninejad	08.10.2000	2	(1)	
	Peyman Bahmani			(2)	
	Hassan Beyt Saeed	01.04.1990	15	(5)	
	Amirhossein Farhadi	14.10.2000	7	(5)	
	Reza Khaleghifar	21.09.1983	23	(4)	4
	Ahmad Shariatzadeh	01.07.2002	9	(13)	1
	Seyed Fakher Tahami	19.04.1996	10	(7)	1
	Rahim Zahivi	19.08.1989	1	(3)	
	Mehdi Zobeidi	30.11.1991	5	(11)	1
Trainer:	Sirous Pourmousavi	27.03.1971	30		

SEPAHAN ESFAHAN FOOTBALL CLUB

Year of Formation: 1953
Stadium: Naghsh-e-Jahan Stadium, Eshafan (75,000)

	THE SQUAD	DOB	M	(s)	G
Goalkeepers:	Payam Niazmand	06.04.1995	30		
Defenders:	Danial Esmaeilifar	26.02.1993	25	(5)	4
	Giorgi Gvelesiani (GEO)	05.05.1991	17	(5)	1
	Ehsan Hajsafi	25.02.1990	13		2
	Morteza Mansouri	23.06.1990	10	(3)	
	Mohammadreza Mehdizadeh	19.02.1994	10	(2)	1
	Shayan Mosleh	25.06.1993	3	(5)	
	Mohammad Nejad Mehdi	20.10.1992	19	(2)	1
	Omid Noorafkan	09.04.1997	30		2
	Ezzatollah Pourghaz	21.03.1987	14	(2)	2
Midfielders:	Jalaleddin Alimohammadi	15.06.1990	13	(12)	
	Seyed Mohammad Karimi	20.06.1996	24	(2)	
	Mehdi Kiani	10.01.1987	2	(3)	
	Rasoul Navidkia	21.12.1983		(2)	
	Mohammad Papi	12.04.1998		(2)	
	Soroosh Rafiei	24.03.1990	24	(2)	2
	Yasin Salmani	27.02.2002	6	(11)	4
Forwards:	Muhsen Saleh Abdullah Ali Al Ghassani (OMA)	27.03.1997		(1)	
	Rouhollah Bagheri	12.02.1991		(8)	
	Reza Dehghani	07.01.1998	1	(1)	
	Mohammad Reza Hosseini	15.09.1989	27	(1)	6
	Mohammad Reza Khalatbari	14.09.1983	10	(12)	1
	Kiros Stânlley Soares Ferraz (BRA)	21.08.1988	7	(10)	1
	Reza Mirzaei	14.04.1996		(15)	2
	Mohammad Mohebi	20.12.1998	15	(12)	3
	Alireza Sadeghi	23.03.1999		(1)	
	Sajjad Shahbazzadeh	23.01.1990	30		20
	Mehdi Torkaman	08.03.1989		(5)	
Trainer:	Moharram Navidkia	01.11.1982	30		

SHAHR KODRO FOOTBALL CLUB MASHDAD

Year of Formation: 2013 (*as Padideh Mashdad FC*)
Stadium: "Imam Reza" Stadium, Mashhad (27,700)

THE SQUAD		DOB	M	(s)	G
Goalkeepers:	Milad Farahani	26.06.1988	23		
	Saeid Jalali Rad	30.05.1994	4		
	Mohammad Javad Kia	29.08.2001	3		
Defenders:	Alireza Asadabadi	23.07.2002		(2)	
	Farshad Faraji	07.04.1994	11	(2)	
	Mohammad Ali Faramarzi	01.01.1994	11	(5)	
	Ehsan Hosseini	03.10.1998	11		1
	Abolhassan Jafari	21.07.1990	11	(1)	1
	Azad Jafarzadeh		3	(3)	
	Omid Mansouri	22.04.1998	4	(4)	
	Behtash Misaghian	10.06.1988	1		
	Ali Nemati	07.02.1996	26	(1)	
	Amirhossein Nemati	16.06.1996		(7)	
	Hesam Pourhashem	08.09.1996	4	(5)	
	Yousef Vakia	30.10.1993	14	(1)	
	Reza Yazdandoost	07.11.1991	21	(1)	1
Midfielders:	Mohammad Reza Falahian	12.06.1996	9	(1)	
	Amirhossein Karimi	09.02.1996	25	(3)	
	Mohammad Erfan Masoumi	26.03.1996	22	(2)	
	Mohammad Mohammadzadeh	27.03.1998	5	(6)	
	Akbar Sadeghi	11.03.1985	14		1
	Sadegh Sadeghi	10.08.1992	22	(3)	1
	Ali Taheran	07.08.1997	2	(6)	
Forwards:	Mehrdad Bayrami	21.09.1990	9	(2)	1
	Amin Ghaseminejad	22.11.1986	22	(1)	11
	Shahram Goudarzi	04.04.1987	1	(1)	
	Ahmad Jabouri	02.06.1993	9	(18)	3
	Rahman Jafari	06.03.1997	10	(8)	1
	Amir Jafari	18.01.2002		(1)	
	Amirhassan Jafari	20.08.1999	2	(6)	
	Hossein Mehraban	12.05.1996	20	(4)	4
	Meraj Pourtaghi	18.03.1998	2	(10)	2
	Abouazar Safarzadeh	24.12.1995	6	(7)	
	Rouhollah Seifollahi	13.10.1990	3	(4)	
Trainer:	Mehdi Rahmati	03.02.1983	30		

TRACTOR SAZI FOOTBALL CLUB TABRIZ

Year of Formation: 1970
Stadium: Yadegar-e-Emam [Sahand] Stadium, Tabriz (66,833)

THE SQUAD		DOB	M	(s)	G
Goalkeepers:	Habib Far Abbasi	04.09.1997	2	(2)	
	Mohammadreza Akhbari	15.02.1993	28		
Defenders:	Milad Fakhreddini	26.05.1990	22	(4)	2
	Ehsan Hajsafi	25.02.1990	15	(1)	1
	Vafa Hakhamaneshi	27.03.1991	11	(1)	
	Saeid Irankhah	12.02.2001	2	(1)	
	Mohammad Reza Khanzadeh	20.01.1992	11	(1)	1
	Peyman Keshavarz	03.03.1996	2	(2)	
	Hadi Mohammadi	09.03.1991	17	(1)	
	Mohammad Moslemipour	25.05.1997	5	(6)	
	Abolfazl Razzaghpour	17.09.1997	10	(1)	1
	Erfan Seyedi	06.02.1998	1		
	Meysam Teymouri	06.07.1992	26		2
Midfielders:	Hamid Bouhamdan	23.07.1989	22	(2)	1
	Akbar Imani	21.03.1992	27		
	Mohammad Khorram	07.04.1997		(8)	
	Saeid Mehri	16.09.1995	8	(5)	
	Ali Najafi	07.02.2000		(1)	
	Behzad Salami	23.03.2002	6	(2)	
	Masoud Shojaei	09.06.1984	9	(3)	
	Saeed Vasei	19.12.1994	5	(2)	1
Forwards:	Mohammad Abbaszadeh	09.05.1990	23	(5)	11
	Amin Assadi	14.09.1993	2	(12)	1
	Peyman Babaei	14.02.1994	8	(3)	2
	Mehdi Babri	28.10.1998		(2)	
	Ashkan Dejagah	05.07.1986	15	(1)	2
	Ali Fathi	17.05.2000	3	(8)	2
	Mohammad Ghaderi	27.02.2000	5	(7)	1
	Sajjad Gholibeigi	09.11.1999		(1)	
	Mohammad Mehdi Ghanbari	26.04.1998	3	(9)	1
	Okacha Hamzaoui (ALG)	29.11.1990	5	(6)	
	Sayad Kokabi Asl	15.09.1992		(4)	
	Mohammadjavad Molaei	08.10.2000		(1)	
	Saman Nariman Jahan	18.04.1991	12	(1)	2
	Mehdi Tikdari	13.06.1996	25	(1)	3
Trainer:	Alireza Mansourian	12.12.1971	5		
[09.12.2020]	Masoud Shojaei	09.06.1984	10		
[20.02.2021]	Rasoul Khatibi	22.09.1978	9		
[28.06.2021]	Firouz Karimi	13.04.1958	6		

ZOB AHAN FOOTBALL CLUB ESHAFAN

Year of Formation: 1969
Stadium: Foolad Shahr Stadium, Eshafan (20,000)

THE SQUAD		DOB	M	(s)	G
Goalkeepers:	Mehdi Amini	16.05.1996	3	(1)	
	Yousef Behzadi	29.06.1990	4	(1)	
	Shahab Gordan	22.05.1984	23		
Defenders:	Masoud Ebrahimzadeh	16.01.1989	24	(1)	
	Mehrdad Ghanbari	22.11.1989	11	(9)	
	Mohammad Ghoreishi	13.02.1995	6	(3)	
	Seyed Abdollah Hosseini	06.07.1990	25	(2)	3
	Mohammad Ali Kazemi	22.07.1997	3	(2)	
	Hamid Maleki	06.10.1996	3	(1)	
	Farshad Mohammadi	04.09.1994	26		4
	Vahid Mohammadzadeh	16.05.1989	26		5
	Amir Mohammad Panahi	04.09.1995	3	(3)	
Midfielders:	Sina Asadbeigi	17.07.1997	12	(1)	2
	Ghasem Hadadifar	12.07.1983	16		
	Mojtaba Haghdoost	22.01.1996	15	(8)	1
	Ivan Marković (SRB)	20.06.1994	6	(9)	1
	Danial Momeni	22.02.1999	16	(2)	
	Ali Nabizadeh	05.03.1996	3	(2)	
	Mohammad Soltani Mehr	04.02.1999	16	(3)	
Forwards:	Amir Reza Mahmoud Abadi	10.05.1995	13	(1)	
	Abolfazl Akashe	09.03.1999	5	(3)	
	Darko Bjedov	28.03.1989	13	(9)	5
	Ali Dashti	18.01.1994	7	(2)	1
	Reza Habibzadeh	13.04.1996	1	(4)	
	Milad Jahani	26.03.1989	29		4
	Ali Khodadadi	19.01.1998	1	(9)	
	Alireza Monazami	14.12.2002	1	(1)	
	Erfan Pourafraz	03.09.1991	4	(5)	
	Peyman Ranjbari	21.08.1992	12	(2)	1
	Hossein Shenani	11.12.1993	3	(23)	1
Trainer:	Rahman Rezaei	20.02.1975	14		
[10.02.2021]	Milić Ćurčić (SRB)	26.01.1981	1		
[16.02.2021]	Mojtaba Hosseini	05.05.1974	15		

NATIONAL TEAM
INTERNATIONAL MATCHES 2020/2021

08.10.2020	Tashkent	Uzbekistan - Iran	1-2(0-1)	(F)
12.11.2020	Sarajevo	Bosnia and Herzegovina - Iran	0-2(0-0)	(F)
30.03.2021	Tehran	Iran - Syria	3-0(2-0)	(F)
03.06.2021	Arad	Iran - Hong Kong	3-1(1-0)	(WCQ)
07.06.2021	Riffa	Iran - Bahrain	3-0(0-0)	(WCQ)
11.06.2021	Riffa	Cambodia - Iran	0-10(0-4)	(WCQ)
15.06.2021	Arad	Iran - Iraq	1-0(1-0)	(WCQ)

08.10.2020, Friendly International
Pakhtakor Central Stadium, Tashkent; Attendance: 1,000
Referee: Jasur Mukhtarov (Uzbekistan)
UZBEKISTAN - IRAN   **1-2(0-1)**
IRN: Seyedpayam Niazmand Ghader, Shojae Khalilzadeh, Mohammadhossein Kanani Zadegan, Sadegh Moharrami, Milad Mohammadi Keshmarzi, Ehsan Hajsafi (65.Omid Noorafkan), Ahmad Nourollahi (71.Siamak Nemati), Ali Gholizadeh (75.Saman Ghoddos), Vahid Amiri (65.Ali Karimi), Mehdi Taremi (71.Kaveh Rezaei), Sardar Azmoun (75.Mehdi Ghayedi). Trainer: Dragan Skočić (Croatia).
Goals: Sardar Azmoun (43), Mehdi Taremi (51 penalty).

12.11.2020, Friendly International
Stadion "Asim Ferhatović Hase", Sarajevo; Attendance: 0
Referee: Mkilovan Milačić (Montenegro)
BOSNIA AND HERZEGOVINA - IRAN   **0-2(0-0)**
IRN: Amir Abedzadeh, Morteza Pouraliganji, Shojae Khalilzadeh, Mohammadhossein Kanani Zadegan, Sadegh Moharrami (76.Siamak Nemati), Milad Mohammadi Keshmarzi, Ehsan Hajsafi (62.Omid Noorafkan), Ahmad Nourollahi (83.Ali Karimi), Vahid Amiri (76.Saeid Ezatolahi Afagh), Ali Gholizadeh (83.Mehdi Ghayedi), Kaveh Rezaei (62.Karim Adil Ansarifard). Trainer: Dragan Skočić (Croatia).
Goals: Kaveh Rezaei (46), Mehdi Ghayedi (90+1).

30.03.2021, Friendly International
Azadi Stadium, Tehran; Attendance: 0
Referee: Mooud Bonyadifard (Iran)
IRAN - SYRIA   **3-0(2-0)**
IRN: Alireza Safar Beiranvand, Shojae Khalilzadeh, Mohammadhossein Kanani Zadegan, Milad Mohammadi Keshmarzi (65.Abolfazl Jalali), Ehsan Hajsafi (65.Omid Ebrahimi Zarandini), Ahmad Nourollahi, Ali Gholizadeh (85.Allahyar Sayyadmanesh), Mehdi Taremi, Sardar Azmoun (73.Karim Adil Ansarifard), Vahid Amiri (85.Omid Noorafkan), Jafar Salmani (73.Siamak Nemati). Trainer: Dragan Skočić (Croatia).
Goals: Mohammadhossein Kanani Zadegan (2), Sardar Azmoun (38), Karim Adil Ansarifard (81).

03.06.2021, 22nd FIFA World Cup Qualifiers / AFC Qualifiers, Second Round
Al Muharraq Stadium, Arad (Bahrain); Attendance: 0
Referee: Adham Mohammad Tumah Makhadmeh (Jordan)
IRAN - HONG KONG **3-1(1-0)**
IRN: Alireza Safar Beiranvand, Shojae Khalilzadeh, Mohammadhossein Kanani Zadegan, Sadegh Moharrami, Ahmad Nourollahi, Saeid Ezatolahi Afagh (58.Milad Mohammadi Keshmarzi), Ali Gholizadeh (80.Karim Adil Ansarifard), Mehdi Taremi (69.Mehdi Torabi), Vahid Amiri, Sardar Azmoun (69.Kaveh Rezaei), Alireza Jahanbakhsh Jirandeh (58.Saman Ghoddos). Trainer: Dragan Skočić (Croatia).
Goals: Ali Gholizadeh (23), Vahid Amiri (61), Karim Adil Ansarifard (84).

07.06.2021, 22nd FIFA World Cup Qualifiers / AFC Qualifiers, Second Round
Bahrain National Stadium, Riffa; Attendance: 0
Referee: Fu Ming (China P.R.)
IRAN - BAHRAIN **3-0(0-0)**
IRN: Alireza Safar Beiranvand, Shojae Khalilzadeh, Mohammadhossein Kanani Zadegan (83.Morteza Pouraliganji), Sadegh Moharrami, Milad Mohammadi Keshmarzi (46.Saman Ghoddos), Ehsan Hajsafi, Ahmad Nourollahi, Ali Gholizadeh (83.Mehdi Ghayedi), Vahid Amiri (68.Saeid Ezatolahi Afagh), Mehdi Taremi, Sardar Azmoun (74.Mehdi Torabi). Trainer: Dragan Skočić (Croatia).
Goals: Sardar Azmoun (54, 61), Mehdi Taremi (79).

11.06.2021, 22nd FIFA World Cup Qualifiers / AFC Qualifiers, Second Round
Bahrain National Stadium, Riffa (Bahrain); Attendance: 0
Referee: Kim Jong-hyeok (Korea Republic)
CAMBODIA - IRAN **0-10(0-4)**
IRN: Amir Abedzadeh, Morteza Pouraliganji, Shojae Khalilzadeh (46.Seyed Majid Hosseini), Sadegh Moharrami, Milad Mohammadi Keshmarzi, Ahmad Nourollahi (46.Milad Sarlak), Saeid Ezatolahi Afagh, Ali Gholizadeh (56.Mehdi Ghayedi), Mehdi Taremi (46.Karim Adil Ansarifard), Saman Ghoddos, Alireza Jahanbakhsh Jirandeh (68.Kaveh Rezaei). Trainer: Dragan Skočić (Croatia).
Goals: Alireza Jahanbakhsh Jirandeh (16 penalty), Shojae Khalilzadeh (22), Mehdi Taremi (27), Sor Rotana (32 own goal), Milad Mohammadi Keshmarzi (57), Morteza Pouraliganji (63), Karim Adil Ansarifard (77 penalty), Kaveh Rezaei (80), Mehdi Ghayedi (84), Kaveh Rezaei (86).

15.06.2021, 22nd FIFA World Cup Qualifiers / AFC Qualifiers, Second Round
Al Muharraq Stadium, Arad (Bahrain); Attendance: 0
Referee: Ilgiz Tantashev (Uzbekistan)
IRAN - IRAQ **1-0(1-0)**
IRN: Alireza Safar Beiranvand, Shojae Khalilzadeh, Mohammadhossein Kanani Zadegan, Sadegh Moharrami, Ehsan Hajsafi (69.Milad Sarlak), Ahmad Nourollahi, Saeid Ezatolahi Afagh (69.Milad Mohammadi Keshmarzi), Ali Gholizadeh (90+3.Kaveh Rezaei), Mehdi Taremi, Sardar Azmoun (78.Mehdi Ghayedi), Alireza Jahanbakhsh Jirandeh (78.Saman Ghoddos). Trainer: Dragan Skočić (Croatia).
Goal: Sardar Azmoun (35).

NATIONAL TEAM PLAYERS
2020/2021

Name	DOB	Club
Goalkeepers		
Amir ABEDZADEH	26.04.1993	*CS Marítimo Funchal (POR)*
Alireza Safar BEIRANVAND	22.09.1992	*Royal Antwerp FC (BEL)*
Seyedpayam NIAZMAND Ghader	06.04.1995	*Sepahan Esfahan FC*
Defenders		
Seyed Majid HOSSEINI	20.06.1996	*Trabzonspor Kulübü (TUR)*
Abolfazl JALALI	26.06.1998	*Saipa Tehran FC*
Mohammadhossein KANANI Zadegan	23.03.1994	*Persepolis Tehran FC*
Shojae KHALILZADEH	31.05.1989	*Al-Rayyan Sports Club (QAT)*
Milad MOHAMMADI Keshmarzi	29.09.1993	*KAA Gent (BEL)*
Sadegh MOHARRAMI	24.03.1996	*GNK Dinamo Zagreb (CRO)*
Siamak NEMATI	17.04.1994	*Persepolis Tehran FC*
Morteza POURALIGANJI	19.04.1992	*Shenzhen FC (CHN)*
Midfielders		
Vahid AMIRI	02.04.1988	*Persepolis Tehran FC*
Omid EBRAHIMI Zarandini	16.09.1987	*Al Ahli SC Doha (QAT)*
Saeid EZATOLAHI Afagh	01.10.1996	*Vejle BK (DEN)*
Saman GHODDOS	06.09.1993	*Brentford FC (ENG)*
Ali GHOLIZADEH	10.03.1996	*R Charleroi SC (BEL)*
Ehsan HAJSAFI	25.02.1990	*Tractor Sazi FC Tabriz; 13.03.2021-> Sepahan Esfahan FC*
Alireza JAHANBAKHSH Jirandeh	11.08.1993	*Brighton & Hove Albion FC (ENG)*
Ali KARIMI	11.02.1994	*Esteghlal Tehran FC; 01.11.2020-> Qatar SC Doha (QAT)*
Omid NOORAFKAN	09.04.1997	*Sepahan Esfahan FC*
Ahmad NOUROLLAHI	01.02.1993	*Persepolis Tehran FC*
Milad SARLAK	26.03.1995	*Persepolis Tehran FC*
Mehdi TORABI	10.09.1994	*Al Arabi SC Doha (QAT)*
Forwards		
Karim Adil ANSARIFARD	03.04.1990	*AEK Athina (GRE)*
Sardar AZMOUN	01.01.1995	*FK Zenit Saint Petersburg (RUS)*
Mehdi GHAYEDI	05.12.1998	*Esteghlal Tehran FC*
Kaveh REZAEI	05.04.1992	*R Charleroi SC (BEL)*
Jafar SALMANI	12.01.1997	*Portimonense SC (POR)*
Allahyar SAYYADMANESH	29.06.2001	*FK Zorya Luhansk (UKR)*
Mehdi TAREMI	18.07.1992	*FC do Porto (POR)*
National coaches		
Dragan SKOČIĆ (Croatia) [from 06.02.2020]		03.09.1968

IRAQ

The Country:	
Jumhūriyat Al-Irāq (Republic of Iraq)	
Capital: Baghdad	
Surface: 438,317 km²	
Population: 38,433,600 [2018]	
Time: UTC+3	
Independent since: 1932	

The FA:
Iraqi Football Association
P.O.Box 484 Sha'ab Stadium,
Palestine Street, Baghdad
Year of Formation: 1948
Member of FIFA since: 1950
Member of AFC since: 1971

NATIONAL TEAM RECORDS

First international match: 19.10.1957, Beirut (LIB): Morocco - Iraq 3-3
Most international caps: Younis Mahmoud Khalaf– 148 caps (since 2002)
Most international goals: Hussein Saeed Mohamed – 78 goals / 137 caps (1976-1990)

NATIONAL TEAM COMPETITIONS:

ASIAN NATIONS CUP	
1956	Did not enter
1960	Did not enter
1964	Did not enter
1968	Did not enter
1972	Final Tournament (Group Stage)
1976	Final Tournament (4th Place)
1980	Did not enter
1984	Did not enter
1988	Did not enter
1992	Did not enter
1996	Final Tournament (Quarter-Finals)
2000	Final Tournament (Quarter-Finals)
2004	Final Tournament (Quarter-Finals)
2007	**Final Tournament (Winners)**
2011	Final Tournament (Quarter-Finals)
2015	Final Tournament (4th Place)
2019	Final Tournament (2nd Round of 16)

FIFA WORLD CUP	
1930	Did not enter
1934	Did not enter
1938	Did not enter
1950	Did not enter
1954	Did not enter
1958	Did not enter
1962	Did not enter
1966	Did not enter
1970	Did not enter
1974	Qualifiers
1978	Did not enter
1982	Qualifiers
1986	Final Tournament (Group Stage)
1990	Qualifiers
1994	Qualifiers
1998	Qualifiers
2002	Qualifiers
2006	Qualifiers
2010	Qualifiers
2014	Qualifiers
2018	Qualifiers

F.I.F.A. CONFEDERATIONS CUP 1992-2017

2009 (Group Stage)

OLYMPIC FOOTBALL TOURNAMENTS 1908-2016

Year		Year		Year		Year	
1908	-	1948	-	1972	Qualifiers	1996	Qualifiers
1912	-	1952	-	1976	Qualifiers	2000	Qualifiers
1920	-	1956	-	1980	Quarter-Finals	2004	4th Place
1924	-	1960	Qualifiers	1984	Group Stage	2008	Qualifiers
1928	-	1964	Qualifiers	1988	Group Stage	2012	Qualifiers
1936	-	1968	Qualifiers	1992	-	2016	Group Stage

ASIAN GAMES 1951-2014		GULF CUP OF NATIONS 1970-2019		WEST ASIAN CHAMPIONSHIP 2000-2019		WEST ASIAN GAMES 1997-2005	
1951	-	1970	-	2000	3rd Place	1997	-
1954	-	1972	-	2002	**Winners**	2002	-
1958	-	1974	-	2004	4th Place	2005	**Winners**
1962	-	1976	Runners-up	2007	Runners-up		
1966	-	1979	**Winners**	2008	*Withdrew*		
1970	-	1982	*Withdrew*	2010	Semi-Finals		
1974	2nd Round	1984	**Winners**	2012	Runners-up		
1978	4th Place	1986	Group Stage	2014	Group Stage		
1982	**Winners**	1988	**Winners**	2019	Runners-up		
1986	Quarter-Finals	1990	*Withdrew*				
1990	*Banned*	1992	*Banned*				
1994	*Banned*	1994	*Banned*				
1998	*Banned*	1996	*Banned*				
2002	*Banned*	1998	*Banned*				
2006	Runners-up	2002	*Banned*				
2010	-	2003	*Banned*				
2014	3rd Place	2004	Group Stage				
		2007	Group Stage				
		2009	Group Stage				
		2010	Semi-Finals				
		2013	Runners-up				
		2014	Group Stage				
		2017	Semi-Finals				
		2019	Semi-Finals				

IRAQI CLUB HONOURS IN ASIAN CLUB COMPETITIONS:

AFC Champions League 1967-1971 & 1985/1986-2020
None

Asian Football Confederation Cup 2004-2020
Al Quwa Al Jawiya FC Baghdad	3	2016, 2017, 2018

*AFC President's Cup 2005-2014**
None

*Asian Cup Winners Cup 1975-2003**
None

*Asian Super Cup 1995-2002**
None

defunct competitions

OTHER CLUB COMPETITIONS:

Arab Champions Cup / Arab Champions League 1982-2019		
Al Shorta FC Baghdad	1	1982
Al Rasheed SC Baghdad*	3	1985, 1986, 1987
Gulf Club Champions Cup 1982-2017		
None		
Arab Cup Winners Cup 1989-2002*		
None		
Arab Super Cup 1992-2002*		
None		
Afro-Asian Club Championship 1986–1998*		
None		

*defunct competitions

NATIONAL COMPETITIONS
TABLE OF HONOURS

	CHAMPIONS	**CUP WINNERS**
1956/1957	Al Maslaha Naqil Al Rakab	
1957/1958	Al Quwa Al Jawiya FC Baghdad	
1958/1959	Amana Al Asama	
1959/1960	Assyrian SC	
1960/1961	Al Maslaha Naqil Al Rakab	
	League of the Institutes of Baghdad	
1961/1962	Al Quwa Al Jawiya Baghdad	Not known
1962/1963	Madrasa Al Shurta	Al Quwa Al Jawiya FC Baghdad
1963/1964	Al Quwa Al Jawiya Baghdad	Al Maslaha Naqil Al Rakab
1964/1965	Al Maslaha Naqil Al Rakab	Not known
1965/1966	Al Farqa Al Thalatha	Not known
1966/1967	*Competition abandoned*	Not known
1967/1968	Aliyat Al Shurta	Not known
1968/1969	Aliyat Al Shurta	Not known
1969/1970	Aliyat Al Shurta	Not known
1970/1971	Al Maslaha Naqil Al Rakab	Not known
1971/1972	Aliyat Al Shurta	Not known
1972/1973	Al Tayaran Baghdad	Al Tayaran Baghdad
	League of the Institutes of Iraq	
1973/1974	Al Tayaran Baghdad	Al Tayaran Baghdad
	League of Iraqi Clubs	
1974/1975	Al Tayaran Baghdad	Al Tayaran Baghdad
1975/1976	Al Zawraa SC Karkh	Al Zawraa SC Karkh
1976/1977	Al Zawraa SC Karkh	No competition
1977/1978	Al Minaa SC Basra	Al Tayaran Baghdad
1978/1979	Al Zawraa SC Karkh	Al Zawraa SC Karkh
1979/1980	Al Shorta FC Baghdad	Al Jaish SC Baghdad
1980/1981	Al Talaba SC Baghdad	Al Zawraa SC Karkh
1981/1982	Al Talaba SC Baghdad	Al Zawraa SC Karkh
1982/1983	Salahaddin FC Tikrit	Al Jaish SC Baghdad
1983/1984	Al Jaish SC Baghdad	Al Sina'a SC Baghdad

1984/1985	*Competition abandoned*	*Competition abandoned*
1985/1986	Al Talaba SC Baghdad	*No competition*
1986/1987	Al Rasheed SC Baghdad	Al Rasheed SC Baghdad
1987/1988	Al Rasheed SC Baghdad	Al Rasheed SC Baghdad
1988/1989	Al Rasheed SC Baghdad	Al Zawraa SC Karkh
1989/1990	Al Tayaran Baghdad	Al Zawraa SC Karkh
1990/1991	Al Zawraa SC Karkh	Al Zawraa SC Karkh
1991/1992	Al Quwa Al Jawiya FC Baghdad	Al Quwa Al Jawiya FC Baghdad
1992/1993	Al Talaba SC Baghdad	Al Zawraa SC Karkh
1993/1994	Al Zawraa SC Karkh	Al Zawraa SC Karkh
1994/1995	Al Zawraa SC Karkh	Al Zawraa SC Karkh
1995/1996	Al Zawraa SC Karkh	Al Zawraa SC Karkh
1996/1997	Al Quwa Al Jawiya FC Baghdad	Al Quwa Al Jawiya FC Baghdad
1997/1998	Al Shurta FC Baghdad	Al Zawraa SC Karkh
1998/1999	Al Zawraa SC Karkh	Al Zawraa SC Karkh
1999/2000	Al Zawraa SC Karkh	Al Zawraa SC Karkh
	Premier League	
2000/2001	Al Zawraa SC Karkh	*No competition*
2001/2002	Al Talaba SC Baghdad	Al Talaba SC Baghdad
2002/2003	*Competition abandoned*	Al Talaba SC Baghdad
2003/2004	*Competition abandoned*	*No competition*
2004/2005	Al Quwa Al Jawiya FC Baghdad	*No competition*
2005/2006	Al Zawraa SC Karkh	*No competition*
2006/2007	Arbil SC	*No competition*
2007/2008	Arbil SC	*No competition*
2008/2009	Arbil SC	*No competition*
2009/2010	Duhok FC	*No competition*
2010/2011	Al Zawraa SC Karkh	*No competition*
2011/2012	Arbil SC	*No competition*
2012/2013	Al Shurta FC Baghdad	*No competition*
2013/2014	Al Shurta FC Baghdad	*No competition*
2014/2015	Naft Al-Wasat SC Najaf	*No competition*
2015/2016	Al-Zawra'a SC Baghdad	Al Quwa Al Jawiya FC Baghdad
2016/2017	Al Quwa Al Jawiya FC Baghdad	Al-Zawra'a SC Baghdad
2017/2018	Al-Zawra'a SC Baghdad	*No competition*
2018/2019	Al Shurta FC Baghdad	Al-Zawra'a SC Baghdad
2019/2020	*Competition abandoned*	*Competition abandoned*
2020/2021	Al Quwa Al Jawiya FC Baghdad	Al Quwa Al Jawiya FC Baghdad

Note: From 1956/1957 to 1960/1961- Iraqi FA Cup Championship was considered the national championship, played in knock-out system.
* Al Quwa Al Jawiya FC Baghdad was called Al Tayaran Baghdad between 1968 and 1991.

OTHER IRAQI CUP COMPETITIONS WINNERS:
Al Muthabara Cup (Super Cup):
1997: Al Quwa Al Jawiya FC Baghdad; 1998: Al Zawraa SC Karkh; 1999: Al Zawraa SC Karkh; 2000: Al Zawraa SC Karkh; 2001: Al Quwa Al Jawiya FC Baghdad; 2002: Al Talaba SC Baghdad.

Umm Al Maarak Cup:
1991: Al Zawraa SC Karkh; 1992: Al Talaba SC Baghdad; 1993: Al Talaba SC Baghdad; 1994: Al Quwa Al Jawiya FC Baghdad; 1995: Al Talaba SC Baghdad; 1996: Al Quwa Al Jawiya FC Baghdad; 1997: Al Najaf FC; 1998: Al Quwa Al Jawiya FC Baghdad; 1999: Al Zawraa SC Karkh; 2000: Al Shurta FC Baghdad; 2001: Al Shurta FC Baghdad; 2002: Al Shurta FC Baghdad; 2003: Al Zawraa SC Karkh.

NATIONAL CHAMPIONSHIP
Iraqi Premier League 2020/2021

1.	Al Quwa Al Jawiya FC Baghdad	38	25	8	5	68 - 29	83
2.	Al-Zawra'a SC Baghdad	38	20	15	3	46 - 19	75
3.	Al Najaf FC	38	21	11	6	46 - 26	74
4.	Al Shorta FC Baghdad	38	20	12	6	60 - 27	72
5.	Naft Al-Wasat SC Najaf	38	16	15	7	46 - 31	63
6.	Al Naft SC Baghdad	38	12	17	9	36 - 34	53
7.	Amanat Baghdad SC	38	13	11	14	30 - 32	50
8.	Al Mina'a SC Basra	38	12	13	13	45 - 44	49
9.	Zakho SC	38	10	16	12	35 - 40	46
10.	Al-Karkh SC Baghdad	38	11	12	15	35 - 40	45
11.	Naft Al-Basra SC*	38	10	14	14	35 - 45	44
12.	Erbil SC	38	10	14	14	39 - 41	44
13.	Naft Maysan FC Amarah	38	9	16	13	38 - 48	43
14.	Al-Kahraba FC Baghdad	38	8	17	13	36 - 39	41
15.	Al-Qasim SC	38	9	14	15	39 - 50	41
16.	Al Diwaniya FC	38	7	20	11	22 - 36	41
17.	Al Talaba SC Baghdad	38	8	15	15	36 - 47	39
18.	Al Sinaat Al Kahrabaiya SC Baghdad (*Relegation Play-off*)	38	7	16	15	27 - 39	37
19.	Al Hedood FC Baghdad (*Relegated*)	38	4	19	15	32 - 48	31
20.	Al Samawa FC As-Samawah (*Relegated*)	38	5	11	22	22 - 58	26

*Please note: Nadi Naft Al-Janoob SC Basra chged ist name to Naft Al-Basra SC (23.10.2020)

Relegation Play-off [30.07.2021]
Al Sinaat Al Kahrabaiya SC Baghdad – Samarra SC   1-1 aet; 2-4 pen

Best goalscorer 2020/2021:
Aymen Hussein Ghadhban (Al Quwa Al Jawiya FC Baghdad) – 22 goals

Promoted for the 2021/2022 season:
Al-Sinaa SC, Newroz SC, Samarra SC

NATIONAL CUP
Iraq FA Cup Final 2020/2021

19.07.2021, Al Shaab Stadium, Baghdad
Referee: Wathik Mohammed Al Baag
Al-Zawra'a SC Baghdad - Al Quwa Al Jawiya FC Baghdad   0-0; 2-4 pen
Al-Zawra'a: Ali Yasin Flaifel, Alaa Raad, Abbas Qasim Zghair Al Kaabi, Mohamad Zaher Al Midani, Dhurgham Ismail Dawoud Al Quraishi, Muntadher Mohammed, Mohammed Salih, Ali Raheem, Hussein Ali Jasim Al Saedi, Mohannad Abdul-Raheem Karrar, Alaa Abdul-Zahra Khashen Al-Azzawi (Cap) (77.Mahdi Kamil Shiltagh). Trainer: Radhi Shenaishil Swadi.
Al Quwa Al Jawiya: Fahad Talib Raheem (90+2.Mohammed Salih), Sameh Saeed Mujbel Al Mamoori, Ihsan Nabil Farhan Haddad, Ahmed Ibrahim Khalaf Al Qafaje (Cap), Maitham Jabbar Mutlag Al Farttoosi, Humam Tariq Faraj Naoush, Ibrahim Bayesh Kamil Al Kaabawi, Karrar Nabeel Hussein Al Janat, Mohammed Ali Abboud (90.Louaï Majid El Ani), Hussein Jabbar (90.Hammadi Ahmed Abdullah Al Daiya), Aymen Hussein Ghadhban. Trainer: Ayoub Odisho Barjam.
Penalties: Alaa Raad (missed), Mahdi Kamil Shiltagh, Dhurgham Ismail Dawoud Al Quraishi, Mohannad Abdul-Raheem Karrar (missed) / Ihsan Nabil Farhan Haddad, Ibrahim Bayesh Kamil Al Kaabawi, Louaï Majid El Ani, Hammadi Ahmed Abdullah Al Daiya.

THE CLUBS

AL DIWANIYA FOOTBALL CLUB
Year of Formation: 1965
Stadium: Al Diwaniya Stadium, Al Diwaniya (5,000)

AL HEDOOD FC BAGHDAD
Year of Formation: 1977
Stadium: Al Taji Stadium, Baghdad (5,000)

AL-KAHRABA FOOTBALL CLUB BAGHDAD
Year of Formation: 2001
Stadium: Al Taji Stadium, Baghdad (5,000)

AL-KARKH EDUCATIONAL SPORTS CLUB BAGHDAD
Year of Formation: 1963
Stadium: Al Karkh Stadium, Baghdad (6,000)

AL MINA'A SPORT CLUB BASRA
Year of Formation: 1931
Stadium: "Mohammed Musabah" Stadium, Basra (10,000)

AL NAFT SPORT CLUB BAGHDAD
Year of Formation: 1979
Stadium: Al Naft Stadium, Baghdad (3,000)

AL NAJAF FOOTBALL CLUB
Year of Formation: 1961
Stadium: An Najaf Stadium, Al Najaf (10,000)

AL-QASIM SPORTS CLUB
Year of Formation: 1973
Stadium: Al Kifi Stadium, Babylon (10,000)

AL QUWA AL JAWIYA FOOTBALL CLUB BAGHDAD
Year of Formation: 1931
Stadium: Al Shaab Stadium, Baghdad (34,200)

AL SAMAWA FOOTBALL CLUB AS SAMAWAH
Year of Formation: 1963
Stadium: As Samawah Stadium, As Samawah (15,000)

AL SHORTA FOOTBALL CLUB BAGHDAD
Year of Formation: 1938
Stadium: Al Shaab Stadium, Baghdad (34,200)

AL SINAAT AL KAHRABAIYA SPORT CLUB BAGHDAD
Year of Formation: 2009
Stadium: Al Sinaat Al Kahrabiya Stadium, Baghdad (6,000)

AL-TALABA SPORTS CLUB BAGHDAD
Year of Formation: 1969 (*as Al Jameea Baghdad*)
Stadium: Al Shaab Stadium, Baghdad (34,200)

AL-ZAWRA'A SPORT CLUB BAGHDAD
Year of Formation: 1969 (*as Al-Muwasalat Baghdad*)
Stadium: Al Shaab Stadium, Baghdad (34,200)

AMANAT BAGHDAD FOOTBALL CLUB
Year of Formation: 1957 (*as Baladiyat Baghdad*)
Stadium: Amanat Stadium, Baghdad (5,000)

ERBIL SPORTS CLUB
Year of Formation: 1968
Stadium: "Franso Hariri" Stadium, Erbil (20,000)

NAFT AL-BASRA SPORT CLUB
Year of Formation: 2003
Stadium: "Mohammed Musabah" Stadium, Basra (10,000)

NAFT AL-WASAT SPORT CLUB NAJAF
Year of Formation: 2008
Stadium: Karbalaa International Stadium, Karbala (30,000)

NAFT MAYSAN FOOTBALL CLUB AMARAH
Year of Formation: 2003
Stadium: Maysan Olympic Stadium, Amarah - 25,000)

ZAKHO SPORTS CLUB
Year of Formation: 1987
Stadium: Zakho International Stadium, Zakho (25,000)

NATIONAL TEAM
INTERNATIONAL MATCHES 2020/2021

12.11.2020	Dubai	Iraq - Jordan	0-0	(F)
17.11.2020	Dubai	Uzbekistan - Iraq	1-2(1-0)	(F)
12.01.2021	Dubai	United Arab Emirates - Iraq	0-0	(F)
27.01.2021	Basra	Iraq - Kuwait	2-1(0-1)	(F)
29.03.2021	Tashkent	Uzbekistan - Iraq	0-1(0-0)	(F)
24.05.2021	Basra	Iraq - Tajikistan	0-0	(F)
29.05.2021	Basra	Iraq - Nepal	6-2(4-2)	(F)
07.06.2021	Arad	Iraq - Cambodia	4-1(3-0)	(WCQ)
11.06.2021	Arad	Hong Kong - Iraq	0-1(0-1)	(WCQ)
15.06.2021	Arad	Iran - Iraq	1-0(1-0)	(WCQ)

12.11.2020, Friendly International
The Stevens Stadium, Dubai (United Arab Emirates); Attendance: n/a
Referee: Adel Ali Ahmed Khamis Al Naqbi (United Arab Emirates)
IRAQ - JORDAN   **0-0**
IRQ: Jalal Hassan Mohsen Hachim, Hasan Raed Hasan Matrook (63.Ali Adnan Kadhim Al Tameemi), Saad Natiq Naji, Ala'a Ali Mhawi (88.Mustafa Mohammad Jaber Maslukhi), Ali Faez Atiyah, Bashar Rasan Bonyan (74.Maytham Jabbar Mutlag Al Farttoosi), Mohammed Mezher Herez Al Ayawi (46.Mohammed Qasim Majid), Ibrahim Bayesh Kamil Al Kaabawi, Amjad Attwan Kadhim Al Magsoosi, Humam Tariq Faraj Na'oush (82.Mazin Fayyadh Ajeel), Mohanad Ali Kadhim Al Shammari (63.Aymen Hussein Ghadhban Al Mafraje). Trainer: Trainer: Srečko Katanec (Slovenia).

17.11.2020, Friendly International
The Stevens Stadium, Dubai (United Arab Emirates); Attendance: n/a
Referee: Adel Ali Ahmed Khamis Al Naqbi (United Arab Emirates)
UZBEKISTAN - IRAQ   **1-2(1-0)**
IRQ: Mohammed Hassan Hameed Farhan, Ali Adnan Kadhim Al Tameemi (90.Hasan Raed Hasan Matrook), Saad Natiq Naji, Ala'a Ali Mhawi (46.Mustafa Mohammad Jaber Maslukhi), Maytham Jabbar Mutlag Al Farttoosi, Ali Faez Atiyah, Bashar Rasan Bonyan (46.Mohammed Qasim Majid), Ibrahim Bayesh Kamil Al Kaabawi (88.Mohammed Mezher Herez Al Ayawi), Amjad Attwan Kadhim Al Magsoosi, Humam Tariq Faraj Na'oush (46.Mazin Fayyadh Ajeel), Mohanad Ali Kadhim Al Shammari (84.Aymen Hussein Ghadhban Al Mafraje). Trainer: Trainer: Srečko Katanec (Slovenia).
Goals: Mohanad Ali Kadhim Al Shammari (64), Ali Adnan Kadhim Al Tameemi (85 penalty).

12.01.2021, Friendly International
Zabeel Stadium, Dubai; Attendance: 0
Referee: Ahmed Abu Bakar Said Al Kaf (Oman)
UNITED ARAB EMIRATES - IRAQ   **0-0**
IRQ: Jalal Hassan Mohsen Hachim, Ali Adnan Kadhim Al Tameemi (59.Dhurgham Ismail Al Quraishi), Rebin Gharid Sulaka Adhamat, Ala'a Ali Mhawi (46.Mustafa Mohammad Jaber Maslukhi), Faisal Jassim Nafil Al Manaa, Ahmed Ibrahim Khalaf Al Qafaje, Mohammed Qasim Majid (77.Humam Tariq Faraj Na'oush), Sajad Jassim Mohammed (78.Sherko Kareem Lateef Gubari), Safaa Hadi Abdullah Al Furaiji (90.Maytham Jabbar Mutlag Al Farttoosi), Ibrahim Bayesh Kamil Al Kaabawi, Mahmood Khaleel Ibrahim Al Badri (46.Hussein Ali Jasim Al Saedi). Trainer: Trainer: Srečko Katanec (Slovenia).

27.01.2021, Friendly International
Basra Sports City, Basra; Attendance: 1,000
Referee: Salman Ahmed Falahi (Qatar)
IRAQ - KUWAIT 2-1(0-1)
IRQ: Mohammed Hassan Hameed Farhan, Ali Faez Atiyah, Ala'a Ali Mhawi (46.Mohammed Qasim Majid), Maytham Jabbar Mutlag Al Farttoosi, Dhurgham Ismail Al Quraishi (76.Hasan Raed Hasan Matrook), Ahmed Ibrahim Khalaf Al Qafaje, Hussein Ali Jasim Al Saedi (83.Humam Tariq Faraj Na'oush), Ibrahim Bayesh Kamil Al Kaabawi (90.Saad Natiq Naji), Amjad Attwan Kadhim Al Magsoosi, Sajad Jassim Mohammed (46.Mohammed Dawood Yaseen), Aymen Hussein Ghadhban Al Mafraje (90.Murad Mohammed Subeh Al Latif). Trainer: Trainer: Srečko Katanec (Slovenia).
Goals: Mohammed Dawood Yaseen (79), Aymen Hussein Ghadhban Al Mafraje (89 penalty).

29.03.2021, Friendly International
Milliy Stadium, Tashkent; Attendance: n/a
Referee: Nurzat Askat Uulu (Kyrgyzstan)
UZBEKISTAN - IRAQ 0-1(0-0)
IRQ: Jalal Hassan Mohsen Hachim, Ala'a Ali Mhawi, Dhurgham Ismail Al Quraishi (90.Faisal Jassim Nafil Al Manaa), Ahmed Ibrahim Khalaf Al Qafaje, Ali Faez Atiyah, Hussein Ali Jasim Al Saedi (55.Sherko Kareem Lateef Gubari; 87.Mustafa Mohammed Maan Al Ezirej), Bashar Rasan Bonyan (72.Alaa Abdul-Zahra Khashen Al Azzawi), Ibrahim Bayesh Kamil Al Kaabawi, Safaa Hadi Abdullah Al Furaiji, Amjad Attwan Kadhim Al Magsoosi (54.Mohammed Qasim Majid), Humam Tariq Faraj Na'oush (82.Ahmed Abdul-Hussein Hamid). Trainer: Trainer: Srečko Katanec (Slovenia).
Goal: Humam Tariq Faraj Na'oush (56).

24.05.2021, Friendly International
Al Fayhaa Stadium, Basra; Attendance: n/a
Referee: Ismaeel Habib Ali (Bahrain)
IRAQ - TAJIKISTAN 0-0
IRQ: Jalal Hassan Mohsen Hachim, Ali Adnan Kadhim Al Tameemi (77.Dhurgham Ismail Al Quraishi), Mustafa Mohammad Jaber Maslukhi, Faisal Jassim Nafil Al Manaa (46.Bassam Shakir Ahmed), Maytham Jabbar Mutlag Al Farttoosi, Ahmed Ibrahim Khalaf Al Qafaje, Bashar Rasan Bonyan (77.Alaa Abdul-Zahra Khashen Al Azzawi), Safaa Hadi Abdullah Al Furaiji, Mohanad Ali Kadhim Al Shammari (46.Mohammed Ridha Jalil Mezher Al Elayawi), Humam Tariq Faraj Na'oush (46.Hussein Ali Jasim Al Saedi), Sherko Kareem Lateef Gubari (66.Aymen Hussein Ghadhban Al Mafraje). Trainer: Trainer: Srečko Katanec (Slovenia).

29.05.2021, Friendly International
Al Fayhaa Stadium, Basra; Attendance: n/a
Referee: Saad Khalefah Al Fadhli (Kuwait)
IRAQ - NEPAL 6-2(4-2)
IRQ: Fahad Talib Raheem, Dhurgham Ismail Al Quraishi (46.Mustafa Mohammad Jaber Maslukhi), Ahmed Ibrahim Khalaf Al Qafaje (71.Mustafa Nadhim Al Shabbani), Mohammed Abdul-Zahra, Bassam Shakir Ahmed (46.Ali Adnan Kadhim Al Tameemi), Sajad Jassim Mohammed, Safaa Hadi Abdullah Al Furaiji, Hussein Ali Jasim Al Saedi, Ahmed Abdul-Hussein Hamid (46.Bashar Rasan Bonyan), Alaa Abdul-Zahra Khashen Al Azzawi (46.Mohanad Ali Kadhim Al Shammari), Aymen Hussein Ghadhban Al Mafraje (64.Mohammed Ridha Jalil Mezher Al Elayawi). Trainer: Trainer: Srečko Katanec (Slovenia).
Goals: Alaa Abdul-Zahra Khashen Al Azzawi (7), Mohammed Abdul-Zahra (39), Aymen Hussein Ghadhban Al Mafraje (40, 45+1), Mohanad Ali Kadhim Al Shammari (67), Sajad Jassim Mohammed (75).

07.06.2021, 22nd FIFA World Cup Qualifiers / AFC Qualifiers, Second Round
Al Muharraq Stadium, Arad (Bahrain); Attendance: 0
Referee: Yaqoob Said Abdullah Abdul Baki (Oman)
IRAQ - CAMBODIA 4-1(3-0)
IRQ: Jalal Hassan Mohsen Hachim, Ali Adnan Kadhim Al Tameemi, Ala'a Ali Mhawi, Maytham Jabbar Mutlag Al Farttoosi, Ahmed Ibrahim Khalaf Al Qafaji, Humam Tariq Faraj Na'oush (90.Sherko Kareem Lateef Gubari), Bashar Rasan Bonyan (74.Mohammed Qasim Majid), Amjad Attwan Kadhim Al Magsoosi, Hussein Ali Jasim Al Saedi (58.Ali Hosni Faisal), Aymen Hussein Ghadhban Al Mafraje (46.Safaa Hadi Abdullah Al Furaiji), Mohanad Ali Kadhim Al Shammari (74.Mohammed Dawood Yaseen). Trainer: Trainer: Srečko Katanec (Slovenia).
Goals: Mohanad Ali Kadhim Al Shammari (1), Bashar Rasan Bonyan (23), Ali Adnan Kadhim Al Tameemi (27 penalty), Safaa Hadi Abdullah Al Furaiji (90+4).

11.06.2021, 22nd FIFA World Cup Qualifiers / AFC Qualifiers, Second Round
Al Muharraq Stadium, Arad (Bahrain); Attendance: 0
Referee: Hiroyuki Kimura (Japan)
HONG KONG - IRAQ 0-1(0-1)
IRQ: Jalal Hassan Mohsen Hachim, Saad Natiq Naji, Maytham Jabbar Mutlag Al Farttoosi, Ahmed Ibrahim Khalaf Al Qafaje, Ali Adnan Kadhim Al Tameemi (90.Dhurgham Ismail Al Quraishi), Humam Tariq Faraj Na'oush, Bashar Rasan Bonyan (67.Hussein Ali Jasim Al Saedi), Mohammed Qasim Majid, Safaa Hadi Abdullah Al Furaiji, Mohammed Dawood Yaseen (46.Ibrahim Bayesh Kamil Al Kaabawi), Mohanad Ali Kadhim Al Shammari (73.Aymen Hussein Ghadhban Al Mafraje). Trainer: Trainer: Srečko Katanec (Slovenia).
Goal: Fung Hing Wa (11 own goal).

15.06.2021, 22nd FIFA World Cup Qualifiers / AFC Qualifiers, Second Round
Al Muharraq Stadium, Arad (Bahrain); Attendance: 0
Referee: Ilgiz Tantashev (Uzbekistan)
IRAN - IRAQ 1-0(1-0)
IRQ: Jalal Hassan Mohsen Hachim, Ali Adnan Kadhim Al Tameemi, Saad Natiq Naji (86.Sherko Kareem Lateef Gubari), Ala'a Ali Mhawi, Maytham Jabbar Mutlag Al Farttoosi, Ahmed Ibrahim Khalaf Al Qafaje, Humam Tariq Faraj Na'oush (67.Ibrahim Bayesh Kamil Al Kaabawi), Bashar Rasan Bonyan (81.Mohammed Qasim Majid), Safaa Hadi Abdullah Al Furaiji, Amjad Attwan Kadhim Al Magsoosi, Mohanad Ali Kadhim Al Shammari (59.Aymen Hussein Ghadhban Al Mafraje). Trainer: Trainer: Srečko Katanec (Slovenia).

NATIONAL TEAM PLAYERS 2020/2021		
Name	DOB	Club
Goalkeepers		
Mohammed Hassan HAMEED Farhan	24.01.1993	*Al Shorta FC Baghdad*
Jalal Hassan MOHSEN Hachim	18.05.1991	*Al-Zawra'a SC Baghdad*
Fahad TALIB Raheem	21.10.1994	*Al Quwa Al Jawiya FC Baghdad*

Defenders

Mustafa Mohammed Maan AL EZIREJ	15.01.1997	*Al Quwa Al Jawiya FC Baghdad*
Maytham Jabbar Mutlag AL FARTTOOSI	10.11.2000	*Al Quwa Al Jawiya FC Baghdad*
Faisal Jassim Nafil AL MANAA	01.10.1991	*Naft Al-Wasat SC Najaf*
Ahmed Ibrahim Khalaf AL QAFAJE	25.02.1992	*Al Quwa Al Jawiya FC Baghdad*
Dhurgham Ismail AL QURAISHI	23.05.1994	*Al-Zawra'a SC Baghdad*
Ali Adnan Kadhim AL TAMEEMI	19.12.1993	*Vancouver Whitecaps FC (CAN)*
Ali FAEZ Atiyah	09.09.1994	*Al Shorta FC Baghdad*
Mustafa Mohammad JABER Maslukhi	14.01.1998	*Al-Zawra'a SC Baghdad*
Ala'a Ali MHAWI	03.01.1996	*Al Shorta FC Baghdad*
Saad NATIQ Naji	19.03.1994	*Al Shorta FC Baghdad*
Hasan RAED Hasan Matrook	23.09.2000	*Al Quwa Al Jawiya FC Baghdad*
Rebin Gharid SULAKA Adhamat	12.04.1992	*PFC Levski Sofia (BUL)*

Midfielders

Mohammed ABDUL-ZAHRA	14.10.1989	*Al Najaf FC*
Mohammed Mezher Herez AL AYAWI	24.03.1998	*Al Shorta FC Baghdad*
Mohammed Ridha Jalil Mezher AL ELAYAWI	17.02.2000	*Al-Zawra'a SC Baghdad*
Safaa Hadi Abdullah AL FURAIJI	10.07.1998	*FK Krylya Sovetov Samara (RUS)*
Ibrahim Bayesh Kamil AL KAABAWI	01.05.2000	*Al Quwa Al Jawiya FC Baghdad*
Amjad Attwan Kadhim AL MAGSOOSI	12.03.1997	*Al Shorta FC Baghdad*
Hussein Ali Jasim AL SAEDI	29.11.1996	*Al-Zawra'a SC Baghdad*
Mustafa Nadhim AL SHABBANI	23.09.1993	*Al Diwaniya SC*
Humam Tariq FARAJ Na'oush	10.02.1996	*Ismaily SC Ismaïlia (EGY)*
Mazin FAYYADH Ajeel	02.04.1997	*Al Shorta FC Baghdad*
Ahmed Abdul-Hussein HAMID	22.10.1997	*Al Najaf FC*
Ali HOSNI Faisal	01.10.1994	*Al Shorta FC Baghdad*
Sherko Kareem LATEEF Gubari	25.05.1996	*Erbil SC*
Mohammed QASIM Majid	06.12.1996	*Al Shorta FC Baghdad*
Bashar RASAN Bonyan	22.12.1996	*Qatar SC Doha (QAT)*
Bassam SHAKIR Ahmed	17.05.2000	*Al Naft SC Baghdad*

Forwards

Alaa Abdul-Zahra Khashen AL AZZAWI	22.12.1987	*Al Shorta FC Baghdad*
Mahmood Khaleel Ibrahim AL BADRI	12.01.1995	*Al Kharkh ESC*
Murad Mohammed Subeh AL LATIF	01.04.1997	*Al Shorta FC Baghdad*
Aymen Hussein Ghadhban AL MAFRAJE	22.03.1996	*Al Quwa Al Jawiya FC Baghdad*
Mohanad Ali Kadhim AL SHAMMARI	20.06.2000	*Al-Sailiya Sport Club (QAT)*
Mohammed DAWOOD Yaseen	22.11.2000	*Al Naft SC Baghdad*
Sajad JASSIM Mohammed	01.07.1996	*Naft Al-Wasat SC Najaf*

National coaches

Srečko KATANEC (Slovenia) [since 04.09.2018]	17.07.1963

JAPAN

The Country:
Nippon-koku (Japan)
Capital: Tokyo
Surface: 377,873 km²
Population: 125,570,000 [2021]
Time: UTC+9

The FA:
Japan Football Association
JFA House, Football Avenue,
Bunkyo-Ku Tokyo 113-8311
Year of Formation: 1921
Member of FIFA since: 1921
Member of AFC since: 1954

NATIONAL TEAM RECORDS

First international match: 09.05.1917, Tokyo: Japan - Republic of China 0-5
Most international caps: Yasuhito Endō – 152 caps (2002-2015)
Most international goals: Kunishige Kamamoto – 75 goals / 76 caps (1964-1977)

NATIONAL TEAM COMPETITIONS:

ASIAN NATIONS CUP	
1956	Did not enter
1960	Did not enter
1964	Did not enter
1968	Qualifiers
1972	Did not enter
1976	Qualifiers
1980	*Withdrew*
1984	*Withdrew*
1988	Final Tournament (Group Stage)
1992	**Final Tournament (Winners)**
1996	Final Tournament (Quarter-Finals)
2000	**Final Tournament (Winners)**
2004	**Final Tournament (Winners)**
2007	Final Tournament (4th Place)
2011	**Final Tournament (Winners)**
2015	Final Tournament (Quarter-Finals)
2019	Final Tournament (Runners-up)

FIFA WORLD CUP	
1930	Did not enter
1934	Did not enter
1938	*Withdrew*
1950	*Banned by the FIFA*
1954	Qualifiers
1958	Did not enter
1962	Qualifiers
1966	Did not enter
1970	Qualifiers
1974	Qualifiers
1978	Qualifiers
1982	Qualifiers
1986	Qualifiers
1990	Qualifiers
1994	Qualifiers
1998	Final Tournament (Group Stage)
2002	Final Tournament (2nd Round of 16)
2006	Final Tournament (Group Stage)
2010	Final Tournament (2nd Round of 16)
2014	Final Tournament (Group Stage)
2018	Final Tournament (2nd Round of 16)

F.I.F.A. CONFEDERATIONS CUP 1992-2017

1995 (Group Stage), 2001 (Runners-up), 2003 (Group Stage), 2005 (Group Stage), 2013 (Group Stage)

OLYMPIC FOOTBALL TOURNAMENTS 1908-2016

1908	-	1948	-	1972	Qualifiers	1996	Group Stage
1912	-	1952	-	1976	Qualifiers	2000	Quarter-Finals
1920	-	1956	Group Stage	1980	Qualifiers	2004	Group Stage
1924	-	1960	Qualifiers	1984	Qualifiers	2008	Group Stage
1928	-	1964	Quarter-Finals	1988	Qualifiers	2012	4th Place
1936	Quarter-Finals	1968	3rd Place	1992	Qualifiers	2016	Group Stage

ASIAN GAMES 1951-2014		EAST ASIAN CHAMPIONSHIP 2003-2019	
1951	3rd Place	2003	Runners-up
1954	Group Stage	2005	Runners-up
1958	Group Stage	2008	Runners-up
1962	Group Stage	2010	3rd Place
1966	3rd Place	2013	**Winners**
1970	4th Place	2015	4th Place
1974	Group Stage	2017	Runners-up
1978	Group Stage	2019	Runners-up
1982	Quarter-Finals		
1986	Group Stage		
1990	Quarter-Finals		
1994	Quarter-Finals		
1998	Group Stage		
2002	Runners-up		
2006	Group Stage		
2010	**Winners**		
2014	Quarter-Finals		

JAPANESE CLUB HONOURS IN ASIAN CLUB COMPETITIONS:

AFC Champions League 1967-1971 & 1985/1986-2020

Furukawa Electric Yokohama [called today JEF United Ichihara Chiba]	1	1986/1987
Yomiuri FC [called today Tokyo Verdy FC]	1	1987/1988
Júbilo Iwata	1	1998/1999
Urawa Red Diamonds	2	2007, 2017
Gamba Osaka	1	2008
Kashima Antlers FC	1	2018

Asian Football Confederation Cup 2004-2020

None

AFC President's Cup 2005-2014*

None

Asian Cup Winners Cup 1975-2003*

Nissan FC Yokohama [called today Yokohama F. Marinos]	2	1992, 1993
Yokohama Flügels	1	1995
Belmare Hiratsuka	1	1996
Shimizu S-Pulse	1	2000

Asian Super Cup 1995-2002*		
Yokohama Flügels	1	1995
Júbilo Iwata	1	1999

*defunct competition

OTHER CLUB COMPETITIONS:

Afro-Asian Club Championship 1986–1998*		
None		

East Asian Champions Cup / A3 Champions Cup 2003-2007*		
Kashima Antlers	1	2003

*defunct competition

NATIONAL COMPETITIONS
TABLE OF HONOURS

List of Cup Winners (Emperor's Cup) between 1921 and 1964:
1921: Tokyo Shūkyū-dan; 1922: Nagoya Shūkyū-dan; 1923: Astra Club Tokyo; 1924: Rijo Club Hiroshima; 1925: Rijo Shūkyū-dan Hiroshima; 1926: *No competition*; 1927: Kobe-Ichi Jr. Highschool Club; 1928: Waseda University WMW; 1929: Kwangaku Club; 1930: Kwangaku Club; 1931: Imperial University of Tokyo; 1932: Keio Club; 1933: Tokyo Old Boys Club; 1934: *No competition*; 1935: Seoul Shūkyū-dan (Korea); 1936: Keio University BRB; 1937: Keio University; 1938: Waseda University; 1939: Keio University BRB; 1940: Keio University BRB; 1941-1945: *No competition*; 1946 Tokyo University LB; 1947-1948: *No competition*; 1949: Tokyo University LB; 1950: All Kwangaku; 1951: Keio University BRB; 1952: All Keio University; 1953: All Kwangaku; 1954: Keio University BRB; 1955: All Kwangaku; 1956: Keio University BRB; 1957: Chuo University Club; 1958: Kwangaku Club; 1959: Kwangaku Club; 1960: Furukawa Electric; 1961: Furukawa Electric; 1962: Chuo University; 1963: Waseda University; 1964: Yawata Steel & Furukawa Electric (both winners);

	CHAMPIONS	CUP WINNERS
1965	Toyo Kogyo Hiroshima[1]	Toyo Kogyo Hiroshima
1966	Toyo Kogyo Hiroshima	-
1967	Toyo Kogyo Hiroshima	Toyo Kogyo Hiroshima
1968	Toyo Kogyo Hiroshima	Yanmar Diesel Osaka
1969	Mitsubishi Motors Urawa[2]	Toyo Kogyo Hiroshima
1970	Toyo Kogyo Hiroshima	Yanmar Diesel Osaka
1971	Yanmar Diesel Osaka[3]	Mitsubishi Motors Urawa
1972	Hitachi Tokyo[4]	Hitachi Tokyo
1973	Mitsubishi Motors Urawa	Mitsubishi Motors Urawa
1974	Yanmar Diesel Osaka	Yanmar Diesel Osaka
1975	Yanmar Diesel Osaka	Hitachi Tokyo
1976	Furukawa Electric Yokohama[5]	Furukawa Electric Yokohama
1977	Fujita Industries Tokyo[6]	Fujita Industries Tokyo
1978	Mitsubishi Motors Urawa	Mitsubishi Motors Urawa
1979	Fujita Industries Tokyo	Fujita Industries Tokyo
1980	Yanmar Diesel Osaka	Mitsubishi Motors Urawa
1981	Fujita Industries Tokyo	Nippon Kokan FC
1982	Mitsubishi Motors Urawa	Yamaha Motors Iwata[7]
1983	Yomiuri FC	Nissan FC Yokohama
1984	Yomiuri FC	Yomiuri FC
1985	-	Nissan FC Yokohama

1985/1986	Furukawa Electric Yokohama	Yomiuri FC
1986/1987	Yomiuri FC	Yomiuri FC
1987/1988	Yamaha Motors Iwata	Nissan FC Yokohama
1988/1989	Nissan FC Yokohama	Nissan FC Yokohama
1989/1990	Nissan FC Yokohama	Matsushita Electric Osaka[9]
1990/1991	Yomiuri FC	Nissan FC Yokohama
1991/1992	Yomiuri FC	Yokohama F. Marinos
	J.League	
1993	Verdy Kawasaki Tokyo[8]	Yokohama Flügels
1994	Verdy Kawasaki Tokyo	Bellmare Hiratsuka
1995	Yokohama F. Marinos	Nagoya Grampus Eight
1996	Kashima Antlers FC	Verdy Kawasaki Tokyo
1997	Júbilo Iwata	Kashima Antlers FC
1998	Kashima Antlers	Yokohama Flügels
1999	Júbilo Iwata	Nagoya Grampus Eight
2000	Kashima Antlers FC	Kashima Antlers FC
2001	Kashima Antlers FC	Shimizu S-Pulse
2002	Júbilo Iwata	Kyoto Purple Sanga
2003	Yokohama F. Marinos	Júbilo Iwata
2004	Yokohama F. Marinos	Tokyo Verdy FC
2005	Gamba Osaka	Urawa Red Diamonds
2006	Urawa Red Diamonds	Urawa Red Diamonds
2007	Kashima Antlers FC	Kashima Antlers FC
2008	Kashima Antlers FC	Gamba Osaka
2009	Kashima Antlers FC	Gamba Osaka
2010	Nagoya Grampus	Kashima Antlers
2011	Kashiwa Reysol	Tokyo FC
2012	Sanfrecce Hiroshima FC	Kashiwa Reysol
2013	Sanfrecce Hiroshima FC	Yokohama F. Marinos
2014	Gamba Osaka	Gamba Osaka
2015	Sanfrecce Hiroshima FC	Gamba Osaka
2016	Kashima Antlers FC	Kashima Antlers FC
2017	Kawasaki Frontale	Cerezo Osaka
2018	Kawasaki Frontale	Urawa Red Diamonds
2019	Yokohama F. Marinos	Vissel Kobe
2020	Kawasaki Frontale	Kawasaki Frontale

[1] became later Sanfrecce Hiroshima; [2] became later Urawa Red Diamonds;
[3] became later Cerezo Osaka; [4] became later Kashiwa Reysol;
[5] became later JEF United Ichihara Chiba; [6] became later Shonan Bellmare Hiratsuka;
[7] became later Júbilo Iwata; [8] became later Tokyo Verdy FC;
[9] became later Gamba Osaka;

NATIONAL CHAMPIONSHIP
Meiji Masuda J-League Division 1 2020

#	Team	P	W	D	L	GF	-	GA	Pts
1.	Kawasaki Frontale	34	26	5	3	88	-	31	83
2.	Gamba Osaka	34	20	5	9	46	-	42	65
3.	Nagoya Grampus	34	19	6	9	45	-	28	63
4.	Cerezo Osaka	34	18	6	10	46	-	37	60
5.	Kashima Antlers FC	34	18	5	11	55	-	44	59
6.	FC Tokyo	34	17	6	11	47	-	42	57
7.	Kashiwa Reysol	34	15	7	12	60	-	46	52
8.	Sanfrecce Hiroshima FC	34	13	9	12	46	-	37	48
9.	Yokohama F. Marinos	34	14	5	15	69	-	59	47
10.	Urawa Red Diamonds	34	13	7	14	43	-	56	46
11.	Ōita Trinita	34	11	10	13	36	-	45	43
12.	Hokkaido Consadole Sapporo	34	10	9	15	47	-	58	39
13.	Sagan Tosu FC	34	7	15	12	37	-	43	36
14.	Vissel Kobe	34	9	9	16	50	-	59	36
15.	Yokohama FC	34	9	6	19	38	-	60	33
16.	Shimizu S-Pulse Shizuoka	34	7	7	20	48	-	70	28
17.	Vegalta Sendai	34	6	10	18	36	-	61	28
18.	Shonan Bellmare Hiratsuka	34	6	9	19	29	-	48	27

Best goalscorer 2020:
Michael Olunga Ogada (KEN, Kashiwa Reysol) – 28 goals

Promoted for the 2021 season:
Tokushima Vortis, Avispa Fukuoka (next season will be played with 20 teams).

NATIONAL CUP
Emperor's Cup Final 2020

01.01.2021, Japan National Stadium, Tokyo; Attendance: 13,318
Referee: Hiroyoki Kimura
Kawasaki Frontale - Gamba Osaka   **1-0(0-0)**
Kawasaki Frontale: Jung Sung-ryong, Miki Yamane, Jesiel Cardoso Miranda, Shogo Taniguchi (Cap), Reo Hatate (86.Shintaro Kurumaya), Hidemasa Morita, Ao Tanaka, Ryota Oshima (89.Yasuto Wakizaka), Akihiro Ienaga, Kaoru Mitoma (79.Tatsuya Hasegawa), Leandro Damião da Silva dos Santos (79.Yū Kobayashi). Trainer: Toru Oniki.
Gamba Osaka: Masaaki Higashiguchi, Hiroki Fujiharu (74.Yuya Fukuda), Genta Miura (Cap), Kim Young-gwon, Ryu Takao, Konsuke Onose (80.Dai Tsukamoto), Shu Kurata, Shinya Yajima, Yuki Yamamoto (74.Kazuma Watanabe), Anderson Patrick Aguiar Oliveira, Takashi Usami. Trainer: Tsuneyasu Miyamoto.
Goal: 1-0 Kaoru Mitoma (55).

THE CLUBS 2020

CEREZO OSAKA

Year of Formation: 1957
Stadium: Yannar Stadium, Osaka (47,853)

THE SQUAD		DOB	M	(s)	G
Goalkeepers:	Kim Jin-hyeon (KOR)	06.07.1987	34		
Defenders:	Matej Jonjić (CRO)	29.01.1991	34		2
	Eiichi Katayama	30.11.1991	17	(15)	1
	Yasuki Kimoto	06.08.1993	21	(7)	
	Yuta Koike	06.11.1996		(4)	
	Yusuke Maruhashi	02.09.1990	23	(8)	1
	Riku Matsuda	24.07.1991	30	(1)	1
	Ayumu Seko	07.06.2000	25	(2)	1
	Honoya Shoji	08.10.1997		(1)	
Midfielders:	Leandro Luis Desábato (ARG)	30.03.1990	23	(1)	
	Naoyuki Fujita	22.06.1987	28	(3)	1
	Hinata Kida	04.07.2000		(1)	
	Hiroshi Kiyotake	12.11.1989	31	(2)	8
	Lucas da Silva Izidoro „Lucas Mineiro" (BRA)	24.02.1996		(3)	
	Jun Nishikawa	21.02.2002	1	(12)	1
	Hiroaki Okuno	14.08.1989	30	(4)	7
	Tatsuhiro Sakamoto	22.10.1996	33		2
Forwards:	Bruno Pereira Mendes (BRA)	02.08.1994	18	(6)	9
	Shota Fujio	02.05.2001		(4)	1
	Yoichiro Kakitani	03.01.1990	6	(18)	1
	Koji Suzuki	25.07.1989	1	(12)	
	Toshiyuki Takagi	25.05.1991	3	(13)	1
	Ken Tokura	16.06.1986	9	(5)	1
	Yuta Toyokawa	09.09.1994	7	(14)	5
Trainer:	Miguel Ángel Lotina Oruechebarría (ESP)	18.06.1957	34		

FOOTBALL CLUB TOKYO

Year of Formation: 1935 (*as Tokyo Gas FC*)
Stadium: Ajinomoto Stadium, Tokyo (49,970)

THE SQUAD		DOB	M	(s)	G
Goalkeepers:	Go Hatano	25.05.1998	10		
	Akihiro Hayashi	07.05.1987	23		
	Tsuyoshi Kodama	28.12.1987	1		
Defenders:	Kashifu Bangunagande	24.09.2001	2		
	Sodai Hasukawa	27.06.1998		(1)	
	Seiji Kimura	24.08.2001	3		
	Masato Morishige	21.05.1987	28		1
	Sei Muroya	05.04.1994	8	(2)	1
	Hotaka Nakamura	12.08.1997	19	(9)	1
	Takumi Nakamura	16.03.2001	13	(4)	
	Daiki Niwa	16.01.1986	2	(1)	
	Ryoya Ogawa	24.11.1996	26	(2)	
	Joan Noureddine Oumari (LIB)	19.08.1988	10	(2)	1
	Tsuyoshi Watanabe	05.02.1997	26	(2)	2
Midfielders:	Shuto Abe	05.12.1997	22	(5)	2
	Arthur Silva Feitoza (BRA)	26.04.1995	20	(9)	
	Kento Hashimoto	16.08.1993	3	(1)	
	Keigo Higashi	20.07.1990	7		
	Rei Hirakawa	20.04.2000		(3)	
	Kazuya Konno	11.07.1997	1	(8)	
	Hirotaka Mita	14.09.1990	16	(10)	1
	Kiwara Miyazaki	17.02.1998		(1)	
	Manato Shinada	19.09.1999	9		1
	Yojiro Takahagi	02.08.1986	19	(7)	1
	Takuya Uchida	02.06.1998	9	(16)	
Forwards:	Adaílton dos Santos da Silva (BRA)	06.12.1990	12	(21)	8
	Diego Queiróz de Oliveira (BRA)	22.06.1990	25	(3)	9
	Taichi Hara	05.05.1999	4	(22)	3
	Weverson Leandro Oliveira Moura (BRA)	12.05.1993	23	(3)	9
	Kensuke Nagai	05.03.1989	21	(5)	4
	Kyosuke Tagawa	11.02.1999	12	(9)	2
	Kiichi Yajima	06.04.1995		(3)	
Trainer:	Kenta Hasegawa	25.09.1965	34		

GAMBA OSAKA

Year of Formation: 1980
Stadium: Panasonic Football Stadium, Suita (39,694)

THE SQUAD		DOB	M	(s)	G
Goalkeepers:	Masaaki Higashiguchi	12.05.1986	34		
Defenders:	Hiroki Fujiharu	28.11.1988	23	(3)	
	Kim Young-gwon (KOR)	27.02.1990	28		
	Keisuke Kurokawa	13.04.1997		(2)	
	Riku Matsuda	03.05.1999		(2)	
	Genta Miura	01.03.1995	19	(1)	2
	Oh Jae-suk (KOR)	04.01.1990	1		
	Ryo Shinzato	02.07.1990	1		
	Gen Shōji	11.12.1992	17	(1)	
	Shunya Suganuma	17.05.1990	9		
	Ryu Takao	09.11.1996	28	(4)	1
Midfielders:	Yasuhito Endō	28.01.1980	3	(8)	
	Yuya Fukuda	04.04.1999	18	(11)	1
	Yosuke Ideguchi	23.08.1996	25	(1)	4
	Shu Kurata	26.11.1988	27	(7)	4
	Jiro Nakamura	22.08.2003		(1)	
	Kohei Okuno	03.04.2000	4	(3)	
	Konsuke Onose	22.04.1993	24	(3)	2
	Ren Shibamoto	22.07.1999		(1)	
	Takashi Usami	06.05.1992	26	(4)	6
	Shinya Yajima	18.01.1994	18	(9)	1
	Yuki Yamamoto	06.11.1997	20	(7)	2
Forwards:	Ademílson Braga Bispo Junior (BRA)	09.01.1994	14	(7)	6
	Shuhei Kawasaki	28.04.2001	1	(14)	
	Yuji Ono	22.12.1992	6	(5)	1
	Anderson Patrick Aguiar Oliveira (BRA)	26.10.1987	15	(18)	9
	Shoji Toyama	21.09.2002	1	(6)	
	Dai Tsukamoto	23.06.2001	1	(5)	
	Kazuma Watanabe	10.08.1986	11	(22)	6
Trainer:	Tsuneyasu Miyamoto	07.02.1977	34		

HOKKAIDO CONSADOLE SAPPORO

Year of Formation: 1935
Stadium: Sapporo Dome / Sapporo Atsubestsu Stadium, Sapporo (41,484 / 20,861)

THE SQUAD		DOB	M	(s)	G
Goalkeepers:	Gu Sung-yun (KOR)	17.06.1994	1		
	Kojiro Nakano	05.03.1999	5		
	Takanori Sugeno	03.05.1984	28		
Defenders:	Akito Fukumori	16.12.1992	29	(1)	2
	Naoki Ishikawa	13.09.1985		(3)	
	Kim Min-tae (KOR)	26.11.1993	21	(6)	1
	Ryosuke Shindo	07.06.1996	18	(3)	
	Daiki Suga	10.09.1998	25	(4)	2
	Shunta Tanaka	26.05.1997	26	(5)	2
Midfielders:	Takuma Arano	20.04.1993	27	(1)	5
	Riku Danzaki	31.05.2000		(1)	
	Kazuki Fukai	11.03.1995	13	(7)	
	Ryota Hayasaka	19.09.1985		(12)	
	Takuro Kaneko	30.07.1997	15	(16)	4
	Yoshiaki Komai	06.06.1992	30	(3)	4
	Hiroki Miyazawa	28.06.1989	27	(5)	1
	Yoshihiro Nakano	24.02.1993	1	(5)	
	Kosuke Shirai	01.05.1994	8	(19)	
	Chanatip Songkrasin (THA)	05.10.1993	17	(1)	1
	Tomoki Takamine	29.12.1997	18	(12)	
Forwards:	Anderson José Lopes de Souza (BRA)	15.09.1993	12	(12)	9
	Jay Bothroyd (ENG)	07.05.1982	15	(7)	6
	Douglas Felisbino de Oliveira (BRA)	16.01.1995	5	(21)	2
	Hugo Filipe da Costa Oliveira (POR)	25.07.1988		(3)	
	Lucas Fernandes (BRA)	24.04.1994	26	(5)	2
	Tsuyoshi Ogashiwa	09.07.1998	3	(1)	
	Musashi Suzuki	11.02.1994	4		5
Trainer:	Mihailo Petrović (AUT)	18.10.1957	34		

KASHIMA ANTLERS FOOTBALL CLUB

Year of Formation: 1947
Stadium: Kashima Soccer Stadium, Ibaraki (40,728)

THE SQUAD		DOB	M	(s)	G
Goalkeepers:	Kwoun Soon-tae (KOR)	11.09.1984	7		
	Yuya Oki	22.08.1999	24		
	Hitoshi Sogahata	02.08.1979	1		
	Taiki Yamada	08.01.2002	2		
Defenders:	Rikuto Hirose	23.09.1995	10	(5)	
	Tomoya Inukai	12.05.1993	31		2
	Koki Machida	25.08.1997	20	(1)	
	Katsuya Nagato	15.01.1995	22		
	Tatsuki Nara	19.09.1993	4	(2)	
	Ikuma Sekigawa	13.09.2000	13	(2)	
	Daiki Sugioka	08.09.1998	5	(1)	
	Keigo Tsunemoto	21.10.1998		(1)	
	Atsuto Uchida	27.03.1988	1	(1)	
	Shuto Yamamoto	01.06.1985	8		
Midfielders:	Ryotaro Araki	29.01.2002	7	(19)	2
	Shoma Doi	21.05.1992	26	(5)	6
	Yasushi Endo	07.04.1988	5	(22)	1
	Ryuji Izumi	06.11.1993	20	(7)	3
	Juan Matheus Alano Nascimento (BRA)	02.09.1996	26	(4)	4
	Kei Koizumi	19.04.1995	21	(1)	1
	Hugo Leonardo Silva Serejo „Léo Silva" (BRA)	24.12.1983	29	(3)	1
	Yuta Matsumura	13.04.2001		(13)	
	Kento Misao	16.04.1996	28	(2)	1
	Ryota Nagaki	04.06.1988	12	(19)	
	Shintaro Nago	17.04.1996	1	(7)	
	Ryohei Shirasaki	18.05.1993	3	(6)	2
Forwards:	Everaldo Stum (BRA)	05.07.1991	32	(1)	18
	Sho Ito	24.07.1988	3	(11)	1
	Itsuki Someno	12.09.2001	3	(9)	
	Ayase Ueda	28.08.1998	10	(16)	10
Trainer:	Antônio Carlos Zago (BRA)	18.05.1969	34		

KASHIWA REYSOL

Year of Formation: 1940 (*as Hitachi SC Tokyo*)
Stadium: Hitachi Kashiwa Stadium, Kashiwa (15,900)

	THE SQUAD	DOB	M	(s)	G
Goalkeepers:	Kim Seung-gyu (KOR)	30.09.1990	24		
	Kosuke Nakamura	27.02.1995	10		
	Haruhiko Takimoto	20.05.1997		(2)	
Defenders:	Jiro Kamata	28.07.1985	8	(1)	
	Naoki Kawaguchi	24.05.1994	5	(5)	
	Kengo Kitazume	30.04.1992	15	(8)	2
	Taiyo Koga	28.10.1998	33		
	Hiromu Mitsumaru	06.07.1993	17	(3)	
	Takuma Ominami	13.12.1997	22		
	Yuta Someya	30.09.1986	4	(2)	
	Shunki Takahashi	04.05.1990	11	(9)	
	Yuji Takahashi	11.04.1993	7	(3)	
	Tatsuya Yamashita	07.11.1987	16	(3)	
Midfielders:	Ataru Esaka	31.05.1992	32		9
	Yuta Kamiya	24.04.1997	7	(12)	3
	Yusuke Kobayashi	23.10.1994	1	(8)	
	Matheus Iann Makarius „Matheus Sávio" (BRA)	15.04.1997	3	(3)	
	Masatoshi Mihara	02.08.1988	21	(8)	1
	Hayato Nakama	16.05.1992	17	(12)	4
	Hidekazu Otani	06.11.1984	22	(1)	2
	Richardson Fernandes dos Santos (BRA)	17.08.1991	22	(5)	1
	Sachiro Toshima	26.09.1995	8	(8)	
	Yuto Yamada	17.05.2000		(1)	
Forwards:	Cristiano da Silva (BRA)	12.01.1987	15		4
	Hiroto Goya	02.01.1994	8	(12)	4
	Mao Hosoya	07.09.2001		(2)	
	José Antonio dos Santos Júnior „Junior Santos" (BRA)	11.10.1994		(1)	
	Michael Olunga Ogada (KEN)	26.03.1994	31	(1)	28
	Yusuke Segawa	07.02.1994	15	(4)	2
	Fumiya Unoki	04.07.2001		(4)	
	Ryohei Yamazaki	14.03.1989		(1)	
Trainer:	Nélson Baptista Júnior "Nelsinho" (BRA)	22.07.1950	34		

KAWASAKI FRONTALE

Year of Formation: 1955 (*as Fujitsu FC*)
Stadium: Todoroki Athletics Stadium, Kawasaki (26,232)

THE SQUAD		DOB	M	(s)	G
Goalkeepers:	Jung Sung-ryong (KOR)	04.01.1985	34		
Defenders:	Diogo Mateus de Almeida Maciel (BRA)	13.02.1993	3		
	Jesiel Cardoso Miranda (BRA)	05.03.1994	29		3
	Shintaro Kurumaya	05.04.1992	13	(9)	1
	Kyohei Noborizato	13.11.1990	25	(4)	
	Shogo Taniguchi	15.07.1991	28	(2)	3
	Miki Yamane	22.12.1993	31		4
Midfielders:	Tatsuya Hasegawa	07.03.1994	9	(3)	3
	Reo Hatate	21.11.1997	14	(17)	5
	Akihiro Ienaga	13.06.1986	25	(4)	11
	Kaoru Mitoma	20.05.1997	11	(19)	13
	Hidemasa Morita	10.05.1995	23	(9)	1
	Kengo Nakamura	31.10.1980	7	(6)	2
	Ryota Oshima	23.01.1993	15	(8)	3
	Manabu Saito	04.04.1990	11	(14)	1
	Hokuto Shimoda	07.11.1991	5	(9)	
	Ao Tanaka	10.09.1998	23	(8)	5
	Yasuto Wakizaka	11.06.1995	25	(6)	3
	Kazuya Yamamura	02.12.1989	6	(7)	1
Forwards:	Yū Kobayashi	23.09.1987	13	(14)	14
	Leandro Damião da Silva dos Santos (BRA)	22.07.1989	22	(12)	13
	Taisei Miyashiro	26.05.2000	2	(14)	1
Trainer:	Toru Oniki	20.04.1974	34		

NAGOYA GRAMPUS

Year of Formation: 1939 (*as Toyota Motors SC*); re-founded 1992 (*as Nagoya Grampus Eight*)
Stadium: Paloma Mizuho Stadium / Toyota Stadium, Nagoya (27,001 / 45,000)

THE SQUAD		DOB	M	(s)	G
Goalkeepers:	Mitchell James Langerak (AUS)	22.08.1988	34		
Defenders:	Haruya Fujii	26.12.2000		(1)	
	Ryotaro Ishida	13.12.2001		(7)	
	Yuichi Maruyama	16.06.1989	34		2
	Kazuya Miyahara	22.03.1996	2	(3)	
	Shinnosuke Nakatani	24.03.1996	34		
	Shumpei Naruse	17.01.2001	18	(7)	
	Oh Jae-suk (KOR)	04.01.1990	16	(6)	
	Kosuke Ota	23.07.1987	3	(6)	
	Yutaka Yoshida	17.02.1990	29	(1)	2
Midfielders:	Hiroyuki Abe	05.07.1989	23	(4)	4
	Yosuke Akiyama	13.04.1995		(3)	
	Ryota Aoki	06.03.1996		(1)	
	Gabriel Augusto Xavier (BRA)	15.07.1993	14	(11)	4
	Sho Inagaki	25.12.1991	34		3
	João Felipe Schmidt Urbano (BRA)	19.05.1993	9	(15)	1
	Naoki Maeda	17.11.1994	23	(7)	7
	Mateus dos Santos Castro (BRA)	11.09.1994	33	(1)	9
	Takuji Yonemoto	03.12.1990	25	(2)	1
Forwards:	Mu Kanazaki	16.02.1989	22	(3)	6
	Yuki Soma	25.02.1997	15	(16)	2
	Ryogo Yamasaki	20.09.1992	6	(20)	1
Trainer:	Massimo Ficcadenti (ITA)	06.11.1967	34		

ŌITA TRINITA

Year of Formation: 1994
Stadium: Showa Denko Dome, Ōita (40,000)

THE SQUAD		DOB	M	(s)	G
Goalkeepers:	Mun Kyeong-geon (KOR)	09.02.1995	17		
	Shun Takagi	22.05.1989	17		
Defenders:	Kento Haneda	07.07.1997	9	(11)	
	Tomoki Iwata	07.04.1997	30		2
	Yuki Kagawa	02.07.1992	14	(2)	
	Yuta Koide	20.10.1994	10	(4)	
	Yuto Misao	16.04.1991	30	(4)	
	Yoshinori Suzuki	11.09.1992	33		
	Ryosuke Tone	29.10.1991	7	(10)	
Midfielders:	Yushi Hasegawa	06.12.1996	26	(1)	
	Yuji Hoshi	27.07.1992	7	(3)	
	Kenta Inoue	23.07.1998	2	(4)	
	Seigo Kobayashi	08.01.1994		(2)	
	Yuki Kobayashi	18.10.1988	6	(6)	
	Koki Kotegawa	12.09.1989		(1)	
	Kazuki Kozuka	02.08.1994	6	(2)	1
	Yamato Machida	19.12.1989	13	(6)	1
	Ryosuke Maeda	27.04.1994	6	(4)	
	Rei Matsumoto	25.02.1988	18	(4)	1
	Naoki Nomura	17.04.1991	9	(9)	3
	Kazuhiro Sato	28.09.1990	1	(4)	
	Toshio Shimakawa	28.05.1990	23	(7)	2
	Keita Takahata	16.09.2000		(3)	
	Kaoru Takayama	08.07.1988	6	(5)	
	Tatsuya Tanaka	09.06.1992	22	(11)	8
Forwards:	Kei Chinen	17.03.1995	15	(14)	3
	Kazuki Fujimoto	29.07.1998		(5)	
	Kohei Isa	23.11.1991	14	(8)	3
	Kazushi Mitsuhira	13.01.1988	10	(8)	3
	Yuya Takazawa	19.02.1997	11	(13)	6
	Daiki Watari	25.06.1993	12	(11)	2
Trainer:	Tomohiro Katanosaka	18.04.1971	34		

SAGAN TOSU FOOTBALL CLUB

Year of Formation: 1997
Stadium: Ekimae Real Estate Stadium, Tosu (24,130)

THE SQUAD		DOB	M	(s)	G
Goalkeepers:	Tatsuya Morita	03.08.1990	8		
	Park Il-Kyu (KOR)	22.12.1989	10		
	Yohei Takaoka	16.03.1996	16		
Defenders:	Carlos Eduardo Bendini Giusti (BRA)	27.04.1993	21		
	Teruki Hara	30.07.1998	25	(3)	
	Keisuke Iwashita	24.09.1986	1	(1)	
	Yuzo Kobayashi	15.11.1985	2	(3)	
	Daiki Miya	01.04.1996	14		
	Ryoya Morishita	11.04.1997	25	(8)	3
	Shinya Nakano	17.08.2003	10	(4)	
	Ayumu Ohata	27.04.2001	7	(6)	
	Park Jeong-su (KOR)	12.04.1994	4	(4)	
	Yuto Uchida	29.04.1995	21	(2)	1
Midfielders:	Ahn Yong-woo (KOR)	10.08.1991	4	(5)	
	Riki Harakawa	18.08.1993	24	(4)	3
	Yuta Higuchi	30.10.1996	23	(5)	1
	Fuchi Honda	10.05.2001	15	(11)	3
	Tomoya Koyamatsu	24.04.1995	26	(7)	2
	Daiki Matsuoka	01.06.2001	31	(1)	
	Ryang Yong-gi (PRK)	07.01.1982	10	(12)	
	Ryunosuke Sagara	17.08.2002	1	(3)	1
	Hideto Takahashi	17.10.1987	9	(4)	
	Yoshiki Takahashi	14.05.1985	1	(3)	
Forwards:	Cho Dong-geon (KOR)	16.04.1986	12	(2)	3
	Daichi Hayashi	23.05.1997	10	(21)	9
	Kaisei Ishii	02.04.2000	11	(7)	3
	Takeshi Kanamori	04.04.1994	13	(13)	2
	Renzo López Patrón (URU)	16.04.1994	6	(8)	3
	Tiago Alves Sales (BRA)	12.01.1993	9	(4)	2
	Yōhei Toyoda	11.04.1985	5	(15)	
Trainer:	Kim Myung-hwi (KOR)	08.05.1981	34		

SANFRECCE HIROSHIMA FOOTBALL CLUB

Year of Formation: 1938
Stadium: Edion [Hiroshima Big Arch] Stadium, Hiroshima (36,894)

THE SQUAD		DOB	M	(s)	G
Goalkeepers:	Takuto Hayashi	09.08.1982	19		
	Keisuke Osako	28.07.1999	15		
Defenders:	Hayato Araki	07.08.1996	33		1
	Akira Ibayashi	05.09.1990	6	(6)	
	Kazuki Kushibiki	12.02.1993	2		
	Yuki Nogami	20.04.1991	28	(2)	1
	Sho Sasaki	02.10.1989	32		1
Midfielders:	Toshihiro Aoyama	22.02.1986	24	(7)	1
	Yuya Asano	17.02.1997	19	(13)	5
	Yusuke Chajima	20.07.1991	21	(8)	
	Kodai Dohi	13.04.2001	6	(7)	
	Tomoya Fujii	04.12.1998	2	(13)	
	Shunki Higashi	28.07.2000	17	(16)	1
	Yoshifumi Kashiwa	28.07.1987	15	(13)	1
	Hayao Kawabe	08.09.1995	30	(4)	3
	Hiroya Matsumoto	10.08.2000	1	(6)	
	Tsukasa Morishima	25.04.1997	29	(5)	5
	Gakuto Notsuda	06.06.1994	3	(5)	
	Rhayner Santos Nascimento (BRA)	05.09.1990	12	(6)	
	Kosei Shibasaki	28.08.1984	6	(7)	
	Kohei Shimizu	30.04.1989	3		
Forwards:	Douglas da Silva Vieira (BRA)	12.11.1987	19	(12)	8
	Ezequiel Santos da Silva (BRA)	09.03.1998	7	(8)	2
	Leandro Marcos Peruchena Pereira (BRA)	03.07.1991	19	(7)	15
	Ryo Nagai	23.05.1991	6	(9)	1
Trainer:	Hiroshi Jofuku	31.03.1961	34		

SHIMIZU S-PULSE SHIZUOKA

Year of Formation: 1991
Stadium: IAI Stadium Nihondaira, Shizuoka (20,339)

THE SQUAD	DOB	M	(s)	G
Goalkeepers: Alvino Volpi Neto (BRA)	01.08.1992	1		
Yohei Nishibe	01.12.1980	1		
Takuo Okubo	18.09.1989	15		
Togo Umeda	23.07.2000	17		
Defenders: Elson Ferreira de Souza "Elsinho" (BRA)	30.11.1989	18	(2)	1
Hwang Seok-ho (KOR)	27.06.1989	18	(1)	2
Takashi Kanai	05.02.1990	10	(4)	2
Makoto Okazaki	10.10.1998	5	(4)	
Ryo Okui	07.03.1990	13	(4)	
Yugo Tatsuta	21.06.1998	26	(3)	2
Andrevaldo de Jesus Santos „Valdo" (BRA)	10.02.1992	29		4
Kazunori Yoshimoto	24.04.1988	1	(1)	
Midfielders: Hideki Ishige	21.09.1994	1	(1)	
Shota Kaneko	02.05.1995	23	(7)	5
Yosuke Kawai	04.08.1989	7	(5)	
Kota Miyamoto	19.06.1996	5	(6)	
Mitsunari Musaka	16.01.1991	7	(8)	
Keita Nakamura	30.06.1993	13	(12)	1
Hikaru Naruoka	28.07.2002	1	(8)	
Yasufumi Nishimura	04.11.1999	4	(6)	
Kenta Nishizawa	06.09.1996	28	(6)	4
Renato Augusto Santos Junior (BRA)	29.01.1992	25	(1)	3
Yuito Suzuki	25.10.2001	12	(18)	
Ryo Takeuchi	08.03.1991	23	(2)	2
Forwards: Carlos Antonio de Souza Júnior „Carlinhos" (BRA)	08.08.1994	27	(2)	10
Teerasil Dangda (THA)	06.06.1988	6	(17)	3
Yusuke Goto	23.04.1993	26	(6)	1
Jong Tae-se (PRK)	02.03.1984		(2)	
Sérgio Dutra Júnior „Júnior Dutra" (BRA)	25.04.1988	11	(9)	6
Riyo Kawamoto	11.06.2001	1	(5)	1
Trainer: Peter Cklamovski (AUS)	16.10.1978	25		
[01.11.2020] Hiroaki Hiraoka	02.09.1969	9		

SHONAN BELLMARE

Year of Formation: 1968
Stadium: Shonan BMW Stadium, Hiratsuka (18,500)

THE SQUAD		DOB	M	(s)	G
Goalkeepers:	Masaaki Goto	24.05.1994	3		
	Kosei Tani	22.11.2000	25		
	Daiki Tomii	27.08.1989	6		
Defenders:	Taiga Hata	20.01.2002	13	(2)	
	Hirokazu Ishihara	26.02.1999	27	(2)	
	Kazuaki Mawatari	23.06.1991	4	(3)	
	Kazuki Oiwa	17.08.1989	13	(4)	2
	Kazunari Ono	04.08.1989	24	(2)	1
	Keisuke Saka	07.05.1995	16	(3)	1
	Koki Tachi	14.12.1997	15	(2)	
Midfielders:	Akimi Barada	30.05.1991	19	(5)	1
	Akito Fukuta	01.05.1992	3	(2)	
	Sho Hiramatsu	26.11.1998		(1)	
	Daiki Kaneko	28.08.1998	26	(2)	2
	Shota Kobayashi	11.05.1991	7	(17)	
	Temma Matsuda	11.06.1995	22	(11)	2
	Hidetoshi Miyuki	23.05.1993	1	(3)	
	Takuya Okamoto	18.06.1992	32	(1)	4
	Riuler de Oliveira Faustino (BRA)	25.01.1998		(1)	
	Mitsuki Saito	10.01.1999	28	(5)	2
	Sosuke Shibata	26.05.2001	5	(10)	
	Toichi Suzuki	30.05.2000	10	(4)	1
	Satoshi Tanaka	13.08.2002	11	(6)	
	Tsukasa Umesaki	23.02.1987		(2)	
	Naoki Yamada	04.07.1990	8	(8)	1
Forwards:	Tarik Elyounoussi (NOR)	23.02.1988	11	(9)	1
	Hiroshi Ibusuki	27.02.1991	8	(12)	2
	Naoki Ishihara	14.08.1984	19	(8)	6
	Yuto Iwasaki	11.06.1998	7	(9)	
	Hiroto Nakagawa	03.11.1994	10	(9)	3
	Ryo Nemoto	03.02.2000		(2)	
	Yuki Ohashi	27.07.1996	1	(6)	
Trainer:	Bin Ukishima	04.09.1967	34		

URAWA RED DIAMONDS

Year of Formation: 1950
Stadium: Saitama 2002 Stadium, Saitama (63,700)

THE SQUAD		DOB	M	(s)	G
Goalkeepers:	Shusaku Nishikawa	18.06.1986	34		
Defenders:	Thomas Jok Deng (AUS)	20.03.1997	19		1
	Daiki Hashioka	17.05.1999	31		1
	Takuya Iwanami	18.06.1994	20	(3)	
	Katsuya Iwatake	04.06.1996	5	(6)	
	Tomoaki Makino	11.05.1987	24	(2)	2
	Maurício de Carvalho Antônio (BRA)	06.02.1992	2		
	Takuya Ogiwara	23.11.1999		(1)	
	Daisuke Suzuki	29.01.1990	4	(1)	
	Ryosuke Yamanaka	20.04.1993	21	(10)	2
Midfielders:	Yuki Abe	06.09.1981	1	(2)	
	Takuya Aoki	16.09.1989	13	(8)	
	Ewerton da Silva Pereira (POR)	01.12.1992	21	(8)	2
	Ryotaro Ito	06.02.1998		(5)	
	Yosuke Kashiwagi	15.12.1987	8	(1)	
	Kazuki Nagasawa	16.12.1991	20	(7)	1
	Takahiro Sekine	19.04.1995	15	(9)	2
	Kai Shibato	24.11.1995	17	(8)	1
	Hidetoshi Takeda	15.09.2001	1	(2)	
	Kosuke Taketomi	23.09.1990	1	(7)	
	Tomoya Ugajin	23.03.1988	11	(8)	
	Koya Yuruki	03.07.1995	21	(9)	1
Forwards:	Fabrício dos Santos Messias (BRA)	28.03.1990	2		
	Shinzo Koroki	31.07.1986	25	(5)	10
	Leonardo Nascimento Lopes De Souza (BRA)	28.05.1997	18	(10)	11
	Quenten Geordie Felix Martinus (CUW)	07.03.1991	13	(10)	4
	Yuki Muto	07.11.1988	16	(12)	2
	Kenyu Sugimoto	18.11.1992	11	(22)	2
Trainer:	Tsuyoshi Ōtsuki	01.12.1972	34		

VEGALTA SENDAI

Year of Formation: 1988
Stadium: Yurtec Stadium, Sendai (19,694)

THE SQUAD		DOB	M	(s)	G
Goalkeepers:	Yuma Obata	07.11.2001	7		
	Jakub Słowik (POL)	31.08.1991	27		
Defenders:	Hisashi Appiah Tawiah	18.10.1998	6	(1)	
	Koji Hachisuka	20.07.1990	14	(6)	2
	Takuma Hamasaki	17.02.1993	20	(4)	1
	Yasuhiro Hiraoka	23.05.1986	27	(1)	1
	Kim Jung-ya (PRK)	17.05.1988	10	(5)	
	Takumi Mase	03.05.1998	7	(3)	
	Anderson Ferreira da Silva „Pará" (BRA)	23.08.1995	13		
	Simão Mate Junior (MOZ)	23.06.1988	14	(4)	1
	Hayato Teruyama	28.08.2000	3	(1)	
	Takahiro Yanagi	05.08.1997	19	(3)	1
	Kyohei Yoshino	08.11.1994	14		
Midfielders:	Shingo Hyodo	29.07.1985	2	(8)	1
	Ryutaro Iio	30.01.1991	11	(7)	1
	Joan Isaac Cuenca López (ESP)	27.04.1991	9	(6)	
	Takayoshi Ishihara	17.11.1992	14	(17)	1
	Yoshiki Matsushita	03.03.1994	7	(6)	2
	Ryohei Michibuchi	16.06.1994	9	(4)	1
	Shogo Nakahara	19.05.1994	3	(10)	
	Takumi Sasaki	30.03.1998	8	(4)	
	Kunimitsu Sekiguchi	26.12.1985	21	(9)	
	Keiya Shihashi	20.06.1997	32	(1)	1
	Wataru Tanaka	23.09.2000	1	(6)	
Forwards:	Shuhei Akasaki	01.09.1991	4	(7)	1
	Alexandre Xavier Pereira Guedes (POR)	11.02.1994	17	(9)	5
	Ryo Germain	19.04.1995	11	(1)	2
	Shun Nagasawa	25.08.1988	21	(12)	9
	Takuma Nishimura	22.10.1996	11	(9)	3
	Hiroto Yamada	07.03.2000	12	(7)	2
Trainer:	Takashi Kiyama	18.02.1972	34		

VISSEL KOBE

Year of Formation: 1966
Stadium: Noevir [Misaki Park] Stadium, Kobe (30,132)

THE SQUAD		DOB	M	(s)	G
Goalkeepers:	Hiroki Iikura	01.06.1986	18		
	Daiya Maekawa	08.09.1994	15		
	Kenshin Yoshimaru	27.03.1996	1		
Defenders:	Dankler Luis de Jesus Pereira (BRA)	24.01.1992	20		3
	So Fujitani	28.10.1997	6	(5)	
	Ryo Hatsuse	10.07.1997	8	(8)	
	Ryuho Kikuchi	09.12.1996	10	(4)	
	Daigo Nishi	28.08.1987	24	(2)	1
	Leo Osaki	08.07.1991	22	(2)	
	Gōtoku Sakai	14.03.1991	28	(4)	1
	Thomas Vermaelen (BEL)	14.11.1985	14		
	Hirofumi Watanabe	07.07.1987	11	(4)	
	Tetsushi Yamakawa	01.10.1997	5		
Midfielders:	Yuta Goke	10.06.1999	16	(8)	5
	Andrés Iniesta Luján (ESP)	11.05.1984	22	(4)	4
	Yuya Nakasaka	05.08.1997	1	(1)	
	Sergi Samper Montaña (ESP)	20.01.1995	23	(3)	
	Daiju Sasaki	17.09.1999	6	(6)	
	Hotaru Yamaguchi	06.10.1990	31	(3)	6
	Takuya Yasui	21.11.1998	11	(9)	1
Forwards:	Dyanfres Douglas Chagas Matos (BRA)	30.12.1987	19	(4)	7
	Noriaki Fujimoto	19.08.1989	14	(14)	6
	Kyogo Furuhashi	20.01.1995	25	(5)	12
	Yutaro Oda	12.08.2001	7	(12)	1
	Keijiro Ogawa	14.07.1992	11	(16)	1
	Junya Tanaka	15.07.1987	6	(13)	2
Trainer:	Thorsten Fink (GER)	29.10.1967	19		
[22.09.2020]	Marcos Vives (ESP)	04.02.1975	1		
[24.09.2020]	Atsuhiro Miura	24.07.1974	14		

YOKOHAMA F. MARINOS

Year of Formation: 1972
Stadium: Nissan Stadium / NHK Spring Mitsuzawa Stadium, Yokohama (72,327 / 15,046)

THE SQUAD		DOB	M	(s)	G
Goalkeepers:	Yuji Kajikawa	26.07.1991	17		
	Powell Obinna Obi	18.12.1997	1	(1)	
	Park Il-kyu (KOR)	22.12.1989	12		
	Yohei Takaoka	16.03.1996	4		
Defenders:	Theeraton Bunmathan (THA)	06.02.1990	23	(3)	
	Shinnosuke Hatanaka	25.08.1995	25		2
	Makito Ito	18.10.1992	17	(2)	
	Ryuta Koike	29.08.1995	18	(3)	2
	Ken Matsubara	16.02.1993	20		1
	Yuki Saneto	19.01.1989	6		
	Ryo Takano	13.11.1994	8	(5)	
	Thiago Martins Bueno (BRA)	17.03.1995	20	(1)	1
	Ryotaro Tsunoda	27.06.1999		(1)	
	Takuya Wada	28.07.1990	12	(2)	
Midfielders:	Jun Amano	19.07.1991	11	(11)	3
	Keita Endo	22.11.1997	5	(1)	2
	Takuya Kida	23.08.1994	25	(5)	
	Kota Mizunuma	22.02.1990	13	(12)	3
	Takahiro Ogihara	05.10.1991	23	(8)	
	Keiya Sento	29.12.1994	2	(1)	
	Kota Watanabe	18.10.1998	7	(12)	2
Forwards:	Edigar Junio Teixeira Lima (BRA)	06.05.1991	8	(8)	3
	Erik Nascimento de Lima (BRA)	18.07.1994	20	(9)	13
	José Antonio dos Santos Júnior „Júnior Santos" (BRA)	11.10.1994	17	(5)	13
	Daizen Maeda	20.10.1997	12	(11)	3
	Marcos Júnior Lima dos Santos (BRA)	19.01.1993	24	(4)	11
	Eitaro Matsuda	20.05.2001	6	(9)	
	Teruhito Nakagawa	27.07.1992	10	(8)	2
	Ado Onaiwu	08.11.1995	8	(16)	4
	Yūki Ōtsu	24.03.1990		(12)	
Trainer:	Angelos Postecoglou (AUS)	27.08.1965	34		

YOKOHAMA FOOTBALL CLUB

Year of Formation: 1999
Stadium: Mitsuzawa Stadium, Yokohama (15,046)

THE SQUAD		DOB	M	(s)	G
Goalkeepers:	Yuta Minami	30.09.1979	11	(1)	
	Yuji Rokutan	10.04.1987	23		
Defenders:	Yutaro Hakamata	24.06.1996	21	(6)	
	Kyowaan Hoshi	25.06.1997	7	(2)	
	Masahiko Inoha	28.08.1985	17	(2)	
	Calvin Jong-a-Pin (NED)	18.07.1986	5		
	Yasumasa Kawasaki	20.08.1992		(1)	
	Yuki Kobayashi	18.07.2000	24	(4)	2
	Kakeru Kumagawa	02.04.1997		(2)	
	Magno José da Silva „Maguinho" (BRA)	06.01.1992	23	(1)	
	Takaaki Shichi	27.12.1993	17	(5)	1
	Eijiro Takeda	11.07.1988	2	(5)	
	Masakazu Tashiro	26.06.1988	16	(4)	4
Midfielders:	Daisuke Matsui	11.05.1981	1	(2)	
	Yusuke Matsuo	23.07.1997	17	(3)	7
	Takuya Matsuura	21.12.1988	24	(3)	3
	Shunsuke Nakamura	24.06.1978	3	(7)	
	Katsuhiro Nakayama	17.07.1996	7	(9)	
	Kosuke Saito	16.06.1997	13	(8)	2
	Kensuke Sato	19.01.1989	16	(4)	1
	Tatsuki Seko	22.12.1997	24	(9)	2
	Ryuji Sugimoto	01.06.1993	1	(4)	
	Kohei Tezuka	06.04.1996	22	(6)	
	Reo Yasunaga	19.11.2000	13	(5)	1
Forwards:	Kazunari Ichimi	10.11.1997	21	(10)	4
	Yuki Kusano	21.07.1996	1	(11)	1
	Ibba Laajab (NOR)	21.05.1985		(1)	
	Leandro Domingues Barbosa (BRA)	24.08.1983	2	(6)	
	Yusuke Minagawa	09.10.1991	13	(16)	3
	Kazuyoshi Miura	26.02.1967	1	(3)	
	Koki Saito	10.08.2001	21	(11)	3
	Yuji Senuma	01.09.1990	8	(11)	3
Trainer:	Takahiro Shimotaira	18.12.1971	34		

NATIONAL TEAM
INTERNATIONAL MATCHES 2020/2021

09.10.2020	Utrecht	Japan - Cameroon	0-0	(F)
13.10.2020	Utrecht	Japan - Ivory Coast	1-0(0-0)	(F)
13.11.2020	Graz	Japan - Panama	1-0(0-0)	(F)
17.11.2020	Graz	Japan - Mexico	0-2(0-0)	(F)
25.03.2021	Yokohama	Japan - Korea Republic	3-0(2-0)	(F)
30.03.2021	Chiba	Mongolia - Japan	0-14(0-5)	(WCQ)
28.05.2021	Chiba	Japan - Myanmar	10-0(4-0)	(WCQ)
07.06.2021	Suita	Japan - Tajikistan	4-1(2-1)	(WCQ)
11.06.2021	Kobe	Japan - Serbia	1-0(0-0)	(F)
15.06.2021	Suita	Japan - Kyrgyzstan	5-1(3-1)	(WCQ)

09.10.2020, Friendly International
Stadion Galgenwaard, Utrecht (Netherlands); Attendance: 0
Referee: Hendrikus Sebastian "Bas" Nijhuis (Netherlands)
JAPAN - CAMEROON 0-0
JPN: Shūichi Gonda, Maya Yoshida, Hiroki Sakai, Kōki Anzai (46.Junya Ito), Yūta Nakayama, Takehiro Tomiyasu, Genki Haraguchi (86.Yukinari Sugawara), Gaku Shibasaki, Ritsu Dōan (65.Takefusa Kubo), Yuya Ōsako, Takumi Minamino (71.Daichi Kamada). Trainer: Hajime Moriyasu.

13.10.2020, Friendly International
Stadion Galgenwaard, Utrecht (Netherlands); Attendance: 0
Referee: Jochem Kamphuis (Netherlands)
JAPAN - IVORY COAST 1-0(0-0)
JPN: Daniel Schmidt, Maya Yoshida, Sei Muroya (89.Naomichi Ueda), Yūta Nakayama, Takehiro Tomiyasu, Gaku Shibasaki, Wataru Endō, Daichi Kamada, Takefusa Kubo (61.Takumi Minamino), Musashi Suzuki (73.Genki Haraguchi), Junya Ito (85.Ritsu Dōan). Trainer: Hajime Moriyasu.
Goal: Naomichi Ueda (90+1).

13.11.2020, Friendly International
Liebenauer Stadion, Graz (Austria); Attendance: 0
Referee: Christian-Petru Ciochirca (Austria)
JAPAN - PANAMA 1-0(0-0)
JPN: Shūichi Gonda, Maya Yoshida, Yūto Nagatomo (58.Genki Haraguchi), Naomichi Ueda, Sei Muroya (82.Hiroki Sakai), Ko Itakura, Gaku Shibasaki (82.Yūta Nakayama), Kento Hashimoto (46.Wataru Endō), Kōji Miyoshi, Takefusa Kubo (71.Daichi Kamada), Takumi Minamino (72.Takuma Asano). Trainer: Hajime Moriyasu.
Goal: Takumi Minamino (61 penalty).

17.11.2020, Friendly International
Liebenauer Stadion, Graz (Austria); Attendance: 0
Referee: Manuel Schüttengruber (Austria)
JAPAN - MEXICO 0-2(0-0)
JPN: Daniel Schmidt, Maya Yoshida, Hiroki Sakai, Yūta Nakayama, Takehiro Tomiyasu, Genki Haraguchi (72.Takefusa Kubo), Gaku Shibasaki (57.Kento Hashimoto), Wataru Endō, Daichi Kamada (77.Takuma Asano), Musashi Suzuki (57.Takumi Minamino), Junya Ito (85.Kōji Miyoshi). Trainer: Hajime Moriyasu.

25.03.2021, Friendly International
Nissan Stadium, Yokohama; Attendance: 8,356
Referee: Rowan Arumughan (India)
JAPAN - KOREA REPUBLIC   **3-0(2-0)**
JPN: Shūichi Gonda, Maya Yoshida, Sho Sasaki (66.Ryoya Ogawa), Takehiro Tomiyasu, Miki Yamane, Wataru Endō, Daichi Kamada (46.Ataru Esaka), Hidemasa Morita (86.Hayao Kawabe), Yuya Ōsako (77.Takuma Asano), Takumi Minamino (86.Yasuto Wakizaka), Junya Ito (74.Kyogo Furuhashi). Trainer: Hajime Moriyasu.
Goal: Miki Yamane (16), Daichi Kamada (27), Wataru Endō (83).

30.03.2021, 22nd FIFA World Cup Qualifiers / AFC Qualifiers, Second Round
Fukuda Denshi Arena, Chiba; Attendance: 0
Referee: Omar Mohamed Al Ali (United Arab Emirates)
MONGOLIA - JAPAN   **0-14(0-5)**
JPN: Shūichi Gonda, Maya Yoshida (64.Shinnosuke Nakatani), Ken Matsubara, Ryoya Ogawa, Takehiro Tomiyasu (71.Shinnosuke Hatanaka), Wataru Endō, Daichi Kamada (64.Sho Inagaki), Hidemasa Morita (46.Takuma Asano), Yuya Ōsako, Takumi Minamino (71.Kyogo Furuhashi), Junya Ito. Trainer: Hajime Moriyasu.
Goal: Takumi Minamino (13), Yuya Ōsako (23), Daichi Kamada (26), Hidemasa Morita (33), Khash-Erdene Tuya (39 own goal), Yuya Ōsako (55), Sho Inagaki (68), Junya Ito (73), Kyogo Furuhashi (78), Junya Ito (79), Kyogo Furuhashi (86), Takuma Asano (90+1), Yuya Ōsako (90+2), Sho Inagaki (90+3).

28.05.2021, 22nd FIFA World Cup Qualifiers / AFC Qualifiers, Second Round
Fukuda Denshi Arena, Chiba; Attendance: 0
Referee: Hasan Akrami (Iran)
JAPAN - MYANMAR   **10-0(4-0)**
JPN: Eiji Kawashima, Maya Yoshida (46.Naomichi Ueda), Yūto Nagatomo, Hiroki Sakai (46.Sei Muroya), Ko Itakura, Wataru Endō (69.Kento Hashimoto), Daichi Kamada, Hidemasa Morita (62.Genki Haraguchi), Yuya Ōsako, Takumi Minamino, Junya Ito (79.Takuma Asano). Trainer: Hajime Moriyasu.
Goals: Takumi Minamino (8), Yuya Ōsako (22, 30 penalty, 36, 49), Hidemasa Morita (56), Takumi Minamino (66), Daichi Kamada (84), Yuya Ōsako (88), Ko Itakura (90).

07.06.2021, 22nd FIFA World Cup Qualifiers / AFC Qualifiers, Second Round
Panasonic Stadium Suita, Suita; Attendance: 0
Referee: Abdulrahman Ibrahim Al Jassim (Qatar)
JAPAN - TAJIKISTAN   **4-1(2-1)**
JPN: Shūichi Gonda, Gen Shōji, Sho Sasaki (62.Ryoya Ogawa), Shinnosuke Nakatani, Miki Yamane, Genki Haraguchi (46.Tatsuhiro Sakamoto), Kento Hashimoto (68.Hidemasa Morita), Takuma Asano (74.Shogo Taniguchi), Hayao Kawabe, Takumi Minamino (46.Daichi Kamada), Kyogo Furuhashi. Trainer: Hajime Moriyasu.
Goals: Kyogo Furuhashi (6), Takumi Minamino (40), Kento Hashimoto (51), Hayao Kawabe (71).

11.06.2021, Friendly International [Kirin Challenge Cup]
Noevir Stadium, Kobe; Attendance: 0
Referee: Payam Heidari (Iran)
JAPAN - SERBIA   **1-0(0-0)**
JPN: Shūichi Gonda, Yūto Nagatomo (82.Ryoya Ogawa), Naomichi Ueda, Sei Muroya (65.Miki Yamane), Shogo Taniguchi, Kento Hashimoto (46.Hayao Kawabe), Daichi Kamada, Hidemasa Morita, Takumi Minamino (82.Genki Haraguchi), Junya Ito (76.Takuma Asano), Kyogo Furuhashi (46.Ado Onaiwu). Trainer: Hajime Moriyasu.
Goal: Junya Ito (48).

15.06.2021, 22nd FIFA World Cup Qualifiers / AFC Qualifiers, Second Round
Panasonic Stadium Suita, Suita; Attendance: 0
Referee: Omar Mubarak Mazaroua Al Yaqoubi (Oman)
JAPAN - KYRGYZSTAN 5-1(3-1)
JPN: Eiji Kawashima, Gen Shōji, Shinnosuke Nakatani, Ryoya Ogawa, Miki Yamane (76.Sei Muroya), Genki Haraguchi (62.Kyogo Furuhashi), Takuma Asano, Hayao Kawabe, Hidemasa Morita (62.Kento Hashimoto), Tatsuhiro Sakamoto, Ado Onaiwu (68.Sho Sasaki). Trainer: Hajime Moriyasu.
Goals: Ado Onaiwu (27 penalty, 31, 33), Sho Sasaki (73), Takuma Asano (78).

NATIONAL TEAM PLAYERS 2020/2021

Name	DOB	Club
Goalkeepers		
Shūichi GONDA	03.03.1989	*Portimonense SC (POR); 02.01.2021-> Shimizu S-Pulse Shizuoka*
Eiji KAWASHIMA	20.03.1983	*Racing Club de Strasbourg (FRA)*
Daniel SCHMIDT	03.02.1992	*K Sint- Truidense VV (BEL)*
Defenders		
Kōki ANZAI	31.05.1995	*Portimonense SC (POR)*
Shinnosuke HATANAKA	25.08.1995	*Yokohama F. Marinos*
Ken MATSUBARA	16.02.1993	*Yokohama F. Marinos*
Sei MUROYA	05.04.1994	*SV Hannover 96 (GER)*
Yūto NAGATOMO	12.09.1986	*Olympique de Marseille (FRA)*
Shinnosuke NAKATANI	24.03.1996	*Nagoya Grampus*
Yūta NAKAYAMA	16.02.1997	*PEC Zwolle (NED)*
Ryoya OGAWA	24.11.1996	*FC Tokyo*
Hiroki SAKAI	12.04.1990	*Olympique de Marseille (FRA)*
Sho SASAKI	02.10.1989	*Sanfrecce Hiroshima FC*
Gen SHŌJI	11.12.1992	*Gamba Osaka*
Yukinari SUGAWARA	28.06.2000	*AZ Alkmaar (NED)*
Shogo TANIGUCHI	15.07.1991	*Kawasaki Frontale*
Takehiro TOMIYASU	05.11.1998	*Bologna FC 1909 (ITA)*
Naomichi UEDA	24.10.1994	*Cercle Brugge KSV (BEL); 18.01.2021-> Nîmes Olympique (FRA)*
Miki YAMANE	22.12.1993	*Kawasaki Frontale*
Maya YOSHIDA	24.08.1988	*UC Sampdoria Genova (ITA)*

	Midfielders	
Ritsu DŌAN	16.06.1998	DSC Arminia Bielefeld (GER)
Wataru ENDŌ	09.02.1993	VfB Stuttgart (GER)
Ataru ESAKA	31.05.1992	Kashiwa Reysol
Genki HARAGUCHI	09.05.1991	SV Hannover 96 (GER)
Kento HASHIMOTO	16.08.1993	FK Rostov (RUS)
Sho INAGAKI	25.12.1991	Nagoya Grampus
Ko ITAKURA	27.01.1997	FC Groningen (NED)
Junya ITO	09.03.1993	KRC Genk (BEL)
Daichi KAMADA	05.08.1996	Eintracht Frankfurt (GER)
Hayao KAWABE	08.09.1995	Sanfrecce Hiroshima FC
Takefusa KUBO	04.06.2001	Villarreal CF (ESP)
Takumi MINAMINO	16.01.1995	Liverpool FC (ENG); 01.02.2021-> Southampton FC (ENG)
Kōji MIYOSHI	26.03.1997	Royal Antwerp FC (BEL)
Hidemasa MORITA	10.05.1995	CD Santa Clara Ponta Delgada (POR)
Tatsuhiro SAKAMOTO	22.10.1996	Cerezo Osaka
Gaku SHIBASAKI	28.05.1992	CD Leganés (ESP)
Yasuto WAKIZAKA	11.06.1995	Kawasaki Frontale

	Forwards	
Takuma ASANO	10.11.1994	FK Partizan Beograd (SRB)
Kyogo FURUHASHI	20.01.1995	Vissel Kobe
Ado ONAIWU	08.11.1995	Yokohama F. Marinos
Yuya ŌSAKO	18.05.1990	SV Werder Bremen (GER)
Musashi SUZUKI	11.02.1994	K Beerschot VA (BEL)

	National coaches	
Hajime MORIYASU [from 01.08.2018]		23.08.1968

JORDAN

The Country:
Al-Mamlakah al-'Urdunniyyah al-Hāšimiyyah (Hashemite Kingdom of Jordan) Capital: Amman Surface: 89,341 km² Population: 10,658,123 [2020] Time: UTC+2 Independent since: 1946
The FA:
Jordan Football Association P.O.Box 962024, Postal Code 11196, Al-Hussein Youth City, Amman Year of Formation: 1949 Member of FIFA since: 1956 Member of AFC since: 1974

NATIONAL TEAM RECORDS

First international match: 01.08.1953, Cairo (EGY): Syria - Jordan 3-1
Most international caps: Amer Shafi Mahmoud Sabbah – 176 caps (since 2002)
Most international goals: Hassan Abdel-Fattah Mahmoud – 30 goals / 88 caps (2004-2015)

NATIONAL TEAM COMPETITIONS:

ASIAN NATIONS CUP	
1956	Did not enter
1960	Did not enter
1964	Did not enter
1968	Did not enter
1972	Qualifiers
1976	Did not enter
1980	Did not enter
1984	Qualifiers
1988	Qualifiers
1992	Did not enter
1996	Qualifiers
2000	Qualifiers
2004	Final Tournament (Quarter-Finals)
2007	Qualifiers
2011	Final Tournament (Quarter-Finals)
2015	Final Tournament (Group Stage)
2019	Final Tournament (2nd Round of 16)

FIFA WORLD CUP	
1930	Did not enter
1934	Did not enter
1938	Did not enter
1950	Did not enter
1954	Did not enter
1958	Did not enter
1962	Did not enter
1966	Did not enter
1970	Did not enter
1974	Did not enter
1978	Did not enter
1982	Did not enter
1986	Qualifiers
1990	Qualifiers
1994	Qualifiers
1998	Qualifiers
2002	Qualifiers
2006	Qualifiers
2010	Qualifiers
2014	Qualifiers
2018	Qualifiers

F.I.F.A. CONFEDERATIONS CUP 1992-2017

None

OLYMPIC FOOTBALL TOURNAMENTS 1908-2016						
1908	-	1948	-	1972	-	1996	Qualifiers
1912	-	1952	-	1976	-	2000	Qualifiers
1920	-	1956	-	1980	Qualifiers	2004	Qualifiers
1924	-	1960	-	1984	Qualifiers	2008	Qualifiers
1928	-	1964	-	1988	Qualifiers	2012	Qualifiers
1936	-	1968	-	1992	Qualifiers	2016	Qualifiers

ASIAN GAMES 1951-2014		WEST ASIAN CHAMPIONSHIP 2000-2019		ARAB NATIONS CUP 1963-2012	
1951	-	2000	4th Place	1963	Group Stage
1954	-	2002	Runners-up	1964	Group Stage
1958	-	2004	3rd Place	1966	Group Stage
1962	-	2007	Semi-Finals	1985	Group Stage
1966	-	2008	Runners-up	1988	4th Place
1970	-	2010	Group Stage	1992	Group Stage
1974	-	2012	Group Stage	1998	Group Stage
1978	-	2014	Runners-up	2002	Semi-Finals
1982	-	2019	Group Stage	2012	Did not enter
1986	-				
1990	-				
1994	-				
1998	-				
2002	-				
2006	Group Stage				
2010	Group Stage				
2014	Quarter-Finals				

JORDAN CLUB HONOURS IN ASIAN CLUB COMPETITIONS:

AFC Champions League 1967-1971 & 1985/1986-2020		
None			

Asian Football Confederation Cup 2004-2020		
Al Faisaly Club Amman	2	2005, 2006
Shabab Al Ordon Al Qadisiya Zarqa	1	2007

AFC President's Cup 2005-2014*		
None			

Asian Cup Winners Cup 1975-2003*		
None			

Asian Super Cup 1995-2002*		
None			

*defunct competition

OTHER CLUB COMPETITIONS:

Arab Champions Cup / Arab Champions League 1982-2019
None

Arab Cup Winners Cup 1989-2002*
None

Arab Super Cup 1992-2002*
None

*defunct competitions

NATIONAL COMPETITIONS
TABLE OF HONOURS

	CHAMPIONS	CUP WINNERS
1944	Al Faisaly Club Amman	-
1945	Al Faisaly Club Amman	-
1946	Jordan	-
1947	Al Ahly Amman	-
1948	No competition	-
1949	Al Ahly Amman	-
1950	Al Ahly Amman	-
1951	Al Ahly Amman	-
1952	Al Jazeera Amman	-
1953	No competition	-
1954	Al Ahly Amman	-
1955	Al Jazeera Amman	-
1956	Al Jazeera Amman	-
1957	No competition	-
1958	No competition	-
1959	Al Faisaly Club Amman	-
1960	Al Faisaly Club Amman	-
1961	Al Faisaly Club Amman	-
1962	Al Faisaly Club Amman	-
1963	Al Faisaly Club Amman	-
1964	Al Faisaly Club Amman	-
1965	Al Faisaly Club Amman	-
1966	Al Faisaly Club Amman	-
1967	No competition	-
1968	No competition	-
1969	No competition	-
1970	Al Faisaly Club Amman	-
1971	Al Faisaly Club Amman	-
1972	Al Faisaly Club Amman	-
1973	Al Faisaly Club Amman	-
1974	Al Faisaly Club Amman	-
1975	Al Ahly Amman	-
1976	Al Faisaly Club Amman	-
1977	Al Faisaly Club Amman	-
1978	Al Ahly Amman	-
1979	Al Ahly Amman	-

Year	Winner	Runner-up
1980	Al Wehdat Club Amman	Al Faisaly Club Amman
1981	Al Ramtha SC Irbid	Al Faisaly Club Amman
1982	Al Ramtha SC Irbid	Al Wehdat Club Amman
1983	Al Faisaly Club Amman	Al Faisaly Club Amman
1984	Amman Club	Al Jazeera Amman
1985	Al Faisaly Club Amman	Al Wehdat Club Amman
1986	Al Faisaly Club Amman	Al Arabi Irbid
1987	Al Wehdat Club Amman (as Al Deffatain)	*No competition*
1988	Al Faisaly Club Amman	Al Faisaly Club Amman
1989	Al Faisaly Club Amman	Al Wehdat Club Amman (as Al Deffatain)
1990	Al Faisaly Club Amman	Al Faisaly Club Amman
1990/1991	Al Faisaly Club Amman	Al Ramtha SC Irbid
1991/1992	Al Wehdat Club Amman	Al Ramtha SC Irbid
1992	-	Al Faisaly Club Amman
1992/1993	Al Faisaly Club Amman	Al Faisaly Club Amman
1993/1994	Al Faisaly Club Amman	Al Faisaly Club Amman
1994/1995	Al Wehdat Club Amman	Al Faisaly Club Amman
1995/1996	Al Wehdat Club Amman	Al Wehdat Club Amman
1996/1997	Al Wehdat Club Amman	-
1997	Al Wehdat Club Amman	Al Wehdat Club Amman
1998	*Competition not finished*	Al Faisaly Club Amman
1999	Al Faisaly Club Amman	Al Faisaly Club Amman
2000	Al Faisaly Club Amman	Al Wehdat Club Amman
2001	Al Faisaly Club Amman	Al Faisaly Club Amman
2002	-	Al Faisaly Club Amman
2002/2003	Al Faisaly Club Amman	*No competition*
2003/2004	Al Faisaly Club Amman	Al Faisaly Club Amman
2004/2005	Al Wehdat Club Amman	Al Faisaly Club Amman
2005/2006	Shabab Al Ordon Al Qadisiya Zarqa	Shabab Al Ordon Al Qadisiya Zarqa
2006/2007	Al Wehdat Club Amman	Shabab Al Ordon Al Qadisiya Zarqa
2007/2008	Al Wehdat Club Amman	Al Faisaly Club Amman
2008/2009	Al Wehdat Club Amman	Al Wehdat Club Amman
2009/2010	Al Faisaly Club Amman	Al Wehdat Club Amman
2010/2011	Al Wehdat Club Amman	Al Wehdat Club Amman
2011/2012	Al Faisaly Club Amman	Al Faisaly Club Amman
2012/2013	Shabab Al Ordon Al Qadisiya Zarqa	That Ras Club Al Karak
2013/2014	Al Wehdat Club Amman	Al Wehdat Club Amman
2014/2015	Al Wehdat Club Amman	Al Faisaly Club Amman
2015/2016	Al Wehdat Club Amman	Al Ahli SC Amman
2016/2017	Al Faisaly Club Amman	Al Faisaly Club Amman
2017/2018	Al Wehdat Club Amman	Al Jazeera Amman
2018/2019	Al Faisaly Club Amman	Al Faisaly Club Amman
2020	Al Wehdat Club Amman	*No competition*

OTHER JORDAN CUP COMPETITIONS WINNERS:

Super Cup:
1981: Al Faisaly Club Amman; 1982: Al Faisaly Club Amman; 1983: Al Ramtha SC Irbid; 1984: Al Faisaly Club Amman; 1985: Al Jazeera Amman; 1986: Al Faisaly Club Amman; 1987: Al Faisaly Club Amman; 1988 *No competition;* 1989: Al-Deffatain Amman; 1990: Al Ramtha SC Irbid; 1991: Al Faisaly Club Amman; 1992: Al Wehdat Club Amman; 1993: Al Faisaly Club Amman; 1994: Al Faisaly Club Amman; 1995: Al Faisaly Club Amman; 1996: Al Faisaly Club Amman; 1997: Al Wehdat Club Amman; 1998: Al Wehdat Club Amman; 1999 *No competition;* 2000: Al Wehdat Club Amman; 2001: Al Wehdat Club Amman; 2002: Al Faisaly Club Amman; 2003: Al Hussein SC Irbid; 2004: Al Faisaly Club Amman; 2005: Al Wehdat Club Amman; 2006: Al Faisaly Club Amman; 2007: Shabab Al Ordon Al Qadisiya Zarqa; 2008: Al Wehdat Club Amman; 2009: Al Wehdat Club Amman; 2010: Al Wehdat Club Amman; 2011: Al Wehdat Club Amman; 2012: Al Faisaly Club Amman; 2013: Shabab Al Ordon Al Qadisiya Zarqa; 2014: Al Wehdat Club Amman; 2015: Al Faisaly Club Amman; 2016: Al Ahli SC Amman; 2017: Al Faisaly Club Amman; 2018: Al Wehdat Club Amman; 2019: Al Faisaly Club Amman.

Jordan FA Shield:
1981: Al Jazeera Amman; 1982: Al Wehdat Club Amman; 1983: Al Wehdat Club Amman; 1984: Amman Club; 1985: Amman Club; 1986: Al Jazeera Amman; 1987: Al Faisaly Club Amman; 1988: Al Wehdat Club Amman; 1989: Al Ramtha SC Irbid; 1990: Al Ramtha SC Irbid; 1991: Al Faisaly Club Amman; 1992: Al Faisaly Club Amman; 1993: Al Ramtha SC Irbid; 1994: Al Hussein SC Irbid; 1995: Al Wehdat Club Amman; 1996: Al Ramtha SC Irbid; 1997: Al Faisaly Club Amman; 1998: Kfarsoum; 1999 *No competition;* 2000: Al Faisaly Club Amman; 2001: Al Ramtha SC Irbid; 2002: Al Wehdat Club Amman; 2003: Al Hussein SC Irbid; 2004: Al Wehdat Club Amman; 2005: Al Hussein SC Irbid; 2006: Al Yarmouk Amman; 2007: Shabab Al Ordon Al Qadisiya; 2008: Al Wehdat Club Amman; 2009: Al Faisaly Club Amman; 2010: Al Wehdat Club Amman; 2011: Al Faisaly Club Amman; 2012-2015: *No competition*; 2016: Shabab Al Ordon Al Qadisiya Zarqa; 2017: Al Wehdat Club Amman; 2018: *No competition*; 2019: *No competition*; 2020: Al Wehdat Club Amman.

NATIONAL CHAMPIONSHIP
Al Manaseer Jordanian Pro League 2020

	Club	P	W	D	L	F		A	Pts
1.	**Al Wehdat Club Amman**	22	18	2	2	44	-	9	56
2.	Al Jazeera Amman	22	13	5	4	35	-	24	44
3.	Al Ramtha SC	22	12	5	5	32	-	21	41
4.	Al Salt SC	22	9	7	6	34	-	22	34
5.	Al Faisaly Club Amman	22	6	9	7	27	-	29	27
6.	Al Hussein SC Irbid	22	7	6	9	25	-	28	27
7.	FC Ma'an	22	5	11	6	24	-	25	26
8.	Shabab Al Aqaba Club	22	4	12	6	24	-	25	24
9.	Shabab Al Ordon Al Qadisiya Zarqa	22	5	7	10	29	-	38	22
10.	Sahab SC Amman	22	5	6	11	19	-	32	21
11.	Al Sareeh SC Irbid (*Relegated*)	22	5	5	12	22	-	32	20
12.	Al Ahli SC Amman (*Relegated*)	22	2	7	13	17	-	42	13

Promoted for the 2021 season:
Al Jaleel Club Irbid, Al Buqa'a SC Amman

THE CLUBS

AL AHLI SPORTS CLUB AMMAN
Year of Formation: 1944
Stadium: Petra Stadium, Amman (5,000)

AL FAISALY CLUB AMMAN
Year of Formation: 1964
Stadium: Amman International Stadium, Amman (25,000)

AL HUSSEIN SPORT CLUB IRBID
Year of Formation: 1947
Stadium: Al Hassan Stadium, Irbid (15,000)

AL JAZEERA AMMAN
Year of Formation: 1947
Stadium: Petra Stadium, Amman (7,000)

AL RAMTHA SPORTS CLUB
Year of Formation: 1966
Stadium: "Prince Hashim" Stadium, Ramtha (5,000)

AL SALT SPORTS CLUB
Year of Formation: n/a
Stadium: "Prince Hussein Bin Abdullah" Sports Complex, As-Salt (4,000)

AL SAREEH SPORT CLUB IRBID
Year of Formation: 1973
Stadium: Al Hassan Stadium, Irbid (15,000)

AL WEHDAT CLUB AMMAN
Year of Formation: 1956
Stadium: „King Abdullah" Stadium, Amman (18,000)

FOOTBALL CLUB MA'AN
Year of Formation: 2008
Stadium: "Princess Haya "Stadium, Ma'an (1,000)

SAHAB SPORTS CLUB AMMAN
Year of Formation: 1972
Stadium: Petra Stadium, Amman (7,000)

SHABAB AL AQABA CLUB
Year of Formation: 1965
Stadium: Al Aqaba Stadium, Al Aqaba (3,800)

SHABAB AL ORDON AL QADISIYA ZARQA
Year of Formation: 2002
Stadium: „Prince Mohammed" Stadium, Zarqa (17,000)

NATIONAL TEAM
INTERNATIONAL MATCHES 2020/2021

12.11.2020	Dubai	Iraq - Jordan	0-0	(F)
16.11.2020	Sharjah	Jordan - Syria	1-0(1-0)	(F)
01.02.2021	Dubai	Jordan - Tajikistan	2-0(2-0)	(F)
05.02.2021	Dubai	Jordan - Tajikistan	0-1(0-0)	(F)
15.02.2021	Dubai	Uzbekistan - Jordan	2-0(0-0)	(F)
20.03.2021	Dubai	Jordan - Oman	0-0	(F)
24.03.2021	Dubai	Jordan - Lebanon	1-0(0-0)	(F)
30.03.2021	Riffa	Bahrain - Jordan	1-2(0-1)	(F)
24.05.2021	Dubai	United Arab Emirates - Jordan	5-1(3-0)	(F)
31.05.2021	Sharjah	Jordan - Vietnam	1-1(1-1)	(F)
07.06.2021	Kuwait City	Nepal - Jordan	0-3(0-1)	(WCQ)
11.06.2021	Kuwait City	Kuwait - Jordan	0-0	(WCQ)
15.06.2021	Kuwait City	Australia - Jordan	1-0(0-0)	(WCQ)
21.06.2021	Doha	Jordan - South Sudan	3-0 (awarded)	(ARCQ)

12.11.2020, Friendly International
The Stevens Stadium, Dubai (United Arab Emirates); Attendance: n/a
Referee: Adel Ali Ahmed Khamis Al Naqbi (United Arab Emirates)
IRAQ - JORDAN   **0-0**
JOR: Abdallah Ra'ed Mahmoud Al Fakhouri (90.Amer Shafi Mahmoud Sabbah), Yazan Mousa Mahmoud Abu Al Arab, Salem Mahmoud Suleim Al Ajalin, Feras Zeyad Yousef Shelbaieh, Tareq Ziad Jabr Khattab, Khalil Zaid Khalil Bani Ateyah, Yasen Mahmoud Abdallah Al Bakhit (73.Ihsan Nabil Farhan Haddad), Mousa Mohammad Suleiman Al Ta'mari, Noor Al Deen Mahmoud Ali Al Rawabdeh, Odai Yusuf Ismaeel Al Saify (73.Anas Ahmad Mahmoud Hammad Al Awadat), Baha' Faisal Mohammad Abu Seif (82.Ali Iyad Ali Olwan). Trainer: Vital Philomene Borkelmans (Belgium).

16.11.2020, Friendly International
"Khalid bin Mohammed" Stadium, Sharjah (United Arab Emirates); Attendance: 0
Referee: Omar Mohamed Al Ali (United Arab Emirates)
JORDAN - SYRIA   **1-0(1-0)**
JOR: Abdallah Ra'ed Mahmoud Al Fakhouri (90.Amer Shafi Mahmoud Sabbah), Yazan Mousa Mahmoud Abu Al Arab, Tareq Ziad Jabr Khattab, Ihsan Nabil Farhan Haddad, Salem Mahmoud Suleim Al Ajalin, Khalil Zaid Khalil Bani Ateyah, Mousa Mohammad Suleiman Al Ta'mari, Noor Al Deen Mahmoud Ali Al Rawabdeh, Mahmoud Nayef Ahmad Al Mardi (46.Ali Iyad Ali Olwan), Baha' Faisal Mohammad Abu Seif [*sent off 41*], Odai Yusuf Ismaeel Al Saify (78.Yasen Mahmoud Abdallah Al Bakhit). Trainer: Vital Philomene Borkelmans (Belgium).
Goal: Baha' Faisal Mohammad Abu Seif (13).

01.02.2021, Friendly International
Theyab Awana Stadium, Dubai (United Arab Emirates); Attendance: 0
Referee: Mohamed Ahmed Yousuf Al Hammadi (United Arab Emirates)
JORDAN - TAJIKISTAN   **2-0(2-0)**
JOR: Ahmed Abdel-Sattar Nawwas (46.Amer Shafi Mahmoud Sabbah), Ihsan Nabil Farhan Haddad, Mohammad Abdulsaleh Al Dhemeri (60.Saed Ahmad Salameh Al Rosan), Yazan Mousa Mahmoud Abu Al Arab, Rawad Ahmed Ibrahim Abu Khizaran, Ahmed Mohammad Saleh Samir, Saleh Ibrahim Rateb Saleh (46.Yousef Abdel Rahman Yousef Abu Jalboush), Ahmad Ersan Mohammad Hamdouni, Noor Al Deen Mahmoud Ali Al Rawabdeh (60.Salem Mahmoud Suleim Al Ajalin), Hamza Ali Khaled Al Dardour (82.Yazan Abdallah Ayed Al Naimat), Mohammad Faisal Yousef Abu Zraiq (75.Ali Iyad Ali Olwan). Trainer: Vital Philomene Borkelmans (Belgium).
Goals: Ahmad Ersan Mohammad Hamdouni (37), Mohammad Faisal Yousef Abu Zraiq (44).

05.02.2021, Friendly International
Dubai Sports City Football Academy Stadium, Dubai (United Arab Emirates); Attendance: 0
Referee: Omar Mohamed Ahmed Hassan Al Ali (United Arab Emirates)
JORDAN - TAJIKISTAN **0-1(0-0)**
JOR: Abdallah Ra'ed Mahmoud Al Fakhouri, Salem Mahmoud Suleim Al Ajalin, Feras Zeyad Yousef Shelbaieh, Tareq Ziad Jabr Khattab, Mohannad Khairullah Al Souliman, Saed Ahmad Salameh Al Rosan, Ibrahim Mohammad Sami Sa'deh (62.Saleh Ibrahim Rateb Saleh), Yousef Abdel Rahman Yousef Abu Jalboush (62.Zaid Jamal Ahmad Abu Abed), Anas Ahmad Mahmoud Hammad Al Awadat (77.Ahmad Ersan Mohammad Hamdouni), Ali Iyad Ali Olwan (46.Yousef Mohammad Salem Abu Aljazar), Yazan Abdallah Ayed Al Naimat (84.Mohammad Wa'el Rushdi Al Zubi). Trainer: Vital Philomene Borkelmans (Belgium).

15.02.2021, Friendly International
Theyab Awana Stadium, Dubai (United Arab Emirates); Attendance: 0
Referee: Ahmed Eisa Mohamed (United Arab Emirates)
UZBEKISTAN - JORDAN **2-0(0-0)**
JOR: Abdallah Ra'ed Mahmoud Al Fakhouri, Feras Zeyad Yousef Shelbaieh, Tareq Ziad Jabr Khattab (65.Rawad Ahmed Ibrahim Abu Khizaran), Mohammad Abdulsaleh Al Dhemeri, Yazan Mousa Mahmoud Abu Al Arab, Ibrahim Mohammad Sami Sa'deh (65.Ahmed Mohammad Saleh Samir), Ahmad Ersan Mohammad Hamdouni (65.Ali Iyad Ali Olwan), Noor Al Deen Mahmoud Ali Al Rawabdeh, Yazan Abdallah Ayed Al Naimat (65.Mohammad Wa'el Rushdi Al Zubi), Hamza Ali Khaled Al Dardour [*sent off 12*], Mohammad Faisal Yousef Abu Zraiq. Trainer: Vital Philomene Borkelmans (Belgium).

20.03.2021, Friendly International
"Maktoum Bin Rashid al Maktoum", Dubai (United Arab Emirates); Attendance: 0
Referee: Ali Al Samahiji (Bahrain)
JORDAN - OMAN **0-0**
JOR: Ahmed Abdel-Sattar Nawwas, Tareq Ziad Jabr Khattab, Ihsan Nabil Farhan Haddad, Mohammad Abdulsaleh Al Dhemeri, Yazan Mousa Mahmoud Abu Al Arab, Mahmoud Nayef Ahmad Al Mardi, Ahmed Mohammad Saleh Samir, Ibrahim Mohammad Sami Sa'deh (72.Ahmad Ersan Mohammad Hamdouni), Noor Al Deen Mahmoud Ali Al Rawabdeh, Hamza Ali Khaled Al Dardour (82.Yazan Abdallah Ayed Al Naimat), Mohammad Faisal Yousef Abu Zraiq (72.Yousef Ahmad Mohammad Al Rawashdeh). Trainer: Vital Philomene Borkelmans (Belgium).

24.03.2021, Friendly International
Theyab Awana Stadium, Dubai (United Arab Emirates); Attendance: 0
Referee: Mohammed Abdulla Mohammed (United Arab Emirates)
JORDAN - LEBANON **1-0(0-0)**
JOR: Ahmed Abdel-Sattar Nawwas, Tareq Ziad Jabr Khattab (74.Anas Walid Khaled Bani Yaseen), Ihsan Nabil Farhan Haddad, Mohammad Abdulsaleh Al Dhemeri, Yazan Mousa Mahmoud Abu Al Arab, Yasen Mahmoud Abdallah Al Bakhit (68.Ahmad Ersan Mohammad Hamdouni), Ahmed Mohammad Saleh Samir (74.Hamza Ali Khaled Al Dardour), Noor Al Deen Mahmoud Ali Al Rawabdeh, Baha' Faisal Mohammad Abu Seif, Yousef Ahmad Mohammad Al Rawashdeh, Yazan Abdallah Ayed Al Naimat (46.Mousa Mohammad Suleiman Al Ta'mari). Trainer: Vital Philomene Borkelmans (Belgium).
Goal: Mousa Mohammad Suleiman Al Ta'mari (50).

30.03.2021, Friendly International
Bahrain National Stadium, Riffa; Attendance: 0
Referee: Sultan Mohamed Al Hammadi (United Arab Emirates)
BAHRAIN - JORDAN **1-2(0-1)**
JOR: Ahmed Abdel-Sattar Nawwas, Tareq Ziad Jabr Khattab, Ihsan Nabil Farhan Haddad, Mohammad Abdulsaleh Al Dhemeri (73.Salem Mahmoud Suleim Al Ajalin), Yazan Mousa Mahmoud Abu Al Arab, Mousa Mohammad Suleiman Al Ta'mari (90.Ibrahim Mohammad Sami Sa'deh), Ahmed Mohammad Saleh Samir, Noor Al Deen Mahmoud Ali Al Rawabdeh, Baha' Faisal Mohammad Abu Seif (85.Hamza Ali Khaled Al Dardour), Yousef Ahmad Mohammad Al Rawashdeh (90.Mohammad Faisal Yousef Abu Zraiq), Yazan Abdallah Ayed Al Naimat (73.Yasen Mahmoud Abdallah Al Bakhit). Trainer: Vital Philomene Borkelmans (Belgium).
Goals: Baha' Faisal Mohammad Abu Seif (31), Yazan Abdallah Ayed Al Naimat (52).

24.05.2021, Friendly International
Rashid Stadium, Dubai; Attendance: 0
Referee: Ali Al Samahiji (Bahrain)
UNITED ARAB EMIRATES - JORDAN **5-1(3-0)**
JOR: Ahmed Abdel-Sattar Nawwas, Ahmad Tha'er Daoud Haikal, Ihsan Nabil Farhan Haddad (46.Feras Zeyad Yousef Shelbaieh), Anas Walid Khaled Bani Yaseen (46.Yazan Mousa Mahmoud Abu Al Arab), Saed Ahmad Salameh Al Rosan, Baha' Abdel-Rahman Mustafa Suleiman (46.Noor Al Deen Mahmoud Ali Al Rawabdeh), Mousa Mohammad Suleiman Al Ta'mari, Yasen Mahmoud Abdallah Al Bakhit (60.Ahmed Mohammad Saleh Samir), Odai Yusuf Ismaeel Al Saify (78.Yazan Abdallah Ayed Al Naimat), Baha' Faisal Mohammad Abu Seif, Yousef Ahmad Mohammad Al Rawashdeh (60.Ali Iyad Ali Olwan). Trainer: Vital Philomene Borkelmans (Belgium).
Goal: Odai Yusuf Ismaeel Al Saify (54).

31.05.2021, Friendly International
"Khalid bin Mohammed" Stadium, Sharjah (United Arab Emirates); Attendance: 0
Referee: Adel Ali Ahmed Khamis Al Naqbi (United Arab Emirates)
JORDAN - VIETNAM **1-1(1-1)**
JOR: Ahmed Abdel-Sattar Nawwas (46.Abdallah Ra'ed Mahmoud Al Fakhouri), Mohannad Khairullah Al Souliman, Ihsan Nabil Farhan Haddad, Mohammad Abdulsaleh Al Dhemeri, Yazan Mousa Mahmoud Abu Al Arab, Mousa Mohammad Suleiman Al Ta'mari, Noor Al Deen Mahmoud Ali Al Rawabdeh, Ibrahim Mohammad Sami Sa'deh, Yazan Abdallah Ayed Al Naimat (46.Hamza Ali Khaled Al Dardour), Baha' Faisal Mohammad Abu Seif (46.Odai Yusuf Ismaeel Al Saify), Ali Iyad Ali Olwan. Trainer: Vital Philomene Borkelmans (Belgium).
Goal: Baha' Faisal Mohammad Abu Seif (13).

07.06.2021, 22nd FIFA World Cup Qualifiers / AFC Qualifiers, Second Round
Al Kuwait Sports Club Stadium, Kuwait City (Kuwait); Attendance: 0
Referee: Mohd Amirul Izwan Yaacob (Malaysia)
NEPAL - JORDAN **0-3(0-1)**
JOR: Mutaz Yaseen Al Fityani, Mohannad Khairullah Al Souliman, Ihsan Nabil Farhan Haddad, Mohammad Abdulsaleh Al Dhemeri, Yazan Mousa Mahmoud Abu Al Arab, Mousa Mohammad Suleiman Al Ta'mari, Ibrahim Mohammad Sami Sa'deh (46.Ahmed Mohammad Saleh Samir), Noor Al Deen Mahmoud Ali Al Rawabdeh (79.Baha' Abdel-Rahman Mustafa Suleiman), Ali Iyad Ali Olwan (46.Yasen Mahmoud Abdallah Al Bakhit), Baha' Faisal Mohammad Abu Seif (79.Odai Yusuf Ismaeel Al Saify), Yazan Abdallah Ayed Al Naimat (79.Hamza Ali Khaled Al Dardour). Trainer: Vital Philomene Borkelmans (Belgium).
Goals: Baha' Faisal Mohammad Abu Seif (23 penalty, 48), Yazan Mousa Mahmoud Abu Al Arab (67).

11.06.2021, 22nd FIFA World Cup Qualifiers / AFC Qualifiers, Second Round
Al Kuwait Sports Club Stadium, Kuwait City (Kuwait); Attendance: 0
Referee: Nawaf Abdullah Ghayyath Shukrallah (Bahrain)
KUWAIT - JORDAN   **0-0**
JOR: Mutaz Yaseen Al Fityani, Mohannad Khairullah Al Souliman, Ihsan Nabil Farhan Haddad, Mohammad Abdulsaleh Al Dhemeri (46.Salem Mahmoud Suleim Al Ajalin), Yazan Mousa Mahmoud Abu Al Arab, Baha' Abdel-Rahman Mustafa Suleiman, Mousa Mohammad Suleiman Al Ta'mari, Ahmed Mohammad Saleh Samir, Yasen Mahmoud Abdallah Al Bakhit (65.Ahmad Ersan Mohammad Hamdouni), Baha' Faisal Mohammad Abu Seif (85.Hamza Ali Khaled Al Dardour), Odai Yusuf Ismaeel Al Saify (65.Yazan Abdallah Ayed Al Naimat). Trainer: Vital Philomene Borkelmans (Belgium).

15.06.2021, 22nd FIFA World Cup Qualifiers / AFC Qualifiers, Second Round
„Jaber Al Ahmad" Stadium, Kuwait City (Kuwait); Attendance: 0
Referee: Kim Woo-sung (Korea Republic)
AUSTRALIA - JORDAN   **1-0(0-0)**
JOR: Mutaz Yaseen Al Fityani, Mohannad Khairullah Al Souliman, Ihsan Nabil Farhan Haddad, Yazan Mousa Mahmoud Abu Al Arab, Salem Mahmoud Suleim Al Ajalin (85.Ibrahim Mohammad Sami Sa'deh), Ahmed Mohammad Saleh Samir (74.Hamza Ali Khaled Al Dardour), Mousa Mohammad Suleiman Al Ta'mari [*sent off 87*], Noor Al Deen Mahmoud Ali Al Rawabdeh (85.Odai Yusuf Ismaeel Al Saify), Baha' Abdel-Rahman Mustafa Suleiman (85.Ali Iyad Ali Olwan), Baha' Faisal Mohammad Abu Seif, Yousef Ahmad Mohammal Al Rawashdeh (67.Ahmad Ersan Mohammad Hamdouni). Trainer: Vital Philomene Borkelmans (Belgium).

25.06.2021, 10th FIFA Arab Cup, Qualifiers
Khalifa International Stadium, Doha (Qatar).
JORDAN - SOUTH SUDAN   **3-0 (awarded)**
Please note: the match was awarded as a 3-0 win to Jordan due to a forfeit from South Sudan as several players and staff members had positive COVID-19 test results upon their arrival in Qatar.

NATIONAL TEAM PLAYERS 2020/2021

Name	DOB	Club
Goalkeepers		
Abdallah Ra'ed Mahmoud AL FAKHOURI	22.01.2000	*Al Wehdat Club Amman*
Mutaz Yaseen AL FITYANI	03.11.1982	*Al Faisaly Club Amman*
Ahmed Abdel-Sattar NAWWAS	06.07.1984	*Al Jazeera Amman*
Amer SHAFI Mahmoud Sabbah	14.02.1982	*Al-Fayha FC Al Majma'ah (KSA);08.02.2021-> Unattached*

Defenders

Rawad Ahmed Ibrahim ABU KHIZARAN	13.07.1991	Al Salt SC
Salem Mahmoud Suleim AL AJALIN	18.02.1988	Al Faisaly Club Amman
Yazan Mousa Mahmoud Abu AL ARAB	31.01.1996	Al Jazeera Amman
Mohammad Abdulsaleh AL DHEMERI	30.08.1987	Al Wehdat Club Amman
Saed Ahmad Salameh AL ROSAN	01.02.1997	FC Ma'an
Mohannad Khairullah AL SOULIMAN	25.07.1993	Al Jazeera Amman
Anas Walid Khaled BANI Yaseen	29.11.1988	Al Markhiya SC (QAT)
Ahmad Tha'er Daoud HAIKAL	02.04.1997	Al Wehdat Club Amman
Tareq Ziad Jabr KHATTAB	06.05.1992	Al Wehdat Club Amman
Feras Zeyad Yousef SHELBAIEH	27.11.1993	Al Jazeera Amman

Midfielders

Zaid Jamal Ahmad ABU ABED	29.12.1992	Al Salt SC
Yousef Mohammad Salem ABU ALJAZAR	25.10.1999	Al Ramtha SC
Yousef Abdel Rahman Yousef ABU JALBOUSH	15.06.1998	Al Faisaly Club Amman
Anas Ahmad Mahmoud Hammad AL AWADAT	29.05.1998	Al Jazeera Amman
Yasen Mahmoud Abdallah AL BAKHIT	24.03.1989	Al Dhafra SCC Madinat Zayed (UAE); 01.02.2021-> Emirates CSC Ras al-Khaimah (UAE)
Mahmoud Nayef Ahmad AL MARDI	06.10.1993	Al Jazeera Amman
Noor Al Deen Mahmoud Ali AL RAWABDEH	24.02.1997	Al Jazeera Amman
Mousa Mohammad Suleiman AL TA'MARI	10.06.1997	Oud-Heverlee Leuven (BEL)
Khalil Zaid Khalil Bani ATEYAH	08.06.1991	Al Shamal SC (QAT)
Ihsan Nabil Farhan HADDAD	05.02.1994	Al Faisaly Club Amman
Ahmad Ersan Mohammad HAMDOUNI	28.09.1995	Al Faisaly Club Amman
Saleh Ibrahim RATEB Saleh	18.12.1994	Al Wehdat Club Amman
Ibrahim Mohammad Sami SA'DEH	27.04.2000	Al Jazeera Amman
Ahmed Mohammad Saleh SAMIR	27.03.1991	Al Jazeera Amman
Baha' Abdel-Rahman Mustafa SULEIMAN	05.01.1987	Al Nasr SC Ardiyah (KUW)

Forwards

Baha' Faisal Mohammad ABU SEIF	30.05.1995	Al Shamal SC (QAT)
Mohammad Faisal Yousef ABU ZRAIQ	30.12.1997	Al Ramtha SC
Hamza Ali Khaled AL DARDOUR	12.05.1991	Al Wehdat Club Amman
Yazan Abdallah Ayed AL NAIMAT	04.06.1999	Shabab Al Ordon Al Qadisiya Zarqa
Yousef Ahmad Mohammad AL RAWASHDEH	14.03.1990	Muaither SC (QAT)
Odai Yusuf Ismaeel AL SAIFY	26.05.1986	Al Qadisia SC Kuwait City (KUW)
Mohammad Wa'el Rushdi AL ZUBI	15.04.1999	Al Ramtha SC
Ali Iyad Ali OLWAN	26.03.2000	Al Jazeera Amman

National coaches

Vital Philomene BORKELMANS (Belgium) [from 11.09.2018 – 16.06.2021]	10.06.1963
Adnan Hamad Majid AL ABBASSI (Iraq) [from 16.06.2021]	01.02.1961

DEMOCRATIC PEOPLE'S REPUBLIC OF KOREA

The Country:
Chosŏn Minjujuŭi Inmin Konghwaguk (Democratic People's Republic of Korea) Capital: P'yŏngyang Surface: 120,540 km² Population: 25,549,604 [2018] Time: UTC+9

The FA:
Football Association of The Democratic People's Republic of Korea Kumsongdong, Kwangbok Street Mangyongdae Dist., P.O.Box. 818, P'yŏngyang Year of Formation: 1945 Member of FIFA since: 1958 Member of AFC since: 1954

NATIONAL TEAM RECORDS

First international match: 07.10.1956, Beijing: China P.R. - Korea D.P.R. 0-1
Most international caps: Ri Myong-guk – 118 caps (since 2007)
Most international goals: Jong Il-gwan - 26 goals / 69 caps (since 2011)

NATIONAL TEAM COMPETITIONS:

ASIAN NATIONS CUP	
1956	Did not enter
1960	Did not enter
1964	Did not enter
1968	Did not enter
1972	Did not enter
1976	*Withdrew (after qualifying)*
1980	Final Tournament (4th Place)
1984	Did not enter
1988	Qualifiers
1992	Final Tournament (Group Stage)
1996	Did not enter
2000	Qualifiers
2004	Qualifiers
2007	Did not enter
2011	Final Tournament (Group Stage)
2015	Final Tournament (Group Stage)
2019	Final Tournament (Group Stage)

FIFA WORLD CUP	
1930	Did not enter
1934	Did not enter
1938	Did not enter
1950	Did not enter
1954	Did not enter
1958	Did not enter
1962	Did not enter
1966	Final Tournament (Quarter-Finals)
1970	*Withdrew*
1974	Qualifiers
1978	*Withdrew*
1982	Qualifiers
1986	Qualifiers
1990	Qualifiers
1994	Qualifiers
1998	Did not enter
2002	Did not enter
2006	Qualifiers
2010	Final Tournament (Group Stage)
2014	Qualifiers
2018	Qualifiers

F.I.F.A. CONFEDERATIONS CUP 1992-2017

None

OLYMPIC FOOTBALL TOURNAMENTS 1908-2016							
1908	-	1948	-	1972	Qualifiers	1996	-
1912	-	1952	-	1976	Quarter-Finals	2000	Qualifiers
1920	-	1956	-	1980	Qualifiers	2004	Qualifiers
1924	-	1960	-	1984	-	2008	Qualifiers
1928	-	1964	Qualifiers	1988	-	2012	Qualifiers
1936	-	1968	-	1992	Qualifiers	2016	Qualifiers

ASIAN GAMES 1951-2014		AFC CHALLENGE CUP 2006-2014		EAST ASIAN CHAMPIONSHIP 2003-2019	
1951	-	2006	-	2003	*Withdrew*
1954	-	2008	3rd Place	2005	3rd Place
1958	-	2010	**Winners**	2008	4th Place
1962	-	2012	**Winners**	2010	Qualifiers
1966	-	2014	*Excluded*	2013	Qualifiers
1970	-			2015	3rd Place
1974	4th Place			2017	4th Place
1978	**Winners***			2019	Qualifiers
1982	Semi-Finals				
1986	-				
1990	Runners-up				
1994	-				
1998	2nd Round				
2002	-				
2006	Quarter-Finals				
2010	Quarter-Finals				
2014	Runners-up				

*shared with Korea Republic.

NORTH KOREAN CLUB HONOURS IN ASIAN CLUB COMPETITIONS:

AFC Champions League 1967-1971 & 1985/1986-2020
None

Asian Football Confederation Cup 2004-2020
None

*AFC President's Cup 2005-2014**
None

*Asian Cup Winners Cup 1975-2003**
None

*Asian Super Cup 1995-2002**
None

*defunct competitions

NATIONAL COMPETITIONS
TABLE OF HONOURS

The Democratic People's Republic of Korea has two different league championships:
1. Highest Class Football League (formerly Technical Innovation Contests between 1960-2009) – played from February to June [since 2010].
2. Republic Championship – played in September & October [since 1972].

	TECHNICAL INNOVATION CONTESTS CHAMPIONS	REPUBLIC CHAMPIONSHIP CHAMPIONS
1960-1984	*Not known*	
1985	4.25 Sports Group Namp'o	
1986	4.25 Sports Group Namp'o	
1987	4.25 Sports Group Namp'o	
1988	4.25 Sports Group Namp'o	
1989	Ch'ŏngjin Chandongcha	
1990	4.25 Sports Group Namp'o	
1991	P'yŏngyang City Sports Group	
1992	4.25 Sports Group Namp'o	
1993	4.25 Sports Group Namp'o	
1994	4.25 Sports Group Namp'o	
1995	4.25 Sports Group Namp'o	
1996	Kigwancha Sinŭiju	
1997	Kigwancha Sinŭiju	
1998	Kigwancha Sinŭiju	
1999	Kigwancha Sinŭiju	
2000	Kigwancha Sinŭiju	
2001	Amnokgang Sport Group P'yŏngyang	
2002	4.25 Sports Group Namp'o	
2003	4.25 Sports Group Namp'o	1972-2003: *Not known*
2004	P'yŏngyang City Sports Group	P'yŏngyang City Sports Group
2005	P'yŏngyang City Sports Group	*Not known*
2006	Amnokgang Sport Group P'yŏngyang	4.25 Sports Group Namp'o
2007	P'yŏngyang City Sports Group	Amnokgang Sport Group P'yŏngyang
2008	Amnokgang Sport Group P'yŏngyang	Amnokgang Sport Group P'yŏngyang
2009	P'yŏngyang City Sports Group	Kyonggongop Sports Group
	HIGHEST CLASS FOOTBALL LEAGUE	
2010	4.25 Sports Group Namp'o	*Not known*
2011	4.25 Sports Club Namp'o	4.25 Sports Club Namp'o
2012	*Not known*	*Not known*
2013	4.25 Sports Group Namp'o	4.25 Sports Club Namp'o
2014	Hwaebul Sports Club Pochon	4.25 Sports Club Namp'o
2015	4.25 Sports Group Namp'o	4.25 Sports Club Namp'o
2016	Kigwancha Sports Club Sinŭiju	4.25 Sports Club Namp'o
2017	4.25 Sports Club Namp'o	Sŏbaeksu Sports Club P'yŏngyang
	PREMIER FOOTBALL LEAGUE	
2017/2018	4.25 Sports Club Namp'o	Ryŏmyŏng Sports Club P'yŏngyang
2018/2019	4.25 Sports Club Namp'o	Ryŏmyŏng Sports Club P'yŏngyang
2019/2020	*Competition suspended*	*Not known*
2020/2021	*Not known*	*Not known*

NATIONAL CHAMPIONSHIP
Highest Class Football League 2020/2021

There are no informations if the championship was played or suspended.

NATIONAL CUP
Hwaebul Cup Final 2021

No informations available.

NATIONAL TEAM
INTERNATIONAL MATCHES 2020/2021

Korea D.P.R. withdrew from the qualifying round due to COVID-19 pandemic. Their matches were cancelled.

03.06.2021	*Goyang*	*Korea D.P.R. - Sri Lanka*	*Cancelled*	*(WCQ)*
07.06.2021	*Goyang*	*Korea Republic - Korea D.P.R.*	*Cancelled*	*(WCQ)*
15.06.2021	*Goyang*	*Korea D.P.R. - Turkmenistan*	*Cancelled*	*(WCQ)*

KOREA REPUBLIC

The Country:
Daehan-minguk (Republic of Korea) Capital: Seoul Surface: 100,470 km² Population: 51,709,098 [2019] Time: UTC+9
The FA:
Korea Football Association KFA House, 46, Gyeonghuigung-gil, Jongno-gu, Seoul Year of Formation: 1928 Member of FIFA since: 1948 Member of AFC since: 1954

NATIONAL TEAM RECORDS

First international match: 02.08.1948, London (ENG): Korea Republic - Mexico 5-3
Most international caps: Hong Myung-bo – 136 caps (1990-2002)
Most international goals: Cha Bum-kun – 58 goals / 135 caps (1972-1986)

NATIONAL TEAM COMPETITIONS:

ASIAN NATIONS CUP	
1956	Final Tournament (Winners)
1960	Final Tournament (Winners)
1964	Final Tournament (3rd Place)
1968	Qualifiers
1972	Final Tournament (Runners-up)
1976	Qualifiers
1980	Final Tournament (Runners-up)
1984	Final Tournament (Group Stage)
1988	Final Tournament (Runners-up)
1992	Qualifiers
1996	Final Tournament (Quarter-Finals)
2000	Final Tournament (3rd Place)
2004	Final Tournament (Quarter-Finals)
2007	Final Tournament (3rd Place)
2011	Final Tournament (3rd Place)
2015	Final Tournament (Runners-up)
2019	Final Tournament (Quarter-Finals)

FIFA WORLD CUP	
1930	Did not enter
1934	Did not enter
1938	Did not enter
1950	Did not enter
1954	Final Tournament (Group Stage)
1958	Did not enter
1962	Qualifiers
1966	*Withdrew*
1970	Qualifiers
1974	Qualifiers
1978	Qualifiers
1982	Qualifiers
1986	Final Tournament (Group Stage)
1990	Final Tournament (Group Stage)
1994	Final Tournament (Group Stage)
1998	Final Tournament (Group Stage)
2002	Final Tournament (4th Place)
2006	Final Tournament (Group Stage)
2010	Final Tournament (2nd Round)
2014	Final Tournament (Group Stage)
2018	Final Tournament (Group Stage)

F.I.F.A. CONFEDERATIONS CUP 1992-2017

2001 (Group Stage)

OLYMPIC FOOTBALL TOURNAMENTS 1908-2016

Year		Year		Year		Year	
1908	-	1948	Quarter-Finals	1972	Qualifiers	1996	Group Stage
1912	-	1952	-	1976	Qualifiers	2000	Group Stage
1920	-	1956	Qualifiers	1980	Qualifiers	2004	Quarter-Finals
1924	-	1960	Qualifiers	1984	Qualifiers	2008	Group Stage
1928	-	1964	Group Stage	1988	Group Stage	2012	3rd Place
1936	-	1968	Qualifiers	1992	Group Stage	2016	Quarter-Finals

ASIAN GAMES 1951-2014	
1951	Runners-up
1954	Runners-up
1958	Runners-up
1962	Qualifiers
1966	Qualifiers
1970	**Winners**
1974	2nd Round
1978	**Winners**
1982	Qualifiers
1986	**Winners**
1990	3rd Place
1994	4th Place
1998	Quarter-Finals
2002	3rd Place
2006	4th Place
2010	3rd Place
2014	**Winners**

EAST ASIAN CHAMPIONSHIP 2003-2019	
2003	**Winners**
2005	4th Place
2008	**Winners**
2010	Runners-up
2013	3rd Place
2015	**Winners**
2017	**Winners**
2019	**Winners**

KOREAN CLUB HONOURS IN ASIAN CLUB COMPETITIONS:

AFC Champions League 1967-1971 & 1985/1986-2020		
Daewoo Royals	1	1985/1986
Seongnam Ilhwa Chunma	2	1995/1996, 2010
Pohang Steelers FC	3	1996/1997, 1997/1998, 2009
Suwon Samsung Bluewings FC	2	2000/2001, 2001/2002
Jeonbuk Hyundai Motors FC	2	2006, 2016
Ulsan Hyundai FC	2	2012, 2020
Asian Football Confederation Cup 2004-2020		
None		
AFC President's Cup 2005-2014*		
None		
Asian Cup Winners Cup 1975-2003*		
None		
Asian Super Cup 1995-2002*		
Seongnam Ilhwa Chunma	1	1996
Suwon Samsung Bluewings FC	2	2001, 2002

*defunct competitions

OTHER CLUB COMPETITIONS:

Afro-Asian Club Championship 1986–1998*
None

East Asian Champions Cup / A3 Champions Cup 2003-2007*

Seongnam Ilhwa Chunma	1	2003
Suwon Samsung Bluewings FC	1	2005
Ulsan Hyundai Horang-i	1	2006

*defunct competition

NATIONAL COMPETITIONS
TABLE OF HONOURS

Before creating the Professional League, club teams have played an amateur championship, continued until 2000. This competition merged then into the opening rounds of the Korean FA Cup.

Amateur Adult Football Conference champions:
1946: Jo-il Brewery; 1947: Jo-il Brewery; 1948: Yonhee University; 1949: Joseon Dockyard; 1950: *Championship cancelled due to the Korean War*; 1951: Joseon Construction; 1952: *Championship cancelled due to the Korean War;* 1953: Quartermaster Corps; 1954: Military Police; 1955: *Championship results annuled*; 1956: Quartermaster Corps; 1957: CIC; 1958: Quartermaster Corps; 1959: Army Special Forces College; 1960: Army Special Forces College; 1961: Kyunghee University; 1962: Korea Electric Power; 1963: Korea University; 1964: Coal Mining Company; 1965: Korea Electric Power; 1966: Jae-il Fabric; 1967: Jae-il Fabric; 1968: Sunshine; 1969: Korean Army; 1970: Korean Army; 1971: Korea University; 1972: *Championship cancelled*; 1973: Korean Navy & Chohung Bank (shared holders); 1974: Korea University; 1975: Korean Army; 1976: Korea University; 1977: Konkuk University; 1978: Kookmin Bank; 1979: Loyalty; 1980: Seoul City Hall; 1981: Konkuk University; 1982: Seoul City Hall; 1983: Hanyang University; 1984: Yonsei University; 1985: Korea University; 1986: Seoul City Hall; 1987: Songkyunkwan University; 1988: Lucky-Goldstar; 1989: Daewoo; 1990: Daewoo; 1991: Industrial Bank; 1992: Hanyang University; 1993: Industrial Bank; 1994: E-Land; 1995: E-Land; 1996: Sangmu; 1997: Hanil Life Insurance; 1998: Hanil Life Insurance; 1999: Aju University; 2000: Hyundai Mipo Dockyard.

	CHAMPIONS	CUP WINNERS
1983	Ansan Hallelujah FC	-
1984	Daewoo Royals[1]	-
1985	Lucky Goldstar Hwangso[2]	-
1986	POSCO Atoms Pohang[3]	-
1987	Daewoo Royals	-
1988	POSCO Atoms Pohang	-
1989	Yukong Kokkiri[4]	-
1990	Lucky Goldstar Hwangso	-
1991	Daewoo Royals	-
1992	POSCO Atoms Pohang	-
1993	Ilhwa Chunma[5]	-
1994	Ilhwa Chunma	-
1995	Ilhwa Chunma	-
1996	Ulsan Hyundai Horang-i	Pohang Atoms
1997	Busan Daewoo Royals	Chunnam Dragons FC Gwangyang
1998	Suwon Samsung Bluewings FC	Anyang LG Cheetahs
1999	Suwon Samsung Bluewings FC	Cheonan Ilhwa Chunma

2000	Anyang LG Cheetahs	Jeonbuk Hyundai Motors FC Jeonju
2001	Cheonan Ilhwa Chunma	Daejeon Citizen FC
2002	Seongnam Ilhwa Chunma	Suwon Samsung Bluewings FC
2003	Seongnam Ilhwa Chunma	Jeonbuk Hyundai Motors FC Jeonju
2004	Suwon Samsung Bluewings FC	Busan I'Cons
2005	Ulsan Hyundai Horang-i	Jeonbuk Hyundai Motors FC Jeonju
2006	Seongnam Ilhwa Chunma	Chunnam Dragons FC Gwangyang
2007	Pohang Steelers FC	Chunnam Dragons FC Gwangyang
2008	Suwon Samsung Bluewings FC	Pohang Steelers FC
2009	Jeonbuk Hyundai Motors FC Jeonju	Suwon Samsung Bluewings FC
2010	FC Seoul	Suwon Samsung Bluewings FC
2011	Jeonbuk Hyundai Motors FC Jeonju	Seongnam Ilhwa Chunma
2012	FC Seoul	Pohang Steelers FC
2013	Pohang Steelers FC	Pohang Steelers FC
2014	Jeonbuk Hyundai Motors FC Jeonju	Seongnam FC
2015	Jeonbuk Hyundai Motors FC Jeonju	FC Seoul
2016	FC Seoul	Suwon Samsung Bluewings FC
2017	Jeonbuk Hyundai Motors FC Jeonju	Ulsan Hyundai FC
2018	Jeonbuk Hyundai Motors FC Jeonju	Daegu FC
2019	Jeonbuk Hyundai Motors FC Jeonju	Suwon Samsung Bluewings FC
2020	Jeonbuk Hyundai Motors FC Jeonju	Jeonbuk Hyundai Motors FC Jeonju

[1] became later Busan I'Cons and Busan I'Park; [2] became later Anyang LG Cheetahs (1991) then FC Seoul.(2004); [3] became later Pohang Atoms (1995) and Pohang Steelers FC (1997); [4] became later Bucheon Yukong (1997), Buchaeon SK (2001), Jeju United FC (2006); [5] became later Cheonan Ilhwa Chunma, Seongnam Ilhwa Chunma (2002) and Seongnam FC (2014).

NATIONAL CHAMPIONSHIP
K-League 1 2020

Please note: after 22 matches, the league splits into two sections of six teams each, with teams playing every other team in their section once (either at home or away; Round 23-27).

1.	**Jeonbuk Hyundai Motors FC Jeonju**	27	19	3	5	46 - 21	60
2.	Ulsan Hyundai FC	27	17	6	4	54 - 23	57
3.	Pohang Steelers FC	27	15	5	7	56 - 35	50
4.	Sangju Sangmu FC (*Relegated*)*	27	13	5	9	34 - 36	44
5.	Daegu FC	27	10	8	9	43 - 39	38
6.	Gwangju FC	27	6	7	14	32 - 46	25
7.	Gangwon FC	27	9	7	11	36 - 41	34
8.	Suwon Samsung Bluewings FC	27	8	7	12	27 - 30	31
9.	FC Seoul	27	8	5	14	23 - 44	29
10.	Seongnam FC	27	7	7	13	24 - 37	28
11.	Incheon United FC	27	7	6	14	25 - 35	27
12.	Busan IPark FC (*Relegated*)	27	5	10	12	25 - 38	25

*the military team will move their franchise city and will be relegated to the second level for 2021.

Best goalscorer 2020:
Gleidionor Figueiredo Pinto Júnior "Júnior Negrão" (BRA, Ulsan Hyundai FC) – 26 goals

Promoted for the 2021/2022 season:
Jeju United FC Seogwipo, Suwon FC.

NATIONAL CUP
Korean FA Cup Final 2020

04.11.2020, Ulsan Munsu Stadium, Ulsan; Attendance: 0
Referee: Lee Dong-joon
Ulsan Hyundai FC - Jeonbuk Hyundai Motors FC Jeonju　　　　**1-1(0-0)**
Ulsan Hyundai: Cho Hyun-woo, Dave Bulthuis, Jung Seung-hyun, Won Du-jae, Hong Chul, Seol Young-woo, Shin Jin-ho (57.Lee Dong-gyeong), Yoon Bit-garam, Kim In-sung (79.Lee Keun-ho), Gleidionor Figueiredo Pinto Júnior „Júnior Negão", Bjørn Johnsen. Trainer: Kim Do-hoon.
Jeonbuk Hyundai Motors: Song Beom-keun, Lee Yong (70.Choi Chul-soon), Hong Jeong-ho, Lee Ju-yong, Kim Min-hyeok, Murilo Henrique Pereira Rocha (64.Koo Ja-ryong), Kim Bo-kyung (83.Cho Kyu-seong), Takahiro Kunimoto, Son Jun-ho, Gustavo Henrique da Silva Sousa, Modou Barrow. Trainer: José Manuel Ferreira de Morais (Portugal).
Goals: 0-1 Murilo Henrique Pereira Rocha (50), 1-1 Gleidionor Figueiredo Pinto Júnior "Júnior Negão" (60).

08.11.2020, Jeonju World Cup Stadium, Jeonju; Attendance: 0
Referee: Kim Jong-hyeok
Jeonbuk Hyundai Motors FC Jeonju - Ulsan Hyundai FC　　　　**2-1(0-1)**
Jeonbuk Hyundai Motors: Song Beom-keun, Choi Chul-soon [*sent off 90*], Hong Jeong-ho, Lee Ju-yong, Kim Min-hyeok, Kim Bo-kyung, Lee Seung-ki (81.Shin Hyung-min), Takahiro Kunimoto (14.Murilo Henrique Pereira Rocha), Son Jun-ho, Gustavo Henrique da Silva Sousa (89.Lee Dong-gook), Cho Kyu-seong. Trainer: José Manuel Ferreira de Morais (Portugal).
Ulsan Hyundai: Cho Hyun-woo, Dave Bulthuis [*sent off 90*], Jung Seung-hyun, Won Du-jae, Hong Chul (65.Seol Young-woo), Yoon Bit-garam (76.Lee Keun-ho), Kim Tae-hwan, Lee Chung-yong (56.Lee Dong-gyeong), Kim In-sung, Gleidionor Figueiredo Pinto Júnior „Júnior Negão", Bjørn Johnsen. Trainer: Kim Do-hoon.
Goals: 0-1 Gleidionor Figueiredo Pinto Júnior "Júnior Negão" (4), 1-1 Lee Seung-ki (53), 2-1 Lee Seung-ki (71).

2020 Korean FA Cup Winners: **Jeonbuk Hyundai Motors FC Jeonju**

THE CLUBS 2020

BUSAN IPARK FOOTBALL CLUB
Year of Formation: 1983 (*as Daewoo Royals*)
Stadium: Busan Gudeok Stadium, Busan (12,349)

	THE SQUAD	DOB	M	(s)	G
Goalkeepers:	Choi Pil-soo	20.06.1991	13		
	Kim Ho-jun	21.06.1984	10		
	Kim Jeong-ho	07.04.1998	4		
Defenders:	Jeong Ho-jeong	01.09.1988		(2)	
	Kang Min-soo	14.02.1986	19	(1)	1
	Kim Dong-woo	05.02.1988	17	(2)	1
	Kim Moon-hwan	01.08.1995	24		1
	Kim Myeung-jun	13.05.1994	5	(3)	
	Lee Ji-min	04.09.1993		(2)	
	Lee Sang-jun	14.10.1999	13	(3)	
	Park Ho-yeong	07.04.1999		(2)	
	Park Joon-gang	06.06.1991	15	(4)	
	Dostonbek Tursunov (UZB)	13.06.1995	14	(2)	1
	Yun Suk-young	13.02.1990	5	(1)	
Midfielders:	Kim Jeong-hyun	01.06.1993	6	(4)	2
	Kim Jin-gyu	24.02.1997	3	(5)	1
	Kwon Hyeok-kyu	13.03.2001	12	(3)	1
	Lee Dong-jun	01.02.1997	26		5
	Lee Ji-Seung	11.01.1999		(1)	
	Lee Kyu-seong	10.05.1994	22		1
	Park Jong-woo	10.03.1989	16	(3)	1
	Rômulo José Pacheco da Silva (BRA)	27.10.1995	24	(2)	4
Forwards:	Gustavo Vintecinco (BRA)	02.08.1995	4	(10)	
	Han Ji-ho	15.12.1988		(3)	
	Jonatan Reis (BRA)	30.06.1989		(1)	
	Jung Sung-min	02.05.1989	1		
	Kim Byung-oh	26.06.1989	11	(9)	
	Kim Hyun	03.05.1993	1	(3)	
	Kim Seung-jun	11.09.1994	9	(2)	
	Kwon Yong-hyeon	23.10.1991	3	(2)	
	Lee Jeong-hyeop	24.06.1991	20	(2)	6
	Park Kwan-woo	04.06.1996		(4)	
Trainer:	Cho Duck-jae	26.10.1965	23		
[29.09.2020]	Lee Ki-hyung	28.09.1974	4		

DAEGU FOOTBALL CLUB

Year of Formation: 2002
Stadium: DGB Daegu Bank Park, Daegu (12,415)

THE SQUAD	DOB	M	(s)	G
Goalkeepers: Choi Young-eun	26.09.1995	10		
Gu Sung-yun	17.06.1994	17		
Defenders: Cho Jin-woo	17.11.1999	16	(3)	
Hong Jung-woon	29.11.1994	4		
Hwang Tae-hyeon	29.01.1999	2	(2)	
Jeong Tae-wook	16.05.1997	27		1
Kim Dong-jin	28.12.1992	7	(4)	1
Kim Jae-woo	06.02.1998	9	(2)	
Kim Woo-seok	04.08.1996	25		
Midfielders: Hwang Soon-min	14.09.1990	8		
Jang Seong-won	17.06.1997		(2)	
Jung Seung-won	27.02.1997	24	(2)	
Kim Sun-min	12.12.1991	15	(1)	
Ko Jae-hyeon	05.03.1999	1		
Tsubasa Nishi (JPN)	08.04.1990	21	(3)	
Oh Hoo-sung	25.08.1999		(6)	
Park Han-bin	21.09.1997	8		1
Ryu Jae-moon	08.11.1993	14	(7)	2
Yoon Jong-Tae	12.02.1998	2	(2)	
Forwards: Cesar Fernando Silva Dos Santos „Cesinha" (BRA)	29.11.1989	25		18
Dejan Damjanović (MNE)	27.07.1981	13	(10)	9
Edgar Bruno da Silva (BRA)	03.01.1987	11	(5)	5
Jung Chi-in	21.08.1997		(2)	
Kim Dae-won	10.02.1997	20	(7)	3
Lee Jin-hyun	26.08.1997	4	(17)	1
Shin Chang-mu	17.09.1992	14	(4)	
Trainer: Lee Byeong-geun	28.04.1973	27		

GANGWON FOOTBALL CLUB

Year of Formation: 2008
Stadium: Chuncheon Songam Leports Town / Gangneum Stadium, Chuncheon (20,000 / 22,333)

THE SQUAD		DOB	M	(s)	G
Goalkeepers:	Lee Bum-soo	10.12.1990	16		
	Lee Kwang-yeon	11.09.1999	11		
Defenders:	Chae Kwang-hun	17.08.1993	6	(6)	1
	Kim Oh-kyu	20.06.1989	3	(1)	
	Kim Soo-beom	02.10.1990	3		1
	Kim Young-bin	20.09.1991	26		1
	Lee Ho-in	29.12.1995	5	(2)	1
	Lim Chae-min	18.11.1990	26		1
	Shin Kwang-hoon	18.03.1987	21		
	Shin Se-gye	16.09.1990	17	(1)	
Midfielders:	Cho Jae-wan	29.08.1995	18	(4)	5
	Cho Ji-hun	29.05.1990	6	(2)	
	Han Kook-young	19.04.1990	22		1
	Jung Seok-hwa	17.05.1991	7	(6)	
	Kim Kyung-jung	16.04.1991	17	(1)	1
	Lee Hyeon-sik	21.03.1996	12	(8)	1
	Lee Jae-kwon	30.07.1987	11	(3)	1
	Lee Yeong-jae	13.09.1994	10	(13)	2
	Seo Min-woo	12.03.1998	7	(1)	
Forwards:	Jeong Ji-yong	15.12.1998	4	(4)	
	Kim Ji-hyeon	22.07.1996	13	(10)	8
	Kim Seung-dae	01.04.1991	16	(6)	2
	Ko Moo-yeol	05.09.1990	20	(4)	9
Trainer:	Kim Byeong-su	24.11.1970	27		

GWANGJU FOOTBALL CLUB

Year of Formation: 2010
Stadium: Gwangju World Cup Stadium / Auxiliar World Cup Stadium, Gwangju (40,245 / 12,000)

THE SQUAD		DOB	M	(s)	G
Goalkeepers:	Lee Jin-hyung	22.02.1988	13		
	Yoon Pyeong-gook	08.02.1992	14		
Defenders:	Rustamjon Ashurmatov (UZB)	07.07.1996	21		1
	Han Hee-hoon	10.08.1990	7	(2)	
	Hong Joon-ho	11.10.1993	22		1
	Jeong Jun-yeon	30.04.1989	3		
	Kim Chang-soo	12.09.1985	21	(3)	
	Kim Tae-yoon	25.07.1986	1		
	Lee Euddum	02.09.1989	12	(3)	
	Lee Min-ki	19.05.1993	13		
	Lee Soon-min	22.05.1994	2		
	Park Joon-hee	01.03.1991	2		
Midfielders:	Choi Jun-hyeok	05.09.1994	6	(4)	
	Jeong Hyeon-woo	12.07.2000		(1)	
	Kim Jin-hyeon	28.09.1999	2		
	Lee Han-do	16.03.1994	10		
	Lim Min-hyeok	05.03.1997	6	(10)	1
	Park Jeong-su	13.01.1987	24	(1)	
	Willyan da Silva Barbosa (BRA)	17.02.1994	17		5
	Yeo Bong-hun	12.03.1994	8	(6)	
	Yeo Reum	22.06.1989	25		
Forwards:	Doo Hyun-Seok	21.12.1995	8	(3)	1
	Eom Won-sang	06.01.1999	23		7
	Felipe de Sousa Silva (BRA)	03.04.1992	23	(1)	12
	Kim Hyo-gi	03.07.1986	1	(11)	
	Kim Jeong-hwan	04.01.1997	5	(6)	2
	Kim Ju-gong	23.04.1996	4	(19)	2
	Lee Hee-Gyun	29.04.1998	2		
	Marcos Danilo Ureña Porras (CRC)	05.03.1990	2	(6)	
Trainer:	Park Jin-sup	11.03.1977	27		

INCHEON UNITED FOOTBALL CLUB

Year of Formation: 2003
Stadium: Incheon Football Stadium [Sungeui Arena Park], Incheon (20,891)

THE SQUAD		DOB	M	(s)	G
Goalkeepers:	Jeong San	10.02.1989	12		
	Kim Dong-heon	03.03.1997	3		
	Lee Tae-heui	26.04.1995	12		
Defenders:	Gordan Bunoza (BIH)	05.02.1988		(1)	
	Jung Dong-yoon	03.04.1994	19	(2)	1
	Kang Yun-koo	08.02.1993	9	(3)	
	Kim Dae-joong	13.10.1992		(5)	1
	Kim Jun-yub	10.05.1988	15		
	Kim Jung-ho	31.05.1995	10	(1)	
	Kim Yeon-su	29.12.1993	16		
	Lee Jae-sung	05.07.1988	9		
	Lee Joon-suk	07.04.2000	2		
	Moon Ji-hwan	26.07.1994	17	(2)	
	Oh Ban-suk	20.05.1988	13	(1)	
	Park Dae-han	01.05.1991	1	(2)	
Midfielders:	Elías Fernando Aguilar Vargas (CRC)	07.11.1991	16	(1)	2
	An Jin-beom	10.03.1992	1	(2)	
	Choi Beom-kyung	24.06.1997	2	(7)	
	Ji Eon-hak	22.03.1994	13	(3)	2
	Kim Doo-yeok	08.02.1992	22		2
	Kim Jun-beom	14.01.1998	19	(2)	1
	Kim Seong-ju	15.11.1990	11	(3)	
	Lee Ho-seok	21.05.1991	5	(4)	
	Lee Je-ho	10.07.1997		(1)	
	Lee Woo-hyeok	24.02.1993	5	(3)	
	Lim Eun-soo	01.04.1996	4	(1)	
	Rashid Abdulhakim Mahazi (AUS)	24.04.1992	4	(3)	
	Yang Joon-a	13.06.1989	18	(1)	
Forwards:	Gustavo Custódio dos Santos (BRA)	09.03.1997		(3)	
	Jung Chan-yong	13.07.1998		(1)	
	Olanrewaju Kehinde (NGA)	07.05.1994	2	(1)	
	Kim Ho-nam	14.06.1989	9	(4)	2
	Lee Jong-wook	26.01.1999	2		
	Stefan Mugoša (MNE)	26.02.1992	23	(1)	12
	Song Si-woo	28.08.1993	3	(21)	2
Trainer:	Lim Wan-sup	15.08.1971	9		
[28.06.2020]	Lim Joong-yong	21.04.1975	5		
[07.08.2020]	Jo Sung-hwan	16.10.1970	13		

JEONBUK HYUNDAI MOTORS FOOTBALL CLUB JEONJU

Year of Formation: 1991 (*as Wansan FRC*)
Stadium: Jeonju World Cup Stadium, Jeonju (42,477)

	THE SQUAD	DOB	M	(s)	G
Goalkeepers:	Song Beom-keun	15.10.1997	27		
Defenders:	Choi Bo-kyung	12.04.1988	18		
	Choi Chul-soon	08.02.1987	12	(1)	
	Hong Jeong-ho	12.08.1989	22		1
	Kim Jin-su	13.06.1992	15		
	Kim Min-hyeok	27.02.1992	13	(2)	1
	Koo Ja-ryong	06.04.1992	1	(1)	
	Lee Ju-yong	26.09.1992	7	(3)	
	Lee Yong	24.12.1986	20		
Midfielders:	Jeong Hyuk	21.05.1986		(1)	
	Kim Bo-kyung	06.10.1989	20	(5)	5
	Takahiro Kunimoto (JPN)	08.10.1997	17	(8)	2
	Lee Seung-ki	02.06.1988	19	(5)	5
	Lee Si-heon	04.05.1998	1	(1)	
	Lee Soo-bin	07.05.2000	2	(2)	
	Lee Sung-yoon	31.10.2000	4	(1)	1
	Murilo Henrique Pereira Rocha (BRA)	20.11.1994	8	(9)	1
	Shin Hyung-min	18.07.1986	3	(6)	
	Son Jun-ho	12.05.1992	25		2
Forwards:	Modou Barrow (GAM)	13.10.1992	8	(7)	2
	Cho Kyu-seong	25.01.1998	19	(4)	4
	Gustavo Henrique da Silva Sousa (BRA)	29.03.1994	11	(3)	5
	Han Kyo-won	15.06.1990	18	(6)	11
	Lee Dong-gook	29.04.1979	4	(7)	4
	Na Seong-eun	06.04.1996	1		
	Lars Veldwijk (RSA)	21.08.1991	2	(8)	1
Trainer:	José Manuel Ferreira de Morais (POR)	27.07.1965	27		

POHANG STEELERS FOOTBALL CLUB

Year of Formation: 1973
Stadium: Pohang Steel Yard, Pohang (17,443)

THE SQUAD		DOB	M	(s)	G
Goalkeepers:	Kang Hyeon-mu	13.03.1995	27		
Defenders:	Ha Chang-rae	16.10.1994	26		1
	Jeon Min-kwang	17.01.1993	11	(5)	
	Kang Sang-woo	07.10.1993	10		1
	Kim Gwang-seok	12.02.1983	25	(2)	
	Kim Ju-hwan	17.02.2001		(1)	
	Kim Sang-won	20.02.1992	10	(1)	
	Kim Yong-hwan	25.05.1993	3		
	Kwon Wan-kyu	20.11.1991	12	(2)	1
	Lee Seung-mo	30.03.1998	15	(4)	2
	Oh Beom-seok	29.07.1984	6	(3)	
	Park Jae-woo	06.03.1999	6	(2)	
	Shim Sang-min	21.05.1993	3		
Midfielders:	Choi Young-jun	15.12.1991	23		
	Go Young-jun	09.07.2001		(8)	2
	Brandon O'Neill (AUS)	12.04.1994	13		
	Aleksandar Paločević (SRB)	22.08.1993	17	(5)	14
	Park Jae-hun	01.09.1998		(1)	
Forwards:	Heo Yong-jun	08.01.1993		(2)	
	Stanislav Iljutcenko (RUS)	13.08.1990	25	(1)	19
	Lee Gwang-hyuk	11.09.1995	12	(13)	1
	Nam Joon-jae	07.04.1988		(7)	
	Manuel Emilio Palacios Murillo (COL)	13.02.1993	22	(3)	5
	Shim Dong-woon	03.03.1990	10	(12)	
	Song Min-kyu	12.09.1999	21	(6)	10
Trainer:	Kim Gi-dong	12.01.1972	27		

SANGJU SANGMU FOOTBALL CLUB

Year of Formation: 2011 (*as Sangju Sangmu Phoenix*)
Stadium: Sangju Civic Stadium, City (15,042)

THE SQUAD		DOB	M	(s)	G
Goalkeepers:	Hwang Byeong-geun	14.06.1994	6		
	Lee Chang-keun	30.08.1993	18		
	Park Ji-min	25.05.2000	3		
Defenders:	Bae Jae-woo	17.05.1993	13		
	Kim Dae-joong	13.10.1992	1		
	Kim Jin-hyeok	03.06.1993	18	(1)	1
	Ko Myeong-seok	27.09.1995	10	(1)	
	Kwon Kyung-won	31.01.1992	23		1
	Lee Dong-su	03.06.1994	9	(2)	
	Park Byung-hyun	28.03.1993	5		
	Park Dong-jin	10.12.1994	3	(4)	1
	Park Se-jin	15.12.1995	4	(8)	
	Shim Sang-min	21.05.1993	9	(1)	
	Woo Ju-seong	08.06.1993	3	(5)	
Midfielders:	An Tae-Hyun	01.03.1993	20	(2)	1
	Han Suk-jong	19.07.1992	14		
	Jung Won-jin	10.08.1994	3	(3)	1
	Kang Sang-woo	07.10.1993	16		7
	Kim Min-hyeok	16.08.1992	11		2
	Kim Sun-woo	19.04.1993	5	(1)	
	Lee Chan-dong	10.01.1993	7	(1)	
	Moon Chang-jin	12.07.1993	2	(13)	1
	Moon Seon-min	09.06.1992	7	(13)	5
	Park Yong-woo	10.09.1993	21	(4)	1
	Ryu Seung-woo	17.12.1993	1		
Forwards:	Heo Yong-jun	08.01.1993	2		
	Jeon Se-jin	09.09.1999	1		
	Jeong Jae-hee	28.04.1994	5	(4)	3
	Jin Seong-uk	16.12.1993	5		
	Kang Ji-hun	06.01.1997	1		
	Kim Bo-seob	10.01.1998	16	(1)	1
	Lee Keun-ho	21.05.1996	3	(4)	
	Lee Sang-ki	07.05.1996	7	(2)	1
	Oh Hyun-gyu	12.04.2001	4	(1)	2
	Oh Se-hun	15.01.1999	13		4
	Song Seung-min	11.01.1992	8	(3)	1
Trainer:	Kim Tae-wan	01.06.1971	27		

SEONGNAM FOOTBALL CLUB

Year of Formation: 1989
Stadium: Tancheon Stadium, Seongnam (16,146)

THE SQUAD		DOB	M	(s)	G
Goalkeepers:	Jeon Jong-hyeok	21.03.1996	4		
	Kim Young-kwang	28.06.1983	23		
Defenders:	Ahn Young-gyu	04.12.1989	5	(8)	
	Choi Ji-mook	09.10.1998	10		
	Igor Jovanović (CRO)	03.05.1989	2		
	Lee Chang-yong	27.08.1990	18	(1)	2
	Lim Seung-kyum	26.04.1995	15	(1)	
	Ma Sang-hoon	25.07.1991	6	(3)	1
	Park Su-il	22.02.1996	8	(3)	
	Yeon Je-un	28.08.1994	25		
Midfielders:	Choe Byung-chan	04.04.1996	4	(1)	
	Jamshid Iskanderov (UZB)	16.10.1993	17	(4)	
	Jeon Seung-min	15.12.2000	1		
	Kim Dong-hyun	11.06.1997	21		
	Kwon Soon-hyung	16.06.1986	5	(2)	1
	Lee Tae-hee	16.06.1992	25		
	Park Tae-jun	19.01.1999	17		2
	Seo Bo-min	22.06.1990	1	(4)	
	Yoon Yong-ho	06.03.1996	1	(4)	
	Yu Jin-soo	28.12.1994	19	(4)	2
Forwards:	Choi Oh-baek	10.03.1992	5	(3)	
	Hong Si-hoo	08.01.2001	5	(7)	1
	Kim Hyun-sung	27.09.1989	9	(6)	
	Tomislav Kiš (CRO)	04.04.1994	3	(11)	3
	Lee Jae-won	21.02.1997	14	(3)	1
	Lim Sun-young	21.03.1988	5	(1)	
	Na Sang-ho	12.08.1996	17	(2)	7
	Yang Dong-hyen	28.03.1986	12	(11)	3
Trainer:	Kim Nam-il	14.03.1977	27		

FOOTBALL CLUB SEOUL

Year of Formation: 1983
Stadium: Seoul World Cup Stadium, Seoul (64,677)

THE SQUAD	DOB	M	(s)	G
Goalkeepers:				
Yang Han-been	30.08.1991	16		
Yu Sang-hun	25.05.1989	11		
Defenders:				
Cha Oh-yeon	15.04.1998		(3)	
Cho Seok-yeong	09.04.1997		(1)	
Hwang Hyun-soo	22.07.1995	19		1
Kang Sang-heui	07.03.1998	2	(1)	
Kim Ju-sung	12.12.2000	12	(1)	
Kim Nam-chun	19.04.1989	20	(2)	
Kim Won-sik	05.11.1991	15	(1)	1
Osmar Barba Ibáñez (ESP)	08.06.1988	14	(1)	1
Park Dong-jin	10.12.1994	1	(2)	1
Yang Yu-min	11.10.1999	2	(2)	
Yoon Jong-gyu	20.03.1998	17		
Yun Young-sun	04.10.1988	9		
Midfielders:				
Ikrom Alibaev (UZB)	09.01.1994	7	(4)	
Go Yo-han	10.03.1988	8	(7)	
Han Chan-hee	17.03.1997	8	(4)	1
Han Seung-gyu	28.09.1996	19	(3)	3
Ju Se-jong	30.10.1990	11	(5)	
Jung Hyun-cheol	26.04.1993	10		
Ki Sung-yueng	24.01.1989		(5)	
Kim Jin-ya	30.06.1998	16	(8)	
Ko Kwang-min	21.09.1988	22	(1)	1
Yun Ju-tae	22.06.1990	9	(9)	3
Forwards:				
Carlos Adriano de Sousa Cruz (BRA)	28.09.1987	4	(3)	
Cho Young-wook	05.02.1999	17	(3)	3
Jung Han-min	08.01.2001	10	(1)	2
Kim Han-gil	21.06.1995	3	(1)	
Kwon Seong-yun	30.03.2001		(2)	
Lee Seung-jae	06.02.1998		(1)	
Park Chu-young	10.07.1985	15	(8)	4
Aleksandar Pešić (SRB)	21.05.1992		(1)	
Trainer:				
Choi Yong-soo	10.09.1973	13		
[30.07.2020] Kim Ho-young	29.10.1969	9		
[25.09.2020] Park Hyuk-soon	06.03.1980	5		

SUWON SAMSUNG BLUEWINGS FOOTBALL CLUB

Year of Formation: 1995
Stadium: Suwon World Cup Stadium (Big Bird Stadium), Suwon (44,031)

THE SQUAD		DOB	M	(s)	G
Goalkeepers:	No Dong-geon	04.10.1991	11		
	Yang Hyung-mo	16.07.1991	16		
Defenders:	Goo Dae-yeong	09.05.1992	7	(2)	
	Doneil Jor-Dee Ashley Henry (CAN)	20.04.1993	19	(1)	1
	Hong Chul	17.09.1990	2		
	Jang Ho-ik	04.12.1993	15	(3)	
	Jo Sung-jin	14.12.1990	6	(3)	
	Kim Tae-hwan	25.03.2000	10	(3)	1
	Lee Ki-je	09.07.1991	3	(1)	
	Min Sang-gi	27.08.1991	20	(1)	
	Park Dae-won	25.02.1998	4		
	Yang Sang-min	24.02.1984	12	(2)	
Midfielders:	Terry Antonis (AUS)	26.11.1993	7	(9)	
	Choi Sung-geun	28.07.1991	4	(1)	
	Han Suk-jong	19.07.1992	10		1
	Kim Jong-woo	01.10.1993	1	(2)	
	Kim Joon-hyung	05.04.1996		(2)	
	Kim Min-woo	25.02.1990	27		4
	Ko Seung-beom	24.04.1994	20	(2)	3
	Lee Jong-sung	05.08.1992	6		
	Lee Sang-min	02.05.1995	5	(1)	
	Myeong Joon-jae	02.07.1994	9	(2)	
	Park Sang-hyeok	20.04.1998	18	(2)	1
	Yeom Ki-hun	30.03.1983	14	(11)	3
	You Ju-ahn	01.10.1998		(1)	
Forwards:	Han Eui-kwon	30.06.1994	1	(5)	
	Han Seok-hee	16.05.1996	10	(4)	
	Kang Hyun-muk	28.03.1991	1		
	Kim Gun-hee	22.02.1995	11	(6)	2
	Sulejman Krpić (BIH)	01.01.1991	8	(5)	2
	Lim Sang-hyub	08.07.1988	2	(4)	
	Adam Jake Taggart (AUS)	02.06.1993	18	(5)	9
Trainer:	Lee Im-saeng	18.11.1971	11		
[16.07.2020]	Joo Seung-jin	12.03.1975	8		
[08.09.2020]	Park Kun-ha	25.07.1971	8		

ULSAN HYUNDAI FOOTBALL CLUB

Year of Formation: 1983
Stadium: Ulsan Munsu Stadium, Ulsan (44,102)

THE SQUAD		DOB	M	(s)	G
Goalkeepers:	Cho Hyun-woo	25.09.1991	27		
Defenders:	Dave Bulthuis (NED)	28.06.1990	20	(2)	
	Jason Alan Davidson (AUS)	29.06.1991	4		
	Hong Chul	17.09.1990	10	(3)	
	Jeong Dong-ho	27.03.1990	1		
	Jung Seung-hyun	03.04.1994	23		2
	Kim Kee-hee	13.07.1989	11	(1)	
	Park Joo-ho	16.01.1987	9	(3)	
	Seol Young-woo	05.12.1998	14		
	Won Du-jae	18.11.1997	20	(3)	
Midfielders:	Jung Hoon-sung	22.02.1994	2	(3)	1
	Kim Seong-jun	08.04.1988	3		
	Kim Tae-hwan	24.07.1989	24	(1)	1
	Ko Myeong-jin	09.01.1988	9	(5)	
	Lee Chung-yong	02.07.1988	17	(2)	4
	Lee Dong-gyeong	20.09.1997	3	(15)	2
	Shin Jin-ho	07.09.1988	20	(2)	1
	Yoon Bit-garam	07.05.1990	21	(3)	4
Forwards:	Bjørn Johnsen (NOR)	06.11.1991	3	(15)	5
	Gleidionor Figueiredo Pinto Júnior „Júnior Negão"(BRA)	30.12.1986	23	(4)	26
	Kim In-sung	09.09.1989	18	(6)	4
	Lee Keun-ho	11.04.1985	1	(11)	
	Lee Sang-heon	26.02.1998	8		1
	Park Jeong-in	07.10.2000	6	(1)	
Trainer:	Kim Do-hoon	21.07.1970	27		

NATIONAL TEAM
INTERNATIONAL MATCHES 2020/2021

14.11.2020	Wiener Neustadt	Mexico - Korea Republic	3-2(0-1)	(F)
17.11.2020	Maria Enzersdorf	Korea Republic - Qatar	2-1(2-1)	(F)
25.03.2021	Yokohama	Japan - Korea Republic	3-0(2-0)	(F)
05.06.2021	Goyang	Korea Republic - Turkmenistan	5-0(2-0)	(WCQ)
07.06.2021	Goyang	Korea Republic - Korea D.P.R.	cancelled	(WCQ)
09.06.2021	Goyang	Sri Lanka - Korea Republic	0-5(0-3)	(WCQ)
13.06.2021	Goyang	Korea Republic - Lebanon	2-1(0-1)	(WCQ)

14.11.2020, Friendly International
Stadion Wiener Neustadt, Wiener Neustadt (Austria); Attendance: 0
Referee: Harald Lechner (Austria)
MEXICO - KOREA REPUBLIC **3-2(0-1)**
KOR: Gu Sung-yun, Kim Tae-hwan, Kwon Kyung-won, Won Du-jae, Lee Ju-yong, Son Heung-min, Jung Woo-young, Ju Se-jong, Son Jun-ho (74.Lee Kang-in), Lee Jae-sung (63.Nam Tae-hee), Hwang Ui-jo (68.Hwang Hee-chan). Trainer: Paulo Jorge Gomes Bento (Portugal).
Goals: Hwang Ui-jo (20), Kwon Kyung-won (87).

17.11.2020, Friendly International
BSFZ-Arena, Maria Enzersdorf (Austria); Attendance: 0
Referee: Julian Weinberger (Austria)
KOREA REPUBLIC - QATAR **2-1(2-1)**
KOR: Gu Sung-yun (46.Lee Chang-geun), Kim Tae-hwan (64.Lee Ju-yong), Yoon Jong-gyu, Kwon Kyung-won, Won Du-jae, Nam Tae-hee (76.Lee Kang-in), Son Heung-min, Jung Woo-young, Lee Jae-sung (64.Son Jun-ho), Hwang Hee-chan (76.Um Won-sang), Hwang Ui-jo (88.Ju Se-jong). Trainer: Paulo Jorge Gomes Bento (Portugal).
Goals: Hwang Hee-chan (1), Hwang Ui-jo (36).

25.03.2021, Friendly International
Nissan Stadium, Yokohama; Attendance: 8,356
Referee: Rowan Arumughan (India)
JAPAN - KOREA REPUBLIC **3-0(2-0)**
KOR: Jo Hyeon-woo (46.Kim Seung-gyu), Kim Young-gwon, Hong Chul, Won Du-jae (62.Lee Jin-hyun), Kim Tae-hwan, Park Ji-soo, Nam Tae-hee (82.Kim In-sung), Jung Woo-young (76.Lee Dong-gyeong), Na Sang-ho (46.Jeong Woo-yeong), Lee Dong-jun, Lee Kang-in (46.Lee Jeong-hyeop). Trainer: Paulo Jorge Gomes Bento (Portugal).

05.06.2021, 22nd FIFA World Cup Qualifiers / AFC Qualifiers, Second Round
Goyang Stadium, Goyang; Attendance: 3,932
Referee: Turki Mohammed Al Khudhayr (Saudi Arabia)
KOREA REPUBLIC - TURKMENISTAN **5-0(2-0)**
KOR: Kim Seung-gyu, Kim Young-gwon, Hong Chul (72.Lee Ki-je), Kim Min-jae (84.Park Ji-soo), Kim Moon-hwan (75.Lee Yong), Nam Tae-hee, Son Heung-min, Jung Woo-young (84.Won Du-jae), Kwon Chang-hoon, Lee Jae-sung (72.Hwang Hee-chan), Hwang Ui-jo. Trainer: Paulo Jorge Gomes Bento (Portugal).
Goals: Hwang Ui-jo (10), Nam Tae-hee (45+2), Kim Young-gwon (57), Kwon Chang-hoon (63), Hwang Ui-jo (73).

07.06.2021, 22nd FIFA World Cup Qualifiers / AFC Qualifiers, Second Round
KOREA REPUBLIC - KOREA D.P.R. **cancelled**
Korea D.P.R. withdrew from the qualifying round.

09.06.2021, 22nd FIFA World Cup Qualifiers / AFC Qualifiers, Second Round
Goyang Stadium, Goyang; Attendance: 4,008
Referee: Shen Yinhao (China P.R.)
SRI LANKA - KOREA REPUBLIC　　　　　　　　　　　　　　　　　　**0-5(0-3)**
KOR: Jo Hyeon-woo, Kim Tae-hwan, Lee Ki-je (72.Kang Sang-woo), Won Du-jae, Park Ji-soo (46.Kim Min-jae), Nam Tae-hee (46.Kwon Chang-hoon), Son Jun-ho (81.Kim Young-bin), Lee Dong-gyeong, Hwang Hee-chan, Kim Shin-wook (72.Jung Sang-bin), Song Min-kyu. Trainer: Paulo Jorge Gomes Bento (Portugal).
Goals: Kim Shin-wook (15), Lee Dong-gyeong (22), Kim Shin-wook (43 penalty), Hwang Hee-chan (53), Jung Sang-bin (77).

13.06.2021, 22nd FIFA World Cup Qualifiers / AFC Qualifiers, Second Round
Goyang Stadium, Goyang; Attendance: 4,061
Referee: Khamis Al Marri (Qatar)
KOREA REPUBLIC - LEBANON　　　　　　　　　　　　　　　　　　**2-1(0-1)**
KOR: Kim Seung-gyu, Kim Young-gwon, Hong Chul, Park Ji-soo (67.Won Du-jae), Kim Moon-hwan (63.Lee Yong), Son Heung-min, Jung Woo-young, Kwon Chang-hoon (83.Son Jun-ho), Lee Jae-sung (46.Nam Tae-hee), Hwang Ui-jo, Song Min-kyu (83.Hwang Hee-chan). Trainer: Paulo Jorge Gomes Bento (Portugal).
Goals: Maher Mohammed Sabra (51 own goal), Son Heung-min (66 penalty).

NATIONAL TEAM PLAYERS 2020/2021		
Name	**DOB**	**Club**
Goalkeepers		
GU Sung-yun	27.06.1993	Daegu FC
JO Hyeon-woo	25.09.1991	Ulsan Hyundai FC
KIM Seung-gyu	30.09.1990	Kashiwa Reysol (JPN)
LEE Chang-geun	30.08.1993	Sangju Sangmu FC
Defenders		
HONG Chul	17.09.1990	Ulsan Hyundai FC
KIM Min-jae	15.11.1996	Beijing Guoan FC (CHN)
KIM Moon-hwan	01.08.1995	Los Angeles FC (USA)
KIM Tae-hwan	24.07.1989	Ulsan Hyundai FC
KIM Young-bin	20.09.1991	Gangwon FC
KIM Young-gwon	27.02.1990	Gamba Osaka (JPN)
KWON Kyung-won	31.01.1992	Sangju Sangmu FC
LEE Ju-yong	26.09.1992	Jeonbuk Hyundai Motors FC Jeonju
LEE Ki-je	09.07.1991	Suwon Samsung Bluewings FC
LEE Yong	24.12.1986	Jeonbuk Hyundai Motors FC Jeonju
PARK Ji-soo	13.06.1994	Suwon FC
WON Du-jae	18.11.1997	Ulsan Hyundai FC
YOON Jong-gyu	20.03.1998	FC Seoul

	Midfielders		
JEONG Woo-yeong	20.09.1999	*SC Freiburg (GER)*	
JU Se-jong	30.10.1990	*FC Seoul*	
JUNG Woo-young	14.12.1989	*Al-Sadd SC Doha (QAT)*	
KANG Sang-woo	07.10.1993	*Pohang Steelers FC*	
KWON Chang-hoon	30.06.1994	*SC Freiburg (GER)*	
LEE Dong-gyeong	20.09.1997	*Ulsan Hyundai FC*	
LEE Dong-jun	01.02.1997	*Ulsan Hyundai FC*	
LEE Jae-sung	10.08.1992	*SV Holstein Kiel (GER)*	
LEE Jin-hyun	26.08.1997	*Daejeon Hana Citizen FC*	
LEE Kang-in	19.02.2001	*Valencia CF (ESP)*	
NAM Tae-hee	03.07.1991	*Al-Sadd SC Doha (QAT)*	
SON Heung-min	08.07.1992	*Tottenham Hotspur FC London (ENG)*	
SON Jun-ho	12.05.1992	*Jeonbuk Hyundai Motors FC Jeonju;*	
		12.01.2021-> Shandong Taishan FC (CHN)	
SONG Min-kyu	12.09.1999	*Pohang Steelers FC*	

	Forwards		
HWANG Hee-chan	26.01.1996	*RasenBallsport Leipzig (GER)*
HWANG Ui-jo	28.08.1992	*FC Girondins de Bordeaux (FRA)*
JUNG Sang-bin	01.04.2002	*Suwon Samsung Bluewings FC*
KIM In-sung	09.09.1989	*Ulsan Hyundai FC*
KIM Shin-wook	14.04.1988	*Shanghai Greenland Shenhua FC (CHN)*
LEE Jeong-hyeop	24.06.1991	*Gyeongnam FC*
NA Sang-ho	12.08.1996	*FC Seoul*
UM Won-sang	06.01.1999	*Gwangju FC*

	National coaches	
PAULO Jorge Gomes BENTO (Portugal) [from 17.08.2018]		20.06.1969

KUWAIT

	The Country:
	Dawlat al-Kuwayt (State of Kuwait)
	Capital: Kuwait City
	Surface: 17,818 km²
	Population: 4,420,110 [2019]
	Time: UTC+3
	Independent since: 1961
	The FA:
	Kuwait Football Association
	Udailiya, Block 4, Sami A. Al Munayes St.,
	KFA HQ. Safat 13021 – Kuwait City
	Year of Formation: 1952
	Member of FIFA since: 1964
	Member of AFC since: 1964

NATIONAL TEAM RECORDS

First international match: 03.09.1961, in Morocco: Kuwait - Libya 2-2
Most international caps: Bader Ahmed Al Mutawa – 185 caps (since 2003)
Most international goals: Bashar Abdullah Salem A. Abdulaziz – 75 goals / 134 caps (1996-2007)

NATIONAL TEAM COMPETITIONS:

ASIAN NATIONS CUP		FIFA WORLD CUP	
1956	Did not enter	1930	Did not enter
1960	Did not enter	1934	Did not enter
1964	Did not enter	1938	Did not enter
1968	Did not enter	1950	Did not enter
1972	Final Tournament (Group Stage)	1954	Did not enter
1976	Final Tournament (Runners-up)	1958	Did not enter
1980	**Final Tournament (Winners)**	1962	Did not enter
1984	Final Tournament (3rd Place)	1966	Did not enter
1988	Final Tournament (Group Stage)	1970	Did not enter
1992	Qualifiers	1974	Qualifiers
1996	Final Tournament (4th Place)	1978	Qualifiers
2000	Final Tournament (Quarter-Finals)	1982	Final Tournament (Group Stage)
2004	Final Tournament (Group Stage)	1986	Qualifiers
2007	Qualifiers	1990	Qualifiers
2011	Final Tournament (Group Stage)	1994	Qualifiers
2015	Final Tournament (Group Stage)	1998	Qualifiers
2019	*Disqualified due to FIFA sanction*	2002	Qualifiers
		2006	Qualifiers
		2010	Qualifiers
		2014	Qualifiers
		2018	*Disqualified due to FIFA sanction*

F.I.F.A. CONFEDERATIONS CUP 1992-2017

None

OLYMPIC FOOTBALL TOURNAMENTS 1908-2016

1908		1948	-	1972	Qualifiers	1996	Qualifiers
1912		1952	-	1976	Qualifiers	2000	Group Stage
1920		1956	-	1980	Quarter-Finals	2004	Qualifiers
1924		1960	-	1984	Qualifiers	2008	Qualifiers
1928		1964	-	1988	Qualifiers	2012	Qualifiers
1936	-	1968	-	1992	Group Stage	2016	Qualifiers

WEST ASIAN CHAMPIONSHIP 2000-2019

2000	-
2002	-
2004	-
2007	-
2008	-
2010	Winners
2012	Group Stage
2014	4th Place
2019	Group Stage

WEST ASIAN GAMES 1997-2005

1997	3rd Place
2002	Winners
2005	Group Stage

ARAB NATIONS CUP 1963-2012

1963	4th Place
1964	3rd Place
1966	Group Stage
1985	-
1988	Group Stage
1992	3rd Place
1998	3rd Place
2002	Group Stage
2012	Group Stage

ASIAN GAMES 1951-2014

1951	-
1954	-
1958	-
1962	-
1966	-
1970	-
1974	2nd Round
1978	2nd Round
1982	Runners-up
1986	3rd Place
1990	Quarter-Finals
1994	3rd Place
1998	Runners-up
2002	Quarter-Finals
2006	Group Stage
2010	1/8-Finals
2014	Group Stage

GULF CUP OF NATIONS 1970-2019

1970	Winners
1972	Winners
1974	Winners
1976	Winners
1979	Runners-up
1982	Winners
1984	6th Place
1986	Winners
1988	5th Place
1990	Winners
1992	5th Place
1994	5th Place
1996	Winners
1998	Winners
2002	4th Place
2003	6th Place
2004	4th Place
2007	Group Stage
2009	Semi-Finals
2010	Winners
2013	3rd Place
2014	Group Stage
2017	Group Stage
2019	Group Stage

KUWAITI CLUB HONOURS IN ASIAN CLUB COMPETITIONS:

AFC Champions League 1967-1971 & 1985/1986-2020
None

Asian Football Confederation Cup 2004-2020
| Al Kuwait SC Kaifan | 3 | 2009, 2012, 2013 |

AFC President's Cup 2005-2014*
None

Asian Cup Winners Cup 1975-2003*
None

Asian Super Cup 1995-2002*
None

*defunct competitions

OTHER CLUB COMPETITIONS:

Arab Champions Cup / Arab Champions League 1982-2019
None

Gulf Club Champions Cup 1982-2017
Al Arabi SC Kuwait City	2	1982, 2003
Kazma Sporting Club	1	1995
Al Qadisia SC Kuwait City	2	2000, 2005

Arab Cup Winners Cup 1989-2002*
None

Arab Super Cup 1992-2002*
None

*defunct competition

NATIONAL COMPETITIONS
TABLE OF HONOURS

	CHAMPIONS	CUP WINNERS
1961/1962	Al Arabi SC Kuwait City	Al Arabi SC Kuwait City
1962/1963	Al Arabi SC Kuwait City	Al Arabi SC Kuwait City
1963/1964	Al Arabi SC Kuwait City	Al Arabi SC Kuwait City
1964/1965	Al Kuwait SC Kaifan	Al Qadisia SC Kuwait City
1965/1966	Al Arabi SC Kuwait City	Al Arabi SC Kuwait City
1966/1967	Al Arabi SC Kuwait City	Al Qadisia SC Kuwait City
1967/1968	Al Kuwait SC Kaifan	Al Qadisia SC Kuwait City
1968/1969	Al Qadisia SC Kuwait City	Al Arabi SC Kuwait City
1969/1970	Al Arabi SC Kuwait City	Al Yarmouk Mishref
1970/1971	Al Qadisia SC Kuwait City	Al Arabi SC Kuwait City
1971/1972	Al Kuwait SC Kaifan	Al Qadisia SC Kuwait City
1972/1973	Al Qadisia SC Kuwait City	Al Yarmouk Mishref
1973/1974	Al Kuwait SC Kaifan	Al Qadisia SC Kuwait City
1974/1975	Al Qadisia SC Kuwait City	Al Qadisia SC Kuwait City
1975/1976	Al Qadisia SC Kuwait City	Al Kuwait SC Kaifan
1976/1977	Al Kuwait SC Kaifan	Al Kuwait SC Kaifan
1977/1978	Al Qadisia SC Kuwait City	Al Kuwait SC Kaifan

1978/1979	Al Kuwait SC Kaifan	Al Qadisia SC Kuwait City
1979/1980	Al Arabi SC Kuwait City	Al Kuwait SC Kaifan
1980/1981	Al Salmiya SC Kuwait City	Al Arabi SC Kuwait City
1981/1982	Al Arabi SC Kuwait City	Kazma Sporting Club
1982/1983	Al Arabi SC Kuwait City	Al Arabi SC Kuwait City
1983/1984	Al Arabi SC Kuwait City	Kazma Sporting Club
1984/1985	Al Arabi SC Kuwait City	Al Kuwait SC Kaifan
1985/1986	Kazma Sporting Club	Al Fahaheel FC
1986/1987	Kazma Sporting Club	Al Kuwait SC Kaifan
1987/1988	Al Arabi SC Kuwait City	Al Kuwait SC Kaifan
1988/1989	Al Arabi SC Kuwait City	Al Qadisia SC Kuwait City
1989/1990	Al Jahra FC	Kazma Sporting Club
1990/1991	No competition	No competition
1991/1992	Al Qadisia SC Kuwait City	Al Arabi SC Kuwait City
1992/1993	Al Arabi SC Kuwait City	Al Salmiya SC Kuwait City
1993/1994	Kazma Sporting Club	Al Qadisia SC Kuwait City
1994/1995	Al Salmiya SC Kuwait City	Kazma Sporting Club
1995/1996	Kazma Sporting Club	Al Arabi SC Kuwait City
1996/1997	Al Arabi SC Kuwait City	Kazma Sporting Club
1997/1998	Al Salmiya SC Kuwait City	Kazma Sporting Club
1998/1999	Al Qadisia SC Kuwait City	Al Arabi SC Kuwait City
1999/2000	Al Salmiya SC Kuwait City	Al Arabi SC Kuwait City
2000/2001	Al Kuwait SC Kaifan	Al Salmiya SC Kuwait City
2001/2002	Al Arabi SC Kuwait City	Al Kuwait SC Kaifan
2002/2003	Al Qadisia SC Kuwait City	Al Qadisia SC Kuwait City
2003/2004	Al Qadisia SC Kuwait City	Al Qadisia SC Kuwait City
2004/2005	Al Qadisia SC Kuwait City	Al Arabi SC Kuwait City
2005/2006	Al Kuwait SC Kaifan	Al Arabi SC Kuwait City
2006/2007	Al Kuwait SC Kaifan	Al Qadisia SC Kuwait City
2007/2008	Al Kuwait SC Kaifan	Al Arabi SC Kuwait City
2008/2009	Al Qadisia SC Kuwait City	Al Kuwait SC Kaifan
2009/2010	Al Qadisia SC Kuwait City	Al Qadisia SC Kuwait City
2010/2011	Al Qadisia SC Kuwait City	Kazma Sporting Club
2011/2012	Al Qadisia SC Kuwait City	Al Qadisia SC Kuwait City
2012/2013	Al Kuwait SC Kaifan	Al Qadisia SC Kuwait City
2013/2014	Al Qadisia SC Kuwait City	Al Kuwait SC Kaifan
2014/2015	Al Kuwait SC Kaifan	Al Qadisia SC Kuwait City
2015/2016	Al Qadisia SC Kuwait City	Al Kuwait SC Kaifan
2016/2017	Al Kuwait SC Kaifan	Al Kuwait SC Kaifan
2017/2018	Al Kuwait SC Kaifan	Al Kuwait SC Kaifan
2018/2019	Al Kuwait SC Kaifan	Al Kuwait SC Kaifan
2019/2020	Al Kuwait SC Kaifan	Al Arabi SC Kuwait City
2020/2021	Al Arabi SC Kuwait City	Not yet finished

NATIONAL CHAMPIONSHIP
Premier League 2020/2021

Regular Season

1.	Al Nasr SC Ardiyah	14	10	2	2	26	-	5	32
2.	Al Qadisia SC Kuwait City	14	10	2	2	28	-	14	32
3.	Al Salmiya SC Kuwait City	14	8	5	1	30	-	13	29
4.	Kazma Sporting Club	14	8	4	2	22	-	10	28
5.	Al Kuwait SC Kaifan	14	7	3	4	25	-	16	24
6.	Al Arabi SC Kuwait City	14	6	4	4	19	-	17	22
7.	Al Shabab SC Al Ahmadi	14	6	4	4	19	-	18	22
8.	Al Fahaheel SC Kuwait City	14	5	3	6	12	-	12	18
9.	Khaitan Sporting Club	14	5	3	6	16	-	26	18
10.	Al Sahel SC Abu Halifa	14	5	2	7	14	-	15	17
11.	Burgan Sports Club Al Farwaniyah (*Relegated*)	14	4	5	5	13	-	16	17
12.	Al Jahra SC (*Relegated*)	14	2	5	7	13	-	20	11
13.	Al Yarmouk SC Mishref (*Relegated*)	14	2	2	10	22	-	36	8
14.	Al Tadamun SC Al Farwaniyah (*Relegated*)	14	2	2	10	14	-	31	8
15.	Al Sulaibikhat SC (*Relegated*)	14	1	2	11	9	-	33	5

Teams ranked 1-10 were qualfied for the Championship Group.

Championship Group

1.	**Al Arabi SC Kuwait City**	18	13	5	0	39	-	16	44
2.	Al Qadisia SC Kuwait City	18	10	6	2	32	-	16	36
3.	Al Kuwait SC Kaifan	18	9	7	2	37	-	20	34
4.	Kazma Sporting Club	18	6	7	5	30	-	22	25
5.	Al Nasr SC Ardiyah	18	6	4	8	20	-	23	22
6.	Al Salmiya SC Kuwait City	18	6	2	10	25	-	32	20
7.	Al Shabab SC Al Ahmadi	18	4	7	7	16	-	23	19
8.	Al Fahaheel SC Kuwait City	18	3	7	8	22	-	36	16
9.	Khaitan Sporting Club (*Relegated*)	18	3	5	10	21	-	39	14
10.	Al Sahel SC Abu Halifa (*Relegated*)	18	3	4	11	21	-	36	13

Best goalscorer 2020/2021:
Oday Ibrahim Mohammad Dabbagh (PLE, Al Arabi SC Kuwait City) – 13 goals

Promoted for the 2021/2022 season:
Al Tadamun SC Al Farwaniyah, Al Yarmouk SC Mishref

NATIONAL CUP
Emir Cup Final 2020/2021

02.12.2021
Al Kuwait SC Kaifan - Al Qadisia SC Kuwait City

Will be played in December 2021.

THE CLUBS

AL ARABI SPORTING CLUB KUWAIT CITY
Year of Formation: 1960
Stadium: Sabah Al Salem Stadium, Kuwait City (28,000)

AL FAHAHEEL SPORTING CLUB KUWAIT CITY
Year of Formation: 1964
Stadium: "Nayif Al Dabbous" Stadium, Kuwait City (2,000)

AL JAHRA SPORTING CLUB
Year of Formation: 1966
Stadium: "Al Shabab Mubarak Al Aiar" Stadium, Jahra (17,000)

AL KUWAIT SPORTING CLUB KAIFAN
Year of Formation: 1960
Stadium: Al Kuwait Sports Club Stadium, Kuwait City (18,000)

AL NASR SPORTING CLUB ARDIYAH
Year of Formation: 1965
Stadium: "Ali Al Salem Al Subah" Stadium, Al Farwaniyah (10,000)

AL QADISIA SPORTS CLUB KUWAIT CITY
Year of Formation: 1960
Stadium: „Mohammed Al Hamad" Stadium, Kuwait City (20,000)

AL SAHEL SPORTS CLUB ABU HALIFA
Year of Formation: 1967
Stadium: Al Sahel Stadium, Abu Halifa (2,000)

AL SALMIYA SPORTS CLUB KUWAIT CITY
Year of Formation: 1974
Stadium: Thamir Stadium, Al Salmiya (20,000)

AL SHABAB SPORTS CLUB AL AHMADI
Year of Formation: 1963
Stadium: Al Ahmadi Stadium, Al Ahmadi (18,000)

AL SULAIBIKHAT SPORTING CLUB
Year of Formation: 1972
Stadium: Al Sulaibikhat Stadium, Al Sulaibikhat (7,000)

AL TADAMUN SPORTS CLUB AL FARWANIYAH
Year of Formation: 1965
Stadium: Al Farwaniyah Stadium, Al Farwaniyah (14,000)

AL YARMOUK SPORTS CLUB MISHREF
Year of Formation: 1965
Stadium: „Abdullah Al Khalifa" Stadium, Kuwait City (16,000)

BURGAN SPORTS CLUB AL FARWANIYAH
Year of Formation: 2007
Stadium: „Ali Al Salem Al Sabah" Stadium, Al Farwaniyah (10,000)

KAZMA SPORTING CLUB
Year of Formation: 1964
Stadium: Al Sadaqua Walsalam Stadium, Kuwait City (21,500)

KHAITAN SPORTING CLUB
Year of Formation: 1965
Stadium: Khaitan Stadium, Khaitan (10,000)

NATIONAL TEAM
INTERNATIONAL MATCHES 2020/2021

18.01.2021	Kuwait City	Kuwait - Palestine	0-1(0-0)	(F)
27.01.2021	Basra	Iraq - Kuwait	2-1(0-1)	(F)
25.03.2021	Riyadh	Saudi Arabia - Kuwait	1-0(0-0)	(F)
29.03.2021	Dubai	Kuwait - Lebanon	1-1(1-0)	(F)
03.06.2021	Kuwait City	Australia - Kuwait	3-0(2-0)	(WCQ)
11.06.2021	Kuwait City	Kuwait - Jordan	0-0	(WCQ)
15.06.2021	Kuwait City	Chinese Taipei - Kuwait	1-2(0-1)	(WCQ)
25.06.2021	Doha	Bahrain - Kuwait	2-0(0-0)	(ARCQ)

18.01.2021, Friendly International
„Jaber Al Ahmad" Stadium, Kuwait City; Attendance: 0
Referee: Ahmad Faisal Al Ali (Jordan)
KUWAIT - PALESTINE　　　　　　　　　　　　　　　　**0-1(0-0)**
KUW: Sulaiman Abdulghafoor, Abdulaziz Naji Hasan Murad Mahran (82.Hamad Talal Adel Khalil Al Qallaf), Fahad Hammoud Hadi Shelash Al Rashidi, Hamad Ali Sultan Abdullah Saleh Al Harbi, Fahad Al Hajeri, Talal Suleiman Saoud Suleiman Al Fadhel (63.Shabaib Abdulaziz Shabaib Al Khaldi), Khaled Shaman Ayedh Eid Al Adailah Al Mutairi, Ahmad Jaber Ali Zanki (73.Fawaz Ayedh Abdullah Rajeh Wael Al Otaibi), Redha Hani Wael Abu Jabarah (82.Mubarak Khaled Hamad Al Faneeni), Bader Ahmed Al Mutawa (73.Eid Nasser Dughaim Al Rashidi), Hussain Mohsen Al Mosawi (63.Faisal Zaid Al Harbi). Trainer: Andrés Carrasco Carrillo (Spain).

27.01.2021, Friendly International
Basra Sports City, Basra; Attendance: 1,000
Referee: Salman Ahmed Falahi (Qatar)
IRAQ - KUWAIT　　　　　　　　　　　　　　　　**2-1(0-1)**
KUW: Sulaiman Abdulghafoor, Abdulaziz Naji Hasan Murad Mahran, Fahad Hammoud Hadi Shelash Al Rashidi [sent off 88], Mahdi Hussain Khaled Hussain Mohammad Dashti, Fahad Al Hajeri, Fawaz Ayedh Abdullah Rajeh Wael Al Otaibi (87.Nasser Falah Lafe Jazea), Eid Nasser Dughaim Al Rashidi (66.Ahmad Jaber Ali Zanki), Hamad Talal Adel Khalil Al Qallaf (67.Ali Ateeq Rashed), Shabaib Abdulaziz Shabaib Al Khaldi, Bandar Musaed Nahar Mallouh Al Mutairi Al Salama (66.Abdulaziz Mohammad Wadi Al Anezi), Mubarak Khaled Hamad Al Faneeni (81.Bader Ahmed Al Mutawa). Trainer: Andrés Carrasco Carrillo (Spain).
Goal: Eid Nasser Dughaim Al Rashidi (22).

25.03.2021, Friendly International
King Saud University Stadium (Riyadh; Attendance: 0
Referee: Mohamed Bunafoor (Bahrain)
SAUDI ARABIA - KUWAIT 1-0(0-0)
KUW: Khalid Mohammad Aaidh Al Rashidi, Abdulaziz Naji Hasan Murad Mahran, Sami Al Sanea, Fahad Hammoud Hadi Shelash Al Rashidi, Mahdi Hussain Khaled Hussain Mohammad Dashti (78.Bader Ahmed Al Mutawa), Fawaz Ayedh Abdullah Rajeh Wael Al Otaibi, Eid Nasser Dughaim Al Rashidi (85.Hussain Ali Mohammad Mohsen Ashkanani), Hamad Talal Adel Khalil Al Qallaf, Shabaib Abdulaziz Shabaib Al Khaldi (68.Yousef Nasser Al Sulaiman), Mubarak Khaled Hamad Al Faneeni (77.Ahmad Jaber Ali Zanki), Bandar Musaed Nahar Mallouh Al Mutairi Al Salama (63.Ahmad Abdullah Farhan Al Dhufairi). Trainer: Andrés Carrasco Carrillo (Spain).

29.03.2021, Friendly International
Police Officers' Club Stadium, Dubai (United Arab Emirates); Attendance: 0
Referee: Ammar Ali Abdulla Jumaa Al Jenaibi (United Arab Emirates)
KUWAIT - LEBANON 1-1(1-0)
KUW: Sulaiman Abdulghafoor, Fahad Hammoud Hadi Shelash Al Rashidi, Ahmad Ibrahim Ismaeil Khudhair Abdullah (28.Abdulaziz Naji Hasan Murad Mahran), Fahad Al Hajeri, Fawaz Ayedh Abdullah Rajeh Wael Al Otaibi (61.Ahmad Jaber Ali Zanki), Hamad Talal Adel Khalil Al Qallaf (76.Moaath Meshal Rekabi Jarah Meshal Al Dhufairi), Shabaib Abdulaziz Shabaib Al Khaldi, Ahmad Abdullah Farhan Al Dhufairi, Yousef Nasser Al Sulaiman, Bandar Musaed Nahar Mallouh Al Mutairi Al Salama (61.Eid Nasser Dughaim Al Rashidi), Hussain Mohsen Al Mosawi (76.Mahdi Hussain Khaled Hussain Mohammad Dashti). Trainer: Andrés Carrasco Carrillo (Spain).
Goal: Shabaib Abdulaziz Shabaib Al Khaldi (15).

03.06.2021, 22nd FIFA World Cup Qualifiers / AFC Qualifiers, Second Round
„Jaber Al Ahmad" Stadium, Kuwait City; Attendance: 0
Referee: Jumpei Iida (Japan)
AUSTRALIA - KUWAIT 3-0(2-0)
KUW: Sulaiman Abdulghafoor, Hamad Talal Adel Khalil Al Qallaf, Khaled Mohammad Ebrahim Hasan Hajiah, Fahad Al Hajeri, Fawaz Ayedh Abdullah Rajeh Wael Al Otaibi (61.Bader Ahmed Al Mutawa), Shabaib Abdulaziz Shabaib Al Khaldi, Ahmad Abdullah Farhan Al Dhufairi, Fahad Ebrahim Al Ansari (84.Mohammad Jasim Mohammad Ebraheem Khudair Ali Al Huwaidi), Bandar Musaed Nahar Mallouh Al Mutairi Al Salama (62.Eid Nasser Dughaim Al Rashidi), Mubarak Khaled Hamad Al Faneeni (74.Yousef Nasser Al Sulaiman), Fahad Mohammad Aaidh Al Rashidi (75.Hamad Ali Sultan Abdullah Saleh Al Harbi). Trainer: Andrés Carrasco Carrillo (Spain).

11.06.2021, 22nd FIFA World Cup Qualifiers / AFC Qualifiers, Second Round
Al Kuwait Sports Club Stadium, Kuwait City (Kuwait); Attendance: 0
Referee: Nawaf Abdullah Ghayyath Shukrallah (Bahrain)
KUWAIT - JORDAN 0-0
KUW: Khalid Mohammad Aaidh Al Rashidi, Hamad Talal Adel Khalil Al Qallaf, Khaled Mohammad Ebrahim Hasan Hajiah [*sent off 59*], Sami Al Sanea, Eid Nasser Dughaim Al Rashidi (74.Bader Ahmed Al Mutawa), Shabaib Abdulaziz Shabaib Al Khaldi (66.Ahmad Jaber Ali Zanki), Mohammad Jasim Mohammad Ebraheem Khudair Ali Al Huwaidi (77.Abdulaziz Naji Hasan Murad Mahran), Ahmad Abdullah Farhan Al Dhufairi, Fahad Ebrahim Al Ansari (66.Hamad Ali Sultan Abdullah Saleh Al Harbi), Fahad Mohammad Aaidh Al Rashidi, Mubarak Khaled Hamad Al Faneeni (56.Yousef Nasser Al Sulaiman). Trainer: Andrés Carrasco Carrillo (Spain).

15.06.2021, 22nd FIFA World Cup Qualifiers / AFC Qualifiers, Second Round
"Jaber Al Ahmad" Stadium, Kuwait City; Attendance: 0
Referee: Ahmed Abu Bakar Said Al Kaf (Oman)
CHINESE TAIPEI - KUWAIT   **1-2(0-1)**
KUW: Sulaiman Abdulghafoor, Hamad Talal Adel Khalil Al Qallaf (56.Abdulmohsen Ali Yaqoub Talib Hussain Mohammad Ali Al Turkomani), Sami Al Sanea, Fahad Al Hajeri, Ahmad Jaber Ali Zanki (46.Eid Nasser Dughaim Al Rashidi), Yousef Nasser Al Sulaiman (84.Fahad Ebrahim Al Ansari), Fawaz Ayedh Abdullah Rajeh Wael Al Otaibi (56.Mubarak Khaled Hamad Al Faneeni), Shabaib Abdulaziz Shabaib Al Khaldi (56.Fawaz Al Embailesh), Hamad Ali Sultan Abdullah Saleh Al Harbi, Ahmad Abdullah Farhan Al Dhufairi, Bader Ahmed Al Mutawa. Trainer: Andrés Carrasco Carrillo (Spain).
Goals: Yousef Nasser Al Sulaiman (14, 72).

25.06.2021, 10th FIFA Arab Cup, Qualifiers
Khalifa International Stadium, Doha (Qatar); Attendance: n/a
Referee: Mustapha Ghorbal (Algeria)
BAHRAIN - KUWAIT   **2-0(0-0)**
KUW: Khalid Mohammad Aaidh Al Rashidi, Fahad Hammoud Hadi Shelash Al Rashidi, Sami Al Sanea, Hamad Ali Sultan Abdullah Saleh Al Harbi, Fahad Al Hajeri, Fahad Ebrahim Al Ansari (79.Eid Nasser Dughaim Al Rashidi), Hamad Talal Adel Khalil Al Qallaf, Ahmad Abdullah Farhan Al Dhufairi (84.Bandar Musaed Nahar Mallouh Al Mutairi Al Salama), Yousef Nasser Al Sulaiman (79.Fawaz Ayedh Abdullah Rajeh Wael Al Otaibi), Bader Ahmed Al Mutawa, Mubarak Khaled Hamad Al Faneeni (61.Shabaib Abdulaziz Shabaib Al Khaldi). Trainer: Andrés Carrasco Carrillo (Spain).

NATIONAL TEAM PLAYERS 2020/2021

Name	DOB	Club
Goalkeepers		
Sulaiman ABDULGHAFOOR	26.02.1991	Al Arabi SC Kuwait City
Khalid Mohammad Aaidh AL RASHIDI	20.04.1987	Al Qadisia SC Kuwait City
Defenders		
Ahmad Ibrahim Ismaeil Khudhair ABDULLAH	14.06.1991	Al Arabi SC Kuwait City
Fahad AL HAJERI	10.11.1991	Al Kuwait SC Kaifan
Hamad Ali Sultan Abdullah Saleh AL HARBI	25.07.1992	Kazma Sporting Club
Hamad Talal Adel Khalil AL QALLAF	04.12.1999	Al Salmiya SC Kuwait City
Fahad Hammoud Hadi Shelash AL RASHIDI	03.10.1990	Al Kuwait SC Kaifan
Ali ATEEQ Rashed	22.05.1996	Kazma Sporting Club
Mahdi Hussain Khaled Hussain Mohammad DASHTI	26.10.2001	Al Salmiya SC Kuwait City
Khaled Mohammad Ebrahim Hasan HAJIAH	28.08.1992	Al Qadisia SC Kuwait City
Abdulaziz Naji Hasan Murad MAHRAN	19.08.2001	Al Kuwait SC Kaifan
Midfielders		
Redha Hani Wael ABU JABARAH	22.04.1996	Al Qadisia SC Kuwait City
Abdulaziz Mohammad Wadi AL ANEZI	06.12.1998	Al Qadisia SC Kuwait City
Fahad Ebrahim AL ANSARI	25.02.1987	Al Wakrah SC (QAT)
Ahmad Abdullah Farhan AL DHUFAIRI	09.01.1992	Al Qadisia SC Kuwait City
Moaath Meshal Rekabi Jarah Meshal AL DHUFAIRI	20.05.1997	Al Nasr SC Ardiyah
Talal Suleiman Saoud Suleiman AL FADHEL	11.08.1990	Al Kuwait SC Kaifan

Mubarak Khaled Hamad AL FANEENI	21.01.2000	*Al Salmiya SC Kuwait City*
Mohammad Jasim Mohammad Ebraheem Khudair Ali AL HUWAIDI	29.01.1999	*Al Salmiya SC Kuwait City*
Khaled Shaman Ayedh Eid Al Adailah AL MUTAIRI	14.08.1996	*Al Nasr SC Ardiyah*
Fawaz Ayedh Abdullah Rajeh Wael AL OTAIBI	21.02.1997	*Al Salmiya SC Kuwait City*
Eid Nasser Dughaim AL RASHIDI	17.12.1995	*Al Qadisia SC Kuwait City*
Sami AL SANEA	09.01.1993	*Al Kuwait SC Kaifan*
Hussain Ali Mohammad Mohsen ASHKANANI	26.01.2002	*Al Arabi SC Kuwait City*
Nasser Falah Lafe JAZEA	1999	*Al Sahel SC Abu Halifa*

Forwards

Fawaz AL EMBAILESH	08.01.1999	*Khaitan Sporting Club*
Faisal Zaid AL HARBI	09.10.1991	*Al Kuwait SC Kaifan*
Shabaib Abdulaziz Shabaib AL KHALDI	30.11.1999	*Kazma Sporting Club*
Hussain Mohsen AL MOSAWI	11.07.1988	*Al Salmiya SC Kuwait City*
Bader Ahmed AL MUTAWA	10.01.1985	*Al Qadisia SC Kuwait City*
Fahad Mohammad Aaidh AL RASHIDI	31.12.1984	*Al Salmiya SC Kuwait City*
Bandar Musaed Nahar Mallouh Al Mutairi AL SALAMA	28.10.2002	*Al Arabi SC Kuwait City*
Yousef Nasser AL SULAIMAN	09.10.1990	*Al Kuwait SC Kaifan*
Abdulmohsen Ali Yaqoub Talib Hussain Mohammad Ali AL TURKOMANI	24.02.1995	*Al Shabab SC Al Ahmadi*
Ahmad Jaber Ali ZANKI	17.12.1995	*Al Kuwait SC Kaifan*

National coaches

Andrés CARRASCO Carrillo (Spain) [from 01.11.2020]	04.03.1978

KYRGYZSTAN

The Country:
Кыргыз Республикасы (Kyrgyz Republic) Capital: Bishkek Surface: 199,900 km² Population: 6,586,600 [2020] Time: UTC+6 Independent since: 1991
The FA:
Football Federation of Kyrgyz Republic P.O.Box 1484, Mederova Street 1 "B", 720082 Bishkek Year of Formation: 1992 Member of FIFA since: 1994 Member of AFC since: 1994

NATIONAL TEAM RECORDS

First international match:	23.08.1992, Tashkent: Uzbekistan - Kyrgyzstan 3-0
Most international caps:	Vadim Kharchenko – 51 caps (2003-2015)
Most international goals:	Anton Zemlianukhin – 13 goals / 29 caps (since 2007)

NATIONAL TEAM COMPETITIONS:

ASIAN NATIONS CUP	
1956	-
1960	-
1964	-
1968	-
1972	-
1976	-
1980	-
1984	-
1988	-
1992	-
1996	Qualifiers
2000	Qualifiers
2004	Qualifiers
2007	Did not enter
2011	Qualifiers
2015	Qualifiers
2019	Final Tournament (2nd Round of 16)

FIFA WORLD CUP	
1930	-
1934	-
1938	-
1950	-
1954	-
1958	-
1962	-
1966	-
1970	-
1974	-
1978	-
1982	-
1986	-
1990	-
1994	Did not enter
1998	Qualifiers
2002	Qualifiers
2006	Qualifiers
2010	Qualifiers
2014	Qualifiers
2018	Qualifiers

F.I.F.A. CONFEDERATIONS CUP 1992-2017

None

OLYMPIC FOOTBALL TOURNAMENTS 1908-2016

Year		Year		Year		Year	
1908	-	1948	-	1972	-	1996	Qualifiers
1912	-	1952	-	1976	-	2000	Qualifiers
1920	-	1956	-	1980	-	2004	Qualifiers
1924	-	1960	-	1984	-	2008	-
1928	-	1964	-	1988	-	2012	Qualifiers
1936	-	1968	-	1992	-	2016	Qualifiers

ASIAN GAMES 1951-2014

Year	Result
1951	-
1954	-
1958	-
1962	-
1966	-
1970	-
1974	-
1978	-
1982	-
1986	-
1990	-
1994	-
1998	-
2002	-
2006	Group Stage
2010	Group Stage
2014	2nd Round of 16

AFC CHALLENGE CUP 2006-2014

2006	Semi-Finals
2008	Qualifiers
2010	Group Stage
2012	Qualifiers
2014	Group Stage

WEST ASIAN CHAMPIONSHIP 2000-2019

2000	Group Stage
2002	-
2004	-
2007	-
2008	-
2010	-
2012	-
2014	-
2019	-

KYRGYZ CLUB HONOURS IN ASIAN CLUB COMPETITIONS:

AFC Champions League 1967-1971 & 1985/1986-2020
None

Asian Football Confederation Cup 2004-2020
None

AFC President's Cup 2005-2014*
FC Dordoi-Dynamo Naryn	2	2006, 2007

Asian Cup Winners Cup 1975-2003*
None

Asian Super Cup 1995-2002*
None

*defunct competition

| NATIONAL COMPETITIONS |
| TABLE OF HONOURS |

Champions during the Soviet Union time (Kyrgyz SSR):

1934: Frunze; 1935: Dinamo Frunze; 1936: Burevestnik Frunze; 1937 Spring. Spartak Frunze; 1937 Fall: Burevestnik Frunze; 1938 Spring: Dinamo Frunze; 1938 Fall: Dinamo Frunze; 1939-1944 *No competition*; 1945: Frunze; 1946: Spartak Frunze; 1947: Spartak Frunze; 1948: Spartak Frunze; 1949: Burevestnik Frunze; 1950: Spartak Frunze; 1951: Frunze; 1952: Dinamo Frunze; 1953: Osh Region Team; 1954: Frunze; 1955: Frunze; 1956: Frunze; 1957: Frunze Region Team; 1958: Torpedo Frunze; 1959: Torpedo Frunze; 1960: SKIF Frunze; 1961: Mayli-Say City Team; 1962: Alga Kalininskoye; 1963: Alga Kalininskoye; 1964: Selmashevets Frunze; 1965: Alga Kalininskoye; 1966: Selmashevets Frunze; 1967: Alga Kalininskoye; 1968: Selmashevets Frunze; 1969: Instrumentalshchik Frunze; 1970: Selmashevets Frunze; 1971: Elektrik Frunze; 1972: Selmashevets Frunze; 1973: Selmashevets Frunze; 1974: Tekstilshchik Osh; 1975: Instrumentalshchik Frunze; 1976: Stroitel Jalal-Abad; 1977: Selmashevets Frunze; 1978: Instrumentalshchik Frunze; 1979: Selmashevets Frunze; 1980: Instrumentalshchik Frunze; 1981: Instrumentalshchik Frunze; 1982: Instrumentalshchik Frunze; 1983: Instrumentalshchik Frunze; 1984: Instrumentalshchik Frunze; 1985: *No competition*; 1986: Selmashevets Frunze; 1987: Selmashevets Frunze; 1988: Selmashevets Frunze; 1989: Selmashevets Frunze; 1990: Selmashevets Frunze; 1991: Selmashevets Frunze.

Cup winners during the Soviet Union time (Kyrgyz SSR):

1939: Dinamo Frunze; 1940: Spartak Frunze; 1941-1944 *No competition*; 1945: Dinamo Frunze; 1946: Burevestnik Frunze; 1947: Burevestnik Frunze; 1948: Burevestnik Frunze; 1949: Burevestnik Frunze; 1950: Burevestnik Frunze; 1951: Dinamo Frunze; 1952: Dinamo Frunze; 1953: Frunze; 1954: Kalininskoye Town Team; 1955: Spartak Frunze; 1956: Torpedo Frunze; 1957: Kalininskoye Town Team; 1958: Kalininskoye Town Team; 1959: Torpedo Frunze; 1960: Kalininskoye Town Team; 1961: Alga Kalininskoye; 1962: Alga Kalininskoye; 1963: Alga Kalininskoye; 1964: Elektrik Frunze; 1965: Selmashevets Frunze; 1966: Selmashevets Frunze; 1967: Instrumentalshchik Frunze; 1968: Selmashevets Frunze; 1969: Selmashevets Frunze; 1970: Selmashevets Frunze; 1971: Instrumentalshchik Frunze; 1972: Khimik Kara-Balta; 1973: Selmashevets Frunze; 1974: Instrumentalshchik Frunze; 1975: Selmashevets Frunze; 1976: Tekstilshchik Frunze; 1977: Selmashevets Frunze; 1978: Instrumentalshchik Frunze; 1979: Instrumentalshchik Frunze; 1980: Motor Frunze; 1981: Instrumentalshchik Frunze; 1982-19883 *No competition*; 1984: Selmashevets Frunze; 1985: Selmashevets Frunze; 1986: Elektrik Frunze; 1987: Elektrik Frunze; 1988: Instrumentalshchik Frunze; 1989: Selmashevets Frunze; 1990: Selmashevets Frunze; 1991: Selmashevets Frunze.

	CHAMPIONS	CUP WINNERS
1992	Alga Bishkek	Alga Bishkek
1993	Alga-RIIF Bishkek	Alga-RIIF Bishkek
1994	Kant-Oil Kant	Ak-Maral Tokmak
1995	Kant-Oil Kant	Semetey Kyzyl-Kiya
1996	Metallurg Kadamjay	AiK Bishkek
1997	Dinamo Bishkek	Alga-PVO Bishkek
1998	CAG-Dinamo-MVD Bishkek	SKA-PVO Bishkek
1999	CAG-Dinamo Bishkek	SKA-PVO Bishkek
2000	SKA-PVO Bishkek	SKA-PVO Bishkek
2001	SKA-PVO Bishkek	SKA-PVO Bishkek
2002	SKA-PVO Bishkek	SKA-PVO Bishkek
2003	Zhashtyk Ak Altyn Kara-Suu	SKA-PVO Bishkek
2004	FC Dordoi-Dynamo Naryn	FC Dordoi-Dynamo Naryn
2005	FC Dordoi-Dynamo Naryn	FC Dordoi-Dynamo Naryn
2006	FC Dordoi-Dynamo Naryn	FC Dordoi-Dynamo Naryn
2007	FC Dordoi-Dynamo Naryn	FK Abdish-Ata Kant
2008	FC Dordoi-Dynamo Naryn	FC Dordoi-Dynamo Naryn
2009	FC Dordoi-Dynamo Naryn	FC Abdish-Ata Kant
2010	FC Neftchi Kochkor-Ata	FC Dordoi-Dynamo Naryn
2011	FC Dordoi Bishkek	FC Abdish-Ata Kant
2012	FC Dordoi Bishkek	FC Dordoi Bishkek
2013	FC Alay Osh	FC Alay Osh
2014	FC Dordoi Bishkek	FC Dordoi Bishkek
2015	FC Alay Osh	FC Abdish-Ata Kant
2016	FC Alay Osh	FC Dordoi Bishkek
2017	FC Alay Osh	FC Dordoi Bishkek
2018	FC Dordoi Bishkek	FC Dordoi Bishkek
2019	FC Dordoi Bishkek	FC Neftchi Kochkor-Ata
2020	FC Dordoi Bishkek	FC Alay Osh

NATIONAL CHAMPIONSHIP
Kyrgyzstan Top League 2020

1. **FC Dordoi Bishkek**   14 11 2   1   38 - 9   35
2. FC Alga Bishkek   14   9 2   3   15 - 12   29
3. FC Neftchi Kochkor-Ata   14   9 1   4   27 - 15   28
4. FC Abdish-Ata Kant   14   6 5   3   21 - 17   23
5. FC Alay Osh   14   7 2   5   16 - 12   23
6. FC Kaganat Osh   14   4 3   7   17 - 24   15
7. FC Kara-Balta   14   0 3 11   8 - 30   3
8. FC Ilbirs Bishkek   14   0 2 12   6 - 29   2
9. Lider-Chempion Issyk-Kul (*withdrew*)

<u>Please note</u>: Lider-Chempion withdrew on 22.06.2020 from the league for financial reasons. The league was suspended between 14.03.-10.08.2020 due to COVID-19 pandemic, all matches after the restart being played in Kant!

Best goalscorer 2020:
Mirlan Murzaev (FC Dordoi Bishkek) – 8 goals

NATIONAL CUP
Kyrgyzstan Cup Final 2020

22.10.2020, Central Stadium, Kant; Referee: Urmat Bayaliev
FC Alay Osh - FC Abdish-Ata Kant **1-0(0-0)**
FC Alay Osh: Dastan Alybekov, Kyrylo Protsyshyn, Erlan Masharipov (79.Askarbek Saliev), Qvanzav Mahammadov, Keldibek Talantbek uulu, Odilzhon Abdurakhmanov, Baktay Taalaybek uulu, Timur Talipov, Kelvin Inkoom, Joel Kojo, Nurlan Ryspaev (75.Aziz Keldiyarov). Trainer: Bakitbek Mamatov.
FC Abdish-Ata Kant: Rakhat Zhaparov, Ata Geldiyev, Danila Sokirchenko, Ilgiz Ermekov (60.Vladimir Kazakbaev), Victor Amartey, Bakhtiyar Duyshobekov, Davliatzhan Baratov, Eldiyar Sardarbekov, Amir Zhaparov (60.Atay Dzholdoshbekov), Orozbek Timur uulu (86.Arlen Sharshenbekov), Maksat Alygulov. Trainer: Ceylan Arikan.
Goal: 1-0 Kelvin Inkoom (36).

THE CLUBS

FOOTBALL CLUB ABDISH-ATA KANT
Year of Formation: 1992
Stadium: Sportkompleks Stadion, Abdysh-Ata (3,000)

FOOTBALL CLUB KAGANAT OSH
Year of Formation: 2020
Stadium: Suyumbayev Stadion, Osh (12,000)

FOOTBALL CLUB ALAY OSH
Year of Formation: 1960
Stadium: Suyumbayev Stadion, Osh (12,000)

FOOTBALL CLUB ALGA BISHKEK
Year of Formation: 1947 (*as FK Zenit Frunze*)
Stadium: Dynamo Stadion, Bishkek (10,000)

FOOTBALL CLUB DORDOI BISHKEK
Year of Formation: 1997
Stadium: Spartak Stadion, Bishkek (23,000)

FOOTBALL CLUB ILBIRS BISHKEK
Year of Formation: 2018
Stadium: FC FFKR Stadion, Bishkek (1,000)

FOOTBALL CLUB KARA-BALTA
Stadium: Manas Stadium, Kara-Balta (4,000)

FOOTBALL CLUB NEFTCHI KOCHKOR-ATA
Year of Formation: 1952
Stadium: Stadion Neftyannik, Kochkor-Ata (5,000)

NATIONAL TEAM
INTERNATIONAL MATCHES 2020/2021

07.06.2021	Osaka	Kyrgyzstan - Mongolia	0-1(0-1)	(WCQ)
11.06.2021	Osaka	Myanmar - Kyrgyzstan	1-8(0-5)	(WCQ)
15.06.2021	Suita	Japan - Kyrgyzstan	5-1(3-1)	(WCQ)

07.06.2021, 22nd FIFA World Cup Qualifiers / AFC Qualifiers, Second Round
Yanmar Stadium Nagai, Osaka (Japan); Attendance: 0
Referee: Yu Ming-hsun (Chinese Taipei)
KYRGYZSTAN - MONGOLIA   **0-1(0-1)**
KGZ: Ayzar Akmatov, Mustafa Yusupov, Tamirlan Kozubaev, Aleksandr Mishchenko, Edgar Bernhardt (64.Akhletdin Israilov), Tursunali Rustamov (64.Odiljon Abdurakhmanov), Kairat Zhyrgalbek uulu, Farhat Musabekov (87.Eldar Moldozhunusov), Alimardon Shukurov, Gulzhigit Alykulov (71.Abay Bokoleev), Mirlan Murzaev. Trainer: Aleksandr Krestinin (Russia).

11.06.2021, 22nd FIFA World Cup Qualifiers / AFC Qualifiers, Second Round
Yanmar Stadium Nagai, Osaka (Japan); Attendance: 0
Referee: Hussein Abo Yehia (Lebanon)
MYANMAR - KYRGYZSTAN   **1-8(0-5)**
KGZ: Ayzar Akmatov, Aleksandr Mishchenko, Edgar Bernhardt (57.Murolimjan Akhmedov), Tursunali Rustamov (64.Mustafa Yusupov), Farhat Musabekov (46.Odiljon Abdurakhmanov), Bakhtiyar Duyşobekov, Alimardon Shukurov (46.Akhletdin Israilov), Ernist Batyrkanov, Gulzhigit Alykulov (57.Eldar Moldozhunusov), Mirlan Murzaev, Abay Bokoleev. Trainer: Aleksandr Krestinin (Russia).
Goals: Tursunali Rustamov (22), Gulzhigit Alykulov (29), Farhat Musabekov (34), Alimardon Shukurov (45), Mirlan Murzaev (45+2, 61), Abay Bokoleev (63), Mirlan Murzaev (78).

15.06.2021, 22nd FIFA World Cup Qualifiers / AFC Qualifiers, Second Round
Panasonic Stadium Suita, Suita; Attendance: 0
Referee: Omar Mubarak Mazaroua Al Yaqoubi (Oman)
JAPAN - KYRGYZSTAN   **5-1(3-1)**
KGZ: Pavel Matyash, Ayzar Akmatov, Tamirlan Kozubaev, Aleksandr Mishchenko, Tursunali Rustamov (61.Ernist Batyrkanov), Kairat Zhyrgalbek uulu, Farhat Musabekov (86.Odiljon Abdurakhmanov), Bakhtiyar Duyşobekov, Alimardon Shukurov (79.Edgar Bernhardt), Gulzhigit Alykulov, Mirlan Murzaev (79.Eldar Moldozhunusov). Trainer: Aleksandr Krestinin (Russia).
Goal: Mirlan Murzaev (45+1 penalty).

NATIONAL TEAM PLAYERS 2020/2021

Name	DOB	Club
Goalkeepers		
Pavel MATYASH	11.07.1987	FC Alga Bishkek
Defenders		
Ayzar AKMATOV*	24.08.1998	FC Dordoi Bishkek
Tamirlan KOZUBAEV	01.07.1994	FK Shinnik Yaroslavl (RUS)
Aleksandr MISHCHENKO	30.07.1997	FC Dordoi Bishkek
Mustafa YUSUPOV	01.07.1995	FC Dordoi Bishkek

*also fielded as goalkeeper

Name	DOB	Club
Midfielders		
Odiljon ABDURAKHMANOV	18.03.1996	FC Bunyodkor Tashkent (UZB)
Murolimjan AKHMEDOV	05.01.1992	Bangladesh Police FC Ḍhākā (BAN)
Gulzhigit ALYKULOV	25.11.2000	FC Kairat Almaty (KAZ)
Edgar BERNHARDT	30.03.1986	FK Andijon (UZB)
Bakhtiyar DUYŞOBEKOV	03.06.1995	Sheikh Russell KC Ḍhākā (BAN)
Akhletdin ISRAILOV	16.09.1994	Samut Sakhon FC (THA)
Farhat MUSABEKOV	03.01.1994	FC Dordoi Bishkek
Tursunali RUSTAMOV	31.01.1990	FC Dordoi Bishkek
Alimardon SHUKUROV	28.09.1999	FC Neman Grodno (BLR)
Kairat ZHYRGALBEK uulu	13.06.1994	FC Dordoi Bishkek
Forwards		
Ernist BATYRKANOV	21.02.1998	FC Kyzylzhar SK Petropavlovsk (KAZ)
Abay BOKOLEEV	03.02.1996	FC Dordoi Bishkek
Eldar MOLDOZHUNUSOV	15.09.1995	FC Alay Osh
Mirlan MURZAEV	29.03.1990	FC Dordoi Bishkek
National coaches		
Aleksandr KRESTININ (Russia) [from 2014]		19.09.1978

LAOS

	The Country:
	Sathalanalat Paxathipatai Paxaxon Lao (Lao People's Democratic Republic) Capital: Vientiane Surface: 236,800 km² Population: 7,123,205 [2019] Time: UTC+7 Independent since: 1949
	The FA:
	Lao Football Federation FIFA Training Center Ban Houayhong, Chanthabuly 856-21, PO Box 1800, Vientiane Year of Formation: 1951 Member of FIFA since: 1952 Member of AFC since: 1968

NATIONAL TEAM RECORDS

First international match: 12.12.1961, Rangoon (MYA): South Vietnam – Laos 7-0
Most international caps: Saynakhonevieng Phommapanya – 54 caps (2006-2016)
Most international goals: Visay Phaphouvanin – 18 goals / 51 caps (2002-2013)

NATIONAL TEAM COMPETITIONS:

ASIAN NATIONS CUP	
1956	Did not enter
1960	Did not enter
1964	Did not enter
1968	Did not enter
1972	Did not enter
1976	Did not enter
1980	Did not enter
1984	Did not enter
1988	Did not enter
1992	Did not enter
1996	Did not enter
2000	Qualifiers
2004	Qualifiers
2007	Did not enter
2011	Did not enter
2015	Qualifiers
2019	Qualifiers

FIFA WORLD CUP	
1930	Did not enter
1934	Did not enter
1938	Did not enter
1950	Did not enter
1954	Did not enter
1958	Did not enter
1962	Did not enter
1966	Did not enter
1970	Did not enter
1974	Did not enter
1978	Did not enter
1982	Did not enter
1986	Did not enter
1990	Did not enter
1994	Did not enter
1998	Did not enter
2002	Qualifiers
2006	Qualifiers
2010	Did not enter
2014	Qualifiers
2018	Qualifiers

F.I.F.A. CONFEDERATIONS CUP 1992-2017

None

OLYMPIC FOOTBALL TOURNAMENTS 1900-2016

2016 (Qualifiers)

ASIAN GAMES 1951-2014	
1951	-
1954	-
1958	-
1962	-
1966	-
1970	-
1974	-
1978	-
1982	-
1986	-
1990	-
1994	-
1998	Group Stage
2002	-
2006	-
2010	-
2014	Group Stage

AFC CHALLENGE CUP 2006-2014	
2006	-
2008	*Withdrew*
2010	-
2012	Qualifiers
2014	Group Stage

ASEAN („TIGER") CUP / AFF CUP 1996-2018	
1996	Group Stage
1998	Group Stage
2000	Group Stage
2002	Group Stage
2004	Group Stage
2007	Group Stage
2008	Group Stage
2010	Group Stage
2012	Group Stage
2014	Group Stage
2016	Qualifiers
2018	Group Stage

SOUTH EAST ASIAN GAMES 1959-2019	
1959	-
1961	Group Stage
1965	-
1967	4th Place
1969	Semi-Finals
1971	Group Stage
1973	Group Stage
1975	-
1977	-
1979	-
1981	-
1983	-
1985	-
1987	-
1989	-
1991	-
1993	Group Stage
1995	Group Stage
1997	Group Stage
1999	Group Stage
2001	Group Stage
2003	Group Stage
2005	Group Stage
2007	Group Stage
2009	4th Place
2011	Group Stage
2013	Group Stage
2015	Group Stage
2017	Group Stage
2019	Group Stage

AFC SOLIDARITY CUP 2016	
2016	3rd Place

LAO CLUB HONOURS IN ASIAN CLUB COMPETITIONS:

AFC Champions League 1967-1971 & 1985/1986-2020
None
Asian Football Confederation Cup 2004-2020
None
AFC President's Cup 2005-2014*
None
Asian Cup Winners Cup 1975-2003*
None
Asian Super Cup 1995-2002*
None

*defunct competition

NATIONAL COMPETITIONS
TABLE OF HONOURS

	CHAMPIONS	CUP WINNERS**
1990	Lao Army FC Vientiane	-
1991	Lao Army FC Vientiane	-
1992	Lao Army FC Vientiane	-
1993	Savannakhet / Lao Army FC Vientiane*	-
1994	Lao Army FC Vientiane	-
1995	Pakse / Education Team*	-
1996	Lao Army FC Vientiane	-
1997	Sayaboury / Lao Army FC Vientiane*	-
1998	Khammouan Province XI	-
1999	Not known	-
2000	Vientiane Municipality	-
2001	Banks FC	-
2002	MCTPC FC Vientiane	-
2003	MCTPC FC Vientiane	MCTPC FC Vientiane
2004	MCTPC FC Vientiane	Vientiane FC
2005	Vientiane FC	Not held
2006	Vientiane FC	Lao-American College FC
2007	Lao-American College FC	Ministry of Public Works and Transport
2008	Lao Army FC Vientiane	Not held
2009	No competition	Not held
2010	Lao Bank FC	Lao Bank FC
2011	Yotha FC Vientiane	Lao Bank FC
2012	Lao Police Club Vientiane	Champassak FC
2013	SHB Champasak FC Pakse	Lao Army FC Vientiane
2014	Hoang Anh Attapeu FC	Lao Police Club Vientiane
2015	Lao Toyota FC Vientiane	Lanexang United FC
2016	Lanexang United FC	Not held
2017	Lao Toyota FC Vientiane	Not held
2018	Lao Toyota FC Vientiane	Not held
2019	Lao Toyota FC Vientiane	Lao Toyota FC Vientiane
2020	Lao Toyota FC Vientiane	Young Elephants FC Vientiane

*1993, 1995 and 1997: two championships organized.
**Prime Minister's Cup (2003-2013), LFF Cup (2014), The Minister Cup (2015), Commando LFF Cup (since 2019).

NATIONAL CHAMPIONSHIP
Lao League 2020

1. **Lao Toyota FC Vientiane**	12	10	2	0	31	-	5	32
2. **Master 7 FC**	12	7	4	1	32	-	17	25
3. Young Elephants FC Vientiane	12	5	2	5	25	-	11	17
4. Ezra FC Vientiane	12	4	4	4	23	-	17	16
5. Lao Police Club Vientiane	12	3	3	6	17	-	23	12
6. Vienchangh FC	12	3	3	6	12	-	29	12
7. Vientiane Capital FC	12	0	2	10	9	-	47	2

Promoted for the 2021 season:
Lao Army FC Vientiane

NATIONAL CUP
Commando LFF Cup Final 2020

31.10.2020, New Laos National Stadium, Vientiane
Young Elephants FC Vientiane – Muang Hat United   2-1(1-0)
Goals: Takumu Nishihara (7, 90+3) / Kitar Sisavadh (88).

THE CLUBS

EZRA FOOTBALL CLUB VIENTIANE
Year of Formation: 2003
Stadium: New Laos National Stadium, Vientiane (25,000)

LAO POLICE CLUB VIENTIANE
Stadium: New Laos National Stadium, Vientiane (25,000)

LAO TOYOTA FOOTBALL CLUB VIENTIANE
Year of Formation: 2013
Stadium: National University of Laos Sport Complex, Vientiane (5,000)

MASTER 7 FOOTBALL CLUB
Year of Formation: 2017
Stadium: New Laos National Stadium, Vientiane (25,000)

VIENTIANE FOOTBALL CLUB
Year of Formation: 2017
Stadium: New Laos National Stadium, Vientiane (25,000)

YOUNG ELEPHANTS FOOTBALL CLUB VIENTIANE
Year of Formation: 2015
Stadium: New Laos National Stadium, Vientiane (25,000)

NATIONAL TEAM
INTERNATIONAL MATCHES 2020/2021

No international activities for the Lao national team during the 2020/2021 season.

LEBANON

The Country:
Al-Jumhūrīyyah al-Lubnānīyyah (Lebanese Republic)
Capital: Beirut
Surface: 10,452 km²
Population: 6,859,408 [2018]
Time: UTC+2
Independent since: 1943

The FA:
Fédération Libanaise de Football Association
Verdun Street, P.O.Box 4732, Beirut
Year of Formation: 1933
Member of FIFA since: 1936
Member of AFC since: 1964

NATIONAL TEAM RECORDS

First international match: 27.04.1940, Tel Aviv: Palestine (Israel) - Lebanon 5-1
Most international caps: Hassan Ali Maatouk – 93 caps (since 2006)
Most international goals: Hassan Ali Maatouk – 21 goals / 93 caps (since 2006)

NATIONAL TEAM COMPETITIONS:

ASIAN NATIONS CUP	
1956	Did not enter
1960	Did not enter
1964	Did not enter
1968	Did not enter
1972	Qualifiers
1976	*Withdrew*
1980	Qualifiers
1984	Did not enter
1988	Did not enter
1992	Did not enter
1996	Qualifiers
2000	Final Tournament (Group Stage)
2004	Qualifiers
2007	Qualifiers (*later withdrew*)
2011	Qualifiers
2015	Qualifiers
2019	Final Tournament (Group Stage)

FIFA WORLD CUP	
1930	Did not enter
1934	Did not enter
1938	Did not enter
1950	Did not enter
1954	Did not enter
1958	Did not enter
1962	Did not enter
1966	Did not enter
1970	Did not enter
1974	Did not enter
1978	Did not enter
1982	Did not enter
1986	*Withdrew*
1990	Qualifiers
1994	Qualifiers
1998	Qualifiers
2002	Qualifiers
2006	Qualifiers
2010	Qualifiers
2014	Qualifiers
2018	Qualifiers

F.I.F.A. CONFEDERATIONS CUP 1992-2017

None

OLYMPIC FOOTBALL TOURNAMENTS 1908-2016						
1908	-	1948	-	1972	Qualifiers	1996	-
1912	-	1952	-	1976	-	2000	Qualifiers
1920	-	1956	-	1980	-	2004	Qualifiers
1924	-	1960	Qualifiers	1984	-	2008	Qualifiers
1928	-	1964	-	1988	-	2012	Qualifiers
1936	-	1968	Qualifiers	1992	Qualifiers	2016	Qualifiers

ASIAN GAMES 1951-2014		WEST ASIAN CHAMPIONSHIP 2000-2019	
1951	-	2000	Group Stage
1954	-	2002	Group Stage
1958	-	2004	Group Stage
1962	-	2007	Group Stage
1966	-	2008	-
1970	-	2010	-
1974	-	2012	Group Stage
1978	-	2014	Group Stage
1982	-	2019	Group Stage
1986	-		
1990	-		
1994	-		
1998	2nd Round		
2002	Group Stage		
2006	-		
2010	-		
2014	-		

LEBANESE CLUB HONOURS IN ASIAN CLUB COMPETITIONS:

AFC Champions League 1967-1971 & 1985/1986-2020		
None		
Asian Football Confederation Cup 2004-2017		
Al Ahed Beirut	1	2019
AFC President's Cup 2005-2013*		
None		
Asian Cup Winners Cup 1975-2003*		
None		
Asian Super Cup 1995-2002*		
None		

*defunct competition

OTHER CLUB COMPETITIONS:

Arab Champions Cup / Arab Champions League 1982-2019
None

Arab Cup Winners Cup 1989-2002*
None

Arab Super Cup 1992-2002*
None

Afro-Asian Club Championship 1986-1998*
None

*defunct competition

NATIONAL COMPETITIONS
TABLE OF HONOURS

	CHAMPIONS	CUP WINNERS
1934	Al Nahda Beirut	-
1935	American University of Beirut	-
1936	Sika Beirut	-
1937	American University of Beirut	-
1938	American University of Beirut	Al Nahda Beirut
1939	Sika Beirut	Helmi SC
1940	Not known	Helmi SC
1941	Sika Beirut	Al Nahda Beirut
1942	Al Nahda Beirut	No competition
1943	Al Nahda Beirut	Homenetmen Beirut FC
1944	Homenetmen Beirut FC	No competition
1945	Homenmen Beirut FC	Al Nahda Beirut
1946	Homenetmen Beirut FC	No competition
1947	Al Nahda Beirut	Al Nahda Beirut
1948	Homenetmen Beirut FC	Homenetmen Beirut FC
1949	Al Nahda Beirut	No competition
1950	Not known	No competition
1951	Homenetmen Beirut FC	Al Shabiba Mazraa
1952	Not known	Al Shabiba Mazraa
1953	Not known	No competition
1954	Homenmen Beirut FC	No competition
1955	Homenetmen Beirut FC	No competition
1956	Racing Beirut	No competition
1957	Homenetmen Beirut FC	No competition
1958	Not known	No competition
1959	Not known	No competition
1960	Not known	No competition
1961	Homenmen Beirut FC	No competition
1962	Not known	Homenetmen Beirut FC
1963	Homenetmen Beirut FC	No competition
1964	Not known	Safa SC Beirut
1965	Racing Beirut	No competition
1966	Not known	No competition
1967	Al Shabiba Mazraa	No competition

1968	*Not known*	*No competition*
1969	Homenetmen Beirut FC	*No competition*
1970	Racing Beirut	*No competition*
1971	*Not known*	Al Nejmeh SC Beirut
1972	*Not known*	*No competition*
1973	Al Nejmeh SC Beirut	*No competition*
1974	*Not known*	*No competition*
1975	Al Nejmeh SC Beirut	*No competition*
1976	*Not known*	*No competition*
1977	*Not known*	*No competition*
1978	*Not known*	*No competition*
1979	*Not known*	*No competition*
1980	*Not known*	*No competition*
1981	*Not known*	*No competition*
1982	*Not known*	*No competition*
1983	*Not known*	*No competition*
1984	*Not known*	*No competition*
1985	*Not known*	*No competition*
1986	*Not known*	Safa SC Beirut
1987	Salam Zgharta	Salam Zgharta
1988	Al Ansar Beirut	Al Ansar Beirut
1989	Al Ansar Beirut	Al Nejmeh SC Beirut
1990	Al Ansar Beirut	Al Ansar Beirut
1991	Al Ansar Beirut	Al Ansar Beirut
1992	Al Ansar Beirut	Al Ansar Beirut
1993	Al Ansar Beirut	Al Bourj Beirut
1994	Al Ansar Beirut	Al Ansar Beirut
1995	Al Ansar Beirut	Al Ansar Beirut
1996	Al Ansar Beirut	Al Ansar Beirut
1997	Al Ansar Beirut	Al Nejmeh SC Beirut
1998	Al Ansar Beirut	Al Nejmeh SC Beirut
1999	Al Ansar Beirut	Al Ansar Beirut
2000	Al Nejmeh SC Beirut	Shabab Al-Sahel Beirut
2001	*Competition withheld*	Tadamon Sour SC Tyre
2002	Al Nejmeh SC Beirut	Al Ansar Beirut
2003	Olympic Beirut*	Olympic Beirut
2004	Al Nejmeh SC Beirut	Al Ahed Beirut
2004/2005	Al Nejmeh SC Beirut	Al Ahed Beirut
2005/2006	Al Ansar Beirut	Al Ansar Beirut
2006/2007	Al Ansar Beirut	Al Ansar Beirut
2007/2008	Al Ahed Beirut	Al Mabarrah Beirut
2008/2009	Al Nejmeh SC Beirut	Al Ahed Beirut
2009/2010	Al Ahed Beirut	Al Ansar Beirut
2010/2011	Al Ahed Beirut	Al Ahed Beirut
2011/2012	Safa SC Beirut	Al Ansar Beirut
2012/2013	Safa SC Beirut	Safa SC Beirut
2013/2014	Al Nejmeh SC Beirut	Salam Zgharta
2014/2015	Al Ahed Beirut	Tripoli Sporting Club
2015/2016	Safa SC Beirut	Al Nejmeh SC Beirut
2016/2017	Al Ahed Beirut	Al Ansar Beirut
2017/2018	Al Ahed Beirut	Al Ahed Beirut
2018/2019	Al Ahed Beirut	Al Ahed Beirut

2019/2020	*Championship suspended*	*Competition cancelled*
2020/2021	Al Ansar Beirut	Al Ansar Beirut

*called today Tripoli SC.

NATIONAL CHAMPIONSHIP
Lebanese Premier League 2020/2021

Regular Season

1.	Al Ansar Beirut	11	9	0	2	28 - 5	27
2.	Al Nejmeh SC Beirut	11	7	4	0	23 - 8	25
3.	Shabab Al Sahel FC Beirut	11	7	3	1	13 - 3	24
4.	Al-Akhaa Al-Ahli Aley	11	5	4	2	8 - 6	19
5.	Al Ahed Beirut	11	4	5	2	13 - 10	17
6.	Safa SC Beirut	11	5	1	5	17 - 17	16
7.	Bourj FC Bourj el-Barajneh	11	3	5	3	12 - 11	14
8.	Tripoli Sporting Club	11	3	4	4	6 - 9	13
9.	Shabab El-Bourj SC Bourj el-Barajneh	11	3	3	5	13 - 11	12
10.	Tadamon Sour SC Tyre	11	1	4	6	3 - 9	7
11.	Chabab Gazieh SC	11	2	0	9	6 - 21	6
12.	Salam Zgharta FC	11	0	1	10	3 - 35	1

Top-6 teams were qualified for the Championship Play-offs, while teams ranked 7-12 were qualified for the Relegation Play-offs.

Championship Play-offs

1.	**Al Ansar Beirut**	16	13	1	2	37 - 8	40
2.	Al Nejmeh SC Beirut	16	10	5	1	31 - 10	35
3.	Shabab Al Sahel FC Beirut	16	8	3	5	15 - 11	27
4.	Al Ahed Beirut	16	6	6	4	20 - 16	24
5.	Safa SC Beirut	16	7	3	6	24 - 25	24
6.	Al-Akhaa Al-Ahli Aley	16	5	5	6	8 - 12	20

Relegation Play-offs

7.	Bourj FC Bourj el-Barajneh	16	5	8	3	18 - 13	23
8.	Shabab El-Bourj SC Bourj el-Barajneh	16	6	5	5	22 - 14	23
9.	Tripoli Sporting Club	16	5	4	7	11 - 15	19
10.	Tadamon Sour SC Tyre	16	3	7	6	7 - 11	16
11.	Chabab Gazieh SC (*Relegated*)	16	3	2	11	12 - 26	11
12.	Salam Zgharta FC (*Relegated*)	16	0	1	15	6 - 50	1

Best goalscorer 2020/2021:
Hassan Ali Maatouk (Al Ansar Beirut) – 14 goals

Promoted for the 2021/2022 season:
Sporting AC Beirut, Sagesse SC Beirut

NATIONAL CUP
Lebanese FA Final 2020/2021

12.05.2021, "Fouad Chehab" Stadium, Jounieh; Attendance: 0
Referee: Mohammad Issa
Al Ansar Beirut - Al Nejmeh SC Beirut   **1-1(1-0,1-1,1-1); 3-1 on penalties**
Goals: Nader Charbel Matar (23) / Ali Nizar Hamam (84).
Penalties: Hassan Ali Maatouk, Jihad Ayoub, Nassar Mahmoud Nassar / Abbas Ahmed Atwi (missed), Edmond Joseph Chehade (missed), Hassan Kourani, Ali Salman Alaaeddine (missed).

THE CLUBS

AL AHED BEIRUT
Year of Formation: 1985
Stadium: Ahed Stadium / Municipal Stadium, Beirut (2,000 / 18,000)

AL-AKHAA AL-AHLI ALEY
Year of Formation: 1962
Stadium: "Amir Abdelnour" Stadium, Bhamdoun (3,500)

AL ANSAR BEIRUT
Year of Formation: 1951
Stadium: Municipal Stadium, Beirut (18,000)

AL NEJMEH SPORTING CLUB BEIRUT
Year of Formation: 1945
Stadium: „Rafic El-Hariri" Stadium, Beirut (5,000)

BOURJ FOOTBALL CLUB BOURJ EL-BARAJNEH
Year of Formation: 1967
Stadium: Bourj el-Barajneh Stadium, Bourj el-Barajneh (1,500)

CHABAB GAZIEH SPORTING CLUB
Year of Formation: 1961
Stadium: Kfarjoz Stadium, Gazieh (2,000)

SAFA BEIRUT SPORTING CLUB
Year of Formation: 1939
Stadium: Safa Stadium, Beirut (10,000)

SALAM ZGHARTA FOOTBALL CLUB
Year of Formation: 1971
Stadium: Zgharta-Mirdachiyyé Stadium, Zgharta (5,000)

SHABAB AL SAHEL FOOTBALL CLUB BEIRUT
Year of Formation: 1966
Stadium: Municipal Stadium, Beirut (18,000)

SHABAB EL-BOURJ SPORTING CLUB BOURJ EL-BARAJNEH
Year of Formation: 1967
Stadium: Bourj el-Barajneh Stadium, Bourj el-Barajneh (1,500)

TADAMON SOUR SPORTS CLUB TYRE
Year of Formation: 1946
Stadium: Sour Stadium, Tyre (6,500)

TRIPOLI SPORTING CLUB
Year of Formation: 2000
Stadium: Tripoli Municipal Stadium, Tripoli (22,000)

NATIONAL TEAM
INTERNATIONAL MATCHES 2020/2021

12.11.2020	Dubai	Bahrain - Lebanon	3-1(0-1)	(F)
24.03.2021	Dubai	Jordan - Lebanon	1-0(0-0)	(F)
29.03.2021	Dubai	Kuwait - Lebanon	1-1(1-0)	(F)
05.06.2021	Goyang	Lebanon - Sri Lanka	3-2(2-1)	(WCQ)
09.06.2021	Goyang	Turkmenistan - Lebanon	3-2(0-0)	(WCQ)
13.06.2021	Goyang	Korea Republic - Lebanon	2-1(0-1)	(WCQ)
23.06.2021	Doha	Lebanon - Djibouti	1-0(0-0)	(ARCQ)

12.11.2020, Friendly International
Police Officers' Club Stadium, Dubai (United Arab Emirates); Attendance: 0
Referee: Ahmed Faisal Al Ali (Kuwait)
BAHRAIN - LEBANON   **3-1(0-1)**
LIB: Ali Talal Daher, Hussein Ali Zein, Maher Mohammed Sabra, Nassar Mahmoud Nassar, Robert Alexander Michael Melki, Nader Charbel Matar (86.Khaled Mohssen), Hassan Ali Maatouk, Bassel Zakaria Jradi (73.Mohamed Zein El Abidine Ali Tahan), Mouhammed-Ali Najib Dhaini (61.Hussain Ali Monther), Hassan Ali Saad (61.Hassan Ali Chaito), Mohamad Jalal Kdouh (86.Karim Abed Darwiche). Trainer: Jamal Khamis Taha.
Goal: Mohamad Jalal Kdouh (44).

24.03.2021, Friendly International
Theyab Awana Stadium, Dubai (United Arab Emirates); Attendance: 0
Referee: Mohammed Abdulla Mohammed (United Arab Emirates)
JORDAN - LEBANON   **1-0(0-0)**
LIB: Mehdi Salim Khalil (46.Mostafa Matar), George Felix Michel Melki, Hussein Ali Zein, Maher Mohammed Sabra, Hassan Ali Chaito (46.Nassar Mahmoud Nassar), Nader Charbel Matar, Nour Nayef Mansour (82.Mouhammed-Ali Najib Dhaini), Mohamad Faouzi Haidar (65.Hussain Ali Monther), Hassan Ali Maatouk (82.Hassan Ali Chaito), Bassel Zakaria Jradi (70.Karim Abed Darwiche), Mohamad Jalal Kdouh. Trainer: Jamal Khamis Taha.

29.03.2021, Friendly International
Police Officers' Club Stadium, Dubai (United Arab Emirates); Attendance: 0
Referee: Ammar Ali Abdulla Jumaa Al Jenaibi (United Arab Emirates)
KUWAIT - LEBANON   **1-1(1-0)**
LIB: Mehdi Salim Khalil, Hussein Ali Zein, Maher Mohammed Sabra, George Felix Michel Melki, Abdullah Mohamad Fadel Aich, Nader Charbel Matar (67.Hussain Ali Monther), Nour Nayef Mansour, Hassan Ali Maatouk, Bassel Zakaria Jradi (84.Majed Sobhi Osman), Mohamad Jalal Kdouh, Hilal Bassam El Helwe (67.Karim Abed Darwiche). Trainer: Jamal Khamis Taha.
Goal: Mohamad Jalal Kdouh (60).

05.06.2021, 22nd FIFA World Cup Qualifiers / AFC Qualifiers, Second Round
Goyang Stadium, Goyang (Korea Republic); Attendance: 73
Referee: Ahmad Yacoub Ibrahim (Jordan)
LEBANON - SRI LANKA **3-2(2-1)**
LIB: Mehdi Salim Khalil, Hussein Ali Zein, Joan Noureddine Oumari, Nour Nayef Mansour, Hassan Ali Chaito, Nader Charbel Matar, Mohamad Faouzi Haidar, George Felix Michel Melki, Rabih Mohammad Ataya (80.Majed Sobhi Osman), Mohamad Jalal Kdouh, Hilal Bassam El Helwe (72.Hassan Ali Saad). Trainer: Jamal Khamis Taha.
Goals: Joan Noureddine Oumari (11), Mohamad Jalal Kdouh (17), Joan Noureddine Oumari (45).

09.06.2021, 22nd FIFA World Cup Qualifiers / AFC Qualifiers, Second Round
Goyang Stadium, Goyang (Korea Republic); Attendance: 52
Referee: Hanna Hattab (Syria)
TURKMENISTAN - LEBANON **3-2(0-0)**
LIB: Mehdi Salim Khalil, Joan Noureddine Oumari, Robert Alexander Michael Melki (54.Mohamed Zein El Abidine Ali Tahan), Nour Nayef Mansour [*sent off 86*], Kassem Mohammed El Zein, George Felix Michel Melki (90.Mouhammed-Ali Najib Dhaini), Hussein Ali Monther (54.Rabih Mohammad Ataya), Nader Charbel Matar, Mohamad Faouzi Haidar, Hassan Ali Saad (84.Maher Mohammed Sabra), Mohamad Jalal Kdouh. Trainer: Jamal Khamis Taha.
Goals: Rabih Mohammad Ataya (73), Hassan Ali Saad (75).

13.06.2021, 22nd FIFA World Cup Qualifiers / AFC Qualifiers, Second Round
Goyang Stadium, Goyang; Attendance: 4,061
Referee: Khamis Al Marri (Qatar)
KOREA REPUBLIC - LEBANON **2-1(0-1)**
LIB: Mehdi Salim Khalil, Kassem Mohammed El Zein, Maher Mohammed Sabra, Joan Noureddine Oumari, Robert Alexander Michael Melki, George Felix Michel Melki (89.Hassan Ali Chaito), Nader Charbel Matar (73.Mouhammed-Ali Najib Dhaini), Mohamad Faouzi Haidar (73.Rabih Mohammad Ataya), Hassan Ali Saad (66.Hussein Ali Zein), Mohamad Jalal Kdouh (89.Abbas Ibrahim Assi), Hilal Bassam El Helwe. Trainer: Jamal Khamis Taha.
Goal: Hassan Ali Saad (12).

25.06.2021, 10th FIFA Arab Cup, Qualifiers
Khalifa International Stadium, Doha (Qatar); Attendance: 0
Referee: Benoît Bastien (France)
LEBANON - DJIBOUTI **1-0(0-0)**
LIB: Mehdi Salim Khalil, Hussein Ali Zein, Maher Mohammed Sabra, Kassem Mohammed El Zein, Majed Sobhi Osman (87.Hussain Ali Monther), Nader Charbel Matar, Nour Nayef Mansour, Hassan Ali Maatouk (78.Ahmad Mostafa Hijazi), Mouhammed-Ali Najib Dhaini, Mohamad Faouzi Haidar, Hilal Bassam El Helwe. Trainer: Jamal Khamis Taha.
Goal: Hilal Bassam El Helwe (46).

NATIONAL TEAM PLAYERS
2020/2021

Name	DOB	Club
Goalkeepers		
Ali Talal DAHER	26.11.1996	*Shabab Al Sahel FC Beirut*
Mehdi Salim KHALIL	19.09.1991	*Al Ahed Beirut*
Mostafa MATAR	10.09.1995	*Tripoli Sporting Club*
Defenders		
Abdullah Mohamad Fadel AICH	05.10.1994	*Al Nejmeh SC Beirut*
Kassem Mohammed EL ZEIN	02.12.1990	*Al Nasr SC Ardiyah (KUW)*
Nour Nayef MANSOUR	14.08.1991	*Al Ahed Beirut*
George Felix Michel MELKI	23.07.1994	*AIK Stockholm (SWE)*
Robert Alexander Michael MELKI	14.11.1992	*Al-Khor SC (QAT)*
Nassar Mahmoud NASSAR	01.01.1992	*Al Ansar Beirut*
Joan Noureddine OUMARI	19.08.1988	*FC Tokyo (JPN)*
Maher Mohammed SABRA	14.01.1992	*Al Nejmeh SC Beirut*
Mohamed Zein El Abidine Ali TAHAN	02.04.1990	*Safa SC Beirut*
Hussein Ali ZEIN	27.01.1995	*Al Ahed Beirut*
Midfielders		
Abbas Ibrahim ASSI	09.07.1995	*Shabab Al Sahel FC Beirut*
Hassan Ali CHAITO	20.03.1989	*Al Ansar Beirut*
Mouhammed-Ali Najib DHAINI	01.03.1994	*Trelleborgs FF (SWE)*
Mohamad Faouzi HAIDAR	08.11.1989	*Al Ahed Beirut*
Nader Charbel MATAR	12.05.1992	*Al Ansar Beirut*
Khaled MOHSSEN	10.01.1998	*1.FC Phönix Lübeck (GER)*
Hussain Ali MONTHER	20.03.1997	*Al Ahed Beirut*
Majed Sobhi OSMAN	09.06.1994	*Al Ramtha SC (JOR)*
Forwards		
Rabih Mohammad ATAYA	16.07.1989	*Al Persatuan Bola Sepak Kedah (MAS)*
Karim Abed DARWICHE	02.11.1998	*Al Ansar Beirut*
Hilal Bassam EL HELWE	24.11.1994	*Al Faisaly Club Amman (JOR)*
Ahmad Mostafa HIJAZI	22.08.1994	*Al Ansar Beirut*
Bassel Zakaria JRADI	06.07.1993	*HNK Hajduk Split (CRO)*
Mohamad Jalal KDOUH	10.07.1997	*Amanat Baghdad SC (IRQ)*
Hassan Ali MAATOUK	10.08.1987	*Al Ansar Beirut*
Hassan Ali "Soony" SAAD	17.08.1992	*Ansar Greeners (KOR)*
National coaches		
Jamal Khamis TAHA [from 17.06.2020]		23.11.1966

MACAU

The Country:
Região Administrativa Especial de Macau da República Popular da China (Macau Special Administrative Region of the P.R. China)
Capital: Macau
Surface: 29,5 km²
Population: 682,800 [2020]
Time: UTC+8

The FA:
Macau Football Association (Associação de Futebol de Macau)
Avenida Olimpica, Olympic Sports Centre, Stadium Room GS 10-11, Taipa
Year of Formation: 1939
Member of FIFA since: 1978
Member of AFC since: 1978

NATIONAL TEAM RECORDS

First international match: 25.01.1949, Macau: Macau - Korea Republic 1-5
Most international caps: Cheang Cheng Ieong – 49 caps (since 2006)
Most international goals: Chan Kin Seng – 17 goals / 27 caps (since 2006)

NATIONAL TEAM COMPETITIONS:

ASIAN NATIONS CUP	
1956	Did not enter
1960	Did not enter
1964	Did not enter
1968	Did not enter
1972	Did not enter
1976	Did not enter
1980	Qualifiers
1984	Did not enter
1988	Did not enter
1992	Qualifiers
1996	Qualifiers
2000	Qualifiers
2004	Qualifiers
2007	Did not enter
2011	Qualifiers
2015	Qualifiers
2019	Qualifiers

FIFA WORLD CUP	
1930	Did not enter
1934	Did not enter
1938	Did not enter
1950	Did not enter
1954	Did not enter
1958	Did not enter
1962	Did not enter
1966	Did not enter
1970	Did not enter
1974	Did not enter
1978	Did not enter
1982	Qualifiers
1986	Qualifiers
1990	Did not enter
1994	Qualifiers
1998	Qualifiers
2002	Qualifiers
2006	Qualifiers
2010	Qualifiers
2014	Qualifiers
2018	Qualifiers

F.I.F.A. CONFEDERATIONS CUP 1992-2017
None

OLYMPIC FOOTBALL TOURNAMENTS 1900-2016
2016 (Qualifiers)

ASIAN GAMES 1951-2014	
1951	-
1954	-
1958	-
1962	-
1966	-
1970	-
1974	-
1978	-
1982	-
1986	-
1990	-
1994	-
1998	-
2002	-
2006	Group Stage
2010	-
2014	-

AFC CHALLENGE CUP 2006-2014	
2006	Group Stage
2008	Qualifiers
2010	Qualifiers
2012	Qualifiers
2014	Qualifiers

EAST ASIAN CHAMPIONSHIP 2003-2019	
2003	Qualifiers
2005	-
2008	Qualifiers
2010	Qualifiers
2013	Qualifiers
2015	Qualifiers
2017	Qualifiers
2019	Qualifiers

AFC SOLIDARITY CUP 2016	
2016	Runners-up

MACAU CLUB HONOURS IN ASIAN CLUB COMPETITIONS:

AFC Champions League 1967-1971 & 1985/1986-2020
None
Asian Football Confederation Cup 2004-2020
None
AFC President's Cup 2005-2014*
None
Asian Cup Winners Cup 1975-2003*
None
Asian Super Cup 1995-2002*
None

*defunct competition

NATIONAL COMPETITIONS
TABLE OF HONOURS

	CHAMPIONS	CUP WINNERS
1972/1973	Polícia de Segurança Pública Macau	-
1973/1974	*Not known*	-
1974/1975	*Not known*	-
1975/1976	*Not known*	-
1976/1977	*Not known*	-
1977/1978	*Not known*	-
1978/1979	*Not known*	-
1979/1980	*Not known*	-
1980/1981	*Not known*	-
1981/1982	*Not known*	-
1982/1983	*Not known*	-
1983/1984	Wa Seng	-
1984/1985	*Not known*	-
1985/1986	Hap Kuan	-
1986/1987	Hap Kuan	-
1987/1988	Wa Seng	-
1988/1989	Hap Kuan	-
1989/1990	Hap Kuan	-
1990/1991	Sporting de Macau FC	-
1991/1992	GD Lam Pak	-
1992/1993	Leng Ngan	-
1993/1994	GD Lam Pak	-
1994/1995	GD Os Artilheiros	-
1995/1996	GD Os Artilheiros	-
1996/1997	GD Lam Pak	-
1997/1998	GD Lam Pak	-
1998/1999	GD Lam Pak	-
1999/2000	Polícia de Segurança Pública Macau	-
2000/2001	GD Lam Pak	-
2001/2002	CD Monte Carlo Macau	-
2002/2003	CD Monte Carlo Macau	-
2003/2004	CD Monte Carlo Macau	-
2004/2005	Polícia de Segurança Pública Macau	-
2005/2006	GD Lam Pak	-
2006/2007	GD Lam Pak	-
2007/2008	CD Monte Carlo Macau	-
2008/2009	GD Lam Pak	-
2009/2010	Windsor Arch Ka I	-
2010/2011	Windsor Arch Ka I	-
	CHAMPIONS	CUP WINNERS
2011/2012	Windsor Arch Ka I	GD Lam Pak
2012/2013	CD Monte Carlo Macau	Casa do Sport Lisboa e Benfica Macau
2013/2014	Casa do Sport Lisboa e Benfica Macau	Casa do Sport Lisboa e Benfica Macau
2014/2015	Casa do Sport Lisboa e Benfica Macau	Windsor Arch Ka I
2015/2016	Casa do Sport Lisboa e Benfica Macau	Tak Chun Ka I
2017	Casa do Sport Lisboa e Benfica Macau	Casa do Sport Lisboa e Benfica Macau
2018	Casa do Sport Lisboa e Benfica Macau	Chao Pak Kei

2019	Chao Pak Kei	Cheng Fung
2020	*No competition*	*No competition*

NATIONAL CHAMPIONSHIP
Liga de Elite 2020

Due to COVID-19 pandemic, the 2020 championship does not count as an official league championship and entry was not obligatory. No teams were relegated or promoted, also no title was awarded.

1.	Casa do Sport Lisboa e Benfica Macau	9	8	1	0	72 - 6	25
2.	Chao Pak Kei	9	8	1	0	50 - 2	25
3.	Cheng Fung	9	6	0	3	21 - 15	18
4.	Sporting Clube de Macau	9	4	1	4	23 - 18	13
5.	Windsor Arch Ka I	9	3	3	3	11 - 16	12
6.	Hang Sai	9	4	0	5	15 - 31	12
7.	Policia de Segurança Pública Macau	9	3	0	6	10 - 19	9
8.	CD Casa de Portugal	9	2	2	5	18 - 64	8
9.	CD Monte Carlo Macau	9	1	2	6	12 - 29	5
10.	Lun Lok	9	1	0	8	10 - 42	3

NATIONAL TEAM
INTERNATIONAL MATCHES 2020/2021

No international activities for the Macau national team during the 2020/2021 season.

MALAYSIA

The Country:
Malaysia
Capital: Kuala Lumpur
Surface: 329,845 km²
Population: 32,730,100 [2020]
Time: UTC+7
Independent since: 1957

The FA:
Football Association of Malaysia
3rd Floor, Wisma FAM Jalan SS 5A/9,
Kelana Jaya 47301 Petaling Jaya, Selangor
Darul Ehsan
Year of Formation: 1933
Member of FIFA since: 1954
Member of AFC since: 1954

NATIONAL TEAM RECORDS

First international match:	13.04.1953, Singapore: Korea Republic - Malaysia 3-2
Most international caps:	Soh Chin Aun – number of caps unknown (1970-1985)
Most international goals:	Mokhtar Dahari – number of caps and goals unknown (1972-1985)

NATIONAL TEAM COMPETITIONS:

ASIAN NATIONS CUP	
1956	Qualifiers
1960	Qualifiers
1964	Qualifiers
1968	Qualifiers
1972	Qualifiers
1976	Final Tournament (Group Stage)
1980	Final Tournament (Group Stage)
1984	Qualifiers
1988	Qualifiers
1992	Qualifiers
1996	Qualifiers
2000	Qualifiers
2004	Qualifiers
2007	Final Tournament (Group Stage)
2011	Qualifiers
2015	Qualifiers
2019	Qualifiers

FIFA WORLD CUP	
1930	Did not enter
1934	Did not enter
1938	Did not enter
1950	Did not enter
1954	Did not enter
1958	Did not enter
1962	Did not enter
1966	Did not enter
1970	Did not enter
1974	Qualifiers
1978	Qualifiers
1982	Qualifiers
1986	Qualifiers
1990	Qualifiers
1994	Qualifiers
1998	Qualifiers
2002	Qualifiers
2006	Qualifiers
2010	Qualifiers
2014	Qualifiers
2018	Qualifiers

F.I.F.A. CONFEDERATIONS CUP 1992-2017

None

OLYMPIC FOOTBALL TOURNAMENTS 1908-2016

1908	-	1948	-	1972	Group Stage	1996	Qualifiers
1912	-	1952	-	1976	Qualifiers	2000	Qualifiers
1920	-	1956	-	1980	Qualifiers	2004	Qualifiers
1924	-	1960	-	1984	Qualifiers	2008	Qualifiers
1928	-	1964	Qualifiers	1988	Qualifiers	2012	Qualifiers
1936	-	1968	-	1992	Qualifiers	2016	Qualifiers

ASIAN GAMES 1951-2014		SOUTH EAST ASIAN GAMES 1959-2019		ASEAN („TIGER") CUP / AFF CUP 1996-2018	
1951	-	1959	3rd Place	1996	Runners-up
1954	-	1961	**Winners**	1998	Group Stage
1958	Group Stage	1965	4th Place	2000	3rd Place
1962	3rd Place	1967	Group Stage	2002	4th Place
1966	Group Stage	1969	Semi-Finals	2004	3rd Place
1970	Group Stage	1971	Runners-up	2007	Semi-Finals
1974	3rd Place	1973	3rd Place	2008	Group Stage
1978	2nd Round	1975	Runners-up	2010	**Winners**
1982	Group Stage	1977	**Winners**	2012	Semi-Finals
1986	Group Stage	1979	**Winners**	2014	Runners-up
1990	-	1981	Runners-up	2016	Group Stage
1994	Group Stage	1983	3rd Place	2018	Runners-up
1998	-	1985	3rd Place		
2002	Group Stage	1987	Runners-up		
2006	Group Stage	1989	**Winners**		
2010	1/8-Finals	1991	Group Stage		
2014	Group Stage	1993	Group Stage		
		1995	Group Stage		
		1997	Group Stage		
		1999	Group Stage		
		2001	Runners-up		
		2003	3rd Place		
		2005	3rd Place		
		2007	Group Stage		
		2009	**Winners**		
		2011	**Winners**		
		2013	4th Place		
		2015	Group Stage		
		2017	Runners-up		
		2019	Group Stage		

MALAYSIAN CLUB HONOURS IN ASIAN CLUB COMPETITIONS:			
AFC Champions League 1967-1971 & 1985/1986-2020			
None			
Asian Football Confederation Cup 2004-2020			
Kelab Bola Sepak Johor Darul Ta'zim		1	2015
AFC President's Cup 2005-2014*			
None			
Asian Cup Winners Cup 1975-2003*			
None			
Asian Super Cup 1995-2002*			
None			

*defunct competitions

NATIONAL COMPETITIONS
TABLE OF HONOURS

Note: Persatuan Bola Sepak (Malay) = Football Association (English).

Malaysia Cup Winners from 1921 to 1981:
1921: Singapore; 1922: Persatuan Bola Sepak Selangor; 1923: Singapore; 1924: Singapore; 1925: Singapore; 1926: Persatuan Bola Sepak Perak; 1927: Persatuan Bola Sepak Selangor; 1928: Singapore; 1929: Singapore; 1930: Singapor; 1931: Persatuan Bola Sepak Perak; 1932: Singapore; 1933: Singapore; 1934: Singapore; 1935: Persatuan Bola Sepak Selangor; 1936: Persatuan Bola Sepak Selangor; 1937: Singapore; 1938: Persatuan Bola Sepak Selangor; 1939: Singapore; 1940: Singapore; 1941: Singapore; 1942-1947 *No competition*; 1948: Persatuan Bola Sepak Negeri Sembilan; 1949: Persatuan Bola Sepak Selangor; 1950: Singapore; 1951: Singapore; 1952: Singapore; 1953: Persatuan Bola Sepak Penang; 1954: Persatuan Bola Sepak Penang; 1955: Singapore; 1956: Persatuan Bola Sepak Selangor; 1957: Persatuan Bola Sepak Perak; 1958: Persatuan Bola Sepak Penang; 1959: Persatuan Bola Sepak Selangor; 1960: Singapore; 1961: Persatuan Bola Sepak Selangor; 1962: Persatuan Bola Sepak Selangor; 1963: Persatuan Bola Sepak Selangor; 1964: Singapore; 1965: Singapore; 1966: Persatuan Bola Sepak Selangor; 1967: Persatuan Bola Sepak Perak; 1968: Persatuan Bola Sepak Selangor; 1969: Persatuan Bola Sepak Selangor; 1970: Persatuan Bola Sepak Perak; 1971: Persatuan Bola Sepak Selangor; 1972: Persatuan Bola Sepak Selangor; 1973: Persatuan Bola Sepak Selangor; 1974: Persatuan Bola Sepak Penang; 1975: Persatuan Bola Sepak Selangor; 1976: Persatuan Bola Sepak Selangor; 1977: Singapore; 1978: Persatuan Bola Sepak Selangor; 1979: Persatuan Bola Sepak Selangor; 1980: Singapore; 1981: Persatuan Bola Sepak Selangor.

	CHAMPIONS	**CUP WINNERS**
1982	Persatuan Bola Sepak Penang	Persatuan Bola Sepak Selangor
1983	Persatuan Bola Sepak Malacca	Persatuan Bola Sepak Pahang
1984	Persatuan Bola Sepak Selangor	Persatuan Bola Sepak Selangor
1985	Singapore	Kelab Bola Sepak Johor
1986	Federal Territory	Persatuan Bola Sepak Selangor
1987	Persatuan Bola Sepak Pahang	Persatuan Bola Sepak Kuala Lumpur
1988	Federal Territory	Persatuan Bola Sepak Kuala Lumpur
1989	Persatuan Bola Sepak Selangor	Persatuan Bola Sepak Kuala Lumpur
1990	Persatuan Bola Sepak Selangor	Persatuan Bola Sepak Kedah
1991	Kelab Bola Sepak Johor	Kelab Bola Sepak Johor
1992	Persatuan Bola Sepak Pahang	Persatuan Bola Sepak Pahang
1993	Persatuan Bola Sepak Kedah	Persatuan Bola Sepak Kedah

1994	Singapore	Singapore
1995	Persatuan Bola Sepak Pahang	Persatuan Bola Sepak Selangor
1996	Persatuan Bola Sepak Sabah	Persatuan Bola Sepak Selangor
1997	Persatuan Bola Sepak Sarawak	Persatuan Bola Sepak Selangor
1998	Persatuan Bola Sepak Penang	Persatuan Bola Sepak Perak
1999	Persatuan Bola Sepak Pahang	Brunei
2000	Persatuan Bola Sepak Selangor	Persatuan Bola Sepak Perak
2001	Persatuan Bola Sepak Penang	Persatuan Bola Sepak Negeri Terengganu
2002	Persatuan Bola Sepak Perak	Persatuan Bola Sepak Selangor
2003	Persatuan Bola Sepak Perak	Persatuan Bola Sepak Selangor
2004	Persatuan Bola Sepak Pahang	Persatuan Bola Sepak Perlis
2005	Persatuan Bola Sepak Perlis	Persatuan Bola Sepak Selangor
2005/2006	Persatuan Bola Sepak Negeri Sembilan	Persatuan Bola Sepak Perlis
2006/2007	Persatuan Bola Sepak Kedah	Persatuan Bola Sepak Kedah
2007/2008	Persatuan Bola Sepak Kedah	Persatuan Bola Sepak Kedah
2008/2009	Persatuan Bola Sepak Selangor	Persatuan Bola Sepak Negeri Sembilan
2010	Persatuan Bola Sepak Selangor	Persatuan Bola Sepak Kelantan
2011	Persatuan Bola Sepak Kelantan	Persatuan Bola Sepak Negeri Sembilan
2012	Persatuan Bola Sepak Kelantan	Persatuan Bola Sepak Kelantan
2013	Singapore LionsXII	Persatuan Bola Sepak Pahang
2014	Kelab Bola Sepak Johor Darul Ta'zim	Persatuan Bola Sepak Pahang
2015	Kelab Bola Sepak Johor Darul Ta'zim	Persatuan Bola Sepak Selangor
2016	Kelab Bola Sepak Johor Darul Ta'zim	Persatuan Bola Sepak Kedah
2017	Kelab Bola Sepak Johor Darul Ta'zim	Kelab Bola Sepak Johor Darul Ta'zim
2018	Kelab Bola Sepak Johor Darul Ta'zim	Persatuan Bola Sepak Perak
2019	Kelab Bola Sepak Johor Darul Ta'zim	Kelab Bola Sepak Johor Darul Ta'zim
2020	Kelab Bola Sepak Johor Darul Ta'zim	*Competition cancelled*

OTHER MALAYSIAN CUP COMPETITIONS WINNERS:

Malaysia FA Cup:
1990: Persatuan Bola Sepak Perak; 1991: Persatuan Bola Sepak Selangor; 1992: Persatuan Bola Sepak Sarawak; 1993: Persatuan Bola Sepak Kuala Lumpur; 1994: Persatuan Bola Sepak Kuala Lumpur; 1995: Persatuan Bola Sepak Sabah; 1996: Persatuan Bola Sepak Kedah; 1997: Persatuan Bola Sepak Selangor; 1998: Kelab Bola Sepak Johor; 1999: Persatuan Bola Sepak Kuala Lumpur; 2000: Persatuan Bola Sepak Negeri Terengganu; 2001: Persatuan Bola Sepak Selangor; 2002: Persatuan Bola Sepak Penang; 2003: Persatuan Bola Sepak Negeri Sembilan; 2004: Persatuan Bola Sepak Perak; 2005: Persatuan Bola Sepak Selangor; 2006: Persatuan Bola Sepak Pahang; 2007: Persatuan Bola Sepak Kedah; 2008: Persatuan Bola Sepak Kedah; 2009: Persatuan Bola Sepak Selangor; 2010: Persatuan Bola Sepak Negeri Sembilan; 2011: Persatuan Bola Sepak Negeri Terengganu; 2012: Persatuan Bola Sepak Kelantan; 2013: Persatuan Bola Sepak Kelantan; 2014: Persatuan Bola Sepak Pahang; 2015: Singapore LionsXII; 2016: Kelab Bola Sepak Johor Darul Ta'zim; 2017: Persatuan Bola Sepak Kedah; 2018: Persatuan Bola Sepak Pahang; 2019: Persatuan Bola Sepak Kedah.

Malaysia Charity Shield (Sultan „Haji Ahmad Shah" Cup):
1984: Persatuan Bola Sepak Selangor; 1985: Persatuan Bola Sepak Selangor; 1986: Kelab Bola Sepak Johor; 1987: Persatuan Bola Sepak Selangor; 1988: Persatuan Bola Sepak Kuala Lumpur; 1989: Singapore; 1990: Persatuan Bola Sepak Selangor; 1991: Persatuan Bola Sepak Kedah; 1992: Persatuan Bola Sepak Pahang; 1993: Persatuan Bola Sepak Pahang; 1994: Persatuan Bola Sepak Kedah; 1995: Persatuan Bola Sepak Kuala Lumpur; 1996: Persatuan Bola Sepak Selangor; 1997: Persatuan Bola Sepak Selangor; 1998: Persatuan Bola Sepak Sarawak; 1999: Persatuan Bola Sepak Perak; 2000: Persatuan Bola Sepak Kuala Lumpur; 2001: Persatuan Bola Sepak Negeri Terengganu; 2002: Persatuan Bola Sepak Selangor; 2003: Persatuan Bola Sepak Penang; 2004: Persatuan Bola Sepak Selangor; 2005: Persatuan Bola Sepak Perak; 2006: Persatuan Bola Sepak Perak; 2007: Persatuan Bola Sepak Perlis;

2008: Persatuan Bola Sepak Perlis; 2009: Persatuan Bola Sepak Selangor; 2010: Persatuan Bola Sepak Selangor; 2011: Persatuan Bola Sepak Kelantan; 2012: Persatuan Bola Sepak Negeri Sembilan; 2013: Pasukan Bola Sepak Angkatan Tentera Malaysia; 2014: Persatuan Bola Sepak Pahang; 2015: Kelab Bola Sepak Johor Darul Ta'zim; 2016: Kelab Bola Sepak Johor Darul Ta'zim; 2017: Persatuan Bola Sepak Kedah; 2018: Kelab Bola Sepak Johor Darul Ta'zim; 2019: Kelab Bola Sepak Johor Darul Ta'zim; 2020: Kelab Bola Sepak Johor Darul Ta'zim.

NATIONAL CHAMPIONSHIP
Malaysia Super League 2020

1.	**Kelab Bola Sepak Johor Darul Ta'zim**	11	9	2	0	33 - 8	29
2.	Persatuan Bola Sepak Kedah	11	7	1	3	20 - 13	22
3.	Kelab Bola Sepak Terengganu	11	6	1	4	25 - 15	19
4.	Persatuan Bola Sepak Perak	11	5	3	3	21 - 19	18
5.	Persatuan Bola Sepak Selangor	11	4	5	2	26 - 19	17
6.	Universiti Teknologi MARA FC Shah Alam	11	5	2	4	18 - 15	17
7.	Petaling Jaya City FC	11	3	5	3	17 - 16	14
8.	Persatuan Bola Sepak Pahang	11	4	2	5	18 - 18	14
9.	Persatuan Bola Sepak Melaka United	11	4	2	5	13 - 16	11
10.	Kelab Bola Sepak Sabah	11	2	3	6	12 - 24	9
11.	Kelab Bola Sepak Felda United Jengka (*Relegated*)	11	1	4	6	11 - 26	7
12.	Persatuan Bola Sepak Polis Di-Raja Kuala Lumpur (*Relegated*)	11	0	2	9	5 - 29	−1

Best goalscorer 2020:
Ifedayo Olusegun Patrick Omosuyi (NGA, Persatuan Bola Sepak Selangor) – 15 goals

Promoted for the 2021 season:
Penang FC, Persatuan Bola Sepak Kuala Lumpur

NATIONAL CUP
Malaysia Cup Final 2020

The competition was cancelled after 2 Rounds in March 2020, due to COVID-19 pandemic.

THE CLUBS

KELAB BOLA SEPAK FELDA UNITED JENGKA
Year of Formation: 2007
Stadium: "Tun Abdul Razak" Stadium, Jengka (25,000)

KELAB BOLA SEPAK JOHOR DARUL TA'ZIM
Year of Formation: 1972
Stadium: "Tan Sri Dato Haji Hassan Yunos" Stadium, Larkin / Johor Bahru (30,000)

PERSATUAN BOLA SEPAK KEDAH
Year of Formation: 1959
Stadium: "Darul Aman" Stadium, Kedah (32,387)

PERSATUAN BOLA SEPAK MELAKA UNITED
Year of Formation: 1924
Stadium: Hang Jebat Stadium, Melaka (40,000)

PERSATUAN BOLA SEPAK PAHANG
Year of Formation: 1959
Stadium: "Darul Makmur" Stadium, Kuantan (40,000)

PERSATUAN BOLA SEPAK POLIS DI-RAJA KUALA LUMPUR
Year of Formation: n/a
Stadium: Kuala Lumpur Stadium, Kuala Lumpur (15,000)

PERSATUAN BOLA SEPAK PERAK
Year of Formation: 1951
Stadium: Perak Stadium, Ipoh (42,000)

PERSATUAN BOLA SEPAK SABAH
Year of Formation: 1963
Stadium: Likas Stadium, Likas (35,000)

PERSATUAN BOLA SEPAK SELANGOR
Year of Formation: 1936
Stadium: Shah Alam Stadium, Shah Alam, Selangor (80,372)

KELAB BOLA SEPAK TERENGGANU
Year of Formation: 1956
Stadium: "Sultan Ismail Nasiruddin Shah" Stadium, Kuala Terengganu (15,000)

PETALING JAYA FOOTBALL CLUB
Year of Formation: 2004
Stadium: Petaling Jaya Stadium, Petaling Jaya (25,000)

UNIVERSITI TEKNOLOGI MARA FOOTBALL CLUB SHAH ALAM
Year of Formation: 2008
Stadium: UiTM Stadium, Shah Alam (10,000)

NATIONAL TEAM
INTERNATIONAL MATCHES 2020/2021

28.05.2021	Riffa	Bahrain - Malaysia	2-0(1-0)	(F)
03.06.2021	Dubai	United Arab Emirates - Malaysia	4-0(1-0)	(WCQ)
11.06.2021	Dubai	Malaysia - Vietnam	1-2(0-1)	(WCQ)
15.06.2021	Dubai	Thailand - Malaysia	0-1(0-0)	(WCQ)

28.05.2021, Friendly International
Bahrain National Stadium, Riffa; Attendance: n/a
Referee: Turki Mohammed Al Khudhayr (Saudi Arabia)
BAHRAIN - MALAYSIA   **2-0(1-0)**
MAS: Mohd Farizal Marlias, Matthew Thomas Davies, Mohamad Aidil Zafuan Abdul Razak, La'Vere Lawrence Corbin-Ong, Mohamed Syamer Kutty Abba, Muhammad Irfan Zakaria, Liridon Krasniqi [*sent off 84 on the bench*] (82.Luqman Hakim Shamsudin), Mohammad Nor Azam Abdul Azih (64.Brendan Gan Seng Ling), Muhammad Safawi Rasid (82.Muhammad Akhyar Abdul Rashid), Mohamadou Sumareh (82.Arif Aiman Mohd Hanapi), Muhammad Syafiq Ahmad (64.Norshahrul Idlan Talaha). Trainer: Tan Cheng Hoe.

03.06.2021, 22nd FIFA World Cup Qualifiers / AFC Qualifiers, Second Round
Zabeel Stadium, Dubai (United Arab Emirates); Attendance: 1,127
Referee: Kim Dae-yong (Korea Republic)
UNITED ARAB EMIRATES - MALAYSIA   **4-0(1-0)**
MAS: Mohd Farizal Marlias, Mohamad Aidil Zafuan Abdul Razak (69.Junior Gunnar Putera Eldstål), La'Vere Lawrence Corbin-Ong, Matthew Thomas Davies, Dion Johan Cools, Liridon Krasniqi, Mohammad Nor Azam Abdul Azih (54.Muhammad Syafiq Ahmad), Mohamadou Sumareh, Mohamed Syamer Kutty Abba, Guilherme de Paula Lucrécio, Muhammad Safawi Rasid (63.Luqman Hakim Shamsudin). Trainer: Tan Cheng Hoe.

11.06.2021, 22nd FIFA World Cup Qualifiers / AFC Qualifiers, Second Round
Zabeel Stadium, Dubai (United Arab Emirates); Attendance: 335
Referee: Ryuji Sato (Japan)
MALAYSIA - VIETNAM   **1-2(0-1)**
MAS: Mohd Farizal Marlias, Mohamad Aidil Zafuan Abdul Razak, La'Vere Lawrence Corbin-Ong, Matthew Thomas Davies, Dion Johan Cools, Brendan Gan Seng Ling (86.Luqman Hakim Shamsudin), Mohamadou Sumareh (61.Arif Aiman Mohd Hanapi), Muhammad Syafiq Ahmad (46.Muhamad Nazmi Faiz Mansor), Mohamed Syamer Kutty Abba (77.Liridon Krasniqi), Guilherme de Paula Lucrécio, Muhammad Safawi Rasid (46.Muhammad Akhyar Abdul Rashid). Trainer: Tan Cheng Hoe.
Goal: Guilherme de Paula Lucrécio (73 penalty).

15.06.2021, 22nd FIFA World Cup Qualifiers / AFC Qualifiers, Second Round
Al Maktoum Stadium, Dubai (United Arab Emirates); Attendance: 142
Referee: Mohammed Al Hoish (Saudi Arabia)
THAILAND - MALAYSIA   **0-1(0-0)**
MAS: Muhammad Khairulazhan Mohd Khalid, Mohamad Aidil Zafuan Abdul Razak (67.Dominic Tan Jun Jin), Matthew Thomas Davies, Dion Johan Cools, Muhammad Syahmi Safari (86.Mohd Rizal Mohd Ghazali), Brendan Gan Seng Ling (46.Muhammad Syafiq Ahmad), Muhamad Nazmi Faiz Mansor, Mohammad Nor Azam Abdul Azih (80.Liridon Krasniqi), Muhammad Akhyar Abdul Rashid, Arif Aiman Mohd Hanapi (46.Muhammad Safawi Rasid), Guilherme de Paula Lucrécio. Trainer: Tan Cheng Hoe.
Goal: Muhammad Safawi Rasid (52 penalty).

NATIONAL TEAM PLAYERS 2020/2021

Name	DOB	Club
Goalkeepers		
Muhammad Khairulazhan Mohd KHALID	07.11.1989	Persatuan Bola Sepak Selangor
Mohd Farizal MARLIAS	29.06.1986	Kelab Bola Sepak Johor Darul Ta'zim
Defenders		
Dion Johan COOLS	04.06.1996	FC Midtjylland Herning (DEN)
La'Vere Lawrence CORBIN-ONG	22.04.1991	Kelab Bola Sepak Johor Darul Ta'zim
Matthew Thomas DAVIES	07.02.1995	Kelab Bola Sepak Johor Darul Ta'zim
Junior Gunnar Putera ELDSTÅL	16.09.1991	Chonburi FC (THA)
Mohd Rizal Mohd GHAZALI	01.10.1992	Persatuan Bola Sepak Kedah
Mohamad Aidil Zafuan Abdul RAZAK	03.08.1987	Kelab Bola Sepak Johor Darul Ta'zim
Dominic TAN Jun Jin	12.03.1997	Police Tero FC Bangkok (THA)
Midfielders		
Mohammad Nor Azam Abdul AZIH	03.01.1995	Persatuan Bola Sepak Pahang
Muhamad Nazmi FAIZ Mansor	16.08.1994	Kelab Bola Sepak Johor Darul Ta'zim
Brendan GAN Seng Ling	03.06.1988	Persatuan Bola Sepak Selangor
Liridon KRASNIQI	01.01.1992	Newcastle Jets United FC (AUS)
Mohamed Syamer KUTTY Abba	01.10.1997	Kelab Bola Sepak Johor Darul Ta'zim
Muhammad Syahmi SAFARI	05.02.1998	Persatuan Bola Sepak Selangor
Muhammad Irfan ZAKARIA	04.06.1995	Kuala Lumpur City FC
Forwards		
Muhammad Syafiq AHMAD	28.06.1995	Kelab Bola Sepak Johor Darul Ta'zim
GUILHERME de Paula Lucrécio	09.11.1986	Kelab Bola Sepak Johor Darul Ta'zim
Arif Aiman Mohd HANAPI	04.05.2002	Kelab Bola Sepak Johor Darul Ta'zim
Muhammad Akhyar Abdul RASHID	01.05.1999	Kelab Bola Sepak Johor Darul Ta'zim
Muhammad Safawi RASID	05.03.1997	Kelab Bola Sepak Johor Darul Ta'zim
Luqman Hakim SHAMSUDIN	05.03.2002	KV Kortrijk (BEL)
Mohamadou SUMAREH	20.09.1994	Kelab Bola Sepak Johor Darul Ta'zim
Norshahrul Idlan TALAHA	08.06.1986	Unattached
National coaches		
Tan Cheng HOE [from 07.12.2017]		30.05.1968

MALDIVES

	The Country:
	Divehi Rājje ge Jumhuriyyā (Republic of Maldives) Capital: Malé Surface: 265 km² Population: 379,270 [2020] Time: UTC+5 Independent since: 1965
	The FA:
	Football Association of Maldives FAM House Ujaalaa Hin'gun Maafannu Malé 20388 Year of Formation: 1982 Member of FIFA since: 1986 Member of AFC since: 1984

NATIONAL TEAM RECORDS

First international match: 27.08.1979, Réunion: Seychelles - Maldives 9-0
Most international caps: Imran Mohamed – 95 caps (2000-2016)
Most international goals: Ali Ashfaq – 53 goals / 80 caps (since 2003)

NATIONAL TEAM COMPETITIONS:

ASIAN NATIONS CUP		FIFA WORLD CUP	
1956	Did not enter	1930	Did not enter
1960	Did not enter	1934	Did not enter
1964	Did not enter	1938	Did not enter
1968	Did not enter	1950	Did not enter
1972	Did not enter	1954	Did not enter
1976	Did not enter	1958	Did not enter
1980	Did not enter	1962	Did not enter
1984	Did not enter	1966	Did not enter
1988	Did not enter	1970	Did not enter
1992	Did not enter	1974	Did not enter
1996	Qualifiers	1978	Did not enter
2000	Qualifiers	1982	Did not enter
2004	Qualifiers	1986	Did not enter
2007	Did not enter	1990	*Withdrew*
2011	Qualifiers	1994	Did not enter
2015	Qualifiers	1998	Qualifiers
2019	Qualifiers	2002	Qualifiers
		2006	Qualifiers
		2010	Qualifiers
		2014	Qualifiers
		2018	Qualifiers

F.I.F.A. CONFEDERATIONS CUP 1992-2017

None

OLYMPIC FOOTBALL TOURNAMENTS 1908-2016								
1908	-	1948	-	1972	-	1996	-
1912	-	1952	-	1976	-	2000	-
1920	-	1956	-	1980	-	2004	-
1924	-	1960	-	1984	-	2008	Qualifiers
1928	-	1964	-	1988	-	2012	Qualifiers
1936	-	1968	-	1992	Qualifiers	2016	Qualifiers

ASIAN GAMES 1951-2014		AFC CHALLENGE CUP 2006-2014		SOUTH ASIAN FEDERATION GAMES 1984-2016		SOUTH ASIAN FOOTBALL FEDERATION CHAMPIONSHIP 1993-2018	
1951	-	2006	-	1984	3rd Place	1993	-
1954	-	2008	-	1985	Group Stage	1995	Withdrew
1958	-	2010	Qualifiers	1987	Group Stage	1997	Runners-up
1962	-	2012	Group Stage	1989	Group Stage	1999	3rd Place
1966	-	2014	3rd Place	1991	Runners-up	2003	Runners-up
1970	-			1993	4th Place	2005	Semi-Finals
1974	-			1995	Group Stage	2008	**Winners**
1978	-			1999	4th Place	2009	Runners-up
1982	-			2004	Withdrew	2011	Semi-Finals
1986	-			2006	Group Stage	2013	Semi-Finals
1990	-			2010	3rd Place	2015	Semi-Finals
1994	-			2016	3rd Place	2018	**Winners**
1998	Group Stage						
2002	Group Stage						
2006	Group Stage						
2010	Group Stage						
2014	Group Stage						

MALDIVIAN CLUB HONOURS IN ASIAN CLUB COMPETITIONS:

AFC Champions League 1967-1971 & 1985/1986-2020
None
Asian Football Confederation Cup 2004-2020
None
AFC President's Cup 2005-2014*
None
Asian Cup Winners Cup 1975-2003*
None
Asian Super Cup 1995-2002*
None

*defunct competitions

NATIONAL COMPETITIONS
TABLE OF HONOURS

	CHAMPIONS	CUP WINNERS
1983	Victory Sports Club Malé	-
1984	Victory Sports Club Malé	-
1985	Victory Sports Club Malé	-
1986	Victory Sports Club Malé	-
1987	New Radiant Sports Club Malé	-
1988	Victory Sports Club Malé	Valencia Sports Club Malé
1989	Club Lagoons Malé	New Radiant Sports Club Malé
1990	New Radiant Sports Club Malé	Club Lagoons Malé
1991	New Radiant Sports Club Malé	New Radiant Sports Club Malé
1992	Victory Sports Club Malé	Club Lagoons Malé
1993	Valencia Sports Club Malé	Victory Sports Club Malé
1994	Valencia Sports Club Malé	New Radiant Sports Club Malé
1995	New Radiant Sports Club Malé	Valencia Sports Club Malé
1996	Club Lagoons Malé	New Radiant Sports Club Malé
1997	New Radiant Sports Club Malé	New Radiant Sports Club Malé
1998	Valencia Sports Club Malé	New Radiant Sports Club Malé
1999	Valencia Sports Club Malé	Valencia Sports Club Malé
2000	Victory Sports Club Malé	Victory Sports Club Malé
2001	Victory Sports Club Malé	New Radiant Sports Club Malé
2002	Victory Sports Club Malé	Island Football Club Malé*
2003	Victory Sports Club Malé	Island Football Club Malé
2004	New Radiant Sports Club Malé	Valencia Sports Club Malé
2005	Victory Sports Club Malé	New Radiant Sports Club Malé
2006	Victory Sports Club Malé	New Radiant Sports Club Malé
2007	New Radiant Sports Club Malé	New Radiant Sports Club Malé
2008	Valencia Sports Club Malé	VB Sports Club Malé
2009	Victory Sports Club Malé	Victory Sports Club Malé
2010	VB Sports Club Malé	Victory Sports Club Malé
2011	VB Sports Club Malé	VB Sports Club Malé
2012	New Radiant Sports Club Malé	Maaziya S&RC Malé
2013	New Radiant Sports Club Malé	New Radiant Sports Club Malé
2014	New Radiant Sports Club Malé	Maaziya S&RC Malé
2015	New Radiant Sports Club Malé	*No competition*
2016	Maaziya S&RC Malé	Club Valencia Malé
2017	New Radiant Sports Club Malé	New Radiant Sports Club Malé
2018	TC Sports Club Malé	*No competition*
2019/2020	Maaziya S&RC Malé	*No competition*
2020/2021	Maaziya S&RC Malé	*Competition abandoned*

*called later VB Sports Club Malé and today VB Addu FC Malé

NATIONAL CHAMPIONSHIP
Dhivehi League 2020/2021

1.	**Maaziya S&RC Malé**	14	10	4	0	34	-	6	34
2.	Club Valencia Maé	14	7	4	3	21	-	9	25
3.	Club Green Streets Malé	14	5	4	5	13	-	16	19
4.	Club Eagles Malé	14	4	5	5	15	-	21	17
5.	Da Grande Amigos New Generation SC	14	4	4	6	17	-	25	16
6.	Super United Sports Malé	14	3	6	5	9	-	18	15
7.	TC Sports Club Malé	14	3	4	7	11	-	19	13
8.	United Victory Malé	14	3	3	8	20	-	26	12

Best goalscorer 2020/2021:
Cornelius Stewart (VIN, Maaziya S&RC Malé) – 11 goals

NATIONAL CUP
Final 2020/2021

The competition was abandoned due to COVID-19 pandemic.

THE CLUBS

CLUB EAGLES MALÉ
Year of Formation: 1989
Stadium: Henveiru Ground, Malé (500)

CLUB GREEN STREETS MALÉ
Year of Formation: 2010
Stadium: Rasmee Dhandu Stadium, Malé (11,850)

CLUB VALENCIA MALÉ
Year of Formation: 1979
Stadium: Rasmee Dhandu Stadium, Malé (11,850)

DA GRANDE AMIGOS NEW GENERATION SPORTS CLUB
Year of Formation: 2015
Stadium: Rasmee Dhandu Stadium, Malé (11,850)

MAAZIYA SPORTS AND RECREATION CLUB
Year of Formation: 1996
Stadium: Rasmee Dhandu Stadium, Malé (11,850)

SUPER UNITED SPORTS MALÉ
Year of Formation: 2016
Stadium: Rasmee Dhandu Stadium, Malé (11,850)

TRUST AND CARE [TC] SPORTS CLUB MALÉ
Stadium: Rasmee Dhandu Stadium, Malé (11,850)

UNITED VICTORY MALÉ
Year of Formation: 1973
Stadium: Rasmee Dhandu Stadium, Malé (11,850)

NATIONAL TEAM
INTERNATIONAL MATCHES 2020/2021

04.06.2021	*Sharjah*	*Maldives - Syria*	*0-4(0-3)*	*(WCQ)*
11.06.2021	*Sharjah*	*China P.R. - Maldives*	*5-0(2-0)*	*(WCQ)*
15.06.2021	*Sharjah*	*Philippines - Maldives*	*1-1(1-1)*	*(WCQ)*

04.06.2021, 22nd FIFA World Cup Qualifiers / AFC Qualifiers, Second Round
Sharjah Stadium, Sharjah (United Arab Emirates); Attendance: 0
Referee: Ammar Ali Abdulla Al Jeneibi (United Arab Emirates)
MALDIVES - SYRIA **0-4(0-3)**
MDV: Mohamed Faisal, Ahmed Numaan, Ali Samooh (65.Mohamed Saaif), Ibrahim Aisham, Mohamed Umair, Akram Abdul Ghani, Hamza Mohamed (61.Ali Shamal Abdulla), Hussain Nihan, Imran Nasheed (74.Mohamed Irufaan), Ibrahim Mahudhee Hussain (74.Hussain Sifaau Yoosuf), Assadhulla Abdulla (74.Ali Fasir). Trainer: Martin Koopman (Netherlands).

11.06.2021, 22nd FIFA World Cup Qualifiers / AFC Qualifiers, Second Round
Sharjah Stadium, Sharjah (United Arab Emirates); Attendance: 0
Referee: Ahmed Faisal Mohammad Al Ali (Jordan)
CHINA P.R. - MALDIVES **5-0(2-0)**
MDV: Mohamed Faisal, Ahmed Numaan (72.Hussain Sifaau Yoosuf), Ali Samooh, Haisham Hassan, Ibrahim Aisham (63.Ali Shamal Abdulla), Akram Abdul Ghani, Mohamed Umair, Hamza Mohamed (63.Mohamed Naim), Hussain Nihan (79.Ali Fasir), Ibrahim Mahudhee Hussain, Ali Haisam (78.Ali Ashfaq). Trainer: Martin Koopman (Netherlands).

15.06.2021, 22nd FIFA World Cup Qualifiers / AFC Qualifiers, Second Round
Sharjah Stadium, Sharjah (United Arab Emirates); Attendance: 0
Referee: Sivakorn Pu-udom (Thailand)
PHILIPPINES - MALDIVES **1-1(1-1)**
MDV: Mohamed Faisal, Ali Samooh, Hussain Sifaau Yoosuf, Haisham Hassan, Ibrahim Aisham (46.Mohamed Umair), Akram Abdul Ghani, Hamza Mohamed, Hussain Nihan, Ibrahim Mahudhee Hussain, Ali Fasir, Ali Haisam (65.Ali Ashfaq). Trainer: Martin Koopman (Netherlands).
Goal: Ali Fasir (25).

NATIONAL TEAM PLAYERS 2020/2021

Name	DOB	Club
Goalkeepers		
Mohamed FAISAL	04.09.1988	Club Valencia Malé
Defenders		
Ali Shamal ABDULLA	21.03.1999	United Victory Malé
Ibrahim AISHAM	07.05.1997	Maaziya S&RC Malé
Haisham HASSAN	21.07.1999	Club Eagles Malé
Ahmed NUMAAN	10.11.1992	Club Eagles Malé
Mohamed SAAIF	17.03.1994	Club Green Streets Malé
Ali SAMOOH	05.07.1996	Maaziya S&RC Malé
Hussain SIFAAU Yoosuf	04.02.1996	Club Eagles Malé
Mohamed UMAIR	03.07.1988	Maaziya S&RC Malé
Midfielders		
Akram ABDUL GHANI	19.03.1987	New Radiant Sports Club Malé
Mohamed IRUFAAN	24.07.1994	Maaziya S&RC Malé
Ibrahim MAHUDHEE Hussain	22.08.1993	Maaziya S&RC Malé
Hamza "Hamzath" MOHAMED	17.02.1995	Maaziya S&RC Malé
Imran NASHEED	14.08.1988	Club Eagles Malé
Hussain NIHAN	06.07.1992	Maaziya S&RC Malé
Forwards		
Asadhulla ABDULLA	19.10.1990	Maaziya S&RC Malé
Ali ASHFAQ	06.09.1985	Club Valencia Malé
Ali FASIR	04.09.1988	Club Valencia Malé
Ali HAISAM	04.04.1992	United Victory Malé
Mohamed NAIM	07.10.1996	Club Eagles Malé
National coaches		
Martin KOOPMAN (Netherlands) [from 27.01.2020]		05.06.1956

MONGOLIA

The Country:
Mongol uls (Mongolia)
Capital: Ulaanbaatar
Surface: 1,564,115 km²
Population: 3,353,470 [2020]
Time: UTC+7; +8
The FA:
Mongolian Football Federation
P.O. Box 259 / Chinggis Avenue
Ulaanbaatar 210646
Year of Formation: 1959
Member of FIFA since: 1998
Member of AFC since: 1993

NATIONAL TEAM RECORDS

First international match:	10.08.1942, Manchuria: Japan - Mongolia 12-0
Most international caps:	Lümbengarav Donorovyn – 35 caps (2002-2014)
	Bayasgalangiin Garidmagnai – 35 caps (since 2003)
	Tsedenbal Norjmoogiin – 35 caps (since 2009)
Most international goals:	Lümbengarav Donorovyn – 8 goals / 35 caps (2003-2011)
	Nyam-Osor Naranbold – 8 goals / 18 caps (since 2014)

NATIONAL TEAM COMPETITIONS:

ASIAN NATIONS CUP	
1956	Did not enter
1960	Did not enter
1964	Did not enter
1968	Did not enter
1972	Did not enter
1976	Did not enter
1980	Did not enter
1984	Did not enter
1988	Did not enter
1992	Did not enter
1996	Did not enter
2000	Qualifiers
2004	Qualifiers
2007	Did not enter
2011	Qualifiers
2015	Qualifiers
2019	Qualifiers

FIFA WORLD CUP	
1930	Did not enter
1934	Did not enter
1938	Did not enter
1950	Did not enter
1954	Did not enter
1958	Did not enter
1962	Did not enter
1966	Did not enter
1970	Did not enter
1974	Did not enter
1978	Did not enter
1982	Did not enter
1986	Did not enter
1990	Did not enter
1994	Did not enter
1998	Did not enter
2002	Qualifiers
2006	Qualifiers
2010	Qualifiers
2014	Qualifiers
2018	Qualifiers

F.I.F.A. CONFEDERATIONS CUP 1992-2017

None

OLYMPIC FOOTBALL TOURNAMENTS 1900-2016

2016 (Qualifiers)

ASIAN GAMES 1951-2014		AFC CHALLENGE CUP 2006-2014		EAST ASIAN CHAMPIONSHIP 2003-2019	
1951	-	2006	-	2003	Qualifiers
1954	-	2008	-	2005	Qualifiers
1958	-	2010	Qualifiers	2008	Qualifiers
1962	-	2012	Qualifiers	2010	Qualifiers
1966	-	2014	Qualifiers	2013	*Suspended*
1970	-			2015	Qualifiers
1974	-			2017	Qualifiers
1978	-			2019	Qualifiers
1982	-				
1986	-				
1990	-				
1994	-				
1998	Group Stage				
2002	-				
2006	-				
2010	-				
2014	-				

AFC SOLIDARITY CUP 2016	
2016	Group Stage

MONGOLIAN CLUB HONOURS IN ASIAN CLUB COMPETITIONS:

AFC Champions League 1967-1971 & 1985/1986-2020
None

Asian Football Confederation Cup 2004-2020
None

AFC President's Cup 2005-2014*
None

Asian Cup Winners Cup 1975-2003*
None

Asian Super Cup 1995-2002*
None

*defunct competitions

NATIONAL COMPETITIONS
TABLE OF HONOURS

	CHAMPIONS	CUP WINNERS
1964	Khudulmur Ulaanbaatar	-
1965	*No competition*	-
1966	Khudulmur Ulaanbaatar	-
1967	Tengeriin Bugnuud Bat Ulzii	-
1968	Darkhan	-
1969	Tengeriin Bugnuud Bat Ulzii	-
1970	Aldar Ulaanbaatar	-
1971	Tengeriin Bugnuud Bat Ulzii	-
1972	Khudulmur Ulaanbaatar	-
1973	Tengeriin Bugnuud Bat Ulzii	-
1974	Aldar Ulaanbaatar	-
1975	Tengeriin Bugnuud Bat Ulzii	-
1976	Aldar Ulaanbaatar	-
1977	*No competition*	-
1978	Zamchin Ulaanbaatar	-
1979	Tengeriin Bugnuud Bat Ulzii	-
1980	Aldar Ulaanbaatar	-
1981	Tengeriin Bugnuud Bat Ulzii	-
1982	Tengeriin Bugnuud Bat Ulzii	-
1983	Ajilchin	-
1984	Tengeriin Bugnuud Bat Ulzii	-
1985	Khuch Ulaanbaatar	-
1986	Sükhbaatar Ulaanbaatar	-
1987	Nairamdal	-
1988	Sükhbaatar Ulaanbaatar	-
1989	Khudulmur Ulaanbaatar	-
1990	Khuch Ulaanbaatar	-
1991	Sor Club	-
1992	Idsskh (*Mongolian All-University Team*)	-
1993	Odriin Od	-
1994	Khuch Ulaanbaatar	-
1995	Idsskh Ulaanbaatar	-
1996	Erchim Ulaanbaatar	-
1997	Delger	-
1998	Erchim Ulaanbaatar	-
1999	ITI Bank-Bars	-
2000	Erchim Ulaanbaatar	-
2001	Khangarid Erdenet	-
2002	Erchim Ulaanbaatar	-
2003	Khangarid Erdenet	-
2004	Khangarid Erdenet	-
2005	Khoromkhon Ulaanbaatar	-
2006	Khasin Khulguud Ulaanbaatar	-
2007	Erchim Ulaanbaatar	-
2008	Erchim Ulaanbaatar	-
2009	Ulaanbaatar University	-
2010	Khangarid Erdenet	-

2011	FC Ulaanbaatar	Erchim Ulaanbaatar
2012	Erchim Ulaanbaatar	Erchim Ulaanbaatar
2013	Erchim Ulaanbaatar	Dornod Province
2014	Khoromkhon Klub Ulaanbaatar	Darkhan-Uul Province
2015	Erchim Ulaanbaatar	Erchim Ulaanbaatar
2016	Erchim Ulaanbaatar	FC Khangarid Erdenet
2017	Erchim Ulaanbaatar	Ulaanbaatar City FC
2018	Erchim Ulaanbaatar	Athletic 220 FC Ulaanbaatar
2019	Ulaanbaatar City FC	Erchim Ulaanbaatar
2020	Athletic 220 FC Ulaanbaatar	*No competition*

NATIONAL CHAMPIONSHIP
Ündesnii Deed Lig 2020

1.	**Athletic 220 FC Ulaanbaatar**	18	12	4	2	56 - 14	40
2.	FC Ulaanbaatar	18	12	2	4	56 - 22	38
3.	FC Khangarid Erdenet	18	11	3	4	52 - 24	36
4.	Khaan Khuns - Erchim FC Ulaanbaatar	18	11	2	5	64 - 20	35
5.	SP Falcons Ulaanbaatar	18	11	2	5	49 - 18	35
6.	Deren FC	18	10	3	5	40 - 21	33
7.	Ulaanbaatar City FC	18	7	3	8	38 - 28	24
8.	Anduud City FC Ulaanbaatar	18	3	1	14	21 - 72	10
9.	Ulaanbaatar Mazaalaynuud FC (*Relegation play-offs*)	18	3	0	15	10 - 77	9
10.	Sumida-Gepro FC Ulaanbaatar (*Relegated*)	18	0	0	18	7 - 97	0

Please note: Erchim Ulaanbaatar merged with Khaan Khuns Titem Ulaanbaatar into Khaan Khuns - Erchim FC Ulaanbaatar; Gepro FC merged with Sumida FC into Sumida-Gepro FC Ulaanbaatar.

Promotion Play-offs:
UB Mazaalaynuud Ulaanbaatar - Khoromkhon FC Ulaanbaatar

Play-offs were not played. Both clubs entered the 2021 top level after the withdrawal of Anduud City FC Ulaanbaatar.

Best goalscorer 2020:
Nyam-Osor Naranbold (Athletic 220 FC Ulaanbaatar) – 30 goals

Promoted for the 2021 season:
FC BCH Lions Ulaanbaatar

NATIONAL CUP
MFF Tsom Final 2020

Apparently the competition did not take place in 2020.

THE CLUBS

ANDUUD CITY FOOTBALL CLUB ULAANBAATAR
Year of Formation: 2013
Stadium: MFF Football Centre, Ulaanbaatar (5,000)

ATHLETIC 220 FOOTBALL CLUB ULAANBAATAR
Year of Formation: 2016
Stadium: MFF Football Centre, Ulaanbaatar (5,000)

DEREN FOOTBALL CLUB
Year of Formation: 2008
Stadium: National Sports Stadium, Ulaanbaatar (20,000)

SELENGE PRESS FALCONS ULAANBAATAR
Year of Formation: 2003
Stadium: National Sports Stadium, Ulaanbaatar (20,000)

KHAN KHUNS - ERCHIM FOOTBALL CLUB ULAANBAATAR
Year of Formation: 1994
Stadium: National Sports Stadium, Ulaanbaatar (20,000)

FOOTBALL CLUB KHANGARID ERDENET
Year of Formation: 1996
Stadium: Erdenet Stadium, Erdenet (3,000)

SUMIDA – GEPRO FOOTBALL CLUB ULAANBAATAR
Year of Formation: 2013
Stadium: MFF Football Centre, Ulaanbaatar (5,000)

ULAANBAATAR MAZAALAYNUUD FOOTBALL CLUB
Year of Formation: 1998
Stadium: MFF Football Centre, Ulaanbaatar (5,000)

FOOTBALL CLUB ULAANBAATAR
Year of Formation: 2011
Stadium: MFF Football Centre, Ulaanbaatar (5,000)

ULAANBAATAR CITY FOOTBALL CLUB
Year of Formation: 2016
Stadium: G-Mobile Arena, Ulaanbaatar (5,000)

NATIONAL TEAM
INTERNATIONAL MATCHES 2020/2021

25.03.2021	Dushanbe	Tajikistan - Mongolia	3-0(1-0)	(WCQ)
30.03.2021	Chiba	Mongolia - Japan	0-14(0-5)	(WCQ)
07.06.2021	Osaka	Kyrgyzstan - Mongolia	0-1(0-1)	(WCQ)

25.03.2021, 22nd FIFA World Cup Qualifiers / AFC Qualifiers, Second Round
Central Republican Stadium, Dushanbe; Attendance: 9,300
Referee: Ali Sabah Adday Al Qaysi (Iraq)
TAJIKISTAN - MONGOLIA **3-0(1-0)**
MNG: Mönkh-Erdene Enkhtaivan, Galt Tuguldur, Tuya Khash-Erdene, Oyunbaatar Otgonbayar, Tsend-Ayuush Khürelbaatar, Ganboldyn Bilgüün, Ganbayar Ganbold (74.Myagmar Batkhishig), Artag Narmandakh (74.Oyunbaatar Mijiddorj), Amaraa Dölgöön, Gal-Erdene Soyol-Erdene (54.Batbold Baljinnyam), Nyam-Osor Naranbold. Trainer: Rastislav Božik (Slovakia).

30.03.2021, 22nd FIFA World Cup Qualifiers / AFC Qualifiers, Second Round
Fukuda Denshi Arena, Chiba; Attendance: 0
Referee: Omar Mohamed Al Ali (United Arab Emirates)
MONGOLIA - JAPAN **0-14(0-5)**
MNG: Mönkh-Erdene Enkhtaivan, Galt Tuguldur, Battur Davaajav (46.Oyunbaatar Otgonbayar), Amaraa Dölgöön, Tsend-Ayuush Khürelbaatar, Ganboldyn Bilgüün, Ganbayar Ganbold (74.Oyunbaatar Mijiddorj), Artag Narmandakh (46.Tsedenbal Norjmoogiin), Tuya Khash-Erdene, Gal-Erdene Soyol-Erdene (46.Batbold Baljinnyam), Nyam-Osor Naranbold (85.Altansukh Temüüjin). Trainer: Rastislav Božik (Slovakia).

07.06.2021, 22nd FIFA World Cup Qualifiers / AFC Qualifiers, Second Round
Yanmar Stadium Nagai, Osaka (Japan); Attendance: 0
Referee: Yu Ming-hsun (Chinese Taipei)
KYRGYZSTAN - MONGOLIA **0-1(0-1)**
MNG: Mönkh-Erdene Enkhtaivan, Munkh-Orgil Orkhon, Gerelt-Old Bat-Orgil, Amaraa Dölgöön, Oktyabri Davaadelger, Tsend-Ayuush Khürelbaatar (69.Oyunbaatar Otgonbayar), Ganbayar Ganbold (69.Gal-Erdene Soyol-Erdene), Gantuya Gantogtokh (46.Mönkh-Erdengiin Tögöldör), Batbold Baljinnyam, Tuya Khash-Erdene (37.Battur Davaajav), Oyunbaatar Mijiddorj (46.Jansyerik Maratkhan). Trainer: Shūichi Mase (Japan).
Goal: Oyunbaatar Mijiddorj (34).

NATIONAL TEAM PLAYERS 2020/2021

Name	DOB	Club
Goalkeepers		
MÖNKH-ERDENE Enkhtaivan	17.10.1995	*Athletic 220 FC Ulaanbaatar*
Defenders		
BATTUR Davaajav	21.05.1990	*Khaan Khuns - Erchim FC Ulaanbaatar*
GALT Tuguldur	31.05.1995	*Khaan Khuns - Erchim FC Ulaanbaatar*
GANBOLDYN Bilgüün	12.04.1991	*Khaan Khuns - Erchim FC Ulaanbaatar*
GERELT-OLD Bat-Orgil	23.01.2002	*Ulaanbaatar City FC*
JANSYERIK Maratkhan	04.04.1999	*Deren FC*
OKTYABRI Davaadelger	05.06.2000	*Deren FC*
OYUNBAATAR Otgonbayar	04.09.1993	*Ulaanbaatar City FC*
TSEDENBAL Norjmoogiin	12.09.1988	*Khaan Khuns - Erchim FC Ulaanbaatar*
TUYA Khash-Erdene	06.02.2001	*Deren FC*
Midfielders		
ALTANSUKH Temüüjin	09.01.1997	*Athletic 220 FC Ulaanbaatar*
ARTAG Narmandakh	09.03.1997	*Ulaanbaatar City FC*
BATBOLD Baljinnyam	08.11.1999	*FC Ulaanbaatar*
GANBAYAR Ganbold	03.09.2000	*Csákvári TK (HUN)*
GANTUYA Gantogtokh	14.05.1998	*Ulaanbaatar City FC*
MÖNKH-ERDENGIIN Tögöldör	23.02.1991	*SP Falcons Ulaanbaatar*
TSEND-AYUUSH Khürelbaatar	21.02.1990	*SP Falcons Ulaanbaatar*
Forwards		
AMARAA Dölgöön	20.02.2001	*Deren FC*
GAL-ERDENE Soyol-Erdene	03.03.1996	*Khaan Khuns - Erchim FC Ulaanbaatar*
MYAGMAR Batkhishig	10.09.1994	*SP Falcons Ulaanbaatar*
NYAM-OSOR Naranbold	22.02.1992	*Athletic 220 FC Ulaanbaatar*
OYUNBAATAR Mijiddorj	22.08.1996	*Ulaanbaatar City FC*

National coaches

Rastislav BOŽIK (Slovakia) [18.09.2020 – 31.03.2021]	15.08.1977
Shūichi MASE (Japan) [from 08.04.2021]	22.10.1973

MYANMAR

The Country:
Pyi-daung-zu Myan-ma Naing-ngan-daw (Republic of the Union of Myanmar) Capital: Naypyidaw Surface: 676,578 km² Population: 53,582,855 [2017] Time: UTC+6.30
The FA:
Myanmar Football Federation National Football Training Centre Thuwunna, Waizayanta Road, Yangon Year of Formation: 1947 Member of FIFA since: 1948 Member of AFC since: 1954

NATIONAL TEAM RECORDS

First international match: 06.03.1951, India: Iran - Burma 2-0*
Most international caps: Zaw Min Tun – 75 caps (since 2011)
Most international goals: Myo Hlaing Win – 36 goals / 63 caps (1992-2005)

*Burma changed its name to Myanmar in 1989.

NATIONAL TEAM COMPETITIONS:

ASIAN NATIONS CUP	
1956	Did not enter
1960	Did not enter
1964	Did not enter
1968	Final Tournament (Runners-up)
1972	Did not enter
1976	Did not enter
1980	Did not enter
1984	Did not enter
1988	Did not enter
1992	Did not enter
1996	Qualifiers
2000	Qualifiers
2004	Qualifiers
2007	Did not enter
2011	Qualifiers
2015	Qualifiers
2019	Qualifiers

FIFA WORLD CUP	
1930	Did not enter
1934	Did not enter
1938	Did not enter
1950	*Withdrew*
1954	Did not enter
1958	Did not enter
1962	Did not enter
1966	Did not enter
1970	Did not enter
1974	Did not enter
1978	Did not enter
1982	Did not enter
1986	Did not enter
1990	Did not enter
1994	*Withdrew*
1998	Did not enter
2002	*Withdrew*
2006	Disqualified by FIFA
2010	Qualifiers
2014	Qualifiers
2018	Qualifiers

F.I.F.A. CONFEDERATIONS CUP 1992-2017

None

OLYMPIC FOOTBALL TOURNAMENTS 1908-2016							
1908	-	1948	-	1972	Group Stage*	1996	-
1912	-	1952	-	1976	-	2000	Qualifiers
1920	-	1956	-	1980	-	2004	Qualifiers
1924	-	1960	-	1984	-	2008	Qualifiers
1928	-	1964	Qualifiers*	1988	-	2012	Qualifiers
1936	-	1968	-	1992	-	2016	Qualifiers

*as Burma

ASIAN GAMES 1951-2014		AFC CHALLENGE CUP 2006-2014		ASEAN („TIGER") CUP / AFF CUP 1996-2018		SOUTH EAST ASIAN GAMES 1959-2019	
1951	Quarter-Finals	2006	-	1996	Group Stage	1959	Group Stage
1954	3rd Place	2008	4th Place	1998	Group Stage	1961	Runners-up
1958	Group Stage	2010	4th Place	2000	Group Stage	1965	Winners***
1962	-	2012	Qualifiers	2002	Group Stage	1967	Winners
1966	Winners	2014	Group Stage	2004	Semi-Finals	1969	Winners
1970	Winners**			2007	Group Stage	1971	Winners
1974	2nd Round			2008	Group Stage	1973	Winners
1978	Group Stage			2010	Group Stage	1975	3rd Place
1982	Group Stage			2012	Group Stage	1977	3rd Place
1986	-			2014	Group Stage	1979	Group Stage
1990	-			2016	Semi-Finals	1981	Group Stage
1994	Group Stage			2018	Group Stage	1983	Group Stage
1998	-					1985	-
2002	-					1987	4th Place
2006	-					1989	Group Stage
2010	-					1991	Group Stage
2014	-					1993	Runners-up
						1995	4th Place
						1997	Group Stage
						1999	Group Stage
						2001	3rd Place
						2003	4th Place
						2005	Group Stage
						2007	Runners-up
						2009	Group Stage
						2011	3rd Place
						2013	Group Stage
						2015	Runners-up
						2017	4th Place
						2019	3rd Place

*as Burma between 1951-1989
**title shared with Korea Republic
***title shared with Thailand

MYANMAR CLUB HONOURS IN ASIAN CLUB COMPETITIONS:

AFC Champions League 1967-1971 & 1985/1986-2020
None

Asian Football Confederation Cup 2004-2020
None

AFC President's Cup 2005-2014*
| Yadanarbon FC Mandalay | 1 | 2010 |

Asian Cup Winners Cup 1975-2003*
None

Asian Super Cup 1995-2002*
None

*defunct competitions

NATIONAL COMPETITIONS TABLE OF HONOURS

	CHAMPIONS	CUP WINNERS
1995/1996	Finance and Revenue Yangon	-
1996/1997	Finance and Revenue Yangon	-
1997/1998	Yangon City Development	-
1998/1999	Finance and Revenue Yangon	-
1999/2000	Finance and Revenue Yangon	-
2000/2001	Ministry of Commerce Yangon	-
2001/2002	Finance and Revenue Yangon	-
2002/2003	Finance and Revenue Yangon	-
2003/2004	Finance and Revenue Yangon	-
2004/2005	Finance and Revenue Yangon	-
2005/2006	Finance and Revenue Yangon	-
2006/2007	Kanbawza FC Taunggyi	-
2007/2008	Finance and Revenue Yangon	-
2008/2009	Ministry of Commerce Yangon	-
	MYANMAR NATIONAL LEAGUE	-
2009	Yadanarbon FC Mandalay	-
2009/2010	Yadanarbon FC Mandalay	
2010	Yadanarbon FC Mandalay	Okkthar United FC Taungoo*
2011	Yangon United FC	Yangon United FC
2012	Yangon United FC	Ayeyawady United FC Pathein
2013	Yangon United FC	*Competition cancelled*
2014	Yadanarbon FC Mandalay	Ayeyawady United FC Pathein
2015	Yangon United FC	Ayeyawady United FC Pathein
2016	Yadanarbon FC Mandalay	Magwe FC
2017	Shan United FC Taunggyi	Shan United FC Taunggyi
2018	Yangon United FC	Yangon United FC
2019	Shan United FC Taunggyi	Yangon United FC
2020	Shan United FC Taunggyi	*Competition cancelled*

NATIONAL CHAMPIONSHIP
Myanmar National League 2020

1.	**Shan United FC Taunggyi**	18	14	2	2	42 - 16	44
2.	Hantharwady United FC Taungoo	18	13	2	3	42 - 16	41
3.	Ayeyawady United FC Pathein	18	12	4	2	41 - 16	40
4.	Yangon United FC	18	11	4	3	39 - 18	37
5.	Yadanarbon FC Mandalay	18	5	5	8	30 - 30	20
6.	Rakhine United FC Sittwe	18	5	3	10	15 - 28	18
7.	Sagaing United FC Monywa	18	5	2	11	28 - 38	17
8.	Magwe FC Magway	18	4	4	10	23 - 45	16
9.	ISPE FC Mandalay	18	3	2	13	12 - 45	11
10.	Southern Myanmar FC Mawlamyine	18	2	4	12	12 - 32	10

11. Chin United FC Hakha (*Withdrew*)
12. Zwegabin United FC Hpa-An (*Withdrew*)

Please note: the league was interrupted 23.03. and 23.08.2020 due to COVID-19 pandemic. During this suspension both Chin United FC Hakha and Zwegabin United FC Hpa-An withdrew, all their results being annulled.

Best goalscorer 2020:
Raphael Success (NGA, Ayeyawady United FC Pathein) – 16 goals

Promoted for the 2021 season:
Chinland FC Hakha, Myawady FC Naypyidaw.

NATIONAL CUP
"General Aung San Shield" Cup Final 2020

The competition was cancelled due to COVID-19 pandemic.

THE CLUBS

AYEYAWADY UNITED FOOTBALL CLUB PATHEIN
Year of Formation: 2009
Stadium: Ayar [Kyaut Tie] Stadium, Pathein (6,000)

CHIN UNITED FOOTBALL CLUB YANGON
Year of Formation: 2012
Stadium: Thuwunna Stadium, Yangon (32,000)

HANTHARWADY UNITED FOOTBALL CLUB TAUNGOO
Year of Formation: 2009
Stadium: Grand Royal Stadium, Taungoo (4,000)

INTITUTE OF SCIENCE & PHYSICAL EDUCATION FOOTBALL CLUB MANDALAY
Year of Formation: 2019
Stadium: Mandalarthiri Stadium, Mandalay (30,000)

MAGWE FOOTBALL CLUB MAGWAY
Year of Formation: 2009
Stadium: Magwe Stadium, Magway (2,000)

RAKHINE UNITED FOOTBALL CLUB SITTWE
Year of Formation: 2010
Stadium: Wai Thar Li Stadium, Sittwe (5,000)

SAGAING FOOTBALL CLUB MONYWA
Year of Formation: 2015
Stadium: Monywa Stadium, Monywa (4,000)

SHAN UNITED FOOTBALL CLUB TAUNGGYI
Year of Formation: 2005
Stadium: Taunggyi Stadium, Taunggyi (7,000)

SOUTHERN MYANMAR FOOTBALL CLUB MAWLAMYINE
Year of Formation: 2009
Stadium: Yamanya Stadium, Sittwe (10,000)

YADANARBON FOOTBALL CLUB MANDALAY
Year of Formation: 2009
Stadium: Bahtoo Memorial Stadium, Mandalay (17,000)

YANGON UNITED FOOTBALL CLUB
Year of Formation: 2009
Stadium: Yangon United Sports Complex, Yangon (3,500)

ZWEGABIN UNITED FOOTBALL CLUB HPA-AN
Year of Formation: 2010
Stadium: Hpa-An Stadium, Hpa-An (3,000)

NATIONAL TEAM
INTERNATIONAL MATCHES 2020/2021

28.05.2021	Chiba	Japan - Myanmar	10-0(3-0)	(WCQ)
11.06.2021	Osaka	Myanmar - Kyrgyzstan	1-8(0-5)	(WCQ)
15.06.2021	Osaka	Tajikistan - Myanmar	4-0(1-0)	(WCQ)

28.05.2021, 22nd FIFA World Cup Qualifiers / AFC Qualifiers, Second Round
Fukuda Denshi Arena, Chiba; Attendance: 0
Referee: Hasan Akrami (Iran)
JAPAN - MYANMAR   **10-0(3-0)**
MYA: Sann Sat Naing, David Htan, Zaw Ye Tun, Ye Min Thu, Soe Moe Kyaw, Yan Naing Oo (85.Than Htet Aung), Lwin Moe Aung (74.Tin Win Aung), Maung Maung Win (46.Lar Din Maw Yar), Maung Maung Lwin, Htet Phyo Wai (60.Thein Than Win), Win Naing Tun (85.Suan Lam Mang). Trainer: Antoine Hey (Germany).

11.06.2021, 22nd FIFA World Cup Qualifiers / AFC Qualifiers, Second Round
Yanmar Stadium Nagai, Osaka (Japan); Attendance: 0
Referee: Hussein Abo Yehia (Lebanon)
MYANMAR - KYRGYZSTAN   **1-8(0-5)**
MYA: Sann Sat Naing, Zaw Ye Tun, Ye Min Thu, Soe Moe Kyaw, Thein Than Win, Yan Naing Oo [*sent off 24*], Hlaing Bo Bo (78.Tin Win Aung), Lar Din Maw Yar (66.Nyein Chan Aung), Than Htet Aung (27.Lwin Moe Aung), Maung Maung Lwin, Htet Phyo Wai (46.Maung Maung Win). Trainer: Antoine Hey (Germany).
Goal: Hlaing Bo Bo (69).

15.06.2021, 22nd FIFA World Cup Qualifiers / AFC Qualifiers, Second Round
Yanmar Stadium Nagai, Osaka (Japan); Attendance: 0
Referee: Omar Mohamed Al Ali (United Arab Emirates)
TAJIKISTAN - MYANMAR   **4-0(1-0)**
MYA: Sann Sat Naing, David Htan, Zaw Ye Tun, Ye Min Thu, Thein Than Win, Hlaing Bo Bo, Suan Lam Mang, Lwin Moe Aung (46.Nyein Chan Aung; 73.Myat Kaung Khant), Maung Maung Win (73.Htet Phyo Wai), Maung Maung Lwin, Win Naing Tun. Trainer: Antoine Hey (Germany).

NATIONAL TEAM PLAYERS 2020/2021

Name	DOB	Club
Goalkeepers		
Sann Sat NAING	04.09.1998	Yangon United FC
Defenders		
David HTAN	13.05.1990	Shan United FC Taunggyi
Soe Moe KYAW	23.03.1999	Ayeyawady United FC Pathein
Ye Min THU	28.06.1994	Shan United FC Taunggyi
Zaw Ye TUN	28.06.1994	Yadanarbon FC Mandalay
Thein Than WIN	25.11.1991	Yangon United FC
Midfielders		
Lwin Moe AUNG	10.12.1999	Ayeyawady United FC Pathein
Nyein Chan AUNG	18.08.1996	Yangon United FC
Tin Win AUNG	14.04.1990	Ayeyawady United FC Pathein
Hlaing Bo BO	08.07.1996	Sukhothai FC (THA)
Myat Kaung KHANT	15.07.2000	Chainat Hornbill FC (THA)
Maung Maung LWIN	18.06.1995	Yangon United FC
Maung Maung WIN	08.05.1990	Yangon United FC
Yan Naing OO	31.03.1996	Shan United FC Taunggyi
Lar Din Maw YAR	06.08.1995	Hantharwady United FC Taungoo
Forwards		
Than Htet AUNG	05.06.1993	Ayeyawady United FC Pathein
Suan Lam MANG	28.07.1994	Ranong United FC (THA)
Win Naing TUN	03.05.2000	Yangon United FC
Htet Phyo WAI	21.01.2000	Shan United FC Taunggyi
National coaches		
Antoine HEY (Germany) [from 21.10.2019]		19.09.1970

NEPAL

	The Country:
	Sanghiya Loktāntrik Ganatantra Nepāl (Federal Democratic Republic of Nepal) Capital: Kathmandu Surface: 147,181 km² Population: 28,095,714 [2018] Time: UTC+5.45
	The FA:
	All Nepal Football Association ANFA House, Satdobato, Lalitpur-17 P.O.Box 12582, Kathmandu Year of Formation: 1951 Member of FIFA since: 1972 Member of AFC since: 1954

NATIONAL TEAM RECORDS

First international match: 13.10.1972, Beijing: China P.R. - Nepal 6-2
Most international caps: Biraj Maharjan – 75 caps (since 2008)
Most international goals: Hari Khadka – 13 goals / 41 caps (1995-2006)
Nirajan Rayamajhi – 13 goals / 19 caps (2002-2010)

NATIONAL TEAM COMPETITIONS:

ASIAN NATIONS CUP		FIFA WORLD CUP	
1956	Did not enter	1930	Did not enter
1960	Did not enter	1934	Did not enter
1964	Did not enter	1938	Did not enter
1968	Did not enter	1950	Did not enter
1972	Did not enter	1954	Did not enter
1976	Did not enter	1958	Did not enter
1980	Did not enter	1962	Did not enter
1984	Qualifiers	1966	Did not enter
1988	Qualifiers	1970	Did not enter
1992	Did not enter	1974	Did not enter
1996	Qualifiers	1978	Did not enter
2000	Qualifiers	1982	Did not enter
2004	Qualifiers	1986	Qualifiers
2007	Did not enter	1990	Qualifiers
2011	Qualifiers	1994	Did not enter
2015	Qualifiers	1998	Qualifiers
2019	Qualifiers	2002	Qualifiers
		2006	*Withdrew*
		2010	Qualifiers
		2014	Qualifiers
		2019	Qualifiers

F.I.F.A. CONFEDERATIONS CUP 1992-2017

None

OLYMPIC FOOTBALL TOURNAMENTS 1908-2016							
1908	-	1948	-	1972	-	1996	-
1912	-	1952	-	1976	-	2000	Qualifiers
1920	-	1956	-	1980	-	2004	Qualifiers
1924	-	1960	-	1984	-	2008	-
1928	-	1964	-	1988	Qualifiers	2012	-
1936	-	1968	-	1992	Qualifiers	2016	Qualifiers

ASIAN GAMES 1951-2014		AFC CHALLENGE CUP 2006-2014		SOUTH ASIAN FEDERATION GAMES 1984-2016		SOUTH ASIAN FOOTBALL FEDERATION CHAMPIONSHIP 1993-2018	
1951	-	2006	Semi-Finals	1984	Winners	1993	3rd Place
1954	-	2008	Group Stage	1985	3rd Place	1995	Semi-Finals
1958	-	2010	Qualifiers	1987	Runners-up	1997	Group Stage
1962	-	2012	Group Stage	1989	4th Place	1999	4th Place
1966	-	2014	Qualifiers	1991	4th Place	2003	Group Stage
1970	-			1993	Winners	2005	Group Stage
1974	-			1995	4th Place	2008	Group Stage
1978	-			1999	Runners-up	2009	Group Stage
1982	Group Stage			2004	Group Stage	2011	Semi-Finals
1986	Group Stage			2006	3rd Place	2013	Semi-Finals
1990	-			2010	Group Stage	2015	Group Stage
1994	Group Stage			2016	Winners	2018	Semi-Finals
1998	Group Stage						
2002	-						
2006	-						
2010	-						
2014	Group Stage						

AFC SOLIDARITY CUP 2016	
2016	Winners

NEPALESE CLUB HONOURS IN ASIAN CLUB COMPETITIONS:

AFC Champions League 1967-1971 & 1985/1986-2020
None
Asian Football Confederation Cup 2004-2020
None
AFC President's Cup 2005-2014*
None
Asian Cup Winners Cup 1975-2003*
None
Asian Super Cup 1995-2002*
None

*defunct competitions

NATIONAL COMPETITIONS
TABLE OF HONOURS

	CHAMPIONS
1954/1955	Mahabir Club Kathmandu
1955/1956	Police Force Kathmandu
1956/1957	Police Force Kathmandu
1957/1958	Army XI Kathmandu
1958/1959	*No competition*
1959/1960	*No competition*
1960/1961	New Road Team Kathmandu
1961/1962	*No competition*
1962/1963	New Road Team Kathmandu
1963/1964	Bidya Byama
1964/1965	*No competition*
1965/1966	*No competition*
1966/1967	Mahabir Club Kathmandu
1967/1968	Friends Union
1968/1969	Deurali Club
1969/1970	Mahabir Club Kathmandu
1970/1971	Deurali Club
1971/1972	Ranipokhari Corner Team
1972/1973	Ranipokhari Corner Team
1973/1974	Ranipokhari Corner Team
1975	Boys Union Club Kathmandu
1976	Sunakhari Athletic Club
1977	Annapurna Club
1978	New Road Team Kathmandu
1979	Ranipokhari Corner Team
1980	Sankata Boys Sports Club Kathmandu
1981/1982	Ranipokhari Corner Team
1982	Annapurna Club
1983	Sankata Boys Sports Club Kathmandu
1984	Ranipokhari Corner Team
1985	Sankata Boys Sports Club Kathmandu
1986	Manang Marsyangdi Club Kathmandu
1987	Manang Marsyangdi Club Kathmandu
1988	*No competition*
1989	Manang Marsyangdi Club Kathmandu
1990	*No competition*
1991	*No competition*
1992	*No competition*
1993	*No competition*
1994	*No competition*
1995	New Road Team Kathmandu
1996	*No competition*
1997	Three Star Club Lalitpur
1998	Three Star Club Lalitpur
1999	*No competition*
2000	Manang Marsyangdi Club Kathmandu
2001	*No competition*

2002	*No competition*
2003	Manang Marsyangdi Club Kathmandu
2004	Three Star Club Lalitpur
2005/2006	Manang Marsyangdi Club Kathmandu
2006/2007	Mahendra Police Club Kathmandu
2007/2008	*No competition*
2008/2009	*No competition*
2009/2010	Nepal Police Club Kathmandu
2011	Nepal Police Club Kathmandu
2011/2012	Nepal Police Club Kathmandu
2012/2013	Three Star Club Patan
2013/2014	Manang Marsyangdi Club Kathmandu
2015	Three Star Club Patan
2016	*No competition*
2017/2018	*No competition*
2018/2019	Manang Marshyangdi Club Kathmandu
2019/2020	Machhindra FC Kathmandu
2021	*Competition will start in September 2021*

SUPER LEAGUE

2021	Kathmandu RayZRs FC

NATIONAL CHAMPIONSHIP
Khukri Nepal Super League 2021

Regular Stage

1. Kathmandu RayZRs FC	6	4	1	1	9	-	8	13
2. Dhangadhi FC	6	3	1	2	8	-	5	10
3. Lalitpur City FC	6	2	3	1	7	-	3	9
4. Butwal Lumbini FC	6	2	2	2	7	-	6	8
5. Pokhara Thunders	6	2	2	2	3	-	4	8
6. Biratnagar FC	6	2	1	3	11	-	12	7
7. FC Chitwan Bharatpur	6	0	2	4	5	-	12	2

Top-4 were qualfied for the Play-offs.

Play-offs

Final Qualifier [11.05.2021]

Kathmandu RayZRs FC - Dhangadhi FC   1-2 aet

Semi-Final Qualifier [12.05.2021]

Lalitpur City FC - Butwal Lumbini FC   1-0

Semi-Final [13.05.2021]

Kathmandu RayZRs FC - Lalitpur City FC   3-0

Super League Final [15.05.2021]

Dhangadhi FC - Kathmandu RayZRs FC   0-1(0-1)

2021 Super League Champions: **Kathmandu RayZRs FC**

NATIONAL TEAM
INTERNATIONAL MATCHES 2020/2021

13.11.2020	Ḍhākā	Bangladesh - Nepal	2-0(1-0)	(F)
17.11.2020	Ḍhākā	Bangladesh - Nepal	0-0	(F)
27.03.2021	Kathmandu	Nepal - Bangladesh	0-0	(F)
29.03.2021	Kathmandu	Nepal - Bangladesh	2-1(2-0)	(F)
29.05.2021	Basra	Iraq - Nepal	6-2(4-2)	(F)
03.06.2021	Kuwait City	Nepal - Chinese Taipei	2-0(1-0)	(WCQ)
07.06.2021	Kuwait City	Nepal - Jordan	0-3(0-1)	(WCQ)
11.06.2021	Kuwait City	Nepal - Australia	0-3(0-2)	(WCQ)

13.11.2020, Friendly International
Bangabandhu National Stadium, Ḍhākā; Attendance: 8,000
Referee: Bituraj Barua (Bangladesh)
BANGLADESH - NEPAL   **2-0(1-0)**
NEP: Kiran Chemjong, Suman Aryal, Ananta Tamang, Bikash Khawas, Ajit Bhandari, Tej Tamang (69.Darshan Gurung), Bikram Lama (42.Arik Bista), Sujal Shrestha, Ravi Shankar Paswan (69.Bharat Khawas), Anjan Bista (88.Bimal Rana), Nawayug Shrestha (46.George Prince Karki). Trainer: Bal Gopal Maharjan.

17.11.2020, Friendly International
Bangabandhu National Stadium, Ḍhākā; Attendance: 8,000
Referee: Mizanur Rahman (Bangladesh)
BANGLADESH - NEPAL   **0-0**
NEP: Kiran Chemjong, Ananta Tamang, Bikash Khawas, Tshering Gurung, Tej Tamang (46.Pujan Uparkoti), Ranjit Dhimal, Darshan Gurung (73.Sesehang Angdembe), Arik Bista, Sujal Shrestha (89.Bimal Rana), Bharat Khawas (19.Nawayug Shrestha), Anjan Bista (73.Ravi Shankar Paswan). Trainer: Bal Gopal Maharjan.

27.03.2021, Friendly International [Three Nations Cup, Group Stage]
Dasarath Rangasala Stadium, Kathmandu; Attendance: n/a
Referee: Tejas Nagvenkar (India)
NEPAL - BANGLADESH   **0-0**
NEP: Kiran Chemjong, Ananta Tamang, Dinesh Rajbanshi, Ranjit Dhimal (71.Nishan Khadka), Tridev Gurung, Tej Tamang, Rohit Chand, Abhishek Rijal (71.Darshan Gurung), Sanjok Rai (55.Bishal Rai), Ravi Shankar Paswan (55.Sunil Bal), Anjan Bista (87.Arik Bista). Trainer: Bal Gopal Maharjan.

29.03.2021, Friendly International [Three Nations Cup, Group Stage]
Dasarath Rangasala Stadium, Kathmandu; Attendance: n/a
Referee: Tejas Nagvenkar (India)
NEPAL - BANGLADESH   **2-1(2-0)**
NEP: Kiran Chemjong, Ananta Tamang, Dinesh Rajbanshi, Sunil Bal (67.Ravi Shankar Paswan), Tej Tamang, Bishal Rai, Tridev Gurung (90.Biraj Maharjan), Ranjit Dhimal (90.Ajit Bhandari), Rohit Chand, Sanjok Rai (82.Tshering Gurung), Anjan Bista (82.Abhishek Rijal). Trainer: Bal Gopal Maharjan.
Goals: Sanjok Rai (18), Bishal Rai (42).

29.05.2021, Friendly International
Al Fayhaa Stadium, Basra; Attendance: n/a
Referee: Saad Khalefah Al Fadhli (Kuwait)
IRAQ - NEPAL   **6-2(4-2)**
NEP: Kiran Chemjong, Gautam Shrestha (73.Bikash Khawas), Suman Aryal, Ananta Tamang, Santosh Tamang (46.Bishal Rai), Manish Dangi (46.Arik Bista), Pujan Uparkoti (46.Sunil Bal), Rohit Chand, Suman Lama (74.Dinesh Rajbanshi), Anjan Bista, Nawayug Shrestha (46.Abhishek Rijal). Trainer: Abdullah Al Mutairi (Kuwait).
Goals: Anjan Bista (8), Manish Dangi (29).

03.06.2021, 22nd FIFA World Cup Qualifiers / AFC Qualifiers, Second Round
„Jaber Al Ahmad" Stadium, Kuwait City (Kuwait); Attendance: 0
Referee: Kim Woo-sung (Korea Republic)
NEPAL - CHINESE TAIPEI   **2-0(1-0)**
NEP: Kiran Chemjong, Suman Aryal, Gautam Shrestha, Ananta Tamang, Pujan Uparkoti (87.Arik Bista), Santosh Tamang (87.Bishal Rai), Rohit Chand, Aashish Lama (46.Manish Dangi), Suman Lama, Sunil Bal (69.Nawayug Shrestha), Anjan Bista (87.Abhishek Rijal). Trainer: Abdullah Al Mutairi (Kuwait).
Goals: Anjan Bista (3 penalty), Nawayug Shrestha (81).

07.06.2021, 22nd FIFA World Cup Qualifiers / AFC Qualifiers, Second Round
Al Kuwait Sports Club Stadium, Kuwait City (Kuwait); Attendance: 0
Referee: Mohd Amirul Izwan Yaacob (Malaysia)
NEPAL - JORDAN   **0-3(0-1)**
NEP: Kiran Chemjong, Suman Aryal, Ananta Tamang, Dinesh Rajbanshi (56.Bishal Rai), Suman Lama, Bikash Khawas (30.Sunil Bal), Pujan Uparkoti (56.Arik Bista), Santosh Tamang (56.Nawayug Shrestha), Rohit Chand, Abhishek Rijal (46.Manish Dangi), Anjan Bista. Trainer: Abdullah Al Mutairi (Kuwait).

11.06.2021, 22nd FIFA World Cup Qualifiers / AFC Qualifiers, Second Round
„Jaber Al Ahmad" Stadium, Kuwait City (Kuwait); Attendance: 0
Referee: Ahmed Abu Bakar Said Al Kaf (Oman)
NEPAL - AUSTRALIA   **0-3(0-2)**
NEP: Kiran Chemjong, Suman Aryal, Ananta Tamang, Gautam Shrestha, Suman Lama (90.Kamal Thapa), Pujan Uparkoti, Bishal Rai (90.Ayush Ghalan), Rohit Chand [*sent off 45*], Arik Bista (90.Suraj Jeu Thakuri), Sunil Bal (46.Anjan Bista), Nawayug Shrestha (61.Manish Dangi). Trainer: Abdullah Al Mutairi (Kuwait).

NATIONAL TEAM PLAYERS 2020/2021		
Name	**DOB**	**Club**
Goalkeepers		
Kiran CHEMJONG (Kiran Kumar Limbu)	20.03.1990	*Punjab FC Mohali (IND); 15.04.2021-> Dhangadhi FC*
Defenders		
Suman ARYAL	31.01.2000	*Nepal Army Club Kathmandu*
Ajit BHANDARI	07.02.1994	*Nepal Police Club Kathmandu; 19.03.2021-> Pokhara Thunders*

Ranjit DHIMAL	14.04.1991	Machhindra FC Kathmandu; 18.03.2021-> Biratnagar City FC
Tshering GURUNG	21.02.1998	Chyasal Youth Club Lalitpur
Nishan KHADKA	26.01.1997	Dhangadhi FC
Bikash KHAWAS	29.07.2001	Nepal Army Club Kathmandu; 15.04.2021-> FC Chitwan
Biraj MAHARJAN	18.09.1990	Machhindra FC Kathmandu
Dinesh RAJBANSHI	04.04.1998	Dhangadhi FC
Gautam SHRESTHA	21.02.2000	Pokhara Thunders
Ananta TAMANG	17.01.1998	Three Star Club Patan

Midfielders

Sesehang ANGDEMBE	03.11.2000	Nepal Army Club FC Kathmandu
Sunil BAL	01.01.1998	Biratnagar City FC
Arik BISTA	17.03.2000	New Road Team Kathmandu; 19.03.2021-> Lalitpur City FC
Rohit CHAND	01.03.1992	Persatuan Sepak Bola Indonesia (IDN)
Manish DANGI	17.09.2001	Biratnagar City FC
Ayush GHALAN		Pokhara Thunders
Darshan GURUNG	20.08.2002	New Road Team Kathmandu; 19.03.2021-> Dhangadhi FC
Tridev GURUNG	20.07.1996	Kathmandu Rayzrs FC
Bikram LAMA	29.08.1989	Three Star Club Patan
Bishal RAI B.	06.06.1993	Dhangadhi FC
Sanjok RAI	01.12.1998	Kathmandu Rayzrs FC
Santosh TAMANG	06.08.1994	Biratnagar City FC
Tej TAMANG	14.02.1998	Nepal Police Club Kathmandu; 19.03.2021-> Kathmandu Rayzrs FC
Suraj Jeu THAKURI	19.12.2000	Biratnagar City FC
Kamal THAPA	20.09.1998	Pokhara Thunders
Pujan UPARKOTI	09.05.1996	Manang Marsyangdi Club; 19.03.2021-> Dhangadhi FC

Forwards

Anjan BISTA	22.07.1998	Manang Marshyangdi Club Kathmandu; 15.03.2021-> Lalitpur City FC
George Prince KARKI	26.10.1993	Nepal Army Club Kathmandu
Bharat KHAWAS	16.04.1992	Nepal Army Club FC Kathmandu
Aashish LAMA	01.12.1996	Butwal Lumbini FC
Suman LAMA	09.03.1996	Butwal Lumbini FC
Ravi Shankar PASWAN	18.06.1993	Nepal Police Club Kathmandu
Bimal RANA	05.11.1992	Manang Marsyangdi Club;
Abhishek RIJAL	29.01.2000	Aizawl FC (IND); 06.05.2021-> Butwal Lumbini FC
Nawayug SHRESTHA	26.01.1990	Nepal Army Club FC Kathmandu; 15.04.2021-> Pokhara Thunders
Sujal SHRESTHA	05.02.1992	Manang Marsyangdi Club

National coaches

Bal Gopal MAHARJAN [28.10.2020 – 04.04.2021]	28.08.1975
Abdullah AL MUTAIRI (Kuwait) [from 04.04.2021]	13.02.1974

OMAN

The Country:
Saltanat 'Umān (Sultanate of Oman) Capital: Muscat Surface: 309,550 km² Population: 4,829,473 [2018] Time: UTC+4
The FA:
Oman Football Association P.O.Box 3462, Seeb Sports Complex, PC 112, Ruwi Year of Formation: 1978 Member of FIFA since: 1980 Member of AFC since: 1980

NATIONAL TEAM RECORDS

First international match: 02.09.1965, Cairo (EGY): Sudan - Muscat and Oman* 12-0
Most international caps: Ahmed Mubarak Obaid Al Mahaijri – 180 caps (since 2003)
Most international goals: Hani Al-Dhabit Faraj Bait Al-Noobi – 43 goals / 102 caps (1997-2014)

*Muscat and Oman encompassed the present day Oman and parts of the United Arab Emirates (1820-1970)

NATIONAL TEAM COMPETITIONS:

ASIAN NATIONS CUP		FIFA WORLD CUP	
1956	Did not enter	1930	Did not enter
1960	Did not enter	1934	Did not enter
1964	Did not enter	1938	Did not enter
1968	Did not enter	1950	Did not enter
1972	Did not enter	1954	Did not enter
1976	Did not enter	1958	Did not enter
1980	Did not enter	1962	Did not enter
1984	Qualifiers	1966	Did not enter
1988	Did not enter	1970	Did not enter
1992	Qualifiers	1974	Did not enter
1996	Qualifiers	1978	Did not enter
2000	Qualifiers	1982	Did not enter
2004	Final Tournament (Group Stage)	1986	*Withdrew*
2007	Final Tournament (Group Stage)	1990	Qualifiers
2011	Qualifiers	1994	Qualifiers
2015	Final Tournament (Group Stage)	1998	Qualifiers
2019	Final Tournament (2nd Round of 16)	2002	Qualifiers
		2006	Qualifiers
		2010	Qualifiers
		2014	Qualifiers
		2018	Qualifiers

F.I.F.A. CONFEDERATIONS CUP 1992-2017
None

OLYMPIC FOOTBALL TOURNAMENTS 1908-2016

1908	-	1948	-	1972	-	1996	Qualifiers
1912	-	1952	-	1976	-	2000	Qualifiers
1920	-	1956	-	1980	-	2004	Qualifiers
1924	-	1960	-	1984	-	2008	Qualifiers
1928	-	1964	-	1988	Qualifiers	2012	Qualifiers
1936	-	1968	-	1992	Qualifiers	2016	Qualifiers

ASIAN GAMES 1951-2014		GULF CUP OF NATIONS 1970-2019		WEST ASIAN CHAMPIONSHIP 2000-2019		WEST ASIAN GAMES 1997-2005	
1951	-	1970	-	2000	-	1997	-
1954	-	1972	-	2002	-	2002	-
1958	-	1974	6th Place	2004	-	2005	Group Stage
1962	-	1976	7th Place	2007	-		
1966	-	1979	7th Place	2008	Group Stage		
1970	-	1982	6th Place	2010	Group Stage		
1974	-	1984	7th Place	2012	3rd Place		
1978	-	1986	7th Place	2014	Group Stage		
1982	-	1988	7th Place	2019	Did not enter		
1986	Group Stage	1990	4th Place				
1990	-	1992	6th Place				
1994	Group Stage	1994	6th Place				
1998	2nd Round	1996	6th Place				
2002	Group Stage	1998	4th Place				
2006	Group Stage	2002	5th Place				
2010	Quarter-Finals	2003	4th Place				
2014	Group Stage	2004	Runners-up				
		2007	Runners-up				
		2009	**Winners**				
		2010	Group Stage				
		2013	Group Stage				
		2015	4th Place				
		2017	**Winners**				
		2019	Group Stage				

OMANI CLUB HONOURS IN ASIAN CLUB COMPETITIONS:

AFC Champions League 1967-1971 & 1985/1986-2020
None

Asian Football Confederation Cup 2004-2020
None

AFC President's Cup 2005-2014*
None

Asian Cup Winners Cup 1975-2003*
None

Asian Super Cup 1995-2002*
None

*defunct competitions

OTHER CLUB COMPETITIONS:

Arab Champions Cup / Arab Champions League 1982-2019
None

Gulf Club Champions Cup 1982-2017
| Fanja SC | 1 | 1989 |

Arab Cup Winners Cup 1989-2002*
None

Arab Super Cup 1992-2002*
None

*defunct competition

NATIONAL COMPETITIONS
TABLE OF HONOURS

	CHAMPIONS	CUP WINNERS
1972/1973	-	Al Ahli Muscat
1973/1974	-	Sur Club
1974/1975	-	Al Tali'aa Club Sur
1975/1976	-	Fanja
1976/1977	Fanja	Fanja
1977/1978	Rowi Muscat*	Dhofar Club Salalah
1978/1979	Fanja	Fanja
1979/1980	Al Nasr Club Salalah	Oman Club Muscat
1980/1981	Al Nasr Club Salalah	Dhofar Club Salalah
1981/1982	Al Ahli Muscat	Dhofar Club Salalah
1982/1983	Dhofar Club Salalah	Al Ahli Muscat
1983/1984	Fanja	Al Ahli Muscat
1984/1985	Dhofar Club Salalah	Al Ahli Muscat
1985/1986	Fanja	Fanja
1986/1987	Fanja	Fanja
1987/1988	Fanja	Fanja
1988/1989	Al Nasr Club Salalah	Al Ahli Muscat
1989/1990	Dhofar Club Salalah	Fanja
1990/1991	Fanja	Dhofar Club Salalah
1991/1992	Dhofar Club Salalah	Fanja
1992/1993	Dhofar Club Salalah	Sur Club
1993/1994	Dhofar Club Salalah	Al Oruba Sur
1994/1995	Sur Club	Oman Club Muscat
1995/1996	Sur Club	Al Nasr Club Salalah
1996/1997	Oman Club Muscat	Al Seeb Club
1997/1998	Al Nasr Club Salalah	Al Seeb Club
1998/1999	Dhofar Club Salalah	Al Seeb Club
1999/2000	Al Oruba Sur	Dhofar Club Salalah
2000/2001	Dhofar Club Salalah	Al Nasr Club Salalah
2001/2002	Al Oruba Sur	Al Oruba Sur
2002/2003	Rowi Muscat	Al Nasr Club Salalah
2003/2004	Al Nasr Club Salalah	Rowi Muscat
2004/2005	Dhofar Club Salalah	Dhofar Club Salalah
2005/2006	Muscat Club	Al Nasr Club Salalah

2006/2007	Al Nahda Club Al Buraimi	Dhofar Club Salalah
2007/2008	Al Oruba Sur	Sur Club
2008/2009	Al Nahda Club Al Buraimi	Al-Suwaiq Club
2009/2010	Al-Suwaiq Club	Saham Club
2010/2011	Al-Suwaiq Club	Al Oruba Sur
2011/2012	Fanja SC	Dhofar Club Salalah
2012/2013	Al-Suwaiq Club	Al-Suwaiq Club
2013/2014	Al Nahda Club Al Buraimi	Fanja SC
2014/2015	Al Oruba Sur	Al Oruba Sur
2015/2016	Fanja SC	Saham Club
2016/2017	Dhofar Club Salalah	Al-Suwaiq Club
2017/2018	Al-Suwaiq Club	Al-Nasr SCS Salalah
2018/2019	Dhofar Club Salalah	Sur Sports Club
2019/2020	Al-Seeb Club	Dhofar Club Salalah
2020/2021	*Championship abandoned*	Dhofar Club Salalah

*became later Muscat Club.

NATIONAL CHAMPIONSHIP
OFA Oman Mobile League 2020/2021

The championship was abandoned after 10 Rounds, on 01.04.2021 due to COVID-19 pandemic. The 2020/2021 season were declared void.

Table at abandonment:

#	Club	P	W	D	L	GF	-	GA	Pts
1.	Al-Seeb Club	10	7	1	2	21	-	3	22
2.	Dhofar Club Salalah	10	8	2	0	19	-	3	20
3.	Al Musannah SC	10	6	2	2	14	-	10	20
4.	Al-Nasr SCS Salalah	10	5	3	2	11	-	8	18
5.	Al-Suwaiq Club	10	5	2	3	11	-	9	17
6.	Bahla Club	10	3	6	1	10	-	9	15
7.	Al Rustaq SC Ibri	10	4	2	4	9	-	9	14
8.	Al-Ittihad Club Salalah	10	2	6	2	10	-	12	12
9.	Oman Club Muscat	10	3	2	5	6	-	9	11
10.	Sohar Sports Club	10	2	2	6	8	-	14	8
11.	Nizwa Club	10	1	4	5	8	-	15	7
12.	Al Nahda Club Al Buraimi	10	3	3	4	9	-	9	6
13.	Muscat Club	10	0	3	7	4	-	17	3
14.	Saham Club	10	2	0	8	7	-	20	0

Please note: Dhofar Club Salalah, Al Nahda Club Al Buraimi and Saham Club – 6 points deducted.

NATIONAL CUP
„Sultan Qaboos" Cup Final 2020/2021

07.03.2021, "Sultan Qaboos" Sports Complex, Muscat
Dhofar Club Salalah - Al-Suwaiq Club   5-1

THE CLUBS

AL-ITTIHAD CLUB SALALAH
Year of Formation: 1965
Stadium: Al Saada Stadium, Salalah (12,000)

AL MUSANNAH SPORTS CLUB
Year of Formation: 1972
Stadium: Al Seeb Stadium, Seeb (14,000)

AL NAHDA CLUB AL BURAIMI
Year of Formation: 2003
Stadium: Nizwa Sports Complex, Nizwa (10,000)

AL-NASR SPORTS CULTURAL AND SOCIAL CLUB SALALAH
Year of Formation: 1970
Stadium: Al Saada Sports Complex, Salalah (12,000)

AL RUSTAQ SPORTS CLUB IBRI
Year of Formation: 1968
Stadium: Ibri Youth Complex, Ibri (15,000)

AL SEEB CLUB
Year of Formation: 1972
Stadium: Al Seeb Stadium, Seeb (14,000)

AL-SUWAIQ CLUB
Year of Formation: 1970
Stadium: Seeb Stadium, Seeb (14,000)

BAHLA CLUB
Year of Formation: 1971

DHOFAR CLUB SALALAH
Year of Formation: 1970
Stadium: Al Saada Sports Complex, Salalah (12,000)

MUSCAT CLUB
Year of Formation: n/a
Stadium: "Sultan Qaboos" Sports Complex, Muscat (39,000)

NIZWA CLUB
Year of Formation: n/a
Stadium: Nizwa Sports Complex, Nizwa (20,000)

OMAN CLUB MUSCAT
Year of Formation: 1942
Stadium: "Sultan Qaboos" Sports Complex / Royal Oman Police Club, Muscat (39,000 /18,000)

SAHAM SPORTS CLUB
Year of Formation: 1972
Stadium: Sohar Regional Sports Complex, Sohar (19,000)

SOHAR SPORTS CLUB
Year of Formation: 1972
Stadium: Sohar Regional Sports Complex, Sohar (19,000)

NATIONAL TEAM
INTERNATIONAL MATCHES 2020/2021

20.03.2021	Dubai	Oman - Jordan	0-0	(F)
25.03.2021	Dubai	Oman - India	1-1(1-0)	(F)
25.05.2021	Dubai	Thailand - Oman	0-1(0-1)	(F)
29.05.2021	Dubai	Indonesia - Oman	1-3(0-1)	(F)
07.06.2021	Doha	Oman - Qatar	0-1(0-1)	(WCQ)
11.06.2021	Doha	Afghanistan - Oman	1-2(1-1)	(WCQ)
15.06.2021	Doha	Bangladesh - Oman	0-3(0-1)	(WCQ)
20.06.2021	Doha	Oman - Somalia	2-1(2-0)	(ARCQ)

20.03.2021, Friendly International
"Maktoum Bin Rashid al Maktoum", Dubai (United Arab Emirates); Attendance: 0
Referee: Ali Al Samahiji (Bahrain)
OMAN - JORDAN   **0-0**
OMA: Faiz Issa Khadoom Al Rushaidi, Ali Sulaiman Rashid Al Busaidi (72.Yazed Al Maashani), Ahmed Mohammed Khalfan Al Khamisi (74.Fahmi Said Rajab Nasib Bait Durbin), Juma Marhoon Juma Al Habsi, Abdulaziz Mubarak Zayid Al Gheilani, Mohsin Johar Al Khaldi (67.Salaah Said Salim Al Yahyaei), Abdullah Fawaz Arfah Bait Abdulghafur (67.Zahir Sulaiman Abdullah Al Aghbari), Harib Jamil Zaid Al Saadi, Amjad Abdullah Sulaiman Al Harthi, Abdul Aziz Humaid Mubarak Al Muqbali (67.Issam Abdallah Saif Al Sabhi), Muhsen Saleh Abdullah Ali Al Ghassani (67.Mohammed Mubarak Hamood Mubarak Al Ghafri). Trainer: Branko Ivanković (Croatia).

25.03.2021, Friendly International
"Maktoum Bin Rashid al Maktoum" Stadium, Dubai (United Arab Emirates); Attendance: n/a
Referee: Omar Mohamed Al Ali (United Arab Emirates)
OMAN - INDIA   **1-1(1-0)**
OMA: Ahmed Faraj Abdulla Al Rawahi, Fahmi Said Rajab Nasib Bait Durbin, Juma Marhoon Juma Al Habsi (86.Ahmed Mohammed Khalfan Al Khamisi), Zahir Sulaiman Abdullah Al Aghbari, Abdullah Fawaz Arfah Bait Abdulghafur (72.Ali Sulaiman Rashid Al Busaidi), Harib Jamil Zaid Al Saadi, Yazed Al Maashani (64.Issam Abdallah Saif Al Sabhi), Ahmed Khalifa Said Al Kaabi (86.Omar Talib Ahmed Al Fazari), Amjad Abdullah Sulaiman Al Harthi, Abdul Aziz Humaid Mubarak Al Muqbali (46.Salaah Said Salim Al Yahyaei), Mohammed Mubarak Hamood Mubarak Al Ghafri. Trainer: Branko Ivanković (Croatia).
Goal: Chinglensana Singh (43 own goal).

25.05.2021, Friendly International
The Sevens Stadium, Dubai (United Arab Emirates); Attendance: 0
Referee: Mohammed Salem Yousef Abdulla Al Ali (United Arab Emirates)
THAILAND - OMAN   **0-1(0-1)**
OMA: Faiz Issa Khadoom Al Rushaidi, Fahmi Said Rajab Nasib Bait Durbin, Juma Marhoon Juma Al Habsi (82.Yaseen Khalil Abdullah Al Sheyadi), Abdulaziz Mubarak Zayid Al Gheilani (81.Harib Jamil Zaid Al Saadi), Ali Sulaiman Rashid Al Busaidi (62.Khalid Khalifa Salim Al Hajri), Zahir Sulaiman Abdullah Al Aghbari, Ahmed Khalifa Said Al Kaabi (62.Issam Abdallah Saif Al Sabhi), Salaah Said Salim Al Yahyaei, Yazed Al Maashani, Abdul Aziz Humaid Mubarak Al Muqbali (62.Muhsen Saleh Abdullah Ali Al Ghassani), Jameel Saleem Jameel Al Yahmadi. Trainer: Branko Ivanković (Croatia).
Goal: Abdul Aziz Humaid Mubarak Al Muqbali (41).

29.05.2021, Friendly International
The Sevens Stadium, Dubai (United Arab Emirates); Attendance: n/a
Referee: Yahya Mohammed Ali Hassan Al Mulla (United Arab Emirates)
INDONESIA - OMAN **1-3(0-1)**
OMA: Faiz Issa Khadoom Al Rushaidi, Fahmi Said Rajab Nasib Bait Durbin, Juma Marhoon Juma Al Habsi (70.Khalid Nasser Fadhil Al Braiki), Abdulaziz Mubarak Zayid Al Gheilani, Ali Sulaiman Rashid Al Busaidi, Zahir Sulaiman Abdullah Al Aghbari (70.Yazed Al Maashani), Abdullah Fawaz Arfah Bait Abdulghafur (70.Omar Talib Ahmed Al Fazari), Salaah Said Salim Al Yahyaei (70.Jameel Saleem Jameel Al Yahmadi), Harib Jamil Zaid Al Saadi, Abdul Aziz Humaid Mubarak Al Muqbali (89.Yaseen Khalil Abdullah Al Sheyadi), Muhsen Saleh Abdullah Ali Al Ghassani (70.Khalid Khalifa Salim Al Hajri). Trainer: Branko Ivanković (Croatia).
Goals: Muhsen Saleh Abdullah Ali Al Ghassani (40), Khalid Khalifa Salim Al Hajri (77, 88).

07.06.2021, 22nd FIFA World Cup Qualifiers / AFC Qualifiers, Second Round
„Jassim bin Hamad" Stadium, Doha; Attendance: 1,559
Referee: Hettikamkanamge Chrishantha Dilan Perera (Sri Lanka)
OMAN - QATAR **0-1(0-1)**
OMA: Faiz Issa Khadoom Al Rushaidi, Juma Marhoon Juma Al Habsi, Abdulaziz Mubarak Zayid Al Gheilani, Ali Sulaiman Rashid Al Busaidi, Fahmi Said Rajab Nasib Bait Durbin, Abdullah Fawaz Arfah Bait Abdulghafur (71.Amjad Abdullah Sulaiman Al Harthi), Salaah Said Salim Al Yahyaei, Harib Jamil Zaid Al Saadi (90.Khalid Nasser Fadhil Al Braiki), Zahir Sulaiman Abdullah Al Aghbari, Abdul Aziz Humaid Mubarak Al Muqbali (71.Issam Abdallah Saif Al Sabhi), Muhsen Saleh Abdullah Ali Al Ghassani (50.Khalid Khalifa Salim Al Hajri). Trainer: Branko Ivanković (Croatia).

11.06.2021, 22nd FIFA World Cup Qualifiers / AFC Qualifiers, Second Round
„Jassim bin Hamad" Stadium, Doha (Qatar); Attendance: 183
Referee: Ma Ning (China P.R.)
AFGHANISTAN - OMAN **1-2(1-1)**
OMA: Faiz Issa Khadoom Al Rushaidi, Fahmi Said Rajab Nasib Bait Durbin, Juma Marhoon Juma Al Habsi, Abdulaziz Mubarak Zayid Al Gheilani (66.Yazed Al Maashani), Ali Sulaiman Rashid Al Busaidi, Zahir Sulaiman Abdullah Al Aghbari, Abdullah Fawaz Arfah Bait Abdulghafur (66.Amjad Abdullah Sulaiman Al Harthi), Salaah Said Salim Al Yahyaei (90.Khalid Nasser Fadhil Al Braiki), Harib Jamil Zaid Al Saadi, Abdul Aziz Humaid Mubarak Al Muqbali (46.Khalid Khalifa Salim Al Hajri), Muhsen Saleh Abdullah Ali Al Ghassani (90.Mohammed Mubarak Hamood Mubarak Al Ghafri). Trainer: Branko Ivanković (Croatia).
Goals: Abdullah Fawaz Arfah Bait Abdulghafur (14, 52).

15.06.2021, 22nd FIFA World Cup Qualifiers / AFC Qualifiers, Second Round
"Jassim bin Hamad" Stadium, Doha (Qatar); Attendance: 885
Referee: Ali Shaban (Kuwait)
BANGLADESH - OMAN **0-3(0-1)**
OMA: Faiz Issa Khadoom Al Rushaidi, Fahmi Said Rajab Nasib Bait Durbin, Khalid Nasser Fadhil Al Braiki (82.Juma Marhoon Juma Al Habsi), Mohsin Johar Al Khaldi (66.Yazed Al Maashani), Ahmed Khalifa Said Al Kaabi, Amjad Abdullah Sulaiman Al Harthi, Omar Talib Ahmed Al Fazari (82.Yaseen Khalil Abdullah Al Sheyadi), Arshad Said Saleh Al Alawi, Jameel Saleem Jameel Al Yahmadi (66.Zahir Sulaiman Abdullah Al Aghbari), Khalid Khalifa Salim Al Hajri, Mohammed Mubarak Hamood Mubarak Al Ghafri (66.Abdul Aziz Humaid Mubarak Al Muqbali). Trainer: Branko Ivanković (Croatia).
Goals: Mohammed Mubarak Hamood Mubarak Al Ghafri (23), Khalid Khalifa Salim Al Hajri (61, 81).

20.06.2021, 10th FIFA Arab Cup, Qualifiers
"Jassim bin Hamad" Stadium, Doha (Qatar); Attendance: 0
Referee: Benoît Bastien (France)
OMAN - SOMALIA 2-1(2-0)
OMA: Faiz Issa Khadoom Al Rushaidi, Fahmi Said Rajab Nasib Bait Durbin, Juma Marhoon Juma Al Habsi, Abdulaziz Mubarak Zayid Al Gheilani (60.Amjad Abdullah Sulaiman Al Harthi), Ali Sulaiman Rashid Al Busaidi, Zahir Sulaiman Abdullah Al Aghbari, Abdullah Fawaz Arfah Bait Abdulghafur (74.Mohsin Johar Al Khaldi), Salaah Said Salim Al Yahyaei, Harib Jamil Zaid Al Saadi, Abdul Aziz Humaid Mubarak Al Muqbali (60.Khalid Khalifa Salim Al Hajri), Muhsen Saleh Abdullah Ali Al Ghassani. Trainer: Branko Ivanković (Croatia).
Goals: Muhsen Saleh Abdullah Ali Al Ghassani (12), Salaah Said Salim Al Yahyaei (36 penalty).

NATIONAL TEAM PLAYERS 2020/2021

Name	DOB	Club
Goalkeepers		
Ahmed Faraj Abdulla AL RAWAHI	05.05.1994	Al-Seeb SC
Faiz Issa Khadoom AL RUSHAIDI	19.07.1988	Dhofar Club Salalah
Defenders		
Khalid Nasser Fadhil AL BRAIKI	03.07.1993	Al-Seeb SC
Ali Sulaiman Rashid AL BUSAIDI	21.02.1991	Dhofar Club Salalah
Abdulaziz Mubarak Zayid AL GHEILANI	14.05.1995	Al-Seeb SC
Juma Marhoon Juma AL HABSI	28.01.1996	Al-Seeb SC
Ahmed Mohammed Khalfan AL KHAMISI	26.11.1991	Dhofar Club Salalah
Fahmi Said Rajab Nasib Bait DURBIN	10.10.1993	Al-Nasr SCS Salalah
Midfielders		
Zahir Sulaiman Abdullah AL AGHBARI	28.05.1999	Al-Seeb SC
Arshad Said Saleh AL ALAWI	12.04.2000	Oman Club Muscat
Omar Talib Ahmed AL FAZARI	19.05.1993	Al Rustaq SC Ibri
Mohammed Mubarak Hamood Mubarak AL GHAFRI	17.05.1997	Al Rustaq SC Ibri
Amjad Abdullah Sulaiman AL HARTHI	1994	Al-Seeb SC
Ahmed Khalifa Said AL KAABI	15.09.1996	Al Nahda Club Al Buraimi
Mohsin Johar AL KHALDI	01.01.1992	Saham Club
Harib Jamil Zaid AL SAADI	01.02.1990	Dhofar Club Salalah
Yaseen Khalil Abdullah AL SHEYADI	05.02.1994	Al-Suwaiq Club
Salaah Said Salim AL YAHYAEI	17.08.1998	Dhofar Club Salalah
Abdullah Fawaz ARFAH Bait Abdulghafur	03.10.1996	Dhofar Club Salalah
Forwards		
Muhsen Saleh Abdullah Ali AL GHASSANI	27.03.1997	Al-Seeb SC
Khalid Khalifa Salim AL HAJRI	10.03.1994	Bahla Club
Yazed AL MAASHANI	13.05.1998	Dhofar Club Salalah
Abdul Aziz Humaid Mubarak AL MUQBALI	23.04.1989	Dhofar Club Salalah
Issam Abdallah Saif AL SABHI	01.05.1997	Al Rustaq SC Ibri
Jameel Saleem Jameel AL YAHMADI	04.01.1994	Al-Markhiyah SC (QAT)
National coaches		
Branko IVANKOVIĆ (Croatia) [from 20.01.2020]		28.02.1954

PAKISTAN

The Country:
Islāmī Jomhuri-ye Pākistān
(Islamic Republic of Pakistan)
Capital: Islamabad
Surface: 803,940 km²
Population: 212,228,286 [2018]
Time: UTC+5

The FA:
Pakistan Football Federation
PFF Secretariat, Football House, Opposite Punjab Football Stadium, Ferozepure Road, 54600 Lahore
Year of Formation: 1947
Member of FIFA since: 1948
Member of AFC since: 1954

NATIONAL TEAM RECORDS

First international match: 27.10.1950, Tehran: Iran - Pakistan 5-1
Most international caps: Jaffar Khan – 44 caps (2001-2013)
Most international goals: Muhamad Essa Khan – 11 goals / 37 caps (2000-2009)

NATIONAL TEAM COMPETITIONS:

ASIAN NATIONS CUP	
1956	*Withdrew*
1960	Qualifiers
1964	Did not enter
1968	Qualifiers
1972	Qualifiers
1976	*Withdrew*
1980	Qualifiers
1984	Qualifiers
1988	Qualifiers
1992	Qualifiers
1996	Qualifiers
2000	Qualifiers
2004	Qualifiers
2007	Qualifiers
2011	Qualifiers
2015	Qualifiers
2019	Qualifiers

FIFA WORLD CUP	
1930	Did not enter
1934	Did not enter
1938	Did not enter
1950	Did not enter
1954	Did not enter
1958	Did not enter
1962	Did not enter
1966	Did not enter
1970	Did not enter
1974	Did not enter
1978	Did not enter
1982	Did not enter
1986	Did not enter
1990	Qualifiers
1994	Qualifiers
1998	Qualifiers
2002	Qualifiers
2006	Qualifiers
2010	Qualifiers
2014	Qualifiers
2018	Qualifiers

F.I.F.A. CONFEDERATIONS CUP 1992-2017

None

OLYMPIC FOOTBALL TOURNAMENTS 1908-2016							
1908	-	1948	-	1972	-	1996	Qualifiers
1912	-	1952	-	1976	-	2000	-
1920	-	1956	-	1980	-	2004	Qualifiers
1924	-	1960	-	1984	-	2008	Qualifiers
1928	-	1964	Qualifiers	1988	Qualifiers	2012	Qualifiers
1936	-	1968	-	1992	Qualifiers	2016	Qualifiers

ASIAN GAMES 1951-2014		AFC CHALLENGE CUP 2006-2014		SOUTH ASIAN FEDERATION GAMES 1984-2016		SOUTH ASIAN FOOTBALL FEDERATION CHAMPIONSHIP 1993-2018	
1951	-	2006	Group Stage	1984	-	1993	4th Place
1954	Group Stage	2008	Qualifiers	1985	4th Place	1995	Group Stage
1958	Group Stage	2010	Qualifiers	1987	3rd Place	1997	3rd Place
1962	-	2012	Qualifiers	1989	Winners	1999	Group Stage
1966	-	2014	Qualifiers	1991	Winners	2003	4th Place
1970	-			1993	Group Stage	2005	Semi-Finals
1974	Group Stage			1995	-	2008	Group Stage
1978	-			1999	Group Stage	2009	Group Stage
1982	-			2004	Winners	2011	Group Stage
1986	Group Stage			2006	Winners	2013	Group Stage
1990	Group Stage			2010	Group Stage	2015	-
1994	-			2016	-	2018	Semi-Finals
1998	-						
2002	Group Stage						
2006	Group Stage						
2010	Group Stage						
2014	Group Stage						

AFC SOLIDARITY CUP 2016	
2016	Withdrew

PAKISTANI CLUB HONOURS IN ASIAN CLUB COMPETITIONS:

AFC Champions League 1967-1971 & 1985/1986-2020
None

Asian Football Confederation Cup 2004-2020
None

AFC President's Cup 2005-2014*
None

Asian Cup Winners Cup 1975-2003*
None

Asian Super Cup 1995-2002*
None

*defunct competitions

NATIONAL COMPETITIONS
TABLE OF HONOURS

	CHAMPIONS	CUP WINNERS
1948	Sindh Red	-
1950	Balochistan Red	-
1952	Punjab	-
1953	Punjab	-
1954	Punjab Blue	-
1955	Punjab	-
1956	Balochistan	-
1957	Punjab	-
1958	Punjab Blue	-
1959	Balochistan	-
1960	East Pakistan	-
1961/1962	Dacca	-
1962	Dacca	-
1963	Karachi	-
1964/1965	Karachi	-
1966	Karachi	-
1968	Peshawar	-
1969	Pakistan Railways FC Lahore	-
1969/1970	Chittagong	-
1971	Pakistan International Airlines Karachi	-
1972	Pakistan International Airlines Karachi	-
1973	Karachi Yellow	-
1975-1	Pakistan International Airlines Karachi	-
1975-2	Sindh Red	-
1976	Pakistan International Airlines Karachi	-
1978	Pakistan International Airlines Karachi	-
1979	Karachi Red	Sindh Government Press FC Sukkur
1980	Karachi Red	-
1981	Pakistan International Airlines Karachi	-
1982	Habib Bank Limited FC Karachi	-
1983	Water & Power Development Authority FC Lahore	-
1984	Pakistan Railways FC Lahore	Pakistan International Airlines Karachi
1985	Quetta	Habib Bank Limited FC Karachi
1986	Pakistan Air Force FC Islamabad	-
1987	Crescent Textile Mills FC Faisalabad	Crescent Textile Mills FC Faisalabad
1989-1	Punjab Red	-
1989-2	Pakistan International Airlines Karachi	-
1990	Punjab Red	Karachi Port Trust FC
1991	Water & Power Development Authority FC Lahore	Marker Club FC Quetta
1992	-	Crescent Textile Mills FC Faisalabad
1992/1993	Pakistan International Airlines Karachi	National Bank of Pakistan FC Karachi
1993/1994	Pakistan Army FC Rawalpindi	Gujranwala Frontier Constabulary
1994	Crescent Textile Mills FC Faisalabad	-
1995	Pakistan Army FC Rawalpindi	-
1996	-	Allied Bank Limited FC

1997-1	Allied Bank Limited FC	-
1997-2	Pakistan International Airlines Karachi	-
1998	-	Allied Bank Limited FC
1999	Allied Bank Limited FC	Allied Bank Limited FC
2000	Allied Bank Limited FC	Pakistan Army FC Rawalpindi
2001	Water & Power Development Authority FC Lahore	Pakistan Army FC Rawalpindi
2002	-	Allied Bank Limited FC
2003	Water & Power Development Authority FC Lahore	Pakistan Telecommunication Company Limited FC
2004	Water & Power Development Authority FC Lahore	-
2005	Pakistan Army FC Rawalpindi	Pakistan Telecommunication Company Limited FC
2006/2007	Pakistan Army FC Rawalpindi	-
2007/2008	Water & Power Development Authority FC Lahore	-
2008	Water & Power Development Authority FC Lahore	Pakistan Navy FC Islamabad
2009	Khan Research Laboratories FC Rawalpindi	Khan Research Laboratories FC Rawalpindi
2010	Water & Power Development Authority FC Lahore	Khan Research Laboratories FC Rawalpindi
2011	Khan Research Laboratories FC Rawalpindi	Khan Research Laboratories FC Rawalpindi
2012/2013	Khan Research Laboratories FC Rawalpindi	National Bank of Pakistan FC Karachi
2013/2014	Khan Research Laboratories FC Rawalpindi	Pakistan Air Force FC Islamabad
2014/2015	Karachi Electric Supply Corporation FC	Khan Research Laboratories FC Rawalpindi
2015/2016	*No competition*	Khan Research Laboratories FC Rawalpindi
2016/2017	*No competition*	*No competition*
2017/2018	*No competition*	Pakistan Air Force FC Islamabad
2018/2019	Khan Research Laboratories FC Rawalpindi	Pakistan Army FC Rawalpindi
2019/2020	*No competition*	Water & Power Development Authority FC Lahore
2020/2021	*No competition*	

Please note: the National Cup competition was called Inter-Departmental Championship (1979), Inter Provincial Championship (1984-1985), National Departmental Championship (1990-1991), Pakistan Inter-Departmental Championship (1992-1994), PFF President's Cup (1996-2003) and later National Football Challenge Cup (from 2004 until today).

NATIONAL CHAMPIONSHIP
Pakistan Premier League 2020/2021

The Premier League competition was not played in 2020/2021.

NATIONAL CUP
PFF National Challenge Cup Final 2020

20.12.2020, Punjab Stadium, Lahore
Water & Power Development Authority FC Lahore – Sui Southern Gas Company FC Karachi   1-0

NATIONAL TEAM
INTERNATIONAL MATCHES 2020/2021

No international activities for the Pakistani national team during the 2020/2021 season.

PALESTINE

The Country:
Dawlat Filastīn (State of Palestine) Capital: Ramallah & Gaza (Administrative centres) Surface: 6,220 km² Population: 5,159,076 [2020] Time: UTC+2

The FA:
Palestinian Football Federation Near Faisal Al-Husseini Stadium Jerusalem Al-Ram Year of Formation: 1962 Member of FIFA since: 1998 Member of AFC since: 1998

NATIONAL TEAM RECORDS

First international match: 26.07.1953, Cairo: Egypt - Palestine 8-1
Most international caps: Abdelatif Bahdari – 74 caps (since 2007)
Most international goals: Fahed Attal – 16 goals / 36 caps (2005-2012)

NATIONAL TEAM COMPETITIONS:

ASIAN NATIONS CUP	
1956	Did not enter
1960	Did not enter
1964	Did not enter
1968	Did not enter
1972	Did not enter
1976	Did not enter
1980	Did not enter
1984	Did not enter
1988	Did not enter
1992	Did not enter
1996	Did not enter
2000	Qualifiers
2004	Qualifiers
2007	Qualifiers
2011	Qualifiers
2015	Final Tournament (Group Stage)
2019	Final Tournament (Group Stage)

FIFA WORLD CUP	
1930	Did not enter
1934	Did not enter
1938	Did not enter
1950	Did not enter
1954	Did not enter
1958	Did not enter
1962	Did not enter
1966	Did not enter
1970	Did not enter
1974	Did not enter
1978	Did not enter
1982	Did not enter
1986	Did not enter
1990	Did not enter
1994	Did not enter
1998	Did not enter
2002	Qualifiers
2006	Qualifiers
2010	Qualifiers
2014	Qualifiers
2018	Qualifiers

F.I.F.A. CONFEDERATIONS CUP 1992-2017

None

OLYMPIC FOOTBALL TOURNAMENTS 1908-2016

1908	-	1948	-	1972	-	1996	-
1912	-	1952	-	1976	-	2000	-
1920	-	1956	-	1980	-	2004	Qualifiers
1924	-	1960	-	1984	-	2008	Qualifiers
1928	-	1964	-	1988	-	2012	Qualifiers
1936	-	1968	-	1992	-	2016	Qualifiers

ASIAN GAMES 1951-2014		AFC CHALLENGE CUP 2006-2014		WEST ASIAN CHAMPIONSHIP 2000-2019	
1951	-	2006	Quarter-Finals	2000	Group Stage
1954	-	2008	*Withdrew*	2002	Group Stage
1958	-	2010	Qualifiers	2004	Group Stage
1962	-	2012	4th Place	2007	Group Stage
1966	-	2014	**Winners**	2008	Group Stage
1970	-			2010	Group Stage
1974	-			2012	Group Stage
1978	-			2014	Group Stage
1982	-			2019	Group Stage
1986	-				
1990	-				
1994	-				
1998	-				
2002	Group Stage				
2006	Group Stage				
2010	Group Stage				
2014	2nd Round of 16				

PALESTINIAN CLUB HONOURS IN ASIAN CLUB COMPETITIONS:

AFC Champions League 1967-1971 & 1985/1986-2020
None

Asian Football Confederation Cup 2004-2020
None

AFC President's Cup 2005-2014*
None

Asian Cup Winners Cup 1975-2003*
None

Asian Super Cup 1995-2002*
None

*defunct competitions

OTHER CLUB COMPETITIONS:

Arab Champions Cup / Arab Champions League 1982-2019
None

Arab Cup Winners Cup 1989-2002*
None

Arab Super Cup 1992-2002*
None

*defunct competition

NATIONAL COMPETITIONS
TABLE OF HONOURS

There are two separate League competitions in Palestine, the West Bank Premier League (founded 1977, regularly played since 2005) and the Gaza Strip League (since 1984).

	GAZA STRIP LEAGUE CHAMPIONS	CUP WINNERS
1984/1985	Al-Ahli Gaza	-
1985/1986	Khadamat Al-Shatea	-
1986/1987	Khadamat Al-Shatea	-
1987/1988	*Not known*	-
1988/1989	*Not known*	-
1989/1990	*Not known*	-
1990/1991	*Not known*	-
1991/1992	*Not known*	-
1992/1993	*Not known*	-
1993/1994	*Not known*	-
1994/1995	*Not known*	-
1995/1996	Khadamat Rafah	-
1996/1997	*Not known*	-
1997/1998	Khadamat Rafah	-
1998/1999	*Not known*	-
1999/2000	*Not known*	-
2000/2001	*Not known*	-
2001/2002	*Not known*	-
2002/2003	*Not known*	-
2003/2004	*Not known*	-
2004/2005	*Not known*	-
2005/2006	Khadamat Rafah	-
2006/2007	*No competition*	-
2007/2008	*No competition*	-
2008/2009	Shabab Rafah	-
2009/2010	Gaza Sports Club	-
2010/2011	Shabab Khanyounis	-
2011/2012	*Not known*	-
2012/2013	Jamiyat Al-Salah	-
2013/2014	Shabab Rafah	-
2014/2015	Al-Ittihad Shejaia	Al-Ittihad Shejaia

2015/2016	Khadamat Rafah	Shabab Khan Younes
2016/2017	Al-Sadaqa	Shabab Rafah
2017/2018	Shabab Khan Younes	Shabab Khan Younes
2018/2019	Khadamat Rafah	Khadamat Rafah
2019/2020	Khadamat Rafah	Shabab Rafah
2020/2021	Shabab Rafah	*No competition*

	WEST BANK PREMIER LEAGUE CHAMPIONS	CUP WINNERS
1996	Rafah Services Club	-
1997	Shabab Al-Amari	Rafah Services Club
1998	Khadamat Rafah	*Not known*
1999	*Not known*	*Not known*
2000	*Not known*	*Not known*
2001	*Championship cancelled*	*Not known*
2002	Al-Aqsa	*Not known*
2003	*No competition*	*Not known*
2004	*No competition*	*Not known*
2005	*No competition*	*Not known*
2006	*Not known*	*Not known*
2007	Wadi Al-Nes	Al-Birah
2008	*No competition*	Thaqafi Tulkarem
2008/2009	Wadi Al-Nes	*Final abandoned*
2009/2010	Jabal Al-Mokaber Jerusalem	Wadi Al-Nes
2010/2011	Shabab Al-Amari	Hilal Al-Quds Jerusalem
2011/2012	Hilal Al-Quds Jerusalem	Shabab Al-Thahriyeh
2012/2013	Shabab Al-Dhahiriya SC Dura	Shabab Al-Khalil SC
2013/2014	Tarji Wadi Al-Nes	Hilal Al-Quds Jerusalem
2014/2015	Shabab Al-Dhahiriya SC Dura	Al Ahli Al-Khalil Hebron
2015/2016	Shabab Al-Khalil SC	Al Ahli Al-Khalil Hebron
2016/2017	Hilal Al-Quds Jerusalem	Al Ahli Al-Khalil Hebron
2017/2018	Hilal Al-Quds Jerusalem	Hilal Al-Quds Jerusalem
2018/2019	Hilal Al-Quds Jerusalem	Markaz Balata Nablus
2019/2020	Markaz Balata Nablus	*Competition abandoned*
2020/2021	Shabab Al-Khalil SC	*No competition*

	PALESTINE CUP WINNERS
2015	Al Ahli Al-Khalil Hebron
2016	Al Ahli Al-Khalil Hebron
2017	Shabab Rafah
2018	Hilal Al-Quds Jerusalem
2019	*Not awarded*
2020	*Not awarded*
2021	*Not awarded*

NATIONAL CHAMPIONSHIP
Gaza Strip League 2020/2021

1.	**Shabab Rafah**	22	14	5	3	36	-	11	47
2.	Al-Ittihad Shejaia	22	14	4	4	42	-	23	46
3.	Shabab Jabalia	22	12	6	4	39	-	20	42
4.	Al-Ittihad Khan Younes	22	9	5	8	28	-	27	32
5.	Al-Sadaqa	22	8	7	7	41	-	34	31
6.	Khadamat Rafah	22	8	6	8	30	-	30	30
7.	Al-Ittihad Beit Hanoun	22	6	8	8	30	-	31	26
8.	Khadamat Al-Shatia	22	7	5	10	32	-	35	26
9.	Shabab Khan Younes	22	6	7	9	22	-	27	25
10.	Al-Hilal Gaza	22	6	6	10	26	-	34	24
11.	Al-Jala (*Relegated*)	22	5	6	11	25	-	37	21
12.	Al-Tofah (*Relegated*)	22	2	5	15	19	-	61	11

Promoted for the 2021/2022 season:
Al-Ahli Gaza, Gaza Sports Club

NATIONAL CUP
Ghaza Strip Cup Final 2020/2021

The competition was apparently not played due to Covid-19 pandemic.

NATIONAL CHAMPIONSHIP
West Bank Premier League 2020/2021

1.	**Shabab Al-Khalil SC**	22	16	4	2	49	-	18	52
2.	Markaz Balata Nablus	22	13	4	5	36	-	20	43
3.	Hilal Al-Quds Jerusalem	22	9	8	5	26	-	16	35
4.	Jabal Al-Mokaber Jerusalem	22	10	5	7	34	-	29	35
5.	Markaz Shabab Al-Am'ari	22	10	4	8	43	-	36	34
6.	Shabab Al Bireh Institute	22	9	5	8	36	-	30	32
7.	Shabab Al-Dhahiriya SC Dura	22	7	9	6	32	-	25	30
8.	Tubas Club	22	6	8	8	22	-	35	26
9.	Thaqafi Tulkarm Al Riyadhi	22	6	6	10	27	-	31	24
10.	Nadi Shabab Al-Smoa Al Riyadhi	22	4	10	8	28	-	38	22
11.	Al Ahli Al-Khalil Hebron (*Relegated*)	22	4	9	9	17	-	24	21
12.	Tarji Wadi Al-Nes SC (*Relegated*)	22	1	2	19	16	-	64	5

Promoted for the 2021/2022 season:
Markaz Shabab Tulkarem, Islami Kalkelea FC

NATIONAL CUP
West Bank Cup Final 2020/2021

The competition was apparently not played due to Covid-19 pandemic.

THE CLUBS – WEST BANK

AL AHLI AL-KHALIL HEBRON
Year of Formation: 1974
Stadium: "Hussein Bin Ali Stadium", Hebron (8,000)

HILAL AL-QUDS JERUSALEM
Year of Formation: 1972
Stadium: "Faisal Al Husseini" International Stadium, Al-Ram (12,500)

JABAL AL-MOKABER JERUSALEM
Stadium: "Faisal Al Husseini" International Stadium, Al-Ram (12,500)

MARKAZ BALATA NABLUS
Year of Formation: 1954
Stadium: Municipal Stadium, Nablus (4,000)

MARKAZ SHABAB AL-AMARI
Year of Formation: 1953
Stadium: "Faisal Al Husseini" International Stadium, Al-Ram (12,500)

NADI SHABAB AL-SMOA AL RIYADHI
Year of Formation: 1976
Stadium: "Hussein Bin Ali Stadium", Hebron (8,000)

SHABAB AL-KHALIL SPORTS CLUB
Year of Formation: 1943
Stadium: "Faisal Al Husseini" International Stadium, Al-Ram (12,500)

THAQAFI TULKARM AL RIYADHI
Year of Formation: 1970
Stadium: "Jamal Ghanem" Stadium, Tulkarm (4,000)

NATIONAL TEAM
INTERNATIONAL MATCHES 2020/2021

18.01.2021	Kuwait City	Kuwait - Palestine	0-1(0-0)	(F)
30.03.2021	Riyadh	Saudi Arabia - Palestine	5-0(2-0)	(WCQ)
03.06.2021	Riyadh	Palestine - Singapore	4-0(3-0)	(WCQ)
15.06.2021	Riyadh	Palestine - Yemen	3-0(2-0)	(WCQ)
24.06.2021	Doha	Palestine - Comoros	5-1(2-1)	(ARCQ)

18.01.2021, Friendly International
"Jaber Al Ahmad" Stadium, Kuwait City; Attendance: 0
Referee: Ahmad Faisal Al Ali (Jordan)
KUWAIT - PALESTINE   **0-1(0-0)**
PLE: Tawfiq Ali Ahmad Abu Hammad, Mousa Shakir Mohammed Salim, Mohammed Nidal Mohammed Abumayyala, Mohammed Abdulkarim Mohammed Khalil, Mousa Basheer Mousa Farawi, Musab Khaled Ismail Battat Al Battat, Sameh Fares Mohammed Maraaba (90.Mohammed Ali Atta Obaid), Oday Ali Abdulrahim Kharoub, Mahmoud Naser Mahmoud Abu Warda (90.Mohammed Yousef Khalil Darwish), Tamer Mohammed Sobhi Seyam (70.Mohammed Iyad Ghaleb Yameen), Shehab Rizq Ibrahim Qumbor (85.Khaled Jemal Abdulrahman Salem). Trainer: Noureddine Ould Ali (Algeria).
Goal: Sameh Fares Mohammed Maraaba (71).

30.03.2021, 22nd FIFA World Cup Qualifiers / AFC Qualifiers, Second Round
King Saud University Stadium, Riyadh; Attendance: 0
Referee: Mohanad Qasim Eesee Sarray (Iraq)
SAUDI ARABIA - PALESTINE   **5-0(2-0)**
PLE: Tawfiq Ali Ahmad Abu Hammad, Ahmed Motasem Ahmed Qatmish, Mohammed Nidal Mohammed Abumayyala, Yaser Hamed Mayor, Mousa Basheer Mousa Farawi, Musab Khaled Ismail Battat Al Battat, Sameh Fares Mohammed Maraaba (61.Mohammed Yousef Khalil Darwish), Oday Ali Abdulrahim Kharoub (61.Shehab Rizq Ibrahim Qumbor), Mahmoud Naser Mahmoud Abu Warda (61.Islam Mohamed Mousa Al Batran), Tamer Mohammed Sobhi Seyam (46.Mohammed Iyad Ghaleb Yameen), Saleh Ahmed Saleh Chihadeh (89.Ahmed Ali Ibrahim Abu Khadija). Trainer: Noureddine Ould Ali (Algeria).

03.06.2021, 22nd FIFA World Cup Qualifiers / AFC Qualifiers, Second Round
"King Fahd" International Stadium, Riyadh (Saudi Arabia); Attendance: 294
Referee: Mohammed Abdulla Hassan Mohamed (United Arab Emirates)
PALESTINE - SINGAPORE   **4-0(3-0)**
PLE: Rami Kamal Anis Hamada, Abdelatif Mohamed Suliman Al Bahdari, Oday Ibrahim Mohammad Dabbagh, Mohammed Abdulkarim Mohammed Khalil, Yaser Hamed Mayor, Musab Khaled Ismail Battat Al Battat, Laith Ali Abdulrahim Kharoub (67.Khaled Jemal Abdulrahman Salem), Mohammed Iyad Ghaleb Yameen (80.Oday Ali Abdulrahim Kharoub), Mohammed Bassim Ahmed Rashid (80.Mohamed Osama Ali Darwish), Mahmoud Naser Mahmoud Abu Warda (80.Bader Yousef Mohammed Mousa), Tamer Mohammed Sobhi Seyam (73.Mohammed Yousef Khalil Darwish). Trainer: Makram Daboub (Tunisia).
Goals: Tamer Mohammed Sobhi Seyam (20 penalty), Oday Ibrahim Mohammad Dabbagh (23), Tamer Mohammed Sobhi Seyam (30 penalty), Yaser Hamed Mayor (85).

15.06.2021, 22nd FIFA World Cup Qualifiers / AFC Qualifiers, Second Round
„King Fahd" International Stadium, Riyadh (Saudi Arabia); Attendance: 430
Referee: Masoud Tufayelieh (Syria)
PALESTINE - YEMEN **3-0(2-0)**
PLE: Rami Kamal Anis Hamada, Mohammed Nuaman Abdelfatah Saleh, Mohammed Abdulkarim Mohammed Khalil, Yaser Hamed Mayor, Oday Ibrahim Mohammad Dabbagh, Musab Khaled Ismail Battat Al Battat, Mohammed Iyad Ghaleb Yameen, Laith Ali Abdulrahim Kharoub (63.Tamer Mohammed Sobhi Seyam), Mahmoud Naser Mahmoud Abu Warda (78.Oday Ali Abdulrahim Kharoub), Mohammed Bassim Ahmed Rashid (85.Mohammed Yousef Khalil Darwish), Islam Mohamed Mousa Al Batran (63.Bader Yousef Mohammed Mousa). Trainer: Makram Daboub (Tunisia).
Goals: Oday Ibrahim Mohammad Dabbagh (43), Yaser Hamed Mayor (45), Oday Ibrahim Mohammad Dabbagh (84).

24.06.2021, 10th FIFA Arab Cup, Qualifiers
"Jassim bin Hamad" Stadium, Doha (Qatar); Attendance: 0
Referee: Daniele Doveri (Italy)
PALESTINE - COMOROS **5-1(2-1)**
PLE: Rami Kamal Anis Hamada, Mohammed Abdulkarim Mohammed Khalil, Yaser Hamed Mayor (83.Mousa Basheer Mousa Farawi), Musab Khaled Ismail Battat Al Battat (83.Mohammed Aref Deeb Samar), Abdelatif Mohamed Suliman Al Bahdari, Mohammed Iyad Ghaleb Yameen, Laith Ali Abdulrahim Kharoub (77.Bader Yousef Mohammed Mousa), Mahmoud Naser Mahmoud Abu Warda, Tamer Mohammed Sobhi Seyam (77.Islam Mohamed Mousa Al Batran), Mohammed Bassim Ahmed Rashid, Oday Ibrahim Mohammad Dabbagh (79.Saleh Ahmed Saleh Chihadeh). Trainer: Makram Daboub (Tunisia).
Goals: Laith Ali Abdulrahim Kharoub (35), Oday Ibrahim Mohammad Dabbagh (42), Tamer Mohammed Sobhi Seyam (56, 72), Islam Mohamed Mousa Al Batran (81).

NATIONAL TEAM PLAYERS 2020/2021

Name	DOB	Club
Goalkeepers		
Tawfiq Ali Ahmad ABU HAMMAD	08.11.1990	Markaz Shabab Al-Am'ari
Rami Kamal Anis HAMADA	24.03.1994	Ihoud Bnei Sakhnin FC (ISR)
Defenders		
Mohammed Nidal Mohammed ABUMAYYALA	19.02.1995	Hilal Al-Quds Jerusalem
Abdelatif Mohamed Suliman AL BAHDARI	20.02.1984	Markaz Balata Nablus
Musab Khaled Ismail Battat AL BATTAT	12.11.1993	Shabab Al-Dhahiriya SC Dura
Mousa Basheer Mousa FARAWI	22.03.1998	Hilal Al-Quds Jerusalem
Yaser HAMED Mayor	09.12.1997	Busaiteen Club (BHR)
Mohammed Abdulkarim Mohammed KHALIL	05.04.1998	Shabab Al Bireh Institute
Ahmed Motasem Ahmed QATMISH	10.03.1998	Thaqafi Tulkarm Al Riyadhi
Mohammed Nuaman Abdelfatah SALEH	18.07.1993	Al Masry SC Port Said (EGY)
Mousa Shakir Mohammed SALIM	01.11.1994	Shabab Al-Khalil SC
Mohammed Aref Deeb SAMAR	18.10.1996	Hilal Al-Quds Jerusalem
Midfielders		
Ahmed Ali Ibrahim ABU KHADIJA	16.01.1996	Shabab Al Bireh Institute
Mahmoud Naser Mahmoud ABU WARDA	31.05.1995	Markaz Balata Nablus
Islam Mohamed Mousa AL BATRAN	01.10.1994	Sahab SC Amman (JOR)
Oday Ibrahim Mohammad DABBAGH	03.12.1998	Al Qadisia SC Kuwait City (KUW)
Mohammed Yousef Khalil DARWISH	02.06.1991	Hilal Al-Quds Jerusalem
Oday Ali Abdulrahim KHAROUB	05.02.1993	Markaz Balata Nablus
Sameh Fares Mohammed MARAABA	19.03.1992	Markaz Shabab Al-Am'ari
Mohammed Bassim Ahmed RASHID	03.07.1995	Al Jeel Club Al-Hasa (KSA)
Mohammed Iyad Ghaleb YAMEEN	19.09.1994	Hilal Al-Quds Jerusalem
Forwards		
Saleh Ahmed Saleh CHIHADEH	25.08.1994	FC Thun (SUI)
Mohamed Osama Ali DARWISH	20.02.1997	KF Trepça '89 Mitrovica (KVX)
Laith Ali Abdulrahim KHAROUB	11.07.1991	Markaz Balata Nablus
Bader Yousef Mohammed MOUSA	11.04.1999	Ghazl El Mahalla SC (EGY)
Mohammed Ali Atta OBAID	30.09.1998	Hilal Al-Quds Jerusalem
Shehab Rizq Ibrahim QUMBOR	18.10.1997	Jabal Al-Mokaber Jerusalem
Khaled Jemal Abdulrahman SALEM	17.11.1989	Markaz Shabab Tulkarem
Tamer Mohammed Sobhi SEYAM	28.11.1992	Shabab Al-Khalil SC
National coaches		
Noureddine OULD ALI (Algeria) [22.04.2018 – 21.04.2021]		23.06.1972
Makram DABOUB (Tunisia) [from 21.04.2021]		30.12.1972

PHILIPPINES

The Country:
Republika ng Pilipinas
(Republic of the Philippines)
Capital: Manila
Surface: 300,000 km²
Population: 106,651,394 [2020]
Time: UTC+8

The FA:
Philippine Football Federation
PFF House of Football 27 Danny Floro corner
"Captain Henry Javier Streets", Oranbo,
1600 Pasig City
Year of Formation: 1907
Member of FIFA since: 1930
Member of AFC since: 1954

NATIONAL TEAM RECORDS

First international match: 04.02.1913, Manila: Philippines - China 2-1
Most international caps: Philip James Placer Younghusband – 108 caps (since 2006)
Most international goals: Philip James Placer Younghusband - 52 goals / 108 caps (since 2006)

NATIONAL TEAM COMPETITIONS:

ASIAN NATIONS CUP	
1956	Qualifiers
1960	Qualifiers
1964	Qualifiers
1968	Qualifiers
1972	Did not enter
1976	Did not enter
1980	Qualifiers
1984	Qualifiers
1988	Did not enter
1992	Did not enter
1996	Disqualified
2000	Qualifiers
2004	Qualifiers
2007	Did not enter
2011	Qualifiers
2015	Qualifiers
2019	Final Tournament (Group Stage)

FIFA WORLD CUP	
1930	Did not enter
1934	Did not enter
1938	Did not enter
1950	*Withdrew*
1954	Did not enter
1958	Did not enter
1962	Did not enter
1966	Suspended by the FIFA
1970	Did not enter
1974	*Withdrew*
1978	Did not enter
1982	Did not enter
1986	Did not enter
1990	Did not enter
1994	Did not enter
1998	Qualifiers
2002	Qualifiers
2006	Did not enter
2010	Did not enter
2014	Qualifiers
2018	Qualifiers

F.I.F.A. CONFEDERATIONS CUP 1992-2017

None

OLYMPIC FOOTBALL TOURNAMENTS 1908-2016							
1908	-	1948	-	1972	Qualifiers	1996	-
1912	-	1952	-	1976	Qualifiers	2000	Qualifiers
1920	-	1956	-	1980	Qualifiers	2004	-
1924	-	1960	-	1984	Qualifiers	2008	-
1928	-	1964	-	1988	Qualifiers	2012	-
1936	-	1968	Qualifiers	1992	Qualifiers	2016	Qualifiers

ASIAN GAMES 1951-2014		AFC CHALLENGE CUP 2006-2014		ASEAN („TIGER") CUP / AFF CUP 1996-2018		SOUTH EAST ASIAN GAMES 1959-2019	
1951	-	2006	Group Stage	1996	Group Stage	1959	-
1954	Group Stage	2008	Qualifiers	1998	Group Stage	1961	-
1958	Quarter-Finals	2010	Qualifiers	2000	Group Stage	1965	-
1962	Group Stage	2012	3rd Place	2002	Group Stage	1967	-
1966	-	2014	Runners-up	2004	Group Stage	1969	-
1970	-			2007	Group Stage	1971	-
1974	Group Stage			2008	Qualifiers	1973	-
1978	-			2010	Semi-Finals	1975	-
1982	-			2012	Semi-Finals	1977	Group Stage
1986	-			2014	Semi-Finals	1979	-
1990	-			2016	Group Stage	1981	Group Stage
1994	-			2018	Semi-Finals	1983	Group Stage
1998	-					1985	Group Stage
2002	-					1987	-
2006	-					1989	Group Stage
2010	-					1991	Semi-Finals
2014	-					1993	Group Stage
						1995	Group Stage
						1997	Group Stage
						1999	Group Stage
						2001	-
						2003	-
						2005	Group Stage
						2007	-
						2009	-
						2011	Group Stage
						2013	Group Stage
						2015	Group Stage
						2017	Group Stage
						2019	Group Stage

FILIPINO CLUB HONOURS IN ASIAN CLUB COMPETITIONS:
AFC Champions League 1967-1971 & 1985/1986-2020
None
Asian Football Confederation Cup 2004-2020
None
AFC President's Cup 2005-2014*
None
Asian Cup Winners Cup 1975-2003*
None
Asian Super Cup 1995-2002*
None

*defunct competition

NATIONAL COMPETITIONS
TABLE OF HONOURS

It is particularly difficult to find a list with accurate past championship winners. Some sources present a list of champions of a competition called „Philippine Football Federation National Men's Open Championship", but by check out this list we can find as winner Hungarian club Ferencvárosi TC Budapest for 1923! Other competitions such as the „University Athletic Association of the Philippines Football Championship" or the „National Collegiate Athletic Association Football Championship" have seasonal character.

We can mention for several years a league system under the name „Ang League", whose winners are listed in the table below.

	ANG LEAGUE CHAMPIONS
2003	San Beda FC
2004	San Beda FC
2005	St. Benilde FC
2006	Philippine Army FC

In 2008 was established the „Filipino Premier League", the new top level of club football competitions of the Philippines.

	FILIPINO PREMIER LEAGUE
2008	Philippine Army FC
2009	*No competition*

The Filipino Premier League was discontinued after the inaugural season.

	UNITED FOOTBALL LEAGUE	NATIONAL CUP
2009/2010	Air Force Rider FC	Philippine Air Force FC
2010/2011	Air Force Rider FC	Global FC Cebu City
2011/2012	Global FC Cebu City	Philippine Air Force FC
2012/2013	Stallion FC Biñan	Stallion FC Biñan
2013/2014	Global FC Cebu City	Loyola Meralco Sparks FC Manila
2015	Ceres - La Salle FC Bacolod	Kaya FC Makati City
2016	Global FC Cebu City	Global FC Cebu City
	PHILIPPINES FOOTBALL LEAGUE	---------------------
2017	Ceres - Negros FC Bacolod	*No competition*
2018	Ceres - Negros FC Bacolod	Kaya FC Makati City
2019	Ceres - Negros FC Bacolod	Ceres - Negros FC Bacolod
2020	United City FC Bacolod	*No competition*

NATIONAL CHAMPIONSHIP
Philippines Football League 2020

1.	**United City FC Bacolod**	5	4	0	1	25 - 3	12
2.	Kaya FC Makati City	5	3	2	0	5 - 2	11
3.	Azkals Development Team	5	3	0	2	9 - 2	9
4.	Mendiola FC 1991 Manila	5	1	2	2	2 - 8	5
5.	Maharlika Manila FC	5	1	0	4	2 - 19	3
6.	Stallion Laguna FC Biñan	5	0	2	3	3 - 12	2

Please note: Ceres - Negros FC Bacolod changed its name to United City FC Bacolod.
All matcheswere played at PFF National Training Centre in Carmona.

Best goalscorer 2020:

Bienvenido Marañón Morejón "Bienve" (ESP, United City FC Bacolod) – 7 goals

THE CLUBS

KAYA FUTBOL CLUB MAKATI CITY
Year of Formation: 1996
Stadium: University of Makati Stadium, Makati City (4,000)

MAHARLIKA MANILA FOOTBALL CLUB
Year of Formation: 2020
Stadium: n/a

MENDIOLA FOOTBALL CLUB 1991 MANILA
Year of Formation: 1991
Stadium: n/a

STALLION LAGUNA FOOTBALL CLUB
Year of Formation: 2002
Stadium: Biñan Football Stadium, Biñan (2,580)

UNITED CITY FOOTBALL CLUB BACOLOD
Year of Formation: 2012
Stadium: Panaad Stadium, Bacolod (15,500)

NATIONAL TEAM
INTERNATIONAL MATCHES 2020/2021

07.06.2021	*Sharjah*	*China P.R. - Philippines*	*2-0(0-0)*	*(WCQ)*
11.06.2021	*Sharjah*	*Philippines - Guam*	*3-0(1-0)*	*(WCQ)*
15.06.2021	*Sharjah*	*Philippines - Maldives*	*1-1(1-1)*	*(WCQ)*

07.06.2021, 22nd FIFA World Cup Qualifiers / AFC Qualifiers, Second Round
Sharjah Stadium, Sharjah (United Arab Emirates); Attendance: 0
Referee: Kim Hee-gon (Korea Republic)
CHINA P.R. - PHILIPPINES   **2-0(0-0)**
PHI: Bernd Dizon Schipmann, Carlos Alberto Martínez de Murga Olaivar (78.Mark Anthony Almeda Winhoffer), Michael Tribaco Kempter (21.Martin Markus Pineda Steuble), Jefferson David Tabinas, Mike Rigoberto Gelito Ott (78.Luke Zantua Woodland), Stephan Markus Cabizares Schröck, Patrick Gerry-Anthony Alcala Reichelt, Ángel Nieves Guirado Aldeguer, Mark Andrew Calibjo Hartmann, Kenshiro Michael Lontok Daniels (33.Javier Augustine Ocampo Gayoso), Oliver Saludares Bias. Trainer: Scott Joseph Cooper (England).

11.06.2021, 22nd FIFA World Cup Qualifiers / AFC Qualifiers, Second Round
Sharjah Stadium, Sharjah (United Arab Emirates); Attendance: 0
Referee: Ammar Ali Abdulla Al Jeneibi (United Arab Emirates)
PHILIPPINES - GUAM   **3-0(1-0)**
PHI: Bernd Dizon Schipmann, Carlos Alberto Martínez de Murga Olaivar (58.Javier Augustine Ocampo Gayoso), Michael Tribaco Kempter, Jefferson David Tabinas, Manuel Gelito Ott (84.Martin Markus Pineda Steuble), Luke Zantua Woodland (41.Mikel Justin Cagurangan Baas), Mike Rigoberto Gelito Ott (58.Mark Anthony Almeda Winhoffer), Stephan Markus Cabizares Schröck, Patrick Gerry-Anthony Alcala Reichelt, Ángel Nieves Guirado Aldeguer (58.Mark Andrew Calibjo Hartmann), Oliver Saludares Bias. Trainer: Scott Joseph Cooper (England).
Goals: Ángel Nieves Guirado Aldeguer (12), Marcus Phillip Joseph Lopez (60 own goal), Mark Andrew Calibjo Hartmann (88).

15.06.2021, 22nd FIFA World Cup Qualifiers / AFC Qualifiers, Second Round
Sharjah Stadium, Sharjah (United Arab Emirates); Attendance: 0
Referee: Sivakorn Pu-udom (Thailand)
PHILIPPINES - MALDIVES   **1-1(1-1)**
PHI: Bernd Dizon Schipmann (46.Kevin Ray Mendoza Hansen), Michael Tribaco Kempter, Jefferson David Tabinas, Mikel Justin Cagurangan Baas (80.Mar Vincent Azuero Diano), Manuel Gelito Ott, Mark Anthony Almeda Winhoffer (46.Martin Markus Pineda Steuble), Stephan Markus Cabizares Schröck, Patrick Gerry-Anthony Alcala Reichelt, Ángel Nieves Guirado Aldeguer (46.Mike Rigoberto Gelito Ott), Mark Andrew Calibjo Hartmann (68.Javier Augustine Ocampo Gayoso), Oliver Saludares Bias. Trainer: Scott Joseph Cooper (England).
Goal: Ángel Nieves Guirado Aldeguer (19).

NATIONAL TEAM PLAYERS 2020/2021

Name	DOB	Club

Goalkeepers

Kevin Ray MENDOZA Hansen	29.09.1994	Persatuan Bola Sepak Kuala Lumpur (MAS)
Bernd Dizon SCHIPMANN	05.07.1994	Rot Weiss Ahlen (GER)

Defenders

Mikel Justin Cagurangan BAAS	16.03.2000	Ratchaburi Mitr Phol FC (THA)
Carlos Alberto Martínez DE MURGA Olaivar	30.11.1988	Kelab Bola Sepak Terengganu (MAS)
Mar Vincent Azuero DIANO	24.07.1997	Azkals Development Team
Michael Tribaco KEMPTER	12.01.1995	Neuchâtel Xamax FCS (SUI)

Midfielders

Mike Rigoberto Gelito OTT	02.03.1995	United City FC Bacolod
Manuel Gelito OTT	06.05.1992	Persatuan Bola Sepak Melaka United (MAS)
Stephan Markus Cabizares SCHRÖCK	21.08.1986	United City FC Bacolod
Martin Markus Pineda STEUBLE	09.06.1988	Port FC Bangkok (THA)
Jefferson David TABINAS	07.08.1998	Mito HollyHock (JPN)
Mark Anthony Almeda WINHOFFER	01.03.1999	Azkals Development Team
Luke Zantua WOODLAND	21.07.1995	Ratchaburi Mitr Phol FC (THA)

Forwards

Oliver Saludares BIAS	15.06.2001	FRC Nitra (SVK)
Kenshiro Michael Lontok DANIELS	12.01.1995	Kaya FC Makati City
Javier Augustine Ocampo GAYOSO	24.01.1997	Azkals Development Team
Ángel Nieves GUIRADO Aldeguer	09.12.1994	St. Joseph's FC (GIB)
Mark Andrew Calibjo HARTMANN	20.01.1992	Universiti Teknologi MARA FC Shah Alam (MAS)
Patrick Gerry-Anthony Alcala REICHELT	15.06.1988	Suphanburi FC (THA)

National coaches

Scott Joseph COOPER (England) [from 22.09.2020]	16.06.1970

QATAR

The Country:
Dawlat Qatar (State of Qatar) Capital: Doha Surface: 11,437 km² Population: 2,795,484 [2020] Time: UTC+3
The FA:
Qatar Football Association 28th Floor, Al Bidda Tower, Corniche Street, West Bay, P.O.Box 5333 Doha Year of Formation: 1960 Member of FIFA since: 1972 Member of AFC since: 1974

NATIONAL TEAM RECORDS

First international match: 27.03.1970, Bahrain: Bahrain - Qatar 2-1
Most international caps: Hassan Khalid Al Haydous – 144 caps (since 2008)
Most international goals: Mubarak Mustafa Fazli Noorallah – 41 goals / 85 caps (1992-2004)

NATIONAL TEAM COMPETITIONS:

ASIAN NATIONS CUP		FIFA WORLD CUP	
1956	Did not enter	1930	Did not enter
1960	Did not enter	1934	Did not enter
1964	Did not enter	1938	Did not enter
1968	Did not enter	1950	Did not enter
1972	Did not enter	1954	Did not enter
1976	Qualifiers	1958	Did not enter
1980	Final Tournament (Group Stage)	1962	Did not enter
1984	Final Tournament (Group Stage)	1966	Did not enter
1988	Final Tournament (Group Stage)	1970	Did not enter
1992	Final Tournament (Group Stage)	1974	Qualifiers
1996	Qualifiers	1978	Qualifiers
2000	Final Tournament (Quarter-Finals)	1982	Qualifiers
2004	Final Tournament (Group Stage)	1986	Qualifiers
2007	Final Tournament (Group Stage)	1990	Qualifiers
2011	Final Tournament (Quarter-Finals)	1994	Qualifiers
2015	Final Tournament (Group Stage)	1998	Qualifiers
2019	**Final Tournament (Winners)**	2002	Qualifiers
		2006	Qualifiers
		2010	Qualifiers
		2014	Qualifiers
		2018	Qualifiers

F.I.F.A. CONFEDERATIONS CUP 1992-2017

None

OLYMPIC FOOTBALL TOURNAMENTS 1908-2016							
1908	-	1948	-	1972	-	1996	Qualifiers
1912	-	1952	-	1976	-	2000	Qualifiers
1920	-	1956	-	1980	-	2004	Qualifiers
1924	-	1960	-	1984	Group Stage	2008	Qualifiers
1928	-	1964	-	1988	Qualifiers	2012	Qualifiers
1936	-	1968	-	1992	Quarter-Finals	2016	Qualifiers

ASIAN GAMES 1951-2014		WEST ASIAN CHAMPIONSHIP 2000-2019		GULF CUP OF NATIONS 1970-2019		ARAB NATIONS CUP 1963-2012	
1951	-	2000	-	1970	4th Place	1963	-
1954	-	2002	-	1972	4th Place	1964	-
1958	-	2004	-	1974	3rd Place	1966	-
1962	-	2007	-	1976	3rd Place	1985	4th Place
1966	-	2008	Semi-Finals	1979	5th Place	1988	-
1970	-	2010	-	1982	5th Place	1992	-
1974	-	2012	-	1984	Runners-up	1998	Runners-up
1978	Group Stage	2014	Winners	1986	4th Place	2002	-
1982	-	2019	Did not enter	1988	6th Place	2012	-
1986	-			1990	Runners-up		
1990	-			1992	Winners		
1994	Group Stage			1994	4th Place		
1998	Quarter-Finals			1996	Runners-up		
2002	Group Stage			1998	6th Place		
2006	Winners			2002	Runners-up		
2010	1/8-Finals			2003	3rd Places		
2014	-			2004	Winners		
				2007	Group Stage		
				2009	Semi-Finals		
				2010	Group Stage		
				2013	Group Stage		
				2015	Winners		
				2017	Group Stage		
				2019	Semi-Finals		

QATARI CLUB HONOURS IN ASIAN CLUB COMPETITIONS:

AFC Champions League 1967-1971 & 1985/1986-2020		
Al-Sadd Sports Club Doha	1	2011

Asian Football Confederation Cup 2004-2020
None

AFC President's Cup 2005-2014*
None

Asian Cup Winners Cup 1975-2003*
None

Asian Super Cup 1995-2002*
None

*defunct competitions

OTHER CLUB COMPETITIONS:

Arab Champions Cup / Arab Champions League 1982-2020

Al-Sadd Sports Club Doha	1	2001

Gulf Club Champions Cup 1982-2017

Al-Sadd Sports Club Doha	1	1991

Arab Cup Winners Cup 1989-2002*

Al Ittihad Doha	1	1999/2000

Arab Super Cup 1992-2002*

None

*defunct competition

NATIONAL COMPETITIONS
TABLE OF HONOURS

	CHAMPIONS	CUP WINNERS
1963/1964	Al-Maref	-
1964/1965	Al-Maref	-
1965/1966	Al-Maref	-
1966/1967	Al-Oruba	-
1967/1968	Al-Oruba	-
1968/1969	Al-Oruba	-
1969/1970	Al-Oruba	-
1970/1971	Al-Sadd Sports Club Doha	-
1971/1972	Al-Sadd Sports Club Doha	-
1972/1973	Al-Esteqlal Doha*	Al-Ahli Doha
1973/1974	Al-Sadd Sports Club Doha	Al-Esteqlal Doha
1974/1975	No competition	Al-Sadd Sports Club Doha
1975/1976	Al-Rayyan Sports Club	Al-Esteqlal Doha
1976/1977	Al-Esteqlal Doha	Al-Sadd Sports Club Doha
1977/1978	Al-Rayyan Sports Club	Al-Arabi Sports Club Doha
1978/1979	Al-Sadd Sports Club Doha	Al-Arabi Sports Club Doha
1979/1980	Al-Sadd Sports Club Doha	Al-Arabi Sports Club Doha
1980/1981	Al-Sadd Sports Club Doha	Al-Ahli Doha
1981/1982	Al-Rayyan Sports Club	Al-Sadd Sports Club Doha
1982/1983	Al-Arabi Sports Club Doha	Al-Arabi Sports Club Doha
1983/1984	Al-Rayyan Sports Club	Al-Arabi Sports Club Doha
1984/1985	Al-Arabi Sports Club Doha	Al-Sadd Sports Club Doha
1985/1986	Al-Rayyan Sports Club	Al-Sadd Sports Club Doha
1986/1987	Al-Sadd Sports Club Doha	Al-Ahli Doha
1987/1988	Al-Sadd Sports Club Doha	Al-Sadd Sports Club Doha
1988/1989	Al-Sadd Sports Club Doha	Al-Arabi Sports Club Doha
1989/1990	Al-Rayyan Sports Club	Al-Arabi Sports Club Doha
1990/1991	Al-Arabi Sports Club Doha	Al-Sadd Sports Club Doha
1991/1992	Al-Ittihad Doha**	Al-Ahli Doha
1992/1993	Al-Arabi Sports Club Doha	Al-Arabi Sports Club Doha
1993/1994	Al-Arabi Sports Club Doha	Al-Sadd Sports Club Doha
1994/1995	Al-Rayyan Sports Club	Al-Ittihad Doha
1995/1996	Al-Arabi Sports Club Doha	Al-Ittihad Doha
1996/1997	Al-Arabi Sports Club Doha	Al-Ittihad Doha
1997/1998	Al-Ittihad Doha	Al-Ittihad Doha

1998/1999	Al-Wakrah Sports Club	Al-Rayyan Sports Club
1999/2000	Al-Sadd Sports Club Doha	Al-Sadd Sports Club Doha
2000/2001	Al-Wakrah Sports Club	Qatar Sports Club
2001/2002	Al-Ittihad Doha	Al-Ittihad Doha
2002/2003	Qatar Sports Club	Al-Sadd Sports Club Doha
2003/2004	Al-Sadd Sports Club Doha	Al-Rayyan Sports Club
2004/2005	Al-Gharafa Sports Club Doha	Al-Sadd Sports Club Doha
2005/2006	Al-Rayyan Sports Club	Al-Rayyan Sports Club
2006/2007	Al-Sadd Sports Club Doha	Al-Sadd Sports Club Doha
2007/2008	Al-Gharafa Sports Club Doha	Umm-Salal Sports Club
2008/2009	Al-Gharafa Sports Club Doha	Al-Gharafa Sports Club Doha
2009/2010	Al-Gharafa Sports Club Doha	Al-Rayyan Sports Club
2010/2011	Lekhwiya Sports Club	Al-Rayyan Sports Club
2011/2012	Lekhwiya Sports Club	Al-Gharafa Sports Club Doha
2012/2013	Al-Sadd Sports Club Doha	Al-Rayyan Sports Club
2013/2014	Lekhwiya Sports Club	Al-Sadd Sports Club Doha
2014/2015	Lekhwiya Sports Club	Al-Sadd Sports Club Doha
2015/2016	Al-Rayyan Sports Club	Lekhwiya Sports Club
2016/2017	Lekhwiya Sports Club***	Al-Sadd Sports Club Doha
2017/2018	Al-Duhail Sports Club Doha	Al-Duhail Sports Club Doha
2018/2019	Al-Sadd Sports Club Doha	Al-Duhail Sports Club Doha
2019/2020	Al-Duhail Sports Club Doha	Al-Sadd Sports Club Doha
2020/2021	Al-Sadd Sports Club Doha	Al-Sadd Sports Club Doha

*called later Qatar Sports Club.
**called later Al-Gharafa Sports Club Doha.
***called later Al-Duhail Sports Club Doha.

OTHER QATARI CUP COMPETITIONS WINNERS:

Crown Prince Cup (between the Top 4 of the League)
1994/95: Al-Rayyan Sports Club; 1995/96: Al-Rayyan Sports Club; 1996/97: Al-Arabi Sports Club Doha; 1997/98: Al-Sadd Sports Club Doha; 1998/99: Al-Wakrah Sports Club; 1999/00: Al-Ittihad Doha; 2000/01: Al-Rayyan Sports Club; 2001/02: Qatar Sports Club; 2002/03: Al-Sadd Sports Club Doha; 2003/04: Qatar Sports Club; 2004/05: Al-Khor Sports Club; 2005/06: Al-Sadd Sports Club Doha; 2006/07: Al-Sadd Sports Club Doha; 2007/08: Al-Sadd Sports Club Doha; 2008/09: Qatar Sports Club; 2009/10: Al-Gharafa Sports Club Doha; 2010/11: Al-Gharafa Sports Club Doha; 2011/12: Al-Rayyan Sports Club; 2012/13: Lekhwiya Sports Club; 2013/14: El Jaish SC Al-Rayyan; 2014/15: Lekhwiya Sports Club; 2015/16: El Jaish SC Al-Rayyan; 2016/17: Al-Sadd Sports Club Doha; 2017/18: Al-Duhail Sports Club Doha; 2018/19: Al-Sadd Sports Club Doha; 2019/20: Al-Sadd Sports Club Doha.

„Sheikh Qassim" Cup
1977/78: Al-Sadd Sports Club Doha; 1978/79: Al-Sadd Sports Club Doha; 1979/80: Al-Sadd Sports Club Doha; 1980/81: Al-Arabi Sports Club Doha; 1981/82: Al-Sadd Sports Club Doha; 1982/83: Al-Arabi Sports Club Doha; 1983/84: Qatar Sports Club; 1984/85: Qatar Sports Club; 1985/86: Al-Sadd Sports Club Doha; 1986/87: Al-Sadd Sports Club Doha; 1987/88: Qatar Sports Club; 1988/89: Al-Sadd Sports Club Doha; 1989/80: Al-Wakrah Sports Club; 1990/91: Al-Sadd Sports Club Doha; 1991/92: Al-Wakrah Sports Club; 1992/93: Al-Rayyan Sports Club; 1993/94: *No competition*; 1994/95: Al-Arabi Sports Club Doha; 1995/96: Qatar Sports Club; 1996/97: Al-Shamal Sports Club; 1997/98: Al-Sadd Sports Club Doha; 1998/99: Al-Wakrah Sports Club; 1999/00: Al-Sadd Sports Club Doha; 2000/01: Al-Rayyan Sports Club; 2001/02: Al-Sadd Sports Club Doha; 2002/03: Al-Khor Sports Club; 2003/04: Al-Shabaab; 2004/05: Al-Wakrah Sports Club; 2005/06: Al-Gharafa Sports Club Doha; 2006/07: Al-Sadd Sports Club Doha; 2007/08: Al-Gharafa Sports Club Doha; 2008/09: Al-Arabi Sports Club Doha; 2009: Umm-Salal Sports Club; 2010: Al-Arabi Sports Club Doha; 2011: Al-Arabi Sports Club Doha; 2012:

Al-Rayyan Sports Club; 2013: Al-Rayyan Sports Club; 2014: Al-Rayyan Sports Club; 2015: Al-Sadd Sports Club Doha; 2016: Lekhwiya Sports Club; 2017: Lekhwiya Sports Club; 2018: Al-Rayyan Sports Club; 2019: Al-Sadd Sports Club Doha.

NATIONAL CHAMPIONSHIP
Qatar Stars League 2020/2021

1.	**Al-Sadd Sports Club Doha**	22	19	3	0	77 - 14	60
2.	Al-Duhail Sports Club Doha	22	15	2	5	53 - 25	47
3.	Al-Rayyan Sports Club	22	10	5	7	31 - 22	35
4.	Al-Gharafa Sports Club Doha	22	10	3	9	41 - 34	33
5.	Al Ahli SC Doha	22	10	3	9	28 - 38	33
6.	Qatar Sports Club Doha	22	9	5	8	30 - 24	32
7.	Al-Arabi Sports Club Doha	22	8	5	9	28 - 32	29
8.	Al-Wakrah SC	22	7	5	10	19 - 29	26
9.	Al-Sailiya Sport Club	22	7	5	10	22 - 36	26
10.	Umm-Salal Sports Club	22	5	6	11	13 - 31	21
11.	Al-Khor Sports Club (*Relegation Play-off*)	22	3	8	11	17 - 42	17
12.	Al Kharaitiyat SC Al Khor (*Relegated*)	22	4	0	18	17 - 49	12

Relegation Play-off [04.05.2021]
Al-Khor Sports Club - Al-Shahania Sports Club   3-1

Best goalscorer 2020/2021:
Baghdad Bounedjah (ALG, Al-Sadd Sports Club Doha) – 21 goals

Promoted for the 2021/2022 season:
Al-Shamal SC Madinat ash Shamal

NATIONAL CUP
Emir of Qatar Cup Final 2020/2021

22.10.2021, „Jassim Bin Hamad" Stadium, Doha; Attendance: n/a
Referee: Abdullah Al Athbah
Al-Sadd Sports Club Doha - Al-Rayyan Sports Club   1-1(0-1,1-1,1-1); 5-4 on penalties
Al-Sadd SC: Saad Abdullah Al Sheeb Al Dossary, Tarek Salman Suleiman Odeh, Boualem Khoukhi, Pedro Miguel Carvalho Deus Correia "Ró-Ró", Guilherme dos Santos Torres, Jung Woo-young, André Morgan Rami Ayew (80.Ali Assadalla Thaimn Qambar), Hasan Khalid Al Haydous (74.Rodrigo Barbosa Tabata), Santiago Cazorla González „Santi Cazorla", Akram Hassan Afif Yahya, Baghdad Bounedjah. Trainer: Xavier Hernández Creus "Xavi" (Spain).
Al-Rayyan SC: Fahad Younis Ahmed Baker, Shoja Khalilzadeh, Dame Traoré, Ahmed Yasser Mohammedi Abdelrahman, Khaled Muftah Muftah (73.Mohammed Jumaa Mubarak Al Alawi), Abdulaziz Hatem Mohammed Abdullah, Steven Nkemboanza Mike Nzonzi, Mouafak Awad, ames David Rodríguez Rubio (85.Abdurahman Mohammad Ali Al Karbi), Yacine Nasr Eddine Brahimi, Yohan Boli. Trainer: Laurent Robert Blanc (France).
Goals: 0-1 Yacine Nasr Eddine Brahimi (45), 1-1 Santiago Cazorla González „Santi Cazorla" (58 penalty).
Penalties: Yacine Nasr Eddine Brahimi 0-1; Santiago Cazorla González „Santi Cazorla" 1-1; Yohan Boli 1-2; Rodrigo Barbosa Tabata 2-2; Abdulaziz Hatem Mohammed Abdullah 2-3; Akram Hassan Afif Yahya 3-3; Steven Nkemboanza Mike Nzonzi 3-4; Boualem Khoukhi 4-4; Shoja Khalilzadeh (saved); Jung Woo-young 5-4.

AL AHLI SPORTS CLUB DOHA

Year of Formation: 1950
Stadium: "Hamad bin Khalifa" Stadium, Doha (12,000)

	THE SQUAD	DOB	M	(s)	G
Goalkeepers:	Ivanildo Rodrigues dos Santos (BRA)	12.12.1988	12		
	Yazan Naim Jamil Al Shaikh Hussein	05.06.1997	10		
Defenders:	Fahad Ahmed Al Keldi	12.01.1998		(9)	
	Mohammed Khaled Al Naimi	25.03.2000	12	(3)	
	Ali Faiz Mohammad Atashi	24.12.1996		(3)	
	John Benson (GHA)	27.08.1991	2	(8)	
	Shane Thomas Lowry (AUS)	12.06.1989	20		
	Ibrahim Majid Abdulmajid	12.05.1990	13	(4)	2
	Jassem Mohammed Abdulaziz Omar	18.04.1995	19		
Midfielders:	Mohamad Abdulnaser Al Abbasi (SYR)	10.01.1998	11	(5)	
	Jassem Mohammed Al Sharshani	02.01.2003	3	(5)	
	Nasser Saleh Al Yazidi	02.02.2000		(1)	
	Abdulrahman Mohamed Battawi	09.01.2002		(1)	
	Mohamed Diamé (SEN)	14.06.1987	19		
	Omid Ebrahimi (IRN)	16.09.1987	22		2
	Nabil El Zhar (MAR)	27.08.1986	20		10
	Tamim Sammy Mohamed	10.10.2000		(8)	
	Hernán Arsenio Pérez González (PAR)	25.02.1989	17		5
	Ali Ahmed Qadri	20.02.1994	15	(5)	
Forwards:	Nasser Saleh Al Khalfan	17.10.1993	6	(12)	2
	Ahmed Abdulqader Al Meghessib	28.06.1998		(1)	
	Mohsen Hassan Al Yazidi	25.02.1988		(1)	
	Babou Sidiki Barro	10.06.1990	1	(4)	
	Navid Mohammad Dorzadeh	09.08.2000		(2)	
	Hazem Ahmed Shehata	02.02.1998	20	(2)	2
	Abdulrasheed Umaru Ibrahim	12.08.1999	20	(1)	3
Trainer:	Nebojša Jovović (MNE)	28.08.1974	22		

AL-ARABI SPORTS CLUB DOHA

Year of Formation: 1952
Stadium: Grand Hamad Stadium, Doha (13,000)

THE SQUAD	DOB	M	(s)	G
Goalkeepers: Mahmud Ibrahim Abunad	05.02.2000	20		
Sataa Abdul Al Abbasi	17.08.1993	2		
Defenders: Jassem Gaber Abdulsallam	20.02.2002		(3)	
Fahad Ali Shanin Al Abdulrahman	06.04.1995	13	(2)	
Mohammed Saad Al Badr	02.02.1997		(3)	
Khalaf Saad Khalaf Al Malki	02.03.1998	7		
Ayoub Azzi (ALG)	14.09.1989	13		
Abdulrahman Balal Elsadig	11.01.2001		(1)	
Jassem Gaber	20.02.2002	9	(2)	
Yasir Abubakar Issa	10.01.1992	10	(5)	
Ibrahim Nasser Kala	26.01.1997	11	(5)	1
Khalid Mubarak	22.10.1998		(1)	
Marc Muniesa Martínez (ESP)	27.03.1992	20		
Midfielders: Ahmed Mohamed Aboutrika (EGY)	14.03.2003		(3)	
Abdulaziz Rashid Al Ansari	19.02.1992	12	(2)	4
Abdulrahman Anad	06.09.1996	2	(9)	1
Ahmed Fathy Mansi Abdoulla	25.01.1993	20	(1)	
Aron Einar Malmquist Gunnarsson (ISL)	22.04.1989	20		2
Mohammed Isamelden Hamadato	05.06.2000	1	(2)	
Abdulla Maarafiya	13.04.1992	15		
Youssef Msakni (TUN)	28.10.1990	6		2
Mohammed Bader Sayyar (BHR)	16.02.1991	2	(10)	
Jasser Yahia	19.12.1992	2	(9)	
Forwards: Fahad Khalfan Al Bulushi	23.03.1992	1	(5)	
Abdulla Issa Al Salati	27.05.2000	1		
Mohamed Salah Elneel	20.04.1991	11	(6)	3
Hamdi Harbaoui (TUN)	05.01.1985	2	(2)	1
Pierre-Michel Lasogga (GER)	15.12.1991		(1)	
Mehrdad Mohammadi (IRN)	29.09.1993	18	(2)	10
Andrés Sebastián Soria Quintana	08.11.1983	16	(3)	2
Mehdi Torabi (IRN)	10.09.1994	8	(1)	2
Trainer: Heimir Hallgrímsson (ISL)	10.06.1967	22		

AL-DUHAIL SPORTS CLUB DOHA

Year of Formation: 1938 (*as Al-Shorta Doha*)
Stadium: „Abdullah bin Khalifa" Stadium, Doha (12,000)

THE SQUAD	DOB	M	(s)	G
Goalkeepers: Khalifa Ababacar N'Diaye	07.07.1989	3		
Mohammed Ahmed Al Bakri	28.03.1997	9	(1)	
Salah Zakaria Hassan Moussa	24.04.1999	10		
Defenders: Sultan Hussain Al Braik	07.04.1996	18	(2)	
Mohammed Emad Aiash	27.02.2001	2		
Medhi Benatia (MAR)	17.04.1987	12	(1)	
Luiz Martin Carlos Júnior	13.01.1989	10	(4)	1
Ali Malolah Karami	26.02.1999	5	(1)	
Mohammed Musa Abbas Ali	23.03.1986	11	(4)	1
Ramin Rezaeian (IRN)	21.03.1990	8	(2)	2
Ahmed Yasser Mohammedi Abdelrahman	17.05.1994	14	(1)	2
Midfielders: Abdullah Abdulsalam Al Ahrak	10.05.1997	13	(7)	1
Ibrahim Moteab Al Mansoori	08.09.2003		(1)	
Jassim Mohammed Al Mehairi	30.08.2002		(2)	
Bassam Hisham Ali Al Rawi	16.12.1997	5	(5)	
Abdulla Arafa Abdul Al Moity	31.01.2002		(1)	
Karim Boudiaf	16.09.1990	14	(2)	
Ali Karimi (IRN)	11.02.1994	6	(3)	
Assim Omer Al Haj Madibo	22.10.1996	3	(1)	
Lotfi Majed (ALG)	01.05.2002		(1)	
Khaled Mohammed Mohammed Saleh	07.06.2000	13	(4)	1
Forwards: Ali Hassan Afif Yahya	20.01.1988	5	(4)	1
Almoez Ali Zainalabiddin Abdulla	19.08.1996	16	(4)	6
Eduardo Pereira Rodrigues „Dudu" (BRA)	07.01.1992	22		14
Edmilson Junior Paulo da Silva (BRA)	19.08.1994	15	(1)	12
Mubarak Shanan Hamza	20.02.2004		(1)	
Ismaeel Mohammad Mohammad	05.04.1990	12	(8)	1
Abdelrahman Mohamed Fahmi Moustafa	05.04.1997	1	(6)	
Youssef Msakni (TUN)	28.10.1990	1	(2)	
Mohammed Muntari	20.12.1993	8	(12)	5
Michael Olunga Ogada (KEN)	26.03.1994	6	(3)	6
Trainer: Walid Regragui (MAR)	23.09.1975	2		
[04.10.2020] Hatem Al Moadab		2		
[18.10.2020] Sabri Lamouchi (FRA)	09.11.1971	18		

AL-GHARAFA SPORTS CLUB DOHA

Year of Formation: 1979 (*as Al-Ittihad Doha*)
Stadium: "Thani bin Jassim" Stadium, Doha (25,000)

	THE SQUAD	DOB	M	(s)	G
Goalkeepers:	Qasem Abdulhamed Burhan	15.12.1985	5	(1)	
	Yousef Hassan Mohamed Ali	24.05.1996	12		
	Salah Zakaria Hassan Moussa	24.04.1999	5		
Defenders:	Homam Elamin Ahmed	25.08.1999	22		2
	Tameem Mohammed Eisa Al Muhizea	21.07.1996	13	(3)	
	Saeed Alhaj Essa	02.02.1992	9	(6)	
	Almahdi Ali Mukhtar	02.03.1992	5		
	Tamer Jamal Mohammed Osman Othman El Ziber (SDN)	15.09.1990		(1)	
	Serge Wilfried Kanon (CIV)	06.07.1993	6	(1)	1
	Héctor Alfredo Moreno Herrera (MEX)	17.01.1988	13		
	Yousuf Muftah	16.05.1988	21		
Midfielders:	Nasser Abdulsalam Al Ahrak	05.01.1999		(5)	
	Muath Yahya Nasser Al Salemi	15.08.1996		(2)	
	Othman Alawi Al Yahri	24.06.1993	13	(6)	3
	Amro Abdelfatah Ali Surag	08.04.1998	4	(9)	
	Adlène Guédioura (ALG)	12.11.1985	20		1
	Sofiane Hanni (ALG)	29.12.1990	22		3
	Koo Ja-cheol (KOR)	27.02.1989	20		5
	Abdulghani Munir Mazeed	13.09.1992		(3)	
	Mostafa Essam Qadeera (EGY)	20.12.2001		(3)	
	Abdollah Ali Saei	17.03.1999		(1)	
	Andri Syahputra Sudarmanto	29.06.1999	2	(5)	
	Abdalla Yousif	10.04.2002		(3)	
Forwards:	Ahmed Al Ganehi	22.09.2000	4	(17)	4
	Ahmed Alaaeldin Abdelmotaal	31.01.1993	12	(3)	3
	Moayad Hassan Fodhayli	28.01.1992	16	(2)	6
	Jonathan Kodjia (CIV)	22.10.1989	18	(2)	11
Trainer:	Slaviša Jokanović (SRB)	16.08.1968	22		

AL-KHARAITIYAT SPORTS CLUB

Year of Formation: 1996
Stadium: Al-Khor Stadium, Al-Khor (12,000)

THE SQUAD		DOB	M	(s)	G
Goalkeepers:	Shehab Mamdouh Abdelfadel Ellethy	18.04.2000	22		
Defenders:	Mahdi Al Khammassi	08.05.1987	8	(3)	
	Majed Aman Hareb	06.09.1994	5	(1)	
	Ahmed Abdelhay Eissa	20.03.1997	5	(2)	
	Alhadj Mohammed Moustafa	01.06.1992	12	(1)	
	Oumar Sako (CIV)	04.05.1996	19		1
Midfielders:	Abdulmajeed Enad Al Diri	07.01.1994	6	(6)	
	Sayaf Mohsin Al Korbi	14.09.1991	4	(5)	
	Nasser Ibrahim Al Nasr	11.07.1995	7		2
	Abdelhadi Ameen Feheed	29.08.1996	1	(2)	
	Daniel Goumou	10.04.1990	12	(2)	
	Mohammad Hussein Zeid	04.12.1993	1	(1)	
	Farid Ibrahim	03.01.1998	1		
	Pejman Montazeri (IRN)	06.09.1983	16		
	Khaldoun Ismail Moussa	08.06.1999	6	(5)	1
	Mohamed Shaaban Nada	01.09.1993	10	(5)	
	Mohammed Osman (SYR)	01.01.1994	20	(1)	3
	Hamad Mansour Rajah	13.08.1994	6		
	Mahmoud Hamid Saad	12.01.1983	20	(2)	1
	Mohamed Salam Rahama (SDN)	30.12.1990	8	(3)	
	Rachid Tiberkanine (BEL)	28.03.1985	19	(1)	6
Forwards:	Khalid Ali Al Hajjaji	14.07.1999		(1)	
	Ahmed Saleh Al Khalfan	02.04.1991	4	(6)	
	Saoud Farhan	11.02.1995		(7)	
	Abdulla Hassan Kamal	07.07.1996		(2)	
	Evans Mensah (GHA)	09.02.1998	15	(3)	1
	Abdulrahman Mohammed Ali Hussain	16.03.1988	15	(1)	
Trainer:	Yousuf Adam Mahmoud	12.09.1972	22		

AL-KHOR SPORTS CLUB

Year of Formation: 1961
Stadium: Al-Khor Stadium, Al-Khor (12,000)

THE SQUAD		DOB	M	(s)	G
Goalkeepers:	Baba Djibril Guèye (SEN)	07.03.1983	21		
	Ali Nader Mahmoud	07.07.2002	1		
Defenders:	Mosaab Abdulmajed Abdullah	16.06.1905	16	(3)	
	Anas Ahmed Elfadil	05.03.1997	11	(5)	
	Nayef Mubarak Abdullah Al Khater	06.08.1980	14		1
	Robert Alexander Michel Melki (LIB)	14.11.1992	7		
	Khalid Radwan Hasan	02.10.1990	13	(2)	1
	Rafael Vaz dos Santos (BRA)	17.09.1988	17		2
	Abdulrahman Ragab	10.09.1999	5	(4)	
Midfielders:	Mohammed Ahmed Al Jabri	30.03.1991	14	(3)	
	Ahmed Hassan Al Mohanadi	17.01.1997	6	(7)	
	Saif Hassan Al Mohanadi	14.04.1997	1	(1)	
	Ali Said Al Muhannadi	11.09.1993		(1)	
	Jassim Khamis Al Muraikhi	22.11.1998	1		
	Abdulla Mubarak Saeed Al Oraimi	24.09.1991	3	(5)	
	Ibrahim Samuel Amada (MAD)	28.02.1990	3		1
	Tamer Jamal Mohammed Osman Othman El Ziber (SDN)	15.09.1990	5	(5)	
	Ahmed El Naji Elsadiq	15.02.2000	13		
	Ioannis Fetfatzidis (GRE)	21.12.1990	17		6
	Khaled Masoud Karib	23.07.2000	1		
	Yuki Kobayashi (JPN)	24.04.1992	16		
Forwards:	Abdulla Nasser Al Murisi	24.08.1999	5	(2)	
	Saeed Mohammed Brahmi	24.06.1995	2	(7)	1
	Ismail El Haddad (MAR)	03.08.1990	9		
	Mohammed Al Sayed Abdulmotaleb „Jeddo"	27.01.1987	5	(11)	
	Pierre-Michel Lasogga (GER)	15.12.1991	5		1
	Leonardo Gamalho de Souza „Léo Gamalho" (BRA)	30.01.1986	8	(1)	2
	Lucca Borges de Brito (BRA)	14.02.1990	1		
	Ahmed Reyed Mawla	01.02.2003	1	(3)	
	Hilal Mohammed Ibrahim	25.03.1993	21		2
	Diyab Haroon Taha	15.05.2001		(1)	
Trainer:	Omar Najhi (ENG)	22.03.1978	3		
[21.09.2020]	Frédéric Hantz (FRA)	30.05.1966	7		
[22.12.2020]	Mostafa Souheib		5		
[25.01.2021]	Winfried Schäfer (GER)	10.01.1950	7		

AL-RAYYAN SPORTS CLUB

Year of Formation: 1967
Stadium: "Ahmed bin Ali" Stadium, Al-Rayyan (27,000)

THE SQUAD		DOB	M	(s)	G
Goalkeepers:	Saud Abdullah Al Hajri	19.07.1986	9	(1)	
	Fahad Younis Ahmed Baker	30.07.1994	13		
Defenders:	Mohamed Alaa Eddin Abdelmotaal (EGY)	24.01.1994	10	(3)	
	Abdulaziz Hatem Mohammed Abdullah	28.10.1990	22		5
	Mohammad Jumaa Mubarak Al Alawi	24.06.1986	14	(2)	
	Shoja Khalilzadeh (IRN)	14.05.1989	12	(1)	2
	Gabriel Iván Mercado (ARG)	18.03.1987	20		1
	Dame Traoré (FRA)	19.05.1986	17	(1)	1
	Yousif Umar Fakharuddin	23.08.1999	2	(1)	
Midfielders:	Tameem Mansour Al Abdullah	05.10.2002		(1)	
	Naif Abdulraheem Al Hadhrami	18.07.2001	19		1
	Abdulrahman Al Harazi	01.01.1994	4	(10)	
	Abdurahman Mohammad Ali Al Karbi	18.08.1994	1	(7)	
	Ahmed Mohamed Abdul Maqsoud El Sayed	23.03.1990	17	(1)	
	Franck Kom (CMR)	18.09.1991	20		3
	Ibrahim Abdelhalim Masoud	25.11.1997	4	(7)	
	Moameen Mutasem	04.08.2002		(2)	
	Khalid Ali Sabah	05.10.2001		(2)	
	Mekki Mohsen Tombari	15.02.2001		(1)	
Forwards:	Abdulaziz Hazaa Al Hasia	31.08.1999	3	(2)	
	Sultan Bakhit Al Kuwari	03.08.1995		(1)	
	Mouafak Awad	11.05.1997	9	(5)	1
	Yohan Boli (FRA)	17.11.1993	21	(1)	11
	Yacine Nasr Eddine Brahimi (ALG)	08.02.1990	18		5
	Ali Ferydoon	10.10.1992		(12)	1
	Khaled Muftah Muftah	02.07.1992	7	(4)	
Trainer:	Diego Vicente Aguirre Camblor (URU)	13.09.1965	8		
[11.12.2020]	Fábio César Montezine	24.02.1979	1		
[19.12.2020]	Laurent Robert Blanc (FRA)	19.11.1965	13		

AL-SADD SPORTS CLUB DOHA

Year of Formation: 1969
Stadium: „Jassim Bin Hamad" Stadium, Doha (15,000)

THE SQUAD	DOB	M	(s)	G
Goalkeepers: Saad Abdullah Al Sheeb Al Dossary	19.02.1990	4		
Meshaal Aissa Barsham	14.02.1998	18		
Defenders: Salem Ali Al Hajri	10.04.1996	4	(7)	
Ahmed Suhail Al Hamawende	08.02.1999	6	(6)	
Talal Abdulla Bahzad	06.09.1999		(1)	
Abdelkarim Hasan Fadlalla	28.08.1993	9	(7)	2
Mosab Khader Mohamed	01.01.1993	10	(7)	
Boualem Khoukhi	09.07.1990	10	(3)	2
Pedro Miguel Carvalho Deus Correia "Ró-Ró"	06.08.1990	16	(2)	
Tarek Salman Suleiman Odeh	05.12.1997	12	(2)	1
Midfielders: Yusuf Abdurisag Yusuf	06.08.1999	8	(9)	2
Mouz Gadelseed Abdalla	10.03.2001		(1)	
Mohammed Waad Abdulwahhab Jadoua Al Bayati	18.09.1999	10	(6)	
Hasan Khalid Al Haydous	11.12.1990	14	(4)	3
Mohamed Nasser Al Manai	27.10.2002		(1)	
Abdullah Badr Al Yazidi	28.03.2002		(1)	
Ali Assadalla Thaimn Qambar	19.01.1993	2	(6)	3
Bahaa Mamdouh Ellithi	18.04.1999	2	(2)	
Guilherme dos Santos Torres (BRA)	05.04.1991	19		1
Jung Woo-young (KOR)	14.12.1989	14	(4)	
Nam Tae-hee (KOR)	03.07.1991	15	(3)	7
Rodrigo Barbosa Tabata	19.11.1980	11	(10)	10
Santiago Cazorla González „Santi Cazorla" (ESP)	13.12.1984	20		13
Ahmed Bader Sayyar (BHR)	06.10.1993	3	(6)	2
Mostafa Tarek Meshaal (EGY)	28.03.2001		(1)	
Forwards: Akram Hassan Afif Yahya	18.11.1996	9	(2)	5
Hashim Ali Abdullatif Ali	17.08.2000	8	(5)	2
Baghdad Bounedjah (ALG)	30.11.1991	16	(3)	21
Hossam Kamal Hassunin El Sayed	25.01.1996	2	(4)	
Trainer: Xavier Hernández Creus "Xavi" (ESP)	25.01.1980	22		

AL-SAILIYA SPORTS CLUB DOHA

Year of Formation: 1995
Stadium: „Hamad bin Khalifa" Stadium, Doha (12,000)

THE SQUAD		DOB	M	(s)	G
Goalkeepers:	Amine Claude Lecomte-Addani	26.04.1990	22		
Defenders:	Ahmed Bakheet Al Minhali	05.05.1999	19		
	Nadir Belhadj (ALG)	18.06.1982	20		
	Rami Fayez	23.09.1986	11		
	Ghanem Haddaf	27.09.1991	3	(3)	
	Mustafa Mohammad Abdul Hafeth	21.09.1987	18		
	Saad Hussein Athab	07.03.1993	6	(9)	
	George Kwesi Semakor	06.01.1988	1	(2)	
	Serigne Modou Kara Mbodji (SEN)	11.11.1989	16	(1)	2
	Ramin Rezaeian (IRN)	21.03.1990	10	(1)	3
Midfielders:	Fahad Waad Abdulwahab Jadoua Al Bayati (IRQ)	18.09.1999	2	(1)	
	Hamad Mohammed Saud Jaouad Al Obaidi	21.04.1991	8	(3)	
	Ahmad Mohammad Yasser Al Sebaie	06.01.1999	8	(5)	
	Meshaal Qasim Al Shammari	19.01.1995	3	(7)	
	Adel Bader Farhan Mousa	17.01.1997	15	(3)	
	Ali Mohammed Jasimi	19.04.1991	3	(2)	
	Majdi Abdullah Siddiq	03.09.1985	11	(1)	1
	Tiago Queiroz Bezerra (BRA)	17.02.1987	21		2
Forwards:	Mohanad Ali Kadhim Al Shammari (IRQ)	20.06.2000	19		7
	Abdulgadir Ilyas Bakur	17.08.1989	11	(2)	3
	Mahir Yusuf Bakur	08.01.1988		(1)	
	Ahmed Hamoudane (MAR)	12.06.1991	7		1
	Mohammed Muddather Rajab (SDN)	13.04.1988	8	(6)	2
Trainer:	Sami Trabelsi (TUN)	04.02.1968	22		

AL-WAKRAH SPORTS CLUB

Year of Formation: 1959
Stadium: Al Janoub Stadium, Al Wakrah (12,000)

THE SQUAD		DOB	M	(s)	G
Goalkeepers:	Saoud Mubarak Al Khater	09.04.1991	17		
	Mohamed Saeed Ibrahim Abulkhair	17.01.1998	5		
Defenders:	Mohammed Emad Ayash	27.02.2001	6	(1)	
	Ousmane Coulibaly (MLI)	09.07.1989	22		2
	Abdulrahman Fakhro	19.09.1992		(1)	
	Lucas Michel Mendes (BRA)	03.07.1990	22		
	Ali Malolah Karami	26.02.1999	9	(2)	
	Khalid Muneer Mazeed	24.02.1998	7	(3)	3
	Murad Naji Kamal Hussein	12.06.1991	17	(4)	
Midfielders:	Zed Saad Aboulros	24.05.1997	2	(2)	
	Fahad Al Ebrahim Al Ansari (KUW)	25.02.1987	3		
	Jassim Ali Al Hashemi	27.01.1996	4	(6)	1
	Saleh Mohammed Al Yeri	30.05.1995	2	(2)	
	Ali Awad Bujaloof	27.04.1995	4	(3)	
	Abdennour Belhocini (ALG)	18.08.1996	3		
	Ahmad Moein Doozandeh	20.10.1995	18		
	Yasin Abdullah Farid		7	(1)	
	Farid Ibrahim Farid	01.03.1998		(2)	
	Mohamed Khaled Hassan	08.01.2003		(2)	
	Riadh Nasser Mekideche	27.07.1995	6	(9)	
	Abdulrahman Mohamed Mohamed	04.12.2002	4	(1)	
	Abdelrahman Mohamed Fahmi Moustafa	05.04.1997	6	(1)	3
	Abdulghani Munir Mazeed	13.09.1992	7	(1)	1
	Isaías Sánchez Cortés (AUS)	09.02.1987	15		
Forwards:	Jassim Ahmed Al Jalabi	21.02.1996	1	(6)	
	Abdallah Hussein Al Muftah	23.06.1998	5	(5)	
	Omar Ali (GHA)	10.10.1992	14	(8)	1
	Mohamed Benyettou (ALG)	01.11.1989	22		6
	Cristian Ceballos Prieto (ESP)	03.12.1992	14		1
	Khald Youssef Shurrab	12.09.1999		(2)	
Trainer:	Bartolomé "Tintín" Márquez López (ESP)	07.01.1962	22		

QATAR SPORTS CLUB DOHA

Year of Formation: 1959
Stadium: "Sheikh Hamad bin Suhaim Al Thani" Stadium, Doha (15,000)

THE SQUAD	DOB	M	(s)	G
Goalkeepers: Motasem Majed Al Bustami	06.06.1999	1		
Jasem Adel Al Hail	29.01.1992	21		
Defenders: Omar Ahmad Al Emadi	05.04.1995	6	(12)	
Mohamed Salim Musabah Al Rabiei	26.04.1990	19	(1)	
Majed Aman Hareb	06.09.1994	2	(4)	
Youssef Aymen Hafez Farahat	21.03.1999	11	(1)	
Nasir Peer Baksh Abbas	27.01.1999	17	(2)	
Ahmed Fadel Hasaba	07.04.1993	20		1
Alejandro Gálvez Jimena (ESP)	06.06.1989	15		1
Khalid Ahmed Mahmoudi	22.03.1993	18	(2)	
Midfielders: Ahmad Al Khuwailid Mustafa	29.01.2000		(1)	
Nasser Ibrahim Al Nasr	11.07.1995	2	(5)	
Khaled Abdulraaof Al Zereqi	14.12.1990	1	(6)	
Salmin Atiq Al Rumaihi	11.01.1997		(5)	
Mehdi Berrahma (MAR)	29.09.1992	18		2
Muattaz Majed Bostami	16.05.1996	2	(5)	
Nasser El Khayati (NED)	07.02.1989	2		
Hamid Ismail Khaleefa	12.09.1987	17	(1)	3
Ali Karimi (IRN)	11.02.1994	7		
Khaled Waleed Mansour	25.12.1999		(12)	
Hamad Mansour Rajah	13.08.1994	1	(1)	
Bashar Resan Bonyan (IRQ)	22.12.1996	10		2
Forwards: Abdulaziz Ibrahim Adel	09.10.1993	2	(7)	1
Ali Awad Bujaloof	27.04.1995		(4)	
Youcef Belaïli (ALG)	14.03.1992	15		13
Cristian Ceballos Prieto (ESP)	03.12.1992	2	(1)	1
Kayke Moreno de Andrade Rodrigues (BRA)	01.04.1988	4		1
Anthony Okpotu (NGA)	05.03.1994	17	(1)	4
Eisa Ahmad Palangi	21.02.1999	9	(6)	
Sardor Rashidov (UZB)	14.06.1991	3		
Trainer: Younes Ali Rahmati	03.01.1983	22		

UMM-SALAL SPORTS CLUB

Year of Formation: 1979
Stadium: „Suhaim bin Hamad" Stadium, Doha (20,000)

THE SQUAD	DOB	M	(s)	G
Goalkeepers: Sami Habib Beldi	09.07.1994	3	(1)	
Baba Malick N'Diaye	01.01.1983	19		
Defenders: Aymen Abdennour (TUN)	06.08.1989	18		
Mohammed Tresor Abdullah	04.08.1987	5	(6)	
Ibrahim Al Sadek Ahmed	03.01.1999	7	(9)	
Adel Alawi Al Sulimane	25.08.1995	16	(4)	
Ayoub Azzi (ALG)	14.09.1989	3		
Ali Mohammed Bazmandegan	03.10.1993	2	(5)	
Roozbeh Cheshmi (IRN)	24.07.1993	17	(1)	1
Ismail Ebrahim Mousa Dahqani	09.07.1991	16	(2)	
Rami Fayez Abu Shmala	23.09.1986	4		
Abdulrahman Abubakar Issa Mohammad	03.08.1990	3	(5)	
Mohammed Adi Monkez	22.01.1997		(1)	
Midfielders: Nasser Saleh Al Yazidi	02.02.2000	4	(5)	
Abdennour Belhocini (ALG)	18.08.1996	7	(1)	1
Ilyes Brimil (FRA)	18.04.2001		(3)	
Walid Mesloub (ALG)	04.09.1985	3		
Moses Orkuma (NGA)	19.07.1994	17		
Lawrence Quaye	22.08.1984	19	(1)	1
Mohammed Ramadan Sedik	01.12.1997		(2)	
Abdallah Khaled Sheikh	04.10.1998		(1)	
Mohamed Mostafa Slim	01.01.1990		(2)	
Omar Yahya Ahmed Rabah	20.06.1992	16	(1)	
Abdel Rahman Rafaat Zaky	08.09.2002	3	(7)	
Forwards: Mahmoud Al Mawas (SYR)	1993	3		
Rabeh Yahia Boussafi	18.05.2000	13	(5)	
Ahmed Hamoudane (MAR)	12.06.1991	10		1
Mohammed Harees Hassan	09.06.1991		(3)	
Kayke Moreno de Andrade Rodrigues (BRA)	01.04.1988	15		7
Jean-Paul Késsé	24.12.1989	1	(2)	
Ismail Mahmoud Mardanli (SYR)	08.01.1987	15	(6)	1
Yannick Anister Sagbo-Latte (CIV)	12.04.1988	3		
Trainer: Aziz Ben Askar (MAR)	30.03.1976	22		

NATIONAL TEAM
INTERNATIONAL MATCHES 2020/2021

12.10.2020	Aksu	Ghana - Qatar	5-1(1-1)	(F)
13.11.2020	Maria Enzersdorf	Costa Rica - Qatar	1-1(0-1)	(F)
17.11.2020	Maria Enzersdorf	Korea Republic - Qatar	2-1(2-1)	(F)
04.12.2020	Doha	Qatar - Bangladesh	5-0(2-0)	(WCQ)
24.03.2021	Debrecen	Qatar - Luxembourg	1-0(1-0)	(F)
27.03.2021	Debrecen	Qatar - Azerbaijan	2-1(0-1)	(F)
30.03.2021	Debrecen	Republic of Ireland - Qatar	1-1(1-0)	(F)
03.06.2021	Doha	India - Qatar	0-1(0-1)	(AFCQ)
07.06.2021	Doha	Oman - Qatar	0-1(0-1)	(AFCQ)
04.07.2021	Pula	Qatar - El Salvador	1-0(0-0)	(F)

12.10.2020, Friendly International
Mardan Sports Complex, Aksu (Turkey); Attendance: n/a
Referee: Hüseyin Göçek (Turkey)
GHANA - QATAR   **5-1(1-1)**
QAT: Saad Abdullah Al Sheeb Al Dossary (55.Mohammed Ahmed Al Bakri), Boualem Khoukhi, Abdelkarim Hassan Al Haj Fadlalla, Pedro Miguel Carvalho Deus Correia "Ró-Ró", Musab Kheder Kamal Djebril (46.Hassan Khalid Al Haydous), Abdulaziz Hatem Mohammed Abdullah, Karim Boudiaf (55.Ismaeel Mohammad Mohammad), Abdullah Abdulsalam Al Ahrak (55.Ahmad Moein Mohammed Doozandeh), Tarek Salman Suleiman Odeh, Almoez Ali Zainalabedeen Abdulla (80.Ahmed Alaaeldin Abdelmotaal), Akram Hassan Afif Yahya Afif. Trainer: Félix Sánchez Bas (Spain).
Goal: Almoez Ali Zainalabedeen Abdulla (44).

13.11.2020, Friendly International
BSFZ-Arena, Maria Enzersdorf (Austria); Attendance: 0
Referee: Sebastian Gishamer (Austria)
COSTA RICA - QATAR   **1-1(0-1)**
QAT: Meshaal Aissa Barsham, Boualem Khoukhi, Abdelkarim Hassan Al Haj Fadlalla, Pedro Miguel Carvalho Deus Correia "Ró-Ró", Abdulaziz Hatem Mohammed Abdullah (85.Jassim Gaber Abdulsallam), Karim Boudiaf, Tarek Salman Suleiman Odeh, Mohammed Waad Abdulwahhab Jadoua Al Bayati, Hassan Khalid Al Haydous (90+3.Ismaeel Mohammad Mohammad), Almoez Ali Zainalabedeen Abdulla, Akram Hassan Afif Yahya Afif (64.Ahmed Alaaeldin Abdelmotaal). Trainer: Félix Sánchez Bas (Spain).
Goal: Hassan Khalid Al Haydous (42 penalty).

17.11.2020, Friendly International
BSFZ-Arena, Maria Enzersdorf (Austria); Attendance: 0
Referee: Julian Weinberger (Austria)
KOREA REPUBLIC - QATAR   **2-1(2-1)**
QAT: Meshaal Aissa Barsham, Boualem Khoukhi, Abdelkarim Hassan Al Haj Fadlalla, Pedro Miguel Carvalho Deus Correia "Ró-Ró", Abdulaziz Hatem Mohammed Abdullah (87.Abdullah Abdulsalam Al Ahrak), Karim Boudiaf, Tarek Salman Suleiman Odeh, Mohammed Waad Abdulwahhab Jadoua Al Bayati, Hassan Khalid Al Haydous, Ahmed Alaaeldin Abdelmotaal (64.Akram Hassan Afif Yahya Afif), Almoez Ali Zainalabedeen Abdulla (86.Ismaeel Mohammad Mohammad). Trainer: Félix Sánchez Bas (Spain).
Goal: Almoez Ali Zainalabedeen Abdulla (9).

04.12.2020, AFC Qualifiers, Second Round
"Jassim bin Hamad" Stadium, Doha; Attendance: 1,044
Referee: Mohd Amirul Izwan Yaacob (Malaysia)
QATAR - BANGLADESH **5-0(2-0)**
QAT: Meshaal Aissa Barsham, Boualem Khoukhi (74.Ahmed Fathi Mansi), Abdelkarim Hassan Al Haj Fadlalla (74.Homam El Amin Ahmed), Musab Kheder Kamal Djebril, Abdulaziz Hatem Mohammed Abdullah, Karim Boudiaf, Mohammed Waad Abdulwahhab Jadoua Al Bayati, Hassan Khalid Al Haydous (65.Abdullah Abdulsalam Al Ahrak), Ahmed Alaaeldin Abdelmotaal (65.Moayad Hassan Fedaily), Almoez Ali Zainalabedeen Abdulla (80.Youssef Abdel Razaq Youssef), Akram Hassan Afif Yahya Afif. Trainer: Félix Sánchez Bas (Spain).
Goals: Abdulaziz Hatem Mohammed Abdullah (9), Akram Hassan Afif Yahya Afif (33), Almoez Ali Zainalabedeen Abdulla (72 penalty, 78), Akram Hassan Afif Yahya Afif (90+2).

24.03.2021, Friendly International
Nagyerdei Stadion, Debrecen (Hungary); Attendance: 0
Referee: Miloš Đorđić (Serbia)
QATAR - LUXEMBOURG **1-0(1-0)**
QAT: Saad Abdullah Al Sheeb Al Dossary, Boualem Khoukhi, Abdelkarim Hassan Al Haj Fadlalla, Pedro Miguel Carvalho Deus Correia "Ró-Ró", Abdulaziz Hatem Mohammed Abdullah, Karim Boudiaf, Tarek Salman Suleiman Odeh, Bassam Hisham Ali Al Rawi, Hassan Khalid Al Haydous (81.Salem Ali Salem Al Hajri), Mohammed Muntari (65.Ahmed Alaaeldin Abdelmotaal), Almoez Ali Zainalabedeen Abdulla (89.Youssef Abdel Razaq Youssef). Trainer: Félix Sánchez Bas (Spain).
Goal: Mohammed Muntari (12).

27.03.2021, Friendly International
Nagyerdei Stadion, Debrecen (Hungary); Attendance: 0
Referee: Ivan Kružliak (Slovakia)
QATAR - AZERBAIJAN **2-1(0-1)**
QAT: Saad Abdullah Al Sheeb Al Dossary, Boualem Khoukhi, Pedro Miguel Carvalho Deus Correia "Ró-Ró", Homam El Amin Ahmed, Assim Omer Al Haj Madibo (46.Karim Boudiaf), Abdullah Abdulsalam Al Ahrak (67.Mohammed Muntari), Bassam Hisham Ali Al Rawi (83.Tarek Salman Suleiman Odeh), Mohammed Waad Abdulwahhab Jadoua Al Bayati, Hassan Khalid Al Haydous (90+1.Salem Ali Salem Al Hajri), Ahmed Alaaeldin Abdelmotaal (67.Abdulaziz Hatem Mohammed Abdullah), Almoez Ali Zainalabedeen Abdulla (90+1.Moayad Hassan Fedaily). Trainer: Félix Sánchez Bas (Spain).
Goals: Hassan Khalid Al Haydous (55 penalty, 58).

30.03.2021, Friendly International
Nagyerdei Stadion, Debrecen (Hungary); Attendance: 0
Referee: Balázs Berke (Hungary)
REPUBLIC OF IRELAND - QATAR **1-1(1-0)**
QAT: Saad Abdullah Al Sheeb Al Dossary, Boualem Khoukhi, Abdelkarim Hassan Al Haj Fadlalla, Pedro Miguel Carvalho Deus Correia "Ró-Ró", Abdulaziz Hatem Mohammed Abdullah (82.Abdullah Abdulsalam Al Ahrak), Karim Boudiaf, Tarek Salman Suleiman Odeh, Bassam Hisham Ali Al Rawi, Hassan Khalid Al Haydous (90+4.Salem Ali Salem Al Hajri), Mohammed Muntari (90+1.Youssef Abdel Razaq Youssef), Almoez Ali Zainalabedeen Abdulla. Trainer: Félix Sánchez Bas (Spain).
Goal: Mohammed Muntari (47).

03.06.2021, AFC Qualifiers, Second Round
"Jassim bin Hamad" Stadium, Doha; Attendance: 2,022
Referee: Ma Ning (China P.R.)
INDIA - QATAR　　　　　　　　　　　　　　　　　　　　　　**0-1(0-1)**
QAT: Saad Abdullah Al Sheeb Al Dossary, Boualem Khoukhi, Abdelkarim Hassan Al Haj Fadlalla (89.Homam El Amin Ahmed), Musab Kheder Kamal Djebril, Abdulaziz Hatem Mohammed Abdullah, Karim Boudiaf, Bassam Hisham Ali Al Rawi, Youssef Abdel Razaq Youssef (80.Ismaeel Mohammad Mohammad), Hassan Khalid Al Haydous, Mohammed Muntari (67.Abdullah Abdulsalam Al Ahrak), Almoez Ali Zainalabedeen Abdulla. Trainer: Félix Sánchez Bas (Spain).
Goal: Abdulaziz Hatem Mohammed Abdullah (33).

07.06.2021, AFC Qualifiers, Second Round
„Jassim bin Hamad" Stadium, Doha; Attendance: 1,559
Referee: Hettikamkanamge Chrishantha Dilan Perera (Sri Lanka)
OMAN - QATAR　　　　　　　　　　　　　　　　　　　　　　**0-1(0-1)**
QAT: Saad Abdullah Al Sheeb Al Dossary, Boualem Khoukhi, Abdelkarim Hassan Al Haj Fadlalla, Musab Kheder Kamal Djebril (35.Ismaeel Mohammad Mohammad), Abdulaziz Hatem Mohammed Abdullah (77.Homam El Amin Ahmed), Karim Boudiaf, Tarek Salman Suleiman Odeh, Bassam Hisham Ali Al Rawi (77.Mohammed Waad Abdulwahhab Jadoua Al Bayati), Hassan Khalid Al Haydous (62.Akram Hassan Afif Yahya Afif), Mohammed Muntari (62.Abdullah Abdulsalam Al Ahrak), Almoez Ali Zainalabedeen Abdulla. Trainer: Félix Sánchez Bas (Spain).
Goal: Hassan Khalid Al Haydous (40 penalty).

04.07.2021, Friendly International
Stadion "Aldo Drosina", Pula (Croatia); Attendance: 0
Referee: Ivan Bebek (Croatia)
QATAR - EL SALVADOR　　　　　　　　　　　　　　　　　**1-0(0-0)**
QAT: Meshaal Aissa Barsham, Abdelkarim Hassan Al Haj Fadlalla, Pedro Miguel Carvalho Deus Correia "Ró-Ró" (46.Musab Kheder Kamal Djebril), Homam El Amin Ahmed, Abdulaziz Hatem Mohammed Abdullah [*sent off 20*], Karim Boudiaf (77.Assim Omer Al Haj Madibo), Abdullah Abdulsalam Al Ahrak (66.Hassan Khalid Al Haydous), Tarek Salman Suleiman Odeh (90+6.Ahmed Suhail Saber Al Hamawende), Bassam Hisham Ali Al Rawi, Almoez Ali Zainalabedeen Abdulla (77.Mohammed Muntari), Akram Hassan Afif Yahya Afif (77.Mohammed Waad Abdulwahhab Jadoua Al Bayati). Trainer: Félix Sánchez Bas (Spain).
Goal: Almoez Ali Zainalabedeen Abdulla (69).

NATIONAL TEAM PLAYERS 2020/2021

Name	DOB	Club
Goalkeepers		
Mohammed Ahmed AL BAKRI	28.03.1997	Al-Duhail SC Doha
Saad Abdullah AL SHEEB Al Dossary	19.02.1990	Al-Sadd SC Doha
Meshaal Aissa BARSHAM	14.02.1998	Al-Sadd SC Doha
Defenders		
Homam El Amin AHMED	25.08.1999	Al-Gharafa SC Doha
Ahmed Suhail Saber AL HAMAWENDE	08.02.1999	Al-Sadd SC Doha
Bassam Hisham Ali AL RAWI	16.12.1997	Al-Duhail SC Doha
Abdelkarim Hassan Al Haj FADLALLA	28.08.1993	Al-Sadd SC Doha
Jassim GABER Abdulsallam	20.02.2002	Al-Arabi SC Doha
Musab KHEDER Kamal Djebril	26.09.1993	Al-Sadd SC Doha
Boualem KHOUKHI	07.09.1990	Al-Sadd SC Doha
Pedro Miguel Carvalho Deus Correia "RÓ-RÓ"	06.06.1990	Al-Sadd SC Doha
Midfielders		
Abdullah Abdulsalam AL AHRAK	10.05.1997	Al-Duhail SC Doha
Mohammed Waad Abdulwahhab Jadoua AL BAYATI	18.09.1999	Al-Sadd SC Doha
Salem Ali Salem AL HAJRI	10.04.1996	Al-Sadd SC Doha
Karim BOUDIAF	16.09.1990	Al-Duhail SC Doha
Ahmad Moein Mohammed DOOZANDEH	20.10.1995	Al-Wakrah SC
Ahmed FATHI Mansi	25.06.1993	Al-Arabi SC Doha
Abdulaziz HATEM Mohammed Abdullah	28.10.1990	Al-Rayyan Sports Club
Assim Omer Al Haj MADIBO	22.10.1996	Al-Duhail SC Doha
Tarek SALMAN Suleiman Odeh	05.12.1997	Al-Sadd SC Doha
Forwards		
Akram Hassan AFIF Yahya Afif	18.11.1996	Al-Sadd SC Doha
Ahmed ALAAELDIN Abdelmotaal	31.01.1993	Al-Gharafa SC Doha
Almoez ALI Zainalabedeen Abdulla	19.08.1996	Al-Duhail SC Doha
Hassan Khalid AL HAYDOUS	12.12.1990	Al-Sadd SC Doha
Moayad Hassan FEDAILY	28.01.1992	Al-Gharafa SC Doha
Ismaeel MOHAMMAD Mohammad	05.04.1990	Al-Duhail SC Doha
Mohammed MUNTARI	20.12.1993	Al-Duhail SC Doha
National coaches		
Félix SÁNCHEZ Bas (Spain) [from 03.07.2017]		13.12.1975

SAUDI ARABIA

The Country:
al-Mamlaka al-Arabiyya as-Suūdiyya (Kingdom of Saudi Arabia) Capital: Riyadh Surface: 2,149,690 km² Population: 34,218,169 [2019] Time: UTC+3
The FA:
Saudi Arabia Football Federation Al Mather Quarter, "Prince Faisal" Street, P.O.Box 5844, Riyadh 11432 Year of Formation: 1956 Member of FIFA since: 1956 Member of AFC since: 1972

NATIONAL TEAM RECORDS

First international match: 18.01.1957, Beirut: Lebanon - Saudi Arabia 1-1
Most international caps: Mohamed Abdullaziz Al Deayea – 178 caps (1993-2006)
Most international goals: Majed Ahmed Abdullah Al Mohammed – 72 goals / 116 caps (1978-94)

NATIONAL TEAM COMPETITIONS:

ASIAN NATIONS CUP		FIFA WORLD CUP	
1956	Did not enter	1930	Did not enter
1960	Did not enter	1934	Did not enter
1964	Did not enter	1938	Did not enter
1968	Did not enter	1950	Did not enter
1972	Did not enter	1954	Did not enter
1976	*Withdrew*	1958	Did not enter
1980	Did not enter	1962	Did not enter
1984	**Final Tournament (Winners)**	1966	Did not enter
1988	**Final Tournament (Winners)**	1970	Did not enter
1992	Final Tournament (Runners-up)	1974	Did not enter
1996	**Final Tournament (Winners)**	1978	Qualifiers
2000	Final Tournament (Runners-up)	1982	Qualifiers
2004	Final Tournament (Group Stage)	1986	Qualifiers
2007	Final Tournament (Runners-up)	1990	Qualifiers
2011	Final Tournament (Group Stage)	1994	Final Tournament (2nd Round of 16)
2015	Final Tournament (Group Stage)	1998	Final Tournament (Group Stage)
2019	Final Tournament (2nd Round of 16)	2002	Final Tournament (Group Stage)
		2006	Final Tournament (Group Stage)
		2010	Qualifiers
		2014	Qualifiers
		2018	Final Tournament (Group Stage)

F.I.F.A. CONFEDERATIONS CUP 1992-2017
1992 (Runners-up), 1995 (Group Stage), 1997 (Group Stage), 1999 (4th Place)

OLYMPIC FOOTBALL TOURNAMENTS 1908-2016							
1908	-	1948	-	1972	-	1996	Group Stage
1912	-	1952	-	1976	Qualifiers	2000	Qualifiers
1920	-	1956	-	1980	-	2004	Qualifiers
1924	-	1960	-	1984	Group Stage	2008	Qualifiers
1928	-	1964	-	1988	Qualifiers	2012	Qualifiers
1936	-	1968	-	1992	Qualifiers	2016	Qualifiers

ASIAN GAMES 1951-2014		GULF CUP OF NATIONS 1970-2019		ARAB NATIONS CUP 1963-2012	
1951	-	1970	3rd Place	1963	Qualifiers
1954	-	1972	Runners-up	1964	Qualifiers
1958	-	1974	Runners-up	1966	Qualifiers
1962	-	1976	5th Place	1985	3rd Place
1966	-	1979	3rd Place	1988	Group Stage
1970	-	1982	4th Place	1992	Runners-up
1974	-	1984	3rd Place	1998	**Winners**
1978	Group Stage	1986	3rd Place	2002	**Winners**
1982	3rd Place	1988	3rd Place	2012	4th Place
1986	Runners-up	1990	*Withdrew*		
1990	Quarter-Finals	1992	3rd Place		
1994	Quarter-Finals	1994	**Winners**		
1998	-	1996	3rd Place		
2002	-	1998	Runners-up		
2006	-	2002	**Winners**		
2010	-	2003	**Winners**		
2014	Quarter-Finals	2004	Group Stage		
		2007	3rd Place		
		2009	Runners-up		
		2010	Runners-up		
		2013	Group Stage		
		2015	Runners-up		
		2017	Group Stage		
		2019	Runners-up		

WEST ASIAN GAMES 1997-2005		WEST ASIAN CHAMPIONSHIP 2000-2019	
1997	-	2000	-
2002	-	2002	-
2005	4th Place	2004	-
		2007	-
		2008	-
		2010	-
		2012	Group Stage
		2014	Group Stage
		2019	Group Stage

SAUDI ARABIAN CLUB HONOURS IN ASIAN CLUB COMPETITIONS:

AFC Champions League 1967-1971 & 1985/1986-2020		
Al-Hilal FC Riyadh	3	1991/1992, 1999/2000, 2019/2020
Al-Ittihad Club Jeddah	2	2004, 2005
Asian Football Confederation Cup 2004-2020		
None		
AFC President's Cup 2005-2014*		
None		
Asian Cup Winners Cup 1975-2003*		
Al-Qadisiya Al Khubar	1	1994
Al-Hilal FC Riyadh	2	1997, 2002
Al-Nassr FC Riyadh	1	1998
Al-Ittihad Club Jeddah	1	1999
Al-Shabab FC Riyadh	1	2001
Asian Super Cup 1995-2002*		
Al-Hilal FC Riyadh	2	1997, 2000
Al-Nassr FC Riyadh	1	1998

*defunct competition

OTHER CLUB COMPETITIONS:

Arab Champions Cup / Arab Champions League 1982-2020		
Al-Ettifaq Club Dammam	2	1984, 1988
Al-Shabab FC Riyadh	2	1992, 1999
Al-Hilal FC Riyadh	2	1994, 1995
Al-Ahli Saudi Club Jeddah	1	2002
Al-Ittihad Club Jeddah	1	2004/2005
Gulf Club Champions Cup 1982-2017		
Al-Ettifaq Club Dammam	3	1983, 1988, 2006
Al-Ahli Saudi Club Jeddah	3	1985, 2002, 2008
Al-Hilal FC Riyadh	2	1986, 1998
Al-Shabab FC Riyadh	2	1993, 1994
Al-Nassr FC Riyadh	2	1996, 1997
Al-Ittihad Club Jeddah	1	1999
Arab Cup Winners Cup 1989-2002*		
Al-Hilal FC Riyadh	1	2000/2001
Arab Super Cup 1992-2002*		
Al-Shabab FC Riyadh	2	1995/1996, 2000/2001
Al-Hilal FC Riyadh	1	2001/2002
Afro-Asian Club Championship 1986-1998*		
None		

*defunct competition

NATIONAL COMPETITIONS
TABLE OF HONOURS

	CHAMPIONS	CUP WINNERS (Crown Prince Cup)
1956/1957	-	Al-Thaghar Jeddah
1957/1958	-	Al-Ittihad Club Jeddah
1958/1959	-	Al-Ittihad Club Jeddah
1959/1960	-	Al-Wahda Club Mecca
1960/1961	-	West Team
1961/1962	-	East Team
1962/1963	-	Al-Ittihad Club Jeddah
1963/1964	-	Al-Hilal FC Riyadh
1964/1965	-	Al-Ettifaq Club Dammam
1965/1966	-	*No competition*
1966/1967	-	West Team
1967/1968	-	West Team
1968/1969	-	Central Team
1969/1970	-	Al-Ahli Saudi Club Jeddah
1970/1971	-	*No competition*
1971/1972	-	*No competition*
1972/1973	-	Al-Nassr FC Riyadh
1973/1974	-	Al-Nassr FC Riyadh
1974/1975	-	1974-1990: *No competition*
1975/1976	Al-Nassr FC Riyadh	
1976/1977	Al-Hilal FC Riyadh	
1977/1978	Al-Ahli Saudi Club Jeddah	
1978/1979	Al-Hilal FC Riyadh	
1979/1980	Al-Nassr FC Riyadh	
1980/1981	Al-Nassr FC Riyadh	
1981/1982	Al-Ittihad Club Jeddah	
1982/1983	Al-Ettifaq Club Dammam	
1983/1984	Al-Ahli Saudi Club Jeddah	
1984/1985	Al-Hilal FC Riyadh	
1985/1986	Al-Hilal FC Riyadh	
1986/1987	Al-Ettifaq Club Dammam	
1987/1988	Al-Hilal FC Riyadh	
1988/1989	Al-Nassr FC Riyadh	
1989/1990	Al-Hilal FC Riyadh	
1990/1991	Al-Shabab FC Riyadh	Al-Ittihad Club Jeddah
1991/1992	Al-Shabab FC Riyadh	Al-Qadisiya Al Khubar
1992/1993	Al-Shabab FC Riyadh	Al-Shabab FC Riyadh
1993/1994	Al-Nassr FC Riyadh	Al-Riyadh SC
1994/1995	Al-Nassr FC Riyadh	Al-Hilal FC Riyadh
1995/1996	Al-Hilal FC Riyadh	Al-Shabab FC Riyadh
1996/1997	Al-Ittihad Club Jeddah	Al-Ittihad Club Jeddah
1997/1998	Al-Hilal FC Riyadh	Al-Ahli Saudi Club Jeddah
1998/1999	Al-Ittihad Club Jeddah	Al-Shabab FC Riyadh
1999/2000	Al-Ittihad Club Jeddah	Al-Hilal FC Riyadh
2000/2001	Al-Ittihad Club Jeddah	Al-Ittihad Club Jeddah
2001/2002	Al-Hilal FC Riyadh	Al-Ahli Saudi Club Jeddah
2002/2003	Al-Ittihad Club Jeddah	Al-Hilal FC Riyadh

2003/2004	Al-Shabab FC Riyadh	Al-Ittihad Club Jeddah
2004/2005	Al-Hilal FC Riyadh	Al-Hilal FC Riyadh
2005/2006	Al-Shabab FC Riyadh	Al-Hilal FC Riyadh
2006/2007	Al-Ittihad Club Jeddah	Al-Ahli Saudi Club Jeddah
2007/2008	Al-Hilal FC Riyadh	Al-Hilal FC Riyadh
2008/2009	Al-Ittihad Club Jeddah	Al-Hilal FC Riyadh
2009/2010	Al-Hilal FC Riyadh	Al-Hilal FC Riyadh
2010/2011	Al-Hilal FC Riyadh	Al-Hilal FC Riyadh
2011/2012	Al-Shabab FC Riyadh	Al-Hilal FC Riyadh
2012/2013	Al Fateh Sports Club Al-Hasa	Al-Hilal FC Riyadh
2013/2014	Al-Nassr FC Riyadh	Al-Nassr FC Riyadh
2014/2015	Al-Nassr FC Riyadh	Al-Ahli Saudi Club Jeddah
2015/2016	Al-Ahli Saudi Club Jeddah	Al-Hilal FC Riyadh
2016/2017	Al-Hilal FC Riyadh	Al-Ittihad Club Jeddah
2017/2018	Al-Hilal FC Riyadh	*No competition*
2018/2019	Al-Nassr FC Riyadh	Al-Taawon FC Buraidah
2019/2020	Al-Hilal FC Riyadh	Al-Hilal FC Riyadh
2020/2021	Al-Hilal FC Riyadh	Al-Faisaly FC Harmah

OTHER SAUDI ARABIAN CUP COMPETITIONS WINNERS:

Kings Cup /Kings Cup of Champions (since 2014):
1956/57: Al-Wahda Club Mecca; 1957/58: Al-Ittihad Club Jeddah; 1958/59: Al-Ittihad Club Jeddah; 1959/60: Al-Ittihad Club Jeddah; 1960/61: Al-Hilal FC Riyadh; 1961/62: Al-Ahli Saudi Club Jeddah; 1962/63: Al-Ittihad Club Jeddah; 1963/64: Al-Hilal FC Riyadh; 1964/65: Al-Ahli Saudi Club Jeddah; 1965/66: Al-Wahda Club Mecca; 1966/67: Al-Ittihad Club Jeddah; 1967/68: Al-Ettifaq Club Dammam; 1968/69: Al-Ahli Saudi Club Jeddah; 1969/70: Al-Ahli Saudi Club Jeddah; 1970/71: Al-Ahli Saudi Club Jeddah; 1971/72: Al-Ahli Saudi Club Jeddah; 1972/73: Al-Nassr FC Riyadh; 1973/74: Al-Nassr FC Riyadh; 1974/75: *No competition*; 1975/76: Al-Nassr FC Riyadh; 1976/77: Al-Ahli Saudi Club Jeddah; 1977/78: Al-Ahli Saudi Club Jeddah; 1978/79: Al-Ahli Saudi Club Jeddah; 1979/80: Al-Hilal FC Riyadh; 1980/81: Al-Nassr FC Riyadh; 1981/82: Al-Hilal FC Riyadh; 1982/83: Al-Ahli Saudi Club Jeddah; 1983/84: Al-Hilal FC Riyadh; 1984/85: Al-Ettifaq Club Dammam; 1985/86: Al-Nassr FC Riyadh; 1986/87: Al-Nassr FC Riyadh; 1987/88: Al-Ittihad Club Jeddah; 1988/89: Al-Hilal FC Riyadh; 1989/90: Al-Nassr FC Riyadh; 1991-2007: *No competition*; 2007/08: Al-Shabab FC Riyadh; 2008/09: Al-Shabab FC Riyadh; 2009/10: Al-Ittihad Club Jeddah; 2010/11: Al-Ahli Saudi Club Jeddah; 2011/12: Al-Ahli Saudi Club Jeddah; 2012/13: Al-Ittihad Club Jeddah; 2013/14: Al-Shabab FC Riyadh; 2014/15: Al-Hilal FC Riyadh: 2015/2016: Al-Ahli Saudi Club Jeddah; 2016/2017: Al-Hilal FC Riyadh; 2017/18: Al-Ittihad Club Jeddah.

Prince Faisal Cup:
1975/76: Al-Nassr FC Riyadh; 1985/86: Al-Ittihad Club Jeddah; 1986/87: Al-Hilal FC Riyadh; 1987/88: Al-Shabab FC Riyadh; 1988/89: Al-Shabab FC Riyadh; 1989/90: Al-Hilal FC Riyadh; 1990/91: Al-Ettifaq Club Dammam; 1991/92: *No competition*; 1992/93: Al-Hilal FC Riyadh; 1993/94: Al-Qadisiya Al Khubar; 1994/95: Al-Riyadh SC; 1995/96: Al-Hilal FC Riyadh; 1996/97: Al-Ittihad Club Jeddah; 1997/98: Al-Nassr FC Riyadh; 1998/99: Al-Ittihad Club Jeddah; 1999/00: Al-Hilal FC Riyadh; 2000/01: Al-Ahli Saudi Club Jeddah; 2001/02: Al-Ahli Saudi Club Jeddah; 2002/03: Al-Ettifaq Club Dammam; 2003/04: Al-Ettifaq Club Dammam; 2004/05: Al-Hilal FC Riyadh; 2005/06: Al-Hilal FC Riyadh; 2006/07: Al-Ahli Saudi Club Jeddah; 2007/08: Al-Nassr FC Riyadh; 2008/09: Al-Shabab FC Riyadh; 2009/10: Al-Shabab FC Riyadh; 2010/11: Al-Shabab FC Riyadh; 2011/12: Al-Ahli Saudi Club Jeddah; 2012/13: Al-Ahli Saudi Club Jeddah; 2013/14: Al-Hilal FC Riyadh; 2014/15: Al-Shabab FC Riyadh.

NATIONAL CHAMPIONSHIP
Saudi Professional League 2020/2021

1.	**Al-Hilal FC Riyadh**	30	18	7	5	60	-	27	61
2.	Al-Shabab FC Riyadh	30	17	6	7	68	-	43	57
3.	Al-Ittihad Club Jeddah	30	15	11	4	45	-	29	56
4.	Al-Taawon FC Buraidah	30	13	8	9	42	-	30	47
5.	Al-Ettifaq FC Dammam	30	14	5	11	50	-	48	47
6.	Al-Nassr FC Riyadh	30	13	7	10	53	-	40	46
7.	Al Fateh Sports Club Al-Hasa	30	12	6	12	55	-	55	42
8.	Al-Ahli Saudi Club Jeddah	30	11	6	13	44	-	56	39
9.	Al-Faisaly FC Harmah	30	9	9	12	42	-	47	36
10.	Al-Raed FC Buraidah	30	10	6	14	44	-	47	36
11.	Damac FC Khamis Mushait	30	9	9	12	43	-	48	36
12.	Al-Batin FC Hafar Al Batin	30	9	9	12	43	-	55	36
13.	Abha FC	30	10	6	14	42	-	50	36
14.	Al-Qadisia FC Khobar (*Relegated*)	30	8	11	11	41	-	47	35
15.	Al-Wehda Club Makkah (*Relegated*)	30	9	5	16	40	-	60	32
16.	Al-Ain Saudi FC Al Bahah (*Relegated*)	30	5	5	20	34	-	64	20

Best goalscorer 2020/2021:
Bafétimbi Gomis (FRA, Al-Hilal FC Riyadh) – 24 goals

Promoted for the 2021/2022 season:
Al-Hazem FC Ar Rass, Al-Fayha FC Al Majma'ah, Al-Tai FC Ha'il

NATIONAL CUP
King Cup Final 2020/2021

27.05.2021, "King Fahd" International Stadium, Riyadh; Attendance: n/a
Referee: Szymon Marciniak (Poland)
Al-Faisaly FC Harmah - Al-Taawon FC Buraidah   **3-2(1-2)**
Al-Faisaly: Ahmed Ali Al Kassar (Cap), Ali Hassan Majrashi, Meshal Ali Khayrallah Al Sebyani (82.Mohammed Ziad Mohammed Al Nukhylan [*sent off 83*]), Waleed Abdulwahab Al Ahmad, Mohammed Qassem Al Nakhli, Hicham Faik, Alexander Merkel, Khalid Hussain Al Kabi (90+5.Shaya Ali Sharahili), Romain Amalfitano (90+5.Abdulaziz Al Sharid), Ismail Ahmed Omar (87.Hussain Saleh Qasim Salem), Júlio Tavares. Trainer: Péricles Raimundo Oliveira Chamusca (Brazil).
Al-Taawon: Cássio Albuquerque dos Anjos, Yaseen Omar Barnawi, Ahmed Hassan Assiri (Cap) (46.Nawaf Al Subhi), Iago Azevedo dos Santos, Hassan Kadesh Mahboob (74.Mohammed Zayed Al Ghamdi), Cédric Amissi (90+5.Mohammad Ibrahim Mohammed Al Sahlawi), Sandro Manoel dos Santos (74.Mohammed Abdullah Abu Sabaan), Abdullah Al Jawaey, Alejandro Sebastián Romero Gamarra, Sumayhan Dhaidan Al Nabit Al Baqaawi, Léandre Gaël Tawamba Kana. Trainer: Nestor El Maestro (England).
Goals: 0-1 Léandre Gaël Tawamba Kana (14), 1-1 Júlio Tavares (40 penalty), 1-2 Alejandro Sebastián Romero Gamarra (45 penalty), 2-2 Júlio Tavares (60), 3-2 Júlio Tavares (90+3).

THE CLUBS 2020/2021

ABHA FOOTBALL CLUB

Year of Formation: 1966
Stadium: "Prince Sultan bin Abdul Aziz" Stadium, Abha (25,000)

	THE SQUAD	DOB	M	(s)	G
Goalkeepers:	Abdelali Mhamdi (MAR)	29.11.1991	30		
Defenders:	Saeed Mubrak Al Hamsal	18.04.1996	5	(4)	
	Ahmed Jamal Al Habib	02.01.1993	4	(1)	
	Nader Abdullah Al Sharari	08.05.1996	14	(6)	
	Saeed Ali	04.04.1991	5		
	Sari Abdulraouf Amr	15.11.1989	24		
	Amine Atouchi (MAR)	07.01.1992	24		
	Karam Ibrahim Mohammed Barnawi	1987	14	(4)	1
	Mehdi Jean Tahrat (ALG)	24.01.1990	25		1
Midfielders:	Muath Adnan Afaneh	28.01.1990	3	(5)	2
	Abdulrahman Al Barakah	21.09.1990	16	(7)	1
	Ammar Seraj Al Najjar	24.02.1997		(8)	
	Abdullah Ibrahim Al Qahtani	1997	2	(8)	
	Karim Ben Hassan Aouadhi (TUN)	02.05.1986	22	(1)	2
	Saad Abdullah Bguir (TUN)	22.03.1994	21	(2)	8
	Craig Alexander Goodwin (AUS)	16.12.1991	16		2
	Saud Saad Zaydan	16.11.1999	6	(5)	
	Riyadh Mohammed Sharahili	28.04.1993	25		4
Forwards:	Saleh Jamaan Al Amri	14.10.1993	30		4
	Omar Damen Al Ruwaili	17.03.1999		(5)	
	Fahad Mohammed Al Jumayah	10.05.1995	10	(12)	
	Thaar Hussain Al Otaibi	14.08.1999		(5)	
	Sergio Carlos Strandberg (SWE)	14.04.1996	28		16
	Benjamin Tatar (BIH)	18.05.1994	6	(4)	1
Trainer:	Abderrazek Chebbi (TUN)	09.02.1962	30		

AL-AHLI SAUDI CLUB JEDDAH

Year of Formation: 1937
Stadium: „King Abdullah Sports City" Stadium, Jeddah (62,241)

THE SQUAD		DOB	M	(s)	G
Goalkeepers:	Yasser Abdullah Al Mosailem	27.02.1984	3	(1)	
	Mohammed Faraj Al Yami	14.08.1997	7		
	Mohammed Khalil Al Owais	10.10.1991	20		
Defenders:	Talal Ali Al Absi	22.02.1993	2	(1)	1
	Yazeed Bakr Al Bakr	11.11.1995	6	(2)	
	Mohammed Abdulhakim Mahdi Al Fatil	04.01.1992	20	(1)	1
	Hani Ismaeel Al Sebyani	21.07.1999	1	(2)	
	Mohammed Abdoh Al Khabrani	14.10.1993	13	(4)	
	Motaz Ali Hassan Hawsawi	17.02.1992	21	(2)	1
	Abdulbasit Ali Hindi	02.02.1997	8	(4)	
	Lucas Pedro Alves de Lima (BRA)	10.10.1991	26	(1)	
	Abdullah Hassoun Tarmin	19.03.1997	23	(1)	1
Midfielders:	Ali Hassan Al Asmari	12.01.1997	14	(11)	
	Yousef Saad Al Harbi	16.03.1997		(1)	
	Ziyad Mubarak Al Johani	11.11.2001		(1)	
	Mohammed Abdullah Al Majhad	16.07.1998	3	(2)	1
	Hussain Ali Al Mogahwi	24.03.1988	12	(6)	2
	Nooh Ibrahim Mousa Al Mousa	23.02.1991	18	(9)	
	Ljubomir Fejsa (SRB)	14.08.1988	18	(4)	1
	Driss Fettouhi (MAR)	30.09.1989	18	(2)	2
	Marko Marin (GER)	13.03.1989	7	(2)	1
	Alexandru Ionuț Mitriță (ROU)	08.02.1995	18	(7)	4
Forwards:	Hassan Moussa Al Qayd	13.04.1998	1	(4)	
	Omar Jehad Al Somah (SYR)	23.03.1989	23	(1)	11
	Hassan Hashem Al Ali	01.07.2001		(3)	
	Salman Mohammed Al Moasher	05.10.1988	19	(10)	5
	Muhannad Ahmed Abu Radeah Assiri	14.10.1986		(4)	1
	Haitham Mohammed Asiri	23.01.2000		(5)	
	Abdulrahman Abdullah Ghareeb	31.03.1997	14	(12)	6
	Sultan Ahmed Mohammed Mandash	17.10.1994	6	(12)	2
	Mbaye Hamady Niang (SEN)	19.12.1994	1	(4)	
	Samuel Owusu (GHA)	28.03.1996	8	(2)	3
	Othman Yahya Alhaj Hassan	07.01.1994		(1)	
Trainer:	Vladan Milojević (SRB)	09.03.1970	24		
[08.04.2021]	Faical Gormi (FRA)	23.03.1988	1		
[09.04.2021]	Laurențiu Aurelian Reghecampf (ROU)	19.09.1975	5		

AL-AIN SAUDI FOOTBALL CLUB AL BAHAH

Year of Formation: 1978
Stadium: "King Saud" Sport City Stadium, Al Bahah (10,000)

	THE SQUAD	DOB	M	(s)	G
Goalkeepers:	Amin Mohammed Jan Bukhari	02.05.1997	21		
	Saleh Abdullah Al Ohaymid	21.05.1998	2	(2)	
	Mohammed Mazyad Al Shammari	10.12.1991	7	(1)	
Defenders:	Nawaf Al Farshan	08.07.1998	3	(4)	
	Hassan Ali Al Harbi	13.12.1994	27		2
	Yahia Al Kabie	01.07.1987	18	(5)	
	Ali Nasser Al Khaibari	25.02.1990	7	(1)	
	Saif Hussain Al Qeshta	28.01.1993	19	(4)	
	Mohammed Moussa Al Shoraimi	21.02.1995	10	(6)	
	Bartolomeu Jacinto Quissanga „Bastos"	23.11.1991	22		2
	Abraham Frimpong (GHA)	06.04.1993	6	(3)	
	Amer Haroon	27.08.1992		(1)	
	Hassan Muath Fallatah	27.01.1986	10	(3)	
	Hussain Ali Ibrahim Halawani	06.01.1996	4	(6)	1
	Mohamed Nahiri (MAR)	22.10.1991	12	(3)	
Midfielders:	Saeed Namshan Al Qarni	03.02.1989	9	(4)	
	Omar Salman Al Sohaymi	17.01.1993	11	(8)	
	Nawaf Khaled Al Harthi	12.10.1998	5	(2)	
	Eid Al Qahtani	12.12.2000		(1)	
	Abdullah Saeed Al Rashidi	28.03.1997		(4)	
	Juan Pablo Añor Acosta (VEN)	24.01.1994	16	(2)	5
	Ammar Bager Al Ibrahim	01.07.1997		(1)	
	Filip Bradarić (CRO)	11.01.1992	23	(2)	1
	Mohammad Fouad Abdulhamid (EGY)	02.09.1989	17	(9)	2
	Papa Alioune Ndiaye (SEN)	27.10.1990	13		2
	Saphir Sliti Taïder (ALG)	29.02.1992	6	(1)	3
Forwards:	Faisel Mohamed Al Jamaan Al Dosari	12.06.1986	6	(19)	2
	Sajar Hamad Al Shammeri	01.07.1995		(3)	
	Rabeaa Al Sofiani	26.01.1987	3	(10)	2
	Saeed Ghormallah Dhafer Al Zahrani	01.07.1995	2	(3)	
	Getterson Alves dos Santos (BRA)	16.05.1991	25	(3)	4
	Haythem Jouini (TUN)	07.05.1993		(1)	
	Amadou Moutari (NIG)	19.01.1994	25	(3)	7
	Peter Noworah (NGA)	15.12.1990	1		
Trainer:	Michael Heinz Skibbe (GER)	04.08.1965	15		
[01.02.2021]	Pablo Javier Machín Díez (ESP)	07.04.1975	13		
[26.05.2021]	Faisal Al Ghamdi	18.02.1980	2		

AL-BATIN FOOTBALL CLUB HAFAR AL BATIN

Year of Formation: 1979
Stadium: Al Batin Club Stadium, Al Batin (6,000)

THE SQUAD	DOB	M	(s)	G
Goalkeepers: Mazyad Freeh Al Enezi	06.07.1989	2	(1)	
Martín Nicolás Campaña Delgado (URU)	29.05.1989	28		
Defenders: Saad Saeed Al Khayri Al Yami	21.06.1995	23	(2)	
Naif Saeed Al Mas	18.01.2000	9	(3)	
Omar Hamad Al Oudah	29.12.1998	17	(2)	
Masoud Faraj Al Yami	17.12.1995	4		
Hassan Mohammed Hussain Raghfawi	15.09.1995	11	(1)	
Renato de Araújo Chaves Júnior (BRA)	04.05.1990	23		1
Xandro Schenk (NED)	28.04.1993	24	(1)	
Midfielders: Abdalmajeed Obaid Al Dhefiri	04.11.1995	2	(4)	1
Daifallah Dhafi Al Qarni	06.11.1988	24	(4)	
Abdulmalek Malwah Al Shammari	15.08.1995	20	(2)	
Zakaria Sami Al Sudani	27.07.1992	25	(2)	
Mohammed Bassam Al Hurayji	29.03.2000	1	(5)	
Youssef El Jebli (NED)	27.12.1995	26		5
Khaleem Hyland (TRI)	05.06.1989	18	(2)	
Forwards: Fábio Gonçalves Abreu (ANG)	29.01.1993	27		16
Saleh Yahya Asker Al Abbas	15.04.1995	4	(11)	4
Mashari Gdia'a Al Anazi	22.07.1989	1		
Mohammed Mohsin Al Dhafiri	06.04.1999		(4)	
Rakan Shamlan Al Enezi	14.04.1998	7	(8)	2
Yousef Al Shammari	09.12.1997	8	(6)	2
Fahad Hadl Al Shammeri	1995		(12)	1
Abdulaziz Ahmed Damdam	18.06.1995	2	(13)	
Mohamed Rayhi (NED)	01.07.1994	22	(3)	5
Hassan Ahmed Sharahili	24.02.1993	2	(14)	2
Trainer: José António da Rocha Garrido (POR)	11.07.1960	24		
[01.04.2021] Aleksandar Veselinović (SRB)	23.05.1970	6		

AL-ETTIFAQ FOOTBALL CLUB DAMMAM

Year of Formation: 1945
Stadium: "Prince Mohammed bin Fahdi" Stadium, Dammam (20,000)

	THE SQUAD	DOB	M	(s)	G
Goalkeepers:	Mohammed Ahmed Al Haeti	02.10.1996	12		
	Adi Raïs Cobos Adrien Ouahab M'Bolhi (ALG)	25.04.1986	18		
Defenders:	Saleh Saad Al Qumayzi	30.10.1991	23	(2)	
	Saeed Awadh Al Rubaie Al Yami	01.09.1993	16	(2)	2
	Ali Fuad Masrahi	10.07.1987	5		
	Fahad Khaled Al Doseri	17.02.1987		(1)	
	Abdullah Ahmed Al Khateeb	12.03.1995	7	(3)	
	Hamad Fayez Al Sayyaf	18.01.2002	2		
	Hussein Ali Ibrahim Halawani	06.01.1996		(1)	
	Karol Mets (EST)	16.05.1993	20	(3)	
	Sanousi Mohammed Hawsawi	08.08.1998	12	(5)	
	Hussain Salem	09.05.1997	1		
	Fahad Ghazi Zahem	01.03.1994	17		
Midfielders:	Ahmed Mazen Al Ghamdi	20.09.2001		(3)	
	Hamed Abdullah Al Ghamdi	02.04.1999	2	(17)	2
	Saad Al Selouli	25.05.1998	3	(14)	
	Ali Abdullah Hazzazi	18.02.1994	22	(4)	2
	Filip Kiss (SVK)	13.10.1990	28		8
	Ibrahim Hussain Mahnashi	18.11.1999	2	(17)	1
	Elierce Barbosa de Souza (BRA)	08.03.1988	29		2
Forwards:	Hazaa Ibrahim Al Hazaa	08.08.1991	7	(9)	3
	Abdullah Al Salem	19.12.1992	10	(10)	2
	Hassan Al Salis	05.07.2000	1	(3)	
	Mohammed Marzouq Al Kuwaykibi	02.12.1994	24	(1)	8
	Walid Azarou (MAR)	11.06.1995	21	(4)	9
	Rayan Darwish Al Bloushi	27.02.2001		(2)	
	Souleymane Doukara (SEN)	29.09.1991	24	(3)	2
	Naïm Sliti (TUN)	27.07.1992	24	(4)	9
Trainer:	Khaled Al Atawi	13.04.1977	30		

AL-FAISALY FOOTBALL CLUB HARMAH

Year of Formation: 1954
Stadium: „King Salman bin Abdulaziz" Sport City Stadium, Al Majma'ah (7,000)

THE SQUAD		DOB	M	(s)	G
Goalkeepers:	Ahmed Ali Al Kassar	08.05.1991	3		
	Mustafa Malayekah	21.05.1986	27		
Defenders:	Waleed Abdulwahab Al Ahmad	03.05.1999	10	(5)	
	Abdullah Ahmed Al Hassan	05.03.1999	16	(2)	
	Mohammed Ziad Mohammed Al Nukhylan	18.02.2002	1	(1)	
	Mohammed Qassem Al Nakhli	19.01.1995	27		
	Meshal Ali Khayrallah Al Sebyani	11.04.2001		(4)	
	Awadh Khrees Al Sqoor	05.01.1991		(1)	
	Khaled Hussein Daghriri	14.08.2001	7	(2)	
	Ali Hassan Majrashi	01.10.1999	7	(4)	
	Hussain Saleh Qasim Salem	21.09.1997	2	(9)	
	Igor Rossi Branco (BRA)	10.03.1989	25		1
	Raphael Silva da Arruda (BRA)	20.04.1992	26		3
Midfielders:	Mustafa Mahdi Al Bassas	02.06.1993		(4)	
	Khaled Mohammed Al Samiri	1997	3	(8)	
	Abdulaziz Al Sharid	05.01.1994	7	(6)	
	Ahmed Atallah Al Anzy	22.01.1999	3	(2)	
	Ahmed Ashraf Mohammed Al Fiqi	31.12.1992	18	(2)	1
	Abdullah Ibrahim Al Qahtani	1997	1	(4)	1
	Shaya Ali Sharahili	30.05.1990		(2)	
	Romain Amalfitano (FRA)	27.08.1989	21	(2)	1
	Hicham Faik (NED)	19.03.1992	27	(1)	3
	Hamed Hashim Fallatah	03.12.1992		(2)	
	Alexander Merkel (KAZ)	22.02.1992	26	(1)	1
Forwards:	Khalid Hussain Al Kabi	24.05.1992	8	(6)	
	Mohammed Eidah Al Saiari	02.05.1993	4	(16)	6
	Guilherme Augusto Vieira dos Santos (BRA)	13.04.1995	27	(2)	8
	Ismail Ahmed Omar	21.03.1992	5	(11)	
	Júlio Tavares (CPV)	19.11.1988	29	(1)	15
Trainer:	Péricles Raimundo Oliveira Chamusca (BRA)	29.09.1965	30		

AL FATEH SPORTS CLUB AL-HASA

Year of Formation: 1958
Stadium: „Prince Abdullah bin Jalawi" Stadium, Al-Hasa (27,550)

THE SQUAD	DOB	M	(s)	G
Goalkeepers: Basil Mohammed Al Bahrani	23.01.1995	1		
Maksym Koval (UKR)	09.12.1992	29		
Defenders: Mohammed Naji Abdulrahman Abu Ayed	30.10.1993	7	(7)	
Nawaf Mashari Al Boushal	2000	27	(2)	2
Ammar Al Daheem	31.08.1993	24	(2)	1
Fahad Mohammed Al Harbi	25.02.1997	4	(4)	
Saleh Jumaa Al Nashmi	26.12.1995	3	(8)	
Qassem Mohammed Al Oujami	25.04.1996	5	(1)	1
Abdullah Mohammed Al Yousef	29.10.1997	4	(7)	
Tawfiq Hejji Buhumaid	29.10.1987	26	(3)	1
Midfielders: Mohammed Al Fuhaid	08.01.1990	27	(1)	
Hassan Jamal Al Habib	14.09.1994	7	(13)	
Abbas Sadiq Al Hassan	14.03.2000	4	(2)	
Othman Al Othman	15.04.2003		(1)	
Mohammed Khalifah Al Saeed	14.11.1996	10	(13)	
Ali Ahmed Al Zaqaan	01.11.1991	19	(8)	5
Sofiane Bendebka (ALG)	09.08.1992	27		9
Christian Alberto Cueva Bravo (PER)	23.11.1991	11	(4)	8
Majed Omar Kanabah	27.02.1993	5	(5)	
Saqer Ibrahim Otayf	03.09.1990	1	(6)	
Marwane Saâdane (MAR)	17.01.1992	25	(1)	
Forwards: Abdulah Al Bilady	14.10.1993		(5)	
Mohammed Sayed Al Dhaw	18.11.1993		(4)	
Mourad Batna (MAR)	27.06.1990	25	(1)	6
Saša Jovanović (SRB)	15.12.1991	3	(4)	1
Mohammed Yahya Majrashi	20.05.1991	4	(15)	3
El Arabi Hilal Soudani (ALG)	25.11.1987	10	(3)	2
Mitchell te Vrede (SUR)	07.08.1991	20	(2)	13
Gustav Mendonca Wikheim (NOR)	18.03.1993	2	(5)	1
Trainer: Yannick Ferrera y Caro (BEL)	24.09.1980	30		

AL-HILAL FOOTBALL CLUB RIYADH

Year of Formation: 1957
Stadium: „King Fahd" International Stadium, Riyadh (62,685)

THE SQUAD		DOB	M	(s)	G
Goalkeepers:	Abdullah Shamlah Al Jadani	06.03.1991	3		
	Abdullah Ibrahim Al Maiouf	23.01.1987	19		
	Habib Yasseen Kadhim Al Wotayan	08.08.1996	8		
Defenders:	Ali Hadi Al Bulaihi	21.11.1989	16		2
	Mohammed Ibrahim Al Burayk	15.09.1992	25	(1)	
	Muteb Abdullah Al Mufarrij	19.08.1996	5	(3)	
	Madallah Ali Al Olayan	25.08.1994	6	(2)	
	Yasser Gharsan Al Shahrani	25.05.1992	26	(1)	1
	Jang Hyun-soo (KOR)	28.09.1991	24	(1)	
	Mohammed Yahya Jahfali	24.10.1990	13	(2)	
	Amiri Kurdi	11.09.1991	4	(5)	
Midfielders:	Hamad Abdan Al Abdan	26.05.2000		(3)	
	Nasser Al Dawsari	19.12.1998	6	(10)	1
	Salman Mohammed Al Faraj	01.08.1989	14	(3)	
	Ahmed Ashraf Al Fiqi	31.12.1993	2		
	Gustavo Leonardo Cuéllar Gallegos (COL)	14.10.1992	23	(2)	
	Mohamed Ibrahim Kanno	22.09.1994	11	(11)	3
	Abdullah Ibrahim Otayf	03.08.1992	7	(10)	
Forwards:	Salem Mohammed Al Dawsari	19.08.1991	20	(4)	8
	Abdullah Abdulrahman Al Hamdan	13.09.1999	1	(7)	1
	Saleh Khaled Al Shehri	01.11.1993	2	(22)	6
	Fawaz Awadh Al Torais	24.04.1997		(4)	
	Hattan Sultan Bahebri	16.07.1992	2	(10)	
	André Martín Carrillo Díaz (PER)	14.06.1991	24	(5)	7
	Sebastian Giovinco (ITA)	26.01.1987	16	(5)	1
	Bafétimbi Gomis (FRA)	06.08.1985	28	(2)	24
	Omar Khribin (SYR)	15.01.1994	4	(5)	1
	Luciano Darío Vietto (ARG)	05.12.1993	21	(6)	4
Trainer:	Răzvan Lucescu (ROU)	17.02.1969	18		
[15.02.2021]	Mário Rogério Reis Micale (BRA)	28.03.1969	7		
[04.05.2021]	José Manuel Ferreira de Morais (POR)	27.07.1965	5		

434

AL-ITTIHAD FOOTBALL CLUB JEDDAH

Year of Formation: 1927
Stadium: „King Abdullah" Sports City, Jeddah (62,000)

THE SQUAD		DOB	M	(s)	G
Goalkeepers:	Fawaz Baalqasim Al Qarni	02.04.1992	1		
	Marcelo Grohe (BRA)	13.01.1987	29		
Defenders:	Saud Abdullah Abdulhamid	18.07.1999	28		1
	Hamad Fares Al Mansour	19.08.1993	3	(8)	
	Mohammed Al Oufi	08.08.2002		(4)	
	Ziyad Al Sahafi	17.10.1994	20		1
	Hamdan Al Shamrani	14.12.1996	12	(5)	
	Muhannad Mustafa Al Shanqeeti	12.03.1999	20	(4)	
	Bruno Uvini Bortolança (BRA)	03.06.1991	1		
	Abdulmohsin Muath Fallatah	14.06.1994	1	(1)	1
	Ahmed Elsayed Ali Elsayed Hegazy (EGY)	25.01.1991	26		2
	Omar Ibrahim Omar Othman Hawsawi	27.09.1985	10	(7)	
Midfielders:	Abdulaziz Jebreen Al Jebreen	19.04.1990	3	(8)	
	Awad Haidar Al Nashri	15.03.2002		(1)	
	Abdulellah Nawaf Al Malki	11.10.1994	21	(2)	1
	Khaled Mohammed Al Sumairi	1997	1	(3)	
	Abdulmajeed Abdullah Al Swat	21.04.1995	1	(10)	
	Abdulmajeed Al Zahrani	01.07.1999		(1)	
	Ahmed Saleh Bahusayn	09.02.2001		(2)	
	Karim El Ahmadi (MAR)	27.01.1985	22	(2)	
	Bruno Henrique Corsini (BRA)	21.10.1989	14	(3)	1
Forwards:	Abdulaziz Ali Al Bishi	11.03.1994	21	(6)	1
	Fahad Mosaed Al Muwallad Al Harbi	14.09.1994	15	(8)	4
	Abdulrahman Ali Al Obod	28.06.1995	14	(9)	3
	Abdulrahman Hashim Al Yami	19.06.1997		(4)	
	Haroune Moussa Camara	01.01.1998	3	(19)	2
	Aleksandar Prijović (SRB)	21.04.1990	21	(7)	7
	Garry Mendes Rodrigues (CPV)	27.11.1990	14	(3)	4
	Romário Ricardo da Silva "Romarinho" (BRA)	12.12.1990	29	(1)	16
Trainer:	Fábio Luiz Carille de Araújo (BRA)	26.09.1973	30		

AL-NASSR FOOTBALL CLUB RIYADH

Year of Formation: 1955
Stadium: „King Saud" University Stadium, Riyadh (25,000)

THE SQUAD		DOB	M	(s)	G
Goalkeepers:	Waleed Abdullah Ali	19.04.1986	6		
	Bradley Scott Jones (AUS)	19.03.1982	24		
Defenders:	Abdulaziz Abdullah Al Alawi	25.05.1998	2	(2)	
	Abdulelah Ali Al Amri	15.01.1997	20	(2)	3
	Ali Mohammed Ali Al Awjami	25.04.1996	10	(1)	1
	Sultan Abdullah Al Ghanam	06.05.1994	24	(1)	1
	Osama Yousef Al Khalaf	26.12.1996	8	(6)	
	Abdulrahman Ahmed Abdullah Al Obaid	30.04.1993	17	(3)	1
	Kim Jin-su (KOR)	13.06.1992	7		
	Abdullah Mohammed Madu	15.07.1993	17	(2)	
	Maicon Pereira Roque (BRA)	14.09.1988	16	(2)	
Midfielders:	Khalil Ibrahim Al Absi	28.05.2001		(1)	
	Abdulaziz Saeed Al Dawsari	10.07.1987	1	(5)	
	Abdulrahman Mutlaq Al Dawsari	25.09.1997		(4)	
	Ali Sadiq Al Hassan	04.03.1997	18	(8)	
	Abdullah Mohammed Al Khaibari	16.08.1996	11	(6)	
	Sami Khalil Al Najei	07.02.1997	13	(13)	6
	Abdulmajeed Mohammed Al Sulaiheem	15.05.1994	14	(5)	2
	Mukhtar Abdullahi Ali	30.10.1997	4	(1)	
	Gonzalo Nicolás Martínez (ARG)	13.06.1993	18		3
	Petros Matheus dos Santos Araujo (BRA)	29.05.1989	26		6
Forwards:	Abdulfattah Mohamed Adam	1995	1	(1)	
	Firas Tariq Nasser Al Buraikan	14.05.2000	2	(12)	2
	Raed Abdullah Al Ghamdi	06.05.1994	7	(12)	2
	Khalid Eisa Al Ghannam	08.11.2000	16	(8)	4
	Yahya Sulaiman Ali Al Shehri	26.06.1990	1	(2)	
	Nordin Amrabat (MAR)	31.03.1987	22	(3)	6
	Abdulfattah Tawfiq Jaber Asiri	26.02.1994	2	(5)	1
	Abderazak Hamdallah (MAR)	17.12.1990	13	(2)	11
	Mohammed Khalil Maran	15.02.2001	1	(4)	
	Ahmed Musa (NGA)	14.10.1992	1	(1)	
	Ayman Yahya Salem	14.05.2001	8	(7)	3
Trainer:	Rui Carlos Pinho da Vitória (POR)	16.04.1970	10		
[30.12.2020]	Alen Horvat (CRO)	13.09.1973	15		
[09.04.2021]	Luis Antônio Venker „Mano" Menezes (BRA)	11.06.1962	5		

AL-QADSIAH FOOTBALL CLUB KHOBAR

Year of Formation: 1967
Stadium: "Prince Saud bin Jalawi" Stadium, Khobar (15,000)

	THE SQUAD	DOB	M	(s)	G
Goalkeepers:	Faisal Mohammed Al Masrahi	24.01.1993	28		
	Mohammed Ahmed Al Waked	1991	2	(1)	
Defenders:	Ibrahim Al Shoeil	21.11.1994	14	(4)	
	Khalifah Adel Al Dawsari	02.01.1999	22	(5)	1
	Adel Amin Al Muwallad	01.04.1997	2	(1)	
	Hamad Al Yami	17.05.1999	29		2
	Uroš Vitas (SRB)	06.07.1992	25		1
	Rhys Williams (AUS)	14.07.1988	28		1
	Talal Yahya Hawsawi	29.08.1998		(2)	
	Anas Mahdi Zabbani	07.04.1997	2	(6)	
Midfielders:	Faris Abdi	09.05.1999	2	(8)	
	Jehad Abdullatif Ahm			(1)	
	Nawaf Saleh Al Azizi			(9)	
	Ahmed Al Fraidi	29.01.1988		(1)	
	Hassan Mohammed Hassan Al Amri	21.04.1994	26	(1)	12
	Mansour Adel Mohamme Al Najjar	22.12.1994	2	(4)	
	Abdulmohsen Al Qahtani	05.06.1999	2		
	Abdulrahman Al Safari	01.07.1993	8	(12)	
	Omar Al Zayni	20.01.1996		(2)	
	Mihai Cătălin Bordeianu (ROU)	18.11.1991	12	(2)	
	Edson Felipe da Cruz (BRA)	01.07.1991	21		1
	Naif Hazazi	30.09.1992	18	(7)	
	Waheb Saleh	11.08.2002		(3)	
Forwards:	Hassan Ali Abu Sharara	03.05.1997	5	(6)	
	Hussain Hassan Al Nattar	14.03.2000	4	(9)	
	Waleed Balkhair Swile Al Shangeati	09.01.1994	2	(11)	2
	Charles Carolus Andriamahitsinoro (MAD)	06.07.1989	21	(7)	7
	Abdullah Faisal Hadhereti	10.08.1992	2	(2)	
	Leke Samson James (NGA)	01.11.1992	10		2
	Ibrahim Khalil Eissa			(1)	
	Danilo Moreno Asprilla (COL)	12.01.1989	15	(2)	8
	Stanley Nka Ohawuchi (NGA)	27.05.1990	28		4
Trainer:	Yousef Al Mannai (TUN)		30		

AL-RAED FOOTBALL CLUB BURAIDAH

Year of Formation: 1954
Stadium: „King Abdullah Sport City" Stadium, Buraidah (23,600)

THE SQUAD		DOB	M	(s)	G
Goalkeepers:	Ahmad Al Harbi	06.10.1994	5		
	Azzedine Doukha (ALG)	05.08.1986	25		
Defenders:	Mohammed Salem Al Doseri	11.07.1999	12	(14)	
	Abdullah Fahad Al Fahad	15.06.1994	28		
	Khalid Al Khathlan	1995	17	(3)	
	Aqeel Baalghyth Mohammed Al Sahbi	15.03.1987	12	(7)	1
	Mansoor Ateeg Al Sobhi Al Harbi	19.10.1987	1	(6)	1
	Hussein Al Shuwaish	07.11.1988	19	(5)	1
	Fawaz Fallatah	08.03.1989	1	(2)	
	Nemanja Miletić (SRB)	16.01.1991	29		
Midfielders:	Mansoor Al Bishi	24.04.2000		(1)	
	Abdullah Fahad Abdulaziz Al Fahad	15.06.1994	2	(2)	1
	Sultan Saad Al Farhan	25.09.1996	28		
	Jehad Al Hussain	30.07.1984		(2)	
	Abdullah Mohammed Al Mogren	16.11.1996	22	(8)	6
	Mohammad Nasser Al Subaie	20.10.1995		(1)	
	Ahmed Yousef Al Zain	02.07.1991	22	(5)	2
	Jalal Daoudi (MAR)	17.08.1988	10	(2)	2
	Mohammed Fouzair (MAR)	24.12.1991	12	(4)	2
	Jaber Issa Mohammed Mustafa	07.06.1997	2	(7)	
	Abdullah Yahya Majrashi	24.08.1997	4	(8)	
	Marko Marin (GER)	13.03.1989	10		
	Arnaud Sutchuin-Djoum (CMR)	02.05.1989	25		3
Forwards:	Abdulfattah Mohamed Adam	1995		(3)	1
	Abdulrahman Kamel Abdullah Al Ghamdi	01.11.1994		(2)	
	Mohamed Falah Al Sahli	01.07.1991	8	(14)	3
	Karim El Berkaoui (MAR)	13.12.1995	20	(5)	15
	Ronnie Alan Fernández Sáez (CHI)	30.01.1991	5	(10)	3
	Nemanja Nikolić (SRB)	19.10.1992	11	(3)	3
Trainer:	Besnik Hasi (ALB)	29.12.1971	30		

AL-SHABAB FOOTBALL CLUB RIYADH

Year of Formation: 1947
Stadium: „King Fahd International" Stadium, Riyadh (62,685)

THE SQUAD		DOB	M	(s)	G
Goalkeepers:	Zaid Majed Al Bawardi	26.01.1997	22		
	Giedrius Arlauskis (LTU)	01.12.1987	8		
Defenders:	Khalid Hussain Al Dubaysh	27.11.1998	1	(1)	
	Khalid Ahmad Hasan Al Ghamdi	28.03.1988	2		
	Moteb Saad Al Harbi	19.02.2000	8	(10)	1
	Fawaz Al Sagour	23.04.1996	14	(8)	1
	Abdullah Abdulkarim Al Shamekh	28.05.1993	6	(2)	
	Abdullah Al Zoari Al Dossary	13.08.1987	18	(4)	1
	Igor Lichnovsky Osorio (CHI)	07.03.1994	26		3
	Ali Hassan Majrashi	01.10.1999		(5)	
	Mohammed Salem	06.08.1985	21		
	Ahmed Mohammed Sharahili	08.05.1994	22	(1)	2
	Hassan Mohammed Tambakti	09.02.1999	7	(6)	
Midfielders:	Nawaf Shaker Al Abid	26.01.1990	5	(14)	2
	Abdulmalek Abdullah Al Khaibri	13.03.1986		(1)	
	Hussain Al Monassar	20.12.1994	14	(11)	
	Ammar Seraj Al Najjar	24.02.1997		(4)	
	Nasser Salman Al Omran	13.07.1997		(10)	
	Jamal Bajandouh	12.08.1992	5	(6)	
	Éver Maximiliano David Banega (ARG)	29.06.1988	27		7
	Alfred John Momar N'Diaye (SEN)	06.03.1990	26		1
	Cristian David Guanca (ARG)	27.03.1993	25	(3)	17
Forwards:	Turki Marwan Al Ammar	24.09.1999	7	(19)	4
	Abdullah Abdulrahman Al Hamddan	12.09.1999	9	(7)	2
	Makhete Diop (SEN)	08.07.1987	7	(5)	2
	Odion Jude Ighalo (NGA)	16.06.1989	10	(3)	9
	Fábio Santos Martins (POR)	24.07.1993	25	(1)	9
	Sebastião de Freitas Couto Júnior "Sebá" (BRA)	08.06.1992	15	(1)	7
Trainer:	Pedro Miguel Faria Caixinha (POR)	15.10.1970	11		
[06.01.2001]	Carlos Inarejos (ESP)	27.05.1984	19		

AL-TAAWON FOOTBALL CLUB BURAIDAH

Year of Formation: 1956
Stadium: „King Abdullah" Sport City Stadium, Buraidah (25,000)

THE SQUAD		DOB	M	(s)	G
Goalkeepers:	Cássio Albuquerque dos Anjos (BRA)	12.08.1980	28		
	Hussain Shaeian	23.05.1989	2		
Defenders:	Mohammed Zayed Al Ghamdi	04.02.1994	10	(2)	
	Fahad Al Hamad	01.07.1998	5		
	Nawaf Al Subhi	12.03.1990	13	(2)	
	Ibrahim Al Zubaidi	04.10.1989	11	(4)	
	Ahmed Hassan Assiri	14.11.1991	18		2
	Yaseen Omar Barnawi	01.10.1993	18	(7)	
	Faisal Darwish Faraj	03.07.1991	5	(8)	
	Hassan Kadesh Mahboob	06.09.1992	19	(6)	
	Iago Azevedo dos Santos (BRA)	22.05.1992	25		4
	Saad Yaslam Balobaid	27.01.2000	1	(3)	
Midfielders:	Mohammed Abdullah Abu Sabaan	20.01.1990	15	(9)	
	Rayan Sadeeq Eisa Al Mousa	24.07.1994	12	(10)	
	Sumayhan Dhaidan Al Nabit Al Baqaawi	27.03.1996	21	(5)	3
	Ali Al Nemer	25.08.1991	3	(14)	1
	Mutair Ali Al Zahrani	22.10.1994	5	(4)	
	Cédric Amissi (BDI)	02.07.1990	24	(2)	
	Sandro Manoel dos Santos (BRA)	23.07.1988	15	(4)	1
	Alejandro Sebastián Romero Gamarra (PAR)	11.01.1995	11		7
Forwards:	Malek Al Abdulmonam	1998	1	(6)	1
	Abdullah Al Jawaey	09.03.1996	15	(12)	3
	Fahad Ayidh Al Rashidi	16.05.1997	3	(4)	
	Mohammad Ibrahim Mohammed Al Sahlawi	10.01.1987	1	(11)	
	Mitchell Duke (AUS)	18.01.1991	8	(4)	
	Abdoulaye Sané (SEN)	15.10.1992	14	(13)	3
	Léandre Gaël Tawamba Kana (CMR)	20.12.1989	27		13
Trainer:	Patrice Carteron (FRA)	30.07.1970	23		
[10.03.2021]	Nestor El Maestro (ENG)	25.03.1983	7		

AL-WEHDA CLUB MECCA

Year of Formation: 1945
Stadium: „King Abdul Aziz" Stadium, Mecca (38,000)

THE SQUAD		DOB	M	(s)	G
Goalkeepers:	Raghid Alaa Al Najjar	20.12.1996	3		
	Abdullah Hussain Al Oaisher	13.05.1991	27		
Defenders:	Mohammed Al Amri	26.11.1991	7	(2)	
	Abdullah Fareed Al Hafith	25.12.1992	22		
	Rakan Hussain Al Harbi	10.01.2001	2	(1)	
	Hamad Sulaiman Al Jayzani	04.03.1993	22	(3)	
	Ali Faraj Al Zubaidi	04.01.1993	8	(1)	
	Noor Obaid Al Rashidi	12.03.1995	3	(3)	
	Mubarak Muflih Al Saqoor	31.03.1994	1		
	Alberto Tomás Botía Rabasco (ESP)	27.01.1989	19		
	Naif Mohammed Kariri	16.04.1998	12	(1)	
	Pedro Henrique Pereira da Silva (BRA)	18.12.1992	16	(1)	
	Hazazi Sulaiman Yahya	01.02.2003	9		
Midfielders:	Ayman Shafiq Al Khulaif	22.05.1997	5	(6)	1
	Abdulkarim Aiedh Al Qahtani	09.02.1993		(2)	
	Mishari Saad Al Qahtani	04.04.1997		(1)	
	Mohammed Al Qarni	23.11.1989	11	(6)	
	Sultan Al Sawadi	14.12.1992		(4)	
	Anselmo de Moraes (BRA)	20.02.1989	26		4
	Waleed Bakshween	12.11.1989	23	(1)	
	Dimitrios Petratos (AUS)	10.11.1992	18	(10)	9
Forwards:	Thamer Wahib Al Ali	11.10.1998		(2)	
	Hazzaa Ahmed Al Ghamdi	11.01.2001	6	(5)	2
	Hussain Ahmed Al Issa	29.12.2000	15	(11)	2
	Hernâni Jorge Santos Fortes (POR)	20.08.1991	20	(7)	5
	Ahmed Abdu Jaber	08.08.1996	8	(16)	4
	Jaber Nasser Asiri	24.09.1997	1	(4)	
	Alaa Hajji Al Hejji	03.12.1996	13	(4)	
	Luis Gustavo Melere da Silva "Luisinho" (BRA)	10.03.1991	12	(8)	1
	Youssoufou Niakaté (FRA)	16.12.1992	21	(2)	11
Trainer:	Ivo Ricardo Abreu Vieira (POR)	10.01.1976	16		
[01.02.2021]	Mahmoud Taleb Awad Al Hadid (JOR)		9		
[23.03.2021]	Georgios Donis (GRE)	22.10.1969	5		

DAMAC FOOTBALL CLUB KHAMIS MUSHAIT

Year of Formation: 1972
Stadium: "Prince Sultan bin Abdul Aziz" Stadium, Abha (25,000)

THE SQUAD		DOB	M	(s)	G
Goalkeepers:	Khaled Mohammed Shrahili	03.02.1987	8		
	Moustapha Zeghba (ALG)	21.11.1990	22		
Defenders:	Tareq Abdullah	06.09.1995	21	(2)	
	Abdullah Khaled Al Ammar	01.03.1994	18	(6)	2
	Abdulrahman Khalid Al Rio	15.05.1994	2	(12)	
	Arif Saleh Al Haydar	20.06.1997	9	(8)	
	Mohammed Ali Al Zubaidi	25.08.1997	10	(3)	
	Abdulaziz Ali Aseri	27.10.1998	1		
	Farouk Chafaï (ALG)	23.06.1990	29		6
	Cristian Franco Lema (ARG)	24.03.1990	11		
	Abdulaziz Rasheed Majrashi	10.03.1996	9	(10)	
	Sergio Javier Vittor (ARG)	06.09.1989	26		2
Midfielders:	Abdulelah Abdullah Al Barrih	14.07.1997		(2)	
	Waleed Hizam Al Enezi	19.12.1994	5	(3)	
	Ayman Yusef Al Hujaili	01.07.1998	3	(7)	
	Mohanad Ahmed Al Najai	17.03.1994	11	(8)	
	Ibrahim Hussain Al Nakhli	09.03.1997	9	(5)	
	Abdullah Ahmed Faraj Al Samti	25.08.1996	1		
	Abdulaziz Saeed Al Sarhan Al Shahrani	29.10.1994	1	(5)	
	Domagoj Antolić (CRO)	30.06.1990	16	(1)	3
	Mohmad Atiah Eisa	15.06.1992	5	(9)	
	Constantin Valentin Budescu (ROU)	19.02.1989	10	(2)	
	Ibrahim Chenihi (ALG)	24.01.1990	9		2
	Mohanad Abdulhaleem Fallatah	02.02.1996	2	(2)	
	Bader Mohammed Yousef Munshi	20.06.1999	9	(4)	
	Bilel Saidani (TUN)	29.06.1993	12	(1)	
Forwards:	Mazen Ali Abu Shararah	27.02.1991	6	(8)	2
	Mansour Saeed Al Muwallad	24.01.1997		(2)	
	Mansor Hamzi	17.01.1992	17	(11)	4
	Mohammed Mohsen Harzan	12.01.1989	13	(9)	
	Amahl William D'vaz Pellegrino (NOR)	18.06.1990	7	(5)	2
	Ramzi Fateh El Deen Solan	18.04.1998		(4)	
	Emilio José Zelaya (ARG)	30.07.1987	28		19
Trainer:	Lotfi Kadri (TUN)		30		

		NATIONAL TEAM **INTERNATIONAL MATCHES 2020/2021**		
14.11.2020	Riyadh	Saudi Arabia - Jamaica	3-0(2-0)	(F)
17.11.2020	Riyadh	Saudi Arabia - Jamaica	1-2(1-1)	(F)
25.03.2021	Riyadh	Saudi Arabia - Kuwait	1-0(0-0)	(F)
30.03.2021	Riyadh	Saudi Arabia - Palestine	5-0(2-0)	(WCQ)
05.06.2021	Riyadh	Saudi Arabia - Yemen	3-0(2-0)	(WCQ)
11.06.2021	Riyadh	Singapore - Saudi Arabia	0-3(0-0)	(WCQ)
15.06.2021	Riyadh	Saudi Arabia - Uzbekistan	3-0(2-0)	(WCQ)

14.11.2020, Friendly International
"Prince Faisal bin Fahd" Stadium, Riyadh; Attendance: 0
Referee: Ahmed Eisa Mohamed Darwish (United Arab Emirates)
SAUDI ARABIA - JAMAICA   **3-0(2-0)**
KSA: Mohammed Faraj Saeed Al Rubaie Al Yami, Mohammed Abdoh Al Khabrani, Ahmed Mohammed Sharahili, Sultan Abdullah Al Ghanam, Ali Hadi Al Bulaihi, Mohamed Ibrahim Kanno, Abdulmajeed Mohammed Al Sulayhem (62.Abdullah Abdulrahman Al Hamdan; 90+2.Turki Marwan Al Ammar), Abdulellah Nawaf Al Malki, Salem Mohammed Al Dawsari (79.Hattan Sultan Bahebri), Ayman Yahya Salem (85.Mohammed Ibrahim Al Burayk), Saleh Khaled Al Shehri (55.Firas Tariq Nasser Al Buraikan). Trainer: Hervé Renard (France).
Goals: Salem Mohammed Al Dawsari (10), Saleh Khaled Al Shehri (44), Firas Tariq Nasser Al Buraikan (77).

17.11.2020, Friendly International
"Prince Faisal bin Fahd" Stadium, Riyadh; Attendance: 0
Referee: Yahya Mohammed Ali Hassan Al Mulla (United Arab Emirates)
SAUDI ARABIA - JAMAICA   **1-2(1-1)**
KSA: Mohammed Faraj Saeed Al Rubaie Al Yami, Abdullah Mohammed Madu, Mohammed Ibrahim Al Burayk, Ali Hadi Al Bulaihi (73.Sultan Abdullah Al Ghanam), Saeed Awadh Al Rubaie Al Yami, Abdullah Hassoun Tarmin (46.Mukhtar Abdullahi Ali), Hassan Mohammed Tambakti (46.Turki Marwan Al Ammar), Hattan Sultan Bahebri (81.Saleh Khaled Al Shehri), Mohamed Ibrahim Kanno (81.Housain Ali Jassim Al Mogahwi), Abdulellah Nawaf Al Malki, Abdullah Abdulrahman Al Hamdan. Trainer: Hervé Renard (France).
Goal: Abdullah Abdulrahman Al Hamdan (29).

25.03.2021, Friendly International
King Saud University Stadium (Riyadh; Attendance: 0
Referee: Mohamed Bunafoor (Bahrain)
SAUDI ARABIA - KUWAIT   **1-0(0-0)**
KSA: Mohammed Khalil Al Owais, Mohammed Ibrahim Al Burayk, Ali Hadi Al Bulaihi, Ziyad Abdulwahed Al Sahafi (68.Abdulelah Ali Al Amri), Hassan Mohammed Tambakti, Abdullah Ibrahim Otayf (68.Mohamed Ibrahim Kanno), Sami Khalil Al Najei (78.Salem Mohammed Al Dawsari), Abdulrahman Abdullah Ghareeb, Nasser Al Dawsari (60.Ali Hassan Al Asmari), Saleh Khaled Al Shehri (60.Fahad Mosaed Al Muwallad), Mohammed Marzoq Al Kuwaykibi Al Ruwaili (89.Saud Abdullah Abdulhamid). Trainer: Hervé Renard (France).
Goal: Abdulelah Ali Al Amri (70).

30.03.2021, 22nd FIFA World Cup Qualifiers / AFC Qualifiers, Second Round
King Saud University Stadium, Riyadh; Attendance: 0
Referee: Mohanad Qasim Eesee Sarray (Iraq)
SAUDI ARABIA - PALESTINE **5-0(2-0)**
KSA: Mohammed Khalil Al Owais, Yasser Gharsan Al Shahrani, Abdullah Mohammed Madu, Sultan Abdullah Al Ghanam (79.Mohammed Ibrahim Al Burayk), Abdulelah Ali Al Amri, Abdullah Ibrahim Otayf, Mohamed Ibrahim Kanno (71.Sami Khalil Al Najei), Abdulellah Nawaf Al Malki (90.Ali Hassan Al Asmari), Salem Mohammed Al Dawsari, Fahad Mosaed Al Muwallad (79.Mohammed Marzoq Al Kuwaykibi Al Ruwaili), Saleh Khaled Al Shehri (71.Firas Tariq Nasser Al Buraikan). Trainer: Hervé Renard (France).
Goals: Yasser Gharsan Al Shahrani (37), Fahad Mosaed Al Muwallad (43), Saleh Khaled Al Shehri (52, 58), Salem Mohammed Al Dawsari (88 penalty).

05.06.2021, 22nd FIFA World Cup Qualifiers / AFC Qualifiers, Second Round
King Saud University Stadium, Riyadh; Attendance: 4,382
Referee: Nivon Robesh Gamini (Sri Lanka)
SAUDI ARABIA - YEMEN **3-0(2-0)**
KSA: Mohammed Khalil Al Owais, Yasser Gharsan Al Shahrani, Abdullah Mohammed Madu, Sultan Abdullah Al Ghanam, Hassan Mohammed Tambakti, Salman Mohammed Al Faraj, Abdullah Ibrahim Otayf (71.Sami Khalil Al Najei), Abdulellah Nawaf Al Malki (87.Ali Hassan Al Asmari), Salem Mohammed Al Dawsari (90+1.Abdulrahman Abdullah Ghareeb), Fahad Mosaed Al Muwallad (90+1.Mohammed Marzoq Al Kuwaykibi Al Ruwaili), Saleh Khaled Al Shehri (71.Abdullah Abdulrahman Al Hamdan). Trainer: Hervé Renard (France).
Goals: Salem Mohammed Al Dawsari (4), Fahad Mosaed Al Muwallad (17, 32).

11.06.2021, 22nd FIFA World Cup Qualifiers / AFC Qualifiers, Second Round
King Saud University Stadium, Riyadh; Attendance: 4,879
Referee: Mohanad Qasim Eesee Sarray (Iraq)
SINGAPORE - SAUDI ARABIA **0-3(0-0)**
KSA: Mohammed Khalil Al Owais, Yasser Gharsan Al Shahrani, Mohammed Abdoh Al Khabrani (88.Hassan Mohammed Tambakti), Mohammed Ibrahim Al Burayk (72.Saud Abdullah Abdulhamid), Ali Hadi Al Bulaihi, Salman Mohammed Al Faraj, Abdulellah Nawaf Al Malki (80.Mohammed Marzoq Al Kuwaykibi Al Ruwaili), Ali Hassan Al Asmari (46.Sami Khalil Al Najei), Salem Mohammed Al Dawsari, Fahad Mosaed Al Muwallad, Abdullah Abdulrahman Al Hamdan (46.Saleh Khaled Al Shehri). Trainer: Hervé Renard (France).
Goals: Salem Mohammed Al Dawsari (84), Fahad Mosaed Al Muwallad (86), Saleh Khaled Al Shehri (90+6).

15.06.2021, 22nd FIFA World Cup Qualifiers / AFC Qualifiers, Second Round
King Saud University Stadium, Riyadh; Attendance: 6,339
Referee: Ko Hyung-jin (Korea Republic)
SAUDI ARABIA - UZBEKISTAN **3-0(2-0)**
KSA: Mohammed Khalil Al Owais, Yasser Gharsan Al Shahrani, Abdullah Mohammed Madu, Sultan Abdullah Al Ghanam, Hassan Mohammed Tambakti (78.Mohammed Abdoh Al Khabrani), Salman Mohammed Al Faraj, Abdullah Ibrahim Otayf, Abdulrahman Abdullah Ghareeb (78.Saud Abdullah Abdulhamid), Ali Sadiq Al Hassan (53.Sami Khalil Al Najei), Fahad Mosaed Al Muwallad, Saleh Khaled Al Shehri (64.Firas Tariq Nasser Al Buraikan). Trainer: Hervé Renard (France).
Goals: Salman Mohammed Al Faraj (25, 33), Ali Sadiq Al Hassan (52).

NATIONAL TEAM PLAYERS 2020/2021

Name	DOB	Club
Goalkeepers		
Mohammed Khalil AL OWAIS	10.10.1991	Al-Ahli Saudi Club Jeddah
Mohammed Faraj Saeed AL RUBAIE Al Yami	14.08.1997	Al-Ahli Saudi Club Jeddah
Defenders		
Saud Abdullah ABDULHAMID	18.07.1999	Al-Ittihad Club Jeddah
Abdulelah Ali AL AMRI	15.01.1997	Al-Nassr FC Riyadh
Ali Hadi AL BULAIHI	21.11.1989	Al-Hilal FC Riyadh
Sultan Abdullah AL GHANAM	06.05.1994	Al-Nassr FC Riyadh
Mohammed Abdoh AL KHABRANI	14.10.1993	Al-Ahli Saudi Club Jeddah
Saeed Awadh AL RUBAIE Al Yami	04.06.1994	Al-Ettifaq FC Dammam
Ziyad Abdulwahed AL SAHAFI	17.10.1994	Al-Ittihad Club Jeddah
Yasser Gharsan AL SHAHRANI	25.05.1992	Al-Hilal FC Riyadh
Abdullah Mohammed MADU	15.07.1993	Al-Nassr FC Riyadh
Ahmed Mohammed SHARAHILI	08.05.1994	Al-Shabab FC Riyadh
Hassan Mohammed TAMBAKTI	09.02.1999	Al-Shabab FC Riyadh
Abdullah Hassoun TARMIN	19.03.1997	Al-Ahli Saudi Club Jeddah
Midfielders		
Turki Marwan AL AMMAR	24.09.1999	Al-Shabab FC Riyadh
Ali Hassan AL ASMARI	12.01.1997	Al-Ahli Saudi Club Jeddah
Mohammed Ibrahim AL BURAYK	15.09.1992	Al-Hilal FC Riyadh
Nasser Al DAWSARI	19.12.1998	Al-Hilal FC Riyadh
Salman Mohammed AL FARAJ	01.08.1989	Al-Hilal FC Riyadh
Ali Sadiq AL HASSAN	04.03.1997	Al-Nassr FC Riyadh
Housain Ali Jassim AL MOGAHWI	24.03.1988	Al-Ahli Saudi Club Jeddah
Fahad Mosaed AL MUWALLAD	14.09.1994	Al-Ittihad Club Jeddah
Sami Khalil AL NAJEI	07.02.1997	Al-Nassr FC Riyadh
Abdulmajeed Mohammed AL SULAYHEM	15.05.1994	Al-Nassr FC Riyadh
Mukhtar Abdullahi ALI	30.10.1997	Al-Nassr FC Riyadh
Abdulrahman Abdullah GHAREEB	31.03.1997	Al-Hilal FC Riyadh
Mohamed Ibrahim KANNO	22.09.1994	Al-Hilal FC Riyadh
Abdullah Ibrahim OTAYF	03.08.1992	Al-Hilal FC Riyadh
Forwards		
Firas Tariq Nasser AL BURAIKAN	14.05.2000	Al-Nassr FC Riyadh
Salem Mohammed AL DAWSARI	19.08.1991	Al-Hilal FC Riyadh
Abdullah Abdulrahman AL HAMDAN	12.09.1999	Al-Shabab FC Riyadh; 07.02.2021-> Al-Hilal FC Riyadh
Mohammed Marzoq AL KUWAYKIBI Al Ruwaili	02.12.1994	Al-Ettifaq FC Dammam
Abdulellah Nawaf AL MALKI	11.10.1994	Al-Ittihad Club Jeddah
Saleh Khaled AL SHEHRI	01.11.1993	Al-Hilal FC Riyadh
Hattan Sultan BAHEBRI	16.07.1992	Al-Hilal FC Riyadh
Ayman YAHYA Salem	14.05.2001	Al-Nassr FC Riyadh
National coaches		
Hervé RENARD (France) [from 29.07.2019]		30.09.1968

SINGAPORE

The Country:
Republic of Singapore
Capital: Singapore
Surface: 710 km²
Population: 5,685,800 [2020]
Time: UTC+8
Independent since: 1963

The FA:
Football Association of Singapore
100 Tyrwhitt Road,
Singapore 207542
Year of Formation: 1892
Member of FIFA since: 1952
Member of AFC since: 1954

NATIONAL TEAM RECORDS

First international match: 11.04.1953, Singapore: Singapore - Korea Republic 2-3
Most international caps: Daniel Mark Bennett – 145 caps (since 2002)
Most international goals: Fandi Ahmad – 55 goals / 101 caps (1979-1997)

NATIONAL TEAM COMPETITIONS:

ASIAN NATIONS CUP	
1956	Did not enter
1960	Qualifiers
1964	Did not enter
1968	Qualifiers
1972	Did not enter
1976	Qualifiers
1980	Qualifiers
1984	Final Tournament (Group Stage)
1988	Did not enter
1992	Qualifiers
1996	Qualifiers
2000	Qualifiers
2004	Qualifiers
2007	Qualifiers
2011	Qualifiers
2015	Qualifiers
2019	Qualifiers

FIFA WORLD CUP	
1930	Did not enter
1934	Did not enter
1938	Did not enter
1950	Did not enter
1954	Did not enter
1958	Did not enter
1962	Did not enter
1966	Did not enter
1970	Did not enter
1974	Did not enter
1978	Qualifiers
1982	Qualifiers
1986	Qualifiers
1990	Qualifiers
1994	Qualifiers
1998	Qualifiers
2002	Qualifiers
2006	Qualifiers
2010	Qualifiers
2014	Qualifiers
2018	Qualifiers

F.I.F.A. CONFEDERATIONS CUP 1992-2017

None

OLYMPIC FOOTBALL TOURNAMENTS 1908-2016

1908	-	1948	-	1972	-	1996	Qualifiers
1912	-	1952	-	1976	Qualifiers	2000	-
1920	-	1956	-	1980	Qualifiers	2004	Qualifiers
1924	-	1960	-	1984	Qualifiers	2008	Qualifiers
1928	-	1964	-	1988	Qualifiers	2012	Qualifiers
1936	-	1968	-	1992	Qualifiers	2016	Qualifiers

ASIAN GAMES 1951-2014		ASEAN („TIGER") CUP / AFF CUP 1996-2018		SOUTH EAST ASIAN GAMES 1959-2019	
1951	-	1996	Group Stage	1959	-
1954	Group Stage	1998	**Winners**	1961	-
1958	Group Stage	2000	Group Stage	1965	Group Stage
1962	-	2002	Group Stage	1967	-
1966	4th Place	2004	**Winners**	1969	-
1970	-	2007	**Winners**	1971	Group Stage
1974	-	2008	Semi-Finals	1973	4th Place
1978	-	2010	Group Stage	1975	3rd Place
1982	-	2012	**Winners**	1977	Group Stage
1986	-	2014	Group Stage	1979	4th Place
1990	Group Stage	2016	Group Stage	1981	4th Place
1994	-	2018	Group Stage	1983	Runners-up
1998	-			1985	Runners-up
2002	-			1987	Group Stage
2006	Group Stage			1989	Runners-up
2010	Group Stage			1991	3rd Place
2014	Group Stage			1993	3rd Place
				1995	3rd Place
				1997	4th Place
				1999	4th Place
				2001	Group Stage
				2003	Group Stage
				2005	Group Stage
				2007	3rd Place
				2009	3rd Place
				2011	Group Stage
				2013	3rd Place
				2015	Group Stage
				2017	Group Stage
				2019	Group Stage

SINGAPOREAN CLUB HONOURS IN ASIAN CLUB COMPETITIONS:

AFC Champions League 1967-1971 & 1985/1986-2020
None

Asian Football Confederation Cup 2004-2020
None

AFC President's Cup 2005-2014*
None

Asian Cup Winners Cup 1975-2003*
None

Asian Super Cup 1995-2002*
None

*defunct competition

NATIONAL COMPETITIONS
TABLE OF HONOURS

	CHAMPIONS	CUP WINNERS
		Singapore Amateur Football Association Challenge Cup
1892	-	Singapore Engineers
1893	-	Royal Engineers
1894	-	2nd Battalion Tenth Lincolnshire Regiment
1895	-	Royal Artillery
1896	-	5th North Humberland Fusilliers
1897	-	1st Battalion The Rifle Brigade
1898	-	12th Company Royal Artillery
1899	-	1st BKOR Lancaster Regiment
1900	-	12th Company Royal Artillery
1901	-	Singapore Cricket Club
1902	-	12th Company Royal Artillery
1903	-	Singapore Cricket Club
	Singapore Amateur Football Association League	
1904	1st Battalion Manchester Regiment	Harlequins
1905	1st Battalion Sherwood Foresters	1st Battery Sherwood Foresters
1906	*No competition*	1st Battery Sherwood Foresters
1907	Singapore Cricket Club	2nd Battalion West Kentshire Regiment (2nd Team)
1908	2nd Battalion West Kentshire Regiment	2nd Battalion West Kentshire Regiment (1st Team)
1909	3rd Battalion Middlesex Regiment	3rd Battalion Middlesex Regiment
1910	3rd Battalion Middlesex Regiment	3rd Battalion Middlesex Regiment
1911	Singapore Cricket Club	2nd Battalion West Kentshire Regiment
1912	Singapore Cricket Club	2nd Battalion West Kentshire Regiment
1913	Singapore Cricket Club	1st Battalion King's Own Yorkshire Light Infantry
1914	Singapore Cricket Club	1st Battalion King's Own Yorkshire Light Infantry
1915	*No competition*	*No competition*

Year	League	Cup
1916	No competition	No competition
1917	No competition	No competition
1918	No competition	No competition
1919	No competition	No competition
1920	No competition	1st Battalion South Staffordshire
1921	1st Battalion South Staffordshire	Singapore Cricket Club
1922	2nd Battalion Middlesex Regiment	2nd Battalion Middlesex Regiment
1923	2nd Battalion Middlesex Regiment	2nd Battalion Middlesex Regiment
1924	Singapore Cricket Club	HMS „Pegasus"
1925	Singapore Chinese Football Association	Singapore Chinese Football Association
1926	2nd Duke of Wellington's Regiment	2nd Duke of Wellington's Regiment
1927	2nd Duke of Wellington's Regiment	2nd Duke of Wellington's Regiment
1928	2nd Duke of Wellington's Regiment	2nd Duke of Wellington's Regiment
1929	Singapore Cricket Club	Singapore Cricket Club
1930	Singapore Chinese Football Association	Singapore Malays Football Association
1931	Singapore Malays Football Association	Singapore Malays Football Association
1932	Singapore Malays Football Association	Wiltshire Regiment
1933	Singapore Malays Football Association	Singapore Malays Football Association
1934	Singapore Chinese Football Association	Singapore Malays Football Association
1935	Royal Engineers	Singapore Chinese Football Association
1936	Royal Air Force	Royal Artillery
1937	Singapore Chinese Football Association	Singapore Chinese Football Association
1938	Singapore Chinese Football Association	Royal Artillery
1939	Singapore Malays Football Association	Singapore Chinese Football Association
1940	Royal Air Force	The Loyal Regiment
1941	Royal Air Force	Royal Air Force
1942	No competition	No competition
1943	No competition	No competition
1944	No competition	No competition
1945	No competition	No competition
1946	No competition	No competition
1947	No competition	No competition
1948	No competition	No competition
1949	No competition	No competition
1950	Kota Raja Club	Royal Navy
1951	Tiger Standard	Royal Navy
	Football Association of Singapore League	**Football Association of Singapore Challenge Cup**
1952	Pasir Panjang Rovers Sport Club	Tiger SA
1953	Tiger Standard	Tiger SA
1954	Star Soccerites SC	Pasir Panjang Rovers Sport Club
1955	Marine Department SC	AAA
1956	Tiger Standard	Tiger SA
1957	Marine Department SC	Marine Department SC
1958	Darul Afiah FC	Fathul Karib FC[1]
1959	Darul Afiah FC	Darul Afiah FC
1960	IRC	RAF Select
1961	No competition	No competition
1962	No competition	No competition
1963	No competition	No competition
1964	No competition	No competition
1965	No competition	No competition

Year		
1966	*No competition*	*No competition*
1967	*No competition*	*No competition*
1968	*No competition*	Police Sports Association[2]
1969	*No competition*	*No competition*
1970	*No competition*	*No competition*
1971	*No competition*	*No competition*
1972	*No competition*	*No competition*
1973	*No competition*	*No competition*
1974	*No competition*	*No competition*
	National Football League	**President's Cup**
1975	Geylang International[3]	Singapore Armed Forces SA
1976	Geylang International	Geylang International
1977	Geylang International	Toa Payoh United
1978	Singapore Armed Forces SA[4]	Geylang International
1979	Tampines Rovers FC	Toa Payoh United
1980	Tampines Rovers FC	Police Sports Association
1981	Singapore Armed Forces SA	Farrer Park United
1982	Farrer Park United	Tiong Bahru Constituency Sports Club
1983	Tiong Bahru Constituency Sports Club[5]	Farrer Park United
1984	Tampines Rovers FC	Singapore Armed Forces SA
1985	Police Sports Association	Tiong Bahru Constituency Sports Club
1986	Singapore Armed Forces SA	Singapore Armed Forces SA
1987	Tiong Bahru Constituency Sports Club	Tiong Bahru Constituency Sports Club
	Premier League	
1988	Geylang International	Tiong Bahru Constituency Sports Club
1989	Geylang International	Jurong Town FC
1990	Geylang International	Geylang International
1991	Geylang International	Geylang International
1992	Geylang International	Balestier United[6]
1993	Geylang International	*No competition*
1994	Perth Kangaroos International FC (AUS)	Tiong Bahru Constituency Sports Club
1995	*No competition*	Geylang International
	S.League	**Singapore FA Cup**
1996	Geylang United FC	Geylang United FC
1997	Singapore Armed Forces FC	Singapore Armed Forces FC
		Singapore Cup
1998	Singapore Armed Forces FC	Tanjong Pagar United FC
1999	Home United FC Bishan	Singapore Armed Forces FC
2000	Singapore Armed Forces FC	Home United FC Bishan
2001	Geylang United FC	Home United FC Bishan
2002	Singapore Armed Forces FC	Tampines Rovers FC
2003	Home United FC Bishan	Home United FC Bishan
2004	Tampines Rovers FC	Tampines Rovers FC
2005	Tampines Rovers FC	Home United FC Bishan
2006	Singapore Armed Forces FC	Tampines Rovers FC
2007	Singapore Armed Forces FC	Singapore Armed Forces FC
2008	Singapore Armed Forces FC	Singapore Armed Forces FC
2009	Singapore Armed Forces FC	Geylang United FC
2010	Etoile FC	Bangkok Glass FC (THA)
2011	Tampines Rovers FC	Home United FC Bishan
2012	Tampines Rovers FC	Singapore Armed Forces FC
2013	Tampines Rovers FC	Home United FC Bishan

2014	Warriors FC Singapore	Balestier Khalsa FC
2015	Brunei DPMM	Albirex Niigata Singapore FC
2016	Albirex Niigata Singapore FC	Albirex Niigata Singapore FC
2017	Albirex Niigata Singapore FC	Albirex Niigata Singapore FC
2018	Albirex Niigata Singapore FC	Albirex Niigata Singapore FC
2019	Brunei DPMM	Tampines Rovers FC
2020	Albirex Niigata Singapore FC	*Competition cancelled*

[1] became later Balestier Khalsa FC.
[2] became later Home United FC Bishan
[3] changed its name to Geyland United FC in 1996.
[4] Singapore Armed Forces Sports Association, changed its name to Singapore Armed Forces FC in 1996, to Warriors FC Singapore in 2012.
[5] changed its name to Tiong Bahru United FC (1996), then Tanjong Pagar United FC (1998).
[6] changed its name to Balestier Khalsa FC in 2002 after fusioning with Clementi Khalsa FC.

NATIONAL CHAMPIONSHIP
Singapore Premier League 2020

1.	**Albirex Niigata Singapore FC**	14	10	2	2	32 - 14	32
2.	Tampines Rovers FC	14	8	5	1	27 - 11	29
3.	Lion City Sailors FC	14	8	3	3	44 - 18	27
4.	Geylang International FC Bedok	14	6	2	6	18 - 22	20
5.	Balestier Khalsa FC	14	5	4	5	22 - 28	19
6.	Hougang United FC	14	4	3	7	19 - 24	15
7.	Young Lions FC	14	3	0	11	12 - 38	9
8.	Tanjong Pahar United FC	14	0	5	9	14 - 33	5

Please note: Home United FC Bishan changed its name to Lion City Sailors FC
Brunei DPMM withdrew on 26.10.2020 from the league (during the break caused by COVID-19 pandemic from 20.03. to 17.10.2020).
Tanjong Pahar United FC replaced Warriors FC Singapore (financial problems).

Best goalscorer 2020:
Stipe Plazibat (CRO, Hougang United FC / Lion City Sailors FC) – 14 goals

NATIONAL CUP
RHB Bank Singapore Cup Final 2020

The competition was cancelled due to COVID-19 pandemic.

THE CLUBS 2020

ALBIREX NIIGATA SINGAPORE FOOTBALL CLUB

Year of Formation: 2004 [*satellite team of Albirex Niigata (Japan)*]
Stadium: Jurong Eat Stadium, Jurong East, Singapore (2,700)

THE SQUAD	DOB	M	(s)	G
Goalkeepers: Kei Okawa (JPN)	27.03.1998	14		
Defenders: Yasuhiro Hanada (JPN)	22.05.1999	1	(10)	1
Kazuki Hashioka (JPN)	20.01.1997	14		1
Hiroyoshi Kamata (JPN)	04.04.1997	13	(1)	2
Rio Sakuma (JPN)	14.04.1997	13	(1)	1
Kotaro Takeda (JPN)	26.08.1997	14		1
Midfielders: Imam Hakim Ibrahim	09.03.2002	9		
Ren Ishihara (JPN)	31.05.2001		(1)	
Kenta Kurishima (JPN)	19.04.1997	14		1
Gareth Low Jun Kit	28.02.1997	6		
Mahiro Takahashi (JPN)	26.06.2001		(9)	
Ryoya Taniguchi (JPN)	31.08.1999	9	(5)	4
Ong Yu En	03.10.2003	2	(2)	1
Forwards: Tomoyuki Doi (JPN)	24.09.1997	14		11
Daniel Goh Ji Xiong	13.08.1999	2		
Fairoz Hasan	26.11.1988	9		1
Ryuya Mitsuzuka (JPN)	17.02.1999		(10)	
Ryosuke Nagasawa (JPN)	25.09.1998	14		3
Reo Nishiguchi (JPN)	21.08.1997	6	(5)	5
Trainer: Keiji Shigetomi (JPN)	10.06.1979	14		

BALESTIER KHALSA FOOTBALL CLUB

Year of Formation: 1898
Stadium: Bishan Stadium, Bishan, Singapore (6,254)

THE SQUAD		DOB	M	(s)	G
Goalkeepers:	Zaiful Nizam Abdullah	24.07.1987	14		
Defenders:	R. Aaravin	07.02.1995	7	(1)	1
	Gaye Sameer Alassane	24.12.2000	6	(4)	
	Ensar Brunčević (SRB)	13.02.1999	5		3
	Fadli Kamis	07.11.1992	11	(1)	
	Khalili Khalif	03.01.1997	3		
	Keshav Kumar	06.02.2001	4	(4)	
	Ahmad Syahir	10.04.1992	13		
	Jufri Taha	04.03.1985	2	(5)	
	Danish Uwais	10.10.1997	4		1
	Aiman Zavyan Zuraiddy	07.06.2002	1	(1)	
Midfielders:	Jordan Emaviwe	09.04.2001	4	(2)	
	Kristijan Krajček (CRO)	01.10.1993	13		3
	Aarish Kumar	19.05.1999	11	(1)	
	Elijah Lim	08.05.2001	4	(1)	
	Faizal Raffi	20.01.1996	2	(6)	
	Azizi Rahman	30.11.2000		(2)	
Forwards:	Hazzuwan Halim	02.02.1994	14		3
	Shuhei Hoshino (JPN)	19.12.1995	14		4
	Hai Ngee Yeo	12.01.1995	1	(7)	
	Syukri Noorhaizam	14.12.1999	1	(1)	
	Karthik Raj	01.08.1997	5	(3)	
	Zulfadhmi Suzliman	10.02.1996	4	(9)	
	Šime Žužul (CRO)	10.01.1996	11	(3)	6
Trainer:	Marko Kraljević (GER/CRO)	01.11.1965	14		

GEYLANG INTERNATIONAL FOOTBALL CLUB BEDOK

Year of Formation: 1973
Stadium: Our Tampines Hub Stadium, Tampines, Singapore (5,000)

THE SQUAD		DOB	M	(s)	G
Goalkeepers:	Wayne Chew	22.10.2001	1		
	Zainol Gulam	04.02.1992	4		
	Hairul Syirhan	21.08.1995	9	(2)	
Defenders:	Nurullah Hussein	09.05.1993	1		
	Yuki Ichikawa (JPN)	29.08.1987	14		
	Muhammad Harith Kanadi	01.08.2000	14		
	Adam Hakeem	17.03.1997	6	(1)	
	Shahrin Saberin	14.02.1995	5	(2)	1
	Kamolidin Tashiev (KGZ)	09.02.2000	3	(2)	
	Darren Teh	09.09.1996	14		1
Midfielders:	Umar Akhbar	02.05.1996	7	(2)	
	Noor Ariff	06.09.1998	2		
	Mohammad Firdaus Kasman	24.01.1988	13		
	Panagiotis Linardos (GRE)	08.07.1991	1	(1)	
	Barry Maguire (NED/IRL)	27.10.1989	13		3
	Joshua Pereira	10.10.1997	3		
	Azri Suhaili	12.07.2002	3		
	Safirul Sulaiman	12.10.1992	1	(4)	
Forwards:	Zikos Chua	15.04.2002	4	(2)	
	Fareez Farhan	29.07.1994	6	(4)	1
	Iqbal Hussain*	06.06.1993	4	(9)	2
	Nur Luqman	20.06.1998	9		
	Khairul Nizam	25.06.1991	5	(5)	4
	Amy Recha	13.05.1992	5	(7)	2
	Christopher van Huizen	28.11.1992	7	(5)	2
Trainer:	Mohd Noor Ali	16.05.1975	14		

HOUGANG UNITED FOOTBALL CLUB

Year of Formation: 1981
Stadium: Hougang Stadium, Hougang, Singapore (3,800)

THE SQUAD		DOB	M	(s)	G
Goalkeepers:	Ridhuan Barudin	23.03.1987	10		
	Khairulhin Khalid	18.07.1991	3		
	Daniel Ong	31.01.1989	1		
Defenders:	Zachary Michael Anderson (AUS)	30.04.1991	10		1
	Anders Aplin	21.06.1991	14		2
	Maksat Dzhakybaliev (KGZ)	18.02.2000	1	(6)	
	Nazrul Nazari	11.02.1991	13	(1)	
	Emmeric Ong	25.01.1991		(1)	
	Faiz Mohd Salleh	17.07.1992	1	(5)	
	Muhaimin Suhaimi	20.02.1995	3	(2)	
	Hafiz Sujad	01.11.1990	9	(2)	
	Lionel Tan	05.06.1997	11		
	Jordan Vestering	25.09.2000	3		1
Midfielders:	Naufal Azman	10.07.1998	3	(2)	
	Justin Hui	17.02.1998	3	(6)	1
	Anumanthan Mohan Kumar	14.07.1994	5	(2)	
	Fabian Kwok	17.03.1989	9	(4)	
	Charles William Hew Machell (ENG)	25.10.1994	7	(1)	2
	Afiq Noor	25.12.1993	9	(4)	
	Nikesh Singh Sidhu	24.02.1999	8	(1)	
Forwards:	Shawal Anuar	29.04.1991	9	(4)	4
	Muhammad Shahfiq Ghani	17.03.1992	4	(7)	1
	Daniel Martens	25.02.1999	2		
	Stipe Plazibat (CRO)	31.08.1989	3		5
	Sahil Suhaimi	08.07.1992	1	(3)	1
	Farhan Zulkifli	10.11.2002	12	(1)	1
Trainer:	Clement Teo		14		

LION CITY SAILORS FOOTBALL CLUB BISHAN

Year of Formation: 1945 (*as Police SA*); 1997 (*as Home United FC*)
Stadium: Bishan Stadium, Bishan, Singapore (6,254)

THE SQUAD		DOB	M	(s)	G
Goalkeepers:	Rudy Khairullah	19.07.1994	3		
	Hassan Sunny	02.04.1984	11		
Defenders:	Aqhari Abdullah	09.07.1991	10		
	Naqiuddin Eunos	12.01.1997	14		
	Ho Wai Loon	20.08.1993		(1)	
	Abdil Qaiyyim Mutalib	14.05.1989	6	(3)	
	Faizal Roslan	30.05.1995	1	(7)	
	Tajeli Salamat	07.02.1994	12	(2)	2
	Zulqarnaen Suzliman	29.03.1998	2		
	Kaishu Yamazaki (JPN)	12.07.1997	11	(2)	2
Midfielders:	Saifullah Akbar	31.01.1999	11		2
	Izzdin Shafiq	14.12.1990	3	(9)	
	Arshad Shamim	09.12.1999	7	(3)	2
	Song Ui-Young (KOR)	08.11.1993	11	(1)	9
	Shahdan Sulaiman	09.05.1988	11	(2)	2
Forwards:	Shahril Ishak	23.01.1984	5	(4)	3
	Hafiz Nor	22.08.1988	7	(7)	1
	Haiqal Pashia	29.11.1998	8	(1)	
	Gabriel Quak Jun Yi	22.12.1990	12	(2)	5
	Iqram Rifqi	25.02.1996		(1)	
	Andrew Pengelly (AUS)	19.07.1997	2		1
	Stipe Plazibat (CRO)	31.08.1989	7	(1)	9
	Adam Swandi	12.01.1996		(12)	4
Trainer:	Aurelio Vidmar (AUS)	03.02.1967	14		

TAMPINES ROVERS FOOTBALL CLUB

Year of Formation: 1945
Stadium: Our Tampines Hub Stadium, Tampines, Singapore (5,000)

THE SQUAD		DOB	M	(s)	G
Goalkeepers:	Syazwan Buhari	22.09.1992	14		
Defenders:	Muhammad Amirul Adli Azmi	13.01.1996	9	(3)	1
	Daniel Mark Bennett	07.01.1978	11	(1)	
	Baihakki Khaizan	31.01.1984	5	(3)	1
	Madhu Mohana	06.03.1991	6	(6)	1
	Ryaan Sanizal	31.05.2002	10		1
	Syahrul Sazali	03.06.1998	8		1
	Muhammad Irwan Shah Arismail	02.11.1988	7	(7)	
	Shannon Stephen	02.06.1994	2	(3)	
	Andrew Aw Yong Rei	29.03.2003	4		
Midfielders:	Huzaifah Aziz	26.07.1994	1	(6)	
	Muhammad Yasir Hanapi	21.06.1989	8	(1)	
	Hamizan Hisham	10.11.2001	2		
	Zehrudin Mehmedović (SRB)	15.03.1998	10	(3)	2
	Kyoga Nakamura (JPN)	25.04.1996	14		
	Nur Muhammad Shah Shahiran	14.11.1999	14		1
	Safirul Sulaiman	12.10.1992		(1)	
Forwards:	Joel Chew Joon Herng	09.02.2000	2		
	Boris Kopitović (MNE)	27.04.1995	14		9
	Fazrul Nawaz	17.04.1985		(4)	
	Danish Siregar	01.03.2003	2	(2)	
	Taufik Suparno	31.10.1995	1	(9)	3
	Jordan Westley Webb (CAN)	24.03.1988	10	(1)	7
Trainer:	Gavin Lee	08.09.1990	14		

TANJONG PAGAR UNITED FOOTBALL CLUB

Year of Formation: 1974
Stadium: Jurong Eat Stadium, Jurong East, Singapore (2,700)

THE SQUAD		DOB	M	(s)	G
Goalkeepers:	Mohammad Fashah Iskandar Rosedin	15.02.1995	4		
	Kenji Syed Rusydi	12.07.1998	10		
	Joey Sim Wei Zhi	02.03.1987		(1)	
Defenders:	Faritz Abdul Hameed	16.01.1990	9	(2)	
	Syabil Hisham	20.09.2002	10	(2)	
	Delwinder Singh	05.08.1992	9		
	Takahiro Tanaka (JPN)	22.11.1993	11	(1)	
	Yann Motta Pinto (BRA)	24.11.1999	13	(1)	2
Midfielders:	Raihan Abdul Rahman	07.02.1991	10	(1)	
	Ammirul Emmran	18.04.1995	9	(2)	
	Shodai Nishikawa (JPN)	21.09.1993	13		2
	Suhairi Sabri	23.04.1996	13	(1)	1
	Ribiyanda Saswadimata	05.02.1997	1	(1)	
Forwards:	Ignatius Ang	11.11.1992	4	(1)	
	Nashrul Amin	17.06.1997	11		
	Elfy Danish	15.10.2002	2		
	Zulkiffli Hassim	26.03.1986	3	(5)	
	Indera Iskandar	02.04.2003		(2)	
	Luiz Carlos Caetano de Azevedo Júnior (BRA)	23.04.1990	8	(6)	7
	Syahadat Masnawi	07.11.2001	3		
	Farihin Farkhan Nashir	26.04.1998	3	(5)	1
	Suria Prakash	23.12.1993	3	(11)	1
	Hadiputradila Saswadimata	05.02.2000	4	(3)	
	Julian Tan Jian Tang	11.10.1999	1		
Trainer:	Mohamad Hairil Bin Amin Hairi Suap		4		
[14.10.2020]	Hasrin Jailani	22.11.1975	10		

YOUNG LIONS FOOTBALL CLUB (Singapore U-23 Team)

Year of Formation: 2002
Stadium: Jurong Eat Stadium, Jurong East, Singapore (2,700)

	THE SQUAD	DOB	M	(s)	G
Goalkeepers:	Ridhwan Fikri Aban	29.04.1999	6		
	Nurshafiq Zaini	26.03.1999	8	(1)	
Defenders:	Syed Akmal	28.04.2000	11	(2)	
	Akmal Azman	21.11.2000	2	(2)	
	Akram Azman	21.11.2000	2		
	Danish Irfan Azman	10.03.1999	6	(3)	
	Danial Scott Crichton	11.03.2003	4	(1)	
	Amer Hakeem	08.11.1998	2	(2)	
	Sahffee Jubpre	31.03.2001	8	(2)	
	Shahib Masnawi	04.08.2000	5	(1)	
	Irfan Najeeb	31.07.1999	4	(2)	
Midfielders:	Jacob Mahler	20.04.2000	14		3
	Bill Mamadou	08.09.2001	2	(4)	
	Rezza Rezky Ramadhani	08.11.2000	2		
	Nor Hakim Redzuan	21.10.2000		(3)	
	Harhys Stewart	20.03.2001	10	(1)	
	Ryhan Stewart	15.02.2000	8	(2)	2
	Hami Syahin	16.11.1998	4	(1)	
	Zamani Zamri	31.05.2001	4	(3)	1
Forwards:	Nur Abdullah	13.04.2001	13		
	Idraki Adnan	13.03.1999	3	(4)	
	Abdul Rasaq Ishiekwene Akeem	16.06.2001	2		
	Ilhan Fandi	08.11.2002	5	(3)	2
	Amirul Haikal	11.10.1999	10	(1)	
	Fikri Junaidi	02.04.2000	1	(2)	
	Shahrulnizam Mazlan	05.09.2000	8	(2)	1
	Khairin Nadim	08.05.2004	8	(4)	3
	Marc Ryan Tan	08.01.2002	2	(7)	
Trainer:	Nazri Nasir	17.01.1971	14		

NATIONAL TEAM
INTERNATIONAL MATCHES 2020/2021

29.05.2021	Dubai	Afghanistan - Singapore	1-1(0-1)	(F)
03.06.2021	Riyadh	Palestine - Singapore	4-0(3-0)	(WCQ)
07.06.2021	Riyadh	Uzbekistan - Singapore	5-0(2-0)	(WCQ)
11.06.2021	Riyadh	Singapore - Saudi Arabia	0-3(0-0)	(WCQ)

29.05.2021, Friendly International
Jebel Ali Centre of Excellence, Dubai (United Arab Emirates); Attendance: 0
Referee: n/a
AFGHANISTAN - SINGAPORE   **1-1(0-1)**
SIN: Mohamad Izwan Mahbud, Muhammad Shakir Hamzah, Madhu Mohana, Muhammad Nazrul Ahmad Nazari, Irfan Fandi Ahmad, Anumanthan Mohan Kumar, Muhammad Yasir Hanapi, Mohammad Hafiz Mohd Nor, Gabriel Quak Jun Yi, Shahdan Sulaiman, Ilhan Fandi Ahmad (46.Muhammad Faris Ramli). Trainer: Tatsuma Yoshida (Japan).
Goal: Gabriel Quak Jun Yi (40).

03.06.2021, 22nd FIFA World Cup Qualifiers / AFC Qualifiers, Second Round
„King Fahd" International Stadium, Riyadh (Saudi Arabia); Attendance: 294
Referee: Mohammed Abdulla Hassan Mohamed (United Arab Emirates)
PALESTINE - SINGAPORE   **4-0(3-0)**
SIN: Mohamad Izwan Mahbud, Madhu Mohana, Muhammad Nazrul Ahmad Nazari (77.Zulqarnaen Suzliman), Muhammad Shakir Hamzah (88.Muhammad Hafiz Abu Sujad), Anumanthan Mohan Kumar, Irfan Fandi Ahmad, Shahdan Sulaiman, Gabriel Quak Jun Yi (46.Baihakki Khaizan), Muhammad Yasir Hanapi, Mohammad Hafiz Mohd Nor (65.Muhammad Saifullah Mohammad Akbar), Ilhan Fandi Ahmad (46.Muhammad Faris Ramli). Trainer: Tatsuma Yoshida (Japan).

07.06.2021, 22nd FIFA World Cup Qualifiers / AFC Qualifiers, Second Round
"King Fahd" International Stadium, Riyadh (Saudi Arabia); Attendance: 75
Referee: Ali Hasan Ebrahim Abdulnabi (Bahrain)
UZBEKISTAN - SINGAPORE   **5-0(2-0)**
SIN: Mohamad Izwan Mahbud, Baihakki Khaizan, Muhammad Hafiz Abu Sujad (29.Irfan Fandi Ahmad), Madhu Mohana (67.Zulqarnaen Suzliman), Muhammad Nazrul Ahmad Nazari (46.Muhammad Shawal Anuar), Muhammad Shakir Hamzah, Muhammad Zulfahmi Mohd Arifin (46.Muhammad Hami Syahin Said), Shahdan Sulaiman, Muhammad Yasir Hanapi, Muhammad Hazzuwan Muhammad Halim (73.Muhammad Saifullah Mohammad Akbar), Muhammad Faris Ramli. Trainer: Tatsuma Yoshida (Japan).

11.06.2021, 22nd FIFA World Cup Qualifiers / AFC Qualifiers, Second Round
King Saud University Stadium, Riyadh; Attendance: 4,879
Referee: Mohanad Qasim Eesee Sarray (Iraq)
SINGAPORE - SAUDI ARABIA   **0-3(0-0)**
SIN: Mohamad Izwan Mahbud, Muhammad Hafiz Abu Sujad (59.Mohammad Hafiz Mohd Nor), Madhu Mohana, Muhammad Nazrul Ahmad Nazari, Muhammad Zulfahmi Mohd Arifin (90+3.Anumanthan Mohan Kumar), Muhammad Amirul Adli Azmi (88.Baihakki Khaizan), Irfan Fandi Ahmad, Shahdan Sulaiman, Muhammad Yasir Hanapi (59.Muhammad Shawal Anuar), Muhammad Hami Syahin Said, Muhammad Faris Ramli (90+3.Muhammad Saifullah Mohammad Akbar). Trainer: Tatsuma Yoshida (Japan).

NATIONAL TEAM PLAYERS
2020/2021

Name	DOB	Club
Goalkeepers		
Mohamad Izwan MAHBUD	14.07.1990	Samut Prakan City FC (THA)
Defenders		
Muhammad Zulfahmi Mohd ARIFIN	05.10.1991	Samut Prakan City FC (THA)
Muhammad Amirul Adli AZMI	13.01.1996	Lion City Sailors FC
Irfan FANDI Ahmad	13.08.1997	Bangkok Glass Pathum United FC (THA)
Muhammad Shakir HAMZAH	10.10.1992	Persatuan Bola Sepak Perak (MAS)
Baihakki KHAIZAN	31.01.1984	Tampines Rovers FC
Madhu MOHANA	06.03.1991	Tampines Rovers FC
Muhammad Nazrul Ahmad NAZARI	11.02.1991	Hougang United FC
Zulqarnaen SUZLIMAN	19.03.1998	Lion City Sailors FC
Midfielders		
Muhammad Hafiz ABU SUJAD	01.11.1990	Hougang United FC
Muhammad Saifullah Mohammad AKBAR	31.01.1990	Lion City Sailors FC
Muhammad Yasir HANAPI	21.06.1989	Tampines Rovers FC
Anumanthan Mohan KUMAR	14.07.1994	Persatuan Bola Sepak Kedah (MAS)
Mohammad Hafiz Mohd NOR	22.08.1988	Lion City Sailors FC
Muhammad Faris RAMLI	24.08.1992	Lion City Sailors FC
Shahdan SULAIMAN	09.05.1988	Lion City Sailors FC
Muhammad Hami SYAHIN Said	16.12.1998	Young Lions FC
Forwards		
Muhammad Shawal ANUAR	29.04.1991	Hougang United FC
Ilhan FANDI Ahmad	08.11.2002	Young Lions FC
Muhammad Hazzuwan Muhammad HALIM	02.02.1994	Balestier Khalsa FC
Gabriel QUAK Jun Yi	22.12.1990	Lion City Sailors FC
National coaches		
Tatsuma YOSHIDA (Japan) [from 30.05.2019]		09.06.1974

SRI LANKA

The Country:
Democratic Socialist Republic of Sri Lanka
Capital: Sri Jayawardenapura Kotte
Surface: 65,610 km²
Population: 21,803,000 [2019]
Time: UTC+5.30

The FA:
Football Federation of Sri Lanka
Football House 100/9 Independence Avenue
Colombo 07
Year of Formation: 1939
Member of FIFA since: 1952
Member of AFC since: 1954

NATIONAL TEAM RECORDS

First international match: 01.01.1952, Colombo: Ceylon* – India 0-2
Most international caps: Channa Ediri Bandanage – 64 caps (1999-2009)
Most international goals: Kasun Nadika Jayasuriya – 27 goals / 48 caps (2000-2009)

*Sri Lanka was known until 1972 as Ceylon.

NATIONAL TEAM COMPETITIONS:

ASIAN NATIONS CUP	
1956	Did not enter
1960	Did not enter
1964	Did not enter
1968	Did not enter
1972	Qualifiers
1976	Did not enter
1980	Qualifiers
1984	Qualifiers
1988	Did not enter
1992	Did not enter
1996	Qualifiers
2000	Qualifiers
2004	Qualifiers
2007	*Withdrew*
2011	Qualifiers
2015	Qualifiers
2019	Qualifiers

FIFA WORLD CUP	
1930	Did not enter
1934	Did not enter
1938	Did not enter
1950	Did not enter
1954	Did not enter
1958	Did not enter
1962	Did not enter
1966	Did not enter
1970	Did not enter
1974	*Withdrew*
1978	*Withdrew*
1982	Did not enter
1986	Did not enter
1990	Did not enter
1994	Qualifiers
1998	Qualifiers
2002	Qualifiers
2006	Qualifiers
2010	Qualifiers
2014	Qualifiers
2018	Qualifiers

F.I.F.A. CONFEDERATIONS CUP 1992-2017

None

OLYMPIC FOOTBALL TOURNAMENTS 1908-2016

1908	-	1948	-	1972	Qualifiers*	1996	-
1912	-	1952	-	1976	-	2000	Qualifiers
1920	-	1956	-	1980	Qualifiers	2004	Qualifiers
1924	-	1960	-	1984	-	2008	-
1928	-	1964	Qualifiers*	1988	-	2012	Qualifiers
1936	-	1968	Qualifiers*	1992	Qualifiers	2016	Qualifiers

*as Ceylon

AFC CHALLENGE CUP 2006-2014		SOUTH ASIAN FEDERATION GAMES 1984-2016		SOUTH ASIAN FOOTBALL FEDERATION CHAMPIONSHIP 1993-2018	
2006	Runners-up	1984	-	1993	Runners-up
2008	Group Stage	1985	-	1995	**Winners**
2010	Group Stage	1987	-	1997	4th Place
2012	Qualifiers	1989	Group Stage	1999	Group Stage
2014	Qualifiers	1991	Group Stage	2003	Group Stage
		1993	3rd Place	2005	Group Stage
		1995	3rd Place	2008	Semi-Finals
		1999	Group Stage	2009	Semi-Finals
		2004	3rd Place	2011	Group Stage
		2006	Runners-up	2013	Group Stage
		2010	Group Stage	2015	Semi-Finals
		2016	Group Stage	2018	Group Stage

AFC SOLIDARITY CUP 2016	
2016	Group Stage

SRI LANKAN CLUB HONOURS IN ASIAN CLUB COMPETITIONS:

AFC Champions League 1967-1971 & 1985/1986-2020
None
Asian Football Confederation Cup 2004-2020
None
AFC President's Cup 2005-2014*
None
Asian Cup Winners Cup 1975-2003*
None
Asian Super Cup 1995-2002*
None

*defunct competitions

NATIONAL COMPETITIONS
TABLE OF HONOURS

FA Cup winners before 1985:
1948: Sunrise SC Colombo; 1949: Saunders SC Colombo; 1951: Sunrise SC Colombo; 1952: Saunders SC Colombo; 1954: Saunders SC Colombo; 1955: Saunders SC Colombo; 1960: Saunders SC Colombo; 1960: Army SC Colombo; 1963: Saunders SC Colombo; 1964: Saunders SC Colombo; 1967: Sunrise SC Colombo; 1967: Victory SC Colombo; 1969: Colombo Municipal Council SC; 1971: Colombo Municipal Council SC; 1972: Colombo Municipal Council SC; 1973: Colombo Municipal Council SC; 1982: Saunders SC Colombo; 1983/84: Saunders SC Colombo.

	CHAMPIONS	CUP WINNERS
1985	Saunders SC Colombo	Saunders SC Colombo
1986	Saunders SC Colombo	Air Force SC Colombo
1987	Saunders SC Colombo	Renown SC Colombo
1988	Old Benedictans SC Colombo	Saunders SC Colombo
1989	Saunders SC Colombo	Renown SC Colombo
1990	Renown SC Colombo	Renown SC Colombo
1991	Saunders SC Colombo	York SC Kandy
1992	Saunders SC Colombo	Saunders SC Colombo
1993	Renown SC Colombo	Saunders SC Colombo
1994	Renown SC Colombo	Renown SC Colombo
1995	Pettah United SC	Renown SC Colombo
1996	Saunders SC Colombo	Old Benedictans SC Colombo
1997	Saunders SC Colombo	Saunders SC Colombo
1997/1998	Ratnam SC Colombo	*Not known*
1998/1999	Saunders SC Colombo	Saunders SC Colombo
1999/2000	Ratnam SC Colombo	Ratnam SC Colombo
2000/2001	Saunders SC Colombo	Saunders SC Colombo
2001/2002	Saunders SC Colombo	*Not known*
2002/2003	Negombo Youth SC	Renown SC Colombo
2003	Blue Star SC Kalutara	-
2004/2005	Saunders SC Colombo	Ratnam SC Colombo
2005/2006	Negombo Youth SC	Ratnam SC Colombo
2006/2007	Ratnam SC Colombo	Negombo Youth SC
2007/2008	Ratnam SC Colombo	Police SC Colombo
2008/2009	Army SC Colombo	Ratnam SC Colombo
2009/2010	Renown SC Colombo	Navy SC Colombo
2010/2011	Don Bosco SC Negombo	Army SC Colombo
2011/2012	Ratnam SC Colombo	Navy SC Colombo
2013	Air Force SC Colombo	Army SC Colombo
2014/2015	Solid SC Anuradhapura	Colombo FC
2015/2016	Colombo FC	Army SC Colombo
2016/2017	Colombo FC	Army SC Colombo
2017/2018	Colombo FC	Army SC Colombo
2018/2019	Defenders FC Homagama	*No competition*
2019/2020	*Championship not held*	Police SC Colombo
2021	*Championship not yet finished*	

		NATIONAL CHAMPIONSHIP		
		Super League 2021		

The inaugural edition, with 10 teams, was several times postponed and eventually started on 19.04.2021. Details will be presented in next year's yearbook.

		NATIONAL TEAM		
		INTERNATIONAL MATCHES 2020/2021		

03.06.2021	Goyang	Korea D.P.R. - Sri Lanka	cancelled	(WCQ)
07.06.2021	Goyang	Lebanon - Sri Lanka	3-2(3-1)	(WCQ)
11.06.2021	Goyang	Sri Lanka - Korea Republic	0-5(0-3)	(WCQ)

03.06.2021, 22nd FIFA World Cup Qualifiers / AFC Qualifiers, Second Round
Goyang Stadium, Goyang (Korea Republic)
KOREA D.P.R. - SRI LANKA **cancelled**
Korea D.P.R. withdrew from the qualifying round.

07.06.2021, 22nd FIFA World Cup Qualifiers / AFC Qualifiers, Second Round
Goyang Stadium, Goyang (Korea Republic); Attendance: 73
Referee: Ahmad Yacoub Ibrahim (Jordan)
LEBANON - SRI LANKA **3-2(3-1)**
SRI: Weerasinghe Sinnath Thommelage Don Sujan Perera, Marvin Hamilton-Omlade, Charitha Bandara Rathnayake Bammanne Mudiyanselage (68.Chamod Dilshan Unkiri Hettige Don), Asikur Rahuman Mohamed Alawadeen, Chalana Chameera Migalahandige (90+2.Chathuranga Sanjeewa Madushan), Amarasinghe Arachchilage Sunil Roshan Appuhamy (46.Niculas Harsha Fernando Kurukulasuriya), Jude Supan Sebamalalainayakam, Yogendran Duckson Puslas, Ahmed Waseem Razeek, Landa Hewage Kavindu Ishan (68.Mohamed Aakib Mohamed Faizal), Mohamed Nazeer Mohamed Fazal (51.Dillon Senan De Silva). Trainer: Amir Alagić (Bosnia and Herzegovina).
Goals: Ahmed Waseem Razeek (10, 61 penalty).

11.06.2021, 22nd FIFA World Cup Qualifiers / AFC Qualifiers, Second Round
Goyang Stadium, Goyang; Attendance: 4,008
Referee: Shen Yinhao (China P.R.)
SRI LANKA - KOREA REPUBLIC **0-5(0-3)**
SRI: Weerasinghe Sinnath Thommelage Don Sujan Perera, Marvin Hamilton-Omlade, Niculas Harsha Fernando Kurukulasuriya (67.Amarasinghe Arachchilage Sunil Roshan Appuhamy), Chamod Dilshan Unkiri Hettige Don, Asikur Rahuman Mohamed Alawadeen [*sent off 57*], Chalana Chameera Migalahandige, Jude Supan Sebamalalainayakam (88.Mohamed Aakib Mohamed Faizal), Yogendran Duckson Puslas, Dillon Senan De Silva (55.Mohamed Nazeer Mohamed Fazal), Landa Hewage Kavindu Ishan (67.Chathuranga Sanjeewa Madushan), Ahmed Waseem Razeek. Trainer: Amir Alagić (Bosnia and Herzegovina).

NATIONAL TEAM PLAYERS
2020/2021

Name	DOB	Club
Goalkeepers		
Weerasinghe Sinnath Thommelage Don Sujan PERERA	18.07.1992	*Up Country Lions SC Nawalapitiya*
Defenders		
Amarasinghe Arachchilage Sunil Roshan APPUHAMY	06.07.1993	*Defenders FC Homagama*
Chalana CHAMEERA Migalahandige	10.01.1993	*Navy Sea Hawks FC Welisara*
Chamod DILSHAN Unkiri Hettige Don	11.03.1997	*Colombo FC*
Marvin HAMILTON-OMLADE	08.10.1988	*Whitehawk FC (ENG)*
Niculas Harsha Fernando KURUKULASURIYA	21.11.1992	*Air Force SC Colombo*
Yogendran Duckson PUSLAS	04.04.1990	*TC Sports Malé (MDV)*
Charitha Bandara RATHNAYAKE Bammanne Mudiyanselage	26.12.1993	*Pelicans SC Kurunegala*
Jude SUPAN Sebamalalainayakam	30.07.1998	*Renown SC Colombo*
Midfielders		
Asikur Rahuman Mohamed ALAWADEEN	31.12.1993	*Pelicans SC Kurunegala*
Dillon Senan DE SILVA	18.04.2002	*Queens Park Rangers FC London (ENG)*
Landa Hewage Kavindu ISHAN	17.10.1992	*Up Country Lions SC Nawalapitiya*
Chathuranga Sanjeewa MADUSHAN	09.08.1993	*Navy Sea Hawks FC Welisara*
Forwards		
Mohamed AAKIB Mohamed Faizal	26.06.2000	*Renown SC Colombo*
Mohamed Nazeer Mohamed FAZAL	10.04.1990	*Blue Star SC Kalutara*
Ahmed Waseem RAZEEK	13.09.1994	*Up Country Lions SC Nawalapitiya*
National coaches		
Amir ALAGIĆ (Bosnia and Herzegovina) [from 18.02.2020]		05.03.1960

SYRIA

	The Country:
	Al-Jumhūriyyah al-Arabiyyah as-Sūriyyah (Syrian Arab Republic)
	Capital: Damascus
	Surface: 185,180 km²
	Population: 17,500,657 [2020]
	Time: UTC+3
	Independent since: 1946
	The FA:
	Syrian Arab Federation for Football
	Al Faihaa Sports Complex, P.O.Box. 421, Damascus
	Year of Formation: 1936
	Member of FIFA since: 1937
	Member of AFC since: 1970

NATIONAL TEAM RECORDS

First international match: 20.11.1949: Ankara: Turkey - Syria 7-0
Most international caps: Maher Al Sayed – 106 caps (1999-2013)
Most international goals: Firas Mohamad Al Khatib – 36 goals / 72 goals (2001-2019)

NATIONAL TEAM COMPETITIONS:

ASIAN NATIONS CUP		FIFA WORLD CUP	
1956	Did not enter	1930	Did not enter
1960	Did not enter	1934	Did not enter
1964	Did not enter	1938	Did not enter
1968	Did not enter	1950	*Withdrew*
1972	Did not enter	1954	Did not enter
1976	*Withdrew*	1958	Qualifiers
1980	Final Tournament (Group Stage)	1962	Did not enter
1984	Final Tournament (Group Stage)	1966	*Withdrew*
1988	Final Tournament (Group Stage)	1970	Did not enter
1992	Qualifiers	1974	Qualifiers
1996	Final Tournament (Group Stage)	1978	*Withdrew*
2000	Qualifiers	1982	Qualifiers
2004	Qualifiers	1986	Qualifiers
2007	Qualifiers	1990	Qualifiers
2011	Final Tournament (Group Stage)	1994	Qualifiers
2015	Qualifiers	1998	Qualifiers
2019	Final Tournament (Group Stage)	2002	Qualifiers
		2006	Qualifiers
		2010	Qualifiers
		2014	*Disqualified*
		2018	Qualifiers

F.I.F.A. CONFEDERATIONS CUP 1992-2017

None

OLYMPIC FOOTBALL TOURNAMENTS 1908-2016								
1908	-	1948	-	1972	Qualifiers	1996	Qualifiers
1912	-	1952	-	1976	-	2000	Qualifiers
1920	-	1956	-	1980	Group Stage	2004	Qualifiers
1924	-	1960	-	1984	Qualifiers	2008	Qualifiers
1928	-	1964	-	1988	Qualifiers	2012	Qualifiers
1936	-	1968	-	1992	Qualifiers	2016	Qualifiers

ASIAN GAMES 1951-2014		WEST ASIAN CHAMPIONSHIP 2000-2019		WEST ASIAN GAMES 1997-2005	
1951	-	2000	Runners-up	1997	-
1954	-	2002	4th Place	2002	Runners-up
1958	-	2004	Runners-up	2005	Runners-up
1962	-	2007	Semi-Finals		
1966	-	2008	Semi-Finals		
1970	-	2010	Group Stage		
1974	-	2012	**Winners**		
1978	-	2014	*Withdrew*		
1982	Group Stage	2019	Group Stage		
1986	-				
1990	-				
1994	-				
1998	-				
2002	-				
2006	Group Stage				
2010	-				
2014	-				

SYRIAN CLUB HONOURS IN ASIAN CLUB COMPETITIONS:

AFC Champions League 1967-1971 & 1985/1986-2020		
None		
Asian Football Confederation Cup 2004-2020		
Al-Jaish Damascus	1	2004
Al Ittihad Aleppo	1	2010
AFC President's Cup 2005-2014*		
None		
Asian Cup Winners Cup 1975-2003*		
None		
Asian Super Cup 1995-2002*		
None		

defunct competitions

OTHER CLUB COMPETITIONS:

Arab Champions Cup / Arab Champions League 1982-2019
None
Arab Cup Winners Cup 1989-2002*
None
Arab Super Cup 1992-2002*
None

*defunct competition

NATIONAL COMPETITIONS
TABLE OF HONOURS

	CHAMPIONS	CUP WINNERS
1959/1960	-	Al-Ahly SC Cairo (EGY)
1960/1961	-	No competition
1961/1962	-	Rmeilan
1962/1963	-	No competition
1963/1964	-	Al Yarmouk Aleppo
1964/1965	-	No competition
1965/1966	-	Al Ahly Aleppo
1966/1967	Al Ahly Aleppo[1]	Al Shorta Damascus
1967/1968	Al Ahly Aleppo	Al Shorta Damascus
1968/1969	Barada Damascus	Rmeilan
1969/1970	Barada Damascus	Maghazel
1970/1971	No competition	No competition
1971/1972	No competition	No competition
1972/1973	Al Jaish SC Damascus	Al Ittihad Aleppo
1973/1974	No competition	No competition
1974/1975	Al Karamah SC Homs	No competition
1975/1976	Al Jaish SC Damascus	No competition
1976/1977	Al Ittihad Aleppo	No competition
1977/1978	No competition	Al Majd Damascus
1978/1979	Al Jaish SC Damascus	No competition
1979/1980	Al Shorta Damascus	Al Shorta Damascus
1980/1981	No competition	Al Shorta Damascus
1981/1982	Teshrin SC Latakia	Al Ittihad Aleppo
1982/1983	Al Karamah SC Homs	Al Karamah SC Homs
1983/1984	Al Karamah SC Homs	Al Ittihad Aleppo
1984/1985	Al Jaish SC Damascus	Al Ittihad Aleppo
1985/1986	Al Jaish SC Damascus	Al Jaish SC Damascus
1986/1987	Jableh SC	Al Karamah SC Homs
1987/1988	Jableh SC	Al Futowa Deir ez-Zor
1988/1989	Jableh SC	Al Futowa Deir ez-Zor
1989/1990	Al Futowa Deir ez-Zor	Al Futowa Deir ez-Zor
1990/1991	Al Futowa Deir ez-Zor	Al Futowa Deir ez-Zor
1991/1992	Al Horriya Aleppo	Al Horriya Aleppo
1992/1993	Al Ittihad Aleppo	Al Wahda SC Damascus
1993/1994	Al Horriya Aleppo	Al Ittihad Aleppo
1994/1995	Al Ittihad Aleppo	Al Karamah SC Homs
1995/1996	Al Karamah SC Homs	Al Karamah SC Homs

1996/1997	Teshrin SC Latakia	Al Jaish SC Damascus
1997/1998	Al Jaish SC Damascus	Al Jaish SC Damascus
1998/1999	Al Jaish SC Damascus	Jableh SC
1999/2000	Jableh SC	Al Jaish SC Damascus
2000/2001	Al Jaish SC Damascus	Hutteen SC Latakia
2001/2002	Al Jaish SC Damascus	Al Jaish SC Damascus
2002/2003	Al Jaish SC Damascus	Al Wahda SC Damascus
2003/2004	Al Wahda SC Damascus	Al Jaish SC Damascus
2004/2005	Al Ittihad Aleppo	Al Ittihad Aleppo
2005/2006	Al Karamah SC Homs	Al Ittihad Aleppo
2006/2007	Al Karamah SC Homs	Al Karamah SC Homs
2007/2008	Al Karamah SC Homs	Al Karamah SC Homs
2008/2009	Al Karamah SC Homs	Al Karamah SC Homs
2009/2010	Al Jaish SC Damascus	Al Karamah SC Homs
2010/2011	No competition	Al Ittihad Aleppo
2011/2012	Al Shorta Damascus	Al Wahda SC Damascus (*title awarded*)
2012/2013	Al Jaish SC Damascus	Al Wahda SC Damascus
2013/2014	Al Wahda SC Damascus	Al Jaish SC Damascus
2014/2015	Al Jaish SC Damascus	Al Wahda SC Damascus
2015/2016	Al Jaish SC Damascus	Al Wahda SC Damascus
2016/2017	Al Jaish SC Damascus	Al Wahda SC Damascus
2017/2018	Al Jaish SC Damascus	Al Jaish SC Damascus
2018/2019	Al Jaish SC Damascus	Al Wathba SC Homs
2019/2020	Tishreen SC Latakia	Al Wahda SC Damascus
2020/2021	Tishreen SC Latakia	Jableh Sporting Club

[1] became later Al Ittihad Aleppo.

NATIONAL CHAMPIONSHIP
Syrian Premier League 2020/2021

1. **Tishreen SC Latakia**	26	18	5	3	42	-	16	59
2. Al Jaish SC Damascus	26	17	6	3	45	-	19	57
3. Al Karamah SC Homs	26	14	10	2	28	-	14	52
4. Al Wahda SC Damascus	26	12	11	3	37	-	18	47
5. Hutteen Sporting Club Latakia	26	13	6	7	33	-	18	45
6. Al Taliya SC Hama	26	8	12	6	31	-	25	36
7. Jableh Sporting Club	26	6	11	9	36	-	41	29
8. Al Ittihad SC Aleppo	26	7	8	11	22	-	28	29
9. Al Shorta SC Damascus	26	6	9	11	24	-	36	27
10. Al Wathba SC Homs	26	5	11	10	18	-	25	26
11. Al Fotuwa SC Deir ez-Zor	26	5	9	12	20	-	29	24
12. Al Horgelah SC	26	5	8	13	21	-	34	23
13. Al Sahel SC Tartus (*Relegated*)	26	3	8	15	19	-	46	17
14. Al Hurriya SC Aleppo (*Relegated*)	26	3	6	17	16	-	43	15

Best goalscorer 2020/2021:
Mahmoud Al Baher (Jableh Sporting Club) – 22 goals

Promoted for the 2021/2022 season:
Afrin SC, Al Nawair SC Hama

NATIONAL CUP
Syrian Cup Final 2020/2021

05.05.2021
Jableh Sporting Club - Hutteen Sporting Club Latakia　　　　　　0-0; 6-5 pen

THE CLUBS

AL FOTUWA SPORTS CLUB DEIR EZ-ZOR
Year of Formation: 1950
Stadium: Deir ez-Zor Stadium, Deir ez-Zor (13,000)

AL HORGELAH SPORTS CLUB
Year of Formation: 2015
Stadium: Municipal Stadium / Al Jalaa Stadium, Al Horjelah / Damascus (n/a / 10,000)

AL HURRIYA SPORTS CLUB ALEPPO
Year of Formation: 1952
Stadium: 7 April Stadium, Aleppo (12,000)

AL ITTIHAD SPORTS CLUB ALEPPO
Year of Formation: 1949
Stadium: 7 April Stadium, Aleppo (12,000)

AL JAISH SPORTS CLUB DAMASCUS
Year of Formation: 1947
Stadium: Al-Fayhaa Stadium, Damascus (15,000)

AL KARAMAH SPORTS CLUB HOMS
Year of Formation: 1928
Stadium: „Khaled bin Walid" Stadium, Homs (35,000)

AL SAHEL SPORT CLUB TARTUS
Year of Formation: 1971
Stadium: Tartus Sports Arena Stadium, Tartus (8,000)

AL SHORTA SPORTS CLUB DAMASCUS
Year of Formation: 1947
Stadium: Tishreen Stadium, Damascus (12,000)

AL TALIYA SPORTS CLUB HAMA
Year of Formation: 1941
Stadium: Hama Municipal Stadium, Hama (22,000)

AL WAHDA SPORTS CLUB DAMASCUS
Year of Formation: 1928
Stadium: Al-Fayhaa Stadium, Damascus (15,000)

AL WATHBA SPORTS CLUB HOMS
Year of Formation: 1938
Stadium: „Khaled bin Walid" Stadium, Homs (35,000)

HUTTEEN SPORTING CLUB LATAKIA
Year of Formation: 1945
Stadium: "Al Assad" Stadium, Latakia (28,000)

JABLEH SPORTING CLUB
Year of Formation: 1958
Stadium: Al Baath Stadium, Jableh (10,000)

TISHREEN SPORTS CLUB LATAKIA
Year of Formation: 1947
Stadium: "Al-Assad" Stadium, Latakia (20,000)

NATIONAL TEAM
INTERNATIONAL MATCHES 2020/2021

12.11.2020	Sharjah	Syria - Uzbekistan	1-0(0-0)	(F)
16.11.2020	Sharjah	Syria - Jordan	0-1(0-1)	(F)
25.03.2021	Riffa	Bahrain - Syria	3-1(2-1)	(F)
30.03.2021	Tehran	Iran - Syria	3-0(2-0)	(F)
04.06.2021	Sharjah	Maldives - Syria	0-4(0-3)	(WCQ)
07.06.2021	Sharjah	Guam - Syria	0-3(0-2)	(WCQ)
15.06.2021	Sharjah	China P.R. - Syria	3-1(1-0)	(WCQ)

12.11.2020, Friendly International
"Khalid bin Mohammed" Stadium, Sharjah (United Arab Emirates); Attendance: 0
Referee: Omar Mohamed Al Ali (United Arab Emirates)
SYRIA - UZBEKISTAN   **1-0(0-0)**
SYR: Ibrahim Rafik Almeh, Mohamad Fares Arnaout, Omar Al Midani (46.Yosief Mohammad), Yousef Al Hamawi [*sent off 52*], Moayad Samir Al Ajaan (67.Khaled Kurdaghli), Mohammed Osman (62.Mohammad Anaz), Maher Daaboul (46.Ward Al Salama), Kamel Hameesha, Aias Aosman (46.Mardig Kevork Mardigian), Mahmoud Al Mawas, Alaa-Aldin Yasin Dali (73.Mohammad Al Marmour). Trainer: Nabil Maâloul (Tunisia).
Goal: Mahmoud Al Mawas (48).

16.11.2020, Friendly International
"Khalid bin Mohammed" Stadium, Sharjah (United Arab Emirates); Attendance: 0
Referee: Omar Mohamed Al Ali (United Arab Emirates)
SYRIA - JORDAN   **0-1(0-1)**
SYR: Taha Mosa, Mohamad Fares Arnaout, Yosief Mohammad, Khaled Kurdaghli (46.Mohammad Al Marmour), Omar Al Midani (75.Mohamad Rihanieh), Mahmoud Al Mawas (46.Moayad Samir Al Ajaan), Kamel Hameesha, Aias Aosman (46.Mardig Kevork Mardigian), Mohammad Anaz, Ward Al Salama, Alaa-Aldin Yasin Dali. Trainer: Nabil Maâloul (Tunisia).

25.03.2021, Friendly International
Bahrain National Stadium, Riffa; Attendance: 0
Referee: Khalid Marhoun Al Shaqsi (Oman)
BAHRAIN - SYRIA 3-1(2-1)
SYR: Taha Mosa, Moayad Samir Al Ajaan (46.Mohamad Al Hallak), Mohamad Fares Arnaout, Omar Al Midani, Yosief Mohammad, Mohammad Al Marmour (46.Moumen Naji), Mahmoud Al Mawas (78.Ward Al Salama), Aias Aosman, Kamel Hameesha (64.Mohammad Anaz), Mohammed Osman (76.Mardig Kevork Mardigian), Abdalrahman Barakat (64.Mohamad Rihanieh). Trainer: Nabil Maâloul (Tunisia).
Goal: Mohammed Osman (32 penalty).

30.03.2021, Friendly International
Azadi Stadium, Tehran; Attendance: 0
Referee: Mooud Bonyadifard (Iran)
IRAN - SYRIA 3-0(2-0)
SYR: Ibrahim Rafik Almeh, Moayad Samir Al Ajaan (63.Yosief Mohammad), Mohamad Fares Arnaout, Omar Al Midani (69.Amro Jenyat), Yousef Al Hamawi, Mohammed Osman (86.Mohammad Al Marmour), Thaer Sami Krouma, Kamel Hameesha (56.Ahmad Ashkar), Mohammad Anaz (86.Mohamad Rihanieh), Mahmoud Al Mawas (78.Mohamad Al Hallak), Abdalrahman Barakat. Trainer: Nabil Maâloul (Tunisia).

04.06.2021, 22nd FIFA World Cup Qualifiers / AFC Qualifiers, Second Round
Sharjah Stadium, Sharjah (United Arab Emirates); Attendance: 0
Referee: Ammar Ali Abdulla Al Jeneibi (United Arab Emirates)
MALDIVES - SYRIA 0-4(0-3)
SYR: Ibrahim Rafik Almeh, Moayad Samir Al Ajaan [*sent off 85*], Mohamad Fares Arnaout (46.Yosief Mohammad), Omar Al Midani, Hussein Abdullah Al Jwayed (66.Yousef Al Hamawi), Thaer Sami Krouma, Aias Aosman, Mahmoud Al Mawas (87.Mohamad Rihanieh), Mohammad Anaz (66.Kamel Hameesha), Mohamad Al Hallak, Alaa-Aldin Yasin Dali (46.Mardig Kevork Mardigian). Trainer: Nabil Maâloul (Tunisia).
Goals: Mahmoud Al Mawas (29), Aias Aosman (34 penalty), Mahmoud Al Mawas (45 penalty, 72 penalty).

07.06.2021, 22nd FIFA World Cup Qualifiers / AFC Qualifiers, Second Round
Sharjah Stadium, Sharjah (United Arab Emirates); Attendance: 0
Referee: Khalid Al Turais (Saudi Arabia)
GUAM - SYRIA 0-3(0-2)
SYR: Taha Mosa, Yousef Al Hamawi, Yosief Mohammad, Khaled Kurdaghli (58.Hussein Abdullah Al Jwayed), Mohamad Fares Arnaout, Mohamad Rihanieh (74.Osama Omari), Thaer Sami Krouma, Kamel Hameesha, Simon Amin (46.Mahmoud Al Mawas), Ward Al Salama (63.Alaa-Aldin Yasin Dali), Mardig Kevork Mardigian (63.Mohamad Al Hallak). Trainer: Nabil Maâloul (Tunisia).
Goals: Mardig Kevork Mardigian (6, 9), Mahmoud Al Mawas (84).

15.06.2021, 22nd FIFA World Cup Qualifiers / AFC Qualifiers, Second Round
Sharjah Stadium, Sharjah (United Arab Emirates); Attendance: 0
Referee: Muhammad Taqi Aljaafari Bin Jahari (Singapore)
CHINA P.R. - SYRIA 3-1(1-0)
SYR: Ibrahim Rafik Almeh, Moayad Samir Al Ajaan (88.Khaled Kurdaghli), Mohamad Fares Arnaout, Omar Al Midani, Yousef Al Hamawi (77.Osama Omari), Thaer Sami Krouma (46.Yosief Mohammad), Kamel Hameesha (71.Mohamad Al Hallak), Aias Aosman (88.Ward Al Salama), Mohammad Anaz, Mahmoud Al Mawas, Alaa-Aldin Yasin Dali. Trainer: Nabil Maâloul (Tunisia).
Goal: Aias Aosman (50).

NATIONAL TEAM PLAYERS 2020/2021

Name	DOB	Club
Goalkeepers		
Ibrahim Rafik ALMEH	18.10.1991	Al Horgelah SC
Taha MOSA	24.05.1987	Al Wahda SC Damascus
Defenders		
Moayad Samir AL AJAAN	16.02.1993	Al Wahda SC Damascus
Yousef AL HAMAWI	01.02.1997	Al Jaish SC Damascus
Hussein Abdullah AL JWAYED	1993	Hutteen Sporting Club Latakia
Omar AL MIDANI	26.01.1994	Al Ittihad Alexandria Club (EGY)
Mohamad Fares ARNAOUT	31.01.1997	Al Jaish SC Damascus
Amro JENYAT	15.01.1993	Al Karamah SC Homs
Khaled KURDAGHLI	31.01.1997	Tishreen SC Latakia
Yosief MOHAMMAD	01.07.1999	Al Wahda SC Damascus
Midfielders		
Mohammad AL MARMOUR	17.09.1995	Tishreen SC Latakia
Mahmoud AL MAWAS	30.11.1992	Umm-Salal SC (QAT); 24.11.2020-> FC Botoşani (ROU)
Ward AL SALAMA	15.07.1994	Al-Bukayriyah FC (KSA)
Simon AMIN	13.11.1997	Trelleborgs FF (SWE)
Mohammad ANAZ	14.05.1995	Al Ittihad SC Aleppo
Aias AOSMAN	21.10.1994	AFC Hermannstadt (ROU)
Ahmad ASHKAR	12.12.1996	Hutteen Sporting Club Latakia
Abdalrahman BARAKAT	1998	Al Muharraq Sports Club (BHR)
Maher DAABOUL	04.12.1993	Al Wathba SC Homs
Kamel HAMEESHA	23.07.1998	Tishreen SC Latakia
Thaer Sami KROUMA	02.02.1990	Tishreen SC Latakia
Moumen NAJI	09.10.1996	Al Jaish SC Damascus
Osama OMARI	10.01.1992	Al Wahda SC Damascus
Mohammed OSMAN	1994	Al Kharaitiyat SC Al Khor (QAT)
Mohamad RIHANIEH	26.12.2001	Al Ittihad SC Aleppo
Forwards		
Mohamad AL HALLAK	1999	Al Wahda SC Damascus
Alaa-Aldin Yasin DALI	03.01.1997	Al Arabi SC Kuwait City (KUW)
Mardig Kevork MARDIGIAN	14.03.1992	Hutteen Sporting Club Latakia
National coaches		
Nabil MAALOUL (Tunisia) [11.03.2020 - 26.06.2021]		25.12.1962

TAJIKISTAN

	The Country:
	Jumhurii Tojikiston (Republic of Tajikistan)
	Capital: Dushanbe
	Surface: 143,100 km²
	Population: 9,537,645 [2020]
	Time: UTC+5
	Independent since: 1991
	The FA:
	Tajikistan National Football Federation
	14/3 Ayni Street
	734025 Dushanbe City
	Year of Formation: 1936
	Member of FIFA since: 1994
	Member of AFC since: 1994

NATIONAL TEAM RECORDS

First international match: 17.06.1992, Dushanbe: Tajikistan - Uzbekistan 2-2
Most international caps: Fatkhullo Fatkhuloev – 68 caps (since 2007)
Most international goals: Manuchekhr Jalilov – 19 goals / 38 caps (since 2011)

NATIONAL TEAM COMPETITIONS:

ASIAN NATIONS CUP		FIFA WORLD CUP	
1956	-	1930	Did not enter
1960	-	1934	Did not enter
1964	-	1938	Did not enter
1968	-	1950	Did not enter
1972	-	1954	Did not enter
1976	-	1958	Did not enter
1980	-	1962	Did not enter
1984	-	1966	Did not enter
1988	-	1970	Did not enter
1992	-	1974	Did not enter
1996	Qualifiers	1978	Did not enter
2000	Qualifiers	1982	Did not enter
2004	Qualifiers	1986	Did not enter
2007	Qualifiers	1990	Did not enter
2011	Qualifiers	1994	Did not enter
2015	Qualifiers	1998	Qualifiers
2019	Qualifiers	2002	Qualifiers
		2006	Qualifiers
		2010	Qualifiers
		2014	Qualifiers
		2018	Qualifiers

F.I.F.A. CONFEDERATIONS CUP 1992-2017

None

OLYMPIC FOOTBALL TOURNAMENTS 1908-2016

1908	-	1948	-	1972	-	1996	Qualifiers
1912	-	1952	-	1976	-	2000	Qualifiers
1920	-	1956	-	1980	-	2004	Qualifiers
1924	-	1960	-	1984	-	2008	Qualifiers
1928	-	1964	-	1988	-	2012	Qualifiers
1936	-	1968	-	1992	-	2016	Qualifiers

ASIAN GAMES 1951-2014		AFC CHALLENGE CUP 2006-2014	
1951	-	2006	Winners
1954	-	2008	Runners-up
1958	-	2010	3rd Place
1962	-	2012	Group Stage
1966	-	2014	Qualifiers
1970	-		
1974	-		
1978	-		
1982	-		
1986	-		
1990	-		
1994	-		
1998	2nd Round		
2002	*Banned by AFC*		
2006	Group Stage		
2010	-		
2014	2nd Round of 16		

TAJIK CLUB HONOURS IN ASIAN CLUB COMPETITIONS:

AFC Champions League 1967-1971 & 1985/1986-2020		
None		

Asian Football Confederation Cup 2004-2020		
None		

AFC President's Cup 2005-2014*		
Regar-TadAZ Tursunzoda	3	2005, 2008, 2009
Istiqlol FK Dushanbe	1	2012

Asian Cup Winners Cup 1975-2003*		
None		

Asian Super Cup 1995-2002*		
None		

*defunct competition

NATIONAL COMPETITIONS
TABLE OF HONOURS

Champions during the Soviet Union time (Tajiki SSR):
1937: Dinamo Stalinabad; 1938-47: *No competition*; 1948: Sbornaya Gissara; 1949: Dinamo Stalinabad; 1950: Dinamo Stalinabad; 1951: Dinamo Stalinabad; 1952: Profsoyuz Leninabad; 1953: Dinamo Stalinabad; 1954: Profsoyuz Leninabad; 1955: Dinamo Stalinabad; 1956: Metallurg Leninabad; 1957: Taksobaza Stalinabad; 1958: Dinamo Stalinabad; 1959: Kuroma Taboshary; 1960: Pogranichnik Dushanbe; 1961: Vakhsh Kurgan-Tyube; 1962: Pogranichnik Dushanbe; 1963: DSA Dushanbe; 1964: Zvezda Dushanbe; 1965: Zvezda Dushanbe; 1966: Volga Dushanbe; 1967: Irrigator Dushanbe; 1968: Irrigator Dushanbe; 1969: Irrigator Dushanbe; 1970: Pedagogichesky Institut Dushanbe; 1971: TIFK Dushanbe; 1972: Neftyanik Leninsky Rayon; 1973: Politekhnichesky Institut Dushanbe; 1974: SKIF Dushanbe; 1975: SKIF Dushanbe; 1976: SKIF Dushanbe; 1977: Metallurg Regar; 1978: Pakhtakor Kurgan-Tyube; 1979: Trudovye Rezervy Dushanbe; 1980: Chashma Shaartuz; 1981: Trikotazhnik Ura-Tyube; 1982: Trikotazhnik Ura-Tyube; 1983: Trikotazhnik Ura-Tyube; 1984: Trikotazhnik Ura-Tyube; 1985: Vakhsh Kurgan-Tyube; 1986: SKIF Dushanbe; 1987: SKIF Dushanbe; 1988: SKIF Dushanbe; 1989: Metallurg Tursun-Zade; 1990: Avtomobilist Kurgan-Tyube; 1991: Sokhibkor Dushanbe.

Cup winners during the Soviet Union time (Tajiki SSR):
1938: Dinamo Stalinabad; 1939: Dinamo Stalinabad; 1940: Dinamo Stalinabad; 1941: Dinamo Stalinabad; 1942: Kharkovskoe Voennoe Avia Uchilische; 1943-45: *No competition*; 1946: Dinamo Stalinabad; 1947: Sbornaya Gissara; 1948: Sbornaya Gissara; 1949: Dinamo Stalinabad; 1950: Dinamo Stalinabad; 1951: ODO Stalinabad; 1952: Dinamo Stalinabad; 1953: Dinamo Stalinabad; 1954: Profsoyuzy 1 Leninabad; 1955: Dinamo Stalinabad; 1956: Taksobaza Stalinabad; 1957: Metallurg Leninabad; 1958: Pedagogichesky Institut Leninabad; 1959: Dinamo Stalinabad; 1960: Pogranichnik Stalinabad; 1961: Pedinstitut Dushanbe; 1962: Pogranichnik Leninabad; 1963: DSA Dushanbe; 1964: Kuroma Taboshary; 1965: Vashkh Kurgan-Tyube; 1966: Volga Dushanbe; 1967: Pedagogichesky Institut Dushanbe; 1968: Stroitel' Kumsangir; 1969: Pedagogichesky Institut Dushanbe; 1970: Kommunal'nik Chkalovsk; 1971: Dinamo Dushanbe; 1972: TPI Dushanbe; 1973: TIFK Dushanbe; 1974: SKIF Dushanbe; 1975: SKIF Dushanbe; 1976: SKIF Dushanbe; 1977: Volga Dushanbe; 1978: Kuroma Taboshary; 1979: Metallurg Tursun-Zade; 1980: Chashma Shaartuz; 1981: Trikotazhnik Ura-Tyube; 1982: Irrigator Dushanbe; 1983: Volga Dushanbe; 1984: Metallurg Tursun-Zade; 1985: Avtomobilist Kurgan-Tyube; 1986: SKIF Dushanbe; 1987: Metallurg Tursun- Zade; 1988: Avtomobilist Kurgan-Tyube; 1989: Metallurg Tursun-Zade; 1990: Volga Dushanbe; 1991: Avtomobilist Kurgan-Tyube.

	CHAMPIONS	CUP WINNERS
1992	SKA-Pomir Dushanbe	SKA-Pomir Dushanbe
1993	Sitora Dushanbe	Sitora Dushanbe
1994	Sitora Dushanbe	Ravshan Kulyab
1995	SKA-Pomir Dushanbe	Pakhtakor Dzhabarrasulovsk
1996	Dinamo Dushanbe	FC Vakhsh Qurghonteppa
1997	FC Vakhsh Qurghonteppa	FK Khujand
1998	Varzob Dushanbe	Varzob Dushanbe
1999	Varzob Dushanbe	Varzob Dushanbe
2000	Varzob Dushanbe	Regar-TadAZ Tursunzoda
2001	Regar-TadAZ Tursunzoda	Regar-TadAZ Tursunzoda
2002	Regar-TadAZ Tursunzoda	FK Khujand
2003	Regar-TadAZ Tursunzoda	FC Vakhsh Qurghonteppa
2004	Regar-TadAZ Tursunzoda	Parvoz Bobojon Ghafurov
2005	FC Vakhsh Qurghonteppa	Regar-TadAZ Tursunzoda
2006	Regar-TadAZ Tursunzoda	Regar-TadAZ Tursunzoda

2007	Regar-TadAZ Tursunzoda	Parvoz Bobojon Ghafurov
2008	Regar-TadAZ Tursunzoda	FK Khujand
2009	FC Vakhsh Qurghonteppa	Istiqlol FK Dushanbe
2010	Istiqlol FK Dushanbe	Istiqlol FK Dushanbe
2011	Istiqlol FK Dushanbe	Regar-TadAZ Tursunzoda
2012	Ravshan Kulyab	Regar-TadAZ Tursunzoda
2013	Ravshan Kulyab	Istiqlol FK Dushanbe
2014	Istiqlol FK Dushanbe	Istiqlol FK Dushanbe
2015	Istiqlol FK Dushanbe	Istiqlol FK Dushanbe
2016	Istiqlol FK Dushanbe	Istiqlol FK Dushanbe
2017	Istiqlol FK Dushanbe	FK Khujand
2018	Istiqlol FK Dushanbe	Istiqlol FK Dushanbe
2019	Istiqlol FK Dushanbe	Istiqlol FK Dushanbe
2020	Istiqlol FK Dushanbe	Ravşan Kulob

NATIONAL CHAMPIONSHIP
Ligai Olii Tojikiston 2020

```
 1. Istiqlol FK Dushanbe                     18  14  3   1    61 - 11   45
 2. FK Khujand                               18  11  2   5    30 - 23   35
 3. CSKA Pomir Dushanbe                      18   8  5   5    29 - 25   29
 4. FC Kuktosh Rudaki                        18   7  7   4    30 - 24   28
 5. FC Khatlon Qurghonteppa                  18   6  8   4    27 - 24   26
 6. FC Dushanbe-83                           18   5  5   8    20 - 29   20
 7. FK Fayzkand                              18   4  7   7    17 - 31   19
 8. FK Istaravshan                           18   4  5   9    29 - 38   17
 9. FC Lokomotiv-Pamir Dushanbe (Relegated)  18   3  5  10    14 - 26   14
10. Regar-TadAZ Tursunzoda (Relegated)       18   3  3  12    21 - 47   12
```

Best goalscorer 2020:
Ilhomjon Barotov (FK Istaravshan) – 18 goals

Promoted for the 2021 season:
Ravşan Kulob, FK Esxata Xuçand

NATIONAL CUP
Tajik Cup Final 2020

18.10.2020, Stadion Pamir, Dushanbe; Attendance: 0
Referee: Nasrullo Kabirov
Ravşan Kulob - FC Khatlon Qurghonteppa   1-0(0-0)
Goal: 1-0 Daler Shomurodov (67 penalty).

THE CLUBS

CSKA POMIR DUSHANBE
Year of Formation: 1950
Stadium: Stadion CSKA, Dushanbe (7,000)

ISTIQLOL FUTBOLI KLUB DUSHANBE
Year of Formation: 2007
Stadium: Central Republican Stadium, Dushanbe (22,000)

FOOTBALL CLUB KHATLON QURGHONTEPPA
Year of Formation: 1960
Stadium: Tsentralnyi Stadium, Qurghonteppa (10,000)

FOOTBALL CLUB LOKOMOTIV-PAMIR DUSHANBE
Year of Formation: 1961/refounded 2008
Stadium: Lokomotiv Stadium, Dushanbe (2,000)

FUTBOLI KLUB ISTARAVSHAN
Year of Formation: 1938
Stadium: Istaravshan Stadium, Istaravshan (20,000)

FUTBOLI KLUB KHUJAND
Year of Formation: 1976
Stadium: Stadion "20-Letie Nezavisimosti", Khujand (25,000)

FOOTBALL CLUB KUKTOSH RUDAKI
Year of Formation: 2011
Stadium: Stadion Rudaki, Rudaki (n/a)

REGAR-TADAZ TURSUNZODA
Year of Formation: 1975
Stadium: Stadium Metallurg 1st District, Tursunzoda (10,000)

NATIONAL TEAM INTERNATIONAL MATCHES 2020/2021				
03.09.2020	Tashkent	Uzbekistan - Tajikistan	2-1(1-0)	(F)
07.11.2020	Dubai	Bahrain - Tajikistan	1-0(1-0)	(F)
12.11.2020	Dubai	United Arab Emirates - Tajikistan	3-2(1-2)	(F)
01.02.2021	Dubai	Jordan - Tajikistan	2-0(2-0)	(F)
05.02.2021	Dubai	Jordan - Tajikistan	0-1(0-0)	(F)
25.03.2021	Dushanbe	Tajikistan - Mongolia	3-0(1-0)	(WCQ)
24.05.2021	Basra	Iraq - Tajikistan	0-0	(F)
29.05.2021	Sharjah	Thailand - Tajikistan	2-2(0-0)	(F)
07.06.2021	Suita	Japan - Tajikistan	4-1(2-1)	(WCQ)
15.06.2021	Osaka	Tajikistan - Myanmar	4-0(1-0)	(WCQ)

03.09.2020, Friendly International
Lokomotiv Stadium, Tashkent; Attendance: 0
Referee: Akhrol Riskullaev (Uzbekistan)
UZBEKISTAN - TAJIKISTAN   **2-1(1-0)**
TJK: Shokhrukh Kirgizboev, Khurshed Beknazarov (46.Zoir Juraboev), Manuchehr Safarov, Akhtam Nazarov, Davron Ergashev (75.Vahdat Hanonov), Alisher Jalilov, Ehsoni Panjshanbe, Amirbek Juraboev, Jahongir Ergashev (83.Umarjon Sharipov), Manuchekhr Jalilov (46.Sheriddin Boboev), Komron Tursunov (88.Hasan Muhammadjon Rakhimov). Trainer: Usmon Toshev (Uzbekistan).
Goal: Zoir Juraboev (48).

07.11.2020, Friendly International
Police Officers Club Stadium, Dubai (United Ararb Emirates); Attendance: 0
Referee: Ahmed Eisa Mohamed (United Arab Emirates)
BAHRAIN - TAJIKISTAN **1-0(1-0)**
TJK: Rustam Yatimov, Manuchehr Safarov, Akhtam Nazarov, Davron Ergashev, Tabrezi Davlatmir (80.Hasan Muhammadjon Rakhimov), Abdulmumin Zabirov (70.Islom Zoirov), Ehsoni Panjshanbe, Zoir Juraboev, Amirbek Juraboev (89.Manuchekhr Jalilov), Ilhomjon Barotov (70.Komron Tursunov), Sheriddin Boboev (80.Rustam Soirov). Trainer: Usmon Toshev (Uzbekistan).

12.11.2020, Friendly International
Zabeel Stadium, Dubai; Attendance: 0
Referee: Ammar Ashkanani (Kuwait)
UNITED ARAB EMIRATES - TAJIKISTAN **3-2(1-2)**
TJK: Shokhrukh Kirgizboev, Akhtam Nazarov, Davron Ergashev, Iskandar Jalilov (66.Manuchehr Safarov), Tabrezi Davlatmir (46.Hasan Muhammadjon Rakhimov), Parvizjon Umarbaev (82.Islom Zoirov), Ehsoni Panjshanbe, Zoir Juraboev, Amirbek Juraboev, Komron Tursunov (66.Sheriddin Boboev), Manuchekhr Jalilov (65.Sharafjon Solehov). Trainer: Usmon Toshev (Uzbekistan).
Goals: Davron Ergashev (10), Komron Tursunov (19).

01.02.2021, Friendly International
Theyab Awana Stadium, Dubai (United Arab Emirates); Attendance: 0
Referee: Mohamed Ahmed Yousuf Al Hammadi (United Arab Emirates)
JORDAN - TAJIKISTAN **2-0(2-0)**
TJK: Rustam Yatimov, Manuchehr Safarov (46.Iskandar Jalilov), Akhtam Nazarov, Vahdat Hanonov, Davron Ergashev, Alisher Jalilov, Hasan Muhammadjon Rakhimov (73.Islom Zoirov), Ehsoni Panjshanbe, Jahongir Ergashev (77.Tabrezi Davlatmir), Amirbek Juraboev (82.Abdulmumin Zabirov), Manuchekhr Jalilov (82.Tokhir Maladustov). Trainer: Usmon Toshev (Uzbekistan).

05.02.2021, Friendly International
Dubai Sports City Football Academy Stadium, Dubai (United Arab Emirates); Attendance: 0
Referee: Omar Mohamed Ahmed Hassan Al Ali (United Arab Emirates)
JORDAN - TAJIKISTAN **0-1(0-0)**
TJK: Rustam Yatimov, Akhtam Nazarov (46.Tabrezi Davlatmir), Vahdat Hanonov, Davron Ergashev, Iskandar Jalilov, Alisher Jalilov, Amirbek Juraboev, Ehsoni Panjshanbe, Jahongir Ergashev(46.Islom Zoirov), Ilhomjon Barotov (76.Hasan Muhammadjon Rakhimov), Manuchekhr Jalilov (70.Rustam Soirov; 90.Abdulmumin Zabirov). Trainer: Usmon Toshev (Uzbekistan).
Goal: Alisher Jalilov (79).

25.03.2021, 22nd FIFA World Cup Qualifiers / AFC Qualifiers, Second Round
Central Republican Stadium, Dushanbe; Attendance: 9,300
Referee: Ali Sabah Adday Al Qaysi (Iraq)
TAJIKISTAN - MONGOLIA **3-0(1-0)**
TJK: Rustam Yatimov, Manuchehr Safarov, Akhtam Nazarov, Vahdat Hanonov, Davron Ergashev, Parvizjon Umarbaev (85.Alijoni Aini), Hasan Muhammadjon Rakhimov (66.Tabrezi Davlatmir), Amirbek Juraboev (85.Abdulmumin Zabirov), Alisher Jalilov, Komron Tursunov, Manuchekhr Jalilov (78.Shakhrom Samiev). Trainer: Usmon Toshev (Uzbekistan).
Goals: Manuchekhr Jalilov (3), Alisher Jalilov (50), Shakhrom Samiev (87).

24.05.2021, Friendly International
Al Fayhaa Stadium, Basra; Attendance: n/a
Referee: Ismaeel Habib Ali (Bahrain)
IRAQ - TAJIKISTAN **0-0**
TJK: Rustam Yatimov, Manuchehr Safarov, Akhtam Nazarov, Vahdat Hanonov, Davron Ergashev, Abdulmumin Zabirov (46.Zoir Juraboev), Hasan Muhammadjon Rakhimov (59.Nuriddin Khamrokulov), Ehsoni Panjshanbe, Komron Tursunov (82.Ilhomjon Barotov), Sheriddin Boboev, Rustam Soirov. Trainer: Usmon Toshev (Uzbekistan).

29.05.2021, Friendly International
"Khalid bin Mohamed" Stadium, Sharjah (United Arab Emirates); Attendance: 0
Referee: Sultan Mohamed Saleh Yousif Al Hammadi (United Arab Emirates)
THAILAND - TAJIKISTAN **2-2(0-0)**
TJK: Rustam Yatimov, Manuchehr Safarov, Akhtam Nazarov, Vahdat Hanonov, Davron Ergashev (76.Zoir Juraboev), Alijoni Aini (46.Islom Zoirov), Hasan Muhammadjon Rakhimov (46.Rustam Soirov), Ehsoni Panjshanbe, Shakhrom Samiev, Komron Tursunov (46.Nuriddin Khamrokulov), Ilhomjon Barotov (46.Sheriddin Boboev; 72.Parvizjon Umarbaev). Trainer: Usmon Toshev (Uzbekistan).
Goals: Ehsoni Panjshanbe (63), Islom Zoirov (89).

07.06.2021, 22nd FIFA World Cup Qualifiers / AFC Qualifiers, Second Round
Panasonic Stadium Suita, Suita; Attendance: 0
Referee: Abdulrahman Ibrahim Al Jassim (Qatar)
JAPAN - TAJIKISTAN **4-1(2-1)**
TJK: Rustam Yatimov, Davron Ergashev (83.Zoir Juraboev), Manuchehr Safarov, Akhtam Nazarov (46.Tabrezi Davlatmir), Vahdat Hanonov, Ehsoni Panjshanbe, Parvizjon Umarbaev (83.Rustam Soirov), Hasan Muhammadjon Rakhimov, Islom Zoirov, Manuchekhr Jalilov (59.Shakhrom Samiev), Komron Tursunov (66.Sheriddin Boboev). Trainer: Usmon Toshev (Uzbekistan).
Goal: Ehsoni Panjshanbe (9).

15.06.2021, 22nd FIFA World Cup Qualifiers / AFC Qualifiers, Second Round
Yanmar Stadium Nagai, Osaka (Japan); Attendance: 0
Referee: Omar Mohamed Al Ali (United Arab Emirates)
TAJIKISTAN - MYANMAR **4-0(1-0)**
TJK: Rustam Yatimov, Tabrezi Davlatmir, Manuchehr Safarov (90.Aliçon Karomatullozoda), Vahdat Hanonov, Davron Ergashev, Parvizjon Umarbaev, Ehsoni Panjshanbe, Manuchekhr Jalilov (85.Alijoni Aini), Islom Zoirov (46.Hasan Muhammadjon Rakhimov), Komron Tursunov (46.Sheriddin Boboev), Shakhrom Samiev (90.Rustam Soirov). Trainer: Usmon Toshev (Uzbekistan).
Goals: Komron Tursunov (34), Manuchekhr Jalilov (53), Sheriddin Boboev (78), Shakhrom Samiev (86).

NATIONAL TEAM PLAYERS 2020/2021

Name	DOB	Club

Goalkeepers

Shokhrukh KIRGIZBOEV	03.08.1987	*FK Lokomotiv Pamir Dushanbe*
Rustam YATIMOV	13.07.1998	*Istiqlol FK Dushanbe*

Defenders

Khurshed BEKNAZAROV	26.06.1994	*FK Khujand*
Tabrezi DAVLATMIR	06.06.1998	*Istiqlol FK Dushanbe; 09.02.2021-> JK Trans Narva (EST)*
Davron ERGASHEV	19.03.1988	*FC Bunyodkor Tashkent (UZB)*
Vahdat HANONOV	25.07.2000	*Istiqlol FK Dushanbe*
Iskandar JALILOV	01.06.1992	*Istiqlol FK Dushanbe*
Zoir JURABOEV	16.09.1998	*Istiqlol FK Dushanbe*
Aliçon KAROMATULLOZODA	05.05.2002	*CSKA Pomir Dushanbe*
Akhtam NAZAROV	08.02.1988	*Istiqlol FK Dushanbe*
Manuchehr SAFAROV	31.05.2001	*FK Lokomotiv Pamir Dushanbe; 01.01.2021-> Istiqlol FK Dushanbe*

Midfielders

Alijoni AINI	06.08.2004	*FK Lokomotiv Pamir Dushanbe*
Ilhomjon BAROTOV	21.07.1990	*FK Istaravshan*
Alisher JALILOV	29.08.1993	*Istiqlol FK Dushanbe*
Amirbek JURABOEV	13.04.1996	*Istiqlol FK Dushanbe*
Tokhir MALADUSTOV	12.09.2000	*FK Khujand*
Ehsoni PANJSHANBE	12.05.1998	*Navbahor Namangan FC (UZB)*
Hasan Muhammadjon RAKHIMOV	15.10.1998	*Istiqlol FK Dushanbe*
Umarjon SHARIPOV	05.06.2000	*FK Turon Yaypan (UZB)*
Sharafjon SOLEHOV	14.12.1999	*FK Fayzkand*
Parvizjon UMARBAEV	01.11.1994	*PFC Lokomotiv Plovdiv (BUL)*
Abdulmumin ZABIROV	04.08.2001	*FK Khujand*

Forwards

Sheriddin BOBOEV	21.04.1999	*Istiqlol FK Dushanbe;01.01.2001-> Kelab BolaSepak Penang (MAS)*
Jahongir ERGASHEV	06.03.1994	*FK Khujand*
Manuchekhr JALILOV	27.09.1990	*Istiqlol FK Dushanbe*
Nuriddin KHAMROKULOV	25.10.1999	*FC Khatlon Qurghonteppa*
Shakhrom SAMIEV	08.02.2001	*FC Dinamo-Auto Tiraspol (MDA)*
Rustam SOIROV	12.09.2002	*Istiqlol FK Dushanbe*
Komron TURSUNOV	24.04.1996	*Tiddim Road Athletic Union FC Imphal (IND)*
Islom ZOIROV	12.01.2002	*Istiqlol FK Dushanbe*

National coaches

Usmon TOSHEV (Uzbekistan) [from 15.11.2018]		23.09.1965

THAILAND

The Country:
Ratcha Anachak Thai (Kingdom of Thailand) Capital: Bangkok Surface: 513,115 km² Population: 69,950,850 [2021] Time: UTC+7

The FA:
Football Association of Thailand 40th Anniversary Building (Building 2) 286 Ramkhamhaeng Road, 10240 Bangkok Year of Formation: 1916 Member of FIFA since: 1925 Member of AFC since: 1954

NATIONAL TEAM RECORDS

First international match: 1956: South Vietnam - Thailand 3-1
Most international caps: Kiatisuk Senamuang – 134 caps (1993-2007)
Most international goals: Kiatisuk Senamuang – 71 goals / 134 caps (1993-2007)

NATIONAL TEAM COMPETITIONS:

ASIAN NATIONS CUP	
1956	Did not enter
1960	Did not enter
1964	Did not enter
1968	Qualifiers
1972	Final Tournament (3rd Place)
1976	*Withdrew after qualifying*
1980	Qualifiers
1984	Qualifiers
1988	Qualifiers
1992	Final Tournament (Group Stage)
1996	Final Tournament (Group Stage)
2000	Final Tournament (Group Stage)
2004	Final Tournament (Group Stage)
2007	Final Tournament (Group Stage)
2011	Qualifiers
2015	Qualifiers
2019	Final Tournament (2nd Round of 16)

FIFA WORLD CUP	
1930	Did not enter
1934	Did not enter
1938	Did not enter
1950	Did not enter
1954	Did not enter
1958	Did not enter
1962	Did not enter
1966	Did not enter
1970	Did not enter
1974	Qualifiers
1978	Qualifiers
1982	Qualifiers
1986	Qualifiers
1990	Qualifiers
1994	Qualifiers
1998	Qualifiers
2002	Qualifiers
2006	Qualifiers
2010	Qualifiers
2014	Qualifiers
2018	Qualifiers

F.I.F.A. CONFEDERATIONS CUP 1992-2017

None

OLYMPIC FOOTBALL TOURNAMENTS 1908-2016							
1908	-	1948	-	1972	Qualifiers	1996	Qualifiers
1912	-	1952	-	1976	-	2000	-
1920	-	1956	Group Stage	1980	-	2004	Qualifiers
1924	-	1960	Qualifiers	1984	Qualifiers	2008	Qualifiers
1928	-	1964	Qualifiers	1988	Qualifiers	2012	Qualifiers
1936	-	1968	Group Stage	1992	Qualifiers	2016	Qualifiers

ASIAN GAMES 1951-2014		ASEAN („TIGER") CUP / AFF CUP 1996-2018		SOUTH EAST ASIAN GAMES 1959-2019	
1951	-	1996	Winners	1959	Runners-up
1954	-	1998	4th Place	1961	3rd Place
1958	-	2000	Winners	1965	Winners
1962	Group Stage	2002	Winners	1967	3rd Place
1966	Quarter-Finals	2004	Group Stage	1969	Runners-up
1970	Quarter-Finals	2007	Runners-up	1971	3rd Place
1974	Group Stage	2008	Runners-up	1973	Group Stage
1978	2nd Round	2010	Group Stage	1975	Winners
1982	Group Stage	2012	Runners-up	1977	Runners-up
1986	Group Stage	2014	Winners	1979	3rd Place
1990	4th Place	2016	Winners	1981	Winners
1994	Group Stage	2018	Semi-Finals	1983	Winners
1998	4th Place			1985	Winners
2002	4th Place			1987	3rd Place
2006	Quarter-Finals			1989	Semi-Finals
2010	Quarter-Finals			1991	Runners-up
2014	4th Place			1993	Winners
				1995	Winners
				1997	Winners
				1999	Winners
				2001	Winners
				2003	Winners
				2005	Winners
				2007	Winners
				2009	Group Stage
				2011	Group Stage
				2013	Winners
				2015	Winners
				2017	Winners
				2019	Group Stage

THAI CLUB HONOURS IN ASIAN CLUB COMPETITIONS:

AFC Champions League 1967-1971 & 1985/1986-2020		
Thai Farmers Bank FC	2	1993/1994, 1994/1995

Asian Football Confederation Cup 2004-2020	
None	

AFC President's Cup 2005-2014*	
None	

Asian Cup Winners Cup 1975-2003*	
None	

Asian Super Cup 1995-2002*	
None	

*defunct competitions

OTHER CLUB COMPETITIONS:

Afro-Asian Club Championship 1986–1998*		
Thai Farmers Bank FC	1	1994

*defunct competition

NATIONAL COMPETITIONS
TABLE OF HONOURS

Until the foundation of the Thailand Premier League in 1995, The Yai Cup was the prime club competition of Thailand.

List of winners:
1916: Department of Performing Arts; 1917: Vajiravudh College; 1918: Vajiravudh College; 1919: Vajiravudh College; 1920: Chulalongkorn University; 1921: Royal Military Academy; 1922: Royal Military Academy; 1923: Royal Thai Naval Academy; 1924: Royal Thai Naval Academy; 1925: *No competition*; 1926: Kong Dem Rot; 1927: Kong Dem Rot; 1928: Suankularb Wittayalai School; 1929: Suankularb Wittayalai School; 1930: Assumption Academy; 1931: Thailand Post; 1932-1947 *No competition*; 1948: Bang Rak Academy; 1949: Assumption Academy; 1950: *No competition*; 1951: Chai Sod; 1952: Royal Thai Air Force FC; 1953: Royal Thai Air Force FC; 1954: Hakka Association of Thailand; 1955: Chula-Alumni Association; 1956: Hainan Association of Thailand; 1957: Royal Thai Air Force FC; 1958: Royal Thai Air Force FC; 1959: Royal Thai Air Force FC; 1960: Royal Thai Air Force FC; 1961: Royal Thai Air Force FC; 1962: Royal Thai Air Force FC; 1963: Royal Thai Air Force FC; 1964: Bangkok Bank FC; 1965: Royal Thai Police; 1966: Bangkok Bank FC; 1967: Bangkok Bank FC & Royal Thai Air Force FC (shared); 1968: Port Authority FC of Thailand; 1969: Raj-Vithi FC; 1970: Raj Pracha- Nonthaburi FC; 1971: Raj Pracha-Nonthaburi FC; 1972: Port Authority FC of Thailand; 1973: Raj-Vithi FC; 1974: Port Authority FC of Thailand; 1975: Raj-Vithi FC; 1976: Port Authority FC of Thailand; 1977: Raj-Vithi FC; 1978: Port Authority FC of Thailand; 1979: Port Authority FC of Thailand; 1980: Raj Pracha-Nonthaburi FC; 1981: Bangkok Bank FC; 1982: Raj Pracha-Nonthaburi FC; 1983: Royal Thai Army FC; 1984: Bangkok Bank FC; 1985: Port Authority FC of Thailand; 1986: Bangkok Bank FC; 1987: Royal Thai Air Force FC; 1988: Krung Thai Bank FC; 1989: Krung Thai Bank FC; 1990: Port Authority FC of Thailand; 1991: Thai Farmers Bank FC; 1992: Thai Farmers Bank FC; 1993: Thai Farmers Bank FC; 1994: Bangkok Bank FC; 1995: Thai Farmers Bank FC; 1996: Royal Thai Air Force FC; 1997: Sinthana FC; 1998: Sinthana FC; 1999: Royal Thai Air Force FC; 2000: Thai Farmers Bank FC; 2001: BEC Tero Sasana FC; 2002: Osotspa Saraburi FC; 2003: *No competition*; 2005: Thailand Tobacco Monopoly; 2006: Osotspa M-150; 2007: Chonburi FC; 2008: Chonburi FC.

	CHAMPIONS	**CUP WINNERS**
1980	-	Bangkok Bank FC
1981	-	Bangkok Bank FC
1982	-	*Not known*
1983	-	*Not known*
1984	-	Lopburi FC
1985	-	Raj Pracha-Nonthaburi FC
1986	-	*Not known*
1987	-	*Not known*
1988	-	*Not known*
1989	-	*Not known*
1990	-	*Not known*
1991	-	*Not known*
1992	-	*Not known*
1993	-	Telephone Organization of Thailand FC Kanchaburi
1994	-	UCOM Raj Pracha-Nonthaburi FC
1995	-	Royal Thai Air Force FC
1996	-	Royal Thai Air Force FC
1996/1997	Bangkok Bank FC	-
1997	Royal Thai Air Force FC	Sinthana FC
1998	Sinthana FC[1]	Bangkok Bank FC
1999	Royal Thai Air Force FC	Bangkok Bank FC
2000	BEC Tero Sasana FC	BEC Tero Sasana FC
2001	-	Royal Thai Air Force FC
2001/2002	BEC Tero Sasana FC	-
2002/2003	Krung Thai Bank FC	-
2003/2004	Krung Thai Bank FC	-
2004/2005	Thailand Tobacco Monopoly FC[2]	-
2006	Bangkok University FC[3]	-
2007	Chonburi FC	-
2008	Provincial Electricity Authority FC	-
2009	Muangthong United FC	Thai Port FC Bangkok
2010	Muangthong United FC Nonthaburi	Chonburi FC
2011	Buriram PEA FC	Buriram PEA FC
2012	Muangthong United FC Nonthaburi	Buriram PEA FC
2013	Buriram United FC	Buriram United FC
2014	Buriram United FC	Bangkok Glass FC
2015	Buriram United FC	Buriram United FC
2016	Muangthong United FC Nonthaburi	Chainat FC Chonburi FC Ratchaburi Mitr Phol FC Sukhothai FC (*shared winners*)
2017	Buriram United FC	Chiangrai United FC
2018	Buriram United FC	Chiangrai United FC
2019	Chiangrai United FC	Port FC Bangkok
2020/2021	Bangkok Glass Pathum United FC	Chiangrai United FC

[1] became later Chula-Sinthana FC (2004) and Chula United FC (2008).
[2] became TTM Samut Sakhon FC in 2009.
[3] became Bangkok United FC in 2009.

NATIONAL CHAMPIONSHIP
Thai Premier League 2020/2021

1.	Bangkok Glass Pathum United FC	30	24	5	1	54	-	13	77
2.	Buriram United FC	30	20	3	7	63	-	26	63
3.	Port FC Bangkok	30	17	5	8	58	-	36	56
4.	Chiangrai United FC	30	16	6	8	48	-	32	54
5.	Bangkok United FC	30	15	6	9	57	-	39	51
6.	Samut Prakan City FC	30	14	5	11	58	-	51	47
7.	Muangthong United FC Nonthaburi	30	14	5	11	52	-	43	47
8.	Ratchaburi Mitr Phol FC	30	13	7	10	48	-	41	46
9.	Nakhon Ratchasima Mazda FC	30	11	9	10	40	-	41	42
10.	PT Prachuap FC	30	10	7	13	35	-	47	37
11.	Police Tero FC Bangkok	30	10	6	14	32	-	50	36
12.	Chonburi FC	30	9	5	16	30	-	47	32
13.	Suphanburi FC	30	9	3	18	33	-	47	30
14.	Sukhothai FC (*Relegated*)	30	8	4	18	40	-	57	28
15.	Trat FC (*Relegated*)	30	4	5	21	31	-	64	17
16.	Rayong FC (*Relegated*)	30	4	3	23	24	-	69	15

Best goalscorer 2020/2021:
Tardeli Barros Machado Reis (BRA, Samut Prakan City FC) – 25 goals

Promoted for the 2021/2022 season:
Nongbua Pitchaya FC, Chiangmai United FC, Khon Kaen United FC

NATIONAL CUP
Thai FA Cup Final 2020/2021

11.04.2021, Thammasat Stadium, Pathum Thani; Attendance: 0
Referee: Chaireag Ngam-son
Chiangrai United FC - Chonburi FC   1-1(1-1,1-1,1-1); 4-3 on penalties
Chiangrai United: Saranon Anuin, Wasan Homsan, Shinnaphat Lee-Oh, Brinner Henrique Santos Souza, Tanasak Srisai (72.Chotipat Poomkaew), Sanukran Thinjom (91.Somkid Chamnarnsilp), Cho Ji-hun (100.Gionata Verzura), Phitiwat Sukjitthammakul (Cap), Siwakorn Tiatrakul (72.Akarawin Sawasdee), Rosimar Amancio „Bill" (119.Thirayu Banhan), Chaiyawat Buran (46.Felipe da Silva Amorim). Trainer: Emerson Pereira da Silva (Brazil).
Chonburi FC: Chanin Sae-Ear, Noppanon Kachapalayuk (Cap), Kritsada Kaman, Renato Kelić, Songchai Tongcham, Sampan Kesi (79.Phanuphong Phonsa), Saharat Sontisawat, Chatmongkol Rueangthanarot (103.Kroekrit Thaweekarn), Worachit Kanitsribampen, Eliandro dos Santos Gonzaga, Channarong Promsrikaew (96.Settawut Wongsai). Trainer: Sasom Pobprasert.
Goals: 0-1 Chatmongkol Rueangthanarot (30), 1-1 Siwakorn Tiatrakul (40).
Penalties: Kritsada Kaman 0-1; Akarawin Sawasdee 1-1; Eliandro dos Santos Gonzaga (saved); Phitiwat Sukjitthammakul 2-1; Worachit Kanitsribampen 2-2; Wasan Homsan 3-2; Phanuphong Phonsa 3-3; Shinnaphat Lee-Oh (saved); Kroekrit Thaweekarn (missed); Chotipat Poomkaew 4-3.

THE CLUBS 2020/2021

BANGKOK UNITED FOOTBALL CLUB
Year of Formation: 1988 (*as Bangkok University FC*)
Stadium: Thammasat Stadium, Ramsit (25,000)

	THE SQUAD	DOB	M	(s)	G
Goalkeepers:	Michael Aksel Bataican Falkesgaard (PHI)	09.04.1991	27		
	Warut Makemusik	21.02.1992	3	(1)	
Defenders:	Manuel Bihr	17.09.1993	27		3
	Mika Chunuonsee	26.03.1989	3	(6)	
	Tristan Somchai Do	31.01.1993	29		1
	Everton Gonçalves Saturnino (BRA)	05.04.1990	27	(1)	3
	Wanchai Jarunongkran	18.12.1996	5	(3)	
	Peerapat Notchaiya	04.02.1993	23		
	Putthinan Wannasri	05.09.1992	11	(10)	2
Midfielders:	Anon Amornlerdsak	06.11.1997	9	(16)	4
	Anthony Ampaipitakwong	14.06.1988	9	(7)	
	Pokklaw A-nan	04.03.1991	24	(1)	3
	Sanrawat Dechmitr	03.08.1989	11	(7)	2
	Hajime Hosogai (JPN)	10.06.1986	26	(2)	1
	Wisarut Imura	18.10.1997	8	(10)	
	Thossawat Limwannasthian	17.05.1993	15	(12)	4
	Jirayu Niamthaisong	29.09.1996		(1)	
	Rungrath Poomchantuek	17.05.1992		(8)	
	Chayathorn Tapsuvanavon	12.03.2000		(2)	
	Vander Luiz Silva Souza (BRA)	17.04.1990	26		7
Forwards:	Brenner Marlos Varanda de Oliveira (BRA)	01.03.1994	4	(6)	3
	Heberty Fernandes de Andrade (BRA)	29.08.1988	15		9
	Chananan Pombuppha	17.03.1992	7	(8)	2
	Nattawut Suksum	06.11.1997	21	(8)	11
Trainer:	Alexandré Pölking (BRA) [from 23.06.2014]	12.03.1976	12		
[20.10.2020]	Daniele Invincibile (AUS)	31.03.1979	2		
[05.11.2020]	Totchtawan Sripan	13.12.1971	16		

BANGKOK GLASS PATHUM UNITED FOOTBALL CLUB
Year of Formation: 2006
Stadium: Leo Stadium, Thanyaburi (10,114)

	THE SQUAD	DOB	M	(s)	G
Goalkeepers:	Chatchai Budprom	04.02.1987	30		
Defenders:	Santiphap Channgom	23.09.1996	24	(3)	1
	Chatree Chimtalay	14.12.1983	7	(7)	1
	Tossaphol Chomchon	09.12.1989	9	(4)	
	Piyachanok Darit	05.11.1992	1		
	Irfan Fandi Ahmad (SIN)	13.08.1997	18	(1)	1
	Suwannapat Kingkaew	10.06.1994	2	(2)	
	Saharat Pongsuwan	11.06.1996	20	(3)	
	Andrés José Túñez Arceo (VEN)	15.03.1987	23		5
	Victor Mattos Cardozo (BRA)	19.12.1989	27	(1)	15
Midfielders:	Yuki Bamba (JPN)	02.08.1986	1	(2)	
	Pathompol Charoenrattanapirom	21.04.1994	7	(8)	5
	Chakkit Laptrakul	02.12.1994	3		
	Mitsuru Maruoka (JPN)	06.01.1996	4	(8)	
	Peerapong Pichitchotirat	28.06.1984	3	(4)	
	Somyos Pongsuwan	10.09.1993		(1)	
	Saharat Posri	11.04.1994	3	(3)	
	Thitipan Puangchan	01.09.1993	20	(3)	3
	Sumanya Purisai	05.12.1986	28	(1)	4
	Sarawin Saengra	09.09.1997	1	(1)	
	Supasak Sarapee	05.04.2000	6		1
	Surachat Sareepim	24.05.1986	8	(13)	
	Daniel García Rodríguez "Toti" (ESP)	21.09.1987	10	1	3
	Chaowat Veerachat	23.06.1996	10	(10)	
	Sarach Yooyen	30.05.1992	23	(1)	
Forwards:	Siroch Chatthong	08.12.1992	5	(14)	2
	Teerasil Dangda	06.06.1988	3	(1)	1
	Diogo Luís Santo (BRA)	26.05.1987	8	(5)	6
	Norshahrul Idlan (MAS)	08.06.1986	3	(3)	
	Tawan Khotrsupho	23.01.2000	2	(2)	
	Chenrop Samphaodi	02.06.1995	17	(4)	3
	Tardeli Barros Machado Reis (BRA)	02.03.1990	4		
Trainer:	Dusit Chalermsan	22.04.1970	30		

BURIRAM UNITED FOOTBALL CLUB

Year of Formation: 1970
Stadium: Chang Arena, Buriram (32,600)

THE SQUAD		DOB	M	(s)	G
Goalkeepers:	Yotsapon Teangdar	06.04.1992		(2)	
	Sivaruk Tedsungnoen	20.04.1984	30		
Defenders:	Tinnakorn Asurin	19.02.1990	7	(2)	
	Sasalak Haiprakhon	08.01.1996	26		
	Pansa Hemviboon	08.07.1990	29		2
	Renato Kelić (CRO)	31.03.1991	12		3
	Apiwat Ngualamhin	01.06.1986	14	(6)	2
	Piyaphon Phanichakul	08.11.1986	7	(5)	3
	Chitipat Tanklang	11.08.1991	6	(6)	
	Andrés José Túñez Arceo (VEN)	15.03.1987	4		1
	Narubadin Weerawatnodom	12.07.1994	27		1
	Korrakot Wiriyaudomsiri	19.03.1988	2	(5)	
Midfielders:	Kevin Langbehn Ingreso (PHI)	10.02.1993	18	(6)	2
	Akbar Ismatullaev (USB)	10.01.1991	7	(3)	
	Jeong Jae-yong (KOR)	14.09.1990	4		
	Jakkraphan Kaewprom	24.05.1988	18	(9)	4
	Gidi Kanyuk (ISR)	11.02.1993	6	(4)	2
	Chakkit Laptrakul	02.12.1994		(8)	2
	Ratthanakorn Maikami	01.01.1998	27	(2)	2
	Brandon O'Neill (AUS)	12.04.1994	7	(3)	
	Supachok Sarachat	22.03.1998	21	(6)	10
	Aung Thu (MYA)	22.05.1996	4	(3)	2
Forwards:	Supachai Chaided	01.12.1998	18	(10)	5
	Bernardo Nicolás Cuesta (ARG)	20.12.1988	4		
	Maicon Marques Bitencourt (BRA)	18.02.1990	8	(7)	8
	Suphanat Mueanta	02.08.2002	4	(12)	2
	Ricardo Bueno da Silva (BRA)	15.08.1987	4		2
	Samuel Rosa Gonçalves (BRA)	25.02.1991	8	(3)	5
	Marko Šćepović (SRB)	23.05.1991	8	(1)	5
Trainer:	Božidar Bandović (MNE)	30.08.1969	9		
[22.10.2020]	Alexandre Torreira da Gama Lima Casado (BRA)	04.01.1968	21		

CHIANGRAI UNITED FOOTBALL CLUB

Year of Formation: 2009
Stadium: Singha Stadium, Chiangrai (13,000)

THE SQUAD		DOB	M	(s)	G
Goalkeepers:	Saranon Anuin	24.03.1994	21	(1)	
	Apirak Worawong	07.01.1996	9		
Defenders:	Brinner Henrique Santos Souza (BRA)	16.07.1987	28		3
	Wasan Homsan	02.08.1991	12	(1)	
	Sarawut Inpaen	03.03.1992	18	(8)	1
	Shinnaphat Lee-Oh	02.02.1997	23		1
	Chutiphan Nobnorb	09.08.1994	1	(2)	
	Piyaphon Phanichakul	08.11.1986	3	(4)	1
	Pharadon Phatthaphon	23.09.2001		(1)	
	Suriya Singmui	07.04.1995	17	(1)	
	Tanasak Srisai	25.09.1989	15	(3)	1
Midfielders:	Thirayu Banhan	19.02.1994	2	(6)	
	Cho Ji-hun (KOR)	29.05.1990	15	(1)	1
	Lee Yong-rae (KOR)	17.04.1986	10		
	Suchanon Malisorn	05.08.1996		(1)	
	Chotipat Poomkaew	28.05.1998	12	(17)	6
	Ekanit Panya	21.10.1999	10	(8)	
	Phitiwat Sukjitthammakul	01.02.1995	29		
	Sanukran Thinjom	12.09.1993	14	(11)	2
	Siwakorn Tiatrakul	07.07.1994	16	(2)	
	Gionata Verzura	27.05.1992	1	(16)	1
Forwards:	Felipe da Silva Amorim (BRA)	04.01.1991	12	(3)	
	Rosimar Amancio „Bill" (BRA)	02.07.1984	26	(2)	18
	Chaiyawat Buran	26.10.1996	14	(4)	2
	Somkid Chamnarnsilp	07.01.1993	6	(9)	3
	Jakson Avelino Coelho "Jajá" (BRA)	28.02.1986	6	(2)	3
	Mailson Francisco de Farías (BRA)	23.12.1990	1	(1)	
	Akarawin Sawasdee	26.09.1990	9	(15)	5
Trainer:	Masami Taki (JPN)	28.06.1972	11		
[04.11.2020]	Alongkorn Thongaum		5		
[01.12.2020]	Emerson Pereira da Silva (BRA)	21.08.1973	14		

CHONBURI FOOTBALL CLUB

Year of Formation: 1997
Stadium: Chonburi Municipality Stadium, Chonburi (8,680)

THE SQUAD		DOB	M	(s)	G
Goalkeepers:	Sinthaweechai Hathairattanakool	23.03.1982	24		
	Chanin Sae-Ear	05.07.1992	6		
Defenders:	Carlos Alberto "Carli" Martínez de Murga Olaivar (PHI)	30.11.1988	8	(3)	1
	Junior Eldstål (MAS)	16.09.1991	11	(1)	1
	Bukkoree Lemdee	11.03.2004	1	(1)	
	Lourival Júnior de Araújo Lopes (BRA)	19.10.1987	13	(1)	1
	Noppanon Kachapalayuk	02.08.1991	27		
	Renato Kelić (CRO)	31.03.1991	9		1
	Sampan Kesi	03.07.1999	3	(3)	
	Rolf Niran Meemak Hansson	22.01.1996	15	(3)	
	Koravit Namwiset	02.08.1986	1	(1)	
	Nattapong Pheephat	13.11.1995	1		
	Chatmongkol Rueangthanarot	09.05.2002	20	(2)	
	Songchai Tongcham	09.06.2001	4	(6)	
Midfielders:	Teerapong Deehamhae	05.01.1991	1		
	Kritsada Kaman	18.03.1999	26		2
	Worachit Kanitsribampen	24.08.1997	20	(5)	4
	Narathip Kruearanya	19.12.1995		(6)	
	Kazuto Kushida (JPN)	20.01.1987	13	(1)	
	Adul Lahsoh	19.09.1986		(3)	
	Narutchai Nimboon	05.12.1996	1	(4)	
	Phitak Phimpae	14.01.2000	1	(4)	
	Phanuphong Phonsa	03.06.1994	15	(7)	2
	Channarong Promsrikaew	17.04.2001	7	(13)	1
	Saharat Sontisawat	13.01.1998	13	(7)	
	Kroekrit Thaweekarn	19.11.1990	18	(5)	
	Rangsan Wiroonsri	12.02.1992	10	(3)	
Forwards:	Dragan Bošković (MNE)	27.12.1985	13		4
	Herlison Caion de Sousa Ferreira (BRA)	05.10.1990	14		6
	Gafar Adefolarin Durosinmi (NGA)	02.01.1991	6	(6)	
	Eliandro dos Santos Gonzaga (BRA)	23.04.1990	12	(1)	4
	Jaycee John Okwunwanne (BHR)	08.10.1985	4	(7)	3
	Sittichok Paso	28.01.1999	6	(7)	
	Settawut Wongsai	07.05.1997	3	(10)	
	Teeratep Winothai	16.02.1985	4	(7)	
Trainer:	Sasom Pobprasert	10.10.1967	30		

MUANGTHONG UNITED FOOTBALL CLUB NONTHABURI
Year of Formation: 1989
Stadium: SCG Stadium, Nonthaburi (16,000)

THE SQUAD	DOB	M	(s)	G
Goalkeepers: Đặng Văn Lâm (VIE)	13.08.1993	12		
Somporn Yos	23.06.1993	18		
Defenders: Marco Ballini	12.06.1998	3	(1)	
Petcharat Chotipala	20.12.1997	3	(2)	
Sarawut Kanlayanabandit	27.05.1991	5		
Suporn Peenagatapho	12.07.1995	25	(3)	3
Saringkan Promsupa	29.03.1997	17	(3)	
Lucas da Silva Rocha (BRA)	19.06.1995	24		2
Chatchai Saengdao	11.01.1997	7	(3)	
Daisuke Caumanday Sato (PHI)	20.09.1994	10		
Wattanakorn Sawatlakhorn	23.05.1998	16	(1)	
Boontawee Theppawong	02.01.1996	6	(3)	
Midfielders: Picha Autra	07.01.1996	13	(8)	1
Wongsakorn Chaikultewin	16.09.1996	9	(9)	2
Patcharapol Inthanee	12.10.1998	4	(4)	
Phumin Kaewta	12.03.1995		(3)	
Saharat Kanyaroj	09.06.1994	10	(12)	1
Atikun Mheetuam	18.01.1995		(2)	
Sardor Mirzayev (UZB)	21.03.1991	25	(1)	13
Sorawit Panthong	20.02.1997	8	(9)	1
Wattana Playnum	19.08.1989	17	(2)	
Weerathep Pomphan	27.07.1997	21	(3)	
Chatmongkol Thongkiri	05.05.1997	17	(7)	
Sundy Wongderree	27.05.1998		(2)	1
Sarach Yooyen	30.05.1992	4		
Forwards: Poramet Arjvirai	20.07.1998	4	(13)	1
Vanderley Dias Marinho "Derley" (BRA)	29.12.1987	29		12
Willian Popp (BRA)	13.04.1994	20	(1)	12
Sihanart Sutisuk	30.01.1997		(2)	
Sakunchai Saengthopho	07.06.1999		(2)	
Korawich Tasa	07.04.2000	3	(10)	1
Trainer: Alexandre Torreira da Gama Lima Casado (BRA)	04.01.1968	8		
[19.10.2020] Mario Gjurovski (MKD)	11.12.1985	22		

NAKHON RATCHASIMA FOOTBALL CLUB
Year of Formation: 1999
Stadium: "80th Birthday" Stadium, Nakhon Ratchasima (24,641)

THE SQUAD		DOB	M	(s)	G
Goalkeepers:	Samuel Cunningham	18.01.1989	7		
	Tanachai Noorach	18.03.1992	23		
Defenders:	Abdulhafiz Bueraheng	17.10.1995	7	(10)	
	Adisak Hantes	09.02.1992	3	(5)	
	Noppol Kerdkaew	08.06.2001	1	(3)	
	Chalermpong Kerdkaew	07.10.1986	30		
	Eakkanut Kongket	31.03.1988	21	(3)	
	Pralong Sawandee	04.06.1987	25	(1)	1
	Nattapong Sayriya	26.04.1992	25	(1)	1
	Decha Srangdee	01.09.1990	7	(5)	
	Woradorn Uun-ard	01.07.1996	1	(5)	
	Yun Jun-seong (KOR)	28.09.1989	7		
Midfielders:	Naruphol Ar-romsawa	16.09.1988	18	(6)	2
	Wongsakorn Chaikultewin	16.09.1996	4		1
	Jesse Curran (AUS)	16.07.1996	10	(3)	
	Weerawat Jiraphaksiri	18.05.1994	7	(13)	
	Gidi Kanyuk (ISR)	11.02.1993	14		1
	Tatchanon Nakarawong	18.11.1996	17	(5)	
	Romran Rodwinitch	05.01.1999		(1)	
	Anon Samakorn	13.07.1998	3	(11)	
	Chanatpol Sikkamonthol	02.01.1989	1	(7)	
	Metee Taweekulkarn	19.03.1986	16	(1)	
	Dennis Jaramel Villanueva (PHI)	28.04.1992	8	(3)	
Forwards:	Leandro Assumpção da Silva (BRA)	03.02.1986	15		5
	Dennis Murillo Skrzypiec (BRA)	28.04.1992	27	(1)	21
	Jakkit Niyomsuk	08.06.1994	1		
	Amadou Ouattara (CIV)	30.12.1990	25	(3)	3
	Kittisak Roekyamdee	31.10.2001		(2)	
	Chitchanok Xaysensourinthone	23.08.1994	6	(16)	4
	Kittipong Wongma	14.09.1995	1	(6)	
Trainer:	Teerasak Po-on	18.05.1978	30		

POLICE TERO FOOTBALL CLUB BANGKOK

Year of Formation: 1992 (*as BEC Tero Sasana*)
Stadium: Boonyachinda Stadium, Bangkok (3,550)

THE SQUAD		DOB	M	(s)	G
Goalkeepers:	Kritsana Klanklin	26.02.1984	2		
	Prasit Padungchok	13.10.1982	28		
Defenders:	Thitathorn Aksornsri	08.11.1997	4		
	Thitawee Aksornsri	08.11.1997	4		
	Chalermsak Aukkee	25.08.1994	10	(2)	
	Chompon Buangam	02.09.1986	8	(8)	
	Kwon Dae-hee (KOR)	16.08.1989	29		
	Denis Darbellay	05.06.1998	1		
	Issac Honey (GHA)	06.06.1993	25		2
	Sanchai Nonthasila	30.03.1996	19	(4)	
	Noppol Pitafai	01.02.1985	2	(4)	
	Chompoo Sangpo	15.08.1988	1	(1)	
	Nuttapon Sukchai	10.09.1992	7	(8)	1
	Ekkachai Samre	28.11.1988	17	(3)	
	Dominic Tan	12.03.1997	6	(9)	
Midfielders:	Kanokpon Buspakom	20.09.1999	20	(5)	1
	Pathompol Charoenrattanapirom	21.04.1994	5	(2)	
	Narong Jansawek	10.08.1986	16	(5)	3
	Santitorn Lattirom	23.06.1990	8	(5)	
	Natthaphon Piamplai	14.05.1996	3	(1)	
	Alexander Sieghart	29.07.1994	3	(1)	
	Sitthichok Tassanai	07.06.1991	13	(5)	
Forwards:	Arthit Boodjinda	07.08.1994	19	(3)	3
	Dragan Bošković (MNE)	27.12.1985	15		5
	Yodsak Chaowana	20.04.1996	3	(7)	
	Tiago Oliveira de Souza „Tiago Chulapa" (BRA)	05.02.1988	8	(1)	2
	Greg Houla (FRA)	19.07.1988	11	(1)	2
	Supot Jodjam	02.03.1990	3	(7)	
	Kirati Keawsombat	12.01.1987	4	(17)	2
	Marc Landry Babo (CIV)	13.03.1991	4	(1)	2
	Matheus Alves Leandro (BRA)	19.05.1993		(1)	
	Nattawut Munsuwan	24.05.1998	1	(6)	
	Jaturong Pimkoon	03.09.1993	4	(3)	1
	Adisak Srikampang	14.01.1985	12		4
	Mohamadou Sumareh (MAS)	20.09.1994	1	(3)	
	Teeratep Winothai	16.02.1985	14		2
Trainer:	Rangsan Viwatchaichok	22.01.1979	30		

PORT FOOTBALL CLUB BANGKOK

Year of Formation: 1967
Stadium: PAT Stadium, Bangkok (12,000)

THE SQUAD		DOB	M	(s)	G
Goalkeepers:	Rattanai Songsangchan	10.06.1995	11		
	Worawut Srisupha	25.05.1992	19		
Defenders:	Thitathorn Aksornsri	08.11.1997	1		
	Thitavee Aksornsri	08.11.1997	3	(1)	
	David Rochela Calvo (ESP)	19.02.1990	4		1
	Kevin Deeromram	11.09.1997	15	(1)	1
	Elias Dolah (SWE)	21.04.1993	21	(1)	
	Tanaboon Kesarat	21.09.1993	10	(2)	
	Todsapol Lated	07.05.1989	3	(1)	
	Worawut Namvech	04.07.1995	17	(1)	
	Adisorn Promrak	21.10.1993	2	(2)	
	Jaturapat Satham	15.06.1999	5	(4)	1
	Nitipong Selanon	26.05.1993	30		1
	Martin Markus Pineda Steuble (PHI)	09.06.1988	10	(1)	
Midfielders:	Charyl Chappuis	12.01.1992	5	(7)	
	Siwakorn Jakkuprasat	23.04.1992	23		1
	Sansern Limwatthana	31.07.1997		(1)	
	Tawin Mahajindawong	09.03.1998		(1)	
	Ko Seul-ki (KOR)	21.04.1986	25		2
	Nattawut Sombatyotha	01.05.1996		(19)	3
	Sergio Gustavo Suárez Arteaga (ESP)	06.01.1987	27		13
	Kannarin Thawornsak	27.05.1997	8	(10)	
	Chatmongkol Thongkiri	05.05.1997		(1)	
Forwards:	Yannick Boli (CIV)	13.01.1988	11	(5)	4
	Nelson Wilfredo Bonilla Sánchez (SLV)	11.09.1990	14	(6)	6
	Heberty Fernandes de Andrade (BRA)	29.08.1988	9		7
	Adisak Kraisorn	01.02.1991	14	(15)	11
	Bordin Phala	18.12.1994	21	(6)	2
	Pakorn Prempak	02.02.1993	16	(2)	1
	Tanasith Siriphala	09.08.1995	4	(12)	1
	Nurul Sriyankem	08.02.1992	2	(9)	1
Trainer:	Choketawee Promrut	16.03.1975	4		
[28.03.2020]	Jadet Meelarp	17.01.1972	2		
[21.09.2020]	Sarawut Treephan	15.10.1979	24		

PT PRACHUAP FOOTBALL CLUB

Year of Formation: 2009
Stadium: Sam Ao Stadium, Ptachuap Khiri Khan (5,000)

THE SQUAD		DOB	M	(s)	G
Goalkeepers:	Nattapong Khajohnmalee	10.05.1994	5	(1)	
	Siwapong Pankaew	27.12.1996	1		
	Kwanchai Suklom	12.01.1995	24		
Defenders:	Peerawat Akkatam	03.12.1998	12	(7)	2
	Yanto Basna	12.03.1995	18	(1)	1
	Artyom Filiposyan (UZB)	06.01.1988	12		
	Saranyu Intarach	29.06.1989	13	(3)	1
	Anawin Jujeen	13.03.1987	5	(2)	
	Weerawut Kayem	23.03.1993	7	(9)	1
	Baihakki Khaizan (SIN)	31.01.1984	1	(1)	
	Pakpoom Lato	01.09.1999	1	(2)	
	Seeket Madputeh	09.03.1989	16	(5)	
	Adul Muensamaan	17.05.1981	18	(2)	
	Sompob Nilwong	28.03.1983	1	(1)	
	Adnan Orahovac (MNE)	05.02.1991	18	(1)	
	Rawee Udomsilp	27.02.1997	1		
Midfielders:	Teerapong Deehamhae	05.01.1991	5	(5)	
	Kittisak Hochin	19.01.1994	13	(9)	
	Phanuwat Jinta	06.01.1987	3	(1)	
	Phumin Kaewta	12.03.1995	3	(10)	3
	Panudech Maiwong	30.11.1995	1	(1)	
	Ratchapol Nawanno	28.04.1986	22	(3)	1
	Iain Irinco Ramsay (PHI)	27.02.1988	22	(4)	2
	Amorn Thammanarm	16.10.1983	10	(10)	
	Chutipol Thongthae		20	(3)	2
	Soukaphone Vongchiengkham	09.03.1992	1		
	Wanchalerm Yingyong	12.08.1993	13	(6)	
	Yoo Jun-soo (KOR)	08.05.1988	15	(1)	
Forwards:	Bruno Ferreira Mombra Rosa "Bruno Mezenga"(BRA)	08.08.1988	4		
	Supot Jodjam	02.03.1990	1	(2)	
	Verapat Nilburapha	22.06.1996	1	(5)	
	Siriphong Wangkulam	23.06.2000	1	(2)	
	Willen Mota Inácio (BRA)	10.01.1992	24		16
	William Henrique Rodrigues da Silva (BRA)	28.01.1992	18	(2)	6
Trainer:	Thawatchai Damrong-ongtrakul	25.06.1974	30		

RATCHABURI MITR PHOL FOOTBALL CLUB

Year of Formation: 2004
Stadium: Mitr Phol Stadium, Ratchaburi (10,000)

THE SQUAD		DOB	M	(s)	G
Goalkeepers:	Kampol Pathomakkakul	27.07.1992	13	(1)	
	Kittipong Phuthawchueak	26.09.1989	4		
	Ukrit Wongmeema	09.07.1991	13	(1)	
Defenders:	Mikel Justin Cagurangan Baas (PHI)	16.03.2000	5		
	Praweenwat Boonyong	13.02.1990	3	(9)	
	Kiatisak Jiamudom	19.03.1995	26		
	Lee Jae-Sung (KOR)	05.07.1988	6	(3)	
	Philip Roller	10.06.1994	27	(2)	15
	Thanaset Sujarit	15.11.1994	13	(2)	
	Pawee Tanthatemee	22.10.1996	26	(1)	
	Ekkaluck Thonghkit	27.08.1983	5	(11)	
	Jirawat Thongsaengphrao	31.03.1998	1	(4)	
	Luke Zantua Woodland (PHI)	21.07.1995	12	(4)	
	Yeo Seong-hae (KOR)	06.08.1987	12		
Midfielders:	Lossémy Karaboué (CIV)	18.03.1988	25	(2)	2
	Narakorn Noomchansakool	12.04.1999	3	(5)	
	Santipap Ratniyorm	04.09.1992	1	(2)	
	Kritsanon Srisuwan	11.01.1995	22	(2)	
	Pathomchai Sueasakul	10.10.1988	25	(3)	2
	Chitpanya Tisud	08.02.1991	7	(9)	
Forwards:	Yannick Boli (CIV)	13.01.1988	11	(2)	8
	Ousmane Simon Dia (FRA)	17.07.1992	2	(3)	1
	Sittichok Kannoo	09.08.1996	16	(4)	3
	Steeven Langil (MTQ)	04.03.1988	27	(2)	7
	Javier Patiño Lachica (PHI)	14.02.1988	6	(21)	6
	Apiwat Pengprakone	22.08.1988	11	(9)	1
	Jakkapan Pornsai	28.03.1987	5	(1)	
	Jose Elmer Poblete „OJ" Porteria	09.05.1994	1	(4)	
	Nurul Sriyankem	08.02.1992	2	(4)	
Trainer:	Chaitud Uamtham		16		
[01.01.2021]	Somchai Maiwilai	27.06.1975	14		

RAYONG FOOTBALL CLUB

Year of Formation: 2009
Stadium: Rayong Provincial Stadium, Rayong (7,500)

THE SQUAD		DOB	M	(s)	G
Goalkeepers:	Outthilath Nammakhoth	13.09.1996	1		
	Kampol Pathomakkakul	27.07.1992	11		
	Todsaporn Sri-reung	18.03.1990	3		
	Anusit Termmee	19.07.1995	15		
Defenders:	Suwat Chanbunpha	02.08.1992	22		
	Anusorn Jaiphet	23.06.1999		(3)	1
	Chatchon Jairangsee	19.05.1995	4	(5)	
	Naphat Jaruphatphakdee	21.12.1995	1	(1)	
	Oscar Kahl	17.10.1997	1	(11)	
	Adam Thomas Mitter (ENG)	05.01.1993	12		
	Yodrak Namuangrak	19.09.1989	24	(2)	2
	Watcharin Nuengprakaew	18.01.1996	11	(1)	
	Park tae-hyeong (KOR)	07.04.1992	10	(2)	
	Wasusiwakit Phusririt	27.06.1992	26	(1)	
	Jetjinn Sripach	06.03.1992		(4)	
	Pongsakorn Takum	20.08.1992	11	(9)	
	Alongkorn Thongjeen	12.03.1992	3	(1)	
Midfielders:	Han Chang-woo (KOR)	28.07.1996	1	(4)	
	Alongkorn Jornnathong	24.08.1989	5	(1)	1
	Kirati Kaewnongdang	16.04.1997	11	(8)	
	Suppasek Kaikaew	12.12.1986		(2)	
	Anuchit Ngrnbukkol	23.07.1993	28		2
	Goshi Okubo (JPN)	14.06.1986	14		5
	Theppitak Poonjuang	30.07.1998	23	(4)	
	Nattawut Saengsri	15.08.1997	3	(7)	
	Decha Sa-ardchom	13.08.1986	2		
	Panupong Sa-nguannam	26.04.2001		(1)	
	Anucha Suksai	10.04.1992	3	(2)	
	Warut Suppahso	02.01.1986	7	(1)	
	Chinnawat Wongchai	08.12.1996	19		
Forwards:	Danilo Lopes Cezario (BRA)	25.04.1991	9		2
	Bireme Diouf (CIV)	02.07.1984	3	(1)	
	Sirisak Foofung	18.08.1990	6	(8)	2
	Bruno Paulo Machado Barbosa (BRA)	14.02.1990	3	(4)	
	Ritthidet Pensawat	21.03.1997	1	(7)	
	Adalgisio Miranda da Rocha Neto (BRA)	30.10.1989	15	(2)	5
	Leandro Resida (NED)	11.10.1989	2	(1)	
	Mehti Sarakham	21.05.1999	14	(4)	3
	Nantawat Suankaew	08.12.1997	2	(3)	
	Tiago Oliveira de Souza "Tiago Chulapa" (BRA)	05.02.1988	4		
Trainer:	Chusak Sriphum	16.09.1976	4		
[13.03.2020]	Arthur Bernardes Ribas da Silva Filho (BRA)	15.05.1955	7		
[12.11.2020]	Masami Taki (JPN)	28.06.1972	19		

SAMUT PRAKAN CITY FOOTBALL CLUB

Year of Formation: 2019
Stadium: SAT Stadium, Samut Prakan (5,130)

THE SQUAD	DOB	M	(s)	G
Goalkeepers: Anurak Chompoopruk	05.10.1988	1		
Patiwat Khammai	24.12.1994	27		
Mohamad Izwan Mahbud (SIN)	14.07.1990	2	(1)	
Defenders: Suphanan Bureerat	10.10.1993	25	(2)	2
Saksit Jitwichan	09.10.1997	10	(11)	
Nattapon Malapun	10.01.1994	1	(1)	
Ernesto Amantegui Phumipha	16.04.1990	29	(1)	
Jakkaphan Praisuwan	16.08.1994	28		1
Tatsuya Sakai (JPN)	19.11.1990	3	(3)	
Jetjinn Sriprach	06.03.1992	1	(4)	
Aris Zarifovič (SVN)	02.06.1988	23	(1)	4
Midfielders: Picha Autra	07.01.1996	3	(1)	
Muhammad Zulfahmi Arifin (SIN)	05.10.1991	2	(5)	
Peeradol Chamratsamee	15.09.1992	26	(2)	3
Phumin Kaewta	12.03.1995		(1)	
Chakkit Laptrakul	02.12.1994	6	(2)	3
Yutpichai Lertlam	21.04.1999	4	(8)	1
Apichai Munotsa	25.02.1992	7	(5)	1
Yuto Ono (JPN)	28.09.1991	24	(1)	1
Nopphon Ponkam	19.07.1996	8	(11)	
Nawapol Rodkeal	19.05.2002		(1)	
Daniel García Rodríguez „Toti" (ESP)	21.09.1987	8	(1)	
Jiraaut Wingwon	12.12.2000	2	(11)	
Jaroensak Wonggorn	18.05.1997	29		3
Forwards: Pedro Bispo Moreira Júnior (BRA)	29.01.1987	3		
Tardeli Barros Machado Reis (BRA)	02.03.1990	24		25
Chayawat Srinawong	12.01.1993	11	(8)	6
Teeraphol Yoryoei	25.10.1994	23	(6)	6
Trainer: Masatada Ishii (JPN)	01.02.1967	30		

SUKHOTHAI FOOTBALL CLUB

Year of Formation: 2009
Stadium: Thung Thalay Luang Stadium, Sukhothai (8,000)

	THE SQUAD	DOB	M	(s)	G
Goalkeepers:	Anurak Chompoopruk	05.10.1988	2		
	Kittipong Phuthawchueak	26.09.1989	8		
	Peerapong Ruennin	14.09.1995	20		
Defenders:	Narongrit Boonsuk	04.06.1992	9	(3)	
	Ekkasit Chaobut	30.03.1991	23	(4)	1
	Joshua Jake Bulan Grommen (PHI)	10.07.1996	13	(1)	
	Anusak Jaiphet	23.06.1999	4	(1)	
	Anusorn Jaiphet	23.06.1999	1	(1)	
	Nukoolkit Krutyai	23.09.1992	29	(1)	
	Piyarat Lajungreed	18.09.1991	24	(3)	
	Watcharin Nuengprakaew	18.01.1996	2	(4)	
	Prasittichai Perm	03.03.1999		(1)	
	Panphanpong Pinkong	27.03.1987	1		
	Sila Srikampang	18.04.1989	26	(2)	2
	Zaw Min Tun (MYA)	20.05.1992	8	(2)	
	Yeo eong-hae (KOR)	06.08.1987	8	(1)	
	Satsanapong Wattayuchutikul	06.08.1992	9	(14)	
Midfielders:	Hlaing Bo Bo (MYA)	08.07.1996		(2)	
	Kabfah Boonmatoon	12.03.1987	3	(7)	1
	Kanpitcha Chanakaree	13.11.1998	2	(1)	
	Leon Pitchaya James	29.08.2001	1	(7)	1
	Nattawut Jaroenboot	27.04.1991	19	(9)	
	Kittikai Juntaraksa	09.02.1996		(1)	
	Jung Myung-oh (KOR)	29.10.1986	29		2
	Pongpat Liorungrueangkit	04.10.1996	1	(3)	
	Natthaphon Piamplai	14.05.1996	4	(6)	
	Siwarut Phonhiran	23.08.1996	1		
	Nonthawat Rak-ok	13.09.1996		(1)	
	Santipap Ratniyorm	04.09.1992	10	(3)	
	Decha Sa-ardchom	13.08.1986	9	(4)	
	Woranat Thongkruea	28.03.1993	4	(5)	
	Mongkol Tossakrai	09.05.1987		(2)	
Forwards:	Evandro Silva do Nascimento "Evandro Paulista" (BRA)	26.09.1987	6	(1)	3
	Kyaw Ko Ko (MYA)	20.12.1992		(1)	
	Muhammadnasay Kolaeh	19.03.2000	1	(4)	1
	Ibson Pereira de Melo (BRA)	08.10.1989	25	(2)	10
	Jhon Baggio Rakotonomenjanahary (MAD)	19.12.1991	26	(1)	16
	Chatri Rattanawong	05.12.1993	2	(7)	1
Trainer:	Surapong Kongthep	18.01.1979	30		

SUPHANBURI FOOTBALL CLUB

Year of Formation: 1998
Stadium: Suphanburi Provincial Stadium, Suphanburi (15,279)

THE SQUAD		DOB	M	(s)	G
Goalkeepers:	Patrick Phillip Bravo Deyto (PHI)	15.02.1990	26		
	Sahawit Khumpiam	17.11.1994	2		
	Pongsakorn Samathaneres	03.04.1992	2	(1)	
Defenders:	Alef Vieira Santos (BRA)	10.09.1993	29		1
	Tinnakorn Asurin	19.02.1990	13		1
	Piyachanok Darit	05.11.1992	3		
	Wasan Homsan	02.08.1991	15		
	Phattharaphon Kangsopa	25.05.1996	1	(1)	
	Kongphop Luadsong	13.11.1995	1	(4)	
	Meechok Marhasaranukun	12.12.1997	4	(4)	1
	Supravee Miprathang	19.07.1996	8	(6)	
	Nattapong Pephat	13.11.1995	3	(3)	
	Sarayut Sompim	23.03.1997	2	(3)	
	Chayapol Supma	06.02.1997	10	(2)	
	Jirawat Thongsaengphrao	31.03.1998	10	(2)	
	Suphan Thongsong	26.08.1994	18	(1)	
Midfielders:	Muhammad Zulfahmi Arifin (SIN)	05.10.1991	7	(1)	
	Ratchanat Aranpiroj	22.06.1996	5	(10)	
	Bae Sin-young (KOR)	11.06.1992	13	(1)	
	Prasit Jantum	30.04.1995	16	(7)	
	Sirimongkhon Jitbanjong	08.08.1997	7	(8)	
	Ryutaro Karube (JPN)	19.12.1992	6	(1)	
	Pardecha Ngernprasert	22.10.1994	18	(7)	1
	Adisorn Poomchart	22.03.1994	4	(8)	1
	Patrick Gerry-Anthony Alcala Reichelt (PHI)	15.06.1988	23	(4)	4
	Chutipol Thongthae	23.01.1991		(1)	
	Kasidech Wettayawong	21.01.1994	23	(4)	4
Forwards:	Herlison Caion de Sousa Ferreira (BRA)	05.10.1990	14		7
	Eliandro dos Santos Gonzaga (BRA)	23.04.1990	13		4
	Felipe da Silva Amorim (BRA)	04.01.1991	13		
	Tanaset Jintapaputanasiri	19.10.1994	2	(2)	
	Leandro Assumpção da Silva (BRA)	03.02.1986	14		7
	Peerapong Panyanumaporn	06.01.1996		(1)	
	Sakunchai Saengthopho	07.06.1999	4	(7)	1
	Rittiporn Whanchuen	30.08.1995	1	(4)	1
Trainer:	Adebayo Gbadebo (NGA)	30.05.1974	30		

TRAT FOOTBALL CLUB

Year of Formation: 2012
Stadium: Trat Provincial Stadium, Trat (5,000)

THE SQUAD	DOB	M	(s)	G
Goalkeepers: Mohamad Izwan Mahbud (SIN)	14.07.1990	3		
Suppawat Srinothai	05.09.1988	9		
Todsaporn Sri-reung	18.03.1990	17	(1)	
Chaiyaporn Uttramara	28.06.1989	1		
Defenders: Amani Manuel Santos Aguinaldo (PHI)	24.04.1995	17		
Chalermsuk Kaewsuktae	09.05.1989	2		
Sathaporn Daengsee	13.05.1988	28		
Lourival Júnior de Araújo Lopes (BRA)	19.10.1987	11		
Witthaya Moonwong	09.10.1993	22	(5)	
Suttinun Phuk-hom	29.11.1987	6	(5)	
Chiraphong Raksongkham	19.06.2001	2	(4)	
Supoj Wonghoi	29.05.1987	23		
Wellington Cirino Priori (BRA)	21.02.1990	3		
Mohammad Afiq Yunos (SIN)	10.12.1990	1		
Midfielders: Pichit Jaibun	11.07.1986		(2)	
Pornpreecha Jarunai	27.12.1985	15	(10)	3
Sansern Limwatthana	31.07.1997	10	(2)	3
Suan Lam Mang (MYA)	28.07.1994	6	(3)	
Atikun Mheetuam	18.01.1995	8	(5)	
Narutchai Nimboon	05.12.1996	1	(2)	
Wutthikai Pathan	09.01.1995		(1)	
Kriangkrai Pimrat	20.02.1987	18	(5)	
Pornsak Pongthong	09.05.1987	7	(13)	
Woranat Thongkruea	28.03.1993	2	(8)	
Mongkol Tossakrai	09.05.1987	24	(1)	2
Rangsan Wiroonsri	12.02.1992	10		2
Athit Wisetsilp	26.09.1993		(1)	
Sundy Wongderree	27.05.1998	1	(9)	
Forwards: Mustafa Azadzoy (AFG)	24.07.1992	18		4
Gafar Adefolarin Durosinmi (NGA)	02.01.1991	4		
Jonatan Ferreira Reis (BRA)	30.06.1989	18	(2)	2
Kang Soo-il (KOR)	15.07.1987	5		1
Aung Kaung Mann (MYA)	18.02.1998	2	(2)	
Jessadakorn Noysri	18.07.1999		(4)	
Sittichok Paso	28.01.1999	9		2
Jenphob Phokhi	04.04.1996		(2)	
Ricardo Henrique da Silva dos Santos (BRA)	13.02.1987	27		10
Trainer: Phayong Khunnaen	21.04.1967	30		

NATIONAL TEAM
INTERNATIONAL MATCHES 2020/2021

25.05.2021	Dubai	Thailand - Oman	0-1(0-1)	(F)
29.05.2021	Dubai	Thailand - Tajikistan	2-2(0-0)	(F)
03.06.2021	Dubai	Thailand - Indonesia	2-2(1-1)	(WCQ)
07.06.2021	Dubai	United Arab Emirates - Thailand	3-1(2-0)	(WCQ)
15.06.2021	Dubai	Thailand - Malaysia	0-1(0-0)	(WCQ)

25.05.2021, Friendly International
The Sevens Stadium, Dubai (United Arab Emirates); Attendance: 0
Referee: Mohammed Salem Yousef Abdulla Al Ali (United Arab Emirates)
THAILAND - OMAN   **0-1(0-1)**
THA: *No line-up available.* Trainer: Akira Nishino (Japan).

29.05.2021, Friendly International
"Khalid bin Mohamed" Stadium, Sharjah (United Arab Emirates); Attendance: 0
Referee: Sultan Mohamed Saleh Yousif Al Hammadi (United Arab Emirates)
THAILAND - TAJIKISTAN   **2-2(0-0)**
THA: Patiwat Khammai, Santiphap Channgom (46.Jaturapat Sattham), Sathaporn Daengsee (46.Thanawat Suengchitthawon), Pawee Tanthatemee [*sent off 67*], Pansa Hemviboon, Peeradon Chamratsamee, Phanuphong Phonsa (70.Worawut Namvech), Tristan Somchai Do (46.Sumanya Purisai), Sivakorn Tiatrakul (59.Bordin Phala), Jakkraphan Kaewprom (46.Nitipong Selanon), Suphanat Mueanta. Trainer: Akira Nishino (Japan).
Goals: Suphanat Mueanta (50, 58).

03.06.2021, 22nd FIFA World Cup Qualifiers / AFC Qualifiers, Second Round
"Maktoum Bin Rashid al Maktoum" Stadium, Dubai (United Arab Emirates); Attendance: 0
Referee: Ammar Ebrahim Hasan Mahfoodh (Bahrain)
THAILAND - INDONESIA   **2-2(1-1)**
THA: Siwarak Tedsungnoen, Ernesto Amantegui Phumipha (80.Sasalak Haiprakhon), Manuel Tom Bihr, Narubodin Weerawatnodom, Suphan Thongsong, Sarach Yooyen, Pathompol Charoenrattanapirom (68.Suphanat Mueanta), Phitiwat Sukjitthammakul (80.Thitipan Puangchan), Ekanit Panya (68.Supachok Sarachat), Thanawat Suengchitthawon, Adisak Kraisorn (87.Supachai Chaided). Trainer: Akira Nishino (Japan).
Goals: Narubodin Weerawatnodom (5), Adisak Kraisorn (50).

07.06.2021, 22nd FIFA World Cup Qualifiers / AFC Qualifiers, Second Round
Zabeel Stadium, Dubai; Attendance: 980
Referee: Ryuji Sato (Japan)
UNITED ARAB EMIRATES - THAILAND   **3-1(2-0)**
THA: Siwarak Tedsungnoen, Manuel Tom Bihr, Narubodin Weerawatnodom, Sasalak Haiprakhon (46.Ernesto Amantegui Phumipha), Suphan Thongsong (46.Sathaporn Daengsee), Thitipan Puangchan, Sarach Yooyen, Supachok Sarachat, Ekanit Panya (62.Pathompol Charoenrattanapirom), Supachai Chaided (84.Adisak Kraisorn), Suphanat Mueanta (72.Sivakorn Tiatrakul). Trainer: Akira Nishino (Japan).
Goal: Suphanat Mueanta (54).

15.06.2021, 22nd FIFA World Cup Qualifiers / AFC Qualifiers, Second Round
Al Maktoum Stadium, Dubai (United Arab Emirates); Attendance: 142
Referee: Mohammed Al Hoish (Saudi Arabia)
THAILAND - MALAYSIA   **0-1(0-0)**
THA: Chatchai Budprom, Ernesto Amantegui Phumipha (64.Sarach Yooyen), Narubodin Weerawatnodom (71.Tristan Somchai Do), Sathaporn Daengsee, Suphan Thongsong, Thitipan Puangchan, Phitiwat Sukjitthammakul (55.Sumanya Purisai), Supachok Sarachat (72.Adisak Kraisorn), Thanawat Suengchitthawon (72.Jakkraphan Kaewprom), Jaroensak Wonggorn, Suphanat Mueanta. Trainer: Akira Nishino (Japan).

NATIONAL TEAM PLAYERS
2020/2021

Name	DOB	Club
Goalkeepers		
Chatchai BUDPROM	04.02.1987	*Bangkok Glass Pathum United FC*
Patiwat KHAMMAI	24.02.1994	*Samut Prakan City FC*
Siwarak TEDSUNGNOEN	20.04.1984	*Buriram United FC*
Defenders		
Manuel Tom BIHR	17.09.1993	*Bangkok United FC*
Santiphap CHANNGOM	23.09.1996	*Bangkok Glass Pathum United FC*
Sathaporn DAENGSEE	13.05.1988	*Nongbua Pitchaya FC*
Sasalak HAIPRAKHON	08.01.1996	*Buriram United FC*
Pansa HEMVIBOON	08.07.1990	*Buriram United FC*
Worawut NAMVECH	04.07.1995	*Port FC Bangkok*
Ernesto Amantegui PHUMIPHA	16.04.1990	*Bangkok Glass Pathum United FC*
Jaturapat SATTHAM	15.06.1999	*Port FC Bangkok*
Nitipong SELANON	25.05.1993	*Port FC Bangkok*
Pawee TANTHATEMEE	22.10.1996	*Ratchaburi Mitr Phol FC*
Suphan THONGSONG	26.08.1994	*Suphanburi FC*
Narubodin WEERAWATNODOM	12.07.1994	*Buriram United FC*
Midfielders		
Peeradon CHAMRATSAMEE	15.09.1992	*Samut Prakhan City FC*
Pathompol CHAROENRATTANAPIROM	21.04.1994	*Bangkok Glass Pathum United FC*
Tristan Somchai DO	31.01.1993	*Bangkok United FC*
Jakkraphan KAEWPROM	24.05.1988	*Buriram United FC*
Ekanit PANYA	21.10.1999	*Chiangrai United FC*
Bordin PHALA	20.12.1994	*Port FC Bangkok*
Phanuphong PHONSA	03.06.1994	*Chonburi FC*
Thitipan PUANGCHAN	01.09.1993	*Bangkok Glass Pathum United FC*
Sumanya PURISAI	05.12.1986	*Bangkok Glass Pathum United FC*
Thanawat SUENGCHITTHAWON	08.01.2000	*Leicester City FC (ENG)*
Phitiwat SUKJITTHAMMAKUL	01.02.1995	*Chiangrai United FC*
Sivakorn TIATRAKUL	07.07.1994	*Chiangrai United FC*
Jaroensak WONGGORN	18.05.1997	*Samut Prakhan City FC*
Sarach YOOYEN	30.05.1992	*Bangkok Glass Pathum United FC*
Forwards		
Supachai CHAIDED	01.12.1998	*Buriram United FC*
Adisak KRAISORN	01.02.1991	*Port FC Bangkok*
Suphanat MUEANTA	02.08.2002	*Buriram United FC*
Supachok SARACHAT	22.05.1998	*Buriram United FC*
National coaches		
Akira NISHINO (Japan) [from 01.07.2019]		07.04.1955

TIMOR-LESTE

The Country:
República Democrática de Timor-Leste (Democratic Republic of Timor-Leste) Capital: Dili Surface: 14,874 km² Population: 1,299,412 [2020] Time: UTC+9 Independent since: 2002
The FA:
Federação de Futebol de Timor-Leste Campo Democracia Ave. Bairo Formosa P.O. Box 406 Dili Year of Formation: 2002 Member of FIFA since: 2005 Member of AFC since: 2002

East Timor, known our days as Timor-Leste, gained independence from Indonesia in 2000 following more than 20 years of occupation at the end of the Portuguese rule which resulted in a long running battle against Jakarta-led forces. The Timor-Leste Football Association was accepted as an associate member of AFC in 2002. Timor-Leste played their first international in March 2003 at the Asian Cup.

NATIONAL TEAM RECORDS

First international match: 21.03.2003, Colombo: Sri Lanka - Timor-Leste 3-2
Most international caps: Anggisu Correia de Almeida Barbosa – 30 caps (since 2008)
Most international goals: Rufino Walter Gama – 7 goals / 18 caps (since 2016)

NATIONAL TEAM COMPETITIONS:

ASIAN NATIONS CUP	
1956	-
1960	-
1964	-
1968	-
1972	-
1976	-
1980	-
1984	-
1988	-
1992	-
1996	-
2000	-
2004	Qualifiers
2007	Did not enter
2011	Did not enter
2015	Did not enter
2019	Qualifiers

FIFA WORLD CUP	
1930	-
1934	-
1938	-
1950	-
1954	-
1958	-
1962	-
1966	-
1970	-
1974	-
1978	-
1982	-
1986	-
1990	-
1994	-
1998	-
2002	-
2006	Did not enter
2010	Qualifiers
2014	Qualifiers
2018	Qualifiers

F.I.F.A. CONFEDERATIONS CUP 1992-2017

None

OLYMPIC FOOTBALL TOURNAMENTS 1900-2016

2016 (Qualifiers)

ASIAN GAMES 1951-2014		AFC CHALLENGE CUP 2006-2014		ASEAN („TIGER") CUP / AFF CUP 1996-2018		SOUTH EAST ASIAN GAMES 2003-2019	
1951	-	2006	-	2003	-	2003	-
1954	-	2008	*Withdrew*	2005	-	2005	Did not enter
1958	-	2010	-	2008	-	2007	Did not enter
1962	-	2012	-	2010	-	2009	Group Stage
1966	-	2014	-	2013	Group Stage	2011	Group Stage
1970	-			2007	Qualifiers	2013	Group Stage
1974	-			2008	Qualifiers	2015	Group Stage
1978	-			2010	Qualifiers	2017	Group Stage
1982	-			2012	Qualifiers	2019	Group Stage
1986	-			2014	Qualifiers		
1990	-			2016	Qualifiers		
1994	-			2018	Group Stage		
1998	-						
2002	-						
2006	-						
2010	-						
2014	Group Stage						

AFC SOLIDARITY CUP 2016	
2016	Group Stage

NATIONAL COMPETITIONS
TABLE OF HONOURS

Unfortunately, there are no data available about past champions or past Cup winners!

NATIONAL CHAMPIONSHIP
Liga Futebol Amadora – Primeira Divisão 2020

The 2020 championship was not held due to COVID-19 pandemic.

NATIONAL CUP
Taça 12 do Novembro 2020

12.12.2020, Estádiu Munispál, Dili
Lalenok United FC Dili – AD Sport Laulara e Benfica **1-1 aet; 4-1 pen**
Goals: Elias Misquita Iha (6) / João Pedro Konsege (52).

NATIONAL TEAM
INTERNATIONAL MATCHES 2020/2021

No international activities for the Timor-Leste national team during the 2020/2021 season.

TURKMENISTAN

The Country:
Türkmenistan (Turkmenistan)
Capital: Aşgabat (Ashgabat)
Surface: 488,100 km²
Population: 6,031,187 [2020]
Time: UTC+5
Independent since: 1991
The FA:
Football Federation of Turkmenistan
Sportcomlex „Kopetdag" 245 A, Niyazov Street
Stadium Kopetdag, 744 001 Ashgabat
Year of Formation: 1992
Member of FIFA since: 1994
Member of AFC since: 1994

NATIONAL TEAM RECORDS

First international match: 01.06.1992, Almaty: Kazakhstan - Turkmenistan 1-0
Most international caps: Arslanmurad Amanov – 49 caps (since 2009)
Most international goals: Wladimir Baýramow – 16 goals / 35 caps (200-2013)

NATIONAL TEAM COMPETITIONS:

ASIAN NATIONS CUP	
1956	-
1960	-
1964	-
1968	-
1972	-
1976	-
1980	-
1984	-
1988	-
1992	-
1996	Qualifiers
2000	Qualifiers
2004	Final Tournament (Group Stage)
2007	Did not enter
2011	Qualifiers
2015	Qualifiers
2019	Final Tournament (Group Stage)

FIFA WORLD CUP	
1930	Did not enter
1934	Did not enter
1938	Did not enter
1950	Did not enter
1954	Did not enter
1958	Did not enter
1962	Did not enter
1966	Did not enter
1970	Did not enter
1974	Did not enter
1978	Did not enter
1982	Did not enter
1986	Did not enter
1990	Did not enter
1994	Did not enter
1998	Qualifiers
2002	Qualifiers
2006	Qualifiers
2010	Qualifiers
2014	Qualifiers
2018	Qualifiers

F.I.F.A. CONFEDERATIONS CUP 1992-2017
None

OLYMPIC FOOTBALL TOURNAMENTS 1908-2016						
1908	-	1948	-	1972	-	1996	Qualifiers
1912	-	1952	-	1976	-	2000	Qualifiers
1920	-	1956	-	1980	-	2004	Qualifiers
1924	-	1960	-	1984	-	2008	Qualifiers
1928	-	1964	-	1988	-	2012	Qualifiers
1936	-	1968	-	1992	-	2016	Qualifiers

ASIAN GAMES 1951-2014		AFC CHALLENGE CUP 2006-2014	
1951	-	2006	-
1954	-	2008	Group Stage
1958	-	2010	Runners-up
1962	-	2012	Runners-up
1966	-	2014	Group Stage
1970	-		
1974	-		
1978	-		
1982	-		
1986	-		
1990	-		
1994	Quarter-Finals		
1998	Quarter-Finals		
2002	Group Stage		
2006	-		
2010	2nd Round		
2014	-		

TURKMEN CLUB HONOURS IN ASIAN CLUB COMPETITIONS:

AFC Champions League 1967-1971 & 1985/1986-2020		
None		
Asian Football Confederation Cup 2004-2020		
None		
AFC President's Cup 2005-2014*		
FC Balkan Balkanabat	1	2013
HTTU Aşgabat	1	2014
Asian Cup Winners Cup 1975-2003*		
None		
Asian Super Cup 1995-2002*		
None		

*defunct competitions

NATIONAL COMPETITIONS
TABLE OF HONOURS

Champions during the Soviet Union time (Turkmen SSR):
1937/1938: Lokomotiv Aşgabat; 1938: Dinamo Aşgabat; 1939-1945: *No competition*; 1946: Dinamo Aşgabat; 1947: Spartak Aşgabat; 1948: Dinamo Aşgabat; 1949: Lokomotiv Aşgabat; 1950: Spartak Aşgabat; 1951: DOSA Aşgabat; 1952: DOSA Aşgabat; 1953: Dinamo Aşgabat; 1954: Sbornaya Maryiskoi Oblasti; 1955: Sbornaya Aşgabata; 1956: Krasny Metallist Aşgabat; 1957: Sbornaya Aşgabatskoy Oblasti; 1958: Sbornaya Aşgabata; 1959: Sbornaya Nebit-Daga; 1960: Sbornaya Chardzhou; 1961: Energetik Nebit-Dag; 1962: Energetik Nebit-Dag; 1963: Stroitel' Mary; 1964: Pogranichnik Aşgabat; 1965: Pogranichnik Aşgabat; 1966: Pogranichnik Aşgabat; 1967: Pogranichnik Aşgabat; 1968: Pogranichnik Aşgabat; 1969: Pogranichnik Aşgabat; 1970: Karakum Mary; 1971: Mayak Chardzhou; 1972: Energostroitel' Mary; 1973: Tsementnik Bezmein; 1974: Avtomobilist Aşgabat; 1975: Neftyanik Kvasnovodsk; 1976: Energetik Mary; 1977: Shatlyk Mary; 1978: Neftyanik Krasnovodsk; 1979: Neftyanik Krasnovodsk; 1980: Neftyanik Krasnovodsk; 1981: Stroitel' Nebit-Dag; 1982: Lokomotiv Aşgabat; 1983: Sel'khoztekhnika Chardzhou; 1984: Neftyanik Krasnovodsk; 1985: Lokomotiv Aşgabat; 1986: Neftyanik Krasnovodsk; 1987: SKIF Aşgabat; 1988: Akhal Aşgabatsky Rayon; 1989: Medik Nebit-Dag; 1990: Avtomobilist Aşgabat; 1991: Sel'khoztekhnika Aşgabat.

Cup winners during the Soviet Union time (Turkmen SSR):
1936: Lokomotiv Aşgabat; 1937: Dom Krasnoy Armii Aşgabat; 1938: Lokomotiv Aşgabat; 1939: Dinamo Aşgabat; 1940: Dinamo Aşgabat; 1941-1943: *No competition*; 1944: Lokomotiv Aşgabat; 1945: Dinamo Aşgabat; 1946: Dinamo Aşgabat; 1947: Dinamo Aşgabat; 1948: *No competition*; 1949: Spartak Aşgabat; 1950: *No competition*; 1951: Lokomotiv Mary; 1952: DOSA Aşgabat; 1953: DOSA Aşgabat; 1954: Urozhay Aşgabat; 1955: Dinamo Aşgabat; 1956: Spartak Aşgabat; 1957: Krasny Metallist Aşgabat; 1958: Krasny Metallist Aşgabat; 1959: DOSA Aşgabat; 1960: Sudoremontny Zavod Chardzhou; 1961: Pogranichnik Aşgabat; 1962: Zvezda Kizyl-Arvat; 1963: Poganichnik Aşgabat; 1964: Zvezda Kizyl-Arvat; 1965: Pogranichnik Aşgabat; 1966: Pogranichnik Aşgabat; 1967: Pogranichnik Aşgabat; 1968: Pogranichnik Aşgabat; 1969: Pogranichnik Aşgabat; 1970: Tsementnik Bezmein; 1971: Tsementnik Bezmein; 1972: Energostroitel' Mary; 1973: Lokomotiv Chardzhou; 1974: Neftyanik Krasnovodsk; 1975: Neftyanik Krasnovodsk; 1976: Neftyanik Krasnovodsk; 1977: Shatlyk Mary; 1978: Shatlyk Mary; 1979: Shatlyk Mary; 1980: Neftyanik Krasnovodsk; 1981-1986: *No competition*; 1987: Rotor Aşgabat; 1988: Rassvet Aşgabat; 1989: Neftyanik Krasnovodsk; 1990 *No competition*; 1991: Sel'khoztekhnika Aşgabat.

	CHAMPIONS	CUP WINNERS
1992	Köpetdag Aşgabat	Köpetdag Aşgabat
1993	Köpetdag Aşgabat	Köpetdag Aşgabat
1994	Köpetdag Aşgabat	Köpetdag Aşgabat
1995	Köpetdag Aşgabat	Turan Daşoguz
1996	Nisa Aşgabat	*No competition*
1997	*No competition*	Köpetdag Aşgabat
1998	Köpetdag Aşgabat	Nisa Aşgabat
1999	Nisa Aşgabat	Köpetdag Aşgabat
2000	Köpetdag Aşgabat	Köpetdag Aşgabat
2001	Nisa Aşgabat	Köpetdag Aşgabat
2002	Şagadam Türkmenbaşy	Garagum Türkmenabat
2003	Nisa Aşgabat	Nebitçi Balkanabat
2004	Nebitçi Balkanabat	Nebitçi Balkanabat
2005	HTTU Aşgabat	FK Merv Mary
2006	HTTU Aşgabat	HTTU Aşgabat
2007	FK Aşgabat	Şagadam Türkmenbaşy
2008	FK Aşgabat	FK Merv Mary
2009	HTTU Aşgabat	FK Altyn Asyr Aşgabat
2010	FC Balkan Balkanabat	FC Balkan Balkanabat
2011	FC Balkan Balkanabat	HTTU Aşgabat
2012	FC Balkan Balkanabat	FC Balkan Balkanabat
2013	HTTU Aşgabat	FK Ahal Abadan
2014	FK Altyn Asyr Aşgabat	FK Ahal Abadan
2015	FK Altyn Asyr Aşgabat	FK Altyn Asyr Aşgabat
2016	FK Altyn Asyr Aşgabat	FK Altyn Asyr Aşgabat
2017	FK Altyn Asyr Aşgabat	FK Ahal Abadan
2018	FK Altyn Asyr Aşgabat	FK Köpetdag Aşgabat
2019	FK Altyn Asyr Aşgabat	FK Altyn Asyr Aşgabat
2020	FK Altyn Asyr Aşgabat	FK Altyn Asyr Aşgabat

NATIONAL CHAMPIONSHIP
Ýokary Liga 2020

1.	**FK Altyn Asyr Aşgabat**	28	23	4	1	79 - 17	73
2.	FK Ahal Abadan	28	17	4	7	54 - 29	55
3.	FK Şagadam Türkmenbaşy	28	13	8	7	46 - 27	47
4.	FK Köpetdag Aşgabat	28	11	8	9	33 - 27	41
5.	FK Aşgabat	28	10	6	12	35 - 45	36
6.	FK Merw Mary	28	8	4	16	29 - 45	28
7.	Nebitçi FT Balkanabat	28	7	3	18	30 - 60	24
8.	FC Energetik Türkmenbaşy	28	3	3	22	23 - 79	12

Best goalscorer 2020:
Altymyrat Annadurdyýew (FK Altyn Asyr Aşgabat) – 35 goals

NATIONAL CUP
Türkmenistanyň Kubogy Final 2020

09.12.2020, Aşgabat
FK Altyn Asyr Aşgabat - FK Köpetdag Aşgabat **1-1(0-1,1-1,1-1); 3-0 on penalties**
Goals: 0-1 Shiri Annaev (12 penalty), 1-1 Zafar Babadzhanov (69).

THE CLUBS

FUTBOL KLUBY AHAL ABADAN
Year of Formation: 1989
Stadium: Ahal Stadium, Ahal (10,000)

FUTBOL KLUBY ALTYN ASYR AŞGABAT
Year of Formation: 2008
Stadium: Köpetdag Stadium, Aşgabat (26,000)

FUTBOL KLUBY AŞGABAT
Year of Formation: 2006
Stadium: Aşgabat Stadium, Aşgabat (20,000)

NEBITÇI FOOTBALL TEAM BALKANABAT
Year of Formation: 1960
Stadium: Sport Toplumy Stadium, Balkanabat (10,000)

FUTBOL KLUBY KÖPETDAG AŞGABAT
Year of Formation: 1947
Stadium: Köpetdag Stadium, Aşgabat (26,000)

FOOTBALL CLUB ENERGETIK TÜRKMENBAŞY
Year of Formation: 2010
Stadium: Energetik Stadium, Mary (3,000)

FUTBOL KLUBY MERW MARY
Year of Formation: 1991
Stadium: Mary Stadium, Mary (10,000)

FUTBOL KLUBY ŞAGADAM TÜRKMENBAŞY
Stadium: Şagadam Stadium, Türkmenbaşy (5,000)

NATIONAL TEAM
INTERNATIONAL MATCHES 2020/2021

05.06.2021	*Goyang*	*Korea Republic - Turkmenistan*	*5-0(2-0)*	*(WCQ)*
09.06.2021	*Goyang*	*Turkmenistan - Lebanon*	*3-2(0-0)*	*(WCQ)*
15.06.2021	*Goyang*	*Korea D.P.R. - Turkmenistan*	*cancelled*	*(WCQ)*

05.06.2021, 22nd FIFA World Cup Qualifiers / AFC Qualifiers, Second Round
Goyang Stadium, Goyang; Attendance: 3,932
Referee: Turki Mohammed Al Khudhayr (Saudi Arabia)
KOREA REPUBLIC - TURKMENISTAN   **5-0(2-0)**
TKM: Rasul Çaryýew, Zafar Babajanow, Güýçmyrat Annagulyýew, Röwşengeldi Halmämmedow (63.Ilýa Tamurkin), Elman Tagaýew (69.Yhlas Saparmämmedow), Ahmet Ataýew, Furkat Tursunow, Welmyrat Ballakow (63.Myrat Annaýew), Berdimyrat Rejepow, Arslanmyrat Amanow (78.Rahman Myratberdiýew), Altymyrat Annadurdyýew (69.Begençmyrat Myradow). Trainer: Ýazguly Hojageldiýew.

09.06.2021, 22nd FIFA World Cup Qualifiers / AFC Qualifiers, Second Round
Goyang Stadium, Goyang (Korea Republic); Attendance: 52
Referee: Hanna Hattab (Syria)
TURKMENISTAN - LEBANON   **3-2(0-0)**
TKM: Rasul Çaryýew, Zafar Babajanow, Güýçmyrat Annagulyýew, Ilýa Tamurkin (46.Röwşengeldi Halmämmedow), Ahmet Ataýew, Furkat Tursunow (62.Yhlas Saparmämmedow), Welmyrat Ballakow (46.Myrat Annaýew), Arslanmyrat Amanow, Altymyrat Annadurdyýew, Berdimyrat Rejepow (62.Mäkan Saparow), Rahman Myratberdiýew (75.Begençmyrat Myradow). Trainer: Ýazguly Hojageldiýew.
Goals: Zafar Babajanow (59), Güýçmyrat Annagulyýew (85), Altymyrat Annadurdyýew (90+1).

15.06.2021, 22nd FIFA World Cup Qualifiers / AFC Qualifiers, Second Round
Goyang Stadium, Goyang (Korea Republic)
KOREA D.P.R. - TURKMENISTAN   **cancelled**
Korea D.P.R. withdrew from the qualifying round.

NATIONAL TEAM PLAYERS 2020/2021

Name	DOB	Club

Goalkeepers

Rasul ÇARYÝEW	30.09.1999	FK Ahal Abadan

Defenders

Güýçmyrat ANNAGULYÝEW	10.06.1996	FK Altyn Asyr Aşgabat
Zafar BABAJANOW	09.02.1987	FK Altyn Asyr Aşgabat
Mäkan SAPAROW	22.04.1994	FK Altyn Asyr Aşgabat

Midfielders

Myrat ANNAÝEW	06.05.1993	FK Altyn Asyr Aşgabat
Ahmet ATAÝEW	19.09.1990	FK Altyn Asyr Aşgabat
Welmyrat BALLAKOW	04.04.1999	FK Altyn Asyr Aşgabat
Röwşengeldi HALMÄMMEDOW	07.10.1997	FK Altyn Asyr Aşgabat
Begençmyrat MYRADOW	09.08.2001	FK Altyn Asyr Aşgabat
Berdimyrat REJEPOW	19.06.1995	FK Altyn Asyr Aşgabat
Yhlas SAPARMÄMMEDOW	25.02.1997	FK Köpetdag Aşgabat
Elman TAGAÝEW	02.06.1989	FK Ahal Abadan
Ilýa TAMURKIN	09.05.1989	FK Ahal Abadan
Furkat TURSUNOW	05.02.1991	FK Altyn Asyr Aşgabat

Forwards

Arslanmyrat AMANOW	28.03.1990	Sogdiana Jizzakh (UZB)
Altymyrat ANNADURDYÝEW	13.04.1993	FK Altyn Asyr Aşgabat
Rahman MYRATBERDIÝEW	31.10.2001	FK Altyn Asyr Aşgabat

National coaches

Ýazguly Hojageldiýew [from 01.01.2021]	27.02.1977

UNITED ARAB EMIRATES

The Country:
Dawlat al-Imārāt al-'Arabīyah al-Muttahidah (United Arab Emirates)
Capital: Abu Dhabi
Surface: 83,600 km²
Population: 9,890,400 [2020]
Time: UTC+4
Independent since: 1971

The FA:
United Arab Emirates Football Association
Zayed Athletic City, P.O.Box. 916, Abu Dhabi
Year of Formation: 1971
Member of FIFA since: 1974
Member of AFC since: 1974

NATIONAL TEAM RECORDS

First international match: 17.03.1972, in Saudi Arabia: United Arab Emirates – Qatar 1-0
Most international caps: Adnan Khamees Al Talyani – 161 caps (1983-1997)
Most international goals: Ali Ahmed Mabkhout Mohsin Omran Al Hajeri – 76 goals / 92 caps (since 2009)

NATIONAL TEAM COMPETITIONS:

ASIAN NATIONS CUP	
1956	Did not enter
1960	Did not enter
1964	Did not enter
1968	Did not enter
1972	Did not enter
1976	Did not enter
1980	Final Tournament (Group Stage)
1984	Final Tournament (Group Stage)
1988	Final Tournament (Group Stage)
1992	Final Tournament (4th Place)
1996	Final Tournament (Runners-up)
2000	Qualifiers
2004	Final Tournament (Group Stage)
2007	Final Tournament (Group Stage)
2011	Final Tournament (Group Stage)
2015	Final Tournament (3rd Place)
2019	Final Tournament (Semi-Finals)

FIFA WORLD CUP	
1930	Did not enter
1934	Did not enter
1938	Did not enter
1950	Did not enter
1954	Did not enter
1958	Did not enter
1962	Did not enter
1966	Did not enter
1970	Did not enter
1974	Did not enter
1978	*Withdrew*
1982	Did not enter
1986	Qualifiers
1990	Final Tournament (Group Stage)
1994	Qualifiers
1998	Qualifiers
2002	Qualifiers
2006	Qualifiers
2010	Qualifiers
2014	Qualifiers
2018	Qualifiers

F.I.F.A. CONFEDERATIONS CUP 1992-2017

1997 (Group Stage)

OLYMPIC FOOTBALL TOURNAMENTS 1908-2016

1908	-	1948	-	1972	-	1996	Qualifiers
1912	-	1952	-	1976	-	2000	Qualifiers
1920	-	1956	-	1980	-	2004	Qualifiers
1924	-	1960	-	1984	Qualifiers	2008	Qualifiers
1928	-	1964	-	1988	Qualifiers	2012	Group Stage
1936	-	1968	-	1992	Qualifiers	2016	Qualifiers

ASIAN GAMES 1951-2014		GULF CUP OF NATIONS 1970-2019	
1951	-	1970	-
1954	-	1972	3rd Place
1958	-	1974	4th Place
1962	-	1976	3rd Place
1966	-	1979	6th Place
1970	-	1982	3rd Place
1974	-	1984	4th Place
1978	-	1986	Runners-up
1982	-	1988	Runners-up
1986	Quarter-Finals	1990	5th Place
1990	-	1992	4th Place
1994	Quarter-Finals	1994	Runners-up
1998	2nd Round	1996	4th Place
2002	Group Stage	1998	3rd Place
2006	Group Stage	2002	6th Place
2010	Runners-up	2003	5th Place
2014	Quarter-Finals	2004	Group Stage
		2007	**Winners**
		2009	Group Stage
		2010	Semi-Finals
		2013	**Winners**
		2014	3rd Place
		2017	Runners-up
		2019	Group Stage

EMIRATI CLUB HONOURS IN ASIAN CLUB COMPETITIONS:

AFC Champions League 1967-1971 & 1985/1986-2020		
Al-Ain Sports and Cultural Club	1	2002/2003
Asian Football Confederation Cup 2004-2020		
None		
AFC President's Cup 2005-2014*		
None		
Asian Cup Winners Cup 1975-2003*		
None		
Asian Super Cup 1995-2002*		
None		

*defunct competitions

OTHER CLUB COMPETITIONS:

Arab Champions Cup / Arab Champions League 1982-2019		
None		
Gulf Club Champions Cup 1982-2017		
Al Shabab Al Arabi Club Dubai	3	1992, 2011, 2015
Al-Ain Sports and Cultural Club	1	2001
Al Jazira Sports & Culture Club Abu Dhabi	1	2007
Baniyas Sports & Culture Club	1	2012/2013
Al-Nasr Sports Club Dubai	1	2014
Arab Cup Winners Cup 1989-2002*		
None		
Arab Super Cup 1992-2002*		
None		
Afro-Asian Club Championship 1986–1998*		
None		

*defunct competition

NATIONAL COMPETITIONS
TABLE OF HONOURS

	CHAMPIONS	CUP WINNERS
1973/1974	Al Orouba Club[1]	Al Shabab Al Arabi Club Dubai
1974/1975	Al Ahli Club Dubai	Al Ahli Club Dubai
1975/1976	Al Ahli Club Dubai	*Competition not played to end*
1976/1977	Al-Ain Sports and Cultural Club	Al Ahli Club Dubai
1977/1978	Al-Nasr Sports Club Dubai	*Competition not played to end*
1978/1979	Al-Nasr Sports Club Dubai	Sharjah Cultural Sports Club
1979/1980	Al Ahli Club Dubai	Sharjah Cultural Sports Club
1980/1981	Al-Ain Sports and Cultural Club	Al Shabab Al Arabi Club Dubai
1981/1982	Al Wasl Sports Club Dubai	Sharjah Cultural Sports Club
1982/1983	Al Wasl Sports Club Dubai	Sharjah Cultural Sports Club
1983/1984	Al-Ain Sports and Cultural Club	Ajman Club
1984/1985	Al Wasl Sports Club Dubai	Al-Nasr Sports Club Dubai
1985/1986	Al-Nasr Sports Club Dubai	Al-Nasr Sports Club Dubai
1986/1987	Sharjah Cultural Sports Club	Al Wasl Sports Club Dubai
1987/1988	Al Wasl Sports Club Dubai	Al Ahli Club Dubai
1988/1989	Sharjah Cultural Sports Club	Al-Nasr Sports Club Dubai
1989/1990	Al Shabab Al Arabi Club Dubai	Al Shabab Al Arabi Club Dubai
1990/1991	*Competition not played to end*	Sharjah Cultural Sports Club
1991/1992	Al Wasl Sports Club Dubai	Bani Yas Club
1992/1993	Al-Ain Sports and Cultural Club	Al-Sha'ab Cultural & Sports Club Sharjah
1993/1994	Sharjah Cultural Sports Club	Al Shabab Al Arabi Club Dubai
1994/1995	Al Shabab Al Arabi Club Dubai	Sharjah Cultural Sports Club
1995/1996	Sharjah Cultural Sports Club	Al Ahli Club Dubai
1996/1997	Al Wasl Sports Club Dubai	Al Shabab Al Arabi Club Dubai
1997/1998	Al-Ain Sports and Cultural Club	Sharjah Cultural Sports Club
1998/1999	Al Wahda FC Abu Dhabi	Al-Ain Sports and Cultural Club
1999/2000	Al-Ain Sports and Cultural Club	Al Wahda FC Abu Dhabi
2000/2001	Al Wahda FC Abu Dhabi	Al-Ain Sports and Cultural Club
2001/2002	Al-Ain Sports and Cultural Club	Al Ahli Club Dubai
2002/2003	Al-Ain Sports and Cultural Club	Sharjah Cultural Sports Club
2003/2004	Al-Ain Sports and Cultural Club	Al Ahli Club Dubai
2004/2005	Al Wahda FC Abu Dhabi	Al-Ain Sports and Cultural Club
2005/2006	Al Ahli Club Dubai	Al-Ain Sports and Cultural Club
2006/2007	Al Wasl Sports Club Dubai	Al Wasl Sports Club Dubai
2007/2008	Al Shabab Al Arabi Club Dubai	Al Ahli Club Dubai
2008/2009	Al Ahli Club Dubai	Al-Ain Sports and Cultural Club
2009/2010	Al Wahda FC Abu Dhabi	Emirates Cultural Sport Club Ras al-Khaimah
2010/2011	Al Jazira Sports & Culture Club Abu Dhabi	Al Jazira Sports & Culture Club Abu Dhabi
2011/2012	Al-Ain Sports and Cultural Club	Al Jazira Sports & Culture Club Abu Dhabi
2012/2013	Al-Ain Sports and Cultural Club	Al Ahli Club Dubai
2013/2014	Al Ahli Club Dubai	Al-Ain Sports and Cultural Club
2014/2015	Al-Ain Sports and Cultural Club	Al-Nasr Sports Club Dubai
2015/2016	Al Ahli Club Dubai	Al Jazira Sports & Culture Club Abu Dhabi
2016/2017	Al Jazira Sports & Culture Club Abu Dhabi	Al Wahda FC Abu Dhabi
2017/2018	Al-Ain Sports and Cultural Club	Al-Ain Sports and Cultural Club
2018/2019	Sharjah FC	Shabab Al Ahli Dubai FC

| 2019/2020 | Championship abandoned | Competition abandoned |
| 2020/2021 | Al Jazira Sports & Culture Club Abu Dhabi | Shabab Al Ahli Dubai FC |

[1] became in 1978 Sharjah Cultural Sports Club.

Please note: at the end of the season 2016/2017, Al Shabab Al Arabi Club Dubai, Al Ahli Club Dubai and Dubai Cultural Sports Club merged to Shabab Al Ahli Dubai FC.

NATIONAL CHAMPIONSHIP
UAE Arabian Gulf League 2020/2021

#	Club	P	W	D	L	GF	-	GA	Pts
1.	Al Jazira Sports & Culture Club Abu Dhabi	26	17	6	3	65	-	29	57
2.	Baniyas Sports & Culture Club	26	16	6	4	50	-	22	54
3.	Shabab Al Ahli Dubai FC	26	13	11	2	52	-	30	50
4.	Sharjah FC	26	14	6	6	48	-	29	48
5.	Al-Nasr Sports Club Dubai	26	14	4	8	47	-	33	46
6.	Al-Ain Sports and Cultural Club	26	11	8	7	39	-	33	41
7.	Al Wahda FC Abu Dhabi	26	10	10	6	48	-	33	40
8.	Al Ittihad Kalba Sports & Cultural Club	26	11	6	9	29	-	39	39
9.	Al Wasl Sports Club Dubai	26	10	7	9	49	-	47	37
10.	Khor Fakkan Club	26	7	4	15	35	-	50	25
11.	Al Dhafra Sport & Culture Club Madinat Zayed	26	5	6	15	31	-	58	21
12.	Ajman Club	26	4	6	16	24	-	57	18
13.	Al Fujairah FC (*Relegated*)	26	4	3	19	31	-	57	15
14.	Hatta Sports Club (*Relegated*)	26	3	3	20	19	-	50	12

Best goalscorer 2020/2021:
Ali Ahmed Mabkhout Mohsen Al Hajeri (Al Jazira Sports & Culture Club Abu Dhabi) – 25 goals

Promoted for the 2021/2022 season:
Al Urooba Club, Emirates Club Ras Al Khaimah

NATIONAL CUP
UAE President's Cup Final 2020/2021

16.05.2021, „Hazza bin Zayed" Stadium, Al Ain; Attendance: 3,800
Referee: Ammar Ali Abdulla Jumaa Al Junaibi
Shabab Al Ahli Dubai FC - Al-Nasr Sports Club Dubai   2-1(1-0)
Shabab Al Ahli: Majed Naser Humaid Bakheit Al Maqdemi (Cap), Walid Abbas Murad Yousuf Al Balooshi, Abdulaziz Hussain Haikal Mubarak Al Balooshi, Yousif Jaber Naser Al Hammadi, Hamdan Ismail Mohammed Al Kamali, Odilzhon Khamrobekov, Carlos Eduardo de Oliveira Alves (90+3.Abdelaziz Mohamed Sanqour Qambar Mubarak Al Mazam), Majed Hassan Ahmad Abdulla Al Ahmadi (76.Abdullah Ali Hassan Mohamed Al Naqbi), Federico Nicolás Cartabia (90+3.Harib Abdalla Suhail Al Musharrkh Al Maazmi), Jaloliddin Masharipov, Igor Jesus Maciel da Cruz. Trainer: Mahdi Ali Hassan Redha.
Al-Nasr SC: Ahmed Mohamed Shambieh, Mohammed Ali Ayed Mutlaq Al Shammari, Yaqoub Hassan Mohammed Al Baloushi, Mahmoud Khamis Saeed Khamis Saeed Al Hammadi, Saeed Ali Ibrahim Ali Suwaidan, Dia Saba, Gabriel Valentini da Silva (66.Abdulla Abbas Al Baloosh), Mehdi Abeid (Cap), Habib Fardan Abdulla Fardan Al Fardan (46.-Caíque de Jesus da Silva), Hussain Mahdi Mohammed (73.Mohanad Khamis Obaid), Sebastián Lucas Tagliabúe. Trainer: Ramón Ángel Díaz (Argentina).
Goals: 1-0 Federico Nicolás Cartabia (42 penalty), 1-1 Mehdi Abeid (78), 2-1 Federico Nicolás Cartabia (90+3 penalty).

THE CLUBS 2020/2021

AJMAN CLUB

Year of Formation: 1974
Stadium: Ajman Stadium, Ajman (5,537)

	THE SQUAD	DOB	M	(s)	G
Goalkeepers:	Ali Mohammed Al Hosani	26.05.1988	24		
	Khaled Abdullah Hussien	05.06.1995	1		
	Yousef Ahmed Safar	17.05.1989	1		
Defenders:	Mohammed Ismael Sayed Ali Al Hosani	12.11.1991	11	(2)	
	Abdullah Saleh Khamis Al Mukhaini Al Junaibi	14.06.1988	15	(2)	1
	Khaled Nasser Al Rezzi	13.05.1996	17	(2)	
	Waleed Abdullah Al Yammahi	19.11.1990	20	(1)	
	Darlington Emmanuel Igwekali (NGA)	04.04.2000	13	(3)	
	Rashid Malallah Juma	29.12.1987	4	(3)	
	Abdulrahman Ahmed Abdullah Rakan	16.12.1999	12	(3)	
	Mohammad Sarwashi	14.05.1999	2	(3)	
	Waheed Ismail Mohammad Seesi Lengawi	01.07.1983	1		
	Saad Surour Mas'ud Surour Beniyas	19.07.1990	6	(2)	
	Hassan Zahran	07.06.1985	4		
Midfielders:	Mohammed Saleh Suleiman Al Ali	25.07.1998		(1)	
	Sulaiman Nasser Al Ameri	23.01.1997		(4)	
	Mohamed Ahmed Rashed Khameis Al Khaddiem Al Antaly	03.06.1989		(1)	
	Hussain Abdulrahman Hassan Al Jafri	31.10.1994	9	(14)	2
	Hasan Abdulrahman Hasan Ali Al Jefri Al Jaberi	11.02.1989	5	(5)	
	Mohammad Ahmad bin Yousuf Al Shehhi	03.09.1992	14	(7)	
	Iliass Bel Hassani (MAR)	16.09.1992	4		
	Diogo Carlos Correia Amado	21.01.1990	7	(1)	
	Diego Jardel Koester (BRA)	26.12.1989	7		3
	Isam Feiz (MAR)	06.03.2000	17	(4)	
	Walid Khalid Khamis Bakhit Khamis	02.08.1992		(1)	
	Leandro Spadacio Leite (BRA)	17.02.2000	10		3
	Luiz Antônio de Souza Soares (BRA)	11.03.1991	12		2
	Khaled Khalfan Zayed	23.01.1996	2	(1)	
Forwards:	Humaid Abdulla Saleh Al Hammadi	07.04.1996	3	(19)	1
	Mohammed Ibrahim Eid Obeid Mohamed Al Zaabi	07.08.1991	1		
	Gustavo di Mauro Vagenin (BRA)	14.11.1991	7		
	Rashed Hassan Ali Hassan	17.11.1991	1	(5)	
	Ibrahim Khamis	27.06.1993		(8)	
	Modibo Maïga (MLI)	03.09.1987	14		4
	William Owusu Acheampong (GHA)	13.09.1989	10		
	Issam Shaitit (MAR)	14.02.2000	9	(5)	
	Steve Bubacarr Trawally (GAM)	10.11.1994	23	(1)	7
Trainer:	Ayman El Ramady (EGY)		26		

AL-AIN SPORTS AND CULTURAL CLUB
Year of Formation: 1968
Stadium: „Hazza bin Zayed" Stadium, Al Ain (25,000)

THE SQUAD		DOB	M	(s)	G
Goalkeepers:	Mohammed Saeed Abo Sandah	20.06.1995	2		
	Khalid Eisa Mohammed Bilal Saeed	15.09.1989	24		
Defenders:	Bandar Mohammed Mohammed Saeed Mahdi Al Ahbabi	09.07.1990	18	(2)	1
	Salem Abdullah Salmeen Al Jabri	17.09.1998	11	(3)	1
	Mohammed Fayez Subait Al Alawi	06.10.1989		(2)	
	Mohanad Salem Ghazy Marzouk Al Amin	01.03.1985	8	(1)	1
	Ali Saeed Al Blooshi	27.11.2000	1	(4)	
	Mohammed Helal Khalifah Al Nuaimi	10.08.1995		(1)	
	Saeed Juma Hassan Al Saadi	08.07.1998	14	(4)	
	Mohammed Ali Shaker	27.04.1997	8	(1)	1
	Erik Jorgens de Menezes (BRA)	18.02.2001	15	(8)	1
	Ahmed Jamal Ali El Sayed (EGY)	23.01.2000		(3)	
	Mohamed Ahmed Ali Gharib Juma	16.04.1989	4		
	Rafael António Pereira (BRA)	17.04.2000	15	(2)	1
	Tsukasa Shiotani (JPN)	05.12.1988	25		2
Midfielders:	Mohsen Abdullah Omar Salem	13.04.1995	1	(1)	
	Mohammed Abdulrahman Ahmed Al Raqi Al Almoudi	04.02.1989	10	(1)	2
	Khalid Ali Al Baloushi	20.04.2002	1		
	Khalid Mohammed Hussain Al Baloushi	22.03.1999	12	(3)	1
	Mohammed Abbas Ahmed Abdulla Hasan Al Baloushi	30.09.2002	7		1
	Rayan Yaslam Mohammed Aboudan Al Jaberi	23.11.1994	5	(2)	2
	Naser Ali Al Shikali	25.05.2000		(7)	
	Ahmed Barman Ali Shamroukh Hammoudi	05.02.1994	16	(4)	
	Fahad Salim Hadid Obaid Ghraib	07.07.1993	5	(10)	2
	Bauyrzhan Islamkhan (KAZ)	23.02.1993	2	(2)	
	Yahya Nader Mostafa Sherif	11.09.1998	21		1
	Shoya Nakajima (JPN)	23.08.1994	1	(1)	
	Andrija Radovanović (SRB)	31.05.2001		(4)	
	Jonatas da Anunciação Santos „Jonathan Santos" (BRA)	16.12.2001	1	(4)	
	Omar Yaisien (EGY)	08.05.2000		(7)	
Forwards:	Eisa Khalfan Zayed Dawi Al Harasi	12.03.2003		(1)	
	Mohammed Khalfan Zayed Barout Al Harasi	28.08.1998	3	(7)	
	Mohamed Awadalla Hassan Ibrahim	16.07.2002		(2)	
	Caio Canedo Correa	09.08.1990	18	(2)	7
	Kodjo Fo-Doh Laba (TOG)	27.01.1992	21	(2)	13
	Wilson Bruno Naval da Costa Eduardo (ANG)	08.07.1990	17	(1)	3
Trainer:	Pedro Emanuel dos Santos Martins Silva (POR)	11.02.1975	26		

AL DHAFRA SPORTS & CULTURE CLUB

Year of Formation: 2000
Stadium: "Sheikh Hamdan Bin Zayed" Stadium, Madinat Zayed (5,020)

THE SQUAD	DOB	M	(s)	G
Goalkeepers: Zayed Ahmed Hassan Al Hammadi	23.02.1996	4	(2)	
Abdulla Sultan Ahmed Muftah Al Nasseri	09.04.1986	5		
Khaled Saif Hamad Ali Al Senani	04.10.1989	17		
Defenders: Mohammed Saif Al Ali	22.06.1993	9	(7)	
Khaled Ali Khamis Obaid Al Darmaki	02.01.1992	16	(1)	
Mohammed Al Hammadi	25.01.1995	1		
Musallem Fayez Muftah Hamdan Al Hamdani	26.03.1987	18		
Amran Al Jassasi (OMA)	11.03.1996	14	(1)	
Saeed Ali Al Rawahi	01.02.1994	8	(1)	1
Sultan Abdulaziz Khalifa Saeed Al Suwaidi	26.11.1993	2	(5)	
Ibrahim Saeed Masoud Rashed Al Yaqoubi	14.01.1992	6	(5)	
Pedro Javier Pavlov (ARG)	24.08.2000	5		
Masoud Sulaiman Ahmed	16.06.1992	16	(4)	
Midfielders: Ebrahim Ahmed Hamoud Yahya Al Ajami	27.09.1996		(4)	
Badr Mohammed Zayn Mohsen Al Attas	08.03.1997		(3)	
Sultan Al Ghaferi	18.09.1986	11	(1)	
Ahmed Mahmoud Hasan Ahmed Al Hammadi	06.01.2001	18	(3)	
Suhail Salem Yeslam Ahmed Al Mansoori	19.03.1993	9	(5)	2
Khalid Butti Musabah Al Zaabi	29.08.2001	11		
Benjamin Ayim (GHA)	19.02.2000	17	(4)	1
Issam El Adoua (MAR)	09.12.1986	21		
Idriss Mzaouiyani (FRA)	15.01.2000	2	(2)	1
Mohammed Yousuf Ghulam	12.04.2000	1	(3)	
Forwards: Hassan Sameh Abdelsalam (EGY)	20.06.2001		(1)	
Yaseen Anas Al Bakhit (JOR)	24.03.1989	11	(2)	5
Saleh Issa Al Hosani	10.06.2004		(3)	
Mohamed Ismael Ali Al Junaibi	29.05.1998	4	(9)	2
Saeed Salem Saleh Salem Al Kathiri	28.03.1988		(13)	1
Denílson Pereira Júnior (BRA)	18.07.1995	12		3
Makhete Diop (SEN)	08.07.1987	11		6
Pedro Pérez Conde (ESP)	26.07.1988	13		5
Mikhail Rosheuvel (NED)	10.08.1990	24		3
Trainer: Aleksandar Veselinović (SRB)	23.05.1970	12		
[04.01.2021] Mohammad Ismael Kwid (SYR)	09.04.1956	14		

AL JAZIRA SPORTS & CULTURE CLUB ABU DHABI
Year of Formation: 1974
Stadium: „Mohammed Bin Zayed" Stadium, Abu Dhabi (42,056)

THE SQUAD	DOB	M	(s)	G
Goalkeepers: Abdullrahman Al Ameri	30.04.1998	3		
Ali Khaseif Humad Khaseif Housani	09.06.1987	23		
Defenders: Mohamed Omar Mohsen Zain Al Attas	05.08.1997	20		
Khalifa Mubarak Khalfan Khairi Al Hammadi	07.11.1998	25		2
Abdullah Idrees	16.08.1999	5	(9)	1
Miloš Kosanović (SRB)	28.05.1990	24		6
Salem Rashid Obaid	21.12.1983	21	(1)	1
Mohammed Rabii (MAR)	29.09.1991	12	(8)	1
Midfielders: Omar Abdulrahman Ahmed Al Raaki Al Amoodi	20.09.1991	2		
Yousef Ayman Yousef Al Mansouri	07.04.1999	1	(12)	
Faisal Ahmed Mohammed Al Matroushi	29.11.1998		(2)	
Zayed Sultan Ahmed Jassim Ibra Al Zaabi	11.04.2001		(7)	
Abdullah Ramadan Bakheet Sulaiman	07.05.1998	24	(1)	2
Mohammed Jamal	11.05.1994		(6)	
Thulani Caleb Serero (RSA)	11.04.1990	25		
Oumar Traoré (MLI)	20.07.2002	15	(10)	5
Forwards: Zayed Abdulla Al Ameri	14.01.1997	18	(6)	5
Ahmed Rabia Saleh Al Ghilani	14.08.1995		(1)	
Ali Ahmed Mabkhout Mohsen Al Hajeri	05.10.1990	26		25
Hazza Subait Khater Al Junaibi	09.03.2003		(2)	
Khalfan Mubarak Al Shamsi	09.05.1995	25		5
Bruno Conçeicão de Oliveira (BRA)	10.06.2001	1	(16)	1
Imoh Ezekiel (NGA)	24.10.1993	4	(13)	4
Ahmed Fawzi	26.11.2001		(2)	
Brandley Mack-Olien Kuwas (CUW)	19.09.1992	12		3
Trainer: Marcel Keizer (NED)	15.01.1969	26		

AL-NASR SPORTS CLUB DUBAI

Year of Formation: 1945
Stadium: Al-Maktoum Stadium, Dubai (10,954)

THE SQUAD	DOB	M	(s)	G
Goalkeepers: Ibrahim Essa Al Balooshi	15.10.1994	5		
Ahmed Mohamed Shambieh	20.12.1993	21		
Defenders: Abdulla Abbas Al Baloosh	2001	1	(1)	
Yaqoub Hassan Mohammed Al Baloushi	10.07.1990	7	(7)	
Mahmoud Khamis Saeed Khamis Saeed Al Hammadi	28.10.1987	23		
Mohammed Ali Ayed Mutlaq Al Shammari	13.10.1990	23		1
Mohammed Fawzi Faraj	22.02.1990	18		
Hamad Jassim Ghuloom	06.06.2000	1	(1)	
Gláuber Siqueira dos Santos Lima (BRA)	22.05.2000	21	(2)	1
Saeed Ali Ibrahim Ali Suwaidan	19.05.1997	7	(2)	
Abdurahman Yousef Khamis Mubarak	28.08.1993	1	(1)	
Midfielders: Mehdi Abeid (ALG)	06.08.1992	11		2
Jassim Yaqoob Salman Al Balooshi	16.03.1997	1	(4)	1
Habib Fardan Abdulla Fardan Al Fardan	11.11.1990	8	(10)	3
Mohammed Ibrahim Saleh Al Jasmi	06.08.1997		(2)	
Gabriel Valentini da Silva (BRA)	26.09.2000	2	(4)	1
Tariq Ahmed Mohamed Hassan	12.03.1988	22		
Hussain Mahdi Mohammed	24.07.2000	4	(10)	
Mohanad Khamis Obaid	20.03.1994	1	(7)	
Tarik Oliveira	22.10.2002	2	(5)	
Rashed Mohammad Omar	06.12.1985	2	(7)	
Dia Saba (ISR)	18.11.1992	22	(2)	6
António José Pinheiro Carvalho "Tozé" (POR)	14.01.1993	25		7
Forwards: Ali Ahmad Hussain Eid	21.05.2000		(1)	
Caíque de Jesus da Silva (BRA)	18.07.2000		(5)	1
Dostonbek Khamdamov (UZB)	24.07.1996	2		
Brandley Mack-olien Kuwas (CUW)	19.09.1992	10	(2)	2
Ryan Isaac Mendes da Graça (CPV)	08.01.1990	22		6
Sebastián Lucas Tagliabúe	22.02.1985	24	(1)	11
Trainer: Krunoslav Jurčić (CRO)	26.11.1969	14		
[03.02.2021] Ramón Ángel Díaz (ARG)	29.08.1959	12		

AL WAHDA FOOTBALL CLUB ABU DHABI

Year of Formation: 1974
Stadium: Al-Nahyan Stadium, Abu Dhabi (12,000)

THE SQUAD	DOB	M	(s)	G
Goalkeepers:				
Mohamed Hasan Khalifa Mohamed Al Shamsi	04.01.1997	19		
Rashed Ali Salem Mubarak Al Suwaidi	02.12.1989	7		
Defenders:				
Abdullah Faisal Nasser Al Karbi	26.08.1998	10	(3)	
Ahmed Rashed Sultan Al Khabail Al Mehrzi	19.01.1997	11	(2)	
Mohammed Saleh Barghash Jaralla Al Menhali	27.10.1990	14	(4)	1
Mohamed Adel Saleh Huboosh Al Nofeli	20.07.1999		(1)	
Fares Juma Hasan Juma Al Saadi	30.12.1988	18	(1)	1
Zayed Ghazi Fuhaid Hussain Al Harthi	29.06.2000		(1)	
Rúben Filipe Canedo Amaral (POR)	10.10.2001	11	(6)	
Gianluca Muniz Estevam „Gian" (BRA)	09.05.2001	17	(1)	3
Lucas Pimenta Peres Lopes (BRA)	17.07.2000	21		1
Alaeddine Zouhir (TUN)	07.03.2000	5	(2)	
Midfielders:				
Ahmed Salman Abdulla Salman Al Akberi	15.07.1997	1	(2)	
Abdulla Ahmed Abdulla Ahmed Abdulla	13.06.2004		(1)	
Mansoor Ibrahim Abdullah Al Harbi	14.07.1999	2	(6)	
Rashed Muhayer Saeed Sari Al Ktebi	20.02.1994	7	(7)	
Abdulla Hamad Salmeen Al Menhali	18.09.2001	4	(1)	1
Nahyan Adel Khamis Ahmed Al Suwaidi	15.01.2000		(2)	
Tahnoon Hamdan Saeed Al Zaabi	10.04.1999	12	(8)	2
Khamis Esmaeel Zayed	16.08.1989	15	(2)	1
Khalil Ibrahim Al Hammadi	04.05.1993	16	(5)	2
Lee Myung-joo (KOR)	24.04.1990	25		3
Forwards:				
Abdulla Anwer Abdulla Al Ameri	02.06.1999	2	(10)	
Yahya Ali Saeed Al Ghassani	18.04.1998	3	(4)	1
Ismaeil Matar Ibrahim Khamis Al Mekhaini Al Junaibi	07.04.1993	20	(3)	7
Awadh Mohamed Awadh Bader Al Katheeri	06.07.2004		(1)	
Mansoor Saeed Abdulla Maqtoof Al Menhali	29.03.2003		(4)	
Omar Maher Kharbin (SYR)	15.01.1994	10		8
Silva Henrique de Sousa „Luvannor" (BRA)	19.05.1990	3		
João Marcos Lima Candido (BRA)	11.05.2000		(2)	
Tim Matavž (SVN)	13.01.1989	18	(1)	12
Paul-José M'Poku Ebunge (COD)	19.04.1992	15	(5)	5
Trainer:				
Vuk Rašović (SRB)	03.01.1973	20		
[13.03.2021] Henk ten Cate (NED)	09.12.1954	6		

AL WASL SPORTS CLUB DUBAI

Year of Formation: 1960
Stadium: Zabeel Stadium, Dubai (8,411)

THE SQUAD		DOB	M	(s)	G
Goalkeepers:	Sultan Abdulla Saeed Al Mantheri	05.01.1995	8	(1)	
	Humaid Abdullah Ali Al Najar	22.02.1989	18		
Defenders:	Salem Juma Awad Mubarak Al Azizi	25.02.1993	11	(2)	
	Abdulrahman Ali Hassan Mohammed Al Mahri	02.01.1993	7	(2)	
	Yousif Ali Al Mheiri	30.11.1999	8	(1)	
	Mohamed Surour Masoud Al Yassi	31.10.1993		(1)	
	George Dwubeng (GHA)	15.01.2000	3	(1)	
	Fares Khalil	08.10.2000		(2)	
	Abdullah Jassim Ali Ahmed Khamis	22.02.1997	2	(1)	
	Natan Felipe Bedriali (BRA)	29.01.2000	16	(5)	1
	Hueglo dos Santos Neris (BRA)	17.06.1992	21		2
	Mohammed Sabeel	08.09.1991	1		
	Mohammad Sebil Obaid Saeed Ibrahim	13.04.1993	21		
	Abdulrahman Saleh Radi Rida Khamis	03.06.1999	14	(3)	
Midfielders:	Mohamed Salman Abdulla Salman Al Akberi	15.03.1996		(4)	
	Ali Salmeen Al Baloushi	04.02.1995	21	(2)	1
	Hamad Mohammed Al Baloushi	15.07.1995	2	(5)	
	Fábio Virginio de Lima (BRA)	30.06.1993	22	(1)	22
	Ghanem Ahmad Ghanem Mohammad	29.09.1999		(1)	
	Hassan Ibrahim Juma Hassan Safar	19.10.1990	18	(1)	
	Nasser Khamis	04.04.2001		(2)	
	Shehab Lashkari	05.09.2001		(5)	
	Ronaldo César Mendes de Medeiros (BRA)	16.08.1992	21	(2)	3
	Nasser Mahmoud Noor (COM)	22.08.1996	5	(17)	2
	Nicolás Adrián Oroz (ARG)	01.04.1994	21	(1)	3
	Haboush Saleh Habou Salbukh	13.07.1989	4	(6)	
Forwards:	Yousef Ahmed Mousa Ahmed Ali Al Baloushi	27.04.1994		(4)	
	Waleed Al Hamadi (COM)	27.06.2000		(1)	
	João Vitor Brandão Figueiredo (BRA)	27.05.1996	23		10
	Luiz Henrique Diniz da Rosa (BRA)	25.03.2001	2	(8)	
	Ali Saleh Ali Saleh Amro	22.01.2000	17	(5)	4
Trainer:	Laurenţiu Aurelian Reghecampf (ROU)	19.09.1975	9		
[24.10.2020]	Salem Rabie		1		
[10.12.2020]	Odair Hellmann (BRA)	22.01.1977	16		

527

BANIYAS SPORTS AND CULTURAL CLUB ABU DHABI
Year of Formation: 1981
Stadium: Baniyas Club Stadium, Abu Dhabi (9,047)

THE SQUAD	DOB	M	(s)	G
Goalkeepers: Fahad Mohamed Ahmed Hassan Al Dhanhani	03.09.1991	26		
Defenders: Hussain Abbas Juma	30.11.1994	13	(2)	
Majed Abdulla	22.07.2000		(1)	
Khamis Saleh Ismaeel Halil Al Hammadi	11.08.1998	19	(3)	
Khalid Mohammed Ahmed Al Hashemi	18.03.1997	17		
Hasan Mohamed Hasan Ali Al Muharrami	06.06.1996	17		1
Saša Ivković (SRB)	13.05.1993	26		1
Midfielders: Shahin Surour Al Dermaqi	21.06.1996	1	(8)	
Sultan Husain Al Ehremi	17.09.1995	1	(4)	
Amer Abdul Rahman Abdullah Hussein Al Hamadi	03.07.1989	2	(7)	1
Fawaz Awana Ahmed Hussein Al Musabi	25.11.1988	22		1
Mohammed Hamdan Saeed Al Zaabi	20.04.1994	1	(9)	
Gastón Maximiliano Álvarez Suárez (ARG)	05.04.1993	26		5
Nicolás Ezequiel Giménez (ARG)	16.01.1996	24		8
John Tibar George (TAN)	2000	2	(7)	2
Forwards: Ahmed Shehda Abu Namous	05.10.1999	9	(16)	4
Suhail Ahmed Al Noobi	09.01.1996	24	(2)	5
Ahmed Rabia Saleh Al Gheilani	14.08.1995		(3)	
Mohammed Rashid Rashed Ahmed Mohammed Al Hammadi	11.05.1997	3	(10)	
Mohammed Kamaas Al Menhali	23.03.1997		(2)	
Sultan Saeed Suwaid Saeed Al Shamsi	22.06.1996	17	(5)	4
João Pedro Pereira dos Santos (BRA)	22.04.1993	23	(1)	18
João Victor Lucas Wesner (BRA)	23.03.2000	13	(1)	
Trainer: Daniel Ionuţ Isăilă (ROU)	29.06.1972	26		

FUJAIRAH FOOTBALL CLUB

Year of Formation: 1968
Stadium: Fujairah Club Stadium, Fujairah (10,645)

THE SQUAD	DOB	M	(s)	G
Goalkeepers: Abdulla Salem Naser Humaid Al Maqdahi	14.09.1998		(1)	
Hamad Abdullah Mohamed Salim Al Meqbaali	13.07.2003	1		
Abdullah Mohd Ismail Abdulghafoor Al Tamim	02.03.1993	21		
Saleh Rabei Fairouz	04.05.1993	4		
Defenders: Abdullah Nasser Hassan Mohamed Al Maazmi	20.08.1998	15		
Ahmed Mohamed Malalla Ali Binnabhan Al Marzouqi	01.11.1990	13	(2)	
Abdulla Hassan Khalfan Al Noubi	18.03.1995	6	(3)	
Mohammed Mustafa Wasmi Al Taher	02.03.2000	19	(1)	3
Ahmed Sulaiman Ahmed Kharkhash Al Zeyoudi	21.05.1996	9	(6)	1
Ahmed Darwish Mohammed Al Ali	29.09.2000	1	(3)	
Hamdan Naser Mahoud	24.04.1997	22		
Abdulazeez Muftau Owolabi (NGA)	13.04.2000	23		1
Midfielders: Rachid Aït-Atmane (ALG)	04.01.1993	8		
Ibrahim Saeed Mohamed Al Mansoori	11.11.1987	15	(3)	
Bilal Yousif Abdullah Ali Al Raeesi	25.05.1995	10	(3)	1
Firas Ben Larbi (TUN)	27.05.1996	23		7
Rolieny Nonato Luis Bonevacia (CUW)	08.10.1991	11		1
Khalil Khamis Salem	15.07.1992	19	(3)	
Lucas da Rosha Silva (BRA)	11.11.2001		(1)	
Ahmed Moosa Saqer Murad	23.06.1995	3	(5)	
Naser Salem	02.04.1999		(1)	
Abdallah Saeed Salem	18.07.1993	9	(3)	
Abdulla Salem	12.08.1994	2	(5)	
Forwards: Salim Saif Salim Ahmed Al Rawahi	14.04.1994	3	(7)	
Ali Eid Ghumail Amer Al Yahyaee	01.03.1998	2	(18)	2
Kristian Samuel Armenteros Nunez Jansson (SWE)	27.05.1990	19	(3)	8
Douglas Coutinho Gomes de Souza (BRA)	08.02.1994	11	(2)	3
Alvaro de Oliveira (BRA)	27.05.2001	4	(6)	1
Farley Vieira Rosa	14.01.1994	13		3
Trainer: Goran Tufegdžić (SRB)	25.11.1971	19		
[16.02.2021] Nacif Beyaoui (TUN)	10.11.1977	7		

HATTA SPORTS CLUB

Year of Formation: 1981
Stadium: "Hamdan Bin Rashid" Stadium, Hatta (5,000)

THE SQUAD	DOB	M	(s)	G
Goalkeepers: Mohammed Waleed Al Junaibi	17.07.1997	12		
Saeed Khamis Saeed Ali Al Mesmari	24.04.1996	2		
Ahmed Mahmoud Mohamed Juma Ashoori	30.03.1989	12		
Defenders: Habib Yousuf Mohammed Abdulla Ali	14.09.1995	8	(4)	1
Ali Hamad Meadhad Saif Al Badwawi	08.04.1999	5	(2)	
Omar Saeed Mohammed Saleem Binsouaf Al Emsali	29.01.1999	10	(4)	
Khalaf Mohammed Al Hosani	23.02.1996	8	(8)	
Eisa Ahmed Abdulaziz Ahmed Al Marzouqi	13.01.1987	14	(1)	
Junior Hochou Hore (CIV)	30.12.2000	9	(1)	
Darwish Juma Mohamed	08.01.1993	4		
Rashed Salem Khamis	23.08.1999	3		
Abdullah Khamis Juma (OMA)	28.03.1992	13	(3)	
Miral Samardžić (SVN)	17.02.1987	12		2
Saeed Suleiman Salem (COM)	18.04.1999	19	(1)	1
Midfielders: Humaid Abdulla Abbas Al Blooshi	16.04.1988	3	(4)	
Hamad Mohammed Ahmed Al Marzoqi	18.12.1996	10	(3)	
Lahej Saleh Haboush Salbookh Al Nofall	15.04.1990		(2)	
Abdullah Abdulqader Saleh Ishaq Al Seiari	02.07.1989	2	(2)	1
Aniss Karimi (MAR)	12.04.2001	2		
Hamad Ibrahim Abdelrahman Khamis Mubakir	18.01.1994	8	(5)	
Vladimir Koman (HUN)	16.03.1989	10		
Kevin Alexander Londoño Asprilla (COL)	23.11.1993	8	(2)	1
Hosam Mohamed (EGY)	19.02.2001		(1)	
Ahmed Moosa Saqer Murad	23.06.1995		(1)	
Brian Aramis Ramírez (ARG)	29.08.2000	21	(1)	1
Al Hussain Saleh Easa Ali	25.06.1991	6	(4)	1
Khalid Salem	15.04.2000	12	(3)	
Eisa Waleed Obaid	04.12.1998	1	(4)	
Willian Roberto de Farias (BRA)	06.06.1989	7	(1)	
Forwards: Obaid Eid Obaid Salem Al Badwawi	24.01.2001		(1)	
Nahir Besara (SWE)	25.02.1991	13		1
Ahmad Malalla Fairouz Faraj Al Hammadi	09.11.1991	3	(7)	1
Mohammed Ibrahim Al Hammadi	11.12.1998	2	(10)	
Saeed Jassim Saleh	02.03.1995	7	(7)	1
Jonathas Cristian de Jesus (BRA)	06.03.1989	9	(1)	6
Abdulla Mohammad Kazim	31.07.1996	14	(2)	
Dostonbek Khamdamov (KAZ)	24.07.1996	8	(2)	1
Rashid Mubarak Khalfan Salem	08.03.1999		(7)	
Mwape Musonda (ZAM)	08.11.1990	8	(3)	1
Ayman Rchoq (MAR)	24.01.2001	1	(1)	
Trainer: Christos Kontis (GRE)	13.05.1975	6		
[21.11.2020] Vladimir Vermezović (SRB)	30.06.1963	20		

ITTIHAD KALBA SPORTS & CULTURAL CLUB

Year of Formation: 1972
Stadium: Ittihad Kalba Stadium, Kalba (8,500)

THE SQUAD		DOB	M	(s)	G
Goalkeepers:	Khalid Abdulrahman Al Blooshi	18.04.1997	1		
	Jamal Abdullah Ali Al Sarrah	23.01.1988	24		
	Yousef Abdullah Al Zaabi	15.01.1986	1		
Defenders:	Hamdan Nasir Masoud Al Baroud	24.04.1997	1		
	Abdusalam Mohammed Al Dabdob	19.06.1992	25		
	Abdulaziz Hamad Al Hamhami	28.07.1998	1	(1)	
	Sultan Abdulaziz Al Suwaidi	26.11.1993	4	(2)	
	Omer Thiyab Eisa Rashid Al Zaabi	17.04.1999	1		
	Sultan Saeed Rashed Al Zaabi	26.10.1998	4	(2)	
	Fahad Sebil Obaid Saeed Ibrahim	10.03.1989	22	(2)	
	Mohammed Sabeel Mousa Shahin	08.09.1991	15	(1)	1
	Gabriel Santini (ITA)	23.05.2000	11	(8)	
Midfielders:	Nasser Abdulhadi	16.12.1989	22	(2)	
	Omar Ahmed Rashed Al Antali	09.12.1992	15	(1)	
	Dawood Ali Shanbih Jassem Mohammad Al Baloushi	19.12.1983	4	(10)	
	Mansoor Mohamed Abbas Hassan Al Baloushi	18.03.1991	10	(8)	1
	Yaqoub Yousef Matouq Mohamed Al Hosani	01.06.1987		(9)	
	Khalid Mohamed Obaid Al Shehhi	17.07.1997		(1)	
	Waleed Ambar Esmail	11.01.1993	2	(12)	
	Osama Ali Abdelmotalib El Shaal (EGY)	01.10.2001	1	(4)	
	Ahmed Abdulla Jshak (COM)	26.04.1994	7	(13)	2
	Evert Linthorst (NED)	03.03.2000	2	(6)	
	Davide Mariani (SUI)	19.05.1991	23	(1)	3
	Majid Rashid	16.05.2000	24		1
Forwards:	Sultan Adill Mohamed Abdalla Al Amiri	04.05.2004		(4)	1
	Ahmed Amir Saeed Amir Rashid Al Naqbi	09.03.1998	6	(6)	2
	Mohamed Saeed Rashed Ahmed Saiwed Al Shehhi	28.03.1988		(6)	
	Fahad Batout	17.10.1999		(1)	
	Peniel Kokou Mlapa (TOG)	20.02.1991	22		12
	Antenor Junior Fernandes da Silva Vitoria (CHI)	10.04.1988	13		3
	Rômulo dos Santos de Souza (BRA)	28.04.1995	6	(2)	2
	Wanderson Carvalho de Oliveira (BRA)	31.03.1989	18	(2)	1
	Yaqoob Yousef	12.09.1999	1	(2)	
Trainer:	Jorge Orosmán da Silva Echeverrito (URU)	11.12.1961	26		

KHOR FAKKAN SPORTS & CULTURAL CLUB

Year of Formation: 1981 (*as Al Khaleej*)
Stadium: "Saqr bin Mohammed al Qassimi" Stadium, Khorfakkan (7,500)

THE SQUAD	DOB	M	(s)	G
Goalkeepers: Abdullah Yousef Abdalla	19.04.1994	1		
Mohamed Yousif Khalaf Al Hosani	25.05.1991	15		
Ahmed Mahmoud Mohamed Juma Ashoori	30.03.1989	10		
Defenders: Fawzi Fayez Subait Khalifa Al Alawi	14.07.1987	19	(5)	
Yousef Abdulkareem Mohammed Saeed Al Ameri	16.01.1998	6	(4)	1
Ahmed Eisa Ahmed Kameel Al Blooshi	19.09.1983	8	(3)	
Salem Al Eedi	24.06.1994	2	(4)	
Hazza Salem Mohammed Saeed Al Faresi	19.12.1989	19	(1)	
Falah Waleed Jumaa Al Junaibi	13.09.1998	10	(7)	
Abdulaziz Ismael Hamid Al Khaldi	23.03.1986	3	(1)	
Abdalla Al Refaey (EGY)	19.11.1995	14		
Ahmed Ibrahim Ismaeil Ibrahim Mohammed Al Yassi	31.07.1988		(1)	
Kouame Autonne Kouadio (CIV)	22.09.2000	16		
Darwish Juma Mohamed	08.01.1993		(2)	
Omar Ahmad Salem	1999		(2)	
Adel Sabil Moosa Shahin Sarfash	01.02.1998	4	(4)	
Waleed Sirag (SDN)	27.10.1992	14		
Midfielders: Tareq Ahmed Rashed Khameis Al Khaddeim Al Antali	19.05.1990		(8)	
Amir Mubarak Al Hammadi	28.12.1987	9		
Khalfan Hassan Khalfan Al Noobi Al Hammadi	07.01.1999		(11)	1
Omar Ahmed Johar Farhan Al Hammadi	06.09.1998		(2)	
Khalid Jalal Mohamed Yousef Ibrahim Al Marzouqi	05.04.1991	3	(2)	
Ali Hussain Yousif Hassan Al Mazam	21.10.1985		(1)	
Salim Ali Ibrahim	27.09.1993	5	(8)	
Arthur dos Santos (BRA)	15.02.2001	3		
Ahmad Essa Juma	03.04.1997		(1)	
Khalid Ghuloom	18.04.1996		(1)	
Bruno José Pavani Lamas (BRA)	13.04.1994	26		3
Forwards: Ismail Salem Ismail Saeed Al Hammadi	01.07.1988	11	(2)	3
Andrey Nunes dos Santos	26.06.2000		(1)	
Caio Rosa Alves	09.03.2001		(1)	
Raphael Guimarães de Paula „Dodô" (BRA)	05.09.1994	25		8
Antonio Valmor Assis Da Silva Junior "Juninho" (BRA)	06.03.2000	5	(4)	
Paulo Victor de Menezes Melo „Paulinho" (BRA)	29.05.1993	9	(4)	2
Omar Jumaa Rabiah	02.08.1995	17	(4)	2
Ramon Lopes de Freitas (BRA)	07.08.1989	22		11
Ricardo Cavalcante Mendes "Ricardinho" (BRA)	04.09.1989	10	(1)	3
Trainer: Caio César Zanardi Gomes da Silva (BRA)	08.08.1973	26		

SHABAB AL AHLI DUBAI FOOTBALL CLUB

Year of Formation: 1958 / re-founded 2017
Stadium: Rashid Stadium, Dubai (12,052)

THE SQUAD	DOB	M	(s)	G
Goalkeepers: Majed Naser Humaid Bakheit Al Maqdemi	01.04.1984	21		
Hassan Hamza Ali Hussain Al Mazam	10.11.1994	5	(1)	
Defenders: Ahmed Abdulla Jamil Abdulla	16.01.1999	5	(2)	
Abdulaziz Hussain Haikal Mubarak Al Balooshi	10.09.1990	22	(1)	
Walid Abbas Murad Yousuf Al Balooshi	11.06.1985	15	(1)	
Mohammed Jaber Naser Al Hammadi	28.01.1989	9	(3)	
Yousif Jaber Naser Al Hammadi	25.02.1985	14	(2)	5
Mohammed Marzooq Abdulla Mohd Al Matroushi	23.01.1989	14		1
Hamdan Ismail Mohammed Al Kamali	02.05.1989	15		
Salmin Khamis Salmin Saqer Salmin	09.10.1991	1		
Abdelaziz Mohamed Sanqour Qambar Mubarak Al Mazam	07.05.1989	6	(3)	
Midfielders: Waleed Hussain Hassan Abdulla	15.05.1992	8	(1)	1
Majed Hassan Ahmad Abdulla Al Ahmadi	01.08.1992	15	(3)	1
Saoud Abdulrazaq Saif Al Muhairi	23.04.1998	3	(3)	
Eid Khamis Eida Al Naemi	20.05.1999	1	(7)	
Abdullah Ali Hassan Mohamed Al Naqbi	28.04.1993	12	(5)	
Carlos Eduardo de Oliveira Alves (BRA)	17.10.1989	17	(4)	10
Aziz Ganiev (UZB)	22.02.1998	14	(1)	1
Hamdan Humaid Hasan Ahmed	06.11.2002		(1)	
Odilzhon Khamrobekov (UZB)	13.02.1996	5	(3)	1
Leandro Spadacio Leite (BRA)	17.02.2000		(1)	
Forwards: Saeed Ahmad Abdulla Mohamed Al Balooshi	17.01.1994	5	(10)	1
Mohammed Jumaa Eid Al Bloushi	28.01.1997	11	(5)	5
Yahya Ali Saeed Al Ghassani	18.04.1998	2	(8)	3
Ismael Salem Ismael Saeed Al Hammadi	01.07.1988	2	(4)	
Ahmed Mohamed Ahmed Husain Al Hashmi	28.09.1995	6	(11)	2
Ahmed Khalil Sebait Mubarak Al Junaibi	08.06.1991		(4)	2
Harib Abdalla Suhail Al Musharrkh Al Maazmi	26.11.2002	3	(3)	2
Federico Nicolás Cartabia (ARG)	20.01.1993	13		2
Héldon Augusto Almeida-Bradley Ramos (CPV)	14.11.1988	8	(2)	
Igor Jesus Maciel da Cruz (BRA)	25.02.2001	24		12
Jaloliddin Masharipov (UZB)	01.09.1993	9	(3)	1
Yuri César Santos de Oliveira Silva (BRA)	06.05.2000	1	(3)	
Trainer: Gerard Zaragoza Mulet (ESP)	20.02.1982	15		
[15.12.2020] Mahdi Ali Hassan Redha	20.04.1965	11		

SHARJAH FOOTBALL CLUB

Year of Formation: 1966
Stadium: Sharjah Stadium, Sharjah (20,000)

THE SQUAD	DOB	M	(s)	G
Goalkeepers: Adel Mohamed Ali Mohamed Al Hosani	23.08.1989	25		
Darwish Mohammed Obaid Habib	07.06.1995	1		
Defenders: Shaheen Abdalla Abdulrahman Shaheen	16.11.1992	25		2
Ali Mohammed Khamis Al Dhanhani	01.06.1991	14	(5)	
Khaled Ibrahim Helal Al Dhanhani	17.01.1997	17	(2)	
Alhusain Saleh Easa Qutaif Al Hennawi	25.06.1991	4	(3)	
Hamad Jassim Hassan Al Jasmi	22.06.1996	6		
Abdulaziz Salem Ali Al Kaabi	12.08.1998	2	(1)	
Ahmed Saif Mohamed Hamad Alzar Al Shamsi	14.05.1991		(1)	
Salem Sultan Al Sharji	09.05.1993	9	(1)	
Majed Suroor Masouz Al Yassi	14.10.1997	14	(1)	
Abdullah Ghanem Jumaa	21.05.1995	16	(3)	
Marcus Vinicius Barbosa Meloni (BRA)	25.06.2000	12	(9)	
Midfielders: Mohammed Abdulbasit Al Abdullah	19.10.1995	13	(7)	
Saeed Al Kaabi	25.11.1999		(2)	
Mohammed Khalfan Ali Mesmari	29.12.1992		(11)	
Ahmed Saif Mohamed Hamad Alzar Al Shamsi	02.12.2000		(2)	
Caio Lucas Fernandes (BRA)	19.04.1994	20		5
Igor Caique Coronado (BRA)	18.08.1992	24	(1)	17
Luan Martins Pereira "Luanzinho" (BRA)	21.04.2000	17	(3)	1
Otabek Shukurov (UZB)	22.06.1996	24		1
Forwards: Saif Rashid Nasir Ahmed Al Shemili	25.01.1994	8	(14)	2
Khaled Abdurahman Mohamed Salem Ba Wazir	08.05.1995	8	(9)	1
Caio Rosa Alves (BRA)	09.03.2001	1		1
Antonio Valmor Assis Da Silva Junior „Juninho" (BRA)	06.03.2000	3	(4)	1
Philippe Almeida Costa (BRA)	01.03.2000		(3)	
Salem Saleh Mussallam Salem Al Rejaibi	14.05.1991	3	(4)	2
Welliton Soares de Morais (BRA)	22.10.1986	20	(1)	13
Trainer: Abdulaziz Mohamed Ahmed Bakr Al Yassi	16.09.1977	26		

NATIONAL TEAM
INTERNATIONAL MATCHES 2020/2021

12.10.2020	Dubai	United Arab Emirates - Uzbekistan	1-2(0-0)	(F)
12.11.2020	Dubai	United Arab Emirates - Tajikistan	3-2(1-2)	(F)
16.11.2020	Dubai	United Arab Emirates - Bahrain	1-3(1-0)	(F)
12.01.2021	Dubai	United Arab Emirates - Iraq	0-0	(F)
29.03.2021	Dubai	United Arab Emirates - India	6-0(2-0)	(F)
24.05.2021	Dubai	Jordan - United Arab Emirates	1-5(0-3)	(F)
03.06.2021	Dubai	United Arab Emirates - Malaysia	4-0(1-0)	(WCQ)
07.06.2021	Dubai	United Arab Emirates - Thailand	3-1(2-0)	(WCQ)
11.06.2021	Dubai	Indonesia - United Arab Emirates	0-5(0-2)	(WCQ)
15.06.2021	Dubai	United Arab Emirates - Vietnam	3-2(2-0)	(WCQ)

12.10.2020, Friendly International
Rashid Stadium, Dubai; Attendance: 0
Referee: Ali Al Samahiji (Bahrain)
UNITED ARAB EMIRATES - UZBEKISTAN   **1-2(0-0)**
UAE: Khalid Essa Mohammad Bilal Saeed, Yousef Jaber Al Hammadi (57.Salim Rashid Obaid Sanad), Fares Jumaa Hasan Jumaa Al Saadi (75.Mohamed Ismail Ahmed), Abdulaziz Hussain Haikal Mubarak Al Balooshi, Mohammed Marzooq Abdulla Mohammed Al Matroushi, Fábio Virginio de Lima (80.Tahnoon Hamdan Saeed Al Zaabi), Khamis Esmaeel Khamis Zayed, Ahmed Barman Ali Shamroukh Al Hammoudi (57.Mohammed Omar Zain Mohsen Zain Al Attas), Khalil Ibrahim Ali Abdulla Al Hammadi (24.Khaled Abdurahman Mohamed Salem Ba Wazir), Khalfan Mubarak Khalfan Obaid Alrizzi Al Shamsi (67.Harib Abdallah Suhail Al Musharrkh Al Mazmi), Sebastián Lucas Tagliabué. Trainer: Lambertus van Marwijk (Netherlands).
Goal: Sebastián Lucas Tagliabué (90+1 penalty).

12.11.2020, Friendly International
Zabeel Stadium, Dubai; Attendance: 0
Referee: Ammar Ashkanani (Kuwait)
UNITED ARAB EMIRATES - TAJIKISTAN   **3-2(1-2)**
UAE: Ali Khaseif Humad Khaseif Housani, Yousef Jaber Al Hammadi, Mahmoud Khamis Saeed Khamis Al Hammadi, Abdulaziz Hussain Haikal Mubarak Al Balooshi (46.Mohamed Fawzi Faraj Al Jawhar), Khalifa Mubarak Khalfan Khairi Al Hammadi, Bandar Mohammed Mohammed Saeed Mahdi Al Ahbabi (73.Ali Saleh Ali Saleh Amro), Fábio Virginio de Lima (61.Habib Fardan Abdulla Fardan Al Fardan), Ali Hassan Salmeen Al Balooshi (73.Majid Ibrahim Surour Khamis Salim), Abdalla Ramadan Bekheet Soliman Bekheet (87.Khaled Abdurahman Mohamed Salem Ba Wazir), Caio Canedo Corrêa (61.Khalfan Mubarak Khalfan Obaid Alrizzi Al Shamsi), Ali Ahmed Mabkhout Mohsin Omran Al Hajeri. Trainer: Lambertus van Marwijk (Netherlands).
Goals: Ali Ahmed Mabkhout Mohsin Omran Al Hajeri (29, 63 penalty), Ali Saleh Ali Saleh Amro (90+3).

16.11.2020, Friendly International
Zabeel Stadium, Dubai; Attendance: 0
Referee: Ahmed Faisal Al Ali (Kuwait)
UNITED ARAB EMIRATES - BAHRAIN   **1-3(1-0)**
UAE: Khalid Essa Mohammad Bilal Saeed, Yousef Jaber Al Hammadi, Mahmoud Khamis Saeed Khamis Al Hammadi, Mohamed Fawzi Faraj Al Jawhar, Khalifa Mubarak Khalfan Khairi Al Hammadi, Bandar Mohammed Mohammed Saeed Mahdi Al Ahbabi (83.Mohammed Omar Zain Mohsen Zain Al Attas), Fábio Virginio de Lima (83.Khalfan Mubarak Khalfan Obaid Alrizzi Al Shamsi), Ali Hassan Salmeen Al Balooshi (72.Majid Ibrahim Surour Khamis Salim), Abdalla Ramadan Bekheet Soliman Bekheet (83.Khaled Abdurahman Mohamed Salem Ba Wazir), Caio Canedo Corrêa (61.Ali Saleh Ali Saleh Amro), Ali Ahmed Mabkhout Mohsin Omran Al Hajeri (46.Sebastián Lucas Tagliabué). Trainer: Lambertus van Marwijk (Netherlands).
Goal: Caio Canedo Corrêa (33).

12.01.2021, Friendly International
Zabeel Stadium, Dubai; Attendance: 0
Referee: Ahmed Abu Bakar Said Al Kaf (Oman)
UNITED ARAB EMIRATES - IRAQ   **0-0**
UAE: Ali Khaseif Humad Khaseif Housani, Waleed Abbas Murad Yousuf Al Balooshi, Mahmoud Khamis Saeed Khamis Al Hammadi, Shaheen Abdalla Abdelrahman Shaheen, Bandar Mohammed Mohammed Saeed Mahdi Al Ahbabi, Fábio Virginio de Lima (73.Khalifa Mubarak Khalfan Khairi Al Hammadi), Ali Hassan Salmeen Al Balooshi, Khalfan Mubarak Khalfan Obaid Alrizzi Al Shamsi (74.Ali Saleh Ali Saleh Amro), Abdalla Ramadan Bekheet Soliman Bekheet, Caio Canedo Corrêa (73.Tahnoon Hamdan Saeed Al Zaabi), Ali Ahmed Mabkhout Mohsin Omran Al Hajeri. Trainer: Lambertus van Marwijk (Netherlands).

29.03.2021, Friendly International
Zabeel Stadium, Dubai; Attendance: n/a
Referee: Ilgiz Tantashev (Uzbekistan)
UNITED ARAB EMIRATES - INDIA   **6-0(2-0)**
UAE: Ali Khaseif Humad Khaseif Housani (46.Fahad Mohamed Ahmed Hassan Al Dhanhani), Waleed Abbas Murad Yousuf Al Balooshi, Mahmoud Khamis Saeed Khamis Al Hammadi, Shaheen Abdalla Abdelrahman Shaheen, Bandar Mohammed Mohammed Saeed Mahdi Al Ahbabi, Fábio Virginio de Lima, Ali Hassan Salmeen Al Balooshi, Khalfan Mubarak Khalfan Obaid Alrizzi Al Shamsi (65.Tahnoon Hamdan Saeed Al Zaabi), Khalil Ibrahim Ali Abdulla Al Hammadi (65.Mohammed Jumaa Eid Gharib Al Bloushi), Abdalla Ramadan Bekheet Soliman Bekheet (77.Majed Hassan Al Ahmadi), Ali Ahmed Mabkhout Mohsin Omran Al Hajeri (77.Sebastián Lucas Tagliabué). Trainer: Lambertus van Marwijk (Netherlands).
Goals: Ali Ahmed Mabkhout Mohsin Omran Al Hajeri (12, 32 penalty, 60), Khalil Ibrahim Ali Abdulla Al Hammadi (64), Fábio Virginio de Lima (71), Sebastián Lucas Tagliabué (84).

24.05.2021, Friendly International
Rashid Stadium, Dubai; Attendance: 0
Referee: Ali Al Samahiji (Bahrain)
JORDAN - UNITED ARAB EMIRATES   1-5(0-3)
UAE: Ali Khaseif Humad Khaseif Housani, Waleed Abbas Murad Yousuf Al Balooshi, Mahmoud Khamis Saeed Khamis Al Hammadi, Shaheen Abdalla Abdelrahman Shaheen (60.Harib Abdallah Suhail Al Musharrkh Al Mazmi), Bandar Mohammed Mohammed Saeed Mahdi Al Ahbabi, Fábio Virginio de Lima (60.Caio Canedo Corrêa), Ali Hassan Salmeen Al Balooshi (60.Khalifa Mubarak Khalfan Khairi Al Hammadi), Khalfan Mubarak Khalfan Obaid Alrizzi Al Shamsi (76.Tahnoon Hamdan Saeed Al Zaabi), Khalil Ibrahim Ali Abdulla Al Hammadi (60.Majed Hassan Al Ahmadi), Abdalla Ramadan Bekheet Soliman Bekheet, Ali Ahmed Mabkhout Mohsin Omran Al Hajeri (78.Sebastián Lucas Tagliabué). Trainer: Lambertus van Marwijk (Netherlands).
Goals: Ali Ahmed Mabkhout Mohsin Omran Al Hajeri (17 penalty, 29), Khalil Ibrahim Ali Abdulla Al Hammadi (32), Ali Ahmed Mabkhout Mohsin Omran Al Hajeri (50), Caio Canedo Corrêa (89).

03.06.2021, 22nd FIFA World Cup Qualifiers / AFC Qualifiers, Second Round
Zabeel Stadium, Dubai (United Arab Emirates); Attendance: 1,127
Referee: Kim Dae-yong (Korea Republic)
UNITED ARAB EMIRATES - MALAYSIA   4-0(1-0)
UAE: Ali Khaseif Humad Khaseif Housani, Waleed Abbas Murad Yousuf Al Balooshi, Mahmoud Khamis Saeed Khamis Al Hammadi, Shaheen Abdalla Abdelrahman Shaheen, Bandar Mohammed Mohammed Saeed Mahdi Al Ahbabi, Fábio Virginio de Lima, Ali Hassan Salmeen Al Balooshi (90+4.Tahnoon Hamdan Saeed Al Zaabi), Khalfan Mubarak Khalfan Obaid Alrizzi Al Shamsi (88.Mohammed Omar Zain Mohsen Zain Al Attas), Khalil Ibrahim Ali Abdulla Al Hammadi (60.Caio Canedo Corrêa), Abdalla Ramadan Bekheet Soliman Bekheet, Ali Ahmed Mabkhout Mohsin Omran Al Hajeri. Trainer: Lambertus van Marwijk (Netherlands).
Goals: Ali Ahmed Mabkhout Mohsin Omran Al Hajeri (19), Fábio Virginio de Lima (83), Ali Ahmed Mabkhout Mohsin Omran Al Hajeri (90+1), Fábio Virginio de Lima (90+3).

07.06.2021, 22nd FIFA World Cup Qualifiers / AFC Qualifiers, Second Round
Zabeel Stadium, Dubai; Attendance: 980
Referee: Ryuji Sato (Japan)
UNITED ARAB EMIRATES - THAILAND   3-1(2-0)
UAE: Ali Khaseif Humad Khaseif Housani, Waleed Abbas Murad Yousuf Al Balooshi, Mahmoud Khamis Saeed Khamis Al Hammadi, Shaheen Abdalla Abdelrahman Shaheen, Bandar Mohammed Mohammed Saeed Mahdi Al Ahbabi, Fábio Virginio de Lima, Ali Hassan Salmeen Al Balooshi, Khalfan Mubarak Khalfan Obaid Alrizzi Al Shamsi (62.Majed Hassan Al Ahmadi), Abdalla Ramadan Bekheet Soliman Bekheet, Caio Canedo Corrêa (75.Mohammed Jumaa Eid Gharib Al Bloushi), Ali Ahmed Mabkhout Mohsin Omran Al Hajeri. Trainer: Lambertus van Marwijk (Netherlands).
Goals: Caio Canedo Corrêa (14), Fábio Virginio de Lima (34), Mohammed Jumaa Eid Gharib Al Bloushi (90+4).

11.06.2021, 22nd FIFA World Cup Qualifiers / AFC Qualifiers, Second Round
"Maktoum Bin Rashid al Maktoum" Stadium, Dubai; Attendance: 963
Referee: Mohammed Al Hoish (Saudi Arabia)
INDONESIA - UNITED ARAB EMIRATES　　　　　　　　　　**0-5(0-2)**
UAE: Ali Khaseif Humad Khaseif Housani, Waleed Abbas Murad Yousuf Al Balooshi (81.Hasan Mohamed Hasan Ali Al Muharrami), Mahmoud Khamis Saeed Khamis Al Hammadi, Shaheen Abdalla Abdelrahman Shaheen (71.Khalifa Mubarak Khalfan Khairi Al Hammadi), Bandar Mohammed Mohammed Saeed Mahdi Al Ahbabi, Fábio Virginio de Lima, Ali Hassan Salmeen Al Balooshi, Khalfan Mubarak Khalfan Obaid Alrizzi Al Shamsi, Abdalla Ramadan Bekheet Soliman Bekheet (63.Majed Hassan Al Ahmadi), Caio Canedo Corrêa (63.Mohammed Jumaa Eid Gharib Al Bloushi), Ali Ahmed Mabkhout Mohsin Omran Al Hajeri (81.Sebastián Lucas Tagliabué). Trainer: Lambertus van Marwijk (Netherlands).
Goals: Ali Ahmed Mabkhout Mohsin Omran Al Hajeri (22), Fábio Virginio de Lima (28), Ali Ahmed Mabkhout Mohsin Omran Al Hajeri (49 penalty), Fábio Virginio de Lima (55), Sebastián Lucas Tagliabué (86).

15.06.2021, 22nd FIFA World Cup Qualifiers / AFC Qualifiers, Second Round
Zabeel Stadium, Dubai; Attendance: 1,355
Referee: Ali Sabah Adday Al Qaysi (Iraq)
UNITED ARAB EMIRATES - VIETNAM　　　　　　　　　　**3-2(2-0)**
UAE: Ali Khaseif Humad Khaseif Housani, Waleed Abbas Murad Yousuf Al Balooshi, Mahmoud Khamis Saeed Khamis Al Hammadi, Shaheen Abdalla Abdelrahman Shaheen (82.Khalifa Mubarak Khalfan Khairi Al Hammadi), Majed Hassan Al Ahmadi (82.Mohammed Omar Zain Mohsen Zain Al Attas), Bandar Mohammed Mohammed Saeed Mahdi Al Ahbabi, Fábio Virginio de Lima (90+2.Harib Abdallah Suhail Al Musharrkh Al Mazmi), Ali Hassan Salmeen Al Balooshi, Khalil Ibrahim Ali Abdulla Al Hammadi (72.Mohammed Jumaa Eid Gharib Al Bloushi), Abdalla Ramadan Bekheet Soliman Bekheet, Ali Ahmed Mabkhout Mohsin Omran Al Hajeri. Trainer: Lambertus van Marwijk (Netherlands).
Goals: Ali Hassan Salmeen Al Balooshi (32), Ali Ahmed Mabkhout Mohsin Omran Al Hajeri (40 penalty), Mahmoud Khamis Saeed Khamis Al Hammadi (50).

NATIONAL TEAM PLAYERS 2020/2021		
Name	DOB	Club
Goalkeepers		
Fahad Mohamed Ahmed Hassan AL DHANHANI	03.09.1991	*Baniyas S&C Club*
Khalid Essa Mohammad BILAL Saeed	15.09.1989	*Al-Ain SCC*
Ali KHASEIF Humad Khaseif Housani	09.06.1987	*Al Jazira SCC Abu Dhabi*

Defenders

Shaheen Abdalla ABDELRAHMAN Shaheen	16.11.1992	Sharjah FC
Mohamed Ismail AHMED	07.07.1983	Al-Ain SCC
Mohammed Omar Zain Mohsen Zain AL ATTAS	05.09.1997	Al Jazira SCC Abu Dhabi
Abdulaziz Hussain Haikal Mubarak AL BALOOSHI	10.09.1990	Shabab Al Ahli Dubai FC
Waleed Abbas Murad Yousuf AL BALOOSHI	11.06.1985	Shabab Al Ahli Dubai FC
Khalifa Mubarak Khalfan Khairi AL HAMMADI	07.11.1998	Al Jazira SCC Abu Dhabi
Yousef Jaber AL HAMMADI	25.02.1985	Shabab Al Ahli Dubai FC
Mahmoud Khamis Saeed Khamis AL HAMMADI	28.10.1987	Al-Nasr Sports Club Dubai
Mohammed Marzooq Abdulla Mohammed AL MATROUSHI	23.01.1989	Shabab Al Ahli Dubai FC
Hasan Mohamed Hasan Ali AL MUHARRAMI	06.06.1996	Baniyas S&C Club
Fares Jumaa Hasan Jumaa AL SAADI	30.12.1988	Al Wahda FC Abu Dhabi
Salim Rashid OBAID Sanad	21.12.1993	Al Jazira SCC Abu Dhabi
Majid Ibrahim SUROUR Khamis Salim	14.10.1997	Sharjah FC

Midfielders

Bandar Mohammed Mohammed Saeed Mahdi AL AHBABI	09.07.1990	Al-Ain SCC
Majed Hassan AL AHMADI	01.08.1992	Shabab Al Ahli Dubai FC
Ali Hassan Salmeen AL BALOOSHI	04.02.1995	Al Wasl Sports Club Dubai
Habib Fardan Abdulla Fardan AL FARDAN	11.11.1990	Al-Nasr Sports Club Dubai
Khalil Ibrahim Ali Abdulla AL HAMMADI	04.05.1993	Al Wahda FC Abu Dhabi
Ahmed Barman Ali Shamroukh AL HAMMOUDI	05.02.1994	Al-Ain SCC
Mohamed Fawzi Faraj AL JAWHAR	22.02.1990	Al-Nasr Sports Club Dubai
Tahnoon Hamdan Saeed AL ZAABI	10.04.1999	Al Wahda FC Abu Dhabi
FABIO Virginio de LIMA	30.06.1993	Al Wasl Sports Club Dubai
Abdalla RAMADAN Bekheet Soliman Bekheet	07.03.1998	Al Jazira SCC Abu Dhabi
Khamis Esmaeel Khamis ZAYED	16.08.1989	Al Wahda FC Abu Dhabi

Forwards

Mohammed Jumaa Eid Gharib AL BLOUSHI	28.01.1997	Shabab Al Ahli Dubai FC
Ali Ahmed Mabkhout Mohsin Omran AL HAJERI	05.10.1990	Al Jazira SCC Abu Dhabi
Harib Abdallah Suhail Al Musharrkh AL MAZMI	26.11.2002	Shabab Al Ahli Dubai FC
Khalfan Mubarak Khalfan Obaid Alrizzi AL SHAMSI	09.05.1995	Al Jazira SCC Abu Dhabi
Khaled Abdurahman Mohamed Salem BA WAZIR	08.05.1995	Sharjah FC
CAIO Canedo Corrêa	09.08.1990	Al-Ain SCC
Ali Saleh Ali SALEH Amro	22.01.2000	Al Wasl Sports Club Dubai
Sebastián Lucas TAGLIABUE	22.02.1985	Al-Nasr Sports Club Dubai

National coaches

Lambertus "Bert" VAN MARWIJK (Netherlands) [20.03. – 04.12.2019]	19.05.1952

UZBEKISTAN

The Country:
O'zbekiston Respublikasi (Republic of Uzbekistan)
Capital: Tashkent
Surface: 447,400 km²
Population: 34,588,900 [2020]
Time: UTC+5
Independent since: 1991

The FA:
Uzbekistan Football Federation
Uzbekistanskaya 98/A
100011 Tashkent
Year of Formation: 1946
Member of FIFA since: 1994
Member of AFC since: 1994

NATIONAL TEAM RECORDS

First international match: 17.06.1992, Dushanbe: Tajikistan - Uzbekistan 2-2
Most international caps: Server Djeparov – 128 caps (2002-2017)
Most international goals: Maksim Shatskikh – 34 goals / 61 caps (1999-2014)

NATIONAL TEAM COMPETITIONS:

ASIAN NATIONS CUP	
1956	-
1960	-
1964	-
1968	-
1972	-
1976	-
1980	-
1984	-
1988	-
1992	-
1996	Final Tournament (Group Stage)
2000	Final Tournament (Group Stage)
2004	Final Tournament (Quarter-Finals)
2007	Final Tournament (Quarter-Finals)
2011	Final Tournament (4th Place)
2015	Final Tournament (Quarter-Finals)
2019	Final Tournament (2nd Round of 16)

FIFA WORLD CUP	
1930	-
1934	-
1938	-
1950	-
1954	-
1958	-
1962	-
1966	-
1970	-
1974	-
1978	-
1982	-
1986	-
1990	-
1994	Did not enter
1998	Qualifiers
2002	Qualifiers
2006	Qualifiers
2010	Qualifiers
2014	Qualifiers
2018	Qualifiers

F.I.F.A. CONFEDERATIONS CUP 1992-2017

None

OLYMPIC FOOTBALL TOURNAMENTS 1908-2016

1908	-	1948	-	1972	-	1996	Qualifiers
1912	-	1952	-	1976	-	2000	Qualifiers
1920	-	1956	-	1980	-	2004	Qualifiers
1924	-	1960	-	1984	-	2008	Qualifiers
1928	-	1964	-	1988	-	2012	Qualifiers
1936	-	1968	-	1992	-	2016	Qualifiers

ASIAN GAMES 1951-2014

1951	-
1954	-
1958	-
1962	-
1966	-
1970	-
1974	-
1978	-
1982	-
1986	-
1990	-
1994	**Winners**
1998	Quarter-Finals
2002	Group Stage
2006	Quarter-Finals
2010	Quarter-Finals
2014	2nd Round of 16

UZBEKISTAN CLUB HONOURS IN ASIAN CLUB COMPETITIONS:

AFC Champions League 1967-1971 & 1985/1986-2020
None

Asian Football Confederation Cup 2004-2020
None

AFC President's Cup 2005-2014*
None

Asian Cup Winners Cup 1975-2003*
None

Asian Super Cup 1995-2002*
None

*defunct competitions

NATIONAL COMPETITIONS
TABLE OF HONOURS

Champions during the Soviet Union time (Uzbek SSR):
1926: Sbornaya Tashkenta; 1927: Sbornaya Tashkenta; 1928: Sbornaya Fergany; 1929: Sbornaya Tashkenta; 1930: Sbornaya Tashkenta; 1931-1932: *No competition*; 1933: Sbornaya Tashkenta; 1934: Sbornaya Tashkenta; 1935: Sbornaya Tashkenta; 1936: Sbornaya Tashkenta; 1937: Spartak Tashkent; 1938: Spartak Tashkent; 1939: Dinamo Tashkent; 1940-1947: *No competition*; 1948: Polyarnaya Zvezda Tashkentskaya Oblast'; 1949: Dinamo Tashkent; 1950: Spartak Tashkent; 1951: Spartak Tashkent; 1952: Dinamo Tashkent; 1953: FShM Tashkent; 1954: Dinamo Tashkent; 1955: ODO Tashkent; 1956: ODO Tashkent; 1957: Mashinostroitel' Tashkent; 1958: Khimik Chirchik; 1959: Mekhnat Tashkent; 1960: Sokol Tashkent; 1961: Sokol Tashkent; 1962: Sokol Tashkent; 1963: Sokol Tashkent; 1964: Sokol Tashkent; 1965: Sokol Tashkent; 1966: Zvezda Tashkent; 1967: Tashavtomash Tashkent; 1968: Chust Namanganshaya Oblast'; 1969: Tashkabel' Tashkent; 1970: SKA Tashkent; 1971: Yangiaryk Khorezmskaya Oblast'; 1972: Trud Dzhizak; 1973: Stroitel' Samarkand; 1974: Pakhtakor Gulistan; 1975: Zarafshan Navoi; 1976: Traktor Tashkent; 1977: Khiva; 1978: Khorezm Karimanova; 1979: Khisar Shakhrisabz; 1980: *No competition*; 1981: Ekipress Samarkand; 1982: Beshkent; 1983: Tselinnik Turtkul'; 1984: Khorezm Khanki; 1985: Shakhtyor Angren; 1986: Traktor Tashkent; 1987: Avtomobilist Fergana; 1988: Selmashevets Chirchik; 1989: Nurafshon Bukhoro; 1990: Naryn Khakulabad; 1991: Politotdel Tashkentskaya Oblast'

Cup winners during the Soviet Union time (Uzbek SSR):
1939: Dinamo Tashkent; 1940: Dinamo Tashkent; 1941: *No competition*; 1942: Dinamo Tashkent; 1943: Dinamo Tashkent; 1944: Khar'kovskoye Tankovoye Uchilishche Chirchik; 1945: Khar'kovskoye Tankovoye Uchilishche Chirchik; 1946: DO Tashkent; 1947: Pishchevik Tashkent; 1948: Avtozavod im. Chkalova Tashkent; 1949: Dinamo Tashkent; 1950: Start Tashkent; 1951: Start Tashkent; 1952: Dinamo Tashkent; 1953: Khimik Chirchik; 1954: ODO Tashkent; 1955: Spartak Samarkand; 1956: Sbornaya Fergany; 1957: Khimik Chirchik; 1958: Mekhnat Tashkent; 1959: Khimik Chirchik; 1960: SKA-2 Tashkent; 1961: Vostok Yangiabad; 1962: Sokol Tashkent; 1963: Tekstilshchik Tashkent; 1964: Tashkentkabel' Tashkent; 1965: Tashkabel' Tashkent'; 1966: Zvezda Tashkent'; 1967: Vostok Tashkent'; 1968: Tashkabel' Tashkent'; 1969: Zvezda Tashkent'; 1970: DYuSSh-2 Tashkent'; 1971: SKA Tashkent'; 1972: Lenin-yuly Karshi'; 1973: Stroitel' Samarkand'; 1974: Tong Karshi'; 1975: Traktor Tashkent'; 1976: Narimanovets Khorezmskaya Obl.'; 1977: Karshistroy Karshi'; 1978: Khorezm Karimanova; 1979: Khizar Shakhrisabz; 1980: Khiva; 1981: *No competition*; 1982: *No competition*; 1983: Tselinnik Turtkul'; 1984: Avtomobilist Fergana; 1985: Metallurg Bekabad; 1986: Avtomobilist Tashkent; 1987: Avtomobilist Tashkent; 1988: Avtomobilist Tashkent; 1989: Korazhida Ferganskaya Oblast'; 1990: Metallurg Bekabad; 1991: Instrumentalshchik Tashkent.

	CHAMPIONS	CUP WINNERS
1992	FK Neftchi Farg'ona & FC Pakhtakor Tashkent (shared winners)	Navbahor Namangan FC
1993	FK Neftchi Farg'ona	FC Pakhtakor Tashkent
1994	FK Neftchi Farg'ona	FK Neftchi Farg'ona
1995	FK Neftchi Farg'ona	Navbahor Namangan FC
1996	Navbahor Namangan FC	FK Neftchi Farg'ona
1997	MHSK Tashkent	FC Pakhtakor Tashkent
1998	FC Pakhtakor Tashkent	Navbahor Namangan FC
1999	Dustlik Tashkent	*No competition*
2000	Dustlik Tashkent	Dustlik Tashkent
2001	FK Neftchi Farg'ona	FC Pakhtakor Tashkent
2002	FC Pakhtakor Tashkent	FC Pakhtakor Tashkent
2003	FC Pakhtakor Tashkent	FC Pakhtakor Tashkent
2004	FC Pakhtakor Tashkent	FC Pakhtakor Tashkent

2005	FC Pakhtakor Tashkent	FC Pakhtakor Tashkent
2006	FC Pakhtakor Tashkent	FC Pakhtakor Tashkent
2007	FC Pakhtakor Tashkent	FC Pakhtakor Tashkent
2008	FC Bunyodkor Tashkent	FC Bunyodkor Tashkent
2009	FC Bunyodkor Tashkent	FC Pakhtakor Tashkent
2010	FC Bunyodkor Tashkent	FC Bunyodkor Tashkent
2011	FC Bunyodkor Tashkent	FC Pakhtakor Tashkent
2012	FC Pakhtakor Tashkent	FC Bunyodkor Tashkent
2013	FC Bunyodkor Tashkent	FC Bunyodkor Tashkent
2014	FC Pakhtakor Tashkent	FK Lokomotiv Tashkent
2015	FC Pakhtakor Tashkent	Nasaf Qarshi FC
2016	FK Lokomotiv Tashkent	FK Lokomotiv Tashkent
2017	FK Lokomotiv Tashkent	FK Lokomotiv Tashkent
2018	FK Lokomotiv Tashkent	FC AGMK Olmaliq
2019	FC Pakhtakor Tashkent	FC Pakhtakor Tashkent
2020	FC Pakhtakor Tashkent	FC Pakhtakor Tashkent

NATIONAL CHAMPIONSHIP
Uzbekistan Super League 2020

1.	**FC Pakhtakor Tashkent**	26	21	2	3	76 - 18	65
2.	Nasaf Qarshi FC	26	15	8	3	47 - 19	53
3.	FC AGMK Olmaliq	26	14	7	5	39 - 28	49
4.	FC Bunyodkor Tashkent	26	12	7	7	43 - 36	43
5.	FK Qo'qon 1912	26	13	3	10	35 - 28	42
6.	Sogdiana Jizzakh	26	10	8	8	34 - 32	38
7.	PFK Metallurg Bekabad	26	10	6	10	30 - 30	36
8.	Navbahor Namangan FC	26	8	11	7	24 - 21	35
9.	FK Lokomotiv Tashkent	26	10	5	11	28 - 38	35
10.	FC Mash'al Mubarek	26	8	5	13	23 - 31	29
11.	Qizilqum Zarafshon	26	5	10	11	19 - 37	25
12.	Surkhon Termez FK	26	4	5	17	17 - 44	17
13.	FK Andijon (*Relegation Play-offs*)	26	2	10	14	16 - 38	16
14.	FK Bukhoro (*Relegated*)	26	1	11	14	19 - 50	14

Best goalscorer 2020:

Dragan Ćeran (SRB, FK Pakhtakor Tashkent) – 21 goals

Relegation Play-offs [15.12.2020]

FK Neftchi Farg'ona - FK Andijon   1-3

Promoted for the 2021 season:

FK Turon Yaypan

NATIONAL CUP
Uzbekistan Cup Final 2020

20.12.2020, Lokomotiv Stadium, Tashkent; Attendance: 3,579
Referee: Zokir Kodirov

FC Pakhtakor Tashkent - FC AGMK Olmaliq   3-0(1-0)

Pakhtakor Tashkent: Sandzhar Kuvvatov, Khozhiakbar Alizhonov, Egor Krimets (Cap), Anzur Ismoilov, Akramzhon Komilov (89.Vladimir Kozak), Abrorbek Ismoilov (72.Sardor Sobirkhujaev), Odiljon Khamrobekov, Dostonbek Khamdamov (72.Khozhimat Erkinov), Jaloliddin Masharipov, Dragan Ćeran (83.Javokhir Sidikov), Eren Derdiyok. Trainer: Shota Arveladze (Georgia).

AGMK Olmaliq: Valizhon Rakhimov, Akmal Shorakhmedov (Cap), Boburbek Yuldashov, Sardor Rakhmanov, Murod Toshmatov (46.Saydullo Rakhmatov), Dilshod Juraev (74.Mirzhamol Kosimov), Jovan Djokić, Khusniddin Gofurov, Bakhrom Abdurakhimov (74.Jasurbek Umarov), Elguja Grigalashvili (62.Arslanmurad Amanov), Mate Vatsadze (62.Zafar Polvonov). Trainer: Mirjalol Qosimov.

Goals: 1-0 Dragan Ćeran (28), 2-0 Dragan Ćeran (46), 3-0 Jaloliddin Masharipov (59 penalty).

THE CLUBS 2020

FOOTBALL CLUB A.G.M.K. OLMALIQ

Year of Formation: 2004
Stadium: AGMK Stadium, Olmaliq (12,000)

THE SQUAD		DOB	M	(s)	G
Goalkeepers:	Roman Abdulov	10.05.1987	1		
	Valizhon Rakhimov	16.02.1995	9		
	Sukhrob Sultonov	26.03.1990	16		
Defenders:	Sardor Rakhmanov	09.07.1994	18	(5)	
	Saydullo Rakhmatov	17.05.1992	8	(3)	
	Akmal Shorakhmedov	10.05.1986	18	(2)	
	Mirgiyoz Sulaymonov	02.01.1991	8	(6)	
	Boburbek Yuldashov	08.04.1993	21		2
	Igor Zonjić (MNE)	16.10.1991	7	(2)	1
Midfielders:	Bakhrom Abdurakhimov	11.12.1988	20	(4)	2
	Erkin Boydullaev	04.10.1984	3	(4)	1
	Jovan Đokić (SRB)	13.08.1992	24		4
	Dilshod Juraev	21.04.1992	10	(9)	
	Mirzhamol Kosimov	24.09.1995	15	(3)	
	Jasurbek Umarov	29.03.1998	1	(11)	2
Forwards:	Sardor Abdunabiev	10.02.1999		(1)	
	Arslanmyrat Amanow (TKM)	28.03.1990	11	(12)	2
	Khozhimat Erkinov	29.05.2001	3	(7)	1
	Khusniddin Gofurov	29.07.1994	9	(3)	3
	Elguja Grigalashvili (GEO)	30.12.1989	17	(4)	7
	Shakhzodbek Nurmatov	18.09.1991	1	(20)	1
	Zafar Polvonov	19.02.1985	8	(17)	3
	Murod Toshmatov	21.06.1991	18	(3)	1
	Sanzhar Tursunov	29.12.1986	23	(2)	3
	Mate Vatsadze (GEO)	17.12.1988	17	(4)	5
Trainer:	Mirjalol Qosimov	17.09.1970	26		

544

FUTBOL KLUBI ANDIJON

Year of Formation: 1964
Stadium: Soglom Avod Stadium, Andijon (18,360)

THE SQUAD	DOB	M	(s)	G
Goalkeepers: Islam Abdullaev	03.11.1996	4		
Eldor Adkhamov	02.06.1996	17		
Aslon Akhrorov	11.05.1998	5	(1)	
Defenders: Emmanuel Ariwachukwu (NGA)	27.12.1993	7	(1)	
Khushnudbek Avilov	04.08.1998	18	(3)	1
Asilbek Azizov	16.08.1999		(3)	
Usmonali Ismonaliev	09.02.1998	25		
Azamat Isroilov	29.10.1991	22		
Artem Litviakov (MDA)	23.10.1996	6	(6)	
Farkhod Mirakhmatov	05.08.1994	22	(1)	
Mukhammadali Tursunov	05.12.2000		(1)	
Mukhammad Yuldoshev	17.02.1999	12	(7)	1
Dmytro Zozulya (UKR)	09.06.1988	11		
Midfielders: Jakhongir Abdumuminov	09.02.1993	4	(2)	
Kakhramon Bakhodirov	07.08.1988	2	(17)	1
Farkhod Bekmuradov	08.10.1994	25		1
Michael Okoro Ibe (NGA)	06.06.1995	5	(2)	
Shakhboz Jumaboev	25.02.1992	7	(4)	1
Bakhtiyor Kosimov	01.10.1995	12	(6)	1
Rustam Kuchkorov	04.06.2000		(2)	
Nodir Mavlonov	28.01.1996	6	(6)	
Abdullokh Olimov	11.02.1993	20	(2)	1
Forwards: Doniyor Abdumannopov	12.10.2000	15	(2)	2
Jamshid Khamidov	07.05.2000	1	(10)	
Jamshid Khasanov	03.09.1988	12		5
Sirozh Meliev	28.08.1995	14	(10)	2
Farkhod Sokhibzhonov	14.11.2001	2	(1)	
Timur Usmanov	08.01.1995	12	(4)	
Trainer: Alexander Khomyakov (RUS)	05.03.1969	3		
[27.05.2020] Viktor Kumykov (RUS)	25.06.1963	12		
[08.09.2020] Bakhtiyor Khamidullaev	07.03.1978	7		
[04.11.2020] Otabek Gulyamkhodzhaev		4		

FUTBOL KLUBI BUKHORO

Year of Formation: 1989
Stadium: Bukhoro Arena, Bukhoro (25,520)

THE SQUAD		DOB	M	(s)	G
Goalkeepers:	Sardor Kobulzhanov	02.02.1987	9	(1)	
	Shokhdzhakhon Nasimov	15.12.1996	2		
	Zafar Safoev	24.06.1991	15		
Defenders:	Ilkhom Alizhonov	05.03.1998	5	(6)	1
	Bobur Amonov	03.02.1990	21	(1)	
	Artem Baranovskiy (UKR)	17.03.1990	1		
	Bobur Farkhodov	11.02.1996	5	(3)	1
	Maksimilian Fomin	21.09.1993	5	(4)	
	Ergash Ismoilov	28.07.1995	18	(3)	
	Mirdzhalol Jumaev	16.03.1996	26		
	Abdugani Kamolov	22.03.2000	4	(4)	
	Milovan Kapor (CAN)	05.08.1991	3		
	Solibek Karimov	15.01.1998	11		
	Abror Khusinov	26.11.1990	8	(3)	
	Javokhir Shodmonov	11.04.2001	1	(3)	
Midfielders:	Azizbek Amonov	30.10.1997	13		
	Abbosbek Jumakulov	01.06.1999	2	(4)	
	Anvar Juraev	25.04.2000	12	(3)	
	Jasur Khasanov	24.07.1989	16	(2)	1
	Jaba Lipartia (GEO)	16.11.1987	3		
	Nurzhakhon Muzaffarov	28.05.2001	4	(2)	
	Sukhrob Nematov	23.04.1986	8	(12)	2
	Bekhruz Sadullaev	26.01.1996	10	(11)	3
	Bekzod Saidov	14.04.2000	14	(2)	
	Bekhruz Shodmonov	21.07.1999	6	(1)	
Forwards:	Izzatilla Abdullaev	16.01.1996	11	(12)	3
	Shakhzod Beshimov	04.07.2000		(13)	
	Mukhammadali Giyosov	30.08.2002	3	(4)	1
	Aziz Ibragimov	21.07.1986	5	(1)	1
	Fayzullo Jumankuziev	05.06.1998	8	(1)	1
	Jasur Khakimov	24.05.1994	19	(5)	3
	Edin Junuzović (CRO)	28.04.1986	3		
	Zokhir Pirimov	06.03.1990	15	(7)	1
Trainer:	Mukhsin Mukhamadiev (RUS/TJK)	21.10.1966	9		
[01.08.2020]	Jamshid Saidov	14.02.1978	17		

FOOTBALL CLUB BUNYODKOR TASHKENT

Year of Formation: 2005
Stadium: Bunyodkor Stadium, Tashkent (34,000)

THE SQUAD		DOB	M	(s)	G
Goalkeepers:	Abdumavlon Abduzhalilov	22.12.1994	18		
	Sarvar Karimov	25.12.1996	8		
Defenders:	Abdulla Abdullaev	01.09.1997	21	(3)	
	Ulugbek Abdullaev	22.02.1998	6	(4)	
	Dilshod Akhmadaliev	02.11.1994	10	(7)	1
	Davronzhon Ergashev (TJK)	19.03.1988	4	(3)	
	Anvar Gofurov	14.05.1982	8	(5)	
	Mukhammadodil Kakhramonov	10.03.1996	4	(4)	1
	Islomzhon Kobilov	01.04.1997	25		1
	Ibrokhimkhalil Yuldoshev	14.02.2001	21		1
Midfielders:	Sardor Abduraimov	06.10.1994		(1)	
	Gayrat Azizkhadzhaev	26.09.2000	1		
	Gulyamkhaydar Gulyamov	21.12.1990	1	(1)	
	Ibrokhim Ibrokhimov	12.01.2001	1	(2)	
	Sukhrob Izzatov	15.02.1999	2	(15)	1
	Nurillo Tukhtasinov	19.02.1997	25		11
	Lutfulla Turaev	30.03.1988	25		2
	Rasul Yuldoshev	26.10.2000	16	(3)	1
Forwards:	Valeriy Akopov	09.02.2000	6	(1)	
	Asadzhon Azimzhonov	21.06.2002	1		
	Shakhboz Erkinov	16.07.1986	16	(7)	6
	Khurshid Giyosov	13.04.1995	16		8
	Farrukh Ikromov	09.07.1998	3	(16)	1
	Jasurbek Jaloliddinov	15.05.2002	8		1
	Sanzhar Kodirkulov	27.05.1997	23	(2)	1
	Mirzhakhon Mirakhmadov	15.07.1997	8	(8)	3
	Khumoyun Murtazoev	08.11.1992	5	(2)	1
	Vladislav Nuriev	20.02.1996		(5)	
	Selim Nurmyradow (TKM)	22.03.1996	4	(13)	2
	Bakhodir Pardaev	26.04.1987		(3)	
Trainer:	Vadim Abramov	05.08.1962	26		

QO'QON (KOKAND) 1912 FUTBOL KLUBI

Year of Formation: 1912
Stadium: Kokand Stadium, Kokand (10,500)

THE SQUAD		DOB	M	(s)	G
Goalkeepers:	Islam Abdullaev	03.11.1996	9		
	Muzaffar Abdullaev	26.01.1992	3		
	Botirali Ergashev	23.06.1995	14		
Defenders:	Bobur Akbarov	14.02.1989	23		1
	Bobur Amonov	03.02.1990	1		
	Ivan Josović (SRB)	27.12.1989	22		1
	Murod Kholmukhammedov	23.12.1990	21	(2)	11
	Avazkhon Mamatkhodzhaev	04.06.1995	11	(6)	
	Aleksandr Merzlyakov	30.10.1986	26		2
	Jasur Yakubov	26.03.1999	1	(2)	
Midfielders:	Bek Abdullaev	11.08.1999		(4)	
	Sardorbek Azimov	01.06.1995	11	(8)	2
	Yacouba Nambelesseny Bamba (CIV)	30.11.1991	9	(12)	2
	Ikboldzhon Malikdzhonov	08.11.1995	6	(11)	1
	Oybek Rustamov	02.04.1997	25		
	Kuvondik Ruziev	06.10.1994	24	(1)	2
	Sobit Sindarov	15.02.1997	2	(10)	1
Forwards:	Khamidullo Abdukhamidov	23.03.1999	3	(17)	1
	Sukhrob Berdiev	12.04.1990	20	(1)	1
	Mukhammadanas Khasanov	22.01.1996	16	(6)	2
	Otabek Khaydarov	11.10.1991	3	(1)	1
	Muzaffar Muzaffarov	12.04.1995	3	(7)	
	Shokhnazar Norbekov	18.07.1994	16	(3)	3
	Mukhsin Normatov	05.04.2001		(1)	
	Sukhrob Nurullaev	04.01.1998	1	(1)	
	Filip Rajevac (SRB)	21.06.1992	16	(4)	3
Trainer:	Aziz Tukhtaboev	19.05.1985	3		
[01.06.2020]	Bakhtiyar Ashurmatov	23.03.1976	23		

FUTBOL KLUBI LOKOMOTIV TASHKENT

Year of Formation: 2002
Stadium: Lokomotiv Stadium, Tashkent (8,000)

THE SQUAD		DOB	M	(s)	G
Goalkeepers:	Javokhir Ilyosov	06.02.1994	18		
	Ignatiy Nesterov	20.06.1983	8		
Defenders:	Slavko Damjanović (MNE)	02.11.1992	11	(3)	
	Sherzod Fayziev	06.02.1992	25		
	Farrukhzhon Ibrokhimov	15.05.1996	9	(5)	1
	Jaloliddin Jumaboev	19.02.2000	9	(3)	
	Shokhzhakhon Kilichev	08.02.1996		(1)	
	Davron Khoshimov	24.11.1992	8		
	Dilshod Komilov	16.05.1999	13	(3)	
	Shukhrat Mukhammadiev	24.06.1989	20	(1)	
	Shakhzod Shaymanov	02.04.1992	13	(5)	1
	Oleg Zoteev	05.07.1989	3		
Midfielders:	Jakhongir Abdumuminov	09.02.1993	7	(4)	
	Vadim Afonin	29.09.1987	12	(3)	
	Azizbek Amonov	30.10.1997	12	(1)	1
	Boburbek Ergashev	18.01.1997		(1)	
	Gulyamkhaydar Gulyamov	21.12.1990	12	(1)	1
	Oybek Kilichev	17.01.1989		(5)	
	Kakhaber Makharadze (GEO)	20.10.1987	22	(2)	2
	Kamron Saidazimov	14.02.1999		(5)	
	Diyorzhon Turopov	09.07.1994	15	(8)	2
	Avazbek Ulmasaliev	27.03.2000	6	(12)	2
	Davronbek Umirov	03.03.1997	8	(3)	
Forwards:	Temurkhuzha Abdukholikov	25.09.1991	20	(1)	6
	Saveliy Abramov	15.02.1998	2	(1)	
	Javokhir Alizhonov	28.01.2000	7	(11)	1
	Marat Bikmaev	01.01.1986	14	(6)	6
	Asadbek Ergashev	19.09.2000		(1)	
	Ibrokhim Ganikhonov	14.07.2000	2	(7)	
	Kirill Pogrebnyak (RUS)	27.06.1992	10	(6)	5
	Abdulaziz Yusupov	05.01.1993		(5)	
Trainer:	Andrey Fedorov	10.04.1971	11		
[21.08.2020]	Dilshod Nuraliev	19.11.1969	1		
[29.08.2020]	Andrey Miklyaev	07.09.1967	14		

FOOTBALL CLUB MASH'AL MUBAREK

Year of Formation: 1984
Stadium: "Bahrom Vafoev" Stadium, Mubarek (10,000)

THE SQUAD		DOB	M	(s)	G
Goalkeepers:	Rakhimzhon Davronov	03.10.1996	24		
	Shokhrukh Eshbutaev	19.12.1996		(1)	
	Botir Nosirov	11.06.1985	2	(2)	
Defenders:	Zafar Akromov	05.02.1999		(1)	
	Mukhammadali Alikulov	14.03.1997	3	(5)	
	Ubaydullo Khalikulov	16.03.1991		(1)	
	Nazhmiddin Normurodov	06.06.1995	23	(3)	2
	Abbos Shodmonov	06.11.1988	23	(1)	
	Samandar Shukurillaev	31.05.1997	21	(2)	1
	Jamoliddin Ubaydullaev	25.05.1992	24	(2)	
	Denys Vasilyev (UKR)	08.05.1987	14	(3)	
Midfielders:	Sardor Abduraimov	06.10.1994	16	(1)	3
	Michael Okoro Ibe (NGA)	06.06.1995	6	(5)	2
	Ifeanyi Ifeanyi (NGA)	15.08.1995	17	(3)	
	Akhror Inoyatov	05.05.1996		(3)	
	Asadbek Jurakulov	13.06.2002		(1)	
	Sirozhiddin Kuziev	01.09.1996	23	(1)	3
	Abdumalik Norkobilov	19.04.2000	2	(1)	
	Sirozhiddin Rakhmatullaev	22.01.1993	11	(7)	
Forwards:	Jakhongir Abdusalomov	21.05.1999	4	(10)	1
	Eldor Boymatov	17.11.1990		(2)	
	Didar Durdyýew (TKM)	16.07.1993	1	(4)	
	Armand Ken Ella (CMR)	23.02.1993	12	(3)	
	Sardor Eminov	28.01.1987	1	(5)	
	Mumin Meliev	05.04.1997	9	(8)	2
	Bakhodir Murtazoev	31.07.1987	10	(2)	5
	Khumoyun Murtazoev	08.11.1992	1		
	Ibrokhim Numonov	24.07.1996	4	(9)	
	Nikita Pavlenko	25.02.1994	15	(4)	2
	Sherzod Temirov	27.10.1998	20	(3)	1
Trainer:	Dilyaver Vaniev	04.09.1975	26		

PROFESIONAL FUTBOL KLUBI METALLURG BEKABAD

Year of Formation: 1945
Stadium: Metallurg Stadium, Bekabad (15,000)

THE SQUAD		DOB	M	(s)	G
Goalkeepers:	Aleksandr Lobanov	04.01.1986	25		
	Akmal Tursunboev	14.04.1993	1		
Defenders:	Odil Abdumazhidov	01.06.2001		(2)	
	Stanislav Andreev	06.05.1988	26		6
	Abbos Otakhonov	25.08.1995	25		1
	Khudoyshukur Sattorov	10.02.1998	3	(13)	
	Andrey Shipilov (RUS)	23.07.1999	4		
	Kamoliddin Tadzhiev	03.05.1983	23	(1)	
	Ikhtiyor Toshpulatov	04.03.1993	26		4
Midfielders:	Davron Anvarov	06.03.2001	10	(5)	
	Yevgen Chumak (UKR)	25.08.1995	23	(1)	1
	Shakhzod Gafurbekov	19.09.1998	1	(5)	
	Mukhammad Isaev	01.09.1994	8	(2)	
	Akbar Ismatullaev	10.01.1991	9		
	Salamat Kutybaev	21.05.1986	21	(2)	3
Forwards:	Abdurakhmon Abdulkhakov	16.10.1996	15	(7)	
	Zokhid Abdullaev	25.05.1984	9	(13)	1
	Murodbek Bobodzhonov	04.07.1994	5	(12)	2
	Tulkin Ergashev	14.02.2000		(6)	
	Makhmud Kudratullaev	25.05.2000		(2)	
	Doniyor Narzullaev	11.04.1995	20	(4)	1
	Abror Toshkuziev	09.04.1998	12	(12)	3
	Shakhzod Ubaydullaev	02.03.1998	20	(6)	8
Trainer:	Andrey Shipilov	23.03.1971	26		

NASAF QARSHI FOOTBALL CLUB

Year of Formation: 1978
Stadium: Markaziy Stadium, Qarshi (14,750)

THE SQUAD		DOB	M	(s)	G
Goalkeepers:	Umid Ergashev	20.03.1999	2		
	Mashkhur Mukhammadzhonov	21.02.1999	7		
	Abduvokhid Nematov	20.03.2001	16	(1)	
	Azamat Soyibov	20.12.1998	1		
Defenders:	Khusniddin Alikulov	04.04.1999	20	(3)	
	Umar Eshmurodov	30.11.1992	24		
	Golib Gaybullaev	22.01.1996	18	(5)	
	Murodbek Khuzhamberdiev	17.01.2004		(7)	
	Sherzod Nasrullaev	23.07.1998	19	(3)	
	Dilshod Saitov	02.02.1999	16	(1)	1
Midfielders:	Shokhmalik Komilov	14.03.2000	1	(9)	1
	Jurabek Mannonov	14.03.1997	8	(11)	
	Akmal Mozgovoy	02.04.1999	16	(9)	2
	Sharof Mukhitdinov	14.07.1997	25	(1)	5
	Dilshod Rakhmatullaev	17.02.1989	13	(12)	1
	Marko Stanojević (SRB)	22.06.1988	23	(2)	6
	Abubakrrizo Turdialiev	04.02.2001		(6)	
Forwards:	Bobur Abdikholikov	23.04.1997	22	(3)	17
	Oybek Bozorov	07.08.1997	21	(3)	5
	Haris Dilaver (BIH)	06.02.1990	2	(5)	
	Javokhir Esonkulov	20.04.1997		(7)	
	Islom Kenzhaboev	01.09.1999	23	(3)	5
	Khusayin Norchaev	06.02.2002	8	(13)	3
	Faysal Traoré (BFA)	25.11.2000	1	(5)	
	Mukhriddin Zoirov	22.07.1999		(4)	
Trainer:	Ruziqul Berdiev	22.10.1971	26		

NAVBAHOR NAMANGAN FOOTBALL CLUB

Year of Formation: 1974
Stadium: Markaziy Stadium, Namangan (33,000)

THE SQUAD		DOB	M	(s)	G
Goalkeepers:	Dilshod Khamroev	11.07.1995	2		
	Utkir Yusupov	04.01.1991	24		
Defenders:	Mirzokhid Gofurov	22.08.1988	22		1
	Igor Golban	31.07.1990	24		2
	Obid Juraboev	17.02.1986	4	(1)	
	Davron Khoshimov	24.11.1992	12	(1)	
	Giyoszhon Komilov	11.03.1989	8	(3)	
	Mirzokhid Mirzamakhmudov	02.11.2000		(1)	
	Khurshidbek Mukhtorov	09.02.1994	17	(3)	
	Tokhir Shamsitdinov	09.02.1993	11	(3)	
Midfielders:	Doston Abdulkhaev	04.07.2001	1		
	Azimzhon Akhmedov	04.01.1992	22		3
	Akramzhon Bakhritdinov	02.10.1992		(1)	
	Amirbek Dzhuraboev (TJK)	13.04.1996		(2)	
	Khusayn Ergashboev	21.08.2000		(1)	
	Pavel Golyshev (RUS)	07.07.1987	4	(7)	
	Sherzod Gulomzhonov	25.05.2001		(1)	
	Javlon Ibrokhimov	10.12.1990	5	(6)	
	Ekhson Pandzhshanbe (TJK)	12.05.1999	9	(2)	
	Islom Rashidkhonov	22.10.1997	19	(3)	
	Sardor Telyakov	14.01.1994	10	(3)	
	Azizbek Turgunboev	01.10.1994	24	(1)	8
Forwards:	Ruslan Bolov (RUS)	07.05.1994	10	(10)	3
	Abbos Gulomov	05.07.1998	12	(8)	
	Islom Isakzhanov	29.04.1993	8	(9)	
	Abdulkhay Ismoilov	08.02.2000		(1)	
	Shokhrukh Makhmudkhozhiev	19.07.1998	2	(13)	
	Ivan Solovjev (RUS)	29.03.1993	19	(3)	3
	Zabikhillo Urinboev	30.03.1995	17	(6)	3
Trainer:	Andrey Kanchelskis (RUS)	23.01.1969	18		
[10.10.2020]	Numon Khasanov	10.02.1971	8		

FOOTBALL CLUB PAKHTAKOR TASHKENT

Year of Formation: 1956
Stadium: Pakhtakor Central Stadium, Tashkent (35,000)

THE SQUAD		DOB	M	(s)	G
Goalkeepers:	Sandzhar Kuvvatov	08.01.1990	5		
	Eldorbek Suyunov	12.04.1991	21		
Defenders:	Khozhiakbar Alizhonov	19.04.1997	22	(1)	
	Sherzod Azamov	14.01.1990	10	(6)	
	Shakhzod Azmiddinov	07.08.2000		(1)	
	Anzur Ismoilov	21.04.1985	19	(4)	
	Akramzhon Komilov	14.03.1996	7	(9)	2
	Egor Krimets	27.01.1992	21		
	Alisher Salimov	22.07.1999		(3)	
	Farrukh Sayfiev	17.01.1991	23	(1)	1
Midfielders:	Sadriddin Abdullaev	11.06.1986		(8)	
	Khumoyunmirzo Iminov	15.01.2000		(2)	
	Abrorbek Ismoilov	08.01.1998	10	(11)	2
	Diyor Kholmatov	22.07.2002		(3)	1
	Odildzhon Khamrobekov	13.02.1996	21		
	Vladimir Kozak	12.06.1993	2	(4)	
	Javokhir Sidikov	08.12.1996	5	(8)	3
	Sardor Sobirkhuzhaev	06.11.1994	21	(3)	2
Forwards:	Dragan Čeran (SRB)	06.10.1987	26		21
	Eren Derdiyok (SUI)	12.06.1988	10	(12)	9
	Khozhimat Erkinov	29.05.2001		(8)	
	Dostonbek Khamdamov	24.07.1996	22	(4)	9
	Ulugbek Khoshimov	03.01.2001		(1)	
	Jaloliddin Masharipov	01.09.1993	23		7
	Igor Sergeev	30.04.1993	16	(8)	16
	Asad Sobirzhonov	03.08.2000	2	(10)	1
Trainer:	Shota Arveladze (GEO)	22.02.1973	26		

QIZILQUM ZARAFSHON

Year of Formation: 1967
Stadium: Progress Stadium, Zarafshon (12,500)

THE SQUAD		DOB	M	(s)	G
Goalkeepers:	Artem Makosin	29.10.1985	8		
	Ruslan Matniyazov	03.06.1987	2		
	Ignatiy Nesterov	20.06.1983	16		
Defenders:	Sunnatilla Abdullazhonov	22.10.1996	8	(10)	1
	Ilkhom Alizhonov	05.03.1998	1		
	Abdy Bäşimow (TKM)	12.12.1995	6	(1)	
	Sherali Juraev	17.02.1988	24		1
	Vladislav Kosmynin (BLR)	17.01.1990	11		1
	Fayzullo Kambarov	01.01.1990	10	(5)	
	Salim Mustafoev	07.03.1991	21	(1)	
	Oleg Tolmasov (RUS)	23.04.1995	26		
	Mukhsin Ubaydullaev	15.07.1994	10	(2)	
	Sukhrob Yarashev	20.10.1997	1		
Midfielders:	Khumoyun Abdualimov	29.02.1996		(1)	
	Jasur Azimov	11.03.1994	8	(7)	1
	Erkin Boydullaev	04.10.1984	14		
	Ilkhomzhon Kenzhaev	10.06.1999		(3)	
	Jakhongir Khusanov	31.08.1999	1	(1)	
	Oybek Kilichev	17.01.1989	15		5
	Sherzod Kodirov	03.03.1997	1	(4)	
	Mirdzhalol Kosimov	20.11.1995	2	(2)	
	Ruslan Margiev (RUS)	21.03.1995	25		2
	Alisher Sanoev	19.06.1987	23	(1)	2
	Azizbek Usmonov	22.01.1992	5	(1)	
	Wezirgeldi Ylýasow (TKM)	18.01.1992	5	(2)	
Forwards:	Doston Ibrokhimov	23.01.1997	3	(4)	
	Jamshid Khasanov	03.09.1988	10	(1)	1
	McCartney Tevin Naweseb (NAM)	30.08.1997	7	(2)	1
	Kadamboy Nurmetov	19.12.1996	6	(9)	
	Vokhid Shodiev	09.11.1986	3	(10)	1
	Ibrahim Tomiwa (NGA)	10.05.1998	12	(3)	2
	Doniyor Usmonov	07.06.1994	2	(4)	
Trainer:	Khamidzhon Aktamov	10.10.1977	3		
[04.06.2020]	Tachmurad Agamuradov	18.08.1952	9		
[27.08.2020]	Khamidzhon Aktamov	10.10.1977	14		

FOOTBALL CLUB SOGDIANA JIZZAKH

Year of Formation: 1970
Stadium: Soghdiana Stadium, Jizzakh (11,650)

THE SQUAD		DOB	M	(s)	G
Goalkeepers:	Shirinboy Abdullaev	04.08.1992	10		
	Milan Mitrović (SRB)	27.02.1991	16		
Defenders:	Shakhboz Jurabekov	02.02.1997	17	(4)	2
	Marko Kolaković (SRB)	09.02.1993	22	(1)	3
	Sardor Kulmatov	22.08.1994	18	(1)	
	Shavkat Mulladzhanov	19.01.1986	15	(2)	
	Elyor Orifov	19.09.1992	13	(5)	1
	Iskandar Shoykulov	26.04.1993	25		1
	Mukhammad Yakhyoev	24.09.2000		(1)	
Midfielders:	Jamshid Boltaboev	03.10.1996	20	(5)	2
	Jasur Khasanov	02.08.1983	23	(3)	4
	Daniel Nasriddinov	08.12.1999	3	(9)	
	Ayubkhon Numonov	22.07.1991	15	(8)	
	Sanzhar Rashidov	14.07.1993	16	(10)	1
	Elyor Sobirzhonov	31.10.2000		(1)	
	Dian Talkhatov	04.01.1997	2	(5)	
Forwards:	Elivelton Ribeiro Dantas "Elivelto"	02.01.1992	5	(3)	
	Javokhir Kakhramonov	21.03.1996	19	(7)	4
	Ivan Nagaev	03.07.1989	4	(5)	
	Bakhodir Nasimov	02.05.1987	4	(19)	2
	Shokhruz Norkhonov	13.04.1993	24		12
	Sakhob Rashidov	17.09.1998	2	(15)	1
	Sanat Shikhov	28.12.1989	13	(6)	
Trainer:	Ulugbek Bakaev	28.11.1978	26		

SURKHON TERMEZ FUTBOL KLUBI

Year of Formation: 1968
Stadium: Alpamish Stadium, Termez (6,000)

THE SQUAD		DOB	M	(s)	G
Goalkeepers:	Azamat Akhmedov	08.05.1994	4	(2)	
	Asilbek Amanov	01.09.1993	9	(1)	
	Akbar Turaev	27.08.1989	13		
Defenders:	Sanzhar Akhmedov	22.01.1996		(1)	
	Rakhmatullo Berdimurodov	24.10.1987	8	(1)	
	Vladimir Bubanja (SRB)	02.08.1989	6	(1)	1
	Khusniddin Gofurov	20.03.1997	20	(2)	2
	Abdukakhkhor Khodzhiakbarov	18.07.1989	20	(1)	1
	Jakhongir Mekhmonov	28.05.1990	22		1
	Mukhammadali Nomozov	26.10.2000	2	(5)	
	Bekhruz Shaydulov	01.12.2000	16	(3)	
	Darko Stanojević (SRB)	12.04.1987	22	(1)	
Midfielders:	Azam Aliev	07.07.1991	23	(2)	1
	Ural Choriev	01.04.2002		(3)	
	Asror Gofurov	30.01.1995	22	(3)	
	Sherzod Karimov	26.01.1989	18	(4)	2
	Nuriddin Khasanov	20.07.1994	12	(5)	
	Shavkat Salomov	13.11.1985	21	(1)	
	Ibrokhim Yuldoshev	05.06.1999	3	(4)	
Forwards:	Mukhammad-Ali Abdurakhmonov	05.10.2000		(7)	
	Khusniddin Gofurov	29.07.1994	9	(1)	
	Aziz Ibragimov	21.07.1986	1	(6)	1
	Aleksandr Kasyan (UKR)	27.01.1989	25		7
	Nizom Norov	14.07.1989	5	(5)	
	Sarvar Soliev	03.05.1999		(1)	
	Sardor Sulaymonov	05.08.1994	5	(14)	1
Trainer:	Vladimir Andreev (RUS)	21.08.1963	26		

NATIONAL TEAM
INTERNATIONAL MATCHES 2020/2021

03.09.2020	Tashkent	Uzbekistan - Tajikistan	2-1(1-0)	(F)
08.10.2020	Tashkent	Uzbekistan - Iran	1-2(0-1)	(F)
12.10.2020	Dubai	United Arab Emirates - Uzbekistan	1-2(0-0)	(F)
12.11.2020	Sharjah	Uzbekistan - Syria	0-1(0-0)	(F)
17.11.2020	Dubai	Uzbekistan - Iraq	1-2(1-0)	(F)
15.02.2021	Dubai	Uzbekistan - Jordan	2-0(0-0)	(F)
29.03.2021	Tashkent	Uzbekistan - Iraq	0-1(0-0)	(F)
07.06.2021	Riyadh	Uzbekistan - Singapore	5-0(3-0)	(WCQ)
11.06.2021	Riyadh	Yemen - Uzbekistan	0-1(0-1)	(WCQ)
15.06.2021	Riyadh	Saudi Arabia - Uzbekistan	3-0(2-0)	(WCQ)

03.09.2020, Friendly International
Lokomotiv Stadium, Tashkent; Attendance: 0
Referee: Akhrol Riskullaev (Uzbekistan)
UZBEKISTAN - TAJIKISTAN 2-1(1-0)
UZB: Abduvakhid Nematov, Islomzhon Kobilov, Ibrokhimkhalil Yuldashev, Murod Kholmukhamedov (85.Iskander Shoykulov), Abror Ismoilov (75.Akmal Mozgovoy), Khusniddin Alikulov, Lutfulla Turaev, Sanjar Kodirkulov (64.Nurillo Tukhtasinov), Khojimat Erkinov, Shakhzod Ubaydullaev (64.Shokhruz Norkhonov), Oybek Bozorov (85.Farrukh Ikromov). Trainer: Vadim Abramov.
Goals: Shakhzod Ubaydullaev (33), Murod Kholmukhamedov (67).

08.10.2020, Friendly International
Pakhtakor Central Stadium, Tashkent; Attendance: 1,000
Referee: Jasur Mukhtarov (Uzbekistan)
UZBEKISTAN - IRAN 1-2(0-1)
UZB: Eldorbek Suyunov, Farrukh Sayfiyev, Rustam Ashurmatov (57.Igor Golban), Khodjiakbar Alidjanov (46.Murod Kholmukhamedov), Islomzhon Kobilov, Lutfulla Turaev (57.Otabek Shukurov), Jaloliddin Masharipov, Sanjar Kodirkulov, Abror Ismailov (57.Ikromjon Alibaev), Eldor Shomurodov (77.Igor Sergeev), Jasurbek Yakhshiboev (46.Khojimat Erkinov). Trainer: Vadim Abramov.
Goal: Eldor Shomurodov (53).

12.10.2020, Friendly International
Rashid Stadium, Dubai; Attendance: 0
Referee: Ali Al Samahiji (Bahrain)
UNITED ARAB EMIRATES - UZBEKISTAN 1-2(0-0)
UZB: Abduvakhid Nematov, Murod Kholmukhamedov (74.Farrukh Sayfiyev), Igor Golban, Islomzhon Kobilov, Ibrokhimkhalil Yuldashev, Odiljon Khamrobekov, Otabek Shukurov (90.Akmal Mozgovoy), Azizjon Ganiev, Azizbek Turgunboev (53.Dostonbek Khamdamov), Khojimat Erkinov (61.Jaloliddin Masharipov), Igor Sergeev (88.Shakhzod Ubaydullaev). Trainer: Vadim Abramov.
Goals: Igor Sergeev (48, 86).

12.11.2020, Friendly International
"Khalid bin Mohammed" Stadium, Sharjah (United Arab Emirates); Attendance: 0
Referee: Omar Mohamed Al Ali (United Arab Emirates)
UZBEKISTAN - SYRIA   **0-1(0-0)**
UZB: Abduvakhid Nematov, Ibrokhimkhalil Yuldashev, Islomzhon Kobilov, Igor Golban (69.Murod Kholmukhamedov), Khodjiakbar Alidjanov [*sent off 10*], Jamshid Iskanderov (69.Abror Ismoilov), Lutfulla Turaev (82.Sanjar Kodirkulov), Azizjon Ganiev, Jaloliddin Masharipov (61.Dostonbek Khamdamov), Bobur Abdikholikov (76.Temurkhuja Abdikholikov), Oybek Bozorov (61.Khojimat Erkinov). Trainer: Vadim Abramov.

17.11.2020, Friendly International
The Stevens Stadium, Dubai (United Arab Emirates); Attendance: n/a
Referee: Adel Ali Ahmed Khamis Al Naqbi (United Arab Emirates)
UZBEKISTAN - IRAQ   **1-2(1-0)**
UZB: Abduvakhid Nematov, Ibrokhimkhalil Yuldashev, Islomzhon Kobilov, Rustamjon Ashurmatov, Lutfulla Turaev (74.Murod Kholmukhamedov), Sanjar Kodirkulov (84.Shakhzod Ubaydullaev), Abror Ismoilov (68.Akmal Mozgovoy), Azizjon Ganiev, Dostonbek Khamdamov (68.Jaloliddin Masharipov), Temurkhuja Abdikholikov (84.Oybek Bozorov), Khojimat Erkinov (74.Azizbek Turgunboev). Trainer: Vadim Abramov.
Goal: Dostonbek Khamdamov (39 penalty).

15.02.2021, Friendly International
Theyab Awana Stadium, Dubai (United Arab Emirates); Attendance: 0
Referee: Ahmed Eisa Mohamed (United Arab Emirates)
UZBEKISTAN - JORDAN   **2-0(0-0)**
UZB: Abduvakhid Nematov, Ibrokhimkhalil Yuldashev, Islom Tuhtahujaev, Islomzhon Kobilov, Khodjiakbar Alidjanov (46.Murod Kholmukhamedov), Azizbek Turgunboev (46.Vagiz Galiulin), Sanjar Kodirkulov, Akmal Mozgovoy (46.Oybek Bozorov), Odiljon Khamrobekov, Temurkhuja Abdikholikov, Khojimat Erkinov (69.Husniddin Gafurov). Trainer: Vadim Abramov.
Goals: Husniddin Gafurov (72), Temurkhuja Abdikholikov (82).

29.03.2021, Friendly International
Milliy Stadium, Tashkent; Attendance: n/a
Referee: Nurzat Askat Uulu (Kyrgyzstan)
UZBEKISTAN - IRAQ   **0-1(0-0)**
UZB: Abduvakhid Nematov, Ibrokhimkhalil Yuldashev, Islom Tuhtahujaev, Farrukh Sayfiyev (71.Sanjar Kodirkulov), Azim Akhmedov, Oston Urunov (61.Oybek Bozorov), Otabek Shukurov, Odiljon Khamrobekov, Eldor Shomurodov, Sardor Rashidov (46.Dostonbek Khamdamov), Jaloliddin Masharipov. Trainer: Vadim Abramov.

07.06.2021, 22nd FIFA World Cup Qualifiers / AFC Qualifiers, Second Round
"King Fahd" International Stadium, Riyadh (Saudi Arabia); Attendance: 75
Referee: Ali Hasan Ebrahim Abdulnabi (Bahrain)
UZBEKISTAN - SINGAPORE   **5-0(3-0)**
UZB: Sanjar Kuvvatov, Oleg Zoteev, Umar Eshmurodov, Islomzhon Kobilov, Khusniddin Alikulov (45.Khodjiakbar Alidjanov), Odil Akhmedov, Jaloliddin Masharipov (55.Farrukh Ikromov), Ikromjon Alibaev, Otabek Shukurov (55.Odiljon Khamrobekov), Dostonbek Khamdamov (46.Khojimat Erkinov; 61.Temurkhuja Abdukholikov), Eldor Shomurodov. Trainer: Vadim Abramov.
Goals: Jaloliddin Masharipov (6, 34), Eldor Shomurodov (45+1), Odil Akhmedov (50), Irfan Fandi Ahmad (89 own goal).

11.06.2021, 22nd FIFA World Cup Qualifiers / AFC Qualifiers, Second Round
„King Fahd" International Stadium, Riyadh (Saudi Arabia); Attendance: 230
Referee: Mohammed Abdulla Hassan Mohamed (United Arab Emirates)
YEMEN - UZBEKISTAN 0-1(0-1)
UZB: Sanjar Kuvvatov, Umar Eshmurodov (46.Rustam Ashurmatov), Khodjiakbar Alidjanov, Islomzhon Kobilov, Ibrokhimkhalil Yuldashev (90.Oleg Zoteev), Odil Akhmedov, Jaloliddin Masharipov, Odiljon Khamrobekov, Ikromjon Alibaev (62.Abror Ismailov), Sanjar Kodirkulov (75.Vagiz Galiulin), Eldor Shomurodov (90+1.Igor Sergeev). Trainer: Vadim Abramov.
Goal: Jaloliddin Masharipov (19 penalty).

15.06.2021, 22nd FIFA World Cup Qualifiers / AFC Qualifiers, Second Round
King Saud University Stadium, Riyadh; Attendance: 6,339
Referee: Ko Hyung-jin (Korea Republic)
SAUDI ARABIA - UZBEKISTAN 3-0(2-0)
UZB: Sanjar Kuvvatov, Oleg Zoteev, Rustam Ashurmatov, Khodjiakbar Alidjanov, Ibrokhimkhalil Yuldashev (53.Ikromjon Alibaev), Vagiz Galiulin (54.Dostonbek Khamdamov; 80.Farrukh Ikromov), Odil Akhmedov (80.Islom Tuhtahujaev), Jaloliddin Masharipov, Odiljon Khamrobekov (53.Oybek Bozorov), Otabek Shukurov, Eldor Shomurodov. Trainer: Vadim Abramov.

NATIONAL TEAM PLAYERS 2020/2021

Name	DOB	Club
Goalkeepers		
Sanjar KUVVATOV	08.01.1990	*FC Pakhtakor Tashkent*
Abduvakhid NEMATOV	20.03.2001	*Nasaf Qarshi FC*
Eldorbek SUYUNOV	12.04.1991	*FC Pakhtakor Tashkent*
Defenders		
Khodjiakbar ALIDJANOV	19.04.1997	*FC Pakhtakor Tashkent*
Khusniddin ALIKULOV	04.04.1999	*Nasaf Qarshi FC*
Rustam ASHURMATOV	07.07.1996	*Gwangju FC (KOR)*
Umar ESHMURODOV	30.11.1992	*Nasaf Qarshi FC*
Igor GOLBAN	31.07.1990	*Navbahor Namangan FC*
Murod KHOLMUKHAMEDOV	23.12.1990	*FK Qo'qon 1912*
Islomzhon KOBILOV	01.07.1997	*FC Bunyodkor Tashkent*
Farrukh SAYFIYEV	17.01.1991	*FC Pakhtakor Tashkent*
Iskander SHOYKULOV	26.04.1993	*Sogdiana Jizzakh*
Islom TUHTAHUJAEV	30.10.1989	*Qizilqum Zarafshon*
Azizbek TURGUNBOEV	01.10.1994	*Navbahor Namangan FC; 28.01.2021-> FC Pakhtakor Tashkent*
Ibrokhimkhalil YULDASHEV	14.02.2001	*FC Bunyodkor Tashkent*
Oleg ZOTEEV	05.07.1989	*Jeonnam Dragons Gwangyang (KOR)*

	Midfielders	
Odil AKHMEDOV	25.11.1987	*Cangzhou Mighty Lions (CHN)*
Ikromjon ALIBAEV	09.01.1994	*FC Seoul (KOR);*
		29.03.2021-> Daejeon Hana Citizrn (KOR)
Khojimat ERKINOV	29.05.2001	*FC Pakhtakor Tashkent*
Vagiz GALIULIN	10.10.1987	*FK Neftekhimik Nizhnekamsk (RUS)*
Azizjon GANIEV	22.02.1998	*Shabab Al Ahli Dubai FC (UAE)*
Jamshid ISKANDEROV	23.10.1993	*Seongnam FC (KOR)*
Abror ISMOILOV	08.01.1998	*FC Pakhtakor Tashkent*
Dostonbek KHAMDAMOV	24.07.1996	*Al-Nasr Sports Club Dubai;*
		31.01.2021-> Hatta Club (UAE)
Odiljon KHAMROBEKOV	13.02.1996	*Shabab Al Ahli Dubai FC (UAE)*
Sanjar KODIRKULOV	27.05.1997	*FC Bunyodkor Tashkent;*
		11.01.2021-> FK Lokomotiv Tashkent
Jaloliddin MASHARIPOV	01.09.1993	*Shabab Al Ahli Dubai FC (UAE)*
Akmal MOZGOVOY	02.04.1999	*Nasaf Qarshi FC*
Sardor RASHIDOV	14.06.1991	*FC Pakhtakor Tashkent*
Otabek SHUKUROV	22.06.1996	*Sharjah FC (UAE)*
Nurillo TUKHTASINOV	19.02.1997	*FC Bunyodkor Tashkent*
Lutfulla TURAEV	30.03.1988	*Madura United FC Pamekasan (IDN)*
Azizbek TURGUNBOEV	01.10.1994	*Navbahor Namangan FC*
Oston URUNOV	19.12.2000	*FK Ufa (RUS)*

	Forwards	
Bobur ABDIKHOLIKOV	23.04.1997	*FK Rukh Lviv (UKR)*
Temurkhuja ABDUKHOLIKOV	25.09.1991	*FK Lokomotiv Tashkent*
Oybek BOZOROV	07.08.1997	*Nasaf Qarshi FC*
Husniddin GAFUROV	29.07.1994	*FC AGMK Olmaliq*
Farrukh IKROMOV	09.07.1998	*FC Bunyodkor Tashkent*
Shokhruz NORKHONOV	13.04.1993	*Sogdiana Jizzakh*
Igor SERGEEV	30.04.1993	*FC Pakhtakor Tashkent;*
		18.02.2021-> FC Aktobe (KAZ)
Eldor SHOMURODOV	29.06.1995	*Genoa C&FC (ITA)*
Shakhzod UBAYDULLAEV	02.03.1998	*PFK Metallurg Bekabad*
Jasurbek YAKHSHIBOEV	24.06.1997	*FC Shakhtyor Solihorsk (BLR)*

	National coaches	
Vadim ABRAMOV [from 23.09.2019]		05.08.1962

VIETNAM

The Country:
Cộng hòa xã hội chủ nghĩa Việt Nam (Socialist Republic of Vietnam)
Capital: Hà Nội
Surface: 331,690 km²
Population: 98,721,275 [2020]
Time: UTC+7
Independent since: 1945

The FA:
Vietnam Football Federation
National Youth Football Training Centre,
Le Quang Dao Street, My Dinh, Hà Nội
Year of Formation: 1960
Member of FIFA since: 1952
Member of AFC since: 1954

NATIONAL TEAM RECORDS

First international match: 26.11.1991, Manila: Philippines - Vietnam 2-2
Most international caps: Lê Công Vinh – 83 caps (2004-2016)
Most international goals: Lê Công Vinh – 51 goals / 83 caps (2004-2016)

NATIONAL TEAM COMPETITIONS:

ASIAN NATIONS CUP	
1956	Final Tournament (4th Place)
1960	Final Tournament (4th Place)
1964	Qualifiers
1968	Qualifiers
1972	Did not enter
1976	Qualifiers
1980	Did not enter
1984	Did not enter
1988	Did not enter
1992	Did not enter
1996	Qualifiers
2000	Qualifiers
2004	Qualifiers
2007	Final Tournament (Quarter-Finals)
2011	Qualifiers
2015	Qualifiers
2019	Final Tournament (Quarter-Finals)

FIFA WORLD CUP	
1930	Did not enter
1934	Did not enter
1938	Did not enter
1950	Did not enter
1954	Did not enter
1958	Did not enter
1962	Did not enter
1966	Did not enter
1970	Did not enter
1974	Qualifiers
1978	Did not enter
1982	Did not enter
1986	Did not enter
1990	Did not enter
1994	Qualifiers
1998	Qualifiers
2002	Qualifiers
2006	Qualifiers
2010	Qualifiers
2014	Qualifiers
2018	Qualifiers

F.I.F.A. CONFEDERATIONS CUP 1992-2017

None

OLYMPIC FOOTBALL TOURNAMENTS 1908-2016							
1908	-	1948	-	1972	-	1996	-
1912	-	1952	-	1976	-	2000	Qualifiers
1920	-	1956	Qualifiers*	1980	-	2004	Qualifiers
1924	-	1960	-	1984	-	2008	Qualifiers
1928	-	1964	Qualifiers*	1988	-	2012	Qualifiers
1936	-	1968	Qualifiers*	1992	-	2016	Qualifiers

*as South Vietnam

ASIAN GAMES 1951-2014		ASEAN („TIGER") CUP / AFF CUP 1996-2018		SOUTH EAST ASIAN GAMES 1959-2019	
1951	-	1996	3rd Place	1959	Winners*
1954	Group Stage*	1998	Runners-up	1961	3rd Place*
1958	Quarter-Finals*	2000	4th Place	1965	3rd Place*
1962	4th Place*	2002	3rd Place	1967	Runners-up*
1966	Group Stage*	2004	Group Stage	1969	Group Stage*
1970	Group Stage*	2007	Semi-Finals	1971	3rd Place*
1974	-	2008	Winners	1973	Runners-up*
1978	-	2010	Semi-Finals	1975	-
1982	-	2012	Group Stage	1977	-
1986	-	2014	Semi-Finals	1979	-
1990	-	2016	Semi-Finals	1981	-
1994	-	2018	Winners	1983	-
1998	Group Stage			1985	-
2002	Group Stage			1987	-
2006	Group Stage			1989	-
2010	1/8-Finals			1991	Group Stage
2014	2nd Round of 16			1993	Group Stage
				1995	Runners-up
				1997	3rd Place
				1999	Runners-up
				2001	Group Stage
				2003	Runners-up
				2005	Runners-up
				2007	4th Place
				2009	Runners-up
				2011	4th Place
				2013	Group Stage
				2015	3rd Place
				2017	Group Stage
				2019	Winners

*as South Vietnam

VIETNAMESE CLUB HONOURS IN ASIAN CLUB COMPETITIONS:

AFC Champions League 1967-1971 & 1985/1986-2020
None

Asian Football Confederation Cup 2004-2020
None

AFC President's Cup 2005-2014*
None

Asian Cup Winners Cup 1975-2003*
None

Asian Super Cup 1995-2002*
None

*defunct competition

NATIONAL COMPETITIONS
TABLE OF HONOURS

	CHAMPIONS	CUP WINNERS
1980	Đường sắt Việt Nam	-
1981/1982	Thể Công Hà Nội	-
1982/1983	Thể Công Hà Nội	-
1984	Công An Hà Nội	-
1985	Công nghiệp Hà Nam Ninh[1]	-
1986	Thép Miền Nam Cảng Sài Gòn	-
1987	Thể Công Hà Nội	-
1988	*No competition*	-
1989	Đồng Tháp FC Cao Lãnh	-
1990	Thể Công Hà Nội	-
1991	Hải Quan Hồ Chí Minh	-
1992	Quảng Nam-Đà Nẵng[2]	Thép Miền Nam Cảng Sài Gòn
1993/1994	Thép Miền Nam Cảng Sài Gòn	Quảng Nam-Đà Nẵng (in 1993)
1994	-	Song Be Thủ Dầu Một[3]
1995	Công An Hồ Chí Minh	Công An Hải Phòng
1996	Đồng Tháp FC Cao Lãnh	Hải Quan Hồ Chí Minh
1997	Thép Miền Nam Cảng Sài Gòn	Hải Quan Hồ Chí Minh
1998	Thể Công Hà Nội	Công An Hồ Chí Minh
1999	*No competition*	*No competition*
1999/2000	Sông Lam Nghệ An Vinh	Thép Miền Nam Cảng Sài Gòn
2000/2001	Sông Lam Nghệ An Vinh	Công An Hồ Chí Minh
2001/2002	Thép Miền Nam Cảng Sài Gòn	Sông Lam Nghệ An Vinh
2003	Hoàng Anh Gia Lai FC	Bình Định Qui Nhơn
2004	Hoàng Anh Gia Lai FC	Bình Định Qui Nhơn
2005	Đồng Tâm Long An FC	Đồng Tâm Long An FC
2006	Đồng Tâm Long An FC	Hòa Phát Hà Nội
2007	Becamex Bình Dương FC Thủ Dầu Một	Đạm Phú Mỹ Nam Định
2008	Becamex Bình Dương FC Thủ Dầu Một	Hà Nội ACB
2009	Saigon Hà Nội Bank-Đà Nẵng FC	Saigon Hà Nội Bank-Đà Nẵng FC
2010	Hà Nội T&T FC	Sông Lam Nghệ An Vinh
2011	Sông Lam Nghệ An Vinh	Navibank Sài Gòn FC
2012	Saigon Hà Nội Bank-Đà Nẵng FC	Sài Gòn Xuân Thành FC

2013	Hà Nội T&T FC	XM The Vissai Ninh Bình
2014	Becamex Bình Dương FC Thủ Dầu Một	Hải Phòng FC
2015	Becamex Bình Dương FC Thủ Dầu Một	Becamex Bình Dương FC Thủ Dầu Một
2016	Hà Nội T&T FC[4]	Than Quảng Ninh FC
2017	QNK Quảng Nam FC	Sông Lam Nghệ An Vinh
2018	Hà Nội FC	Becamex Bình Dương FC Thủ Dầu Một
2019	CLB Hà Nội	CLB Hà Nội
2020	CLB Viettel Hà Nội	CLB Viettel Hà Nội

[1] became later Song Da Nam Định (2003), Mikado-Nam Định (2006), Dam Phu My-Nam Định (2007), Đạm Phú Mỹ Nam Định (2008).
[2] became later SHB Đà Nẵng.
[3] became later Becamex Bình Dương Thủ Dầu Một.
[4] became in 2017 January Hà Nội FC.

NATIONAL CHAMPIONSHIP
Nuti Café V-League 1 2020

Regular Season

1. CLB Sài Gòn	13	6	6	1	19 - 7	24
2. CLB Viettel Hà Nội	13	6	4	3	20 - 15	22
3. CLB Than Quảng Ninh	13	6	3	4	17 - 16	21
4. CLB Hà Nội	13	5	5	3	20 - 13	20
5. CLB TP Hồ Chí Minh	13	6	2	5	23 - 17	20
6. CLB Becamex Bình Dương Thủ Dầu Một	13	5	5	3	17 - 11	20
7. CLB Hoàng Anh Gia Lai	13	5	5	3	17 - 16	20
8. CLB Hồng Lĩnh Hà Tĩnh	13	4	6	3	14 - 12	18
9. CLB Saigon Hà Nội Bank-Đà Nẵng	13	4	4	5	19 - 15	16
10. CLB Thanh Hóa	13	4	3	6	9 - 14	15
11. CLB Sông Lam Nghệ An Vinh	13	4	3	6	10 - 16	15
12. CLB Dược Nam Hà Nam Định	13	4	1	8	14 - 23	13
13. CLB Hải Phòng	13	3	4	6	8 - 17	13
14. CLB Quảng Nam	13	2	3	8	17 - 32	9

Top-8 qualified for the Championship Group, while teams ranked 9-14 were qualified for the Relegation Group.

Championship Group

1. **CLB Viettel Hà Nội**	20	12	5	3	29 - 16	41
2. CLB Hà Nội	20	11	6	3	37 - 16	39
3. CLB Sài Gòn	20	9	7	4	30 - 19	34
4. CLB Than Quảng Ninh	20	9	4	7	27 - 26	31
5. CLB TP Hồ Chí Minh	20	8	4	8	29 - 25	28
6. CLB Becamex Bình Dương Thủ Dầu Một	20	7	7	6	25 - 21	28
7. CLB Hoàng Anh Gia Lai	20	6	5	9	27 - 36	23
8. CLB Hồng Lĩnh Hà Tĩnh	20	4	8	8	19 - 24	20

	Relegation Group							
9.	CLB Saigon Hà Nội Bank-Đà Nẵng	18	5	8	5	26 - 22	23
10.	CLB Sông Lam Nghệ An Vinh	18	6	5	7	17 - 21	23
11.	CLB Thanh Hóa	18	5	6	7	16 - 22	21
12.	CLB Hải Phòng	18	5	4	9	15 - 25	19
13.	CLB Dược Nam Hà Nam Định	18	5	3	10	19 - 30	18
14.	CLB Quảng Nam (*Relegated*)	18	5	3	10	28 - 41	18

Best goalscorer 2020:
Romario Allando Gordon (JAM, CLB Hà Nội) &
Pedro Paulo Alves Vieira dos Reis (BRA, CLB Sài Gòn) – both 12 goals

Promoted for the 2021 season:
CLB Bình Định

NATIONAL CUP
Vietnamese National Football Cup / Giải Bóng đá Cúp Quốc Gia Việt Nam
Final 2020

20.09.2020, Hàng Đẫy Stadium, Hà Nội; Attendance: 4,000
Referee: Nguyễn Đình Thái
CLB Hà Nội - CLB Viettel Hà Nội   **2-1(0-0)**
Hà Nội: Bùi Tấn Trường, Trần Văn Kiên, Đặng Văn Tới (74.Trương Văn Thái Quý), Nguyễn Thành Chung, Bùi Hoàng Việt Anh, Lê Văn Xuân, Lê Tấn Tài (56.Phạm Thành Lương; 90+2.Phạm Đức Huy), Moses Oloya, Đỗ Hùng Dũng (74.Pape Omar Faye), Nguyễn Quang Hải, Nguyễn Văn Quyết.
Trainer: Chu Đình Nghiêm.
Viettel:
Trần Nguyên Mạnh, Quế Ngọc Hải, Bùi Tiến Dũng, Nguyễn Trọng Đại (80.Trương Văn Thiết), Vũ Minh Tuấn (63.Nhâm Mạnh Dũng), Trần Ngọc Sơn (84.Walter Luiz de Araújo "Luizão"), Bùi Duy Thường, Bùi Quang Khải (63.Trương Tiến Anh), Nguyễn Đức Chiến, Nguyễn Hoàng Đức, Bruno Cunha Cantanhede. Trainer: Trương Việt Hoàng.
Goals: 0-1 Trần Ngọc Sơn (75), 1-1 Trương Văn Thái Quý (82), 2-1 Nguyễn Quang Hải (89).

CÂU LẠC BỘ BÓNG BECAMEX BÌNH DƯƠNG THỦ DẦU MỘT

Year of Formation: 1976
Stadium: Gò Đậu Stadium, Thủ Dầu Một (18,250)

THE SQUAD	DOB	M	(s)	G
Goalkeepers: Lại Tuấn Vũ	03.02.1993	3		
Phạm Văn Tiến	30.04.1993	2	(1)	
Trần Đức Cường	20.05.1985	15		
Defenders: Đào Tấn Lộc	15.08.1998	1	(3)	
Hồ Tấn Tài	06.11.1997	18		3
Nguyễn Anh Tài	05.02.1996	13	(1)	
Nguyễn Hùng Thiện Đức	08.12.1999	6	(4)	
Nguyễn Thanh Long	10.01.1993	15	(1)	
Nguyễn Thanh Thảo	13.05.1995	11	(5)	1
Trương Dũ Đạt	25.07.1997	4	(6)	
Midfielders: Đoàn Tuấn Cảnh	27.07.1998	6	(5)	
Nguyễn Trọng Huy	25.06.1997	16	(1)	
Ali Rabo (BFA)	06.06.1986	20		2
Tô Văn Vũ	20.10.1993	18		1
Tống Anh Tỷ	24.01.1997	8	(9)	1
Trần Duy Khánh	20.07.1997	4	(4)	1
Trần Hoàng Phương	11.04.1994	1	(7)	1
Trần Hữu Đông Triều	20.08.1995		(1)	
Forwards: Hédipo Gustavo da Conceição (BRA)	07.02.1988	15	(2)	5
Hồ Sỹ Giáp	18.04.1994	4	(13)	2
Ngô Hồng Phước	03.07.1998	1	(6)	
Nguyễn Tiến Linh	20.10.1997	18		5
Nguyễn Trần Việt Cường	27.12.2000	4	(4)	1
Nguyen Trung Dai Duong	09.02.1986	2	(12)	
Youssouf Touré (FRA)	14.03.1986	15	(2)	2
Trainer: Nguyễn Thanh Sơn		20		

CÂU LẠC BỘ DƯỢC NAM HÀ NAM ĐỊNH

Year of Formation: 1965
Stadium: Thiên Trường Stadium, Nam Định (30,000)

THE SQUAD		DOB	M	(s)	G
Goalkeepers:	Đinh Xuân Việt	10.11.1983	18		
	Trần Liêm Điều	19.02.2001		(1)	
Defenders:	Emmanuel Tony Agbaji (NGA)	21.11.1992	16		3
	Đinh Văn Trường	22.10.1996	13	(3)	
	Lâm Anh Quang	24.04.1991	5	(5)	
	Lê Quốc Hường	26.03.1994	2		
	Ngô Đức Huy	22.02.2000	1	(1)	
	Nguyễn Hạ Long	09.03.1994	13	(1)	
	Phùng Văn Nhiên	23.11.1982	4		
	Thiago Santos de Melo "Thiago Papel" (BRA)	30.12.1991	12	(1)	
	Trần Mạnh Cường	27.01.1993	16		1
Midfielders:	Đoàn Thanh Trường	03.11.2000	12	(4)	1
	Hoàng Xuân Tân	22.02.2001	3	(4)	
	Lê Sỹ Minh	23.03.1993	10	(4)	1
	Mai Xuân Quyết	01.04.1999	15	(3)	
	Nguyễn Đình Mạnh	25.04.1998	11	(3)	
	Phan Văn Hiếu	23.08.2000		(3)	
	Trần Mạnh Hùng	17.03.1997	5	(5)	
	Vũ Thế Vương	31.01.1994		(7)	
	Valentin Zoungrana (BFA)	30.10.1992	2		
Forwards:	Sebastián Gastón Merlo (ARG) / Đỗ Merlo	26.01.1985	15	(2)	6
	Hoàng Minh Tuấn	26.08.1995	7	(9)	1
	Rafaelson Bezerra Fernandes (BRA)	30.03.1997	18		6
Trainer:	Nguyễn Văn Sỹ	21.11.1971	6		
[24.06.2020]	Phạm Hồng Phú		12		

CÂU LẠC BỘ BÓNG HÀ NỘI

Year of Formation: 2006
Stadium: Hàng Đẫy Stadium, Hà Nội (22,500)

THE SQUAD		DOB	M	(s)	G
Goalkeepers:	Bùi Tấn Trường	28.02.1997	14		
	Nguyễn Văn Công	01.08.1992	6		
Defenders:	Bùi Hoàng Việt Anh	1999	16	(2)	4
	Đặng Văn Tới	20.01.1999	4	(6)	1
	Đậu Văn Toàn	07.04.1997	7	(5)	
	Đinh Tiến Thành	24.01.1991	1		
	Đoàn Văn Hậu	19.04.1999	1	(1)	
	Lê Văn Xuân	27.02.1999	15	(3)	
	Nguyễn Thành Chung	08.09.1997	15	(1)	1
	Nguyễn Văn Dũng	14.04.1994	8		
	Trần Văn Kiên	13.05.1996	16	(2)	
Midfielders:	Đỗ Hùng Dũng	08.09.1993	20		2
	Hồ Minh Dĩ	17.02.1998		(6)	
	Lê Tấn Tài	04.01.1984	8	(1)	
	Nguyễn Quang Hải	12.04.1997	13	(4)	4
	Nguyễn Tuấn Anh	1999		(1)	
	Moses Oloya (UGA)	22.10.1992	16	(1)	
	Phạm Đức Huy	20.01.1995	7	(7)	
	Phạm Thành Lương	10.09.1988	5	(7)	1
	Trương Văn Thái Quý	22.08.1997	3	(8)	1
Forwards:	Pape Omar Faye (SEN)	01.01.1987	6	(8)	2
	Papa Ibou Kébé (FRA)	10.12.1989		(1)	1
	Rimario Allando Gordon (JAM)	06.07.1994	17		12
	Ngân Văn Đại	09.02.1992	2	(1)	1
	Nguyễn Văn Quyết	27.06.1991	20		5
Trainer:	Chu Đình Nghiêm	18.08.1972	20		

CÂU LẠC BỘ BÓNG HẢI PHÒNG

Year of Formation: 2014
Stadium: Lạch Tray Stadium, Hải Phòng (30,000)

THE SQUAD		DOB	M	(s)	G
Goalkeepers:	Nguyễn Văn Toản	26.11.1999	16		
	Phạm Văn Luân	12.07.1994	2		
Defenders:	Hoang Vissai	15.01.1985	2		
	Nguyễn Hữu Phúc	20.12.1992	10		
	Nguyễn Hữu Tuấn	06.05.1992	1	(2)	
	Nguyễn Văn Hạnh	04.04.1998	13	(3)	
	Phạm Hoài Dương	19.06.1994	7	(5)	
	Phạm Mạnh Hùng	03.03.1993	16		
	Adriano Schmidt (GER)	09.05.1994	15		1
	Nguyễn Trọng Hiếu	17.01.2001	6	(4)	
Midfielders:	Đậu Thanh Phong	28.04.1993	3	(3)	
	Doãn Ngọc Tân	14.09.1994	9	(4)	
	Lê Thế Cường	14.12.1990	11	(6)	1
	Lê Trung Hiếu	16.02.1995	2	(6)	
	Martin Lo (AUS)	03.09.1996	4	(5)	
	Mạc Hồng Quân	01.01.1992	6	(1)	
	Nghiêm Xuân Tú	28.08.1988	7		
	Nguyễn Đình Tài	10.10.1995	3	(2)	
	Nguyễn Hùng Anh	10.12.1998	1		
	Nguyễn Thành Đồng	06.02.1995	1	(9)	
	Nguyễn Thế Dương	06.09.1991	10	(5)	
Forwards:	Claudecir dos Reis Rodrigues Júnior (BRA)	29.06.1989	11		1
	Diego Oliveira Silva (BRA)	26.12.1990	12	(3)	5
	Đồng Văn Trung	01.03.1994	7	(3)	
	Andre Fagan (JAM)	16.07.1987	5		
	Joseph Mbolimbo Mpande (UGA)	12.03.1994	18		7
	Nguyễn Viết Nguyên	16.01.1995		(2)	
Trainer:	Phạm Anh Tuấn		18		

CÂU LẠC BỘ BÓNG HOÀNG ANH GIA LAI

Year of Formation: 2002
Stadium: Pleiku Stadium, Pleiku (10,000)

THE SQUAD		DOB	M	(s)	G
Goalkeepers:	Lê Văn Trường	25.12.1995	5	(2)	
	Trần Bửu Ngọc	19.06.1991	15		
Defenders:	A Hoàng	31.07.1995	5	(3)	1
	Dụng Quang Nho	01.01.2000	9	(1)	
	Damir Memović (SRB)	19.01.1989	19		2
	Nguyễn Hữu Anh Tài	28.02.1996	1	(3)	
	Nguyễn Phong Hồng Duy	13.06.1996	19	(1)	
	Kelly Kester Oahimijie (NGA)	18.06.1992	14	(1)	1
	Trương Trọng Sáng	29.04.1993	17	(1)	
Midfielders:	Châu Ngọc Quang	01.02.1996	10	(6)	2
	Lương Xuân Trường	28.04.1995	11	(3)	
	Nguyễn Kiên Quyết	14.11.1996	1	(3)	
	Nguyễn Tuấn Anh	16.05.1995	17		1
	Phan Thanh Hậu	12.01.1997	2	(3)	
	Trần Minh Vương	28.03.1995	5	(6)	
	Triệu Việt Hưng	19.01.1997	5	(5)	1
	Vũ Văn Thanh	14.04.1996	18	(1)	3
Forwards:	Nguyễn Anh Đức	24.10.1985	1	(8)	
	Nguyễn Văn Anh	20.10.1996	5	(8)	1
	Nguyễn Văn Toàn	12.04.1996	19	(1)	5
	Trần Bảo Toàn	14.07.2000	3	(8)	
	Chevaughn Walsh (JAM)	14.05.1995	19	(1)	10
Trainer:	Lee Tae-hoon (KOR)	26.01.1961	17		
[28.09.2020]	Dương Minh Ninh		3		

CÂU LẠC BỘ BÓNG ĐÁ HỒNG LĨNH HÀ TĨNH

Year of Formation: 2015
Stadium: Hà Tĩnh Stadium, Hà Tĩnh (20,000)

	THE SQUAD	DOB	M	(s)	G
Goalkeepers:	Dương Quang Tuấn	20.06.1996	17		
	Nguyễn Hoài Anh	10.03.1993	3		
Defenders:	Đào Văn Nam	10.05.1996	7	(1)	
	Hoàng Ngọc Hào	25.09.1994	4	(2)	
	Janclesio Almeida Santos "Jan" (BRA)	22.04.1993	20		
	Nguyễn Văn Minh	08.02.1999	10	(5)	1
	Nguyễn Văn Toản	18.01.1997	1	(2)	
	Phạm Hoàng Lâm	06.03.1993	13	(2)	
	Phùng Viết Trường	05.08.1998	3	(1)	
	Vũ Hữu Quý	10.02.1993	11	(4)	
Midfielders:	Lê Mạnh Dũng	10.02.1994	5	(3)	
	Lê Tấn Tài	04.01.1984	2	(4)	
	Lý Công Hoàng Anh	01.09.1999	13	(4)	1
	Nguyễn Trung Học	30.03.1998	14	(3)	
	Nguyễn Văn Đức	13.01.1996	10	(5)	
	Nguyễn Văn Hiệp	08.04.1994	4	(10)	1
	Nguyễn Văn Huy	10.07.1998	1	(5)	
	Nguyễn Văn Vĩ	12.02.1998	16	(2)	
	Phạm Văn Long	09.01.1997		(12)	
	Trần Đức Trung	14.10.1991		(3)	
	Trần Văn Công	15.02.1999	9	(6)	
Forwards:	Bruno Henrique de Sousa (BRA)	25.10.1992	20		10
	Victor Mansaray (USA)	02.02.1997	16		2
	Nguyễn Văn Tám	26.01.1998		(5)	1
	Phạm Tuấn Hải	19.05.1998	19	(1)	3
	Trần Đức Nam	12.11.1998		(2)	
	Antonio Pereira Pina Neto "Tufy Pina" (BRA)	26.03.1989	2		
Trainer:	Phạm Minh Đức	05.05.1976	20		

CÂU LẠC BỘ BÓNG THÀNH PHỐ HỒ CHÍ MINH

Year of Formation: 1975
Stadium: Thống Nhất Stadium, Hồ Chí Minh City (22,000)

THE SQUAD	DOB	M	(s)	G
Goalkeepers: Bùi Tiến Dũng	28.02.1997	7		
Nguyễn Thanh Thắng	14.12.1988	13		
Defenders: Papé Abdoulaye Diakité (SEN)	22.12.1992	18		
Lê Đức Lương	14.08.1994		(3)	
Lê Văn Sơn	20.12.1996	5		
Ngô Tùng Quốc	27.01.1998	13	(4)	
Ngô Viết Phú	02.01.1992	3	(4)	2
Nguyễn Công Thành	26.07.1991	13	(4)	
Nguyễn Hữu Tuấn	06.05.1992	9		
Nguyễn Tăng Tiến	31.01.1994	2	(1)	
Phạm Công Hiền	21.07.1992	3	(9)	
Sầm Ngọc Đức	18.05.1992	15	(3)	1
Trần Đình Khương	10.01.1996	6	(2)	
Vũ Ngọc Thịnh	08.07.1992	1		
Midfielders: Alex Monteiro de Lima (BRA)	15.12.1988	2	(1)	
Đỗ Văn Thuận	25.05.1992	14	(3)	1
Ngô Hoàng Thịnh	21.04.1992	13	(5)	1
Phạm Trung Thành	14.04.2001		(1)	
Phạm Văn Thành	16.03.1994	6	(6)	1
Seo Yong-duk (KOR)	10.09.1989	12	(1)	1
Trần Phi Sơn	14.03.1992	13	(4)	3
Trần Thanh Bình	22.12.1993	4	(11)	1
Võ Huy Toàn	15.03.1993	6	(5)	1
Vũ Anh Tuấn	08.05.1987	2	(6)	
Vũ Quang Nam	22.08.1992	1	(9)	1
Forwards: Amido Baldé (GNB)	16.05.1991	9		3
Lâm Ti Phông	01.02.1996	3	(1)	1
Nguyễn Công Phượng	21.01.1995	11	(1)	6
Nguyễn Xuân Nam	18.01.1994	2	(8)	3
José Guillermo Ortíz Picado (CRC)	20.06.1992	6		1
Ariel Francisco Rodríguez Araya (CRC)	27.09.1989	8		3
Trainer: Jeong Hae-seong (KOR)	04.03.1958	11		
[26.07.2020] Nguyễn Hữu Thắng	02.12.1972	-		
[12.08.2020] Jeong Hae-seong (KOR)	04.03.1958	9		

CÂU LẠC BỘ BÓNG QUẢNG NAM

Year of Formation: 1997
Stadium: Tam Kỳ Stadium, Tam Kỳ (15,624)

THE SQUAD	DOB	M	(s)	G
Goalkeepers: Nguyễn Minh Nhựt	28.03.1986	1	(1)	
Phạm Văn Cường	19.07.1990	17		
Defenders: Đào Duy Khánh	30.01.1994	3	(1)	
Đinh Viết Tú	16.08.1992	10		
Hoang Vissai (Dio Preye)	15.01.1985	4		
Huỳnh Tấn Sinh	06.04.1998	10	(3)	2
Lê Đức Lộc	19.05.1990	3	(3)	
Lucas dos Santos Rocha da Silva (BRA)	14.07.1991	5		1
Trần Mạnh Toàn	18.07.1984	4	(3)	
Trần Văn Tâm	13.02.1992	5	(2)	
Trịnh Văn Hà	14.02.1992	7	(5)	
Midfielders: Đặng Hữu Phước	06.11.1990	8	(5)	1
Đinh Thanh Trung	24.01.1988	18		4
Ngô Quang Huy	28.11.1990	2	(5)	
Nguyễn Anh Hùng	08.06.1992	14	(1)	
Nguyễn Anh Tuấn	25.11.1990		(1)	
Nguyễn Hoàng Quốc Chí	04.12.1991	9	(2)	1
Nguyễn Hồng Sơn	24.10.2000	15		
Nguyễn Huy Hùng	02.03.1992	10	(2)	2
Nguyễn Như Tuấn	15.01.1995	4	(2)	1
Nguyễn Văn Thạnh	04.11.1994		(1)	
Nguyễn Văn Trạng	15.06.1998	2	(5)	1
Phan Đình Thắng	02.10.1993	3	(5)	1
Võ Văn Toàn	28.04.1999		(2)	
José Paulo de Oliveira Pinto „Zé Paulo" (BRA)	26.03.1994	15	(2)	3
Forwards: Hà Minh Tuấn	15.03.1990	5	(10)	2
Papa Ibou Kébé (FRA)	10.12.1989	13	(1)	5
Rodrigo da Silva Dias (BRA)	26.01.1994	10		2
Trịnh Duy Long	22.01.1992	1	(4)	1
Trainer: Vũ Hồng Việt	1979	7		
[01.07.2020] Đào Quang Hùng		7		
[12.10.2020] Nguyễn Thành Công		4		

CÂU LẠC BỘ BÓNG SÀI GÒN HỒ CHÍ MINH

Year of Formation: 2011 (*as Hà Nội FC, later relocated*)
Stadium: Thống Nhất Stadium, Hồ Chí Minh City (25,000)

THE SQUAD	DOB	M	(s)	G
Goalkeepers: Phạm Văn Phong	03.06.1993	18		
Tống Đức An	21.03.1991	2	(1)	
Defenders: Ahn Byeong-geon (KOR)	08.12.1988	19	(1)	2
Nguyễn Nam Anh	01.06.1993		(7)	
Nguyễn Quốc Long	19.02.1988	18		
Nguyễn Thanh Thụ	01.12.1993	2	(2)	
Nguyễn Văn Ngọ	01.08.1991	20		
Thân Thành Tín	30.05.1993	16	(2)	
Trịnh Đức Lợi	22.08.1994	5	(10)	
Midfielders: Bùi Trần Vũ	10.10.1989	2	(7)	
Cao Văn Triền	18.06.1993	16		
Geovane Magno Cândido Silveira (BRA)	14.04.1994	19	(1)	8
Lê Quốc Phương	05.09.1991	13	(3)	2
Ngô Xuân Toàn	10.02.1993	9	(6)	
Nguyễn Bá Dương	17.10.1997		(3)	
Nguyễn Hữu Sơn	27.09.1996	6	(10)	
Nguyễn Minh Trung	09.12.1992	16	(4)	
Nguyễn Ngọc Duy	07.04.1986		(7)	
Nguyễn Vũ Tín	10.02.1998	2	(17)	2
Trần Văn Bửu	17.07.1998	1		
Forwards: Huỳnh Tấn Tài	17.08.1994	19		3
Nguyễn Đình Bảo	19.05.1991		(2)	
Pedro Paulo Alves Vieira dos Reis (BRA)	10.02.1994	17		12
Võ Nguyên Hoàng	07.02.2002		(4)	1
Trainer: Nguyễn Thành Công	1984	1		
Vũ Tiến Thành	1964	19		

575

CÂU LẠC BỘ BÓNG SAIGON HÀ NỘI BANK-ĐÀ NẴNG

Year of Formation: 1976
Stadium: Chi Lăng Stadium Stadium, Đà Nẵng (28,000)

THE SQUAD		DOB	M	(s)	G
Goalkeepers:	Nguyễn Thanh Bình	11.08.1987	2		
	Nguyễn Tuấn Mạnh	31.07.1990	16		
Defenders:	Âu Văn Hoàn	01.10.1989	1	(2)	
	Đặng Tuấn Nghĩa	11.04.1999		(3)	
	Đỗ Thanh Thịnh	18.08.1998		(5)	
	Lục Xuân Hưng	18.04.1995		(1)	
	Mạc Đức Việt Anh	16.01.1997		(1)	
	Nguyễn Phi Hoàng	27.03.2003	3	(1)	
	Trần Đình Hoàng	08.12.1991	15	(1)	
	Võ Nhật Tân	27.06.1987	2	(1)	
Midfielders:	A Mít	24.07.1995		(8)	2
	Bùi Tiến Dụng	23.11.1998	18		
	Đặng Anh Tuấn	01.08.1994	15		
	Hoàng Minh Tâm	28.10.1990	8	(10)	
	Igor Jelić (SRB)	28.12.1989	18		2
	Nguyễn Công Nhật	12.05.1993	18		1
	Nguyễn Tài Lộc	16.12.1989	16		
	Nguyễn Thanh Hải	26.11.1988	8	(6)	
	Nguyễn Thiện Chí	07.01.1995	2		
	Nguyễn Viết Thắng	15.01.1990		(6)	
	Phạm Trọng Hóa	23.06.1998		(7)	
	Phan Văn Long	01.06.1996	15	(2)	4
	Võ Ngọc Toàn	26.10.1994	3	(4)	
Forwards:	Ismahil Akinade (NGA)	11.02.1994	13	(1)	7
	Hà Đức Chinh	22.09.1997	10	(4)	4
	Philippe Nsiah (FRA)	24.10.1994	2		
	Bapianga Deogracias "Grace" Tanda (SWE)	29.01.1994	13	(2)	6
	Võ Lý	10.12.1993		(6)	
Trainer:	Lê Huỳnh Đức	20.04.1972	18		

CÂU LẠC BỘ BÓNG SÔNG LAM NGHỆ AN VINH

Year of Formation: 1979
Stadium: Vinh Stadium, Vinh (12,000)

THE SQUAD	DOB	M	(s)	G
Goalkeepers: Lê Văn Hùng	06.07.1992	1		
Nguyễn Văn Hoàng	17.02.1995	15		
Trần Văn Tiến	26.06.1994	2		
Defenders: Gustavo Sant'Ana Santos (BRA)	23.02.1995	17		2
Hoàng Văn Khánh	05.04.1995	7		1
Nguyễn Sỹ Nam	15.02.1995	13	(2)	
Phạm Thế Nhật	12.08.1991	2	(6)	
Phạm Xuân Mạnh	09.02.1996	6		
Thái Bá Sang	21.05.1999	11	(2)	
Trần Đình Đồng	08.12.1991	11		
Võ Ngọc Đức	10.10.1994	3	(3)	
Midfielders: Bùi Đình Châu	06.02.1996	14	(2)	1
Cao Xuân Thắng	05.02.1993	2	(4)	
Đặng Văn Lắm	06.12.1999	10	(1)	1
Hồ Sỹ Sâm	02.09.1993	8	(5)	
Mai Sỹ Hoàng	01.01.1999	3	(2)	
Nguyễn Phú Nguyên	29.10.1995		(4)	
Nguyễn Quang Tình	22.11.1988	3	(10)	
Nguyễn Văn Việt	06.04.1999	1	(5)	
Phan Văn Đức	11.04.1996	12	(3)	2
Trần Ngọc Ánh	25.10.1999	1	(6)	
Vương Quốc Trung	29.05.1990		(2)	
Forwards: Felipe Santos Martins (BRA)	12.11.1990	7		2
Hồ Phúc Tịnh	28.08.1994	1	(9)	1
Hồ Tuấn Tài	16.03.1995	15	(2)	5
Peter Onyekachi (NGA)	06.05.1994	16		2
Alagie Dodou Matar Sosseh (GAM)	21.07.1986	6	(2)	
Trần Đình Tiến	09.11.1998	11	(5)	
Trainer: Ngô Quang Trường		18		

CÂU LẠC BỘ BÓNG THAN QUẢNG NINH

Year of Formation: 1956
Stadium: Cẩm Phả Stadium, Cẩm Phả (15,000)

THE SQUAD	DOB	M	(s)	G
Goalkeepers: Huỳnh Tuấn Linh	17.04.1991	20		
Phan Đình Vũ Hải	06.06.1994		(1)	
Defenders: Đoàn Văn Quý	01.01.1998	1	(4)	
Dương Thanh Hào	23.06.1991	16		
Dương Văn Khoa	06.05.1994	10	(5)	
Neven Laštro (CRO)	01.10.1988	11		1
Lê Thế Mạnh	10.11.1993	4	(4)	
Lê Tuấn Tú	12.09.1993		(1)	
Nguyễn Tiến Duy	29.04.1991	2	(5)	
Nguyễn Văn Việt	08.12.1989	11	(6)	
Nguyễn Xuân Hùng	01.02.1991	9	(3)	
Midfielders: Đặng Quang Huy	21.10.1992	1	(3)	
Đào Nhật Minh	27.04.1992	11	(5)	
Giang Trần Quách Tân	08.03.1992	8	(10)	4
Hồ Hùng Cường	13.04.1995	3	(5)	
Geoffrey Kizito (UGA)	02.02.1993	17		
Mạc Hồng Quân	01.01.1992	11		1
Nghiêm Xuân Tú	28.08.1988	10	(1)	
Nguyễn Hải Huy	18.06.1991	3		
Nguyễn Hai Long	27.08.2000	17	(1)	2
Phạm Nguyên Sa	17.01.1989	15	(3)	
Phạm Trung Hiếu	02.09.1998	6	(3)	
Trịnh Hoa Hùng	07.11.1991	1	(5)	1
Vũ Hồng Quân	01.01.1999		(1)	
Forwards: Claudecir dos Reis Rodrigues Júnior (BRA)	29.06.1989	9		3
Andre Diego Fagan (JAM)	16.07.1987	11		5
Jermie Dwayne Lynch	24.03.1991	12	(2)	8
Nguyễn Hữu Khôi	01.04.1991	1	(3)	
Trainer: Phan Thanh Hùng	30.07.1960	20		

CÂU LẠC BỘ BÓNG THANH HÓA

Year of Formation: 1962
Stadium: Thanh Hóa Stadium, Thanh Hóa (5,000)

THE SQUAD		DOB	M	(s)	G
Goalkeepers:	Lương Bá Sơn	10.10.1992	4		
	Nguyễn Thanh Diệp	06.09.1991	13		
	Trịnh Xuân Hoàng	06.11.2000	1	(1)	
Defenders:	Louise Ewonde Epassi (CMR)	19.08.1988	16		1
	Hoàng Thái Bình	22.01.1998	10	(2)	
	Lê Văn Đại	02.08.1996	5	(11)	
	Nguyễn Hữu Lâm	16.08.1998	1		
	Nguyễn Minh Tùng	09.08.1992	14	(1)	
	Trịnh Đình Hùng	04.09.1995	1	(4)	
	Trịnh Văn Lợi	26.05.1995	13		
Midfielders:	Josip Balić (CRO)	08.07.1993	14	(3)	1
	Hoàng Anh Tuấn	10.02.1996		(1)	
	Lê Ngọc Nam	26.02.1993	3	(2)	
	Lê Phạm Thành Long	05.06.1996	14	(3)	1
	Lê Xuân Hùng	15.04.1995	3	(5)	
	Nguyễn Hữu Dũng	28.08.1995	15	(2)	
	Nguyễn Trọng Hùng	03.10.1997		(3)	
	Nguyễn Trọng Phú	30.06.1999		(6)	
	Nguyễn Vũ Hoàng Dương	20.08.1992	7	(4)	1
	Phạm Văn Hội	21.03.1994	2	(8)	
	Vũ Xuân Cường	06.08.1992	13	(1)	
Forwards:	Aimé Djicka Gassissou (CMR)	01.11.1995	9	(2)	1
	Hoàng Đình Tùng	24.08.1988	7	(8)	2
	Hoàng Vũ Samson	06.10.1988	17		6
	Lê Thanh Bình	08.08.1995		(2)	
	Lê Văn Thắng	08.02.1990	14	(1)	3
	Nguyễn Đình Bảo	19.05.1991		(1)	
	Bapianga Deogracias "Grace" Tanda (SWE)	29.01.1994	2		
Trainer:	Fabio Lopez (ITA)	17.06.1973	3		
[08.06.2020]	Nguyễn Thành Công		8		
[11.09.2020]	Mai Xuân Hợp	14.12.1986	7		

CÂU LẠC BỘ BÓNG VIETTEL HÀ NỘI

Year of Formation: 1954 (*as CLB Quân Đội Hà Nội*)
Stadium: Hàng Đẫy Stadium, Hà Nội (40,192)

THE SQUAD		DOB	M	(s)	G
Goalkeepers:	Trần Nguyên Mạnh	20.12.1991	20		
Defenders:	Bùi Tiến Dũng	02.10.1995	18	(1)	
	Walter Luiz de Araújo "Luizão" (BRA)	23.06.1990	8	(2)	
	Nguyễn Trọng Đại	07.04.1997	8	(2)	1
	Quế Ngọc Hải	15.05.1993	19		
	Trương Văn Thiết	07.06.1995	8	(1)	
Midfielders:	Bùi Duy Thường	05.04.1996	16		1
	Bùi Quang Khải	19.05.1993	1	(13)	1
	Đặng Văn Trâm	02.01.1995	7		
	Dương Văn Hào	15.02.1997	7	(9)	1
	Hồ Khắc Ngọc	02.08.1992	18		3
	Nguyễn Đức Chiến	24.08.1998	13	(5)	1
	Nguyễn Hoàng Đức	11.01.1998	16	(1)	2
	Nguyễn Trọng Hoàng	14.04.1989	12	(2)	
	Trần Ngọc Sơn	29.10.1996	3	(7)	
	Vũ Minh Tuấn	19.09.1990	6	(9)	3
Forwards:	Bruno Cunha Cantanhede (BRA)	22.07.1993	19		8
	Caíque Venâncio Lemes (BRA)	12.07.1993	18		5
	Nguyễn Việt Phong	23.03.1992	1	(13)	2
	Nhâm Mạnh Dũng	12.04.2000	1	(1)	
	Trần Danh Trung	03.10.2000		(3)	
	Trương Tiến Anh	25.04.1999	1	(7)	
Trainer:	Trương Việt Hoàng	15.08.1975	20		

NATIONAL TEAM
INTERNATIONAL MATCHES 2020/2021

31.05.2021	Sharjah	Vietnam - Jordan	1-1(1-1)	(F)
07.06.2021	Dubai	Vietnam - Indonesia	4-0(0-0)	(WCQ)
11.06.2021	Dubai	Malaysia - Vietnam	1-2(0-1)	(WCQ)
15.06.2021	Dubai	United Arab Emirates - Vietnam	3-2(2-0)	(WCQ)

31.05.2021, Friendly International
"Khalid bin Mohammed" Stadium, Sharjah (United Arab Emirates); Attendance: 0
Referee: Adel Ali Ahmed Khamis Al Naqbi (United Arab Emirates)
VIETNAM - JORDAN   **1-1(1-1)**
VIE: Bùi Tấn Trường, Quế Ngọc Hải, Bùi Tiến Dũng, Vũ Văn Thanh, Nguyễn Thành Chung, Nguyễn Tuấn Anh, Nguyễn Quang Hải, Phan Văn Đức, Nguyễn Hoàng Đức (46. Nguyễn Trọng Hoàng), Nguyễn Phong Hồng Duy, Nguyễn Tiến Linh. Trainer: Park Hang-seo (Korea Republic).
Goal: Noor Al Deen Mahmoud Ali Al Rawabdeh (38 own goal).

07.06.2021, 22nd FIFA World Cup Qualifiers / AFC Qualifiers, Second Round
"Maktoum Bin Rashid al Maktoum" Stadium, Dubai (United Arab Emirates); Attendance: 225
Referee: Ahmed Faisal Mohammad Al Ali (Jordan)
VIETNAM - INDONESIA   **4-0(0-0)**
VIE: Bùi Tấn Trường, Quế Ngọc Hải, Bùi Tiến Dũng, Đỗ Duy Mạnh (78.Nguyễn Thành Chung), Vũ Văn Thanh, Nguyễn Tuấn Anh (36.Lương Xuân Trường), Nguyễn Quang Hải, Phan Văn Đức (61.Nguyễn Hoàng Đức), Nguyễn Phong Hồng Duy, Nguyễn Văn Toàn (46.Nguyễn Công Phượng), Nguyễn Tiến Linh (78.Đoàn Văn Hậu). Trainer: Park Hang-seo (Korea Republic).
Goals: Nguyễn Tiến Linh (51), Nguyễn Quang Hải (62), Nguyễn Công Phượng (67), Vũ Văn Thanh (74).

11.06.2021, 22nd FIFA World Cup Qualifiers / AFC Qualifiers, Second Round
Zabeel Stadium, Dubai (United Arab Emirates); Attendance: 335
Referee: Ryuji Sato (Japan)
MALAYSIA - VIETNAM   **1-2(0-1)**
VIE: Bùi Tấn Trường, Quế Ngọc Hải, Bùi Tiến Dũng, Đỗ Duy Mạnh, Đoàn Văn Hậu, Nguyễn Trọng Hoàng (79.Nguyễn Văn Toàn), Lương Xuân Trường (57.Vũ Văn Thanh), Phan Văn Đức (86.Nguyễn Phong Hồng Duy), Nguyễn Hoàng Đức, Nguyễn Công Phượng (57.Phạm Đức Huy), Nguyễn Tiến Linh (78.Hà Đức Chinh). Trainer: Park Hang-seo (Korea Republic).
Goals: Nguyễn Tiến Linh (27), Quế Ngọc Hải (83 penalty).

15.06.2021, 22nd FIFA World Cup Qualifiers / AFC Qualifiers, Second Round
Zabeel Stadium, Dubai; Attendance: 1,355
Referee: Ali Sabah Adday Al Qaysi (Iraq)
UNITED ARAB EMIRATES - VIETNAM   **3-2(2-0)**
VIE: Bùi Tấn Trường, Quế Ngọc Hải, Bùi Tiến Dũng, Đỗ Duy Mạnh (85.Nguyễn Văn Toàn), Đoàn Văn Hậu (60.Nguyễn Phong Hồng Duy), Nguyễn Trọng Hoàng, Lương Xuân Trường (46.Phạm Đức Huy), Nguyễn Quang Hải, Phan Văn Đức (46.Nguyễn Công Phượng), Nguyễn Hoàng Đức (60.Trần Minh Vương), Nguyễn Tiến Linh. Trainer: Park Hang-seo (Korea Republic).
Goals: Nguyễn Tiến Linh (84), Trần Minh Vương (90+3).

NATIONAL TEAM PLAYERS 2020/2021

Name	DOB	Club
Goalkeepers		
BÙI Tấn Trường	19.02.1986	Hà Nội FC
Defenders		
BÙI Tiến Dũng	02.10.1995	CLB Viettel Hà Nội
ĐỖ Duy Mạnh	29.09.1996	Hà Nội FC
ĐOÀN Văn Hậu	19.04.1999	Hà Nội FC
NGUYỄN Thành Chung	08.09.1997	Hà Nội FC
QUẾ Ngọc Hải	15.05.1993	CLB Viettel Hà Nội
VŨ Văn Thanh	14.04.1996	Hoàng Anh Gia Lai FC
Midfielders		
LƯƠNG Xuân Trường	28.04.1995	Hoàng Anh Gia Lai FC
NGUYỄN Hoàng Đức	11.01.1998	CLB Viettel Hà Nội
NGUYỄN Quang Hải	12.04.1997	Hà Nội FC
NGUYỄN Trọng Hoàng	14.04.1989	CLB Viettel Hà Nội
NGUYỄN Tuấn Anh	16.05.1995	Hoàng Anh Gia Lai FC
PHẠM Đức Huy	20.01.1995	Hà Nội FC
PHAN Văn Đức	11.04.1996	CLB Sông Lam Nghệ An Vinh
Forwards		
HÀ Đức Chinh	22.09.1997	CLB Saigon Hà Nội Bank-Đà Nẵng
NGUYỄN Công Phượng	21.01.1995	Hoàng Anh Gia Lai FC
NGUYỄN Phong Hồng Duy	13.06.1996	Hoàng Anh Gia Lai FC
NGUYỄN Tiến Linh	20.10.1997	Becamex Bình Dương FC Thủ Dầu Một
NGUYỄN Văn Toàn	12.04.1996	Hoàng Anh Gia Lai FC
TRẦN Minh Vương	28.03.1995	Hoàng Anh Gia Lai FC
National coaches		
PARK Hang-seo (Korea Republic) [from 15.10.2017]		04.01.1959

YEMEN

The Country:
Al-Gumhūriyyah al-Yamaniyyah (Republic of Yemen)
Capital: Sanaʻa
Surface: 527,968 km²
Population: 29,825,968 [2020]
Time: UTC+3

The FA:
Yemen Football Association
Quarter of Sport Al Jeraf, P.O.Box 908, Alhasbah-Sanaʻa
Year of Formation: 1962
Member of FIFA since: 1980
Member of AFC since: 1980

NATIONAL TEAM RECORDS

First international match: 08.09.1990, Kuala Lumpur: Malaysia - Yemen 0-1
Most international caps: Ala Mohammed Abdullah Al Sasi – 87 caps (since 2007)
Most international goals: Ali Mohammed Mohammed Al Nono – 29 goals / 50 caps (2000-2010)

NATIONAL TEAM COMPETITIONS:

ASIAN NATIONS CUP	
1956	Did not enter
1960	Did not enter
1964	Did not enter
1968	Did not enter
1972	Did not enter
1976	Did not enter
1980	Did not enter
1984	Qualifiers
1988	Qualifiers
1992	Did not enter
1996	Qualifiers
2000	Qualifiers
2004	Qualifiers
2007	Qualifiers
2011	Qualifiers
2015	Qualifiers
2019	Final Tournament (Group Stage)

FIFA WORLD CUP	
1930	Did not enter
1934	Did not enter
1938	Did not enter
1950	Did not enter
1954	Did not enter
1958	Did not enter
1962	Did not enter
1966	Did not enter
1970	Did not enter
1974	Did not enter
1978	Did not enter
1982	Did not enter
1986	Qualifiers
1990	Qualifiers
1994	Qualifiers
1998	Qualifiers
2002	Qualifiers
2006	Qualifiers
2010	Qualifiers
2014	Qualifiers
2018	Qualifiers

F.I.F.A. CONFEDERATIONS CUP 1992-2017
None

OLYMPIC FOOTBALL TOURNAMENTS 1908-2016

1908	-	1948	-	1972	-	1996	-
1912	-	1952	-	1976	-	2000	Qualifiers
1920	-	1956	-	1980	Qualifiers*	2004	-
1924	-	1960	-	1984	-	2008	Qualifiers
1928	-	1964	-	1988	-	2012	Qualifiers
1936	-	1968	-	1992	Qualifiers	2016	Qualifiers

*as South Yemen

ASIAN GAMES 1951-2014		GULF CUP OF NATIONS 1970-2019		WEST ASIAN CHAMPIONSHIP 2000-2019		ARAB NATIONS CUP 1963-2012	
1951	-	1970	-	2000	-	1963	-
1954	-	1972	-	2002	-	1964	-
1958	-	1974	-	2004	-	1966	Group Stage**
1962	-	1976	-	2007	-	1985	-
1966	-	1979	-	2008	-	1988	-
1970	-	1982	-	2010	Semi-Finals	1992	-
1974	-	1984	-	2012	Group Stage	1998	Withdrew
1978	-	1986	-	2014	Withdrew	2002	Group Stage
1982	Group Stage*	1988	-	2019	Group Stage	2012	Group Stage
1986	-	1990	-				
1990	Group Stage	1992	-				
1994	Group Stage	1994	-				
1998	-	1996	-				
2002	Group Stage	1998	-				
2006	-	2002	-				
2010	-	2003	7th Place				
2014		2004	Group Stage				
		2007	Group Stage				
		2009	Group Stage				
		2010	Group Stage				
		2013	Group Stage				
		2015	Group Stage				
		2017	Group Stage				
		2019	Group Stage				

*as South Yemen

**as North Yemen

YEMENI CLUB HONOURS IN ASIAN CLUB COMPETITIONS:

AFC Champions League 1967-1971 & 1985/1986-2020

None

Asian Football Confederation Cup 2004-2020

None

AFC President's Cup 2005-2014*

None

Asian Cup Winners Cup 1975-2003*

None

Asian Super Cup 1995-2002*

None

*defunct competitions

OTHER CLUB COMPETITIONS:

Arab Champions Cup / Arab Champions League 1982-2019
None

Arab Cup Winners Cup 1989-2002*
None

Arab Super Cup 1992-2002*
None

*defunct competition

NATIONAL COMPETITIONS
TABLE OF HONOURS

	CHAMPIONS	CUP WINNERS
1977/1978	-	Al-Wahda Sana'a
1978/1979	Al-Wahda Sana'a	Al-Zuhra Sana'a
1979/1980	Al-Zuhra Sana'a	Al Ahli Sana'a
1980/1981	Al Ahli Sana'a	Al-Shaab Sana'a
1981/1982	Al-Shaab Sana'a	Al Ahli Sana'a
1982/1983	Al Ahli Sana'a	Al Ahli Sana'a
1983/1984	Al Ahli Sana'a	Al Ahli Sana'a
1984/1985	*No competition*	-
1985/1986	Al-Shorta Sana'a	-
1986/1987	*No competition*	-
1987/1988	Al Ahli Sana'a	-
1988/1989	Al Yarmouk Al-Rawda Sana'a	-
1989/1990	Al Yarmouk Al-Rawda Sana'a	-
1990/1991	Al Tilal Sports Club Aden	-
1991/1992	Al Ahli Sana'a	-
1992/1993	*No competition*	-
1993/1994	Al Ahli Sana'a	-
1994/1995	Al-Wahda Sana'a	-
1995/1996	*No competition*	Al-Ahli Al Hudaydah
1996/1997	Al-Wahda Sana'a	*No competition*
1997/1998	Al-Wahda Sana'a	Al-Ittihad Ibb
1998/1999	Al Ahli Sana'a	*No competition*
1999/2000	Al Ahli Sana'a	Al-Sha'ab Hadramaut Al-Mukalla
2000/2001	Al Ahli Sana'a	Al Ahli Sana'a
2002	Al-Wahda Sana'a	Al Sha'ab Ibb
2002/2003	Al Sha'ab Ibb	Al Sha'ab Ibb
2003/2004	Al Sha'ab Ibb	Al Ahli Sana'a
2005	Al Tilal Sports Club Aden	Al-Hilal Al-Sahili Al Hudaydah
2006	Al Saqr SCC Ta'izz	Al-Sha'ab Hadramaut Al-Mukalla
2007	Al Ahli Sana'a	Al Tilal Sports Club Aden
2007/2008	Al-Hilal Al-Sahili Al Hudaydah	Al-Hilal Al-Sahili Al Hudaydah
2008/2009	Al-Hilal Al-Sahili Al Hudaydah	Al Ahli Sana'a
2009/2010	Al Saqr SCC Ta'izz	Al Tilal Sports Club Aden
2010/2011	Al-Oruba Club Sana'a	*No competition*
2011/2012	Al Sha'ab Ibb	Al-Ahli Ta'izz
2012/2013	Al Yarmouk Al-Rawda Sana'a	*No competition*
2013/2014	Al Saqr SCC Ta'izz	Al Saqr SCC Ta'izz

2014/2015	Championship not finished	No competition
2015/2016	No competition	No competition
2016/2017	No competition	No competition
2017/2018	No competition	No competition
2018/2019	No competition	No competition
2019/2020	No competition	No competition
2020	Al-Sha'ab Hadramaut Al-Mukalla	No competition

Please note: Winning teams (Champions and Cup Winners) from 1978/1979 to 1989/1990 belong North Yemen.
South Yemen winners: Al-Shorta Aden (Championship) and Al-Wahda Aden (National Cup), both 1983/1984.

NATIONAL CHAMPIONSHIP
Yemeni League Division One 2020/2021

No league championship was played due to the Yemeni Civil War.

NATIONAL CHAMPIONSHIP
Yemeni FA Tournament 2020

The Yemeni FA organized the "YFA Tournament 2020", with 34 clubs starting a qualifying stage and 8 club reaching the final tournament.
Details of qualifying matches are not known.
The eight clubs were as follows:

Group A: Al Ahli Club Sana'a, Al-Sha'ab Hadramaut Al-Mukalla, Al Sha'ab Ibb, Al-Wahda Aden.
Group B: Al-Ahli Ta'izz, Al-Hilal Al-Sahili Al Hudaydah, Al Tilal Sports Club Aden, Al Yarmouk Al-Rawda Sana'a.

Results are not known. Following teams were qualified for the semi-finals:
Al-Sha'ab Hadramaut Al-Mukalla, Al-Wahda Aden (Group A) & Al-Ahli Ta'izz, Al Tilal Sports Club Aden.

Semi-Finals: results are not known.

Final (played on 26.01.2020; Olympic Stadium, Seiyun; Referee: n/a; Attendance: 40,000):
Al-Sha'ab Hadramaut Al-Mukalla - Al-Wahda Aden 0-0; 3-2 on penalties.

2020 Yemeni FA Champions: **Al-Sha'ab Hadramaut Al-Mukalla**

NATIONAL CUP
Yemeni President Cup Final 2020/2021

No matches were played due to the Yemeni Civil War.

		NATIONAL TEAM INTERNATIONAL MATCHES 2020/2021		

05.06.2021	Riyadh	*Saudi Arabia - Yemen*	*3-0(3-0)*	*(WCQ)*
11.06.2021	Riyadh	*Yemen - Uzbekistan*	*0-1(0-1)*	*(WCQ)*
15.06.2021	Riyadh	*Palestine - Yemen*	*3-0(2-0)*	*(WCQ)*
22.06.2021	Doha	*Mauritania - Yemen*	*2-0(1-0)*	*(ARCQ)*

05.06.2021, 22nd FIFA World Cup Qualifiers / AFC Qualifiers, Second Round
King Saud University Stadium, Riyadh; Attendance: 4,382
Referee: Nivon Robesh Gamini (Sri Lanka)
SAUDI ARABIA - YEMEN   **3-0(3-0)**
YEM: Mohammed Ebrahim Ali Ayash, Mudir Abdurabu Ali Al Radaei, Mohammed Ahmed Ali Boqshan (75.Ahmed Mohammed Noman Ghaleb Al Wajih), Ala Addin Noman Abdullah Mahdi (46.Galal Hezam Ali Qaid Al Galal), Nasser Ahmed Mohammedoh Al Gahwashi, Ahmed Sadeq Abdul Wahid, Mohsen Mohammed Hassan Mohammed Qerawi (74.Ali Abdullah Hafeedh), Manaf Saeed Abdo Saad (46.Abdul Muain Al Jarshi), Abdulwasea Abdullah Mohammed Al Matari, Ahmed Abdulhakim Ahmed Al Sarori, Emad Ali Mansoor Tawfiq (46.Mufeed Gamal Moqbel Sarhan). Trainer: Ahmed Ali Qasem Al Dhrab.

11.06.2021, 22nd FIFA World Cup Qualifiers / AFC Qualifiers, Second Round
„King Fahd" International Stadium, Riyadh (Saudi Arabia); Attendance: 230
Referee: Mohammed Abdulla Hassan Mohamed (United Arab Emirates)
YEMEN - UZBEKISTAN   **0-1(0-1)**
YEM: Mohammed Aman Fateh Khairalah, Abdul Muain Al Jarshi, Mudir Abdurabu Ali Al Radaei, Nasser Ahmed Mohammedoh Al Gahwashi, Ahmed Sadeq Abdul Wahid, Ahmed Mohammed Noman Ghaleb Al Wajih (16.Ahmed Abdulhakim Ahmed Al Sarori), Gehad Mohammed Abdulrab Ahmed (46.Ali Abdullah Hafeedh), Mufeed Gamal Moqbel Sarhan (68.Salem Abdullah Mutran), Abdulwasea Abdullah Mohammed Al Matari (68.Emad Ali Mansoor Tawfiq), Galal Hezam Ali Qaid Al Galal, Ahmed Maher Gamal (46.Mohammed Abdullah Ali Al Dahi). Trainer: Ahmed Ali Qasem Al Dhrab.

15.06.2021, 22nd FIFA World Cup Qualifiers / AFC Qualifiers, Second Round
„King Fahd" International Stadium, Riyadh (Saudi Arabia); Attendance: 430
Referee: Masoud Tufayelieh (Syria)
PALESTINE - YEMEN   **3-0(2-0)**
YEM: Mohammed Aman Fateh Khairalah, Abdul Muain Al Jarshi, Mudir Abdurabu Ali Al Radaei, Nasser Ahmed Mohammedoh Al Gahwashi, Ahmed Sadeq Abdul Wahid, Ahmed Mohammed Noman Ghaleb Al Wajih (16.Ahmed Abdulhakim Ahmed Al Sarori), Gehad Mohammed Abdulrab Ahmed (46.Ali Abdullah Hafeedh), Mufeed Gamal Moqbel Sarhan (68.Salem Abdullah Mutran), Galal Hezam Ali Qaid Al Galal, Abdulwasea Abdullah Mohammed Al Matari (68.Emad Ali Mansoor Tawfiq), Ahmed Maher Gamal (46.Mohammed Abdullah Ali Al Dahi). Trainer: Ahmed Ali Qasem Al Dhrab.

22.06.2021, 10th FIFA Arab Cup, Qualifiers
"Jassim bin Hamad" Stadium, Doha (Qatar); Attendance: 0
Referee: Maurizio Mariani (Italy)
MAURITANIA - YEMEN   **2-0(1-0)**
YEM: Mohammed Aman Fateh Khairalah, Mudir Abdurabu Ali Al Radaei [sent off 41], Ahmed Sadeq Al Khamri, Mohammed Ahmed Ali Boqshan, Ala Addin Noman Abdullah Mahdi, Gehad Mohammed Abdulrab Ahmed (46.Mufeed Gamal Moqbel Sarhan), Manaf Saeed Abdo Saad (46.Abdul Muain Al Jarshi), Galal Hezam Ali Qaid Al Galal (71.Emad Ali Mansoor Tawfiq), Abdulwasea Abdullah Mohammed Al Matari, Nasser Ahmed Mohammedoh Al Gahwashi, Ahmed Abdulhakim Ahmed Al Sarori (72.Ali Abdullah Hafeedh). Trainer: Ahmed Ali Qasem Al Dhrab.

NATIONAL TEAM PLAYERS 2020/2021

Name	DOB	Club

Goalkeepers

Mohammed Ebrahim Ali AYASH	06.03.1986	*Sulaymani Peshmarga SC (IRQ)*
Mohammed Aman Fateh KHAIRALAH		

Defenders

Abdul Muain AL JARSHI	1994	*Al Wahda Sana'a*
Ahmed Sadeq AL KHAMRI	28.12.1992	*Sulaymani Peshmarga SC (IRQ)*
Mudir Abdurabu Ali AL RADAEI	30.11.1989	*Al Ahli Club Sana'a*
Ahmed Mohammed Noman Ghaleb AL WAJIH	14.07.1985	*Al Sha'ab Ibb*
Mohammed Ahmed Ali BOQSHAN	10.03.1994	*Al Tilal Sports Club Aden*
Mufeed GAMAL Moqbel Sarhan	01.10.2000	*Al Semawa FC*
Ala Addin Noman Abdullah MAHDI	1996	*Majees SC (OMA)*
Salem Abdullah MUTRAN		
Ahmed Sadeq Abdul WAHID	14.07.1985	*Unattached*

Midfielders

Gehad Mohammed Abdulrab AHMED	27.05.1996	*Al-Ahli Ta'izz*
Mohammed Abdullah Ali Al Dahi	03.04.1996	
Nasser Ahmed Mohammedoh AL GAHWASHI	24.05.1999	*Naft Maysan FC (IRQ)*
Galal Hezam Ali Qaid AL GALAL	03.01.1996	*Al Ahli Club Sana'a*
Abdulwasea Abdullah Mohammed AL MATARI	04.07.1994	*Al-Nasr SCS Salalah (OMA)*
Manaf Saeed Abdo SAAD	23.11.1998	*Unattached*

Forwards

Abdulwasea Abdullah Mohammed AL MATARI	04.07.1994	*Al Nahda Club Al Buraimi(OMA)*
Ahmed Abdulhakim Ahmed AL SARORI	09.08.1998	*SC Chabab Mohammedia (MAR)*
Ali Abdullah HAFEEDH	21.02.1997	*Al Wahda SC Aden*
Ahmed MAHER Gamal	24.01.2002	
Emad Ali MANSOOR Tawfiq	15.04.1992	*Bidiyah Club (OMA)*
Mohsen Mohammed Hassan Mohammed QERAWI	15.05.1989	*Al Nahda Club Al Buraimi(OMA)*

National coaches

Sami Hasan Saleh AL HADI Al Nash [01.07.2019 – 10.05.2021]	02.05.1957
Ahmed Ali Qasem AL DHRAB [from 01.06.2021]	1961

ASIAN FOOTBALLER OF THE YEAR 2020

The title of the „Asian Footballer of the Year" is awarded since 1994, it is called official „Asian Football Confederation's Sanyo Player of the Year Award". The „unofficial" winners from 1984 to 1993 were chosen by the IFFHS (International Federation of Football History & Statistics). The 2020 Award – scheduled to be organized in Doha (Qatar) – was cancelled due to COVID-19 pandemic restrictions.

All Winners since 1984

Year	Player	Club	Country
1984	Majed Ahmed Abdullah Al Mohammed	Al Nassr FC Riyadh	Saudi Arabia
1985	Majed Ahmed Abdullah Al Mohammed	Al Nassr FC Riyadh	Saudi Arabia
1986	Majed Ahmed Abdullah Al Mohammed	Al Nassr FC Riyadh	Saudi Arabia
1987	No award		
1988	Ahmad Radhi Amaiesh Al-Salihi	Al Rasheed Baghdad	Iraq
1989	Kim Joo-Sung	Daewoo Royals	Korea Republic
1990	Kim Joo-Sung	Daewoo Royals	Korea Republic
1991	Kim Joo-Sung	Daewoo Royals	Korea Republic
1992	No award		
1993	Kazuyoshi Miura	Verdy Kawasaki Tokyo	Japan
1994	Saeed Al Owairan	Al-Shabab Riyadh	Saudi Arabia
1995	Masami Ihara	Yokohama Marinos	Japan
1996	Khodadad Azizi	Bahman Karaj FC	Iran
1997	Hidetoshi Nakata	Shonan Bellmare	Japan
1998	Hidetoshi Nakata	Perugia Calcio (ITA)	Japan
1999	Ali Daei	Hertha BSC Berlin (GER)	Iran
2000	Nawaf Al Temyat	Al-Hilal Riyadh	Saudi Arabia
2001	Fan Zhiyi	Dundee FC (SCO)	China P.R.
2002	Shinji Ono	Feyenoord SC Rotterdam (NED)	Japan
2003	Mehdi Mahdavikia	Hamburger SV (GER)	Iran
2004	Mohammad Ali Karimi Pashaki	Al Ahli FC Dubai (UAE)	Iran
2005	Hamad Al Montashari	Al-Ittihad Jeddah	Saudi Arabia
2006	Khalfan Ibrahim Al Khalfan	Al-Sadd Sports Club	Qatar
2007	Yasser Saeed Al Qahtan	Al-Hilal Riyadh	Saudi Arabia
2008	Server Djeparov	FC Bunyodkor Tashkent	Uzbekistan
2009	Yasuhito Endō	Gamba Osaka	Japan
2010	Saša Ognenovski	Seongnam Ilhwa Chunma (KOR)	Australia
2011	Server Djeparov	Al-Shabab Riyadh (KSA)	Uzbekistan
2012	Lee Keun-Ho	Ulsan Hyundai FC	Korea Republic
2013	Zheng Zhi	Guangzhou Evergrande FC	China P.R.
2014	Nasser Ali Al Shamrani	Al Hilal FC Riyadh	Saudi Arabia
2015	Ahmed Khalil Sebait Mubarak Al Junaibi	Al Ahli Club Dubai	United Arab Emirates
2016	Omar Abdulrahman Ahmed Al Raaki Al Amoodi	Al Ain FC	United Arab Emirates
2017	Omar Maher Kharbin	Al Hilal FC Riyadh (KSA)	Syria
2018	Abdelkarim Hassan Al Haj Fadlalla	Al Sadd FC Doha	Qatar
2019	**Akram Hassan Afif Yahya**	Al Sadd FC Doha	Qatar
2020	No award		